MUJERES
DE LA
BIBLIA JUDÍA

Xabier Pikaza Ibarrondo

Editorial CLIE
www.clie.es

EDITORIAL CLIE
C/ Ferrocarril, 8
08232 VILADECAVALLS
(Barcelona) ESPAÑA
E-mail: clie@clie.es
http://www.clie.es

© 2013 por Xabier Pikaza Ibarrondo

«Cualquier forma de reproducción, distribución, comunicación pública o transformación de esta obra solo puede ser realizada con la autorización de sus titulares, salvo excepción prevista por la ley. Diríjase a CEDRO (Centro Español de Derechos Reprográficos) si necesita fotocopiar o escanear algún fragmento de esta obra (www.conlicencia.com; 917 021 970 / 932 720 447)».

© 2022 por Editorial CLIE. Todos los derechos reservados.

MUJERES DE LA BIBLIA JUDÍA
ISBN: 978-84-944955-5-7
Depósito Legal: B 9129-2022
Estudios bíblicos
Antiguo Testamento
REL006210

Colección BTA
Biblioteca de Teología Actual

La naturaleza de la doctrina
George A. Lindbeck

Introducción a la teología cristiana
Thomas H. McCall

Las enigmáticas parábolas de Jesús
Ruben Zimmermann

El Espíritu Santo en la tradición sinóptica
C. K. Barrett

La trinidad en el Nuevo Testamento
Arthur W. Wainwright

Jesús y el Espíritu
James D. G. Dunn

Mujeres de la Biblia judía
Xabier Pikaza

Colección BTA
Biblioteca de Teología Actual

Contenido

Introducción 13

I
EN EL PRINCIPIO
LAS MUJERES DEL RECUERDO

1. LAS DIOSAS BORRADAS
  1. Yahvé y el recuerdo de las diosas 19
  2. Ashera, la madre 23
  3. Astarté y Baal. La nueva diosa 26
  4. Otras figuras divinas 32

2. MATRIARCAS 1. CICLO DE ABRAHÁN E ISAAC
  1. Ciclo de Abrahán 40
  2. Ciclo de Isaac: Rebeca 52

3. MATRIARCAS 2. CICLO DE JACOB Y DE SUS HIJOS
  1. Raquel y Lía, las bodas 59
  2. Raquel y Lía: siervas e hijos 61

3. Las mujeres rompen con el padre. Los terafim de Raquel .63
   4. Dina, la hermana vengada, pero no escuchada. 66
   5. Tamar, la nuera de Judá (Gn 38). 70
   6. Ciclo de José: la mujer de Putifar y Asenat
      (Gn 39 y 41) 73

4. LIBERADORAS Y HEROÍNAS. CICLO DEL ÉXODO
   1. Sifra y Fúa, las parteras 77
   2. Madre y hermana de Moisés, hija del Faraón 78
   3. Séfora, mujer de Moisés. 81
   4. María, la hermana de Aarón (y de Moisés) 83

5. LIBERADORAS Y HEROÍNAS. LIBROS DE JOSUÉ, JUECES Y 1 SAMUEL
   1. Rajab, hospedera de Jericó. 90
   2. Débora, la profetisa 94
   3. Yael, la victoriosa. 99

6. VIDENTES Y PROFETISAS
   1. La vidente de Endor 104
   2. La madre de Sansón 107
   3. Ana, la madre de Samuel 110
   4. Profetisas posteriores: Hulda y Noadía 116

7. SABIAS
   1. Mujeres de Sansón, sabiduría y engaño 120
   2. La mujer Sabia de Tecoa 125
   3. La prostituta buena. Juicio de Salomón 128

8. ESPOSAS E HIJAS DE REYES
   1. Ciclo de David 130
   2. Ciclo de Salomón 158

9. GEBÎRÁ: MADRES DE REYES Y REINAS
   1. La madre del rey como gebîrá 164
   2. Maacá y la imagen de Astarté. 166

   3. Jezabel, la mujer odiada por la Biblia judía 168
   4. Atalía, la reina madre asesinada 175

II
MUJERES EN CRISIS
LA MUTACIÓN JUDÍA

10. MUJER PARA EL MATRIMONIO. VIOLENCIA Y LEY
   1. Matrimonio, una violencia instituida 181
   2. Matrimonio como rapto 188
   3. Legislación bíblica sobre mujer y matrimonio 193

11. UN CLARO-OSCURO. SACRIFICAR MUJERES, SOCORRER VIUDAS
   1. Sacrificio de mujeres 203
   2. Historias de viudas 212
   3. Ley sobre viudas y extranjeras 221

12. RECHAZO DE LA DIOSA
   1. Judaísmo, una reinterpretación de la historia 229
   2. Identidad israelita y rechazo de la diosa 231
   3. Reformas y destrucción del santuario de Jerusalén . . 237
   4. La tradición profética 244

13. MADRE MESIÁNICA, HIJA SIÓN
   1. Madre mesiánica 253
   2. Hija Sión. La ciudad de Dios 262

14. MENSAJE PROFÉTICO. ESPOSA DE DIOS
   1. Oseas. Se ha prostituido tu madre 269
   2. Jeremías. Recuerdo tu amor de novia 274
   3. Ezequiel, la alegoría de Israel mujer 277
   4. Tradición de Isaías: como se alegra el marido con su esposa 280

15. RIESGO DE LAS MUJERES EXTRANJERAS
1. Leyes fundamentales 282
2. Las mujeres de Baal Peor y la madianita ejecutada
   por Pinjás 285

16. ESDRAS/NEHEMÍAS. EL TRIUNFO DE LA ENDOGAMIA
1. Esdras y Nehemías. Contexto histórico 293
2. El centro del conflicto. Las mujeres extranjeras. 299
3. El nacimiento del judaísmo: Neh 8–10 303
4. Mujeres expulsadas. Una interpretación
   de la endogamia judía........................ 306

III
EVA
LAS GRANDES MUJERES

17. EVA, LA MUJER
1. Gn 1, 1–2, 4a. El ser humano, varón y mujer....... 313
2. Gn 2, 4b–4, 2. La mujer es Eva 318

18. MUJER IDEAL, SABIDURÍA DE DIOS
1. Proverbios: la Sabiduría como Diosa-amiga 340
2. Eclesiástico: la Sabiduría es la alianza israelita 345
3. Libro de la Sabiduría. Me casé con ella 348

19. MUJERES REALES, RIESGO PARA LOS HOMBRES
1. Qohelet o Eclesiastés, entre mil ninguna 352
2. Proverbios, mujer que tienta, mujer que fortalece ... 355
3. Eclesiástico, nada es peor que una mujer......... 357
4. Libro de la Sabiduría. Dichosa la estéril 361

20. OCHO MUJERES EJEMPLARES (A). AMANTES Y ESPOSAS: SULAMITA, SARA, SUSANA
1. La Sulamita: Cantar de los cantares 364

    2. Sara de Tobías. Una esposa liberada............372
    3. Susana, esposa fiel y justificada................379

21. OCHO MUJERES EJEMPLARES (B).
    EXTRANJERAS: RUT, ASENET
    1. Rut la moabita, madre mesiánica................384
    2. Asenet la egipcia, esposa de José...............389

22. OCHO MUJERES EJEMPLARES (C).
    LIBERADORAS Y MÁRTIRES: ESTER, JUDIT,
    LA MACABEA
    1. Ester, una judía reina de Persia.................395
    2. Judit, la viuda vengadora......................400
    3. Madre macabea. Confesión de fe
       ante el holocausto...........................409

A modo de conclusión..............................419

Siglas y abreviaturas................................423
Bibliografía..426
Índices auxiliares: personas y temas..................436
Índice alfabético de mujeres y figuras femeninas
    principales....................................441

INTRODUCCIÓN

Eva es la primera y más famosa de las mujeres de la Biblia judía y quizá de toda la historia humana, al menos en perspectiva occidental, junto con María, la madre de Jesús. Resulta lógico que los antropólogos hayan dado ese nombre (Eva Negra) a la madre/mujer de la que habría provenido la actual especie humana (Homo Sapiens), hace algo más de cien mil años, en algún lugar de África. En ese sentido, de alguna forma, todos nosotros, hombres y mujeres, somos Eva[1].

Ella aparece, con Adán, en el prólogo o principio de la Biblia (Gn 1–4), como inspiración para todo lo que sigue; pero los historiadores y críticos literarios saben que ese prólogo ha sido escrito e incluido en el texto hacia el final de la redacción de la Biblia (entre el siglo V-IV a.C.), cuando se habían compuesto y fijado gran parte de sus relatos e historias sobre mujeres. Viene al principio, pero ha surgido al final y ha de entenderse como culmen y compendio de todo lo que en la Biblia se dice sobre las mujeres.

Por eso, he comenzado hablando de las mujeres más antiguas de la Biblia, y de sus relaciones con las diosas y los hombres, pudiendo trazar

---

1 El nombre hebreo de Eva (Gn 3, 20; 4, 1) está emparentado con Dios, pues Dios se dice *Yahvé*, el que es y hace ser (de *hayah*), y *Eva* es la que vive y hace vivir (de *hawah*), términos que están vinculados por la etimología. Entre Dios y la mujer existe, por ésta y por otras razones que iré viendo en este libro, un vínculo muy hondo, no sólo en el judaísmo, sino en casi todas las religiones y culturas.

de esa manera una historia apasionante, a menudo ignorada, que nos permite afirmar que la Biblia es también un libro de mujeres, pues ellas ejercen desde la penumbra (y a menudo desde la opresión), un protagonismo turbador, doloroso y creativo. Sólo hacia el final, cuando la historia de de las mujeres haya resultado más clara podré ocuparme especialmente de Eva (cf. cap. 17).

No he preparado este libro para expertos (aunque quiere ser riguroso), sino para aquellos que quieran conocer el sentido y función de la mujer en la cultura occidental, marcada de manera poderosa por la Biblia, en la que incluyo los libros del canon hebreo (Miqrá) y los que fueron añadidos en la diáspora helenista entre los siglos II-I a.C. (Biblia de los Setenta, LXX). Estos últimos, que suelen llamarse Deuterocanónicos o incluso Apócrifos (1–2 Macabeos, Eclesiástico, Sabiduría, Judit, Tobías, Baruc, con ampliaciones de Daniel y Ester), constituyen una parte esencial de la Biblia judía, entendida en un sentido extenso; han sido incluidos en el Antiguo Testamento cristiano (católico) y resultan esenciales para entender la visión de la mujer en el judaísmo antiguo².

No ha sido fácil dividir los temas. La opción más sencilla y, en cierto sentido, la más clara hubiera sido crear sin más un diccionario de mujeres bíblicas, empezando por Abigail y terminando por Yael y Zilpa, incluyendo nombres tan significativos como Agar y Ana, Betsabé y Dalila, Débora y Dina, Ester y Judit, Raquel y Rebeca, la Reina de Saba y la mujer de Putifar³. Quien prefiera estudiarlas así por separado, una por una, podrá hacerlo sin dificultad, siguiendo el índice alfabético del final del libro, donde aparecen todas las mujeres fundamentales de la Biblia. Pero de esa forma las habría colocado a todas sobre un mismo nivel, sin respetar la variedad de momentos y de circunstancias en que se movieron, pues no es lo mismo hablar de Sara, la de Abrahán, que de Sara, la de Tobías el Joven, poseída por el íncubo Asmodeo. Por eso he preferido escribir una «historia», no un diccionario de mujeres de la Biblia, dividiendo el judaísmo antiguo en dos etapas, separadas por un intermedio:

1. *En el principio: las mujeres del recuerdo*. La Biblia judía ha recreado –a partir del exilio (siglo VI a.C.)– gran parte de la memoria de

---

2   Sobre el sentido de esos términos y de las siglas correspondientes de los libros bíblicos (con otras siglas), cf. Bibliografía e índices finales.
3   Cf. C. Meyers (ed.), *Women in Scripture. A Dictionary of Named and Unnamed Women in the Hebrew Bible, the Apocryphal/Deuterocanonical Books, and the New Testament*, Houghton Mifflin, Boston 2000.

Israel. No la recoge toda, pues ha dejado fuera, entre otros grupos, a los samaritanos, con su propia Biblia (Pentateuco), pero la que recoge y formula resulta muy significativa y ha marcado la historia posterior del judaísmo y de occidente. Así lo muestra la primera parte de este libro, que se ocupa de las mujeres anteriores al exilio.

2. *Mujeres en crisis: la mutación judía* (siglos VI-V a.C.). Los judíos han forjado su identidad tras la ruina de las instituciones anteriores. Ningún otro pueblo, que sepamos, ha sabido hacerlo como ellos, cambiando casi todo para conservarlo y potenciarlo todo, de otra forma. En sentido externo han sido más fieles al pasado (más conservadores) los israelitas samaritanos, pero no han sabido recrearlo como los judíos y, quizá por eso, han terminado despareciendo (sólo quedan unos pocos cientos). Los judíos, en cambio, han cambiado para permanecer; y en ese cambio ha influido de un modo especial el tema de las mujeres, como veremos.

3. *Eva: las grandes mujeres.* Sólo tras la crisis (a partir del siglo V al I a.C.), los maestros de la Biblia han podido elaborar su visión de la de mujer (Eva), desarrollando, al mismo tiempo, la figura, es decir, la historia simbólica de una serie de mujeres poderosas (Rut y Susana, Judit y Ester, la Sulamita y la Macabea, con Sara de Tobías y Asenet) que han configurado la historia de occidente, como indicará la tercera parte de este libro[4].

Por eso, este libro, que en un sentido puede tomarse como diccionario (enciclopedia), es de hecho una historia del sentido y función de la mujer (Eva) en la Escritura judía. En un primer nivel, la Biblia es un libro anti-feminista y anti-moderno, como recuerdan algunos críticos[5].

---

4   Asumo el consenso de historiadores, como H. Albertz, *Historia de la religión de Israel en tiempos del Antiguo Testamento* I-II, Trotta, Madrid 1999, que iré citando y que aparecen en la bibliografía.

5   Entre los temas que aducen están: (1) La mujer soltera es propiedad de su padre, que puede entregarla en matrimonio, cf. (Ex 22, 16-17) y venderla como esclava (Ex 21, 7). (2) La casada pertenece al marido, como la casa o el asno (Ex 20, 17; Dt 5, 18). (3) El hombre puede tener varias mujeres, la mujer en cambio sólo un hombre; si un casado se acuesta con una soltera no es pecado, pero si una casada se acuesta con cualquier hombre que no sea su marido ha de ser ajusticiada (cf. Ex 21, 10; Lv 20, 10; Dt 22, 22-24). (4) El marido puede expulsar a la mujer si no le agrada, la mujer no puede divorciarse del marido (Dt 24, 1-4). (5) Padre y marido pueden anular los votos, incluso religiosos, que hayan hecho sus hijas o esposas (Nm 30, 1-8). (6) Las

Pero sus leyes y narraciones deben valorarse en su contexto y en su despliegue histórico, de forma que, entendida así, la Biblia judía ofrece una promesa de humanidad, pues inicia un camino de valoración de la mujer que aún no ha culminado. Quien quiera saber más pase ya al libro y la Biblia, que es su tema[6].

San Morales de Tormes, Primavera 2011

---

mujeres son impuras en su menstruación y tras el parto, y nunca pueden entrar en los patios interiores del templo, ni ser sacerdotes (Lv 12, 2-5; 15, 1-16; 17, 1-7).

6 Al final de este libro, junto al «diccionario» de mujeres de la Biblia, podrá verse una bibliografía básica con los métodos y temas básicos que están relacionados con el estudio de las mujeres en la Biblia.

I
EN EL PRINCIPIO
LAS MUJERES DEL RECUERDO

La Biblia judía fija el recuerdo de un pueblo que ha querido recuperar su pasado para mantener abierto su futuro, tras un tiempo de exilio (entre los siglos V y II a.C.), cuando corría el riesgo de ser destruido. Esta fijación recreadora constituye un fenómeno sin precedentes y ha permitido que los judíos sean un pueblo distinto y siempre idéntico, a lo largo de de casi tres mil quinientos años de historia.

Otros pueblos (al menos de occidente) han perdido su memoria o han muerto. Ellos, en cambio, han afirmado y afirman que siguen siendo hijos de Abrahán y de Sara, que salieron de la esclavitud de Egipto, que construyeron un templo en Jerusalén y que fueron expulsados, para descubrir y recrear su identidad... En esa línea afirman que un grupo de mujeres primigenias (Sara y María, Débora y Ester, Raquel y Judit...) forman parte de su historia actual, como recuerdo permanente de humanidad.

En la primera parte del libro quiero evocar de un modo especial algunos rasgos de las primeras mujeres del recuerdo judío, que vivieron básicamente entre los siglos XII y VII a.C., siendo, por tanto, anteriores al exilio, es decir, al gran cambio de Israel, aunque todas ellas han sido recreadas desde el recuerdo, en una perspectiva posterior (en los siglos VI-IV a.C.), por los redactores del Pentateuco y de los libros histórico/proféticos que forman las dos primeras partes de la Biblia, para servir de ejemplo y guía a los judíos tras el tiempo del exilio, hasta la actualidad.

Son mujeres del judaísmo, y con ellas siguen conviviendo los rabinos y los fieles del Israel eterno, hasta el momento actual. Por eso, siendo antiguas, ellas siguen estando ahí, ante ellos (los judíos) y para todos los lectores de la Biblia (cristianos o musulmanes, creyentes o no creyentes) como testimonio de humanidad.

1
LAS DIOSAS BORRADAS

1. Yahvé y el recuerdo de las diosas[7]

En general, la mayoría de los pueblos empiezan recordando a las diosas, vinculando de esa forma lo divino con lo humano. Pues bien, en contra de eso, la Biblia judía ha tendido a borrar la figura de las diosas, elaborando, en cambio, el recuerdo de las madres (matriarcas) del pueblo, para indicar así que lo que importa de verdad no son las realidades «divinas», sino las humanas. Por eso hay en la Biblia narraciones extensas sobre Sara o Rebeca, con Lía y Raquel, pero no sobre Ashera o Astarté (o sus equivalentes), en contra de lo que sucede en Mesopotamia o en Grecia.

A pesar de ello, las diosas están en la Biblia (¡no podía ser de otra manera!), aunque hayan sido en gran parte tachadas. Ciertamente, las matriarcas humanas han crecido en el recuerdo de Israel, mientras que las diosas han tendido a ser borradas, pero esa «tachadura» no ha podido ser total, de manera que las diosas han dejado su sombra en diversos pasajes de la historia israelita.

Esta particularidad israelita (¡apenas queda el recuerdo de la diosa!) se debe al hecho de que, junto al politeísmo dominante en el entorno, ha influido un factor revolucionario: la figura de Yahvé, Dios sin imagen ni rasgos sexuales, un Dios monólatra (sólo él recibe adoración), trascendente y celoso (guerrero), propio de grupos nómadas, que fueron entrando en Canaán (hoy Palestina) entre el siglo XII y el X a.C., termi-

---

[7] La Biblia ha «recordado» a las diosas desde su perspectiva monoteísta, posterior al exilio. Visión de conjunto en M. Bauks, *Monotheismus* (AT), en WiBiLex, con amplia bibliografía. Sobre el sentido que ellas tuvieron en la historia anterior de los (pre-)israelitas, cf. O. Keel, *Das Recht der Bilder gesehen zu werden* (OBO 122), Freiburg 1992; *Gott weiblich: Eine verborgene Seite des biblischen Gottes*, Academic Press, Freiburg/Schweiz 2008; O. Keel-Ch. Uehlinger, *Göttinnen, Götter und Gottessymbole*, QD 134, Herder, Freiburg im Breisgau 2001; O. Keel-S. Schroer, *Eva – Mutter alles Lebendigen: Frauen- und Göttinnenidole aus dem Alten Orient*, Academic Press, Freiburg/Schweiz 1983; U. Winter, *Frau und Göttin. Exegetische und ikonographische Studien zum weiblichen Gottesbild im Alten Israel und in dessen Umwelt* (OBO 53), Freiburg/Schweiz 1983. Sobre las divinidades femeninas en Ugarit y la Biblia, cf. http://www2.div.ed.ac.uk/other/ugarit//wwwbib.htm.

nando por adueñarse de la tierra, tras siglos de dura convivencia con los cananeos.

En el surgimiento del Israel bíblico influyeron por lo tanto (al menos) dos elementos principales. (a) Algunos grupos cananeos autóctonos, básicamente pastores marginales, partidarios de la Diosa (el Dios/Diosa), con imágenes y lugares sagrados (templos), que habitaban en la tierra de Palestina. (b) Los defensores de Yahvé, un Dios guerrero, sin imagen ni sexo, más propio de grupos nómadas que vienen del desierto. Del enfrentamiento y fusión de esos grupos (a los que uniremos el recuerdo de los patriarcas/matriarcas trashumantes) ha surgido el monoteísmo judío posterior, propio de aquellos que terminaron expulsando (o recreando de otra manera) a la diosa, que se hallaba en el principio del proceso religioso de Israel, pero que después ha sido rechazada y borrada por los partidarios del «sólo Yahvé», sin figura femenina[8].

Quizá podamos decir que la Biblia, en su forma actual (en su redacción postexílica), ha nacido del rechazo de la diosa, partiendo de la crítica de los profetas oficiales (de los siglos VIII al VI a.C.), tal como se expresa en el culto oficial del templo de Jerusalén, tras la reforma deuteronomista (a finales del siglo VII a.C.) y, sobre todo, después del exilio (desde el siglo V a.C.). Pues bien, a pesar de eso, ella (la Ashera) ha sido, con el Toro/Baal, la representación religiosa más frecuente de Israel, entre el siglo X y el VI a.C., según las excavaciones arqueológicas. Eso significa que la ortodoxia yahvista tardó en imponerse, de manera que hasta el siglo VI a.C. dominaba en Israel la figura de la diosa.

Según eso, la figura de la diosa no era «extranjera», ni ajena al conjunto del pueblo que habitaba en Palestina, sino que se oponía sólo al grupo del «sólo Yahvé». Ella no provenía de fuera, es decir, de cultos extranjeros, sino que estaba arraigada en la experiencia de los cananeos autóctonos, integrados casi desde el principio (al menos desde el siglo XI a.C.) en la religión israelita. La Biblia judía posterior ha querido reprimir ese recuerdo, para reescribir la historia desde la perspectiva del Yahvé guerrero exclusivista y esa «erasio memoriae» ha marcado la visión posterior del judaísmo. Pero ese cambio no ha sido

---

[8] Empleo esa expresión (partidarios de «sólo Yahvé») en la línea utilizada por B. Lang, *Die Jahwe-allein-Bewegung*, en *Der einzige Gott. Die Geburt des biblischen Monotheismus*, München 1981, 47-83; cf. también Id., *Die Jahwe-Allein-Bewegung. Neue Erwägungen über die Anfänge des biblischen Monotheismus*, en M. Oeming-K. Schmitt (eds.), *Der eine Gott und die Götter. Polytheismus und Monotheismus im antiken Israel* (AThANT 82), Zürich 2003, 97-111.

total y ha terminado siendo en parte inútil, pues la huella de la diosa ha vuelto, como seguiremos viendo en este libro (cf. caps. 14 y 18).

En este contexto podemos aludir a las excavaciones arqueológicas. Lo que la Biblia había querido ocultar ha vuelto en forma de cientos de estatuillas, que recogen y recuerdan el culto de la diosa, no sólo en los tiempos anteriores a la conquista israelita (en torno al siglo XI a.C.), sino incluso más tarde. Ella, la diosa materna y/o femenina, aparece con mucha frecuencia y refleja la religiosidad personal o familiar y grupal de la mayor parte de los habitantes de la tierra (junto al toro de Baal, que es signo masculino de la fecundidad)[9].

Podríamos suponer que en el principio, cuando vino del desierto para instalarse en la tierra de Canaán y conquistarla con sus fieles guerreros, Yahvé no tenía esposas (Ashera), sino que aparecía como Dios solitario y celoso, incapaz de compartir su poder con una diosa. Pero con el tiempo, una vez instalado en Canaán, ese Dios de la furia del desierto (originario quizá de los madianitas), tendió a tomar esposa, como muestran dos famosas fórmulas de bendición que le asocian con su Ashera:

> a) Una se ha encontrado en *Kuntillet Ajrud*, cerca de Kades Barne, en el desierto sur de Judea, zona de cruce de caravanas, donde ha aparecido una vasija con un texto del siglo VIII a.C. (en pleno período profético) que dice: «Yo te bendigo por Yahvé de Samaría y por su *Ashera*». Así aparecen unidos, dios y diosa, como fuente de única bendición, de manera que el Yahvé solitario (Señor la guerra) aparece integrado con una pareja divina: él y su consorte (la Ashera) constituyen un único principio divino de bendición.
>
> b) Otra fórmula semejante, aunque algo posterior (siglo VI a.C.), ha aparecido en *Khirbet El-Qom*, cerca de Hebrón, sobre el pilar de una cueva funeraria, lo que prueba la importancia de la diosa, asociada a Yahvé, en pleno período monárquico, en un momento en que iban a iniciarse las «reformas yahvistas»: «Bendito sea

---

9 Éste es un tema vinculado a las «imágenes» de Dios, tal como ha destacado F. García López, *Iconismo y aniconismo bíblico*, Estudios bíblicos 66 (2008) 247-262. Para una visión general de la diosa en el antiguo Israel, desde una perspectiva teológica y arqueológica, cf. J. M. Hadley, *The Cult of Asherah in Ancient Israel and Judah: Evidence for a Hebrew Goddess*, Cambridge U.P., Cambridge 2000; O. Keel-Ch. Uehlinger, *Gods, Goddesses, and Images of God in Ancient Israel*, Fortress, Minneapolis 1999; U. Winter, *Frau und Göttin. Exegetische und ikonographische Studien zum weiblichen Gottesbild im Alten Israel und in dessen Umwelt* (OBO 53), Freiburg/Schweiz 1983.

Uriyahu por Yahvé y por su *Ashera*». Eso significa que en un plano popular, en la religión de la vida, por lo menos hasta el exilio, muchos israelitas han venerado a un Dios dual, masculino y femenino, sin que la religión «más oficial» del «sólo Yahvé» haya logrado imponerse[10].

Según eso, el culto a la Ashera pertenecía a un estrato antiguo de la religión judía, en la que aparece asociada como consorte del Dios supremo, definiendo un tipo de dualismo que podía haber determinado toda la religión judía posterior. En el origen de la realidad se encuentran, según eso, Dios y Diosa, lo masculino y lo femenino, bendiciendo a sus devotos. Sólo tras el exilio, rechazando (o borrando) esa dualidad y queriendo recuperar, en circunstancias distintas, la figura del «sólo Yahvé», que va más allá de lo masculino y femenino (que no es Dios ni Diosa, sino Señor sin imagen, ni forma), la religión israelita se centrará en un Dios trascendente, aunque con rasgos que parecen más masculinos[11].

En un sentido, se podría hablar de simbiosis, como si la unión de las dos figuras (Yahvé y Ashera) desembocara en el surgimiento de un Dios único, con el nombre de Yahvé (que tiende a mostrarse en forma masculina), pero que conserva rasgos femeninos de Ashera, es decir, de maternidad, de ternura y amor, como destacaremos al hablar de los

---

10 Además de obras citadas en la nota anterior, cf. S. Schroer, *In Israel gab es Bilder: Nachrichten von darstellender Kunst im Alten Testament* (OBO 74), Freiburg/Schweiz 1987; S. Schroer-O. Keel, *Die Ikonographie Palästinas/Israels und der Alte Orient: Eine Religionsgeschichte in Bildern* I-II, Academic Press, Freiburg 2005/2008. Cf. también O. Keel-C. Uehlinger, *Göttinnen, Götter und Gottessymbole. Neue Erkenntnisse zur Religionsgeschichte Israels aufgrund bislang unerschlossener ikonographischer Quellen* (QD 134), Freiburg/Schweiz 1992; M. Th. Wacker-E. Zenger (eds.), *Der Eine Gott und die Göttin. Gottesvorstellungen des biblischen Israel im Horizont feministischer Theologie* (QD 135), Freiburg im B. 1991; E. R. Willett, *Women and Household Shrines in Ancient Israel* (Ph. D. diss., University of Arizona), Tucson 1999; Z. Zevit, *Religions of Ancient Israel: A Synthesis of Parallactic Approaches*, Continuum, New York 2001.
11 Conforme a los textos anteriores, la bendición que más tarde se atribuye sólo a Yahvé, en un contexto sacerdotal (Nm 6, 24-27), pertenece en principio a Yahvé y a su Ashera, y especialmente a la Ashera, es decir, a la Diosa Madre, fuente de bendición y vida. Cf. M. Leuenberger, *Segen*, en WiBiLex. Id., *Segen und Segenstheologien im alten Israel. Untersuchungen zu ihren religions- und theologiegeschichtlichen Konstellationen und Transformationen* (AThANT 90), Zürich 2008; *Blessing in Text and Picture in Israel and the Levant. A Comparative Case Study on the Representation of Blessing in Chirbet el-Qom and on the Stela of Yechawmilk of Byblos*, BN 139 (2008) 61-77; 141 (2009) 67-89.

profetas y los libros sapienciales (caps. 14 y 18). Eso significa que Yahvé recibirá propiedades femeninas y maternas. Pero, en otro sentido, debemos afirmar que, más que una simbiosis ha existido, un rechazo y una condena. Ciertamente, Yahvé tendrá rasgos femeninos, pero en su estructura básica dominan los masculinos; más aún, él pierde su carácter relacional y tiende a presentarse como un «solitario» (sin imagen, ni compañía), en trascendencia pura, dejando así que los hombres y mujeres de la tierra (de la historia) tengan que definirse desde sí mismos, sin referencia a un dios-relación, masculino-femenino. Desde ese fondo quiero ocuparme de las diosas borradas, en especial de Ashera y Astarté, que, de alguna forma, se identifican (sus rasgos se confunden en varios momentos). A pesar de ello, he querido estudiarlas por separado, pues tienen raíces y formas (funciones) distintas.

2. Ashera, la madre[12]

Como vengo diciendo, en el principio de Israel había dos grupos más significativos: *el grupo del «sólo Yahvé»*, vinculado con los invasores, que vinieron del desierto del Sur (y/o de Egipto), y *el conjunto de los habitantes de Canaán*, que tendían a divinizar la tierra y el proceso de la vida. En el primer caso Dios era Yahvé, poder superior, sin forma ni imagen. En el segundo, era la pareja formada por *Ilu-Elohim* (Padre, masculino) e Ilat-Ashera (Madre, femenina), formando una hierogamia engendradora.

Para iluminar el trasfondo de esta segunda visión de lo divino podemos acudir a los textos prebíblicos de Ugarit (cultura cananea del norte de Fenicia, del siglo XII-XI a.C.) donde aparecen El/Ilu y Athiratu/Ashera, aunque más tarde, en el contexto de la Biblia, esa pareja ha sido relegada y en parte suplantada por Baal y Anat-Ashtarte.

---

12 Cf. S. Ackerman, *The Queen Mother and the Cult in Ancient Israel*, JBL 112 (1993) 385-401. K. H. Bernhardt, *Aschera in Ugarit und im Alten Testament*, en *Mitteilungen des Instituts fur Orientforschung*, 1967, 163-174; I. Cornelius, *The Many Faces of the Goddess. The Iconography of the Syro-Palestinian Goddesses Anat, Astarte, Qedeshet, and Asherah c. 1500-1000 BCE* (OBO 204), Freiburg/Schweiz 2004; M. Dietrich-O. Loretz, *Yahwe und seine Aschera*, UBL, Münster 1992; S. Olyan, *Asherah and the cult of Yahweh in Israel* (SBLMS 34), Atlanta 1988; C. Frevel, *Aschera und der Ausschließlichkeitsanspruch YHWHs* (BBB 94), Weinheim 1995; R. J. Pettey, *Asherah, Goddes of Israel*, AUS VII, 74, New York 1990; S. Wiggins, *A Reassesment of «Asherah». A study according to the textual sources of the first two millennia BCE* (AOAT 235), Neukirchen-Vluyn 1993.

a) El Esposo-Padre se llama *Ilu*, nombre que más tarde, tanto en hebreo (El, Elohim) como en árabe (Allah), ha pasado a significar simplemente Dios. Su función originaria consiste en engendrar todo lo que existe, especialmente a los dioses inferiores, que suelen llamarse *bn(e) il*, es decir, hijo o hijos de Dios. *Ilu* es *mlk* o rey (soberano y juez) y sabio/anciano (*ab shanim*, padre de años), guardián y sentido profundo de todo lo que existe.

b) La Esposa-Madre es *Athiratu-Ashera*, engendradora o creadora de los dioses (*qnyt ilm*), que normalmente se presentan como sus hijos. Ella recibe a veces el nombre de *Ilat*, es decir, la diosa por excelencia. También se le llama *Athiratu Ym*, diosa del mar, quizá en recuerdo de su origen marino: ella es reflejo de las aguas primigenias, portadoras de la vida. Los cananeos posteriores, igual que los hebreos, la presentan como *Ashera*, la gran Diosa Madre originaria.

En esta perspectiva, crear es engendrar, y así dioses y hombres forman parte de una misma cadena vital, como supone un famoso canto de Ugarit: «Voy a invocar a los dioses apuestos, a los voraces ya de sólo un día, que maman de los pezones de Athiratu, de los pezones de la Señora» (KTU 1.23, 23-24)[13]. Athiratu-Ashera es madre de leche abundante y de pechos fecundos, signo de fertilidad, señora de la generación y así, representada por dos sacerdotisas o consagradas, preside con Ilu, su esposo, el gran rito:

> Se dirigió Ilu a la orilla del Mar, y marchó a la orilla del océano. Tomó Ilu a las dos consagradas... Mira, una se agachaba, la otra se alzaba. Mira, una gritaba ¡padre, padre!, la otra ¡madre, madre! Se alargaba la mano (= miembro) de Ilu como el mar, la mano de Ilu como la marea... Tomó Ilu a dos consagradas... (KTU 1.23, 30-36).

El ritual nos sitúa ante las grandes aguas, lugar del que proviene Ashera y donde están sus consagradas, ante las que Ilu muestra su potencia y engendra todo lo que existe, en gesto de fecundidad y deseo, que sus fieles celebran en el rito hierogámico del templo donde las hieródulas

---

[13] Citas de los textos de Ugarit (=KTU) siguiendo la edición M. Dietrich (ed.), *Die keilalphabetische Texte aus Ugarit. I. Transcription*, Kevelaer, Neukirchen-Vluyn 1976. Traducción G. del Olmo, *Mitos y leyendas de Canaán según la tradición de Ugarit. Textos, versión y estudio*, Cristiandad, Madrid 1981. Cf. Th. H. Gaster, *Thespis. Ritual, myth and drama in the Ancient Near East*, Harper, New York 1961.

I. EN EL PRINCIPIO. LAS MUJERES DEL RECUERDO

o sacerdotisas (representantes de Ashera) vuelven a ser poseídas (fecundadas) por el Dios de gran potencia. Ilu se define por su miembro, Athiratu por sus pechos. Los dos unidos forman el principio de la vida y así de su unión brotan los dioses apuestos: Sahru, la Aurora (hebreo sahar), y Salimu, el Ocaso (hebreo salem), es decir, el día entero, principio y fin de la existencia.

Este culto a la diosa madre aparece bien atestiguado en la vida y religión de Israel por lo menos hasta la reforma de Josías y el exilio (finales del siglo VII y principios del VI a.C.). Ciertamente, al cumplirse ese período se fue imponiendo Yahvé, como Dios único, asexuado y sin imagen, el Dios del desierto y la conquista de la tierra, que se vincula al fin, de un modo especial, con la ciudad y templo de Jerusalén. Pero seguían venerándose a su lado otros dioses y en especial Ashera, madre divina engendradora.

De todas formas, la palabra *ashera* puede significar tanto la diosa como su imagen o lugar de culto, vinculado en especial a los árboles y a las fuentes, pero también a las figuras de las diosas-madres (de grandes pechos). Pues bien, los partidarios de «sólo Yahvé» han condenado de un modo tajante no sólo a la Ashera-Diosa, sino también a sus signos, como muestran una serie de textos que parecen vinculados a un «pacto de conquista» entre Yahvé y sus fieles, a quienes él promete la tierra, exigiendo que destruyan el culto de la diosa:

> «Destruiréis sus altares, quebraréis sus estelas sagradas, destruiréis sus imágenes de Ashera y quemaréis sus esculturas en el fuego» (Ex 34, 5). «Derribaréis sus altares, quebraréis sus estelas sagradas y destruiréis sus imágenes de Ashera» (Dt 7, 5). «Derribaréis sus altares, quebraréis sus estatuas, quemaréis sus imágenes de Ashera, destruiréis las esculturas de sus dioses y borraréis su nombre de aquel lugar» (Dt 12, 3). «No plantarás ningún árbol para Ashera cerca del altar de Yahvé, tu Dios, que hayas edificado» (Dt 16, 21).

Este culto a la Ashera, que los yahvistas más fieles querían erradicar, formaba parte de la religión normal de los israelitas que, conforme a la tradición constante de los libros históricos (1 y 2 Re), se celebraba en los «bamot», «lugares altos», pequeñas cumbres de colinas, al aire libre, donde solía reunirse la familia o el clan. Esos «lugares altos» constaban básicamente de una estela/estatua, es decir, de un monolito que era signo masculino de Dios, y de una «ashera», signo femenino, representado básicamente por un árbol sagrado (o por una fuente de la diosa). Lo divino aparecía de esa forma como expresión de totalidad cósmica y vital, que podía hallarse vinculada con la memoria del mismo Yahvé (vinculado a su Ashera).

La mayor parte de los israelitas no vieron contradicción entre este culto de los «altozanos», donde lo divino podía aparecer como masculino-femenino (con sus signos especiales), y la soberanía de Yahvé, Dios único, venerado de un modo especial en Jerusalén (como Dios único, sin imagen ninguna). Pero, en un momento dado, desde el reinado de Ezequías (727-698 a.C.; cf. 2 Re 18, 4) y especialmente con la reforma deuteronomista de Josías (640-609), los partidarios del «sólo Yahvé» lograron imponerse y desacralizaron estos «altozanos» con sus estelas/monolitos y sus árboles sagrados, para imponer la religión de «sólo Yahvé» desde el templo de Jerusalén. En un sentido, esta supresión de los «altozanos» con sus signos de Dios y su Ashera puede interpretarse como un avance en el proceso de profundización de la religión israelita. Pero en otro ha supuesto una pérdida, pues ha conducido a un empobrecimiento en la visión de Dios, que pierde su aspecto femenino y su vinculación concreta con la tierra.

3. Astarté y Baal. La nueva diosa[14]

Astarté/Anat es con Ashera la diosa más importante de la tradición israelita y una de las figuras más significativas de la mitología semita, que ha tenido un gran influjo en la religiosidad de oriente (con Ishtar/Attargatis e incluso Afrodita). En algunos momentos, Astarté puede identificarse con Ashera y así aparece relacionada con Baal, en la ordalía del Carmelo (donde se habla de profetas de Baal y Ashera: cf. 1 Re 18). Pero, en principio, Ashera y Astarté son diferentes. Ashera es la Madre y su pareja es Ilu/Elohim/Allah. Astarté, en cambio, es «Diosa activa» (fundadora del orden social) y suele estar asociada con Baal, como indicaré en tres momentos. (a) Entorno semita, Ishtar, la gran diosa semita. (b) Trasfondo palestino, Anat. (c) Presencia bíblica: Astarté.

---

14 Visión de conjunto en R. Schmitt, *Astarte*, WiBiLex. Cf. W. Herrmann, *Aštart*, MIO 15 (1969) 6-52; A. Caquot, *Le Dieu Athtar et les Textes de Ras Shamra*: Syria. Revue d'Art Oriental et d'Archéologie (1958) 45-60; M. Astour, *La Triade de Déesses de Fertilité à Ugarit et en Grèce*, Ugaritica, 1969, 9-23; I. Cornelius, *The Many Faces of the Goddess* (OBO 204), Freiburg/Schweiz 2004.

a) *Entorno semita: Isthar*[15]

Es la diosa central de Mesopotamia, expresión suprema de la divinidad en el oriente antiguo, uno de los símbolos femeninos principales de la historia de las religiones. Ella sobresale en Babilonia como signo de armonía femenina en la que todos (hombres y mujeres) pueden integrarse. De esa forma actúa a modo de contrapeso de Marduk, Señor violento y guerrero.

Ishtar (Astarté) es femenina, pero tiende a presentarse como diosa total y así aparece con funciones y poderes más extensos que los vinculados a los dioses masculinos. Ella conserva todavía rasgos de gran madre y recuerda, al mismo tiempo, el lado acogedor y creativo de la vida y de la muerte. (1) Es Venus, *lucero matutino*, amor como principio de la vida, la fuerza creadora que penetra y lo produce todo. (2) Es Marte, *estrella vespertina* que se esconde en las regiones inferiores, como principio de muerte que amenaza, para convertirse nuevamente, cada día, en amor que vuelve. (3) Ella es, en fin, el signo del *orden de la tierra*, apareciendo como garantía de un amor que lo vincula y lo sostiene todo[16]. Así aparece vinculada al cielo y al infierno, al nacimiento y a la destrucción, a la maternidad y al crecimiento de los seres, como indica su himno:

> Alabada sea Ishtar, la más temible de las diosas,
> reina de las mujeres, llena de vida, encanto y deseo...
> De labios es dulce, hay vida en su boca...
> Es gloriosa; hay velos echados sobre su cabeza.
> Su cuerpo es bello, sus ojos brillantes.
> Es la diosa: ¡en ella hay consejo!
> El hado de todo tiene ella en su mano.
> A su mirada surge la alegría, es poder,
> magnificencia, deidad protectora y espíritu guardián...

---

15 Himno a Ishtar en J. B. Pritchard (ed.), *Sabiduría del Antiguo Oriente*, Garriga, Barcelona 1966 (=SAO). Textos en F. Lara, *Mitos sumerios y acadios*, Nacional, Madrid 1984. Interpretación antropológica en L. Cencillo, *Mito. Semántica y realidad*, BAC, Madrid 1970. Cf. E. O. James, *The Cult of the Mother Goddess*, Barnes and Noble, New York 1959; Ch. Downing, *The Goddess. Mythological images of the feminine*, Crossroad, New York 1981; E. Neumann, *La grande Madre*, Astrolabio, Roma 1981.

16 Ishtar es la forma babilonia de una Gran Diosa que aparece en casi todo el cercano oriente antiguo, especialmente en el ámbito semita. Ella es Ashtarté para los cananeos, Atargatis para los sirios, Athtar para los árabes, Ashtar para los moabitas y Artemisa para los griegos, pero su figura se ha vinculado sobre todo (en los primeros tiempos de la era cristiana) con los signos de Isis.

> Fuertes, exaltados, espléndidos son sus decretos...
> Respetada es su palabra: es suprema entre los dioses.
> (SAO 274-274).

Es la diosa total, que simboliza y desvela los tres aspectos fundamentales de vida-amor, orden social y muerte, que aparecen así como expresiones de un mismo principio divino. Frente a la lógica masculina de tipo más racionalista o unilateral (que actúa por exclusión y violencia) se eleva aquí la lógica de la totalidad femenina. El Dios patriarcal masculino tiende a imponerse por exclusiones, como Marduk, que mata a su madre (Tiamat) para reinar en su lugar. Isthar, en cambio, vincula los diversos aspectos de la vida y actúa por inclusiones; en su divinidad pueden vincularse todos.

b) *Diosa cananea: Astarté/Anat y Ba'lu/Baal*[17]

Que nosotros sepamos, la religión cananea no ha desarrollado la figura de Ishtar como en Babilonia, pero en su lugar aparece Anat/Astarté, que cumple una función importante, al lado de Baal (hijo de Ilu/Ashera), Dios poderoso que ha vencido al caos del mar y que garantiza desde su palacio superior la estabilidad y la vida en el mundo. Baal tiene el poder del cielo y la tormenta, es fuente de fecundidad, Señor del universo. Pero su dominio se encuentra amenazado por Môtu, la muerte, con quien comparte el dominio sobre el mundo. Por eso, para superar la muerte y retornar de nuevo a la existencia necesita la ayuda de su pareja Anat/Astarté.

Baal (¡el Señor!) es un dios paradójico: tiene gran poder sobre el cielo y así lo muestra a través del rayo y la tormenta, fecundando la tierra; pero, al mismo tiempo, muere cada año, cayendo bajo el dominio de Môtu, en los espacios inferiores de la misma tierra (como signo del ciclo de vegetación). Es un dios cambiante, vencedor y vencido, destructor y destruido y sólo puede mantenerse si le sostiene su hermana/amante, 'Anatu, que así aparece como principio de poder y de estabilidad sagrada: mientras el Dios varón varía (muere y resucita, domina y es dominado), ella se mantiene firme y permanece como signo de estabilidad por encima de los cambios de la vida y de la muerte. Ambos son dioses de la

---

[17] Sigo citando los textos de Ugarit por KTU (M. Dietrich [ed.], *Die keilalphabetische Texte aus Ugarit* I. *Transcription*, Kevelaer, Neukirchen-Vluyn 1976). Traducción G. del Olmo, *Mitos y leyendas de Canaán según la tradición de Ugarit. Textos, versión y estudio*, Cristiandad, Madrid 1981.

realidad concreta en la que varón y mujer se unen para expandir la vida, asumiendo y superando así la muerte.

Pero vengamos al mito. Baal ha vencido al Mar, ha destruido a Lôtanu (Leviatán), la serpiente tortuosa del caos (cf. Sal 74, 14; 94, 26; Is 27, 1; Ez 29, 3-5; Job 41), pero no puede superar a Môtu, la muerte (cf. KTU 1.5.I, 24-30) y así dice, cuando cae derrotado: «Mensaje de Ba'lu, el victorioso, palabra del héroe poderoso: ¡Salve, oh divino Môtu, siervo tuyo soy para siempre!» (1.5.II, 10-11). Baal, señor de las nubes, dueño del agua, se convierte de esa forma en siervo ('bd) de Môtu, bajando a la morada inferior de la tierra (1.5.V, 15). Pero él no ha muerto del todo porque antes de bajar al fondo de la tierra ha dejado en ella su semen de vida:

> Ba'lu, el Victorioso, amó a una Novilla en la Tierra de la enfermedad, a una vaca en los campos de la Orilla de la mortandad. Yació con ella setenta y siete veces, la montó ochenta y ocho; y ella concibió y parió a un muchacho (1.5.V, 17-21).

Éste es Baal/Ba'lu, Dios Toro (recuérdese el Becerro de Oro en Ex 32), que, antes de bajar al abismo, fecunda a la novilla sagrada ('Anatu, su hermana/amante), signo de la tierra que acoge la vida de su esposo. De esa forma se vinculan vida y muerte, en un proceso en el que la misma divinidad se encuentra inmersa en el ciclo cósmico. Lógicamente, la muerte de Ba'lu se expresa en una intensa liturgia de duelo: «¡Ha perecido Ba'lu! ¿Qué será del pueblo? ¡Está muerto el hijo de Daganu (= de Ilu)! ¿Qué será de la multitud? ¡En pos de Ba'lu hemos de bajar a la tierra!» (1.6.I, 6-8). En esa liturgia que vincula al hombre con el llanto de los dioses, destaca la acción de 'Anatu:

> «(Le tomó en sus hombros), le subió a las cumbres del Safón, le lloró y le sepultó, le puso en las cavernas de los dioses de la tierra» (1.6.I, 15-18). «Ha muerto Ba'lu y nadie puede ocupar su trono ni reinar en su lugar. Está triste la tierra, postrados los dioses. Sólo *'Anatu*, la Doncella, se mantiene vigilante, después de haberle enterrado en la cueva de la montaña. Un día y más días pasaron, y 'Anatu, la Doncella, le buscó. Como el corazón de la vaca por su ternero, como el de la oveja por su cordero, así batía el corazón de 'Anatu por Ba'lu. Agarró a Môtu por el borde del vestido, por el extremo del manto: alzó su voz y exclamó: ¡Venga, Môtu, dame a mi hermano!» (1, 6.II, 4-11).

'Anatu, tierra amante, mantiene la memoria de Ba'lu, luchando contra Motu: «Un día y más días pasaron; los días se hicieron meses; 'Anatu la

Doncella (Virgen, siempre joven), le buscó... Agarró al divino Môtu, con el cuchillo le partió; con el bieldo le bieldó, en el fuego le quemó, con piedras de molienda le trituró, en el campo lo diseminó» (1.6.II, 26-34). Ésta es una clara escena de siega y de trilla. La Virgen 'Anatu, divina trilladora, corta y aventa, quema y tritura a Môtu, que así aparece como la otra cara de Ba'lu, pues ambos vienen a mostrarse como signo de una misma alternancia de muerte y vida, invierno y verano.

En este contexto, Ba'lu es signo divino de vida, pero sólo con su amante/hermana 'Anatu. Muere el varón, que es signo del agua y del trigo (es la cosecha), perece el triunfador del rayo. Pero su hermana/amante está firme y le busca de nuevo, venciendo a la muerte y haciendo que resucite en Señor de la Vida. Desde ese fondo se entiende el final del gran drama, que el texto presenta como «sueño» del Dios Ilu: «¡Pero está vivo Ba'lu, el Victorioso, está en su ser el Príncipe, Señor de la tierra! Los cielos lluevan aceite, los torrentes fluyan miel! Yo lo sé: está vivo Ba'lu, el Victorioso, está en su ser el Príncipe, Señor de la tierra» (1.6.III, 2-8).

Ha estado seca la gleba, resecos los surcos del sembrado, abandonado el campo, turbado el mar (cf 1.6.IV-V), pero ahora que 'Anatu ha vencido a Môtu, puede alzarse Ba'lu victorioso. Junto a la primera pareja de dioses (Ilu/Ashera), con una función básicamente engendradora, viene a desvelarse así esta nueva pareja (Ba'lu y 'Anatu), que preside y define el sentido actual del mundo[18].

c) *Astarté, una diosa en el entorno de la Biblia*

La figura de *Baal* ha crecido en importancia, de tal forma que en los siglos IX-VIII a.C. vino a presentarse como antagonista principal del Dios Yahvé para los hebreos, mientras El-Ilu casi desaparece de la Biblia, absorbido por Yahvé-Elohim. Pues bien, en el contexto bíblico, al lado de

---

18 'Anatu, inicia y dirige el movimiento de la vida, que conduce a la recuperación/resurrección anual de Ba'lu en las riberas de Samaku (probablemente el lago Hule, en el alto Jordán). La victoria de Ba'lu depende de ella: «Entonces alzó sus ojos Ba'lu, el Victorioso, alzó sus ojos y vio a la Virgen 'Anatu, la más graciosa entre las hermanas de Ba'lu. Ante ella se apresuró a ponerse, a sus pies se prosternó y cayó» (1.10.II, 13-16)... La continuación del texto presenta ciertas dificultades de traducción, pero es claro que 'Anatu y Ba'lu aparecen representados de manera teriomorfa, como amantes animales. Él es toro, ella novilla; juntos expresan el principio germinante de la vida, el orden del universo. Él se expresa por el rayo/tormenta; ella es la fuerza de la tierra. Los dos se necesitan, fuertemente se aman, en tensión que da sentido (que mantiene) todo lo que existe. Son muy valiosos, pero, según la Biblia israelita, les falta identidad personal y trascendencia; no existen por sí mismos, ni pueden fundar un orden de justicia.

Ba'lu no suele encontrarse ya Astarté (Ashtartu-'Anatu), como en los textos de Ugarit, sino la misma Ashera, que asume ahora los rasgos y funciones de Astarté, mostrándose así como gran diosa femenina abarcadora. Pero Astarté (=Astarot, Astoret) no se esfuma del todo, como muestra no sólo su pervivencia en diversos toponímicos (cf. Gn 14, 15; Dt 1, 4; Jos 9, 10; 12, 4; 13, 12), sino el hecho de que la Biblia critique su culto. Parece menos popular que Ashera, pero tiene también mucha importancia:

1. *Astarté aparece en el libro de los Jueces*, como causante de la caída e idolatría de los israelitas, que «dejaron a Yahvé, y adoraron a Baal y a Astarot» (Jue 2, 13). «Pero los hijos de Israel volvieron a hacer lo malo ante los ojos de Yahvé y sirvieron a los Baales y a Astarot, a los dioses de Siria, a los dioses de Sidón, a los dioses de Moab, a los dioses de los hijos de Amón y a los dioses de los filisteos. Abandonaron a Yahvé y no lo sirvieron» (Jue 10, 6). En el primer pasaje Baal y Astarté forman una pareja, como en los textos de Ugarit. Pero en el segundo Astarté aparece como figura independiente, vinculada a los dioses de los países del entorno.

2. *Está vinculada a la memoria de Samuel y su reforma religiosa*: «Habló entonces Samuel a toda la casa de Israel, diciendo: Si de todo vuestro corazón os volvéis a Yahvé, quitad de entre vosotros los dioses ajenos y a Astarot, dedicad vuestro corazón a Yahvé y servidle sólo a él, y él os librará de manos de los filisteos. Entonces los hijos de Israel quitaron a los baales y a Astarot, y sirvieron sólo a Yahvé» (1 Sm 7, 3-4). Este pasaje, lo mismo que el correspondiente a 1 Sm 12, 10, habla de los baales en general (como poderes divinos de tipo masculino), mientras presenta a Astarté como diosa única. En ese mismo contexto de lucha contra el baalismo y el culto de Astarté se sitúa la noticia de que los filisteos, tras vencer al rey Saúl (apoyado por Samuel), «pusieron sus armas en el templo de Astarot y colgaron su cuerpo en el muro de Bet-sheán», (1 Sm 12, 10); es evidente que ellos consideran a Astarté como la vencedora.

3. *Es diosa de los sidonios*. En esa línea, y a pesar de los textos que la vinculan a Baal, figura venerada por los israelitas, Astarté aparece en la Biblia más relacionada con los cultos extranjeros y especialmente con la ciudad fenicia de Sidón: «Cuando Salomón era ya viejo, sus mujeres le inclinaron el corazón tras dioses ajenos... y siguió a Astoret, diosa de los sidonios, y a Molok, ídolo abominable de los amonitas... y a Qamós, dios de Moab...» (cf. 1.

Re 11, 5; 5, 33). Lo mismo se dice al evocar la reforma de Josías, que profanó y destruyó los lugares que Salomón había construido en un colina, frente a Jerusalén, en honor de Astoret, «ídolo abominable de los sidonios» y de Molok y Qamós (cf. 2 Re 3, 11).

Astarté (Ishtar, Anat, Afrodita...) recoge así elementos de Ashera y aparece como figura femenina de Dios, vinculada a la fertilidad y a la vida, al amor (fraterno/esponsal) y a la victoria sobre la muerte. Significativamente en el centro parece estar Baal, que resucita, pero lo hace por impulso de ella, que es el signo de la vida que vence a la muerte, integrada en el círculo de la naturaleza, donde todo se repite sin fin, sin verdadera trascendencia ni futuro de salvación. Por eso, al final de su camino, tanto el judaísmo como el cristianismo han descubierto y han dicho que Ishtar/Astarté no era garantía ni signo de salvación.

4. Otras figuras divinas

Al lado de las ya citadas, en el fondo de la Biblia judía aparecen, a menudo en formas veladas, otras diosas o potencias femeninas, que pueden entenderse como resto de religiones anteriores o como figuras de folklore. Yahvé tiende a llenar todo el espacio religioso, pero no ha podido impedir el influjo y presencia de esas diosas.

a) La Reina de los cielos[19]

El profeta Jeremías (cf. cap. 12) muestra la importancia que la Gran Madre del Cielo (un tipo de Ashera) ha tenido, junto al culto del templo de Jerusalén, hasta el momento de su destrucción por los babilonios, el 587 a.C. Al lado del culto más oficial al Rey Yahvé, sin imagen ni pareja, impuesto en el templo de Jerusalén por Josías (en torno al 621 a.C.), mujeres y hombres siguieron adorando a la Reina Celeste, como responden las mujeres diciendo que ellas y sus maridos seguirán ofreciendo libaciones y quemando incienso a la Reina del Cielo (Jr 44, 16-19).

Estas mujeres se oponen a la reforma de Josías (639-609 a.C.), que quiso «refundar» la religión de Israel de un modo estrictamente monoteísta, centralizando el culto y rechazando a las diosas de Jerusalén y de

---

19 Cf. M. Delcor, *Le culte de la 'Reine du Ciel' selon Jer 7, 18; 44, 17-19.25 et ses survivances*, en W. L. Delsman (ed.), en *FS JPM fan der Ploeg*, Kevelaer, Neukirchen-Vluyn 1982, 201-224.

los santuarios de Judá. Esa reforma está en l a base de los monoteísmos posteriores (judío, cristiano y musulmán) y tiene, sin duda, elementos positivos, pero ella aparece aquí vinculada también con un tipo de «fracaso» israelita, pues estas mujeres dicen que «tras dejar de adorar a la Diosa les han llegado todos los males...».

Es evidente que, desde la muerte de Josías (609 a.C.), en el campo de batalla de Meguido (abandonado al parecer por el Dios al que quería defender), los habitantes de Jerusalén han sufrido infinidad de males. El tema es saber si el culto de la Diosa les podía haber liberado de esos males... y, sobre todo, si ese culto les hubiera ayudado a entender y reinterpretar su experiencia de fracaso, como harán los profetas del exilio y del primer postexilio apelando al Dios que les ayuda precisamente en la derrota.

Se ha dicho que esta Reina del Cielo ha sido importada en Israel (Jerusalén) desde Mesopotamia y que ella se identifica sin más con Ishtar. Ciertamente, sus relaciones con Ishtar parecen claras, pero todo nos permite suponer que ella y su culto (libaciones, tortas de pan dulce: Jr 7, 18; 44, 17.18.19) tienen un origen cananeo y pueden vincularse con las figuras de Anat/Astarté. En este contexto, resulta significativo el hecho de que este culto a la Reina del Cielo se encuentre vinculado con mujeres (y quizá con mujeres de cierto estatus social), lo que podría indicar la poca importancia que ellas tenían en el culto yahvista oficial.

b) Lilit[20]

Figura femenina de carácter ambiguo, que la Biblia cita solamente una vez (Is 34, 14), vinculándola con la destrucción de la ciudad principal de Edom, de la que se dice: «Los sátiros habitarán en ella... En sus alcázares crecerán espinos, ortigas y cardos en sus fortalezas; será morada de chacales y dominio de avestruces. Los gatos salvajes se juntarán con

---

20 Visión panorámica en H. Frey-Anthes, *Lilit*, WiBiLex. Cf. También J. Bril, *Lilith ou la Mère obscure*, Payot, Paris 1981; H Rousseau, *Le Dieu du Mal*, PUF, Paris 1963; D. Braunschweig-M. Fain, *Eros et Antéros. Réflexions psychanalytiques sur la sexualité*, Payot, Paris 1971; W. Fauth, *Lilits und Astarten in aramäischen, mandäischen und syrischen Zaubertexten*, WO 17 (1986) 66-94; D. Opitz, Die *vogelfüßige Göttin auf den Löwen* (mit 6 Abbildungen), AfO 11 (1936-37) 350-353; D. R. West, *Some Cults of Greek Goddesses and Female Daemons of Oriental Origin especially in relation to the mythology of goddesses and daemons in the Semitic world* (AOAT 233), Neukirchen-Vluyn 1995; V. Zingsem, *Lilith. Adams erste Frau*, Reclam, Leipzig 2000; O. Solórzano, *Lilith: La Diosa de la noche, una historia negada*, ENAH, México D.F. 2000.

hienas y un sátiro llamará al otro; también allí reposará Lilit y en él encontrará descanso» (Is 34, 12.14).

En este contexto, ella aparece como un signo de destrucción y muerte, vinculada al desierto y a las ruinas, reina de la noche (Layla), nombre con el que parece etimológicamente vinculada. Sin embargo, en su origen, ella ha cumplido una función más positiva y se conoce desde antiguo, en Babilonia, como una especie de genio sagrado, divinidad femenina del origen y el misterio de la vida, atrayente, enigmática. Es una bellísima mujer, en la flor de su edad, pero con alas y extremidades inferiores de pájaro rapaz. Está de pie sobre dos leones que están a su servicio (son signo de su fuerza), flanqueada por dos grandes búhos que exploran en la noche. Lleva un tocado de diosa y sostiene en sus manos un tipo de argolla, que parece evocar el círculo de eterno retorno de la vida. Ella es el principio de la existencia, es la expresión del enigma insondable de la realidad, en forma de mujer que fascina, desde el centro de una naturaleza sagrada, que es fuerza, principio de amor y de muerte.

Se trata, evidentemente, de una diosa de la noche sagrada y del amor misterioso, oscuro y atrayente. Como buen israelita, Isaías condena y rechaza su figura, arrojándola fuera del espacio en que habitan los buenos creyentes, resguardados por Dios, para que se pierda sin fin en las ruinas de Edom, reino maldito. En ese contexto resulta muy significativa la traducción de san Jerónimo, que identifica a Lilit con un tipo de *daimon* femenino, llamado Lamia («ibi cubavit Lamia et invenit sibi requiem»: allí habitó la Lamia y encontró su descanso), figura que ha estado presente en la mitología y folklore de muchos pueblos, hasta tiempos muy recientes.

Lilit y la gran Lamia (todas las lamias), han sido una expresión del riesgo demoníaco de la atracción y la fecundidad femenina, visto desde la perspectiva del varón al que pueden atraer, engañar y destruir. Pero es evidente que en el fondo de muchas tradiciones antiguas, Lilit y las lamias han cumplido funciones más positivas, presentándose como aspecto femenino de Dios o como esposa sagrada (más sagrada) de los hombres. En esa línea avanza la tradición de la Cábala, que ha recibido su forma clásica en el libro del Zohar (escrito a finales del siglo XIII por Moisés de León), donde Lilit aparece como la primera esposa «divina» de Adán, más sagrada y misteriosa que Eva, su segunda esposa, que es humana, después de la caída.

I. En el principio. Las mujeres del recuerdo

Más que una mujer mortal, concreta, esta Lilit es la diosa de la noche (del origen y fin de la vida), la energía creadora y destructora con la que Adán no logra nunca acostarse (vincularse) del todo, porque le sobrepasa. Por eso, en su lugar, ha tenido que surgir Eva, la mujer concreta, que ofrece también rasgos negativos (sigue siendo tentadora), pero que cumple ya una función histórica, de mujer sometida y madre de los hijos de Adán.

Eva sería la mujer sumisa, al servicio del mundo patriarcal. Lilit, en cambio, nunca ha podido ser sometida y así sigue mostrándose no sólo en los textos más enigmáticos del Zohar, sino en muchas representaciones literarias y artísticas de la historia de occidente, como signo de un amor que sobrepasa a los varones concretos. Ella no aparece casi nunca como el eterno femenino positivo, simplemente amoroso (al servicio de los varones), sino como expresión de la independencia femenina (mirada siempre desde la perspectiva masculina): es la mujer fatal, el amor más hondo y el riesgo de la destrucción. Es bruja y amiga, es diablo y es diosa. Quizá es la expresión del riesgo del amor femenino, mirado desde el hombre. «Lilit representa el arquetipo de lo femenino negado por una cultura patriarcal y ha servido como estandarte del feminismo. Ella fue la única capaz de articular el impronunciable y verdadero nombre de Dios. Es la efigie del erotismo femenino, de la sexualidad desbordante y natural de la mujer que aparece intensamente atractiva, y a la vez, potencialmente peligrosa en los sueños de los hombres solos. «Lilit comparte la misma historia de las sirenas, las amazonas, las hetairas, todas ellas figuras femeninas que han intentado asumirse como mujeres libres, sin ninguna necesidad de someterse a los hombres»[21].

c) Rahab[22]

Es un monstruo femenino y aparece como serpiente de las aguas primigenias. Conforme al sentido hebreo del término (acosar, amotinarse,

---

21 Cf. O. Solórzano, 73. Algunos grupos feministas de la actualidad la toman como signo de liberación. En esa línea, ella puede realizar una función positiva, poniendo de relieve la autonomía de la mujer. Pero su figura puede convertirse también en signo de una incapacidad de amor: Lilit era la parte femenina de Adán (o de Dios), pero Adán nunca pudo habitar en armonía con ella, expresando así el carácter imposible de un amor divino. Por eso, frente a Lilit fue necesaria Eva, que no debe entenderse ya como mujer sometida, sino como compañera de amor (y en amor) para el varón.

22 J. Day, *God's Conflict with the Dragon and the Sea. Echoes of a Canaanite Myth*, Cambridge UP, 1985.

ava sallar), ella es la Amenazadora y puede tomarse como personificación del caos, que se eleva contra el Dios bueno y pretende dominarlo todo. Así aparece vinculada a la batalla primigenia en la que Yahvé, Dios bueno, creador del orden, ha vencido y dominado a la divinidad femenina del caos, como dice el libro Isaías:

> Despiértate, despiértate, vístete de poder, oh brazo de Yahvé; despiértate como en el tiempo antiguo, en los siglos pasados. ¿No eres tú el que cortó a Rahab, y el que hirió a Tanin? ¿No eres tú el que secó el mar, las aguas del gran abismo; el que transformó en camino las profundidades del mar para que pasaran los redimidos? (Is 51, 9-10).

El texto ha vinculado las «tres aguas enemigas»: las del Caos primero (Rahab-Tanín), las del Mar Rojo en el Éxodo de Egipto (cuando Yahv37é lo secó para que salieran los hebreos) y las aguas que los rescatados de Dios deberán vencer al final de los tiempos. En este contexto se sitúa la victoria de Yahvé sobre Rahab, una imagen femenina del caos. Siguiendo en esa línea, el nombre de Rahab se evoca también en varios textos poéticos, donde el mar se personifica como poder que se opone a Dios (cf. Job 26, 12; Sal 89, 11). Con ese nombre se designa a Egipto (cf. Sal 87, 4; Is 30, 7), como monstruo maléfico de las aguas. En el Sal 40, 5 se habla de unos misteriosos *rehabim*, que pueden interpretarse como poderes mítico-simbólicos que ayudan a Rahab.

d) Tehom[23]

Nombre hebreo que significa aguas subterráneas y alude al caos de las corrientes primitivas de las que brotó la creación (cf. Gn 1, 2). Se relaciona etimológicamente con Tiamat, Diosa madre acádica de las aguas primigenias, vencidas por Marduk, a través de un proceso civilizador violento que marca el surgimiento de la cultura (como en Gn 1, 1-2). La palabra Tehom aparece unas veinte veces en la Biblia hebrea (cf. Gn 1, 2; 7, 11; 8, 2; Job 38, 14.16.30; Sal 42, 8; 104, 6, etc.) y suele traducirse casi siempre como «abismo»: inmensidad de las aguas primordiales de las que todo ha brotado. A veces se compara con el Sheol o con los grandes

---

23 Además de la obra de J. Day, citada en nota anterior, cf. I. Rapaport, *The Babylonian Poem Enuma Elish and Genesis Chapter One*, Hawthorn Press, Melbourne 1979; D. T. Tsumura, *The Earth and the Waters in Genesis 1 and 2* (JSOTSup 83), Sheffield 1989; M. K. Wakeman, *God's Battle with the Monster: A Study in Biblical Imagery*, Brill, Leiden 1973.

monstruos de las aguas (Tannin, Leviatán) e incluso se le atribuye un carácter divino personal.

No es imposible que el Tehom haya sido divinizado en el entorno de Israel, (como la Tiamat acádica) pero en los textos actualmente conservados no aparece como diosa, sino como expresión poética y simbólica de la hondura misteriosa de la realidad, que no puede comprenderse ni interpretarse en términos racionales. Para la Biblia, el misterio es Dios, pero la realidad es también abismal y misteriosa, como lo muestra Tehom[24].

---

24 Como venimos indicando, la religión oficial de Israel ha criticado y «superado» el culto de la diosa, de manera que al final (hacia el siglo v a.C.) sólo aparece y se destaca Yahvé, como Dios único al que todos los israelitas tienen que «amar», es decir, vincularse de un modo personal y social (cf. Shema: Ex 20, 2-6; Dt 5, 6-10; 6, 4-9). Pero las diosas desaparecen del todo, sino que el espacio que ellas dejan vacío lo llena Israel/Jerusalén como «esposa-hija» de Dios y sobre todo la Sabiduría divina, femenina.

2
MATRIARCAS 1
CICLO DE ABRAHÁN E ISAAC

Como hemos visto, la Biblia ha querido borrar la memoria de las diosas para situar al principio a las madres humanas. De la primera (Eva: Gn 2-4) trataremos en el cap. 17, pues, al menos en su forma actual, su figura es el producto de una reflexión posterior, que recoge rasgos de todas las mujeres. A las primeras mujeres reales de la Biblia podemos llamarlas matriarcas, por ser compañeras de los patriarcas de la proto-historia de Israel, tal como ha sido narrada en el Gn 12-50. Es significativo el hecho de que la pre-historia bíblica (Gn 5-11) no hable de mujeres, a no ser de las que forman la familia de Noé, salvadas de las aguas, igual que los varones y los animales (machos y hembras). Las mujeres verdaderas empiezan con Sara, espora de Abrahán, en Gn 12.

Hemos dicho ya que en el principio de Israel encontramos dos grupos, a los que podemos añadir un tercero: (1) Los cananeos que habitaban en la tierra y que, en general, veneraban al Dios/Diosa. (2) Unos invasores guerreros, con un Yahvé trascendente y celoso, que venían del desierto del sur (y de Egipto) y estaban decididos a borrar el culto de la diosa. (3) En la memoria de Israel ha pervivido un tercer grupo de pastores nómadas (trashumantes) más vinculados a las estepas del noreste, en la media luna fértil, que veneraban a un «Dios de los Padres», protector de la familia[25].

---

25 Hubo una larga discusión sobre la forma de entender el origen de Israel, según se diera primacía a uno de los tres aspectos arriba señalados (conquista violenta, invasión pacífica de nómadas o revolución interna). Entre los estudios básicos, cf. A. Alt, *Die Landnahme der Israeliten in Palestina*, en *Grundfragen der Geschichte des Volkes Israel*, Kaiser, München, 1970, 99-185 (1ª ed. Leipzig 1925); Y. Kaufmann, *The Biblical Account of the Conquest of Palestina*, Magnes, Jerusalem 1953; G. E. Mendenhall, *The Hebrew Conquest of Palestine*, BibArch, 25 (1962) 66-87; *The Tenth Generation. The Origins of the Biblical Tradition*, Johns Hopkins Un., Baltimore 1973; M. Weippert, *Die Landnahme der israelitischen Stämme in der neueren Diskussion*, Vandekhoeck, Göttingen 1967; R. de Vaux, *Historia antigua de Israel. II. Asentamiento en Canaán y período de los Jueces*, Cristiandad, Madrid 1975, 17-28 y 171-288; N. K. Gottwald, *The Tribes of Yahweh*, SCM, London 1980; B. Halpern, *The emergence of Israel in Canaan*, Scholars, Chico CA 1983; R. B. Coote, *Early Israel: A new Horizon*, Fortress, Minneapolis 1990; A. Mazar, *Archeology of the Land of the*

La memoria de esos pastores se ha mantenido a lo largo de la historia israelita y ella ha puesto de relieve la conexión de los judíos posteriores con otros pueblos de lengua aramea que también tenían, al menos parcialmente, la misma procedencia. Significativamente, la Biblia ha situado la memoria de estos grupos «patriarcales» antes del éxodo de Egipto, creando una «epopeya» unitaria donde se supone que hubo dos momentos de «toma» de la tierra de Canaán. (a) La poseyeron, de forma simbólica y parcial los «patriarcas», a quienes la tradición posterior ve unidos ya entre sí (Abrahán, Isaac y Jacob con sus hijos). (b) Tras la marcha a Egipto en busca de pan, la conquistaron para siempre los descendientes de esos patriarcas, convertidos ya en israelitas, a través de Moisés y Josué.

Pues bien, los primeros patriarcas caminaban con sus clanes, formados por mujeres, hijos, parientes y criados (con sus ganados). No tenían una organización estatal, sino familiar y por eso las mujeres (con los intercambios familiares, los hijos) ocuparán un lugar importante en sus recuerdos. Sin duda, su historia ha sido reelaborada en tiempos posteriores, en tiempo de la monarquía y de un modo especial en la redacción del Pentateuco (tras el exilio). Pero los judíos conservaron recuerdos antiguos que nos permiten vislumbrar la forma de vida de las mujeres, antes de las grandes instituciones (monarquía y templo). Esos recuerdos (que divido en tres ciclos, según los patriarcas) ocupan el lugar que en otros pueblos tenían las historias de los dioses/diosas[26].

Bible 10.000-586 BCE, Doubleday, New York 1992; G. W. Ahlström, *The History of Ancient Palestine from the Palaeolithic Period to Alexander's Conquest* (JSOT SuppSer 146), Sheffield 1993. En la actualidad se siguen manteniendo las tres perspectivas, pero se pone más de relieve la «transformación interior» de algunos grupos cananeos, antes marginales, que se fueron haciendo dueños de la tierra entre el siglo XI y el IX a.C., como han señalado I. Finkelstein y N. A. Silberman, La *Biblia desenterrada: una nueva visión arqueológica del antiguo Israel y de los orígenes de sus textos sagrados*, Siglo XXI, Madrid 2003. Acepto básicamente esta última postura, que me permite poner de relieve la «pervivencia» de la diosa cananea, pero estoy convencido de que en la transformación de Israel ha influido el germen de unos «guerreros de Yahvé», portadores de tradiciones del desierto y de un éxodo de Egipto. También me parece importante la pervivencia de tradiciones del tercer grupo (trashumantes arameos: Abrahán, Isaac, Jacob; cf. Dt 26, 5), aunque ellas han sido poderosamente recreadas desde una perspectiva posterior, tras el exilio.

26 Estudio básico del tema en, I. Fischer, *Die Erzeltern Israels: Feministisch-Theologische Studien Zu Genesis 12-36*, De Gruyter, Berlin 1994; Sh. P. Jeansonne, *The Women of Genesis: From Sarah to Potiphar's Wife*, Fortress Press, Minneapolis 1990. Además de comentarios a Génesis, para todo lo que sigue, cf. R. Alter, *The Art of Biblical Narrative*, Allen & Unwin, London 1981; N. Steinberg, *Kinship and Marriage in Genesis. A Household Economics Perspective*, Fortress, Minneapolis 1993.

1. Ciclo de Abrahán (Gn 12–23)[27]

Abrahán, el primero de los patriarcas, es signo de fe y obediencia a Dios para los judíos (y los cristianos y musulmanes). Su ciclo se centra en dos temas: la posesión de la tierra (viene de fuera como emigrante y quiere una propiedad para su familia) y una descendencia que herede su nombre y sus promesas (su grupo es pequeño y puede extinguirse con facilidad). En este ciclo destaca Sara, su esposa, pero también es importante su esclava/concubina Agar y otras mujeres (como las de Lot).

a) Sara, libre y señora[28]

Algunos la han tomado como la mujer más importante de la historia israelita: (Mirad a Abrahán, vuestro padre; y a Sara, que os dio a luz, Is 51, 2). Ella es la madre, compañera del patriarca, pero, de un modo significativo, su figura no ha sido idealizada por la Biblia, sino que ella aparece como una mujer concreta, envidiosa y desconfiada, que tiene que madurar en un difícil camino de fe. Desde un punto de vista religioso, parece menos destacada que Agar, su esclava, a quien veremos hablando con Dios, pero también cumple una función decisiva en la historia creyente de Abrahán. Los rasgos más significativos de su historia son cuatro.

1. *La hermosura como riesgo, protección de Dios*[29]. Desde el punto de vista narrativo, el primer rasgo de Sara es su hermosura, entendida como riesgo en un mundo dominado por el deseo de varones. Así lo muestran

---

27 Además de las obras de R. de Vaux y N. Steinberg, citadas en notas anteriores, cf. A. Alt, *Der Gott der Väter* (1929), en *Kleine Schriften zur Geschichte des Volkes Israel 1*, Kaiser, München 1953, 1-78; M. Köckert, *Vätergott und Väterverheißung* (FRLANT 142), Göttingen 1988; T. L. Thompson, *The Historicity of the Patriarchal Narratives: The Quest for the Historical Abraham* (BZAW 133), Berlin 1974; J. Van Seters, *Abraham in History and Tradition*, Yale UP, New Haven 1975.

28 Además de comentarios a Génesis, cf. A. Flury-Schölch, *Abrahams Segen und die Völker. Synchrone und diachrone Untersuchungen zu Gn 12, 1-3* (FB 115), Würzburg 2007; C. Safrai, *Abraham und Sara – Spender des Lebens*, ETh 62 (2002) 348-362; U. Schorn, *Und Sara lachte. Kommunikation als Theologie am Beispiel von Genesis 18*, en K. Greschat (ed.), *Körper und Kommunikation. Beiträge aus der theologischen Genderforschung*, Evangelische V, Leipzig 2003, 13-33; A. Wenin, *Mujeres de la Biblia*, Claret, Barcelona 2008.

29 Cf. M. E. Donaldson, *Kinship Theory in the Patriarchal Narratives: The Case of the Barren Wife*, JAAR 49 (1981) 77–87; J. C. Exum, *Mother in Israel: A Familiar Story Reconsidered*, en L. M. Russell (ed.), *Feminist Interpretation of the Bible*, Philadelphia, 73–85; N. Wander, *Structure, Contradiction, and «Resolution» in*

dos relatos paralelos, estratégicamente situados, en los que Abrahán tiene miedo de que le maten, para apoderarse de su esposa, y la presenta como su hermana, en Egipto y en Guerar.

El primero (Gn 12, 10-20) se sitúa al final de la primera «marcha» de Abrahán, que ha recibido la promesa de ser padre de un pueblo grande y que heredará (poseerá) la tierra que acaba de recorrer, viniendo de Harán (Mesopotamia) a Egipto. Pues bien, temiendo que le maten por la hermosura de Sara, dice que ella es su «hermana», y de esa forma la entrega (la vende) al Faraón que le proporciona por ella muchos bienes. Puede suponerse así que Sara debe terminar siendo esposa del Faraón y que Abrahán tendrá descendencia (y poseerá la tierra) a través de otra mujer. Pero Dios «vela» por Sara, afligiendo al Faraón, que descubre la verdad y reprende a Abrahán por haberle mentido y le devuelve a Sara.

El segundo relato (Gn 20, 1-18) nos sitúa ya en un tiempo posterior, después del nacimiento de Ismael, hijo de Agar, sierva de Sara (Gn 16), cuando el mismo Dios ha reafirmado su promesa, diciendo a Abrahán que Sara, su mujer, le dará el hijo prometido, por el que será padre de pueblos y naciones (17, 15-22). Pues bien, después de escuchar eso, cuando parece que Sara ha concebido ya (cf. 18, 10), mientras caminan por el Neguev, Abrahán vuelve a decir que ella es su hermana, porque tiene miedo del rey Abimelec, a quien se la entrega (la vende), de manera que éste se dispone a tomarla como esposa, como si no debiera cumplirse por ella la promesa de Dios.

La situación resulta especialmente dramática, pues Abrahán ha puesto en riesgo la promesa, que debía realizarse por medio de Sara, su esposa. Pero Dios cumple su palabra, manifestándose fiel, en contra del Abrahán miedoso, que es capaz de olvidarse de la promesa de Dios por defender su vida, «vendiendo» otra vez a su esposa (con la excusa de que es también su hermana de padre: 20, 11-14). Dios vela por Sara y así revela a Abimelec la verdad (Sara es esposa de Abrahán) y Abimelec responde a Dios de manera fiel y respetuosa, liberando a Sara y dándole a Abrahán muchas riquezas y una especie de «dote» (mil pesos de plata) por ella, que de ahora en adelante se podrá mostrar de verdad como esposa del patriarca.

Estas historias pueden fundarse en recuerdos antiguos de disputas por mujeres que no tenían protección legal estricta y, siendo especialmente

Mythology: Father's, Brother's, Daughter Marriage and the Treatment of Women in Genesis 11–50, JANES 13 (1981) 75–99.

hermosas, atraían el deseo de los dueños de la tierra. Abrahán llega como emigrante, tanto a Egipto como a Guerar y en ambos lugares depende de la protección que el faraón y el rey pueden darle. La mayor riqueza que posee es su mujer, especialmente hermosa, y por eso tiene miedo de que puedan desearla y matarle para apoderarse de ella. Nos hallamos, según eso, ante un duro contexto de lucha por mujeres y de rapto como forma de dominio (y de matrimonio). Abrahán no puede relacionarse en un plano de igualdad ni con el faraón de Egipto ni con Abimelec de Guerar y, para defenderse, impidiendo que le maten para raptar a su mujer, dirá que ella es su hermana.

Actualmente, esa conducta nos parece vergonzosa y tendemos a silenciarla, de manera que este rasgo de Abrahán (y de Sara) apenas ha sido desarrollado por la teología. Se trata, sin embargo, de un motivo esen cial den tro de la Biblia en el que podemos destacar tres elementos: (a) El desconcierto de Abrahán o, mejor dicho, su infidelidad de fondo. Llegado el momento decisivo, el más fiel de los patriarcas, prototipo de la fe para judíos, cristianos y musulmanes, «no cree» en la promesa de Dios, vinculada a su esposa, de manera que está dispuesto a venderla. (b) El silencio de Sara, que no tiene palabra en estas dos historias, en las que es «objeto de cambio» entre Abrahán y los reyes. (c) La fidelidad de Dios; es el único que guía la historia y que protege a los patriarcas, liberando a Sara del riesgo en que le pone su marido.

2. *La esclava y la libre, los celos* (Gn 16, 1-16; 20, 9-21)[30]. Sara permanece en silencio ante Abrahán, cuando él le pide que oculte su condición de esposa y aparezca como hermana. Pero tiene una esclava, llamada Agar (que es suya, no de Abrahán) a la que puede mandar (hablar) como señora, utilizándola como «vientre de alquiler» a su servicio, para tener hijos propios.

Ese comportamiento, que veremos igualmente en el ciclo de Jacob (Gn 29, 31–30, 24), era bien conocido en oriente y permitía que las mujeres ricas (con esclavas) pudieran tomar como propios los hijos de sus siervas. De esa forma, Sara quiere ser madre a costa de otra mujer[31]. Sara parece actuar de buena fe, pero su gesto plantea dos problemas.

---

30 He desarrollado el tema en el apartado siguiente. Para una visión de conjunto, cf. Ph. Trible-L. M. Russell (eds.), *Hagar, Sarah, and their children: Jewish, Christian, and Muslim perspectives*, Westminster, Louisville 2006.

31 Aunque en perspectiva actual, su conducta plantea una cuestión hiriente (¿puede una mujer utilizar a otra de esa manera?), su conducta está perfectamente tipificada y legalizada en su entorno cultural, como indican (citando leyes y casos) los comen-

(a) Quizá piensa que la promesa de Dios (que Abrahán tendrá descendencia, cf. Gn 12, 1-3; 15, 4) no podrá hacerse directamente por ella, y quiere que se cumpla a través de su sierva. De esa forma, ella pone en marcha el plan de Dios, procurando que llegue el descendiente prometido, que será hijo legal suyo, aunque nacido de su esclava.

(b) Parece que Sara no cuenta con la reacción personal de Agar, su sierva, que, habiendo concebido, «le pierde el respeto» y empieza a comportarse como verdadera madre y no como puro vientre de alquiler (16, 3-5). De esa manera, Agar pone en riesgo el intento de Sara, pues no quiere que su hijo esté al servicio de los intereses de otra mujer. Significativamente, como veremos, Dios avala la actitud de protesta de Agar, poniendo su maternidad al servicio de otros pueblos.

Dentro de la lógica de la esclavitud, Agar debía haberse portado de forma sumisa, estando totalmente al servicio de su dueña (Sara), a la que debe su hijo (Sara le ha puesto en brazos de Abrahán). Pues bien, con la riqueza de su maternidad, Agar «rompe el respeto», dejando de portarse como esclava, y Sara protesta contra Abrahán, echándole la culpa de todo. En este contexto, la Biblia sabe que Dios está con las dos, con Agar y con Sara, permitiendo que aquello que quizá ha sido malo (la utilización que Sara hace de Agar) tenga un fin bueno.

Siguiendo sin saberlo la lógica de Dios, Abrahán concede en este caso la razón a Sara y permite que ella responda al «agravio» de su sierva, hasta llegar a maltratarla. En esta situación, Agar sólo puede mantener su dignidad rompiendo con sus dueños y fugándose al desierto, en contra de todas las leyes y normas humanas (que castigan duramente a los esclavos fugitivos), pero Dios le espera en el desierto y se le manifiesta allí y le dice que vuelva con su ama y se someta, prometiéndole su ayuda (16, 6-16).

La historia se repite varios capítulos más tarde (Gn 21, 9-21), cuando, después de haber nacido el hijo de Agar (Ismael), nace también el de Sara (Isaac) y ella insiste en mantener la diferencia entre los niños (uno siervo, el otro libre), olvidando que los dos son suyos, pues ella es la madre legal del hijo de Agar. Ignorando los problemas de sus madres, los niños juegan juntos (Gn 21, 9), como si fueran iguales, pero Sara no

---

tarios del Génesis. Ella puede tener un hijo «suyo» por medio de su esclava. Pero, el problema es: ¿qué quiere en realidad? ¿Quiere forzar el plan de Dios a través de una fecundidad vicaria? Ciertamente, Dios podría cumplir su promesa a través del hijo de una esclava, pues ante él no es más una esclava que una libre. Pero el Dios de Gn 16–18 está «probando» tanto a Sara como a Abrahán y conseguirá sus fines (cumplirá sus promesas) a través de un hijo carnal de Sara.

puede soportarlo, pues ella sólo ama al hijo de su carne, no al hijo de su esclava, aunque jurídicamente sea también suyo. Así actúa como madre egoísta (¡todo para el hijo de su carne!) y por eso exige que Abrahán expulse al otro hijo con su madre, en un gesto durísimo de exclusión y de abandono.

Sara es una madre envidiosa, que rechaza a la esclava a la que primero ha utilizado y al hijo que ella misma ha querido tener (¡que jurídicamente es suyo, su primogénito, con derecho a la herencia, según Dt 21, 15-16!). El autor de la Biblia sabe que el gesto de Sara no es digno, pero sabe también que Dios ha de actuar como fuente de bendición no sólo para Sara y su hijo Isaac, de quien será la herencia directa de Abrahán, sino también para Agar y su hijo Ismael, que recibirán una gran bendición.

3. *Sara, la incrédula*. Agar ha dialogado con Dios y le ha creído (obedecido), cuando le promete descendencia, de manera que ella es la madre (matriarca) creyente de sus descendientes, que llevarán su nombre (cf. Gn 16, 10-16; 21, 18-21). Por el contrario, Sara, la envidiosa, no ha dialogado con Dios, ni ha creído, como señala de un modo dramático el pasaje de la manifestación de los tres «seres divinos» en Mambré (Gn 18, 1-15). Por eso, en sentido estricto, sus descendientes no se llamarán hijos suyos, sino de Abrahán, que es quien recibe la visita de los seres divinos (que se identifican con el mismo Yahvé, según el texto actual) y prepara una comida para agasajarles, pidiendo a Sara que amase la harina y cueza una hogaza, mientras él mata y cocina un ternero cebado (18, 6-7). Como ha de hacerse con los huéspedes más nobles, Abrahán les ofrece la comida y les sirve, bajo la encina sagrada, mientras Sara escucha tras la tienda:

> Aquellos hombres le dijeron: «¿Dónde está tu mujer Sara?». Abrahán contestó: «Ahí, en la tienda». Dijo entonces aquél: «Volveré sin falta a ti pasado el tiempo de un embarazo, y para entonces tu mujer Sara tendrá un hijo». Sara lo estaba oyendo a la entrada de la tienda, a sus espaldas. Abrahán y Sara eran viejos, entrados en años, y a Sara se le había retirado la regla de las mujeres.
>
> Sara se rió para sus adentros y dijo: «Ahora que estoy seca, ¿sentiré el placer, y además con mi marido viejo?». Dijo Yahvé a Abrahán. «¿Por qué se ha reído Sara, diciendo cómo voy a parir a mis años un hijo? ¿Es que hay algo imposible para Yahvé? En el plazo fijado volveré, al término de un embarazo, y Sara tendrá un hijo». Sara negó: «No me he reído», y es que tuvo miedo. Pero aquél dijo: «No digas eso, que sí te has reído» (Gn 18, 9-15).

I. En el principio. Las mujeres del recuerdo

Este pasaje distingue la actitud de Abrahán, que respondió ya como creyente cuando Dios le dijo que su descendencia sería como las estrellas del cielo (¡creyó Abrahán y Yahvé se lo computó como justicia, cf. Gn 15, 6), y la de Sara que se ríe y no cree que Dios pueda darle hijos, siendo ya una anciana (18, 12). De todas formas, la diferencia entre los dos no puede extremarse, pues en el caso anterior Abrahán ha creído en el Dios que le ha dicho que tendrá una descendencia numerosa (sin distinguir si la tendrá por Sara o por Agar). Ahora, en cambio, está en juego la descendencia por medio de Sara, que es estéril y anciana.

Dios mismo se lo había prometido ya a Abrahán, y Abrahán había respondido con un tono de incredulidad (¿Sara dará a luz a los noventa años?, Gn 17, 17), pidiendo a Dios que mantuviera con vida a Ismael, hijo de Agar, (17, 18). Ciertamente, Dios le había revelado que Sara, su mujer, le concedería un hijo, al que llamaría Isaac y él, Abrahán, escuchó y calló, riéndose en su corazón, como si no creyera (17, 19-22). Además, como ya he señalado, aún después de aquella revelación y de la visita de estos tres seres divinos, Abrahán se mostrará dispuesto a dejar a Sara en manos de Abimelec, poniendo así en riesgo la promesa (cf. 20, 1-18).

Sea como fuere, tanto Abrahán como Sara ponen dificultades al plan de Dios, que es el único que mantiene su fidelidad en toda esta historia. Pues bien, en ese contexto resulta más comprensible la incredulidad de Sara, que se ríe de la promesa de los seres divinos (¡en el plazo normal, Sara habrá tenido un hijo!), para mentir después y negar que se ha reído (18, 13-15). De todas maneras, dentro del texto, esa risa de Sara tiene una función «etiológica», pues sirve para explicar el nombre de su hijo (Isaac, en Hebreo *Yizhak*, deriva de la raíz semítica *zhk*, reír).

Esa risa incrédula de Sara, que con el nacimiento de Isaac se ha transformado en risa de alegría (cf. 21, 1-8), constituye un signo de la dificultad de la fe, especialmente para una mujer que piensa (¡ha de pensar!) desde sus entrañas (su útero). La fe (o la falta de fe) de Sara se funda en la propia experiencia de su cuerpo anciano, por el que Dios le habla, en una línea que culminará, desde otra perspectiva, en la madre macabea de 2 Mac 7, cf. cap. 22). Eso significa que Dios puede realizar su plan y lo realiza a través de los caminos «torcidos» de Sara, que actúa en los dos casos (en su relación con Agar y en su respuesta a la revelación de los tres «seres divinos») de un modo realista. Sin duda, ella no es mala, pero tiene dificultad en secundar el plan de Dios, según la Biblia.

4. *Una sepultura para Sara* (Gn 23). Significativamente, la historia de Sara termina con la adquisición de una tierra para su sepultura. Sara fallece después de una larga y dura vida, abierta a la fe, en medio de rechazos, desconfianzas y envidias, tras haber dado a Abrahán un heredero (Isaac), pero sin que éste haya conseguido todavía una tierra propia en el país de las promesas (Canaán). Pues bien, sólo en este contexto, tras la muerte de Sara se nos dice que Abrahán adquirió legalmente una tierra para sepultura de ella: ha tenido ya un hijo «legítimo», ahora tendrá una tierra «legítima»; de esa forma se cumplirán las dos promesas que Dios le hizo, a través de Sara.

La narración resulta muy significativa. Abrahán acude a la asamblea legal de los hititas, dueños de la tierra (en el entorno de Hebrón), a fin de comprarles un sepulcro para su esposa difunta. Ellos responden prestándole «generosamente» sus sepulcros, pero él no acepta su ofrecimiento, pues quiere que su mujer quede enterrada en una tierra propia, en la Cueva de Macpela, propiedad de Efrón, a quien se la compra:

> Abrahán hizo una reverencia a los hititas, y se dirigió a Efrón, a oídas de los otros, diciendo: «A ver si nos entendemos. Te doy el precio de la finca, acéptamelo y enterraré allí a mi difunta». Respondió Efrón a Abrahán: «Señor mío, escúchame: Cuatrocientos siclos de plata por un terreno, ¿qué nos suponen a ti y a mí? Sepulta a tu difunta». Abrahán accedió y pesó a Efrón la plata que éste había pedido a oídas de los hijos de Het. De este modo la finca de Efrón en Macpela, frente a Mambré, con la cueva que hay en ella… vino a ser propiedad de Abrahán (cf. Gn 23, 16-20).

Ésta es la primera propiedad de los antepasados de Israel en la tierra de Canaán: un campo con una cueva sepulcral, es decir, un cementerio. Abrahán no necesita una tierra para vivir (puede seguir caminando como peregrino por ella), pero quiere una propiedad para morir y descansar en ella. Sólo ahora que ha enterrado a su esposa en una tierra propia puede afirmar que ha culminado su tarea. El sepulcro de Macpela, donde Sara está enterrada, será el primer signo y garantía de la presencia de los israelitas en la tierra de Canaán. Mujer y tierra están según eso profundamente vinculadas.

b) Agar, sierva y vidente[32]

La historia de Agar y de su hijo Ismael (Gn 16, 1-16; 21, 9-21), incluida en el ciclo de Abrahán, tiene una función etiológica (quiere explicar el origen de sus descendientes) y está escrita desde una perspectiva israelita (al servicio de Sara e Isaac), pero muestra una gran simpatía hacia Agar, a la que presenta como creyente y transmisora de una palabra de Dios.

1. *Mujer utilizada, madre creyente* (Gn 16, 1-16). El texto empieza diciendo que Sara (mujer libre y «pura» de Abrahán) no puede darle hijos, pero que tiene una esclava «egipcia» (que no es libre ni pura) llamada Agar. Pues bien, la libre utiliza a la esclava como «madre nodriza», poniéndola en manos de Abrahán su marido, para tener por medio de ella «hijos legales» (cf. 16, 2). Agar es esclava y no tiene más remedio que dejarse «poseer» por Abrahán, en nombre de Sara, pero no es una sumisa, sino que desarrolla su propia independencia al descubrirse embarazada. De esa forma muestra su dignidad de madre, actuando con libertad y no como una simple esclava al servicio de Sara, que quiere someterla y humillarla (cf. 16, 6).

Nos encontramos ante un caso muy claro de violencia de género, realizada por una mujer que maltrata a otra mujer. Pero Agar no se deja humillar, sino que escapa al desierto, al lugar donde vivirá después su descendencia; pero allí se encuentra con el Dios que le mira, no para humillarla como Sara (ni para consentir en la humillación, como Abrahán), sino para ponerla al servicio de su bendición divina (¡multiplicaré tu descendencia!: Gn 16, 6).

> La encontró el Ángel de Yahvé junto a un pozo de agua en el desierto... y dijo: «Agar, esclava de Sara, ¿de dónde vienes y adónde vas?». Contestó ella: «Voy huyendo de la presencia de mi señora Sara». «Vuelve a tu señora, respondió el Ángel de Yahvé, y sométete a ella». Y el Ángel de Yahvé dijo: «Multiplicaré tu descendencia de tal modo que no podrá contarse...».Y el Ángel de Yahvé concluyó: «Mira, has concebido, y darás a luz un hijo, al que llamarás Ismael, porque Yahvé ha oído tu aflicción. Será un onagro humano. Su mano contra todos, y la mano de todos contra él; y plantará su tienda frente a todos sus hermanos». Y

---

32 Cf. Ph. Trible-L. M. Russel, obra citada en nota 28. Además, M. Görg, *Hagar die Ägypterin*, BN 33 (1986) 17-20; E. A. Knauf, *Ismael, Untersuchungen zur Geschichte Palästinas und Nordararabiens im 1. Jahrtausend v. Chr.* (ADPV 7), Harrassowitz, Wiesbaden 1989.

Agar invocó a Yahvé, que le había hablado, diciendo: «Tú eres El Roí», pues dijo: «¡He visto al que me ve!». Por eso se llamó aquel pozo «Pozo de Lajai Roí». Está entre Kadés y Béred (Gn 16, 7-12).

Estamos ante la primera anunciación de Dios a una mujer, diciéndole que será madre, con autoridad divina. Éste es, además, uno de los casos más significativos de «descendencia matrilineal» de un conjunto de tribus, pues los «hijos de Ismael» se llamarán y serán, en verdad, «hijos de Agar» (más que de Abrahán), de manera que ella es por tanto la creadora de la estirpe de Ismael (¡Dios escucha!) y la fundadora del santuario de *Beer-lajai-roí*, el Pozo de Aquel que me ve (del Viviente que me ve). Ella ha visto a Dios y le ha escuchado, y así aparece como iniciadora de un culto verdadero (aunque no israelita) y madre de un pueblo que adora al Dios universal en el Pozo de la Visión.

Por un lado, ella es sólo una esclava fugitiva, sin derechos, y podría ser condenada a muerte. Pero Dios no le reprocha nada, no le acusa de haber abandonado a su señora, sino todo lo contrario. Le dice que vuelva y se someta a su señora y que no se preocupe, pues está bajo su protección (16, 9), de forma que será madre de un pueblo numeroso. Sara, su señora, la ha afligido. Dios ha escuchado su aflicción y ha respondido, de manera que él (el mismo Yahvé de Israel, Dios universal: cf. 16, 11) será «padre» (protector, guía) de su hijo (¡Ismael!: Dios ha escuchado) y de sus descendientes. Los hijos de Agar, una esclava humillada y afligida, estarán bajo la protección «del Dios que ha escuchado». De esa forma, ella puede presentarse como signo del Dios que atiende y protege a los afligidos. Con esta certeza, como creyente, ella vuelve y realiza lo que Dios le pide, sometiéndose de nuevo bajo el poder de Sara (para ser después libre).

2. *Mujer expulsada* (Gn 21, 8-20). Agar vuelve a someterse a su señora y da a luz a su hijo Ismael. Más tarde, también Sara concibe y da a luz otro hijo, a quien llamó Isaac, que significa «risa o juego». Pues bien, tras la fiesta del destete, cuando Isaac podía ya valerse por sí mismo (21, 8), Sara vio que Ismael, el hijo de su esclava, se reía o jugaba con su hijo y no pudo soportarlo y exigió que Abrahán les expulsara, a la esclava y a su hijo, precisamente allí, en el borde del desierto de Berseba, al sur de Palestina. Abrahán, padre de los dos niños, no pudo evitarlo, pues el mismo Dios le dijo que lo hiciera.

Levantóse, pues, Abrahán de mañana, tomó pan y un odre de agua, y se lo dio a Agar, le puso al hombro el niño y la despidió. Ella se fue y anduvo por el desierto de Berseba. Como llegase a faltar el agua del odre, echó al niño bajo una mata, y ella misma fue a sentarse enfrente, a distancia como de un tiro de arco, pues decía: «No quiero ver morir al niño». Sentada, pues, enfrente, se puso a llorar a gritos.

Oyó Dios la voz del niño, y el Ángel de Dios llamó a Agar desde los cielos y le dijo: «¿Qué te pasa, Agar? No temas, porque Dios ha oído la voz del niño ahí donde está. ¡Arriba!, levanta al chico y tenle de la mano, porque he de convertirle en una gran nación». Entonces abrió Dios los ojos de ella, y vio un pozo de agua. Fue, llenó el odre de agua y dio de beber al chico. Dios asistió al chico, que se hizo mayor y vivía en el desierto, y llegó a ser un gran arquero. Vivía en el desierto de Parán, y su madre tomó para él una mujer del país de Egipto (Gn 21, 14-21).

Ésta es una de las narraciones más enigmáticas de la Biblia Israelita. Sara no quiere que los dos hijos de Abrahán (que ahora están jugando) puedan heredar juntos la tierra de Canaán, que ha de ser sólo para Isaac (el hijo de su carne). Pues bien, de esa manera, por los caminos torcidos de Sara, Dios cumple su promesa, no sólo con los hijos de Sara (que seguirán en Canaán), sino con los de Agar, a la que expulsa, con su hijo, con un poco de pan y un odre de agua, en el desierto.

El texto supone que Abrahán puso a Ismael bajo el cuidado de Agar, que aparecerá de esa manera como madre de las tribus que llevan su nombre (cf. Gn 25, 12-18; 1 Cr 1, 28-31). Pues bien, ella empieza siendo una «mujer expulsada», que debe valerse por sí misma, cuidando de su hijo, conforme a la palabra de Dios en quien ha creído. Pero Dios parece abandonarle y, acabado el odre de agua, ella abandona a su hijo bajo la sombra de un arbusto, en manos de Dios, sin otro recurso que el llanto (cf. Gn 21, 16), mostrándose así como signo de millones de mujeres abandonadas, expulsadas, que apenas tienen fuerzas para cuidar a sus hijos y que, sin embargo, lo hacen. Significativamente, el texto dice que la madre lloraba en alto, pero añade que «Dios escuchó la voz del muchacho» Ismael, que significa ¡Dios escucha! (Gn 21, 16-17). Pues bien, ese Dios que escucha el llanto del niño habla a la madre y le muestra un pozo con agua, de forma que ambos beban y puedan mantenerse en el desierto.

El texto no dice cómo lo hizo, pero supone que la madre cuidó al niño hasta que se hizo hombre maduro, de manera que pudo engendrar un conjunto de clanes y tribus que mantuvieron la memoria del Dios de Abrahán o, mejor dicho, del Dios de Agar en los bordes del desierto. El mismo relato bíblico supone que Agar mantuvo la memoria de Abrahán, de manera que su hijo Ismael siguió cuidando de su padre en los últimos momentos y así vino para sepultarle, con Isaac, su hermano, en la cueva de Macpela, que Abrahán había comprado para enterrar a Sara (Gn 25, 9; cf. Gn 23).

c) *Queturá, nueva esposa y madre de tribus*

Terminada su historia básica (Gn 12–24), la Biblia añade un apéndice donde se dice que Abrahán tomó una nueva mujer, Queturá, que será madre de más tribus y grupos vinculados a la memoria de Abrahán. Es evidente que el texto ha de tomarse en sentido etiológico (para trazar unas líneas de parentesco) entre grupos y tribus:

> Abrahán volvió a tomar otra mujer, llamada Queturá. Ésta le dio a Zimrán, Yoqsán, Medán, Madián, Yisbaq y Súaj. Yoqsán engendró a Seba/Saba y a Dedán. Hijos de Dedán fueron los asirios, los letusios y los lemios. Hijos de Madián: Efá, Efer, Henoc, Abidá y Eldaá. Todos estos fueron los hijos de Queturá (Gn 25, 1-4).

No parece que Queturá fuera un nombre propio de mujer, sino la denominación común de un grupo de tribus árabes, que no forman parte de los «descendientes» de Agar/Ismael, aunque se dicen emparentadas con Abrahán, formando su «familia» en un sentido extenso. Suponemos que se trata de tribus vinculadas al comercio del incienso y de las especias, entre las que destacan algunas tan conocidas como los sabeos (cf. Reina de Saba) y los madianitas. La figura que las vincula es también aquí una mujer (Queturá), de manera que debemos seguir hablando de una descendencia matrilineal.

d) *La mujer y las hijas de Lot*[33]

La historia de Lot y sus mujeres forma parte del ciclo de Abrahán, de quien es sobrino (cf. Gn 11, 31). En ese contexto, recogiendo narraciones populares de tipo etiológico y burlesco, algunos israelitas, que se sienten más vinculados con Abrahán y sus promesas, han tenido el atrevimiento de mofarse de la mujer y las hijas de Lot.

La mujer aparece de manera expresa como «no creyente», pues no escucha el mandato de Dios que les pide que no se vuelvan hacia atrás,

---

33 Además de comentarios a Gn, cf. L. R. Helyer, *The Separation of Abram and Lot: Its Significance in the Patriarchal Narratives*, JSOT 26 (1983) 77-88; R. Kilian, *Zur Uberlieferungsgeschichte Lots*, BZ 14 (1970) 23-37; C. Westermann, *The Promises to the Fathers: Studies on the Patriarchal Narratives*, Fortress, Philadelphia 1980.

que no miren con añoranza a las ciudades que van a ser destruidas por perversas. Lot y sus hijas obedecen, y no se vuelven, pero la mujer no escuchó: «Miró hacia atrás y se convirtió en estatua de sal» (Gn 19, 16). Sin duda, el texto tiene un sentido etiológico (popular) y quiere «explicar» el origen de algunos pilares de sal, de tipo antropomorfo que aún pueden verse en las riberas del Mar Muerto, mostrando, al mismo tiempo, el riesgo de la falta de fe.

El tema de una mujer convertida en piedra o montaña aparece en diversas culturas, a veces con sentido positivo, para identificarla con la madre tierra, fuente de bendiciones y vida. Sin embargo, nuestro texto ofrece dos variantes significativas. (a) *El pecado «original»* de la mujer de Lot (y de otras mujeres) sería la vuelta atrás, retornar a la tierra y cerrarse en el pasado, en vez de abrirse a la palabra y promesa de Dios. (b) *La condena* es volverse estatua estéril de sal (no montaña viva), al lado de un mar muerto. Así, condenada a la esterilidad eterna, la mujer de Lot es signo del fracaso mayor de una mujer, hecha para dar vida. Vivir es mirar hacia adelante. Quien se fija y detiene solamente en el pasado se convierte en estatua de sal.

A diferencia de su madre, las hijas de Lot han escuchado la palabra de Dios y siguen a su padre, abandonando la tierra maldita, arrasada por el fuego de la muerte. Se han salvado de la destrucción, pero viven con su padre a solas, en una tierra sin hombres que puedan «darles» hijos. En ese contexto, algunas tradiciones israelitas de carácter burlesco e injurioso han descrito el origen incestuoso de sus «parientes» moabitas y amonitas, jugando con la etimología (popular) de sus nombres:

> Subió Lot desde Soar y se quedó a vivir en el monte con sus dos hijas... y se instalaron en una cueva. La mayor dijo a la pequeña: «Nuestro padre es viejo y no hay ningún hombre en el país que se una a nosotras, como se hace en todo el mundo. Ven, vamos a llenarle de vino, nos acostaremos con él y así engendraremos descendencia». En efecto, dieron vino a su padre aquella misma noche, y entró la mayor y se acostó con su padre, sin que él se enterase de cuándo se acostó y se levantó.
> Al día siguiente dijo la mayor a la pequeña: «Mira, yo me he acostado anoche con mi padre. Vamos a llenarle también de vino esta noche, y entras tú a acostarte con él, y así engendraremos de nuestro padre descendencia». Dieron, pues, también aquella noche vino a su padre, y levantándose la pequeña se acostó con él, sin que él se enterase de cuándo ella se acostó ni cuándo se levantó. Las dos hijas de Lot concibieron de su padre. La mayor dio a luz un hijo, y le llamó Moab [que

se interpretaría como *mi-abi*, es decir, *de mi padre*]: es el padre de los actuales moabitas. La pequeña también dio a luz un hijo, y le llamó Ben Ammí [que se interpretaría como *hijo de mi madre* o, quizá, de mi pariente]: es el padre de los actuales amonitas (Gn 19, 30-38).

No estamos ante un hecho histórico, sino ante un «mito de origen», elaborado por unos israelitas que desprecian y condenan a sus vecinos moabitas y amonitas, acusándoles de un origen incestuoso, contrario a las buenas costumbres matrimoniales de Israel. Las hijas de Lot actúan como si no hubiera más hombres en la tierra y, en esas condiciones, fieles a su destino de dar vida, buscan la forma de hacerlo. Resulta difícil enjuiciar su conducta con categorías de moral convencional. En una situación desesperada, ellas optan por la vida y lo hacen de la única manera a su alcance. El texto no dice lo que pasa después, pero supone que los hijos de estas mujeres crecieron y encontraron más seres humanos para relacionarse y tener hijos con ellos.

Más que la moralidad de estas mujeres (figuras simbólicas) habría que estudiar la moralidad de los creadores y transmisores de unas tradiciones, en las que se burlan de esta forma de ellas (de sus enemigos moabitas y amonitas), diciendo que son hijos del incesto entre un padre borracho y unas hijas ávidas de maternidad. Es evidente que la Biblia no juzga, pero da la impresión de que apoya la burla (¡y mentira!) de los creadores de este pasaje, mofándose de las madres de los moabitas y amonitas, de una manera que hoy nos resulta insoportable (aunque quizá deba entenderse en clave de ironía). Desde la perspectiva actual resulta más comprensible el gesto de las mujeres (¡en caso de que fuera histórico!) que la burla de aquellos que desprecian y calumnian de esa forma a sus vecinos, «inventando» así la historia de sus madres.

2. Ciclo de Isaac: Rebeca[34]

Es más corto que el de Abrahán pues básicamente incluye sólo la historia de una mujer fuerte, que es Rebeca, porque Isaac no tiene otras mujeres

---

[34] Además de comentarios a Génesis, cf. D. Dieckmann, *Segen für Isaak. Eine rezeptionsästhetische Auslegung von Gen 26 und Kontexten* (BZAW 329), Berlin 2003; S. Gillmayr-Bucher, *The Woman of Their Dreams: The Image of Rebekah in Genesis 24*, en Ph. R. Davies-D. J. A. Clines (eds.), *The World of Genesis. Persons, Places, Perspectives* (JSOT.S 257), Sheffield 1998, 90-101; H. Gossai, *Subversive Promises and the Creation of a Parallel Sphere: Divine Encounters with Hagar and Rebekah*, en F. F. Segovia (ed.), *Interpreting Beyond Borders* (The Bible and

ni concubinas. Consta de cuatro textos: boda (Gn 24), nacimiento (25, 21-29), mentira de Isaac (26, 1-11), engaño y bendición (Gn 27). En todos estos casos, la figura de Rebeca aparece más nítida y diferenciada que la de Isaac su marido.

a) Las bodas de Rebeca

Abrahán confía a su siervo más antiguo y de mayor confianza (se supone que es Eliecer de Damasco, cf. Gn 15, 2) la boda de su hijo Isaac, haciéndole jurar que no le casará con una cananea (¡extranjera!), sino que irá a buscar para él una mujer de su parentela, en la Alta Siria, y que ella deberá dejar su patria y venir a Canaán, para instalarse allí con su marido. Será una boda por poderes y, conforme a un uso bíblico y oriental (cf. Gn 29, 1-14; Ex 2, 15-22), se concertará junto a un pozo comunal, a la caída de la tarde, en el momento en que suelen acudir las aguadoras. Llega el siervo al pozo, pide una señal (que venga una muchacha y le ofrezca de beber...), viene Rebeca, nieta de Najor, hermano de Abrahán:

> Apenas había acabado de hablar, cuando venía Rebeca, hija de Betuel, el hijo de Milca, la mujer de Najor, hermano de Abrahán, con su cántaro al hombro. La joven era de muy buen ver, virgen, que no había conocido varón. Bajó a la fuente, llenó su cántaro y subió. El siervo corrió a su encuentro y dijo: «Dame un poco de agua de tu cántaro». «Bebe, señor», dijo ella, y bajando enseguida el cántaro sobre su brazo, le dio de beber. Y en acabando de darle, dijo: «También para tus camellos voy a sacar, hasta que se hayan saciado». Y apresuradamente

Postcolonialism 3), Sheffield 2000, 146-160; M. Grohmann, *Die Erzmütter: Sara und Hagar, Rebekka, Rahel*, en M. Öhler (ed.), *Alttestamentliche Gestalten im Neuen Testament* (Beiträge zur Biblischen Theologie), Darmstadt 1999, 97-116; W. Oswald, *Die Erzeltern als Schutzbürger. Überlegungen zum Thema von Gen 12, 10-20 mit Ausblick auf Gen 20, 21.22-34 und Gen 26*, BN 106 (2001) 79-89; I. Pabst, *Szenen zweier Ehen. Beobachtungen zu den Erzelternpaaren Rebekka und Isaak und Rahel / Lea und Jakob*, en E. Klinger (ed.), *Paare in antiken religiösen Texten und Bildern. Symbole für Geschlechterrollen damals und heute*, Würzburg 2002, 93-131; A. Rofé, *An Inquiry into the Betrothal of Rebekah*, en E. Blum (ed.), *Die Hebräische Bibel und ihre zweifache Nachgeschichte* (FS R. Rendtorff), Neukirchen-Vluyn 1990, 27-39; L. Teugels, *A Strong Woman, Who Can Find? A Study of Characterization in Genesis 24, with some Perspectives on the General Presentation of Isaac and Rebekah in the Genesis Narratives*, JSOT 63 (1994) 89-104; *A Matriarchal Cycle? The Portrayal of Isaac in Genesis in the Light of the Presentation of Rebekah*, Bijdragen 56 (1995) 61-72; I. Willi-Plein, *Genesis 27 als Rebekkageschichte. Zu einem historiographischen Kunstgriff der biblischen Vätergeschichten*, ThZ 45 (1989) 315-334.

vació su cántaro en el abrevadero y corriendo otra vez al pozo sacó agua para todos los camellos (Gn 24, 15- 20).

La señal se cumple cuando llega una mujer resuelta, de la propia familia de Abrahán, capaz de responder a un extranjero que le pide agua y que le ruega que abreve sus camellos... En este contexto debemos añadir que Abrahán no ha pedido la opinión de Isaac para el matrimonio, pero su siervo debe pedir y lograr el consentimiento de ella (cf. 24, 5-8). Como es lógico, el matrimonio se arregla entre parientes, pero en el momento decisivo Rebeca tiene que asentir dando la última palabra:

> Cuando el siervo de Abrahán oyó lo que decían (que aceptaban la boda de Rebeca con Isaac), adoró a Yahvé en tierra. Acto seguido sacó objetos de plata y oro y vestidos, y se los dio a Rebeca. También hizo regalos a su hermano y a su madre. Luego comieron y bebieron, él y los hombres que le acompañaban, y pasaron la noche. Por la mañana se levantaron, y él dijo: «Permitidme que marche donde mi señor». El hermano y la madre de Rebeca pidieron: «Que se quede la chica con nosotros unos días, por ejemplo diez. Luego se irá». Mas él les dijo: «No me demoréis. Puesto que Yahvé ha dado éxito a mi viaje, dejadme salir...». Ellos propusieron: «Llamemos a la joven y preguntémosle su opinión». Llamaron, pues, a Rebeca, y le dijeron: «¿Vas con este hombre?». «Me voy», contestó ella (Gn 24, 51-59).

Esta decisión de Rebeca marcará la historia siguiente de Isaac, que sigue esperando de un modo pasivo la venida del «casamentero», con su esposa. Cuando se acercan, ella pone un velo sobre el rostro (24, 65) para ver a su marido, mientras él no puede verla, sino que ha de escuchar primero el relato del siervo, y sólo después podrá «celebrar» el matrimonio: «Isaac la metió en la tienda de Sara; la tomó como esposa y con su amor se consoló de la muerte de su madre» (24, 65-66). Éste es el destino de Isaac, un hombre que pasa de la protección de su madre Sara (que ha pensado por él) a la custodia de su esposa, que definirá toda su vida, en un matrimonio que parece monogámico.

b) Dos hijos en su vientre (Gn 25, 21-28)

Siguiendo la tradición de Sara, se dice aquí también que Rebeca es estéril, pero Isaac ruega por ella y Rebeca concibe, aunque tiene una gestación difícil:

> Isaac suplicó a Yahvé en favor de su mujer, pues era estéril, y Yahvé le fue propicio, y concibió su mujer Rebeca. Pero los hijos se entrechocaban en su seno. Ella se dijo: «Siendo así, ¿para qué vivir?». Y fue a consultar a Yahvé. Yahvé le dijo: «Dos pueblos hay en tu vientre, dos naciones que, al salir de tus entrañas, se dividirán. La una oprimirá a la otra; el mayor servirá al pequeño».
> Se le cumplieron los días de dar a luz, y resultó que había dos mellizos en su vientre. Salió el primero, rubicundo todo él, como una pelliza de zalea, y le llamaron Esaú. Después salió su hermano, cuya mano agarraba el talón de Esaú, y se llamó Jacob. Isaac tenía sesenta años cuando los engendró. Crecieron los muchachos. Esaú llegó a ser un cazador experto, un hombre montaraz, y Jacob un hombre muy de la tienda (Gn 25, 21-27).

Isaac había rogado por Rebeca, pero es ella la que consulta a Yahvé y, como profetisa, escucha la palabra de Dios, que define y traza de antemano la historia de los dos pueblos que surgirán ya enfrentados desde su seno (Jacob que es Israel, Esaú que es Edom). Rebeca es, según eso, la matriarca y profetisa, que lleva en su vientre la historia de los dos hijos/pueblos gemelos, tan iguales y tan distintos, israelitas y edomitas, sedentarios y beduinos. En este contexto podemos hablar de la maternidad como experiencia de dolor y profecía: los hermanos se enfrentan, haciendo sufrir a la madre, que conoce (y de algún modo) anticipa su destino.

De todas formas, el amor maternal no significa equidistancia entre los hijos, sino preferencia por uno (su marido tendrá preferencia por otro). Isaac se inclina por Esaú (cazador y nómada), mientras Rebeca opta por Jacob (que está más vinculado a la vida social). Lógicamente, conforme a la dinámica del relato, la preferencia de la madre será decisiva, de manera que ella marcará y definirá el surgimiento de Israel (en contra de Isaac, que hubiera preferido a Esaú/Edom).

c) *Una mujer ocultada (Gn 26, 1-11)*

Isaac repite la conducta de su padre Abrahán, que había dicho por dos veces que Sara era su «hermana» (en Egipto y en Guerar). Isaac sólo «miente» una vez, ante el mismo Abimelec de Guerar, al que había «mentido» su padre (cf. Gn 21, 22-34).

> Estableciose, pues, Isaac en Guerar. Los del lugar le preguntaban por su mujer, y él decía: «Es mi hermana». En efecto, le daba reparo decir: «Es mi mujer», no fuesen a matarle los del lugar por causa de Rebeca, ya

que ella era muy hermosa. Ya llevaba largo tiempo allí, cuando aconteció que Abimelec, rey de los filisteos, atisbando por una ventana, observó que Isaac estaba solazándose con su mujer Rebeca.
  Llamó Abimelec a Isaac y le dijo: «¡Con que es tu mujer! ¿Pues cómo has venido diciendo: Es mi hermana?». Dícele Isaac: «Es que me dije: A ver si voy a morir por causa de ella». Replicó Abimelec: «¿Qué es lo que nos has hecho? Si por acaso llega a acostarse cualquiera del pueblo con tu mujer, tú nos habrías echado la culpa». Entonces Abimelec ordenó a todo el pueblo: «Quien tocare a este hombre o a su mujer, morirá sin remedio» (Gn 26, 6-11).

El texto supone que los hijos de Isaac y Rebeca están ya crecidos y son, en algún sentido, autónomos (pues Esaú ha vendido ya a Jacob su primogenitura por un plato de lentejas, es decir, por un fruto de su huerto). Por otra parte, Rebeca tiene que ser entrada en años y, aunque se ha dicho que era hermosa de doncella (24, 16) y se sigue diciendo que es guapa (26, 7), ese rasgo no parece tan destacado como en el caso de Sara. Además, tanto el Faraón como Abimelec «compraron» a Sara como mujer (aunque no se acostaron con ella), mientras que Isaac se limita a decir que Rebeca es su hermana, aunque en su intimidad ellos actúan como matrimonio, en su propia tienda (donde les ve Abimelec), sin que Rebeca haya sido llevada a la casa del rey. En ese sentido, más que ante una entrega o venta de la mujer nos hallamos ante un ocultamiento del matrimonio, por evitar que el marido sufra males a causa de su esposa. Es evidente que el amor de los patriarcas hacia sus mujeres no parece ejemplar.

d) Israel y el engaño de Rebeca (Gn 26, 34–27, 46)

El texto ha dicho ya que, en contra de Isaac, Rebeca amaba más a Jacob (cultivador de lentejas) que a Esaú (cazador). Por otra parte, nuestro relato empieza y termina afirmando que Esaú, que tenía ya cuarenta años (¡es mayor de edad!), se había casado con varias mujeres hititas de entre los cananeos, siendo así causa de disgusto para Isaac y Rebeca (26, 34-35; 27, 46).

  En este contexto se entiende la historia de la bendición, con el engaño de Rebeca, al servicio de Jacob (es decir, de Israel). Isaac que es ya mayor y ha perdido la vista quiere transmitir su bendición (su herencia) a Esaú, su preferido. Pero el texto mostrará que él se equivoca, pues no conoce a sus hijos, ni conoce lo que Rebeca ha experimentado en su vientre, sufriendo ella misma la lucha entre los dos hermanos. Por eso, cuando Isaac pide a Esaú que vaya a cazar y le prepare un buen plato de carne para bendecirle, Rebeca llama a Jacob y le ordena:

> Acabo de oír a tu padre que hablaba con tu hermano Esaú diciendo: «Tráeme caza, y hazme un guiso suculento para que yo lo coma y te bendiga delante de Yahvé antes de morirme». Pues bien, hijo mío, hazme caso en lo que voy a recomendarte. Ve al rebaño y tráeme de allí dos cabritos hermosos. Yo haré con ellos un guiso suculento para tu padre como a él le gusta, y tú se lo presentas a tu padre, que lo comerá, para que te bendiga antes de su muerte. Jacob dijo a su madre Rebeca: «¡Pero si mi hermano Esaú es velludo, y yo soy lampiño! ¡Temo que me palpe mi padre, y le parezca que estoy mofándome de él! ¡Si fuera así me habré buscado una maldición en vez de una bendición!». Dícele su madre: «¡Sobre mí tu maldición, hijo mío! Tú, obedéceme, basta con eso, ve y me los traes» (Gn 27, 6-13).

Así, mientras Esaú está afanoso en la caza de un venado, Rebeca prepara los cabritos del rebaño que Jacob le ha traído y después le viste con las mejores ropas de la casa y le cubre los brazos y el cuello con la piel de los cabritos, a fin de que se parezca a su hermano velludo. Ciertamente, el que engaña a su padre y suplanta a su hermano es Jacob, pero todo el ardid proviene de ella, Rebeca, una mujer decisiva y «parcial» en la historia israelita, pues muestra su preferencia por Jacob, en contra de Esaú. Ella aparece así como reflejo humano del Dios, que, según la Biblia judía, ha elegido a Jacob (es decir, a los sedentarios de Israel) y no a Esaú (a los nómadas del desierto). Ella no «aborrece» a Esaú (a pesar de la durísima sentencia de Pablo, cuando evoca el caso y dice que Dios amó a uno y aborreció al otro: cf. Rom 9, 13), pero prefiere a Jacob y de esa manera, con engaño, logra que Isaac le bendiga, en nombre de Dios, transmitiéndole la herencia de las promesas.

Resulta difícil querer justificar este engaño con razones de tipo moral, pues en ese plano nos sigue pareciendo inaceptable, pero la Biblia judía supone que Dios puede actuar y actúa a través de los engaños de mujeres como Rebeca y de su hijo Jacob, que hereda su carácter, manifestándose así a través de la preferencia y el engaño de una mujer, que va guiando los hilos de la historia de su marido Isaac y de su hijo Jacob.

El relato supone, de un modo normal, que Esaú se irritó con el engaño de su madre y de su hermano, que le privaron de su primogenitura. Pero significativamente Isaac no se irrita, sino que acepta con toda calma el engaño, dejándose así manejar por su mujer, que sigue marcando la historia del clan cuando le dice a Jacob que su hermano Esaú quiere matarle, añadiendo que debe escaparse y refugiarse en la casa de su tío Labán (hermano de Rebeca).

Asumiendo la iniciativa de su esposa, también Isaac pide a Jacob que huya, pero no sólo para escapar de la ira de su hermano, sino también para buscar una mujer entre sus parientes: «Llamó, pues, Isaac a Jacob, le bendijo y le dio esta orden: No tomes mujer de las hijas de Canaán. Levántate y ve a Padán-Aram, a casa de Betuel, padre de tu madre y toma allí mujer de entre las hijas de Labán, hermano de tu madre...» (Gn 28, 1-2).

De esta forma, el ciclo de Isaac queda encuadrado entre dos pasajes donde se prohíbe el casamiento con mujeres cananeas, que serían causa de corrupción para los israelitas. Éste es un tema que tendrá gran importancia en la historia posterior de Israel, de manera que ha podido ser introducido tardíamente en las historias patriarcales. Pero también es posible que nos hallemos ante tradiciones antiguas de los antepasados «arameos» de Israel, que tendían a mantener un tipo de endogamia entre los clanes.

Débora, la nodriza. En ese contexto, antes de terminar la historia de Isaac y de Rebeca, quiero recordar una tradición venerable, que la Biblia recoge en un momento posterior, dentro del ciclo de la vida de Jacob: «Entonces murió *Débora*, nodriza de Rebeca, y fue sepultada al pie de Betel, debajo de una encina, la cual fue llamada Alon-Bacut, la encina del llanto» (Gn 35, 8). Ésta es, sin duda, una tradición antigua, que recuerda el sepulcro de una mujer especial, a la que se alude precisamente en un contexto distinto, lejos del ciclo de Isaac-Rebeca, por el lugar del sepulcro, que es Betel.

No tenemos más noticias de esta Débora, nodriza de Rebeca, aunque narrativamente se podría suponer que Jacob la ha traído de Padán-Aram, donde ella habría quedado tras el matrimonio de Rebeca... o que ha vivido siempre con Rebeca y que Jacob la ha recogido, a su vuelta de Padán-Aram, tras la muerte de su madre. Sea como fuere, esta noticia se encuentra cargada de ternura y nos sitúa ante uno de los recuerdos más antiguos de la tradición de Rebeca.

I. En el principio. Las mujeres del recuerdo

3
MATRIARCAS 2
CICLO DE JACOB Y DE SUS HIJOS

Es el ciclo más extenso de la historia patriarcal y refleja, como en un espejo, los valores y las dificultades de la vida de las mujeres en el principio de Israel. Incluyo también los relatos de los hijos de Jacob, pudiendo dividirse en apartados: (1) Raquel y Lía, las bodas. (2) Raquel, Lía, los hijos. (3) Raquel y Lía rompen con el padre. (4) Dina. (5) Tamar y Judá. (6) José y la hija de Putifar.

1. Raquel y Lía, las bodas[35]

Como le han dicho sus padres (Rebeca e Isaac), Jacob huye a la tierra de sus antepasados, para refugiarse de la ira de su hermano y para encontrar mujer, llegando al pozo donde en otro tiempo el siervo de su abuelo Abrahán había encontrando a su madre (Rebeca), para concertar el matrimonio. La historia se repite, pero resulta más compleja. Un grupo de pastores, reunidos junto al pozo, no pueden sacar agua ni abrevar sus rebaños, porque la piedra que tapa el brocal es inmensa y sólo pueden apartarla cuando se reúnen ya muchos pastores, para sacar agua. Mientras Jacob y los otros esperan llega Raquel, prima de Jacob e hija de Labán (hermano de Rebeca):

---

35 Sobre las «historias» de Lía y Raquel, cf. J. Blankenship, *Rachel and Leah: Biblical Tradition and the Third Dream of Dante's Purgatorio*, en R. J. Frontaine-J. Wojcik (eds.), *Old Testament Women in Western Literature*, University of Central Arkansas, Conway AR 1991, 68-91; M. Görg, *Terafim: tragbare Göttinnenfigur(en)*, BN 101 (2000) 15-17; M. Greenberg, *Another Look at Rachel's Theft of the Teraphim*, JBL 81 (1962) 239-248; M. Grohmann, *Die Erzmütter: Sara und Hagar, Rebekka, Rahel*, en M. Öhler (ed.), *Alttestamentliche Gestalten im Neuen Testament*, Beiträge zur Biblischen Theologie, Darmstadt 1999; R. A. Klein, *Leseprozess als Bedeutungswandel. Eine rezeptionsästhetische Erzähltextanalyse der Jakobserzählungen im Buch Genesis* (ABG 11), Leipzig 2002; J. E. Lapsley, *The Voice of Rachel: Resistance and Polyphony in Genesis 31.14-35*, en A. Brenner (ed.), *Genesis. The Feminist Companion to the Bible (Second Series)*, Academic Press, Sheffield 1998, 232-248; M. McKenna, *«Déjala» (Jn 12, 7). Mujeres en la Escritura*, Sal Terrae, Santander 2001, 222-249; K. Spanier, *Rachel's Theft of the Teraphim: Her Struggle for Family Primacy*, VT 16 (1992) 404-412; A. Wenin, *Mujeres de la Biblia*, Claret, Barcelona 2008.

Aún estaba él hablando con ellos, cuando llegó Raquel con las ovejas de su padre, pues era pastora. Cuando vio Jacob a Raquel, hija de Labán, el hermano de su madre, y las ovejas de Labán..., se acercó y apartó la piedra de sobre la boca y abrevó los ovejas de Labán, el hermano de su madre. Jacob besó a Raquel y luego estalló en sollozos, diciendo a Raquel que era pariente de su padre e hijo de Rebeca. Ella se echó a correr y lo anunció a su padre. En cuanto Labán oyó hablar de Jacob, el hijo de su hermana, corrió a su encuentro, le abrazó, le besó y le llevó a su casa (Gn 29, 1-13).

Jacob es fuerte y atrevido: él solo es capaz de correr la piedra, sin necesidad de otros pastores, sacando así el agua para beber y abrevar los rebaños. Raquel es decidida: se deja besar y va a contárselo a su padre. Y de esta forma se inicia una de las historias más conmovedoras de la Biblia judía: la boda de Jacob con dos hermanas:

Labán dijo a Jacob: «¿Acaso porque seas pariente mío has de servirme de balde? Indícame cuál será tu salario». Pues bien, Labán tenía dos hijas: la mayor llamada Lía, y la pequeña, Raquel. Los ojos de Lía eran tiernos. Raquel, en cambio, era de bella presencia y de buen ver. Jacob estaba enamorado de Raquel. Así pues, dijo: «Te serviré siete años por Raquel, tu hija pequeña». Dijo Labán: «Mejor es dártela a ti que dársela a otro. Quédate conmigo».

Sirvió, pues, Jacob por Raquel siete años, que se le antojaron unos cuantos días, de tanto que la amaba. Jacob dijo a Labán: «Dame mi mujer, que se ha cumplido el plazo, y quiero casarme con ella». Labán juntó a todos los del lugar y dio un banquete. Luego a la noche tomó a su hija Lía y la llevó a Jacob, y éste se unió a ella. Labán dio a su esclava Zilpa como esclava para su hija Lía. Se hizo de mañana, ¡y resultó que aquélla era Lía! Jacob dijo a Labán: «¿Qué es lo que has hecho conmigo? ¿No te he servido por Raquel? ¿Pues por qué me has hecho trampa?». Labán dijo: «No se usa en nuestro lugar dar la menor antes que la mayor. Cumple otra semana de años, y te daré también a la otra...». Así lo hizo Jacob; y habiendo cumplido aquella semana, Labán le dio por mujer a su hija Raquel. Labán dio a su esclava Bala como esclava para su hija Raquel. Jacob se unió también a Raquel, y amó a Raquel más que a Lía, y sirvió en casa de su tío otros siete años más (cf. Gn 29, 15-30).

Las mujeres aparecen como objeto de compra (siete años de trabajo cada una) y son igualmente motivo de engaño. Jacob, el tramposo, que ha engañado a su padre (con la ayuda de su madre Rebeca) es engañado a su vez por Labán (¡hermano de Rebeca!). En este contexto podemos hablar de un matrimonio por amor (Raquel) y de matrimonio por conveniencia (Lía), sin que las dos hermanas, que son, a su vez, esposas de un mismo hombre combatan y rompan entre sí por ello (aunque tienen diversos enfrentamientos y roces). Éste es el caso más claro de poligamia bíblica, pues Jacob se casa no sólo con las dos hermanas, sino también con sus siervas: Bala (de Raquel: 30, 3) y Zilpa (de Lía: 30, 9). De esa forma, las cuatro mujeres (dos libres, dos siervas) comparten la vida de un hombre, sin que ello resulte especialmente problemático, ni mucho menos escandaloso.

Aquí aparece con toda claridad eso que pudiéramos llamar una «familia de mujeres». Ciertamente, cada una de las mujeres libres tiene su propia tienda/casa donde recibe a su marido cuando viene a comer o a requerir sus «favores». No estamos ante ninguna teoría sobre la poligamia, sino ante una poligamia de hecho, con dos mujeres hermanas y libres, con iguales derechos, y dos siervas, al servicio de las libres, porque el valor de la mujer se mide, sobre todo, por la cantidad de los hijos que aporta al marido (al clan). Aquí no hay una libre y otra esclava (como Sara y Agar), sino dos mujeres libres y hermanas, iguales ante el marido (con unas siervas que no rompen la armonía de conjunto). Sin duda, el «amor» del marido las distingue (¡Jacob prefería a Raquel!), pero la causa básica de su conflicto no es la lucha por el amor del hombre (al que puedan compartir), sino por los hijos pues ellos les dan un futuro, una dignidad, un estatuto de señora (gebîrá). No son virtuosas, en el sentido espiritualista, pero luchan por la vida y la dignidad, en un mundo adverso, como pueden. Son buen ejemplo.

2. Raquel y Lía: siervas e hijos

Las mujeres no se vinculan al marido por amor (aunque en el fondo de la relación de Raquel con Jacob hay una historia de amor), sino por el trabajo (Jacob ha trabajado por cada una de las libres siete años) y por los hijos. Así lo indica el texto clave (Gn 29, 31–30, 24), que culmina en el final dramático de 35, 16-21, donde se dice que Raquel dio a luz al último de los hijos de Jacob (Benjamín) ya en la tierra prometida, junto a Belén, porque así lo exige la tradición que sitúa en aquel entorno su sepulcro (venerado por judíos, musulmanes y cristianos hasta el día de hoy).

La historia de los hijos de Raquel y Lía (y de sus siervas) está llena de tensión y dramatismo. El texto supone que las dos mujeres aman a Jacob (aunque Jacob no ame a Lía, cf. 29, 31-32), pero lo que ha destacado con toda claridad es que ellas quieren hijos, para asegurar de esa manera el favor de su marido y, sobre todo, para garantizar su autoridad y su futuro a través de la descendencia. En esa línea, el texto presenta con cierta claridad los «intereses y deseos» de las dos mujeres libres, empezando por Lía, que al dar a luz a Rubén, el primogénito, dice: «El Señor ha visto mi aflicción [etimología popular de Rubén] y ahora me querrá mi marido» (29, 32). Ciertamente, ella quiere al hijo, pero a través del hijo quiere conseguir también el favor de su marido. Lía tuvo además otros hijos: Simeón, Leví, Judá (Gn 29, 33-35). Éstos son los cuatro primeros: Rubén, Simeón, Leví y Judá.

Más opaca resulta la función de las siervas, que son madres vicarias y dan a luz para sus señoras, como en el caso de Agar con Sara, pero sin oponerse a ellas, ni reivindicar los hijos como propios. Así lo dice expresamente el texto, que comienza destacando la infecundidad de Raquel.

> Vio Raquel que no daba hijos a Jacob, y celosa de su hermana dijo a Jacob: «Dame hijos, o si no me muero». Jacob se enfadó con Raquel y dijo: «¿Estoy yo acaso en el lugar de Dios, que te ha negado el fruto del vientre?». Ella dijo: «Ahí tienes a mi criada Bala; únete a ella y que dé a luz sobre mis rodillas: así también yo ahijaré de ella». Dióle, pues, a su esclava Bala por mujer; y Jacob unióse a ella. Concibió Bala y dio a Jacob un hijo. Y dijo Raquel: «Dios me ha hecho justicia, pues ha oído mi voz y me ha dado un hijo». Por eso le llamó Dan (Gn 30, 1-6).

Raquel tendrá otro hijo, por medio de Bala, y le pondrá por nombre Neftalí. Por su parte, Lía «que había dejado de dar a luz, tomó a su esclava Zilpa, y se la dio a Jacob por mujer» y tuvo a través de ella dos hijos: Gad y Aser (Gn 30, 1-13). Lía tuvo después dos hijos propios, Isacar y Zabulón, y una hija (Dina) que no entra en la genealogía de las doce tribus pero que juega un papel importante en las tradiciones de la familia, como veremos (Gn 30, 17-21). Finalmente, Raquel tendrá también dos hijos propios, uno en la tierra de su padre (José: Gn 30, 22-24) y otro ya en la tierra de Canaán, junto a Belén (Benjamín: Gn 35, 16-21), los preferidos de Jacob.

La figura de las siervas, que se acuestan con el amo por obligación y que conciben hijos para otra mujer nos resulta hoy especialmente dolorosa. Sin embargo, ellas reciben cierta dignidad a través de sus hijos, pues ellos son libres y, a pesar de que jurídicamente, tienen «otra madre» (Lía o Raquel), de hecho, su madre natural resulta importante para ellos.

Estamos, según eso, ante una familia extensa (un clan), centrado en un hombre (Jacob), que ejerce la función de marido de cuatro mujeres (dos libres y dos siervas) y de padre de todos los hijos. Es significativo el hecho de que la tradición de la Biblia judía no haya establecido diferencias entre los doce «hijos» de Jacob, que aparecen con igual dignidad, tanto los hijos de libres, como los hijos de esclavas (en contra de lo que sucede en la historia de Abrahán) y sin que se destaque, ni siquiera, la primogenitura de Rubén. De todas formas, esos hijos suelen dividirse por el nombre las madres, de manera que podemos hablar del *clan de Lía* formado por Rubén, Simeón, Leví, Judá, Isacar y Zabulón, con Gad y Aser (hijos de su sierva Zilpa), y *del clan de Raquel*, formado por sus hijos José y Benjamín, con de Dan y Neftalí (hijos de su sierva Bala).

La Biblia destaca los hijos «varones» fundadores de tribus, los doce patriarcas de Israel, hijos de un único padre (Jacob) y de cuatro mujeres. A modo de pasada, como he señalado ya, para introducir la historia que vendrá después, el texto dice que Lía tuvo una hija a la que llamó Dina (¡cuya etimología la Biblia no explica!). Es como si ella en sí no contara.

3. Las mujeres rompen con el padre. Los terafim de Raquel[36]

La historia de las dos hermanas (y sus siervas), esposas de Jacob, resulta compleja. Lía y Raquel tienen celos entre sí, pero las dos se unen defendiendo a Jacob, su marido, frente a su padre Labán, que le acusa de enriquecerse a su costa, pues los negocios de Jacob prosperan, mientras los suyos decrecen. Jacob entonces llama a sus mujeres y les propone abandonar la tierra de su padre Labán, para volver a la tierra de Canaán, de la que él ha venido. Ellas le escuchan y responden con una sola voz:

«¿Es que tenemos aún parte o herencia en la casa de nuestro padre? ¿No hemos sido consideradas como extrañas para él, puesto que nos vendió y, por comerse, incluso se comió nuestra plata? Así que toda la riqueza que ha quitado Dios a nuestro padre nuestra es y de nuestros hijos. Por tanto, todo lo que te ha dicho Dios, hazlo». Levantóse Jacob,

---

36 Cf. T. J. Lewis, *Cults of the Dead in Ancient Israel and Ugarit* (HSM 39), Scholars Press, Atlanta GE 1989; O. Loretz, *Die Teraphim als «Ahnen-Götter-Figur» im Lichte der Texte aus Nuzi, Emar und Ugarit*: UF 24 (1992) 133-178; J. Tropper, *Nekromantie. Totenbefragung im Alten Orient und im Alten Testament* (AOAT 223), Neukirchen-Vluyn 1989.

montó a sus hijos y a sus mujeres en los camellos, y se llevó todo su ganado y toda la hacienda que había adquirido (Gn 31, 15-18).

Esta voz conjunta de las dos mujeres de Jacob (a la que debe unirse, en silencio, la voz de las siervas) resulta básica en la trama de la historia israelita. Ellas optan por el marido, más que por el padre. De esa forma dejan la casa paterna y van con sus hijos a la tierra de Canaán, que será su tierra. Todos vienen de fuera, como emigrantes, menos Benjamín, que nacerá junto a Belén (Efrata), donde su madre Raquel muere de parto, siendo enterrada allí, en un sepulcro que ha sido y sigue siendo venerado y mantiene su memoria (35, 16-21).

En este contexto resulta fundamental el tema de los «terafim», dioses o signos sagrados, protectores de la casa paterna (vinculados con el culto a los muertos y, quizá, con la adivinación sagrada). La Biblia supone que Labán, igual que su familia (emparentada con Abrahán), es monoteísta o, por lo menos, no está «contaminado» con las idolatrías de los cananeos. Pues bien, a pesar de ello, Labán tiene en su casa o, quizá mejor, en un lugar sagrado (santuario) en el centro de sus campos unos «terafim», que son sus dioses protectores, garantes de la fecundidad de su tierra, de la prosperidad de la casa y, sobre todo, de la continuidad de la familia. Volveremos a encontrar terafim en la casa de Mical, mujer de David (1 Sm 19, 11-17), aunque en el caso de Raquel parecen ser pequeños (caben bajo la montura de la caballería), mientras que los de Mical son grandes, del tamaño de un hombre.

Jabob y sus mujeres, con toda su familia y sus posesiones, se marchan a escondidas, mientras Labán está lejos, esquilando sus rebaños. Raquel, la más vinculada con Jacob, enojada con su padre (quizá porque le ha hecho esperar siete años; quizá porque trata injustamente a su marido), le roba los terafim y se los lleva ocultos, queriendo, sin duda, dos cosas: (1) Dejar a su padre sin la protección de sus dioses (de sus antepasados), abandonado a su propio egoísmo. (2) Llevar con ella (para bien de Jacob) la protección de esos dioses, es decir, de los antepasados.

Evidentemente, Jacob no lo sabe, pues la Biblia no puede afirmar que Jacob, padre de las tribus, fundador de Israel, ha robado y traído unos dioses de la tierra de sus antepasados. Él no lo puede hacer, pero lo hace su esposa más querida, que aparece así vinculada con un tipo de «idolatría» (como se dirá de muchas mujeres posteriores). Por eso, cuando Labán viene en su persecución y le alcanza ya junto a Galaad (casi en la tierra de Canaán), pidiéndole sus dioses, Jacob puede responder: «Aquel a quien encuentres tus terafim no quedará con vida» (31, 32).

Ciertamente, Jacob aparece en toda su historia como yahvista (vinculado a la fe de sus antepasados, devoto de un solo Dios), pero el mismo texto supone que sus mujeres no comparten esa opción, al menos en sentido estricto, de manera que Raquel ha podido llevarse los terafim del clan padre, no sólo para vengarse de él y dejarle sin protección sagrada, sino también para heredar la religión de su padre. Jacob no lo sabe, no controla la religión de las mujeres y por eso le dice a Labán que puede buscar libremente sus terafim y que castigará a quien los haya robado:

> Entró Labán en la tienda de Jacob, en la de Lía y en la de las dos criadas, y no halló nada. Salió de la tienda de Lía, y entró en la de Raquel. Pero Raquel había tomado los terafim y, poniéndolos bajo la montura del camello, se había sentado encima. Labán registró toda la tienda sin hallar nada. Ella dijo a su padre: «No se enfade mi señor si no puedo levantarme en tu presencia, porque estoy con la regla». Él siguió rebuscando por toda la tienda sin dar con los terafim (Gn 31, 33-35).

Raquel engaña a Labán, que no podía exigir que su hija bajara del camello en esas condiciones, ni podía registrar la montura, porque según la ley antigua esa montura y todo lo que está en ella se encuentra en situación de impureza (cf. Lv 15, 19-30). De esa forma, Raquel llevó los terafim de su padre, pero los puso en el lugar más impuro que un judío pueda imaginarse, manchados con la sangre de su «regla». El texto supone de esa forma que los terafim se vinculan con la impureza de las mujeres, como si fueran elementos de una religión propia de ellas, en contra de la buena religión de los varones. Todas las mujeres, incluso las más queridas por los judíos, como Raquel, cuyo sepulcro-memoria se venera junto a Belén (35, 16-21), parecen vinculadas de algún modo a la impureza de los ídolos.

No hará falta recordar que la versión del texto ofrece una perspectiva masculina, lo mismo que el conjunto de la Biblia judía, con Jacob como protagonista. Para conocer bien el sentido de esta escena habría que haber preguntado a Raquel y a las mujeres, no sólo sobre el significado que para ellas tenían los terafim (vinculados a la casa y a la fertilidad), sino sobre la sangre menstrual. Para una Biblia escrita por varones, esa sangre es impureza y causa de separación (durante el tiempo de la regla la mujer ha de encontrarse aislada, quizá entre otras mujeres). Pues bien, en ese contexto, ellas han podido cultivar quizá un tipo de experiencia religiosa más vinculada a los terafim, que podrían aparecer así como signo de la sangre de la vida[37].

4. Dina, la hermana vengada, pero no escuchada[38]

Oficialmente, la tradición judía ha recordado sólo el nombre y figura de los doce hijos de Jacob, que han nacido de cuatro mujeres. Desde un punto de vista histórico lo más probable hubiera sido que Jacob tuviera también varias hijas, pero la tradición de Israel no las recuerda, porque no le interesan, pues le importa la línea genealógica masculina. Sin embargo, de manera muy significativa, como ejemplo de la protección que los judíos han de mostrar por sus «mujeres/hermanas», el mismo texto recuerda la historia de Dina, hija de Jacob y Lía (Gn 30, 21), protagonista de una historia extraordinaria de venganza, que sucede, pasados los años, en el entorno de Siquem, en el centro de la tierra prometida, donde Jacob habita con sus hijos:

> Dina, la hija que Lía había dado a Jacob, salió una vez a ver a las mujeres del país. Siquem, hijo de Jamor el jeveo, príncipe de aquella tierra, la vio, se la llevó, se acostó con ella y la violó. Pero su alma se aficionó a Dina, hija de Jacob, se enamoró de la muchacha y trató de convencerla. Siquem dijo a su padre Jamor: «Tómame a esta chica por mujer».

---

37 En ese contexto resulta significativa la novela de A. Diamat, *La tienda roja*, Via Magna, Barcelona 2009 que recrea la vida de las mujeres del ciclo de Jacob, fijándose de un modo especial en Dina.

38 Sobre los temas sociales de fondo de la historia de Dina, cf. N. K. Gottwald, *The Tribes of Yahweh*, Maryknoll, New York 1979; desde un punto de vista antropológico, cf. J. Pitt-Rivers, *The Fate of Shechem or the Politics of Sex*, CSSA, Cambridge 1977. Cf. también A. Standhartinger, *Um zu sehen die Töchter des Landes. Die Perspektive Dinas in der jüdisch-hellenistischen Diskussion um Gen 34*, en L. Bormann (ed.), *Religious Propaganda and Missionary Competition in New Testament World* (FS Dieter Georgi; NT.S 47), Leiden 1994, 89-116; P. Noble, *A «balanced» reading oft he rape of Dinah. Some exegetical and methodological observations*, Bib. Int. 4 (1996) 85-109; S. Scholz, *Rape Plots. A Feminist Cultural Study of Genesis 34*, P. Lang, New York 2000; E. J. Van Wolde, *The Dinah story. Rape or worse?*: Old Testament Essays 15 (2002) 225-239; *Love and hatred in a multiracial society. The Dinah and Shechem story in Genesis 34 in the context of Genesis 28–35*, en J. C. Exum (ed.), *Reading from right to left (FS David J. A. Clines)*, Academic Press, Sheffield 2003, 435-449; M. A. Bader, *Sexual Violation in the Hebrew Bible. A Multi-Methodological Study of Genesis 34 and 2 Samuel 13* (Studies in Biblical Literature 87), New York 2006; J. Fleishmann, *Shechem and Dinah – in the light of non-biblical and biblical sources*, ZAW 116 (2004) 12-32.

I. En el principio. Las mujeres del recuerdo

Jacob oyó que Siquem había violado a su hija Dina, pero sus hijos estaban con el ganado en el campo, y Jacob guardó silencio hasta su llegada. Jamor, padre de Siquem, salió a donde Jacob para hablar con él. Los hijos de Jacob volvieron del campo al oírlo, y se indignaron los hombres y les dio mucha rabia la afrenta hecha por Siquem acostándose con la hija de Jacob... Jamor habló con ellos diciendo: «Mi hijo Siquem se ha prendado de vuestra hija, así que dádsela por mujer. Emparentad con nosotros: dadnos vuestras hijas, y tomad para vosotros la nuestras. Quedaos a vivir con nosotros: tenéis la tierra franca. Instalaos, circulad libremente y adquirid propiedades».

Los hijos de Jacob respondieron a Siquem y a su padre Jamor con disimulo...: «No podemos hacer tal cosa: dar nuestra hermana a uno que es incircunciso, porque eso es una vergüenza para nosotros. Tan sólo os la daremos a condición de que os hagáis como nosotros y se circunciden todos vuestros varones. Entonces os daremos nuestras hijas, y tomaremos para nosotros las vuestras, nos quedaremos con vosotros y formaremos un solo pueblo...».

Sus palabras parecieron bien a Jamor y a Siquem, hijo de Jamor, y el muchacho no tardó en ponerlas en práctica, porque amaba a la hija de Jacob. Él era el más honorable de toda la casa de su padre y todos los habitantes de la ciudad escucharon a Jamor y a su hijo Siquem, y se circuncidaron todos los varones... Pues bien, al tercer día, mientras ellos estaban con los dolores, dos hijos de Jacob, Simeón y Leví, hermanos de Dina, blandieron cada uno su espada y entrando en la ciudad sin peligro mataron a todo varón. También mataron a Jamor y a Siquem a filo de espada, y tomando a Dina de la casa de Siquem, salieron. Los hijos de Jacob pasaron sobre los muertos y saquearon la ciudad que había violado a su hermana.

Jacob dijo a Simeón y a Leví: «Me habéis arruinado, haciéndome odioso entre los habitantes de este país, los cananeos y los fereceos, pues yo dispongo de unos pocos hombres, y ellos van a juntarse contra mí, me atacarán y seré aniquilado yo y mi casa». Replicaron ellos: «¿Es que iban a tratar a nuestra hermana como a una prostituta?» (cf. Gn 34, 1-31).

Se trata de una historia de violación relativa, porque empieza diciendo que Dina «salió a ver a las mujeres del país», lo que indica que abandonó el espacio resguardado del clan de Jacob, con sus propias costumbres y leyes matrimoniales, y se arriesgó a vincularse con las mujeres cananeas, asumiendo lógicamente sus costumbres (y apareciendo así como un peligro para los israelitas fieles, lo mismo que las mujeres cananeas). De esa manera, ella viene a presentarse como un «puente» entre dos visiones distintas de la sociedad y del matrimonio: por un lado quiere estar con los siquemitas (pues se une a sus mujeres) y por otro forma parte de los israelitas (que siguen una ley de endogamia). Por eso, más que ante una historia de relaciones personales, el relato de Dina nos sitúa ante el problema de las relaciones entre dos grupos sociales.

El texto reconoce que Siquem, hijo de Jamor, príncipe del país «la agarró, se acostó con ella y la violó». Evidentemente, Siquem es un nombre simbólico (es la ciudad), lo mismo que Jamor su padre (que es el Asno, Dios de la Alianza, que se celebra en la ciudad). Sin duda, el gesto es duro y supone un tipo de violencia (violación) y podría decirse que ella, Dina, no puede resistir. Pero se trata de una violencia que responde a las costumbres sociales de una tierra donde el matrimonio puede realizarse por rapto, legalizado *a posteriori*, si el padre de la violada lo acepta (como sucede con las muchachas de Betel: Jue 21; cf. Ex 22, 16-17). Además, en este caso, la violencia y rapto de Siquem se transforma en ternura y en intento de resolver las cosas de un modo legal: Siquem se enamora de Dina y quiere conseguir libremente su mano, a través de un matrimonio concertado entre su padre Jamor y los familiares de Dina (padre y hermanos).

Significativamente, los protagonistas «judíos» de la historia son los hermanos de Dina y, en especial, Simeón y Leví (hijos de Lía), de manera que la figura del padre Jacob queda velada. Pues bien, estos «hermanos» acceden al matrimonio que Siquem propone «por amor», pero ponen la condición de que él y todos los de la ciudad, se circunciden, entrando así en la «alianza israelita». Los siquemitas aceptan esa condición, comprometiéndose a vivir como israelitas; pero, después que se han circuncidado, en el momento en que están bajo el efecto de las «fiebres», Simeón y Leví (apoyados por el resto de los hermanos) les atacan a traición y les pasan a cuchillo, matando a todos los varones (con Siquem y Jamor), saqueando la ciudad y robando a las mujeres y niños.

Éste es un relato que recoge, sin duda, tradiciones antiguas en torno a la «conquista» israelita de la ciudad de Siquem y a la actitud intransigente de algunos israelitas. En contra de lo que hará, por ejemplo, el libro tardío de Judit, el relato antiguo que estamos comentando (Gn 34) no ha querido valorar el gesto de la venganza de Simeón y Leví y deja que la historia tenga un final ambivalente. Simeón y Leví, que representan el ala dura del Israel guerrero (¡la violencia de Yahvé!), defienden lo que han hecho, conforme a la «ley» de la venganza: «¿Íbamos a dejar que a nuestra hermana la trataran como a una prostituta?» (34, 31). Jacob, en cambio, se lamenta: «Me habéis arruinado, haciéndome odioso a los habitantes del país...» (34, 30). Éste es ya sin duda un Jacob impotente, desbordado por la violencia de sus hijos más fieros.

De todas formas, lo más extraño del pasaje no es la violencia de Simeón y Leví, ni el lamento de Jacob, sino el silencio de Dina, es decir, de la mujeres. Tras su violación, ella, la protagonista, queda totalmente marginada. El texto dice que Siquem la amaba apasionadamente y que buscó la forma legal de casarse con ella, pero no dice nada de los sentimientos y de la voluntad de Dina, cuando matan a su amante y a ella parece que la llevan a su «casa» antigua, sin dejar que salga «a ver» a las cananeas, como si ella no contara. Por otra parte, como he dicho, el texto habla de una violación, pero lo hace de forma velada y ambigua, de manera que podría suponerse que se trató de una «violación consentida», porque ella había tomado la iniciativa, saliendo a ver a las mujeres del país, queriendo así hacerse como ellas.

Pero incluso suponiendo que se trata de una violación no consentida y que ella sólo quería «ver» a las mujeres de la tierra por curiosidad, sin aceptar sus costumbres matrimoniales, nos hallamos ante un caso de violación que termina en amor (en un amor legal) y en un intento de matrimonio. Pues bien, en ese caso, según las leyes israelitas posteriores, el asunto debía haber terminado en matrimonio (cf. Dt 22, 28-29). Además, cualquiera que fuese la solución (desde el punto de vista actual), lo lógico hubiera sido preguntar a Dina y pedirle su opinión, cosa que el texto no hace.

Sea como fuere, el autor de este pasaje está suponiendo que la relación matrimonial entre mujeres israelitas y cananeos de Siquem va en contra de la identidad israelita. Por eso, la opinión de Dina no cuenta. Sus hermanos, los israelitas duros, no quieren que ella (las mujeres de Israel) se emparenten con los siquemitas, a pesar de que ellos han querido integrarse en la alianza de Israel. En este contexto, Simeón y Leví representan la línea más dura de la ley, los partidarios del «sólo Yahvé», cuya ley prohíbe que los israelitas se mezclen con los cananeos, como pondremos de relieve en los capítulos 15–16.

Mirado en una perspectiva actual, éste es un texto que nos sigue pareciendo enigmático y escandaloso. Por un lado, hoy rechazamos con toda fuerza la violación de una mujer, aunque no estamos seguros de que en este caso se trate de una verdadera violación y comprendemos la necesidad de que se haga justicia (una justicia que en aquel contexto queda en manos de los familiares, vengadores de sangre). Pero la reacción de Simeón y Leví nos parece desproporcionada e inmoral y, además, es contraria a la búsqueda de relaciones entre diversos grupos de pre-israelitas. Finalmente, sea cual fuere la solución del tema, en el fondo de todo queda el «silencio» de Dina, a quien no se deja que hable, siendo ella la que podía haber iluminado el tema, que sigue estando en el fondo de la historia de Tamar, la hija de David (cf. cap. 8), y de Judit (cf. cap. 22).

5. Tamar, la nuera de Judá (Gn 38)[39]

Ésta es una historia que parece hallarse fuera de lugar en este contexto, y que estaría mejor enmarcada en el libro de los Jueces, cuando los israelitas se habían instalado y vivían en la tierra prometida, con ganados e hijos; además, da la impresión de que ella rompe el ciclo de José (Gn 37–50) al hallarse colocada inmediatamente antes de su «tentación». Pero hay algo que ha unido estas historias: la actitud de las dos mujeres (Tamar y la esposa de Putifar) y la respuesta de los dos «hermanos» (hijos de Jacob), uno en Egipto, el otro en Canaán. (a) José es un ejemplo de fidelidad, y así rechaza la propuesta de la mujer egipcia de Putifar, siendo premiado silenciosamente por Dios, que le libera de la cárcel para hacerle mayordomo o ministro del Faraón. (b) Judá, en cambio, es ejemplo de «olvido» y falta de fidelidad, pues no cumple lo que debe a una mujer (Tamar), que busca un ardid ambiguo para conseguir la descendencia a la que tiene derecho (una descendencia que será providencial para la tribu de Judá y para las promesas de Dios, como ratifica Mt 1, 3 en la Biblia cristiana).

En contra de lo que dirá más tarde un judaísmo purista, que prohíbe el matrimonio de los israelitas con mujeres extranjeras (cf. cap. 15–16), Judá tomó una mujer cananea y tuvo con ella tres hijos, Er, Onán y Sela, a quienes quiso dar mujeres y así lo hizo, empezando por Er, su primogénito, a quien casó con Tamar, que parece también cananea. A partir de aquí se inicia una historia dramática en cuatro actos.

1. *Tamar se casa dos veces, pero no tiene hijos* (Gn 38, 1-11). La Biblia dice que su primer esposo (Er) era malo y que murió sin haber dejado descendencia. Pues bien, conforme a la ley del levirato (cf. Dt 25, 5-10), Onán, su cuñado (segundo hijo de Judá), tuvo que tomarla como

---

[39] Cf. J. A. Emerton, *Judah and Tamar*, VT 29 (1979) 403–415; J. Ebach, *Genesis 37 – 50* (HThKAT), Freiburg/Br. 2007; E. M. Menn, *Judah and Tamar (Genesis 38) in Ancient Jewish Exegesis*, en *Studies in Literary Form and Hermeneutics* (JSOT 51), Leiden 1997; S. Niditch, *The Wronged Woman Righted: An Analysis of Genesis 38*, HTR 72 (1979) 143-149; A. Wenin, *Mujeres de la Biblia*, Claret, Barcelona 2008.

esposa, para engendrar de esa manera un hijo que fuera heredero de su primer marido (Er). «Pero Onán, sabiendo que el hijo que él tuviera no sería suyo, sino de su hermano, cada vez que se unía con Tamar, la mujer de su hermano, vertía en tierra para no dar descendencia a su hermano. Pues bien, lo que hacía era malo ante los ojos de Yahvé, que también a él le quitó la vida» (Gn 38, 4-9).

De este Onán recibe su nombre el onanismo y, en general, la masturbación, que para la Biblia no tiene un carácter de pecado sexual, sino de injusticia, pues consiste en negarse a dar descendencia a un hermano. Pues bien, muerto Onán, Tamar espera que Judá, padre de sus dos esposos muertos, le conceda a Sela, el tercero de los hermanos. Pero Judá tiene miedo de perder también a Sela y manda a Tamar que vaya a la casa de su padre (de manera que nos encontramos ante un nuevo caso de onanismo, es decir, de negación de unos derechos que se deben a la viuda).

2. *Tamar consigue el hijo al que tiene derecho*, acostándose para ello con el padre de sus maridos muertos (Gn 38, 12-23). La Biblia supone que se trata de un gesto anormal, pero en ningún sentido «inmoral», pues Tamar debería haber recibido como esposo a Sela, el tercero de los hijos de Judá, para así darle un heredero a su primer marido, pero al ver que el padre no se lo quiere entregar en matrimonio busca una estratagema para conseguirlo.

Para ello se hace pasar por una prostituta y, así disfrazada, en un día conveniente, se coloca al borde del camino por el que tiene que pasar un Judá satisfecho y excitado, tras acabar el esquileo del rebaño. Judá la contrata, para acostarse con ella y, como anticipo del cabrito que ha quedado en pagarle por su servicio, ella le pide una señal: «el anillo del sello, con la cinta y el bastón». Tras haber logrado ese anticipo, la misteriosa «ramera del camino» desaparece y nadie sabe decirle al enviado de Judá, quién ha podido ser esa mujer cuando él viene a llevarle el cabrito.

3. *Tamar es acusada, pero prueba su inocencia* (Gn 38, 24-26). Al cabo de un tiempo le dicen a Judá que su nuera está embarazada y que, por tanto, es adúltera, pues debía haberse mantenido fiel a su tercer marido Sela, quien tenía el derecho de casarse con ella. Pues bien, jefe del clan y padre de Sela, Judá condena a Tamar a muerte:

> Dijo Judá: «Sacadla y que sea quemada». Pero cuando ya la sacaban, envió ella un recado a su suegro: «Del hombre a quien esto pertenece estoy encinta», y añadía: «Examina, por favor, de quién es este sello y es-

te bastón». Judá lo reconoció y dijo: «Ella tiene más razón que yo, porque la verdad es que no la he dado por mujer a mi hijo Sela» (Gn 38, 25-27).

Tamar se ha arriesgado, pero ha logrado lo que quería, es decir, ser madre y tener un descendiente, que no será ya de su primer esposo (Er), sino del mismo padre de la tribu (Judá). Desde ese fondo ha de entenderse la «moralidad» de Tamar. Todos nuestros intentos por defenderla o condenarla en ese plano carecen de sentido, pues lo que está en juego no es la moralidad sexual de Tamar (en el significado actual), sino su función materna, el bien supremo para una mujer, en aquel contexto bíblico antiguo.

Este pasaje pone de relieve la fidelidad materna de Tamar, que logra dar unos descendientes a la tribu de Judá. Pues bien, precisamente en ese fondo destaca con más fuerza la ambigua moralidad de Judá (patriarca y símbolo de los judíos) que no tiene reparo en acostarse con prostitutas, mientras que está dispuesto a matar a su nuera sin escucharla (y después de haberle negado sus derechos).

4. *Tamar, madre mesiánica* (Gn 38, 27-30). La historia termina con el nacimiento de Farés y Zéraj, los dos hijos gemelos de Judá y de Tamar (la que había sido esposa de Er y Onán). Así se consuma la «Venganza de Tamar» (según el título de un drama de Tirso de Molina), una «venganza» de mujer, no en contra del varón, sino al servicio de la vida, como ha sabido destacar la tradición bíblica.

Tamar es la última de las «matriarcas» antiguas, una mujer que puede y debe compararse a Sara y Rebeca, a Lía y Raquel, aunque su origen sea probablemente cananeo. Frente a la mujer de Putifar, que aparece en el capítulo siguiente de la Biblia (Gn 39), queriendo acostarse con José, sólo por placer, a pesar de estar casada con otro hombre, Tamar se acuesta por justicia (y a escondidas) con el padre de sus esposos muertos, para darles descendencia (que será descendencia mesiánica). Parece una prostituta y, sin embargo, es más justa que Judá, el patriarca del judaísmo. No es ejemplar, en sentido espiritualista, pero es ejemplo de moral al servicio de la vida.

Los hijos de Tamar serán los fundadores de la tribu de Judá, de manera que ella (una mujer cananea) aparece como aquella que ha marcado para siempre la línea de la tribu más representativa del judaísmo posterior, como matriarca de la que proviene David, por medio de Farés (cf. Rut 4, 12.18-22; 1 Cr 2–4), un antepasado del Jesús cristiano (cf. Mt 1, 3).

6. Ciclo de José: la mujer de Putifar y Asenat (Gn 39 y 41)[40]

Entre los hijos de Jacob destaca en especial José, cuya figura (literaria y simbólica) llena la última parte del Génesis (Gn 37–50). José, que es inteligente y guapo, ha despertado la envidia de sus hermanos que le venden a unos ismaelitas-madianitas que le llevan a Egipto donde Putifar, ministro del faraón (Gn 37, 23-36 y 39, 1), le compra para que sea criado de su casa. Y como José ganó pronto la confianza de de su amor, le hizo administrador de toda su hacienda: «Putifar lo puso todo en manos de José y no se preocupaba de otra cosa que del pan que comía. José era guapo y de buen tipo» (39, 7). Así comienza esta narración novelada, de fondo didáctico, que puede dividirse en tres escenas.

1. *Trasfondo y presupuestos* (Gn 39, 1-6a). José, un elegido de Dios, es «siervo» de Putifar, un «mayordomo» del Faraón, a quien el texto hebreo describe como *saris*, una palabra que suele significar «eunuco». Ciertamente, al decir que está casado y hablar de su mujer, la Biblia puede estar suponiendo que no era eunuco en un sentido estricto, pero de hecho esa palabra (saris) eleva una sospecha muy grande sobre las relaciones que mantiene con su esposa, que es dueña de la casa, pero que está de hecho subordinada a José, a quien Putifar, mayordomo del Faraón, ha dado plenos poderes, de manera que él «sólo debe preocuparse de comer y beber».

2. *La mujer de Putifar intenta seducir a José* (Gn 39, 6b-12)[41]. Todo parece propicio: ella es la dueña de casa, pero se encuentra afectivamente sola (abandonada), junto a un esclavo que es administrador de todos los bienes y tareas de la casa y, además, «es guapo y de buen tipo» (39, 6b),

---

40 Sobre el ciclo de José, cf. J. Vergote, *Joseph en Egypt*, Pub. Univ., Louvain 1959; G. W. Coats, *From Canaan to Egypt: Structural and Theological Context for the Joseph Story* (CBQMS 4), Washington 1975; D. B. Redford, *A Study of the Biblical Joseph Story*, Brill, Leiden 1970.

41 Cf. G. E. Kadish, *Eunuchs in Ancient Egypt*, en E. B. Hauser (ed.), *Studies in Honor of John A. Wilson* (SAOC 35), Chicago1969, 55-62; M. García Bachmann, *La excepción que confirma la regla: La mujer de Putifar y el acoso sexual (Génesis 39)*, en *Ecce mulier. Homenaje a Irene Foulkes*, UBL, San José de Costa Rica 2005, 61-76; A. Wenin, *Mujeres de la Biblia*, Claret, Barcelona 2008. Una historia como ésta aparece, en versiones parecidas, en otros lugares de la literatura y de la historia antigua. La más conocida es la de Fedra, esposa de Teseo y enamorada de su hijastro Hipólito (hijo de Teseo y de una amazona).

mientras el marido se halla ausente. El texto supone, además, que ella, como egipcia y rica (no israelita) goza de libertad en el campo sexual.

Esta mujer no tiene nombre, sino que aparece como esposa de un alto funcionario egipcio, a quien se le describe como «eunuco». No se sabe lo que ella piensa, sólo lo que quiere, que es mantener relaciones sexuales con su siervo, mayordomo de la casa. En general, las mujeres israelitas no mostraban su deseo sexual a los hombres (a no ser en el caso de Mical, 1 Sm 18, 20, y de la Sulamita en el Cantar de los Cantares). Pero esta mujer egipcia puede hacerlo y lo hace. Su figura y actitud resulta verosímil y refleja la manera en que los israelitas veían a las egipcias ricas, con independencia y con deseos sexuales propios, incluso fuera del matrimonio.

La escena supone que Putifar, nombre egipcio que significa «aquel a quien Ra ha dado», está fuera de casa (con el Faraón) y que su esposa no se encuentra satisfecha, junto a un esclavo hermoso (José) que lleva los asuntos de la casa. La tradición más extendida del oriente (incluso la de Israel) afirmaba que un hombre tenía derecho a mantener relaciones sexuales con la esclava. Pues bien, nuestro texto parecer suponer que una mujer (en este caso la esposa de Putifar) tenía ese mismo derecho, de manera que podía mantener relaciones con su esclavo, a pesar de que el amo (su marido) parece haberlo prohibido:

> Tiempo más tarde sucedió que la mujer de su señor se fijó en José y le dijo: «Acuéstate conmigo». Pero él rehusó y dijo a la mujer de su señor: «He aquí que mi señor no me controla nada de lo que hay en su casa, y todo cuanto tiene me lo ha confiado. ¿No es él mayor que yo en esta casa? Y sin embargo, no me ha vedado absolutamente nada más que a ti misma, por cuanto eres su mujer. ¿Cómo entonces voy a hacer este mal tan grande, pecando contra Dios?». Ella insistía en hablar a José día tras día, pero él no accedió a acostarse y estar con ella. Hasta que cierto día entró él en la casa para hacer su trabajo y coincidió que no había ninguno de casa allí dentro. Entonces ella le asió de la ropa diciéndole: «Acuéstate conmigo». Pero él, dejándole su ropa en la mano, salió huyendo afuera (Gn 39, 7-12).

Conforme a la moral israelita, la propuesta de la mujer de Putifar era impensable: una mujer casada no gozaba de autonomía sexual, sino que pertenecía exclusivamente a su marido, de manera que se volvía adúltera si mantenía relaciones con su esclavo. Pero, desde la moral egipcia, el caso no estaba tan claro, de manera que (a pesar de lo que dice José) parece que la dueña podía mantener relaciones sexuales con su siervo. Sea como fuere, lo que importa no es el plano legal, sino el personal. El texto bíblico no se ocupa de la posible moralidad de la mujer, según la ley egipcia, sino de la respuesta de José, que actúa como israelita (¡es decir, como hombre libre!) y no como un siervo que tiene que doblegarse a los deseos de su dueña, aunque ésta le pida algo que está legalmente permitido, pues parece abandonada por su marido.

3. *La venganza de una mujer frustrada* (Gn 39, 13-20). La mujer de Putifar quiso forzar a José, agarrándole por su túnica (una *kalasiris* de lino), de manera que él tuvo que escaparse desnudo. De manera normal, al sentirse despreciada, con la túnica de aquel que no ha consentido a sus deseos, la mujer trama una venganza.

El texto (39, 11) suponía que ellos (la mujer de Putifar y José) estaban solos en la casa (quizá en las habitaciones interiores, donde ella habitaba como dueña y el podía entrar como administrador). Pero ahora añade que ella gritó, llamando a todos los siervos de la casa, que estarían en los patios o habitaciones exteriores (39, 13-14), y cuando vinieron acusó a José de quererla violar, mintiendo y diciendo que él se había quitado la túnica para acostarse con ella. Y así siguió, con la túnica en la mano, hasta que vino su marido, al que acusó también veladamente, diciendo:

«Ha entrado a mí ese siervo hebreo que tú nos trajiste, para abusar de mí; pero yo he levantado la voz y he gritado, y entonces ha dejado él su ropa junto a mí y ha huido afuera». Al oír su señor las palabras que acababa de decirle su mujer... se encolerizó y prendió a José y le puso en la cárcel, en el sitio donde estaban los detenidos del rey (39, 17-20).

Parece que ella acusa no sólo a José (ha querido abusar de mí), sino también, veladamente, a su marido (¡este siervo hebreo que tú nos trajiste...!), por haber metido a José en la casa y haberle dado todo el poder. Es una mujer frustrada y astuta, que logra convencer con sus mentiras a los siervos de la casa y al marido, mientras que a José no se le concede la palabra. El texto dice que Putifar se llenó de ira (39, 19), pero no precisa contra quién (¿contra ella?, ¿contra José?), añadiendo que encarceló a José.

Esa respuesta parece «moderada», pues en un contexto semita (israelita), ante una acusación como ésa, el marido debería haber matado inmediatamente al siervo (y quizá también a la mujer, si hubiera sospechado algo de ella). Putifar, en cambio, se limita a meter a José en la cárcel de los presos del Faraón, un lugar reservado para los grandes administradores del reino, caídos en desgracia (pero que podían conseguir de nuevo el favor del Faraón). Putifar podría haber tomado otras decisiones: (a) Divorciarse de su mujer, dejando de creer en ella. (b) Matar a José. Pero, en lugar de eso, le encarcela, en gesto providencial, pues Dios «elevará» a José desde la cárcel.

Conclusión: José y Asenat. La venganza de la mujer (que acusa a José por despecho y frustración) sirve no sólo para destacar la fidelidad de José, sino también la providencia de Dios que le protegerá en la cárcel y le hará ponerse en contacto con el mismo Faraón que no sólo le sacará de la prisión, sino que le hará «mayordomo o administrador» de todo Egipto (y no de la casa de Putifar, como antes), dándole como esposa a una mujer con la que tendrá dos hijos, que serán patriarcas y jefes de las tribus más importantes del antiguo Israel:

> El Faraón impuso a José el nombre de Zafnat Panej, y le dio por mujer a Asenat, hija de Potifera, sacerdote de On. Y salió José con autoridad sobre el país de Egipto... Antes que sobreviniesen los años de hambre, le nacieron a José dos hijos que le dio Asenat, la hija de Potifera, sacerdote de On. Llamó José al primogénito Manasés, porque –decía– «Dios me ha hecho olvidar todo mi trabajo y la casa de mi padre», y al segundo le llamó Efraím, porque –decía– «me ha hecho fructificar Dios en el país de mi aflicción» (Gn 41, 45.50-52).

Estos dos hijos que José ha tenido con su esposa extranjera, hija de un sacerdote egipcio, han servido como advertencia para aquellos intransigentes judíos que querían expulsar a todas las mujeres extranjeras, como seguiremos viendo (cf. caps. 15–16). En el principio de la historia de Israel no encontramos sólo un gesto de separación, sino también de mestizaje, con matrimonios mixtos, como reconoce el mismo Jacob, adoptando como propios (hijos suyos, fundadores de tribus) a los hijos de José con Asenat (cf. 48, 1-6). En este motivo se funda la historia más tardía de José y Asenet, de la que trataremos en el cap. 21.

Pero volvamos al tema principal de la mujer de Putifar, que «pretendió» a José, vengándose luego de él. Pues bien, incluso ella, una mujer que la Biblia presenta de forma negativa, contribuye a la realización de los planes de Dios. En ese contexto, de un modo significativo, el editor del Génesis ha introducido, dentro del ciclo de José, antes de la escena de la mujer de Putifar, la historia de otra mujer, llamada Tamar, que interviene de forma decisiva en la historia de Judá[42].

---

42 Judá y José son para el conjunto de la Biblia judía los dos hijos más significativos de Jacob: José es padre de las tribus centrales del reino de Israel (Samaría); Judá es el padre de la tribu que forma el reino de Judá (de los judíos). Los dos están

4
LIBERADORAS Y HEROÍNAS
CICLO DEL ÉXODO

Después de ocuparme de las diosas y matriarcas, quiero presentar de un modo esquemático otras figuras de mujeres bíblicas antiguas. (a) Trataré primero de las liberadoras y heroínas, vinculadas al ciclo del Éxodo y al tiempo de los Jueces. (b) Me ocupo después de las que están dotadas de un conocimiento especial: sabias, videntes y hechiceras. (c) Finalmente trataré de las esposas y/o madres de reyes. Dejo así la era patriarcal y me sitúo en el tiempo del Éxodo, para empezar con las mujeres que aparecen en el entorno de Moisés[43].

1. Sifra y Fúa, las parteras[44]

Conforme a la reconstrucción histórica de Ex 1-2, los israelitas se han multiplicado en Egipto donde representan un problema para los egipcios, que tienen miedo de que se les subleven. En este contexto se sitúa la orden del Faraón, que manda matar a los varones (que implican más riesgo), dejando con vida a las mujeres:

> Entonces el rey de Egipto habló a las parteras de las hebreas, de las que una se llamaba Sifra y la otra Fúa: «Cuando asistáis a las hebreas y veáis que nace un niño matadlo; pero si es niña dejadla vivir». Pero las parteras temían a Dios y no hicieron como el rey de Egipto les mandó... Entonces el rey de Egipto hizo llamar a las parteras y les dijo: «¿Por

---

unidos en el texto por su forma de responder a unas mujeres: Judá responde a Tamar acostándose irregularmente con ella (Gn 38); José responde a la mujer de Putifar rechazándola (Gn 39).

43 Cf. J. S. Ackermann, *The Literary Context of the Moses Birth Story (Exodus 1-2)*, en R. R. Kenneth (ed.), *Literary Interpretations of Biblical Narratives*, Abingdon Press, Nashville 1974, 74-119.

44 Cf. J. Siebert-Hommes, *Let the Daughters live! The Literary Architecture of Exodus 1-2 as a Key for Interpretation*, Brill, Leiden 1998; J. Cheryl Exum, *«You Shall Let Every Daughter Live. A Study of Exodus 1.8-2.10»*: Semeia 28 (1983) 63-82; B. Weber, *Jede tochter aber sollt ihr am Leben lassen! Beobachtungen zu Ex 1, 15-2, 10 und seinem Kontext aus literaturwissenschaftlicher Perspektive*, Biblische Notizen 55 (1990) 47-76.

qué habéis hecho esto...?». Las parteras respondieron: «Las mujeres hebreas no son como las egipcias; son vigorosas y dan a luz antes de que lleguemos. Dios favoreció a las parteras, y el pueblo se multiplicó y fortaleció...» (Ex 1, 16-19).

Nos hallamos ante una historia novelada, de tipo didáctico, que pone de relieve la providencia de Dios en el nacimiento de Moisés. El texto supone que el Faraón tiene miedo de los «emigrantes hebreos» y proclama una ley de destrucción étnica: quiere aniquilar a un pueblo, matando a sus hombres, que serían los portadores de la identidad étnica, en un contexto de descendencia patrilineal. Pero, en contra de lo que intenta el Faraón, las parteras actúan como defensoras de la identidad israelita, dejando con vida a los que nacen. No se sabe si ellas son hebreas o egipcias, aunque es más probable que fueran egipcias, pues el Faraón no hubiera encargado a unas hebreas la aniquilación de su pueblo. De todas formas, para ellas las diferencias nacionales resultan secundarias, pues lo que defienden, como mujeres (como parteras), es la vida humana (toda vida humana). Por eso engañan al Faraón, poniéndose al servicio de la vida (de los niños que nacen) y de esa forma aparecen como portadoras de una bendición divina, que se expresa a través de ellas y no a través de sus maridos (cf. Ex 1, 20-21).

2. Madre y hermana de Moisés, hija del Faraón

Sigue el contexto de muerte, aunque ahora quienes deben matar no son las parteras, sino todos los súbditos del Faraón ('*amô*: Ex 21, 22), a quienes él ordena que arrojen a los niños hebreos al Nilo, para que allí mueran, de manera que el río de la vida se convierte en tumba de muerte. Las dictaduras tienen miedo de los hombres (varones), porque les parece que ellos pueden rebelarse y así quieren matarles. Pero de nuevo surgen unas mujeres al servicio de la vida:

> Entonces el Faraón dijo a todo su pueblo: «Echad al Nilo a todo niño que nazca, pero a toda niña conservadle la vida». Pues bien, un hombre de la tribu de Leví tomó por esposa a una mujer levita. Su mujer concibió y dio a luz un niño; y al ver que era hermoso, lo tuvo escondido durante tres meses. No pudiendo ocultarlo más tiempo, tomó una cesta de juncos y la recubrió con asfalto y brea. Colocó en ella al niño y lo puso entre los juncos a la orilla del Nilo. Su hermana se mantuvo a distancia para ver lo que pasaba.

I. En el principio. Las mujeres del recuerdo

Entonces la hija del faraón descendió al Nilo para bañarse. Y mientras sus doncellas se paseaban por la ribera del Nilo, ella vio la cesta entre los juncos y envió a una sierva suya para que la tomase. Cuando la abrió, vio al niño; y he aquí que el niño lloraba. Y teniendo compasión de él, dijo: «Éste es un niño de los hebreos».
Entonces la hermana del niño preguntó a la hija del Faraón: «¿Quieres que llame a una nodriza de las hebreas para que te críe al niño?». La hija del Faraón respondió: «Vete». La muchacha fue y llamó a la madre del niño. Y la hija del Faraón le dijo: «Llévate a este niño y críamelo. Yo te lo pagaré». La mujer tomó al niño y lo crió. Cuando el niño creció, ella lo llevó a la hija del Faraón. Él vino a ser para ella su hijo, y le puso por nombre Moisés, diciendo: Porque de las aguas lo saqué (Ex 1, 22–2, 10).

Sigue, por tanto, la historia novelada del nacimiento e infancia de Moisés, protegido por unas mujeres. Si las parteras hubieran actuado según la orden del Estado, Moisés no habría vivido. Tampoco habría vivido Moisés si su madre y familiares hubieran obedecido al Faraón. De esa forma se unieron un grupo de mujeres (parteras, madre, hermana, hija del Faraón) al servicio de la vida de este niño, a quien el gran río (el Nilo) recibe no para darle muerte, sino para abrirle a la vida.

La madre hebrea aparece como defensora de la vida. Primero se arriesgó a mantener vivo y oculto al niño, en contra de la ley del Faraón. Después le puso en manos de Dios (en el río) y le recibió de nuevo para criarle y entregarle después a la hija del Faraón. Así cumplió la primera norma humana, que es la maternidad al servicio de la vida. Más aún, llegado el momento del conflicto, prefirió «dar» al niño (ponerlo en manos de la hija del Faraón) antes que conservarlo y retenerlo junto a sí con el riesgo de que le mataran. Ella actuó como la madre verdadera del juicio de Salomón, cuando prefería que su niño viviera, aunque fuera con otra mujer, antes que dejarlo morir (cf. 1 Re 3, 16-28). Ella es más que una mera madre física: elige el bien del niño, aunque al obrar así lo pierda.

La hija del Faraón pertenece al mundo de los dominadores, pero, en cuanto mujer, ella se apiada del niño abandonado y lo acoge como propio, mostrando así que el sistema de Egipto no está totalmente corrompido: en la misma casa del Faraón, entre sus hijos, se encuentra esta mujer que, por encima de la ley del padre, responde a los principios de la vida. En un primer momento ella parece una mujer de lujo y corte, rodeada de doncellas, ocupada en baños, a la vera del gran río. Pero, en un momento dado, ella descubre algo más grande: el niño amenazado por las aguas de la muerte[45].

Descubrimos de esa forma que, a pesar de sus esfuerzos, el Faraón no ha conseguido imponer su ley de muerte, pues dentro de su misma casa y sangre hay mujeres que desobedecen, aunque para ello deban actuar de forma oculta o escondida. Esta hija del Faraón, que adopta al niño hebreo abandonado, es un signo de todos los varones y mujeres que parecen integrados en un sistema destructor, pero que lo acaban rechazando. Las dictaduras más sangrientas, aun aquellas que tienden a matar en su raíz y cuna a sus opositores, no logran impedir que surja un hueco de esperanza donde actúan, sobre todo, las mujeres que se ponen al servicio de la vida amenazada, como la hija del Faraón que ha recogido al niño abandonado como si fuera su hijo.

La hermana es la primera «guía» de Moisés: ella vigila su cesta en las aguas, para luego mediar entre las dos madres (la hebrea y la egipcia). La tradición la identifica con María, que será hermana/compañera de Aarón, la primera profetisa de la libertad (cf. Ex 15, 20-21; Nm 12, 1-15). Ella, con las otras dos mujeres, se encuentra en el principio de la liberación israelita. Externamente, aparece como niña que juega en torno al río, como joven ingenua que no sabe lo que hace. Sin embargo, el texto muestra que ella sabe y actúa como intermediaria entre las dos madres de Moisés: la israelita y la egipcia (la hija del Faraón).

Ésta es la figura más perfecta de la «mujer hermana», que sabe mantenerse en el lugar del riesgo y así arriesga hasta su vida por la vida del hermano. Conforme a la tragedia griega, Antígona, la hermana, debe rechazar las normas de su padre (o tío) gobernante, para así cumplir las leyes más profundas del amor fraterno y de la sangre, sepultando a su hermano muerto, a pesar de los dictados del monarca. Antígona y la hermana de Moisés representan el contraste que muchas veces surge entre el orden «natural» (divino) de la piedad fraterna y el orden político, impuesto por los hombres.

---

45 Así pone de relieve la existencia de una vida superior, por encima de las leyes y principios de su padre, el Faraón, de manera que ella opta por ser «madre adoptiva» de un hebreo antes que mujer sometida a las leyes de Egipto. Ella revive de esa forma un conflicto parecido al de Antígona de Sófocles: si cumple la ley de su padre tiene que dejar morir al niño (que además no es suyo); pero si escucha la voz de su piedad humana y de su cariño materno, femenino, ha de aceptar al niño y educarlo como propio. Esto es lo que hará, rompiendo así la ley de Egipto.

3. Séfora, mujer de Moisés[46]

Moisés, que ha podido vivir por la ayuda de tres mujeres (madre, hermana e hija del Faraón), crea disturbios en Egipto y tiene que escaparse, porque el Faraón le persigue. En este momento ya no puede liberarle su «madre egipcia», pero encuentra otras mujeres que le esperan junto a un pozo de Madián (según un motivo, de tipo matrimonial, que hemos visto ya en las bodas de Isaac y Jacob: cf. Gn 24 y 29):

> Moisés huyó del Faraón y se refugió en el país de Madián y se sentó junto a un pozo. Tenía el sacerdote de Madián siete hijas que fueron a sacar agua, y llenar los pilones, para abrevar las ovejas de su padre. Pero vinieron los pastores y las echaron. Entonces, Moisés se levantó, salió en su defensa y abrevó su rebaño.
> Cuando ellas volvieron donde su padre... éste les dijo: «¿Cómo es que venís hoy tan pronto?». Respondieron: «Un egipcio nos libró de las manos de los pastores y además sacó agua para nosotras y abrevó el rebaño». Preguntó entonces a sus hijas: «¿Y dónde está? ¿Cómo habéis dejado ir a ese hombre? Llamadle para que coma». Aceptó Moisés morar con aquel hombre, que le dio a su hija Séfora como esposa. Ésta dio a luz un hijo, y Moisés le llamó Gersón... (Ex 2, 15-22).

Sabemos ya, por Gn 25, 1-4, que los madianitas forman parte de la descendencia de Abrahán a través de Quetura, la última de sus mujeres. Pues bien, ellos reciben a Moisés, ofreciéndole familia, casa y matrimonio, pero él busca en realidad a Dios que le sale al encuentro como llama de fuego, que arde sin consumirse, en una zarza, mandándole a liberar a los hebreos de Egipto. Él obedece y se pone en camino con su mujer y su hijo (Ex 4, 20 pone «hijos»; cf. Ex 18, 2-4):

> Y en un albergue del camino le salió al encuentro Yahvé y quiso darle muerte. Tomó entonces Séfora un cuchillo de pedernal, y cortando el prepucio de su hijo, tocó con él las «partes» de Moisés y dijo: «Tú eres para mí esposo de sangre». Y Yahvé le soltó. Ella había dicho «esposo de sangre» por la circuncisión (Ex 4, 24-26).

---

46 G. W. Coats, *Moses in Midian*, JBL 92 (1973) 3-10; C. Houtman, *Exodus 4:24-26 and Its Interpretation*, JNSL 11 (1983) 81-105; L. Kaplan, *And the Lord Sought to Kill Him (Exod 4:24): Yet Once Again*, HAR 5 (1981) 65-74; B. P. Robinson, *Zipporah to the Rescue: A Contextual Study of Exodus IV, 24-26*, VT 36 (1986) 447-461; S. Ackerman, *Why Is Miriam also among the Prophets? (and Is Zipporah among the Priests?)*, JBL 121 (2002) 47-80.

Éste es un relato misterioso, que pone de relieve la importancia de Séfora en la historia bíblica. Moisés se ha puesto en marcha, con su esposa y con su hijo, para cumplir la voluntad de Dios, pero en medio de la noche siente miedo. El mismo Yahvé, que le ha enviado como libertador de los hebreos, se le muestra en el sueño y en la fiebre, como un fantasma, un enemigo, de manera que él parece agonizar, en medio de terrores y dificultades. Parece que Dios mismo le persigue, en el albergue donde pasa la noche con su esposa y con su hijo. ¿Qué le falta? ¿Dónde está el problema? Él no lo sabe, pero lo sabe su mujer, la única persona que puede ayudarle, una madianita que le acompaña, dejando a su padre y a su pueblo en el desierto, para compartir con él la gran tarea de la liberación del pueblo.

Más adelante, en un contexto distinto (Nm 25), la Biblia judía resaltará el peligro de las mujeres madianitas/moabitas, que «tientan» a los israelitas para que abandonen su condición de pueblo elegido. Pues bien, aquí estamos ante un caso opuesto. Precisamente Séfora, hija de un sacerdote madianita, esposa de Moisés, puede liberarle del terror (del Dios Terror), circuncidando al hijo en señal de sometimiento (obediencia a Dios) y «tocando» sacralmente las partes sexuales de Moisés a fin de prepararle de esa forma para la tarea que él debe realizar.

Séfora la madianita aparece así realizando una función «sacerdotal», como mediadora de salvación para Moisés, curándole de su enfermedad en el camino, haciendo lo que él debía haber hecho (circuncidar a su hijo y quizá circuncidarse él mismo). Sólo entonces Yahvé soltó a Moisés, que pudo liberarse del Dios del terror en medio de la noche, de manera que a la mañana siguió su camino. Esta tradición supone, según eso, que ella, una mujer extranjera (madianita), conocía los planes de Dios mejor que Moisés, unos planes vinculados con la circuncisión del hijo. Sólo ella, como hija del sacerdote de Madián (y quizá como sacerdotisa) pudo liberar a Moisés del Dios del terror en la noche.

Este pasaje supone que Moisés ha realizado su tarea de liberador gracias a la ayuda de Séfora y sus hijos, como israelita/madianita. De todas formas, en un pasaje posterior, tras la salida de Egipto y el paso por el Mar Rojo, el texto supone que Moisés había dejado a su mujer y a sus hijos con Jetró, su suegro, que se los viene a entregar cuando vuelven de Egipto y pasan de nuevo junto a la montaña donde él había visto a Dios en el principio (Ex 3) y donde ahora llega para recibir sus mandamientos con todo el pueblo (Ex 19ss).

Conforme a este nuevo pasaje, Jetró sale con Séfora y sus hijos, al encuentro de Moisés, en el lugar de la montaña sagrada, para ofrecerle su experiencia de sacerdote y juez (Ex 18, 2-6). Este capítulo (Ex 18) pone de relieve las relaciones amistosas y familiares entre Jetró y Moisés, entre Israel y los madianitas, en contra de otros pasajes donde los madianitas aparecen como enemigos del pueblo de Dios. Pues bien, en este contexto resulta fundamental el hecho de que el mismo Moisés, que va a subir a la montaña para realizar la alianza y recibir los mandamientos de Dios (Ex 19–20), aparece expresamente como hombre casado con una mujer madianita, que le ha traído sus hijos, en contra de la tradición posterior que prohíbe que los israelitas se casen con mujeres extranjeras. En una línea convergente, más tarde, Nm 12, 1-2 supone que Moisés se ha casado también con una «cusita», de la zona sur de Egipto y que ese motivo ha sido causa de controversia para sus hermanos (María y Aarón) que se rebelan contra la pretensión «exclusivista» de Moisés, queriendo aparecer ellos también como «receptores de la revelación divina». Y con esto pasamos al tema siguiente.

4. María, la hermana de Aarón (y de Moisés)[47]

Como acabamos de indicar, la historia del nacimiento de Moisés habla de una hermana, pero no dice su nombre. Pues bien, unos textos poste-

---

47 María es una de las personas más importantes de la Biblia, como iré indicando, y como muestra la bibliografía sobre el tema. Cf. A. Bledstein, *Family Matters; a Multidimensional Reading of Miriam's Humiliation and Healing*, Biblical Research 46 (2001) 55-61; R. Burns, *Has The Lord Indeed Spoken only Through Moses? A Study of the Biblical Portrait of Miriam*, Scholars P., Atlanta 1987; K. Butting, *Prophetinnen gefragt. Die Bedeutung der Prophetinnen im Kanon aus Tora und Prophetie*, Carroll, Wittingen 2003; F. M. Cross Jr.-D. N. Freedman, *The Song of Miriam*, JNES 14 (1955) 237-250; I. Fischer, *The authority of Miriam. A Feminist Rereading of Numbers 12 Prompted by Jewish Interpretation*, en M. Halmer (ed.), *Anspruch und Widerspruch. Festschrift E. Krobath*, Celovec, Klagenfurt 2000, 23-38; *Gotteskünderinnen. Zu einer geschlechtsfairen Deutung des Phänomens der Prophetie und der Prophetinnen in der Hebräischen Bibel*, Kohlhammer, Stuttgart 2002; J. G. Janzen, *Song of Moses, Song of Miriam: Who is Seconding Whom?*, CBQ 54 (1992) 211-220; R. Kessler, *Mirjam und die Prophetie der Perserzeit*, en U. Bail-R. Jost (eds.), *Gott an den Rändern: sozialgeschichtliche Perspektiven auf die Bibel. Festschrift Willy Schottroff*, Kaiser, Gütersloh 1996, 64-72; C. Meyers, *Of Drums and Damsels: Women's Performance in ancient Israel*, BA 54 (1991) 16-27; *Miriam the Musician*, en A. Brenner (ed.), *A Feminist Companion to Exodus to Deuteronomy*, Academic Press, Sheffield 1994, 207-230; M. Navarro Puerto, *«El paso del mar: Nacer muriendo»*, en I. Gómez-Acebo (ed.), *Relectura del Éxodo*,

riores de Éxodo y Números presentan a María, hermana de Aarón (e indirectamente de Moisés), que realiza a su lado un papel significativo. Ella aparece en primer lugar como heroína de Israel, entonando con Moisés el canto de la liberación de los hebreos. Después la vemos, al lado de Aarón, como opositora de Moisés, protestando en contra de su exclusivismo. Quizá más que como hermana de carne de Moisés ella aparece aquí como su compañera y antagonista.

a) *Compañera de Moisés, heroína de Israel*

Estamos en el momento más solemne del Éxodo: los hebreos han cruzado a salvo las aguas del Mar Rojo, descubriendo así la mano magnífica de Dios. Desde el otro lado del mar, «Moisés y los israelitas» entonaron este canto:

> Cantaré a Yahvé, Sublime es su victoria,
> caballos y jinetes ha arrojado en el mar.
> Mi fuerza y mi poder es Yahvé, él fue mi salvación.
> Él es mi Dios, yo lo alabaré,
> el Dios de mi padre, yo lo ensalzaré.
> Yahvé es un guerrero, Yahvé es su nombre.
> Los carros y tropa del faraón los lanzó al mar
> ahogó en el mar Rojo a sus mejores capitanes.
> Las olas los cubrieron,
> bajaron hasta el fondo como piedras.
> Tu diestra, Yahvé, es fuerte y magnífica,
> tu diestra, Yahvé, tritura al enemigo;
> tu gran victoria destruye al adversario;
> lanzas tu incendio y los devoras como paja... (cf. Ex 15, 1-17).

Conforme a la introducción actual del texto, los que cantan ese himno son Moisés y los israelitas (Ex 15, 1), que aclaman juntos la grandeza de su Dios. En ese sentido, se suele hablar del canto de Moisés, que habría expuesto aquí un compendio de la historia israelita. Pero, dicho eso, debemos añadir que éste es un canto femenino, de fuerte colorido materno, como indica el hecho de que al fin se diga que fue María, profetisa, la que tomó un pandero y entonó el canto y lo repitió con otras mujeres, en danza agradecida:

Desclée de Brouwer, Bilbao 2006, 85-143; U. Rapp, *Mirjam*, W. de Gruyter, Berlin 2002; H. Schüngel-Straumann, *Bringing Miriam out of the Shadows*: Bible Review 5/1 (1989) 170-190.

I. En el principio. Las mujeres del recuerdo

Entonces, María la profetisa, hermana de Aarón, tomó un pandero en su mano, y todas las mujeres salieron en pos de ella con panderos y danzas. Y María les dirigía diciendo: «¡Cantad a Yahvé, pues se ha enaltecido grandemente! ¡Caballos y jinetes ha arrojado al mar!» (Ex 15, 20-21).

Por eso, en principio, más que de Moisés, éste es un canto de María, que aparece como profetisa, hermana de Aarón, compartiendo con él una autoridad que la tradición posterior atribuye sólo a Moisés, y canta la gloria de Dios y la liberación del pueblo. Ella, una mujer, es la que sabe proclamar las grandezas de Dios, siendo iniciadora de una liturgia de liberación, que se expresa con panderos y danzas, una liturgia de mujeres que le siguen y cantan y bailan. Estamos ante la más honda liturgia de Israel, centrada en un canto que es básicamente de mujeres gozosas, liberadas, que entonan la alabanza de Dios, proclamando y bailando su himno. Ciertamente, Moisés y los restantes israelitas pueden y deben asumir ese canto (Ex 15, 1), pero han de hacerlo siguiendo a la profetisa María y a las mujeres, que llevan el ritmo y repiten el estribillo.

María es aquí hermana de Aarón (no de Moisés), como indicando que la profecía (propia de ella) y el sacerdocio (que es de Aarón) han de estar unidos. Sólo en un momento posterior la tradición ha puesto este canto en labios de Moisés (cf. Ex 15, 1), a quien presenta como mediador de la obra de Dios y representante de todo el pueblo. Pero en principio el himno ha sido de María, la primera profetisa y «teóloga» de la acción liberadora de Dios, que acompañada por otras mujeres, cantó la grandeza de Dios que «ha arrojado al mar caballos y jinetes», es decir, a los egipcios (Ex 15, 1).

Como intérprete privilegiado de la obra de Dios, María dirige la liturgia y fiesta de aquellos que celebran el triunfo del Dios guerrero (Ex 15, 3), al que presenta, al mismo tiempo, con rasgos de madre: Dios hace que se salven (= nazcan, sean) los antes oprimidos, saliendo del horno de muerte de Egipto. Ella, la hermana del sacerdote (su parentesco con Moisés, queda velado) entona, inicia y dirige la liturgia de Dios, con un protagonismo que la tradición posterior ha ignorado o velado.

Ex 15, 1-17 constituye un himno complejo, que vincula los motivos del Éxodo y la guerra santa con los nuevos temas del templo y la realeza de Yahvé (cf. Ex 15, 17). Visto en su unidad, este canto supone que la tierra de Canaán ya ha sido conquistada: los descendientes de los viejos hebreos liberados se reúnen para celebrar la fiesta de Yahvé, en alguno de los santuarios de la tierra de Canaán, en la zona montañosa («los introduces y plantas en tu monte santo, en tu heredad», Ex 15, 17, que pueden ser Betel, Siquem o Silo), aunque para el redactor final judío es evidente que el templo y monte santo donde han llegado los hebreos liberados de Egipto y donde canta María es Sión/Jerusalén. Reunidos en su santuario, celebrando la fiesta de entronización de Yahvé, que les ha sacado de Egipto a través del Mar Rojo, los nuevos israelitas recuerdan y cantan al Dios de su victoria, dirigidos y coreados por una mujer que repite el estribillo, en la línea de los grandes cantos de vida y liberación de otras mujeres (Débora y Ana). María aparece, según eso, como profetisa del templo de Jerusalén y como directora de su culto, al lado de Aarón (como su hermana).

Éste es el himno de una mujer que sabe que Dios destruye los poderes del ejército más grande de este mundo (Egipto), sin necesidad de soldados ni de guerra. En el comienzo de la historia del Israel liberado encontramos la liturgia de una mujer (¡hermana de Aarón!), profetisa y cantora, que dirige la alabanza del pueblo.

b) *Antagonista de Moisés*

Esta misma María aparece de nuevo unida con Aarón en el momento clave de la historia israelita, allí donde se recuerda, desde la perspectiva del redactor final de la Biblia, las tentaciones del pueblo que, de diversas maneras, se eleva contra el liderazgo de Moisés (cf. Nm 10–20). María aparece así como tentadora y perdedora frente a Moisés, como profetisa y como mujer; pero es evidente que ella ha representado algo muy importante y positivo en esa historia:

> María y Aarón murmuraron contra Moisés por causa de la mujer cusita que él había tomado por esposa. Así decían: «¿Es que Yahvé no ha hablado más que con Moisés? ¿No ha hablado también con nosotros?». Y Yahvé lo oyó. Moisés era un hombre muy humilde, más que hombre alguno sobre la faz de la tierra.
> De improviso, Yahvé dijo a Moisés, a Aarón y a María: «Salid los tres a la Tienda del Encuentro» Y salieron los tres. Bajó Yahvé en la columna de Nube y se quedó a la puerta de la Tienda. Llamó a Aarón y a María y se adelantaron los dos. Dijo Yahvé: «Escuchad mis palabras: Si hay entre vosotros un profeta, yo me manifiesto a él en visión, y hablo con él en sueños. No así con mi siervo Moisés... Boca a boca hablo con él, abiertamente y sin enigmas él contempla la imagen de Yahvé. ¿Por

qué, pues, habéis osado hablar contra mi siervo Moisés?». Y se encendió la ira de Yahvé contra ellos.

Cuando Yahvé se marchó, y la Nube se retiró de encima de la Tienda, he aquí que María estaba leprosa, blanca como la nieve. Aarón se volvió hacia María y vio que estaba leprosa. Y dijo Aarón a Moisés: «Perdón, señor mío, no cargues sobre nosotros el pecado que neciamente hemos cometido. Por favor, que no sea ella como quien nace muerto del seno de su madre, con la carne medio consumida». Moisés clamó a Yahvé diciendo: «Oh Dios, cúrala, por favor»... María quedó siete días excluida del campamento. Pero el pueblo no partió hasta que ella se reintegró. Después el pueblo partió de Jaserot y acamparon en el desierto de Parán (Nm 12, 1-16).

Además de criticarle «por su mujer cusita» (porque no cumple la ley que exige casarse con una mujer israelita), María y Aarón, formando un mismo frente, se oponen también a Moisés por su exclusivismo, porque quiere actuar como único representante de Dios: «¿Ha hablado el Señor sólo con Moisés? ¿No nos ha hablado también a nosotros?». Contra Moisés, que es la Ley, representada en concreto por el Pentateuco (como única autoridad real del judaísmo posterior), se elevan por tanto las otras dos grandes instancias sagradas de Israel: la «profecía», representada por María, y el sacerdocio, representado por Aarón. Éste es quizá el momento más claro en que, dentro de la Biblia, una mujer (María) se eleva y protesta contra el dominio absoluto de un hombre, Moisés, que ha terminado siendo el triunfador. Significativamente, ella aparece de nuevo vinculada con Aarón, el sacerdote (como en Ex 15, 20).

Ciertamente, este pasaje se sitúa en el contexto de las disputas sobre los matrimonios mixtos (Moisés ha tomado como esposa a una cusita), de manera que, desde el punto de vista de la tradición posterior, ratificada por Esdras-Nehemías (cf. cap. 6), María y Aarón tendrían razón al criticar a Moisés. Pero en el fondo late un problema aún más importante, relacionado con la autoridad de María, pues de ella trata el conjunto del relato, y también con las disputas entre Moisés y Aarón (la Ley y el Sacerdocio), tema bien documentado en otros pasajes del Pentateuco, empezando por el texto del Becerro de Oro (Ex 32) y terminando en la «rebelión» de Córaj, Datán y Abirón, que protestaron contra el liderazgo-sacerdocio de Moisés y Aarón y fueron aniquilados por el fuego y tragados por la tierra (Nm 16–17).

Éste es el único lugar donde (en la tradición actual de la Biblia judía) hay una mujer que protesta contra el liderazgo exclusivista de Moisés, diciendo que también ella ha escuchado la palabra del Señor. De esa manera, la misma María que en Ex 15 aparecía cantando un himno asumido después por Moisés, se enfrenta aquí con él. No parece que haya en el fondo una disputa sacerdotal, una pretensión de autoridad sacral, como la de Aarón, el sacerdote (y la de otros sacerdotes), enfrentados otras veces con Moisés. Estamos más bien ante una disputa profética, vinculada a la condición de María como mujer, que quiere tener una palabra frente a Moisés (o con Moisés), a quien ella (con Aarón) acusa de no cumplir una norma de la misma Ley que él representa (se ha casado con la cusita). La reacción de Dios frente a Aarón y su hermana resulta sorprendente, pero marca con toda precisión la diferencia judía entre el hombre y la mujer, según la tradición final de la Biblia judía.

1. *Moisés* aparece como triunfador, avalado por el mismo Dios, que habla a su favor desde la Nube, diciendo que él (Moisés) es el único que ha «visto» a Dios cara a cara y ha hablado con él boca a boca. Éste es el «dogma» del judaísmo canónico posterior, que se funda en la revelación principal (casi exclusiva) de Dios a Moisés.
2. *Aarón* conserva su autoridad, como sacerdote, aunque tiene que estar sometido a Moisés (cumplir su ley). Por eso él no recibe ningún castigo, a pesar de haber murmurado lo mismo que María; más aún, él sigue conservando su capacidad de intercesión sacerdotal y la ejerce a favor de su hermana (pidiendo a Moisés por ella). Para cumplir su función, un sacerdote no puede quedar impuro, a pesar de haber «pecado» lo mismo que María.
3. *María* es la perdedora: queda leprosa y por un tiempo debe quedar fuera del campamento. El texto parece destacar así la mayor capacidad de impureza de la mujer, que tiene que quedar excluida de la comunidad durante siete días (que aluden, probablemente a los siete días de exclusión de la mujer en la menstruación, según Lv 15, 19). Por su misma condición femenina, que se expresa en su «lepra», la mujer queda inhabilitada para ejercer funciones en la línea de la Ley de Moisés.

Desde este fondo se entiende la ambivalencia de María y de las mujeres de la Biblia hebrea. Por un lado, ellas son compañeras de Moisés (cantoras de libertad). Por otro lado, ellas no pueden elevarse y obtener una autoridad especial frente a Moisés o con Moisés, por su misma condición de mujeres, por más que puedan decir y digan (con Aarón) que

Dios también les ha hablado. Aquí no se niega que Dios haya hablado a María, pero se pone de relieve el valor «inferior» de esa palabra, que no puede competir con la de Moisés, que así aparece como único mediador oficial de Dios para los israelitas.

Entendido así, este pasaje resulta significativo, pues parece fundar la «inferioridad» de María en su mayor riesgo de impureza. Al final del camino, aunque aparezca y actúe como profetisa, ella no puede competir con Moisés, ni siquiera con Aarón (que ruega a Moisés por ella: ¡para que pueda ser liberada de su impureza a los siete días!). Ciertamente, es un pasaje extraño, pero sigue resultando muy significativo, pues conserva la palabra de protesta de una mujer (hermana de Aarón) en contra del exclusivismo de Moisés. Además, el «castigo» de María es muy pequeño (¡un simple riesgo de impureza!), frente al de Córaj, Datán y Abirón, que son aniquilados.

Hay además otro elemento muy significativo en la historia de María: «Toda la congregación de los hijos de Israel llegó al desierto de Zin, en el mes primero, y el pueblo acampó en Cadés. Allí murió María, y allí fue sepultada» (Nm 20, 1). Esta sepultura de María, que debemos vincular a la de otras mujeres (Sara, Raquel, Débora la nodriza de Rebeca), puede servirnos para trazar uno de los hitos fundamentales de la sacralidad femenina de la tierra, marcada por los cuerpos de las mujeres allí enterradas, pero, sobre todo, para poner de relieve la misma autoridad de María. De Aarón se dice que murió en el monte Hor, pero no se recuerda su sepulcro (Nm 33, 38); de Moisés se dice que murió y fue sepultado en la tierra de Moab, pero que nadie conoce el lugar de su sepultura (cf. Dt 4, 5-6). En contra de eso, el sepulcro de María, la primera gran profetisa y cantora de Israel, era recordado (y venerado) en el oasis de Cadés, en el camino de entrada a la tierra prometida.

5
LIBERADORAS Y HEROÍNAS
LIBROS DE JOSUÉ, JUECES Y 1 SAMUEL

He unido el libro de Josué con el de los Jueces, que contiene un material riquísimo, donde aparece con gran fuerza la problemática de las mujeres. Trataré en otro lugar el tema de la madre de Sansón, a la que presentaré como madre-vidente, y el de la mujer/concubina del levita, violada y asesinada (de la que trataré en el cap. 11). Aquí me ocupo sólo de las grandes heroínas (Rajab, Débora, Yael), a las que vinculo la figura de Ana, tomada del comienzo de 1 Samuel.

1. Rajab, hospedera de Jericó[48]

Entre las «heroínas» del Éxodo/Conquista ocupa un lugar especial una mujer cananea llamada Rajab, de la que se trata en la conquista de Jericó por Josué. La raíz hebrea de su nombre (*rjb*) significa ensancharse o anchura: aquello que es dilatado, espacioso. Por eso se utiliza para indicar una calle abierta y sobre todo una plaza (pudiéndose aplicar para una prostituta). Ese nombre puede tener un sentido teóforo (*Dios ensancha*; cf. Rejabiah: 1 Cr 23, 17; 24, 21). Así se llamaba, según la tradición una mujer «cananea» de Jericó, que hospedó en su casa a los espías israelitas que venían a explorar la tierra: ella, la Ancha/Espaciosa, «hospedera» de Jericó, les escondió y protegió, contribuyendo de esa forma a la conquista de la ciudad.

> Los espías fueron y entraron en casa de una *zonah*, llamada Rajab y se hospedaron allí. Y le avisaron al rey de Jericó diciendo: «Unos israelitas han entrado aquí de noche para espiar el país». Entonces el rey de Jericó mandó decir a Rajab: «¡Echa fuera a esos hombres...!». (Pero ella les escondió, para liberarles después diciendo): «Sé que Yahvé os

---

[48] Cf. M. Newman, *Rahab and the Conquest*, en J. T. Butler, *Understanding the Word* (JSOTSup 37), Sheffield 1985, 167-181; G. M. Tucker, *The Rahab Saga (Joshua 2)*, en M. Efird (ed.), *The Use of the Old Testament in the New and Other Essays*, Duke UP, Durham NC 1972, 66-86. Hay una versión novelada de la vida de Rajab, escrita por Ann Burton (*Rahabs Story, Women of the Bible*), tanto en edición impresa como en on line (cf. http://www.fantasticfiction.co.uk/b/ann-burton/rahab-s-story.htm).

ha dado esta tierra, porque el miedo a vosotros ha caído sobre nosotros. Todos los habitantes de esta tierra se han desmoralizado a causa de vosotros. Porque hemos oído que Yahvé hizo que las aguas del Mar Rojo se secaran delante de vosotros cuando salisteis de Egipto... ¡Y ahora juradme por Yahvé, que así como yo he tenido compasión de vosotros también vosotros tendréis compasión de la casa de mi padre... y guardaréis la vida de mi padre, mi madre, mis hermanos, mis hermanas y a todos los suyos y libraréis nuestras personas de la muerte...» (Jos 2, 2-3.9-10.12-13; cf. Jos 2, 1-24; 6, 22-26).

Muchos comentarios consideran a Rajab una prostituta, conforme al sentido que de la palabra *zonah* ha tomado, en la teología posterior israelita y cristiana (cf. Heb 11, 31; Sant 2, 25). Algunos piensan incluso que se ha tratado de una prostituta sagrada, pero el término empleado en ese caso debería ser distinto (*quedesha*: cf. Dt 23, 18-19). Pues bien, en la raíz del texto y de acuerdo a una antigua visión matrimonial, *zonah* significa más bien una mujer libre, señora de sus bienes, que puede vincularse voluntariamente con aquellos hombres y mujeres a los que ella elija, sin estar sometida a un marido. Por eso es preferible presentarla, sin más, como «hospedera»: mujer dueña de casa, que puede recibir en ella a quienes quiera. Éstos son los rasgos básicos de Rajab, la zonah de Jericó, que aparece como responsable de toda su familia:

1. *Es una mujer con casa propia.* Puede quizá tener marido, pero no está sometido a él sino que gobierna su familia, en matrimonio *uxorilocal* (o matrilocal), viviendo en su vivienda y no en la de su esposo. Esto le permite tener independencia y recibir a quienes quiera (a riesgo de que la supongan prostituta, aunque nuestro texto nada diga en esa línea). Es lo que hoy podríamos llamar una *hospedera*, siendo mujer autónoma y dueña o, mejor dicho, responsable de una extensa familia de padres y hermanos de sangre de quienes se preocupa, pues dependen de ella y reciben su nombre (son la «casa» de Rajab).
2. *No está integrada en la estructura patriarcal de Jericó,* dominada por un rey y por una administración de varones. Conforme al relato bíblico, ella aparece en el interior de la ciudad «adversa» (cuya estructura no quiere defender) como aquella persona (cabeza de familia) en quien pueden confiar los exploradores de Israel, pues no forma parte del entramado de relaciones familiares y sociales de

Jericó. Eso significa que ella tiene libertad e independencia para actuar, no está sometida al orden de la ciudad.

3. *Los espías de Israel parecen confiar en ella* precisamente porque no se encuentra integrada en Jericó y de esa manera la salvan (salvan a toda su familia) cuando toman la ciudad más tarde, al filo de la espada. Al ponerse al servicio de los israelitas invasores, no actúa sin más como traidora, pues tanto ella como la casa de su padre forman en Jericó un cuerpo distinto: pueden inclinarse a un lado u otro, decidiendo el curso de la guerra (favoreciendo la invasión de los israelitas o la defensa de los habitantes de Jericó). Pues bien, ella acoge a los espías israelitas aún con riesgo de su vida, desobedeciendo el mandato del rey.

4. *En el texto actual de la Biblia ella aparece como «profeta»* (aunque no se le llama así) y así expone los motivos que tiene para ponerse del lado de los israelitas, en contra de los habitantes anteriores de la ciudad: los relatos que refieren los éxitos de Israel en el desierto le han convencido de la grandeza especial del Dios de Israel. Ella conoce y acepta así la visión israelita de la historia, repitiendo unas palabras que habían sido previamente proclamadas por el mismo Dios, quien había dicho que, por fidelidad a sus promesas, él concedería a los israelitas la tierra de los cananeos (Jos 1, 2-3; 2, 9-11). De esta manera, ella confiesa en el fondo su fe en el Dios de Israel.

5. *Los espías israelitas, a quienes ella ha salvado, le prometen que respetarán su vida* y la vida de su familia, cuando Jericó sea destruida. Según Jos 6, ellos cumplen su promesa y salvan a Rajab con su casa (que está formada por sus familiares, no por sus prostitutas). Conforme al comentario del narrador, la familia de Rajab «habita en Israel hasta el día de hoy» (Jos 6, 25). Esto indica que mucho después de la entrada de los israelitas, el entorno de Jericó conservaba una población mezclada, con cananeos que se habían vuelto israelitas o que mantenían su propia identidad dentro de la federación de Israel, presentándose como «familia o casa de Rajab», es decir, de una mujer y no de un hombre.

6. *Rajab ha favorecido a los hebreos, pero ella no acepta la estructura patriarcal judía* y por eso la tradición posterior (hasta el día de hoy, dice el texto: Jos 6, 25) tiende a mirarla como una excepción buena, como prostituta convertida que ha aceptado por gracia la «fe», es decir, la institución social israelita. Pero la tradición de

Jos 2-6 no la presenta como una simple excepción ni como prostituta, sino como mujer libre, posiblemente de origen extranjero, que no acepta las normas patriarcalistas de Jericó y decide ponerse del bando de los israelitas en la guerra (sin aceptar tampoco el patriarcalismo israelita). Eso significa que en el entorno de Jericó siguió existiendo hasta tiempos tardíos un grupo de personas, es decir, un tipo de «clan» de descendientes de Rajab, en cuyo origen se recuerda la historia de una mujer aliada con los israelitas en el momento de la toma de Jericó.

7. *Rajab no aparece como «madre» en el sentido patriarcal* y sin embargo es «cabeza» de estirpe. Éste es quizá el hecho más significativo de su historia. Hay un grupo de habitantes de la zona de Jericó que siguen apelando a ella para justificar su identidad israelita, aunque no provengan de los hebreos «salidos de Egipto». Ciertamente, tal como se narra actualmente en la Biblia judía, su historia parece tener algunas incongruencias: así Jos 2, 15 supone que la casa de Rajab está pegada a la muralla, pero por dentro de la ciudad, como lo exige el hecho de que los espías tienen que salir de la ciudad por esa muralla. Por el contrario, en 6, 22 parece que la casa de Rajab y su «familia» (padre, madre, hermanos...) está fuera de la muralla, pues no se ha destruido con la caída de la ciudad. Pero, sea como fuere, ella es «cabeza de estirpe»[49].

La historia de Rajab ha sido conservada y recreada en un momento en que los judíos del entorno de Jerusalén (tras el exilio) sienten un gran recelo por las mujeres extranjeras, a las que acusan de destruir la identidad israelita. Pues bien, el testimonio de Rajab nos sitúa en una línea totalmente distinta: ella fue una extranjera (una cananea) que acogió y ayudó a los israelitas, como mujer activa, como cabeza de familia. Eso significa que no se puede rechazar a las mujeres extranjeras en general.

---

49 Mt 1, 5 cita a Rajab como una de las «abuelas» de Jesús, junto a otras mujeres de historia irregular: Tamar, Betsabé y Rut. Como he señalado, Rajab no ha sido una prostituta en el sentido ordinario del término, pero sí una mujer distinta, de vida libre, señora de la casa. Ella es un ejemplo de la riqueza de tradiciones y de formas de vida social que se han integrado en la federación israelita.

2. Débora, la profetisa[50]

1. *Un fondo histórico.* La «historia de Débora», integrada en el libro de los Jueces, consta de un relato (Jue 4) y de un canto (Jue 5), estrechamente vinculados, y se encuentra entrelazada con la «historia» de Yael, de la que trataremos después. Se trata de una historia ejemplar, ubicada en el norte de Israel (en el entorno de Galilea), en el contexto de la conquista israelita de la tierra, en el momento en que Sísara, general del rey cananeo de Jasor (actual Galilea), provisto de carros de guerra, domina el territorio. Entonces aparece ella:

> En aquel tiempo, Débora, una profetisa, mujer de Lappidot, era juez en Israel. Se sentaba bajo la palmera de Débora, entre Ramá y Betel, en la montaña de Efraím; y los israelitas subían donde ella en busca de justicia. Ésta mandó llamar a Barac, hijo de Abinoam, de Quédes de Neftalí, y le dijo: «¿Acaso no te ordena esto Yahvé, Dios de Israel: Vete, y en el monte Tabor recluta y toma contigo 10.000 hombres de los hijos de Neftalí y de los hijos de Zabulón; yo atraeré hacia ti al torrente Quison a Sísara, jefe del ejército de Yabín, con sus carros y sus tropas, y los pondré en tus manos?».
>
> Barac le respondió: «Si vienes tú conmigo, iré. Pero si no vienes conmigo, no iré, porque no sé cuándo me dará victoria el Ángel de Yahvé». «Iré contigo –dijo ella– sólo que entonces no será tuya la gloria

---

50 Para el libro de los Jueces en conjunto, resulta fundamental la obra de M. Bal, *Death and Dissymmetry. The Politics of Coherence in the Book of Judges* (Studies in the History of Judaism), Chicago 1988. Cf. también S. Eder, *Wie Frauen und Männer Macht ausüben: eine feministisch-narratologische Analyse von Ri 4*, Herder, Freiburg im B. 2008; J. Cheryl Exum, *Was sagt das Richterbuch den Frauen?*, Katholisches Bibelwerk Stuttgart 1997; *Fragmented women: feminist (sub)versions of biblical narratives*, Trinity Press, Valley Forge Penn 1993; I. Fischer, *Gottesstreiterinnen: Biblische Erzählungen über die Anfänge Israels*, Stuttgart 1995. Sobre el canto de Débora, cf. J. S. Ackermann, *Prophecy and Warfare in Early Israel; A study of the Debora-Barak Story*, BASOR 220 (1975) 5-13; M. Bal, *Anti-Covenant. Counter-Reading Womens's Lives in the Hebrew Bible*, JSOT SuppSer 81, Sheffield 1989, 113-132; M. Buber, *La fede dei profeti*, Marietti, Casale Mo 1983, 13-18; M. D. Coogan, *A Structural and Literary Analysis of the Song of Deborah*, CBQ 40 (1978) 143-166; N. K. Gottwald, *The Tribes of Yahweh: A Sociology of the Religion of Liberated Israel*, 1250–1050 BCE, SCM, 1980; B. Lindars, *Deborah's Song: Women in the OT,* BJRL 65 (1983) 158-175; P. Tamarkin, *Uncovering Jael and Sisera. A New Reading*: Scandinavian Journal of the Old Testament 19 (2005) 24-47; J. W. Wats, *The song of Deborah*, en Id., *Psalms and Story* (JSOT SuppSer), Sheffield 1992, 82-98; A. Weiser, *Das Deboralied*, ZAW 71 (1959) 67-97; Versión novelada de la historia de Débora, en edición impresa y on-line: Ann Burton, *Deborahs Story* (http://www.fantasticfiction.co.uk/b/ann-burton/deborah-s-story.htm).

del camino que emprendes, porque Yahvé entregará a Sísara en manos de una mujer» (Yael). Débora se levantó y marchó con Barac a Quédes (Jue 4, 4-9).

La historia sigue con la batalla contra Sísara, que muere en manos de Yael (Jue 4, 7-24) y con el canto de la misma Débora (5, 1-31), que había tomado la iniciativa, planeando la guerra contra los cananeos. El texto la presenta como *nebiah*, mujer profetisa, que habla en nombre de Dios y que juzga, es decir, dirige y salva a los israelitas. Es también Mujer de Lappidot (= Rayos), pero el marido no interviene, de forma que el nombre puede ser simbólico, de manera que ella aparecería como Mujer del Fulgurante, Esposa del Rayo. El canto la presenta luego como Madre de Israel (Jue 5, 6) y éste es quizá el nombre que más le conviene.

Todo el relato está lleno de alusiones simbólicas, de forma que puede y quizá debe interpretarse como expresión de un mito antiguo: Débora (la Abeja), Mujer del Fulgurante, juzga a Israel *bajo la Palmera* (Signo de la Diosa), en los días del hijo de *Anat* (Diosa de la Vida y de la Guerra; cf. Jue 5, 6). Es como si hubiera querido desmitologizar un relato anterior de la mujer/diosa salvadora, proyectando sobre Débora, israelita antigua (acompañada por Barac, el Relámpago), unos signos sacrales (paganos) de tipo femenino.

De ese fondo emerge ella, esposa del cielo tonante, bajo el signo de Diosa de la tierra, como mujer que defiende a su pueblo (es madre de Israel). La Ley posterior de varones guerreros no ha podido borrar su recuerdo de profetisa/juez/madre en el origen de Israel. De todas formas, en la raíz de su relato se encuentra también el recuerdo histórico de una batalla decisiva entre israelitas y cananeos, en la llanura de Esdrelón, a los pies del Tabor, por el control de amplias zonas de la tierra, y así aparece ella con autoridad para convocar la guerra santa, dirigida por Barac, el Relámpago.

Barac consigue vencer a Sísara en una batalla que concede a los israelitas el control de casi todo el norte del país de Canaán. Los pobres soldados de a pie de Israel logran atraer a los ricos carros de combate cananeos a una zona de pantanos, con el río Quisón desbordado, y les vencen, en un día de gloria cuyo recuerdo ha marcado la historia israelita antigua en el norte de Israel.

2. *Un canto de victoria*. Jue 5 reelabora poéticamente la historia anterior, en forma de canto, interpretándola como expresión de la presencia operante de Yahvé que protege a sus fieles. Cambian algunos matices: la batalla se libra en la llanura, a la orilla del Quisón, junto a Meguido (cf. Jue 5, 19-21) y no en la falda del Tabor (como supone Jue 4, 15). Pero en su conjunto, relato y canto se corresponden.

Tras el canto de María, hermana de Moisés (Ex 15, 1-18), éste es el segundo gran canto de victoria que la Biblia ha puesto en boca de mujer (Jue 5, 2-31), aunque la introducción posterior de Jue 5, 1 supone que es un canto compartido (de Débora y Barac), como Ex 15 suponía también que el canto de María era suyo y de Moisés. Estrictamente hablando, este canto es sólo de Débora, que aparece como *mujer vencedora*, que celebra la victoria y libertad que Dios ha concedido al pueblo, a través de Barac y de Yael. Éstos son algunos de sus versos:

> Oíd reyes; escuchad príncipes:
> yo cantaré, cantaré para Yahvé,
> yo tocaré para Yahvé, Dios de Israel.
> ¡Oh Yahvé, cuando salías de Seir,
> cuando avanzamos por los campos de Edom!
> La tierra temblaba, chorreaban los cielos,
> también las nubes destilaban agua;
> los montes se agitaban ante Yahvé,
> el del Sinaí, ante Yahvé, Dios de Israel.
> En tiempos de Samgar, hijo de Anat, en tiempos de Yael,
> los caminos no se utilizaban,
> las caravanas buscaban sendas tortuosas;
> ya no había campesinos, no los había en Israel,
> hasta que surgí yo, Débora, surgí como madre de Israel...
> ¡Despierta, despierta, Débora!
> ¡Despierta, despierta, entona un canto!
> ¡Álzate, Barac! ¡Prende a tus presos, hijo de Abinoam!
> Llegaron los reyes, combatieron,
> combatieron los reyes de Canaán,
> en Taanac, junto a las aguas de Meguido,
> no ganaron ningún botín de plata...
> ¡Bendita entre las mujeres Yael,
> esposa de Jéber, el quenita...! (cf. Jue 5, 3-20).

Es un canto fuerte, un *himno al Dios* que combate a favor de su pueblo naciente, *un poema de mujeres*: por un lado están Débora (5, 7.10) y Yael (5, 24-27), las vencedoras; por el otro están la madre y esposa de Sísara, que aguardan vanamente el retorno del vencido (5, 28-30). Al principio del canto emerge el *yo enfático* de Débora, dos veces repetido (Jue 5, 3), como grito de afirmación que se alza entre los campesinos antes oprimidos de Israel. Es la voz de la cantora, que pide silencio a los oyentes poderosos, a los príncipes y reyes del entorno israelita, disponiéndose a cantar a Yahvé, para que escuchen y acaten su victoria. Es la voz de Débora que vuelve en 5, 7 diciendo: «Hasta que surgí yo Débora, Madre de Israel...». (Conforme a la vocalización hebrea que aceptamos, ella tiene la palabra y canta, en primera persona, destacando su figura de *madre*, matriarca del pueblo).

Pero esa voz en primera persona (Jue 5, 2-11) aparece después en dos imperativos en tercera persona: «¡Despierta, despierta, Débora! ¡Despierta, despierta, entona un canto! ¡En pie, Barac! ¡Prende a tus presos, hijo de Abinoam!» (Jue 5, 12). Así se unen Débora y Barac, ella con su canto de guerra, él con su estrategia militar. Todo nos permite pensar que estos dos imperativos (¡Despierta, Débora! ¡Álzate, Barac!) transmiten una voz divina que pone en marcha a la madre y al caudillo israelita.

Antes eran los hombres los que invocaban a Dios y le cantaban. Ahora es *Dios* el que responde, suscitando dos agentes para la vida/victoria del pueblo. Por una parte se halla *Débora*, que tiene la palabra como profetisa (cf. 4, 4-5) y así convoca al pueblo, le concede nuevo aliento y canta el himno de victoria. Por otra parte está *Barac*, que dirige la batalla, en gesto de poder, y así puede apresar a los cautivos.

El resto del himno celebra la victoria de los seguidores de Yahvé, a quienes Dios se manifiesta combatiendo a su favor, desde las estrellas, con el agua de una gran tormenta que permite que las aguas del torrente Quisón se desborden por toda la llanura, impidiendo que los carros de combate de Sísara maniobren. Así se cuenta la batalla de las aguas del Quisón que puede y debe interpretarse como teofanía creadora para las tribus del norte israelita.

Esta teofanía se encuentra vinculada al recuerdo del origen israelita (Sinaí) y cumple la función que en otros textos tiene el paso del Mar Rojo: Yahvé se ha desvelado una vez más como salvador, en circunstancias difíciles, concediendo él mismo la victoria, cantada por una mujer. En el caso de las aguas del Mar Rojo, que habían anegado a los egipcios mientras pasaban a pie enjuto los hebreos, la cantora era María. En el caso de las aguas del Quisón que permiten caminar a la infantería israelita, mientras los carros de Sísara se traban, la cantora de la victoria de Yahvé es Débora (además, una mujer, Yael, cumple aquí una función esencial, como veremos; cf. Jue 5, 24-27).

En este contexto se inscribe el final del canto, uno de los pasajes más duros de la tradición israelita. Sísara ha muerto ya, pero sus mujeres (su madre y sus esposas) le esperan impacientes, seguras de que vendrá con mucho botín, para cantar en su honor el gran himno de la victoria. Pero Débora sabe que no vendrán:

> Desde la ventana, asomada por la celosía, grita la madre de Sísara:
> «¿Por qué tarda en llegar su carro,
> por qué se retrasan sus carros de guerra?».
> La más sabia de sus princesas (= esposas) le responde...
> «Están tomando y repartiendo el botín:
> una cautiva, dos cautivas (un útero, dos úteros) para cada macho,
> paños de colores para Sísara...» (Jue 5, 28-30).

De esa manera, tras haber cantado la gloria de Débora y Yael, el canto evoca la vana esperanza de la madre de Sísara y sus damas, que representan al pueblo derrotado. Mientras la madre de Israel (Débora) canta gloriosa, la de Sísara espera inútilmente la vuelta de su hijo, consolada en vano por la más sabia de sus damas (quizá la esposa principal de Sísara): «¡Estarán repartiendo el botín, un útero, dos úteros para cada macho!».

Esta frase es transparente en su crudeza: según costumbre de guerra, tras vencer a los enemigos, los soldados triunfadores recogían y repartían el botín: *raham, rahamataim* (un útero, dos úteros, una mujer, dos mujeres) *le rosh geber* (para cada «cabeza» de macho o soldado). Tras una guerra de varones, las mujeres vencidas se convierten en útero o sexo, objeto de pasión de los triunfadores, que siguen viendo en ellas una especie de enemigo al que deben vencer y sujetar (cf. Dt 21, 10-14). En contexto de guerra, la mujer es útero para la pasión del varón; por su parte, el varón guerrero triunfador es puro sexo masculino (*geber*, en sentido de miembro viril).

Sísara y los suyos habían querido convertir a las mujeres israelitas en útero para su deseo, en vientre para su semilla. Así lo repiten en vano la madre y princesas del héroe derrotado, esperando verle llegar desde la ventana con sus soldados vencedores y con úteros cautivos al estribo de su carro. Pero en contra de esa ley de guerra masculina se había alzado Yael, a la puerta de su tienda (quizá para invertir esa lógica de opresión y cautiverio de las mujeres).

3. Yael, la victoriosa[51]

Era una mujer kenita y ayudó a los israelitas en su lucha por el control de la tierra de Canaán, matando a Sísara, general cananeo, vencido por el israelita Barac, que había venido a refugiarse en su tienda. De esa manera, ella se vincula con Débora, de tal forma que ambas son casi inseparables. Pero mientras Débora parece haber seguido una conducta intachable (es israelita y lucha a favor de su pueblo), desde un punto de vista objetivo, se podría dudar de la «moralidad» de Yael, porque ella (como Rajab) ha traicionado a sus aliados anteriores para ponerse de lado de los nuevos triunfadores.

Yael (cuyo nombre significa Cabra de Monte) estaba emparentada con los israelitas (como Jobab/Jetró, el suegro de Moisés), pero pertenecía al clan de los kenitas (que parecen vincularse con Caín, cf. Gn 4), herreros trashumantes, sin tierra propia. Pues bien, ella y su grupo habían acampado en una tierra dominada por los cananeos de Sísara, con quienes habían pactado (cf. Jue 4, 17). Ella estaba casada con Jeber, el kenita, pero el texto la presenta como mujer independiente, que tiene no sólo dominio sobre su tienda, sino también sobre el futuro de su tribu o de su grupo.

La iniciativa la toma Sísara, el vencido, que viene huyendo y busca refugio en la tienda de Yael. Pero ella le está esperando y decide el resto de la historia:

> Sísara escapó a pie a la tienda de Yael mujer de Jeber el kenita; porque había paz entre Yabín rey de Jasor y la casa de Jeber el kenita. Y saliendo Yael a recibir a Sísara, le dijo: «Ven, señor mío, ven a mí, no tengas temor». Y él vino a ella a la tienda, y ella le cubrió con una manta. Y él le dijo: «Por favor, dame a beber un poco de agua, que tengo sed». Y ella abrió un odre de leche y le dio de beber, y lo cubrió de nuevo. Y él le dijo: «Estate a la puerta de la tienda, y si alguien viniere, y te preguntare, diciendo: ¿Hay aquí alguno? tú responderás que no».
> Y Yael, mujer de Jeber, tomó una clavija de la tienda, y poniendo un mazo en su mano, llegó hasta donde estaba él, calladamente, y le introdujo la clavija por las sienes, hasta clavarlo en la tierra, pues él estaba

---

[51] Cf. trabajos citados en nota anterior. Además: H. D. Neef, *Deboraerzählung und Deboralied. Studien zu Jdc* 4, 1–5, 31 (BThSt49), Neukirchen-Vluyn 2002; Y. Zakovitch, *Sisseras Tod*, ZAW 93 (1981) 364-374. Versión novelada, en edición impresa y on-line, por Ann Burton; cf. http://www.fantasticfiction.co.uk/b/ann-burton/jaels-story.htm.

cargado de sueño y cansado; y así murió. Y mientras Barac seguía a Sísara, Yael salió a recibirlo, y le dijo: «Ven, y te mostraré al hombre que tú buscas». Y él entró donde ella estaba, y he aquí que Sísara yacía muerto con la estaca atravesando su sien (Jue 4, 18-22).

La escena invierte y repite de algún modo, en clave de violencia activa, el tema de *Rajab*, que había ayudado a los espías israelitas. Rajab era hospedera, mujer independiente, que había pactado con los habitantes de Jericó, pero que se inclinó después a favor de los israelitas; *Yael* aparece aquí como esposa de Jeber el kenita, pero su condición de casada no influye en el relato, de manera que puede interpretarse quizá de manera simbólica: *Jeber* significa amigo o asociado y, en esa línea, ella sería así Mujer Asociada, que se habría vinculado en pacto con los cananeos, pero que luego prefirió ayudar a los israelitas, matando al enemigo fugitivo.

Sea como fuere, Yael actúa como soberana de su tienda (como Rajab era dueña de su casa), con gestos cargados de fuerte simbolismo erótico (que aparecen ya en el texto en prosa de Jue 4, 17-22, pero que destacan más en el paralelo poético de 5, 24-27). Parece que Sísara le pide sólo agua (¡como en los relatos matrimoniales, junto a un pozo: Gn 24 y 29; Ex 2, 11-25) y ella le ofrece aquello que la ley y la costumbre suponían que una mujer ha de dar al guerrero, recibiéndole, curándole, tapándole y alimentándole con su leche...

Pues bien, nuestro relato invierte el sentido positivo de esos símbolos, de manera que ella, la mujer, rompiendo la alianza anterior que su familia mantenía con Sísara, le recibe de forma engañosa en su tienda, para allí matarle. De esa forma, sin consultar con su marido, como representante de la familia, ella cambia de partido y, en vez de favorecer a sus aliados anteriores, mata a Sísara a traición y se pasa al bando de los israelitas, que le declaran bendita.

> ¡Bendita entre las mujeres sea Yael, esposa de Jeber, el kenita!
> ¡Bendita entre las mujeres que habitan en tiendas!
> Agua le pidió él, y ella le dio leche,
> en taza de príncipe le ofreció nata.
> Con la izquierda agarró el clavo, con la derecha el martillo,
> golpeó a Sísara, machacándole el cráneo... (Jue 5, 24-26).

El canto de Débora proclama a Yael «bendita sobre las mujeres» por la forma en que ha matado al enemigo de Israel, engañándole y traicionándoles. Primero actúa como una mujer encantadora con modales refinados,

I. EN EL PRINCIPIO. LAS MUJERES DEL RECUERDO

sirviendo a su huésped como a un noble, y dándole más de lo que le pidió (leche en vez de agua), permitiendo después que se durmiera, en una tienda donde están sólo los dos. Entonces, con la decisión de un guerrero, ella le mató, cuando estaba dormido, debajo de la estera donde le había tapado (4, 20) «para que nadie le encontrara».

No hay que buscar los motivos morales de esa conducta, ni en el relato en prosa (Jue 4) ni en el canto (Jue 5). En un momento de peligro, aprovechando la derrota de los cananeos, Yael cambia de alianza: mata a Sísara y se pone de parte de Barac y de los israelitas (vinculándose así con Débora). Este gesto de ruptura de la alianza con los cananeos resulta más difícil en un hombre (al menos desde una perspectiva israelita). Para una mujer es mucho más simple. Ella no conoce más alianzas que el servicio a la vida. Pertenece a un grupo marginado por todos, y así se pone de parte de los que vencen, para mantener su vida y la vida del grupo.

De todas formas, en el fondo del gesto de Yael pueden verse otras dos razones. (a) En primer lugar, un tipo de fe yahvista. Los kenitas, emparentados con los madianitas, parecen haber sido de los primeros adoradores de Yahvé. Para vivir en una tierra dominada por los cananeos, la familia de Yael tuvo que pactar con ellos. Pero se siente más vinculada a sus aliados naturales, que son los israelitas yahvistas, que provienen de su mismo entorno. (b) En segundo lugar, un tipo de experiencia sexual. Yael habría estado quizá sometida a la violencia de los varones, representados en Sísara. Así, al matar a Sísara, quiere vengarse de todos los soldados violadores, con las armas que ella tiene: la estera donde duerme, la clavija de su tienda. Ninguna de estas dos razones es segura. Lo único claro es que la tradición israelita ha recordado a Yael, una mujer kenita que rompió la alianza con los cananeos, para ponerse de parte de los israelitas, que la han venerado como a una heroína, al lado Débora

Junto a Yael, aunque en otro plano, dentro de las tradiciones del mismo libro de los Jueces, podemos recordar a la mujer que mató a Abimelec, hijo de Gedeón/Yerubaal, que quiso ser el primer rey israelita de Siquem, pero que se comportó como un tirano, muriendo bajo una torre donde se refugiaron algunos de sus enemigos:

> Abimelec llegó hasta la torre, la atacó y alcanzó la puerta de la torre con ánimo de prenderle fuego. Entonces una mujer le arrojó una muela de molino a la cabeza y le partió el cráneo. Él llamó enseguida a su escudero y le dijo: «Desenvaina tu espada y mátame, para que no digan

de mí: Lo ha matado una mujer». Su escudero lo atravesó y murió (Jue 9, 52-54).

Esta mujer anónima se defiende con lo que tiene y de esa forma mata al guerrero Abimelec con un utensilio que ella emplea para su trabajo: una rueda de molino. No sabe empuñar la espada, ni hacer la guerra, pero maneja la piedra de casa para hacer harina. Ella no lucha por conquistar un reino, sino para defender su casa y así mata a un guerrero profesional como Abimelec, que no quiere morir con la falsa «vergüenza» de que le hubiera matado una mujer.

6
VIDENTES Y PROFETISAS

Dentro de la Biblia judía las mujeres aparecen a veces vinculadas con un tipo de sabiduría o conocimiento especial, relacionado con la vida y con la muerte. Esa sabiduría se encuentra ya evocada en Eva (Gn 2-3), de la que hablaremos en el cap. 17, que quiso comer del árbol del conocimiento del bien y del mal (y de la vida). En esa línea hay un tipo de conocimiento femenino que parece relacionado no sólo con la hechicería (como se suele decir), sino con el encuentro con Dios (mujeres videntes) y con el sentido de la historia (mujeres profetas).

Entre las videntes quiero citar a la médium (nigromante) de Endor, que se sitúa en un contexto que, desde una perspectiva dogmática, podría interpretarse como hechicería. Pero al lado de ella encontramos a otras mujeres que «ven» en una línea profética positiva, poniéndose en contacto con Dios. La más significativa es María, hermana de Aarón, que se presenta como profetisa y que ha recibido la palabra de Dios, aunque la tradición posterior haya marginado su figura. También Rajab ha recibido una revelación profética, lo mismo que Débora, pero la Biblia en su conjunto no ha desarrollado sus figuras, concentrándose más bien en la tradición de Moisés y los profetas (varones).

En este contexto pueden citarse también otras figuras de madres, que han dialogado de modos distintos con Dios, desde la perspectiva de la búsqueda de un hijo. Una es Agar, de la que he tratado ya en el contexto de Abrahán, en el ciclo de las matriarcas. Las otras dos son Ana y la madre de Sansón, de las que hablaré en este capítulo[52].

---

52 Para un planteamiento general del tema, cf. A. Bertholet, *Das Dynamistische im Alten Testament* (SGV 121), Tübingen 1926; I. Fischer, *Gotteskünderinnen. Zu einer geschlechterfairen Deutung des Phänomens der Prophetie und der Prophetinnen in der Hebräischen Bibel*, Kohlhammer, Stuttgart 2002 (versión francesa: *Des femmes messagères de Dieu. Prophétes et prophetésses dans la Bible hebraïque*, Cerf, Paris 2008); K. Butting, *Prophetinnen gefragt. Die Bedeutung der Prophetinnen im Kanon aus Tora und Prophetie*, Erev-Rav, Wittingen 2001.

1. La vidente de Endor[53]

Ciertamente, en la condena general de la hechicería (Dt 18, 9-15), la Biblia no distingue entre varones y mujeres. Pero después, en concreto, da la impresión de que la misma Biblia insiste en la existencia de un conocimiento sacral, de hechicería, más vinculado a las mujeres. Así lo indica de un modo tajante y abrupto el Decálogo social y sacral de Lv 22, 17-30, incluido en el Código de la Alianza: «No dejarás con vida a la hechicera (*mikaspah*)» (Ex 22, 17). Significativamente, ésta es la primera de una serie de leyes básicas que sirven para poner de relieve la santidad de Israel, como pueblo que quiere separarse de otros por sus prácticas sociales y sacrales. Pues bien, al principio de esa ley de santidad está la condena de las mujeres hechiceras, entendidas como peligrosas para la santidad de Israel. ¡Para ser santos según el Yahvé de este Israel hay que matar a las que entienden la santidad de otra manera!

Si el Código de la Alianza condena de esa forma a las hechiceras es que tiene «miedo de ellas», pues representan una sacralidad femenina que la Biblia judía ha juzgado peligrosa. Las prácticas de las «hechiceras», a las que se alude aquí, pueden ser las recogidas en Dt 18, 9-12 (vaticinadores, astrólogos, agoreros, hechiceros, evocadores de espíritus, adivinos, nigromantes), y en Lv 20, 6.27 (nigromantes, adivinos, hechiceros), que han de ser condenados a muerte.

En este contexto, condenar la hechicería implica matar a la hechicera, cerrando así en falso (con sangre) un camino que, recorrido de otra manera, podía ser bueno. Pues bien, a pesar de ello, la misma Biblia recoge una figura de hechicera-nigromante y lo hace en forma parcialmente positiva:

> Samuel ya había muerto, y todo Israel había lamentado su partida. Lo habían sepultado en su ciudad, en Ramá. Y Saúl había quitado del país a los que evocaban a los muertos y a los adivinos (a los conocedores). Los filisteos se reunieron, vinieron y acamparon en Sunem. Saúl reunió a todo Israel, y ellos acamparon en Gilboa. Al ver Saúl el campamento de los filisteos, se atemorizó, y su corazón se estremeció en gran

---

53 Cf. J. Tropper, *Nekromantie. Totenbefragung im Alten Orient und im Alten Testament* (AOAT 223), Neukirchener V., Neukirchen-Vluyn 1989; J. P. Brown, *The Mediterranean Seer and Shamanism*, ZAW 93 (1981) 374-400; F. H. Cryer, *Divination in Ancient Israel and its Near Eastern Environment: A Socio-Historical Investigation* (JSOT 142), Sheffield 1994; A. Jeffers, *Magic and Divination in Ancient Palestine and Syria* (Studies in the History and Culture of the East VIII), Brill, Leiden 1996; R. Schmitt, *Magie im Alten Testament* (AOAT 313), Münster 2004.

manera. Entonces Saúl consultó a Yahvé, pero Yahvé no le respondió ni por sueños, ni por los Urim, ni por los profetas.

Entonces Saúl dijo a sus servidores: «Buscadme una mujer que sepa evocar (= hacer subir) a los muertos, para que yo vaya a ella y consulte por medio de ella». Sus servidores le respondieron: «He aquí que en Endor hay una mujer que sabe evocar a los muertos». Saúl se disfrazó poniéndose otra ropa, y fue con dos hombres. Llegaron de noche a la mujer, y él dijo: «Por favor, evócame a los muertos y haz que suba quien yo te diga». Pero la mujer le respondió: «Tú sabes lo que ha hecho Saúl; cómo ha quitado del país a los que evocan a los muertos y a los adivinos. ¿Por qué, pues, me pones una trampa para causarme la muerte?».

Saúl le juró: «¡Vive Yahvé, que ningún mal te vendrá por esto!». Entonces la mujer preguntó: «¿A quién haré que suba?». Él respondió: «Haz que suba Samuel». La mujer, cuando vio que aparecía Samuel, gritó con mucha fuerza y habló a Saúl diciendo: «¿Por qué me has engañado? ¡Tú eres Saúl!». El rey le dijo: «No tengas miedo. ¿Qué has visto?». La mujer respondió: «He visto un ser divino (un *elohim*) que sube de la tierra». Entonces él le preguntó: «¿Qué aspecto tiene?». Ella respondió: «Sube un hombre anciano, envuelto en un manto». Saúl supo que era Samuel, e inclinando el rostro a tierra se postró.

Entonces Samuel preguntó a Saúl: «¿Por qué me has molestado haciéndome subir?». Saúl respondió: «Estoy muy angustiado, pues los filisteos combaten contra mí, y Dios se ha apartado de mí. No me responde más, ni por profetas, ni por sueños. Por esto te he llamado, para que me declares lo que tengo que hacer». Entonces Samuel dijo: «¿Para qué me preguntas a mí, si Yahvé se ha apartado de ti y se ha vuelto tu adversario?» (1 Sm 28, 3-16).

Se le suele llamar la pitonisa, pero es una nigromante o vidente, capaz de evocar a los muertos. Significativamente es una mujer, como sucedía y sucede hoy todavía, pues se piensa que las mujeres saben dialogar mejor con los que han muerto, mientras que los varones son más propensos a matarles.

La misma mujer afirma que el rey Saúl ha prohibido la evocación de los muertos (en la línea de Dt 18, 9-12 y Lv 20, 6), pues, desde una perspectiva israelita, él supone que ellos no son «dioses» o seres divinos con quienes uno se puede poner en contacto, sino simplemente personas que ya han fallecido y no pueden situarse en el lugar de Dios, el único ser «sobrenatural» con quien un creyente debe comunicarse. Desde esa perspectiva se dice que Israel es religión «de vivos» (es decir, del contacto de Dios con los vivos) y no de veneración religiosa de los muertos, en contra de las culturas del entorno que han tendido a divinizar a los muertos (aunque ésta es una afirmación que debería matizarse).

Fiel a la tradición yahvista, Saúl había prohibido la veneración y evocación de los muertos. Pero, llegado el peligro, cuando él mismo se descubra amenazado por la muerte, sentirá la necesidad de consultar con poderes «sobrenaturales», pues su Dios Yahvé no le responde «ni por sueños, ni por los Urim, ni por los profetas». Por eso, no pudiendo conectar con Dios utilizando los medios normales, admitidos en ese momento por el yahvismo (sueños o suertes sagradas, oráculos proféticos), acude a una evocadora de muertos, aunque él mismo las haya condenado.

La práctica de la invocación de los muertos se sitúa muy cerca de la invocación de los espíritus, pues entre muertos (*metim*) y espíritus (*'obim*) hay una gran continuidad (casi identidad), como saben los «hechiceros» antiguos (Dt 18, 11) y modernos. Los *evocadores de espíritus y muertos* suelen ser sobre todo mujeres expertas en la comunicación con las fuerzas profundas y sagradas de la naturaleza, a las que ponen (= dicen poner) al servicio de los vivos. Sólo una persona experta, en comunicación con el misterio profundo, puede ponerse en contacto con los muertos, a través de visiones y evocaciones. Saúl, hombre fuerte, austero yahvista, no tiene más remedio que pedir la ayuda de una mujer como ésta, para que ilumine su camino, poniéndole en contacto con el profeta Samuel, ya muerto, que le había coronado rey, pero que después le ha rechazado.

El texto supone que no se debe evocar a los muertos (¡sólo hay que invocar a Yahvé!), pero que de hecho puede hacerse y hacerse con éxito, pues la vidente de Endor consigue que el espíritu de Samuel ascienda como un «dios» (un *elohim*) y converse con Saúl, para decirle las mismas palabras que solía decirle cuando estaba vivo y para anunciarle su muerte. El argumento principal del relato no está en que la «vidente» evoque al espíritu de Samuel y converse con él, sino en que el mismo Saúl, un rey yahvista, se introduzca en la trama de esta evocación y, guiado por una mujer, converse con Samuel.

Esta «conversación» de Saúl con el espíritu de Samuel ya muerto constituye uno de los momentos más dramáticos de la historia de Israel, tal como aquí aparece guiada e interpretada por una mujer (esta vidente de Endor). Como he dicho, la Biblia judía condena la evocación de los muertos, pero supone que es posible y que, en un caso como éste, puede tener éxito. El texto no dice si esa «vidente» es israelita o cananea, no juzga su conducta; simplemente cuenta lo que, a su juicio ha pasado: ella ha puesto a Saúl en contacto con Samuel. Pues bien, al final de la escena, una vez que Saúl ha escuchado la condena de Samuel y queda abatido en el suelo, ella, la misma vidente le hace volver a la realidad, invitándole a que asuma su destino:

> Acercóse la mujer donde Saúl, y viendo que estaba tan conturbado, le dijo: «Tu sierva ha escuchado tu voz y he puesto mi vida en peligro por obedecer las órdenes que me diste. Escucha, pues, tú también la voz de tu sierva y permíteme que te sirva un bocado de pan para que comas y tengas fuerzas para ponerte en camino». Saúl se negó diciendo: «No quiero comer». Pero sus servidores, a una con la mujer, le insistieron hasta que accedió. Se levantó del suelo y se sentó en el diván. Tenía la mujer en casa un ternero cebado y se apresuró a degollarlo. Tomó harina, la amasó y coció unos ázimos. Lo sirvió a Saúl y sus servidores, comieron y levantándose se marcharon aquella misma noche (1 Sm 28, 21-25).

Esta vidente es capaz de poner a los vivos en contacto con los muertos, pero, al mismo tiempo, es realista y sabe decir su palabra de juicio y exigencia al mismo rey abatido, incapaz de levantarse y luchar por su pueblo, como era su deber en aquel momento. De esa forma, ella se convierte en animadora de vivos, diciendo a Saúl lo que debe hacer, como persona y como rey. No evoca a los muertos para apartar a los vivos de sus tareas en la historia, sino para que ellos vean con más profundidad esa historia, es decir, para que asuman la tradición y tareas que vienen del pasado, comprometiéndose de un modo más intenso en la exigencia del futuro[54].

2. La madre de Sansón[55]

Es (con Agar) el ejemplo más claro de una mujer a la que Dios (el Ángel de Yahvé) se le revela de un modo personal, para anunciarle el nacimien-

---

54 En conjunto, la Biblia judía ha condenado a los nigromantes, pues piensa que la evocación «visionaria» de los muertos es una idolatría, porque les coloca en el lugar de Dios (o en un ámbito difuso de sacralidad). Pero a lo largo de su trayectoria, ella ha descubierto que los muertos «viven» en Dios y que su «memoria» es fundamental para la vida del pueblo. En ese sentido podemos afirmar que la Biblia ha realizado, en un plano quizá algo distinto, aquello que en el fondo quería la «vidente de Endor»: ha descubierto y actualizado la voz de los israelitas muertos, construyendo de esa forma su historia.
55 Para una introducción al tema, cf. M. Bal, *Death and Dissymmetry. The Politics of Coherence in the Book of Judges* (Studies in the History of Judaism), Chicago 1988. S. Muñoz Iglesias, *Los evangelios de la Infancia* I-IV, BAC, Madrid 1986/1990, ha estudiado la «anunciación» de la madre de Sansón, en su trasfondo histórico y li-

to de un hijo salvador, conforme a un relato que suele llamarse de «anunciación». En principio, la protagonista del relato es ella, aunque el texto empiece citando a su marido:

> Había un hombre en Sorá, de la tribu de Dan, llamado Manóaj. Su mujer era estéril y no había tenido hijos. El Ángel de Yahvé se apareció a esta mujer y le dijo: «Bien sabes que eres estéril y que no has tenido hijos, pero concebirás y darás a luz un hijo. En adelante guárdate de beber vino o bebida fermentada y de comer algo impuro. Porque vas a concebir y a dar a luz un hijo. No pasará la navaja por su cabeza, porque el niño será nazir de Dios desde el seno de su madre. Él comenzará a salvar a Israel de la mano de los filisteos» (Jue 13, 2-5).

Ella es objeto de una visión (se le apareció) y de una audición divina: escucha al mismo Ángel de Dios que se le presenta como Señor de Vida y Salvación, es decir, como aquel que puede prometerle y «darle» un hijo, que será salvador para Israel. En principio, esto podría haber bastado, como en el caso de Agar, que no consulta a nadie, ni siquiera a Abrahán, su marido, pues tanto Agar como la madre de Sansón son mujeres capaces de mantenerse a la escucha de Dios: ambas ven y oyen, descubriendo el futuro de sus hijos (el de Agar será padre de un pueblo; Sansón será un «nazir», consagrado de Dios). Pero Agar actúa por sí misma, no necesita comunicar a nadie su secreto. Por el contrario, la madre de Sansón se lo comunica a su marido, pues quiere que él también participe de su experiencia. De esa forma, ella aparece como iniciadora de una historia de revelación compartida en la que ella actúa como

---

terario, analizando su influjo en las anunciaciones posteriores de la Biblia judía y del Nuevo Testamento. Para un estudio más preciso del ciclo de Sansón y de sus «mujeres», cf. B. Balscheit, *Simson. Ein Retter Israels. Eine Auslegung der Kapitel 13–16 des Richterbuches*, Zwingli V., Zürich 1940; J. L. Crenshaw, *Samson. A Secret Betrayed, a Vow Ignored*, SPCK, London 1979; J. C. Exum, *The Theological Dimension of the Samson Saga*, VT 33 (1983) 30-45; P. Galpaz-Feller, *Samson: The Hero and the Man. The Story of Samson (Judges 13–16)* (Bible in History 7), Bern 2006; H. Gese, *Die ältere Simsonüberlieferung (Richter c. 14-15)*, ZThK 82 (1985) 261-280; C. Houtman-K. Spronk, *Ein Held des Glaubens? Rezeptionsgeschichtliche Studien zu den Simson-Erzählungen*, Contributions to Biblical Exegesis and Theology 39, Leuven 2004; P. Nel, *The Riddle of Samson*, Bib 66 (1985) 534-545; S. Niditch, *Samson as Culture Hero, Trickster, and Bandit: The Empowerment of the Weak*, CBQ 52 (1990) 608-624; H. J. Stipp, *Simson, der Nasiräer*, VT 45 (1995) 337-369; M. Witte, *Wie Simson in den Kanon kam. Redaktionsgeschichtliche Beobachtungen zu Jdc 13–16*, ZAW 112 (2000) 526-549.

«maestra» de su propio marido (Jue 13, 6-23); él parece dirigir la trama, pero la vidente decisiva es ella, su mujer.

> Manóaj invocó a Yahvé y dijo: «Te ruego, Señor, que el hombre de Dios que has enviado venga otra vez donde nosotros y nos enseñe lo que hemos de hacer con el niño cuando nazca». Dios escuchó a Manóaj y el Ángel de Dios vino otra vez donde la mujer cuando estaba sentada en el campo. Manóaj, su marido, no estaba con ella. La mujer corrió enseguida a informar a su marido y le dijo: «Mira, se me ha aparecido el hombre que vino donde mí el otro día».
> Manóaj se levantó y, siguiendo a su mujer, llegó donde el hombre y le dijo: «¿Eres tú el que has hablado con esta mujer?». Él respondió: «Yo soy». Le dijo Manóaj: «Cuando tu palabra se cumpla ¿cuál deberá ser la forma de vida del niño y su conducta?». El Ángel de Yahvé respondió a Manóaj: «Deberá abstenerse él de todo lo que indiqué a esta mujer. No probará nada de lo que procede de la vid, no beberá vino ni bebida fermentada, no comerá nada impuro y observará todo lo que yo le he mandado (Jue 13, 8-14).

Manóaj le pide a Dios que se aparezca de nuevo a los dos, cuando él esté con ella. Pero Dios se aparece otra vez sólo a su mujer, cuando ella está en un lugar despoblado (en el campo, no en la casa), como si tuviera una capacidad especial de ponerse en contacto con el misterio (que toma aquí la forma de «hombre»). Pues bien, esta vez, ella avisa a su marido, porque quiere que la «visión» y la tarea sea de los dos, como sucede de hecho. Significativamente, cuando el marido viene, él «ve» lo mismo que ha visto ella y escucha de nuevo lo que ella ha escuchado. No hay una nueva revelación, sino una repetición de la anterior. El marido descubre (ve y escucha) sólo lo que ha visto y oído su mujer, la iniciadora. El texto no recoge el nombre de la mujer, mientras que al marido se le llama desde el principio Manóaj (Jue 13, 2), pero es ella la que actúa como transmisora de la voluntad de salvación de Dios, que se encarnará en su propio hijo (Sansón). Nos hallamos, sin duda, ante una tradición antigua, de carácter simbólico (alguien diría «mítico»), vinculada quizá con un lugar donde se mantenía la memoria de una revelación de Dios, que se hace allí presente (como indica el sacrificio posterior que Manóaj ofrece: Jue 13, 15-21).

Lo que en este relato importa más no es la visión exterior, sino la fe del pueblo israelita que cree que se puede «ver» a Dios, y que hay mujeres especialmente dotadas que le han visto y escuchado (conforme a una dinámica psicológico/religiosa que se ha mantenido hasta la actualidad en lugares como Lourdes o Fátima), vinculando la experiencia de Dios con el proceso de generación y alumbramiento. Estoy convencido de que la memoria israelita contenía otras tradiciones como ésta, pero ellas no han sido recibidas por la Biblia oficial, muy reacia a las «apariciones femeninas».

Esta aparición de Dios a la futura madre (que ella comparte después con su marido) puede entenderse como signo de una mayor receptividad (alguien diría «credulidad») de las mujeres. Pero no es una receptividad enfermiza, al servicio de fantasías evasivas, sino una visión muy realista, al servicio de la vida. La mujer madre conoce a Dios desde el deseo de fondo de su vida (al servicio de los demás), y no con argumentos racionales. Además, ella sabe que una visión como la que ha tenido es valiosa y positiva, en contra de lo que teme su marido, como indica el final de la escena:

> Al desaparecer el Ángel de Yahvé... Manóaj se dio cuenta de que había sido el Ángel de Yahvé y dijo a su mujer: «Vamos a morir, porque hemos visto a Dios». Su mujer le respondió: «Si Yahvé hubiera querido matarnos no habría aceptado nuestro holocausto y oblación, ni nos habría mostrado todas estas cosas ni nos habría comunicado una cosa así». La mujer dio a luz un hijo y le llamó Sansón. El niño creció y Yahvé le bendijo (Jue 13, 21-24).

Conforme a este pasaje, Manóaj se limitó a declarar un artículo de fe fundamental de la religión israelita: «Dios es invisible para el hombre, de forma que si un hombre le ve tiene que morir» (cf. Dt 5, 25). Pues bien, en contra de eso, la mujer eleva su realismo de madre (dadora de vida), oponiéndose a ese «dogma», pues ella sabe que, en general, a Dios no se le ve (¡como dirían los teólogos!), pero sabe también que el Dios invisible se puede mostrar y se muestra de hecho, de manera que se le puede «ver» cuando actúa al servicio de la vida. Ésta ha sido la historia de la madre; más adelante (cap. 6) veremos la historia de las mujeres de Sansón.

3. Ana, la madre de Samuel[56]

Su historia consta de una anunciación (que puede compararse con la de la madre de Sansón) y de un canto (semejante a los de María y Débora).

---

[56] El Canto a Ana ha sido especialmente valorado y situado en el contexto del gran cambio social y religioso de los israelitas por N. K. Gottwald, *The Tribes of Yahweh*, SCM, London 1980, 534-540. Para el transfondo histórico y literario del tema, además de comentarios, cf. L. Eslinger, *Kingship of God in Crisis: A Close Reading of 1Sam 1-12* (Bible and Literature 10), Sheffield 1967; M. Noth, *Samuel und Silo*, VT

Es una historia fuerte, que nos sitúa en el centro de la dinámica de la Biblia judía.

a) *Anunciación*

Está al comienzo del libro primero de Samuel, que es como una continuación del de los Jueces. No incluye una visión propiamente dicha (como en el caso de la madre de Sansón), sino que se sitúa en un contexto sacral (ante el sacerdote del templo) y de disputa de mujeres:

> Hubo un hombre de Ramá..., que se llamaba Elcaná, de la tribu de Efraim. Tenía dos mujeres: una se llamaba Ana y la otra Penina; Penina tenía hijos, pero Ana no los tenía. Este hombre subía de año en año desde su ciudad para adorar y ofrecer sacrificios a Yahvé Sebaot en Silo... El día en que sacrificaba, daba porciones para su mujer Penina y para cada uno de sus hijos e hijas, pero a Ana le daba solamente una porción, pues aunque era su preferida, no tenía hijos. Su rival la zahería y vejaba de continuo, porque Yahvé la había hecho estéril. Así sucedía año tras año... y Ana lloraba y no quería comer.
> Un día... después que hubieron comido..., se levantó Ana y se puso ante Yahvé. El sacerdote Elí estaba sentado en su silla, contra la jamba de la puerta del santuario. Estaba ella llena de amargura y oró a Yahvé llorando sin consuelo, e hizo este voto: «¡Oh Yahvé Sebaot! Si te dignas mirar la aflicción de tu sierva y acordarte de mí, no olvidarte de tu sierva y darle un hijo varón, yo lo entregaré a Yahvé por todos los días de su vida y la navaja no tocará su cabeza».
> Ana oraba en silencio, de manera que sus labios se movían, pero no se oía su voz, y Elí creyó que estaba ebria, y le dijo: «¿Hasta cuándo va a durar tu borrachera? ¡Echa el vino que llevas!». Pero Ana le respondió: «No, señor; soy una mujer acongojada; no he bebido vino ni cosa

---

13 (1963) 390-400; J. J. Willis, *Cultic elements in the Story of Samuel's Birth and Dedication*, St.Th 26 (1972) 33-61. He estudiado la relación entre los Cantos de Ana y María (Lc 1, 46-55) en *La Madre de Jesús*, Sígueme, Salamanca 1990, 79-14. Sobre el canto en concreto, cf. G. Bressan, *Il Canttico di Anna (1Sam 2, 1-10)*, Bib 32 (1951) 503-521; 33 (1952) 67-89; A. Hurvitz, *Original and Imitations in Biblical Poetry (1Sam 2, 1-10 and Ps 113, 5-9)*, en *Fests S. Iwry*, Eisenbrauns, Winona Lake 1985; H. P. Mathys, *Das Hannalied*, en Id., *Dichter und Beter*, OBO 132, Freiburg/Schweiz 1994, 126-146; McKenna, M., *«Déjala» (Jn 12, 7). Mujeres en la Escritura*, Sal Terrae, Santander 2001; R. Meynet, *Dieu donne son Nom à Jésus. Analyse rhétorique de Lc 1, 26-56 et de 1Sam 2, 1-10*, Bib 66 (1985) 39-7; R. Tournay, *Le Cantique d'Anne. 1Sam 2, 1-10*, en *Fests. O. Barthélemey*, OBO 38, Freiburg/Schweiz 1981, 553-576; L. S. Walls, *Hannah'Song*, en *Psalms and Story* (JSOT SuppSer 139), Sheffield 1992, 19-40; J. J. Willis, *The Song of Hannah and Psalm 113*, CBQ 35 (1973) 139-154.

embriagante, sino que desahogo mi alma ante Yahvé. No juzgues a tu sierva como a una mala mujer; hasta ahora sólo por pena y pesadumbre he hablado». Elí le respondió: «Vete en paz y que el Dios de Israel te conceda lo que le has pedido». Ella dijo: «Que tu sierva halle gracia a tus ojos» Se fue la mujer por su camino, comió y no pareció ya la misma.

Se levantaron de mañana y, después de haberse postrado ante Yahvé, regresaron, volviendo a su casa, en Ramá. Elcaná se unió a su mujer Ana y Yahvé se acordó de ella. Concibió Ana y llegado el tiempo dio a luz un niño a quien llamó Samuel, «porque, dijo, se lo he pedido a Yahvé» (cf. 1 Sm 1, 1-20).

La iniciativa no parte aquí de Dios (pues él no se aparece), sino de la misma mujer, que le pide un hijo y obtiene la certeza de que va a recibirlo. En los casos de Agar y de la madre de Sansón, Dios mismo decía a la madre lo que su hijo sería. Aquí es la madre la que pide a Dios un hijo y se lo «promete», diciendo que, en caso de tenerlo (de recibirlo de Dios), le hará «nazir», consagrado de Dios, de manera que no se cortará nunca el cabello (1 Sm 1, 11. La versión de los LXX añade que no beberá nada fermentado; cf. Jue 13, 5).

Ana aparece así como una mujer emprendedora, que quiere definir y define la vida de su hijo, al que ella considera como «don de Dios» (en caso de tenerlo). A diferencia de la madre de Sansón, Ana no habla con su marido, ni le pide ayuda, ni deja que él decida lo que ha de ser su hijo, sino que es ella misma la que toma la iniciativa. En este contexto se sitúa la intercesión del sacerdote, que presenta ante Dios la petición de Ana (cf. 1 Sm 1, 19-20).

b) Canto

El pasaje más significativo de la historia de Ana no es la «anunciación» (su promesa de ofrecer a Dios la vida de su hijo), sino el canto de agradecimiento y profecía (1 Sm 2, 1-10), que ella eleva a Dios después de haberlo obtenido y ofrecido. Este canto (unido a los de María y Débora) constituye una de las expresiones más significativas de la fe de Israel, desde la perspectiva de una mujer, que aparece como gran profetisa y vidente del pueblo, pues «ve» lo que ha de pasar e interpreta desde Dios la historia israelita:

> Mi corazón se regocija por Yahvé,
> por Yahvé se exalta mi poder,
> mi boca se ríe de mis enemigos

I. En el principio. Las mujeres del recuerdo

>   porque celebro tu salvación.
>   No hay santo como Yahvé,
>   no hay otro fuera de ti,
>   no hay roca como nuestro Dios...
>   Se rompen los arcos de los valientes,
>   mientras los cobardes se ciñen de valor.
>   Los hartos se contratan por el pan,
>   mientras los hambrientos engordan.
>   La mujer estéril da a luz siete hijos,
>   mientras la madre de muchos queda baldía.
>   Yahvé da la muerte y la vida,
>   hunde en el abismo y levanta;
>   da la riqueza y la pobreza,
>   Yahvé humilla y enaltece.
>   Él levanta del polvo al desvalido,
>   alza de la basura al pobre,
>   para hacer que se siente entre príncipes
>   y herede un trono de gloria;
>   pues de Yahvé son los pilares de la tierra
>   y sobre ellos afianzó el orbe.
>   Él guarda los pasos de sus fieles,
>   mientras los malvados perecen en las tinieblas,
>   porque el hombre no triunfa por su fuerza... (1 Sm 2, 1-9).

Ésta es una *confesión de fe gozosa*, expresada en forma de alabanza, como muestra la primera parte del pasaje (2, 1): la orante, madre del profeta, símbolo del pueblo, se eleva hacia Dios y canta. Su vida está firme y puede «reírse» de sus adversarios, pues celebra y canta al Dios que ha revelado su poder en favor de los israelitas, descubriendo y declarando que la tierra es ya lugar seguro para los fieles de Yahvé. De esa manera, su misma vida se vuelve liturgia y su palabra se hace canto para todos los israelitas.

Pues bien, frente a ese gozo confesante, ella eleva también la palabra de *advertencia* dirigida a los que piensan gozar de firmeza, por sí mismos, volviéndose arrogantes ante Dios. Pero Yahvé lo sabe todo, conoce bien lo que está en el corazón del hombre, de forma que nadie puede vencerle ni engañarle. Por eso, la verdadera oposición no se establece entre los *fieles* (que se gozan en Yahvé) y los *arrogantes* (que pretenden cimentar la vida en su soberbia), sino entre los *arrogantes*, que quieren convertirse en dioses de este mundo, y *Yahvé*, Dios verdadero, que protege a sus devotos. Ana nos sitúa, según eso, ante un juicio teológico.

En ese contexto se entiende la inversión que ella, madre profética, proclama y describe, en un plano militar, económico y demográfico. (a) *Conflicto militar* (2, 4): Antes dominaban los *valientes* cananeos, expertos en la guerra (= *giborim*); pues bien, ahora se han roto sus poderes (arcos, armas militares) y pueden elevarse triunfadores los antes *cobardes* (= *niksalim*), esto es, los israelitas, previamente dominados por el miedo. (b) *Conflicto económico* (2, 5a): Duramente deben trabajar por pan los que estaban hartos; en cambio, los antes hambrientos (israelitas) pueden ya vivir tranquilos, sin temor ni angustia alimenticia. (c) *Conflicto demográfico* (2, 5b): En situación de necesidad los niños mueren, pues las madres no los pueden engendrar o alimentar, como pasaba con los israelitas, que eran pocos, en comparación con los ricos cananeos. Pues bien, la situación se ha invertido: los israelitas crecen (pueden asegurar la vida de sus hijos), mientras decrecen los antes opresores.

Ana proclama de esta forma la gran inversión israelita. Siguiendo una lógica de fuerza, antes dominaban los poderosos del mundo: los que tenían buen ejército, los ricos y los numerosos. Pues bien, la presencia de Yahvé ha invertido esa lógica, de forma que ahora vencen los impotentes, cobardes y pobres, y así logran hacerse numerosos los que antes sólo eran una minoría amenazada. Ha podido suceder así porque el Dios de Israel es el poderoso, el que mueve los hilos de la historia, como ha visto y cantado Ana, la gran madre israelita.

Antes dominaba el poder y la riqueza, la abundancia de los hombres. En ese contexto no podía hablarse de salvación de Dios (de los pobres), sino de imposición de los poderosos. Ahora, en cambio, ella, la madre antes estéril, descubre que su vida (la vida de su pueblo) se ha vuelto fecunda y así lo formula en este canto, ampliando su experiencia a todo el pueblo de Israel, que antes parecía estéril, al borde de la muerte, y que ahora (en el tiempo del comienzo de la monarquía: siglo X a.C.) empieza a mostrarse fecundo y abundante.

Este cambio de suertes (del vacío estéril a la fecundidad) sólo puede formularlo una mujer como Ana, que así aparece, con María, como la primera profetisa y teóloga de Israel, pues descubre y dice que Dios dirige con poder la historia del pueblo, abriendo un camino de futuro salvador para los pobres israelitas. Ella es la teóloga y cantora de la gran «inversión», por la que se expresa la lógica más alta de Dios (que da la muerte y la vida, hunde en el abismo y levanta, humilla y enaltece), pero no un Dios de puro azar, sino que, actuando de forma imprevisible, se revela como salvador de los pequeños y oprimidos: *Él levanta del polvo*

I. EN EL PRINCIPIO. LAS MUJERES DEL RECUERDO

al desvalido, alza de la basura al pobre, para hacer que se siente entre príncipes y herede un trono de gloria. Ésta es la verdad de Dios en Israel, la experiencia de un pueblo que puede elevarse y vivir (como ella, Ana, se ha elevado y vive).

Por encima de la lógica de la fuerza, que antes imperaba, Ana ha descubierto, en su propia vida (como madre), una experiencia más alta de misericordia y ternura, pues *el hombre no triunfa por su fuerza* (2, 9), ni la justicia se extiende por imposición. De esa forma, ella, pobre mujer estéril, viene a elevarse en Israel como representante de la abundancia y alegría de la vida, como cantora exultante del Dios de los pobres, en una línea que se repite y culmina en el Magnificat en el Nuevo Testamento (Lc 1, 46-55).

Este canto de la madre profética, expresa y promueve un *cambio cualitativo*, que la tradición israelita identificará más tarde con los ideales mesiánicos formulados por los grandes profetas. Ana descubre y formula el triunfo de los *débiles/pequeños*, no por efecto de su propia fuerza, sino como expresión de *la fuerza de Dios*, que promueve la victoria de los pobres/débiles/pequeños, pero no con el fin de que sean como fueron los antes dictadores, sino para expandir sobre la tierra un tipo de vida que no es lucha impositiva. En este contexto podemos recordar y resumir el tema de los tres grandes cantos de Israel, cantos de mujeres.

– *El Canto de Débora* (Jue 5) nos sitúa ante una guerra *claramente humana*, entre los carros de combate de los cananeos y los voluntarios/campesinos de Israel, que no tienen carros de combate, pero que confían en el Dios de las batallas. Sobre las aguas de un llano, convertido en pantano por la lluvia, los israelitas se sintieron superiores, tomaron el control sobre la tierra y empezaron a crecer. Esa victoria militar, entendida como triunfo de los campesinos pobres, constituye el centro de la *teodicea femenina* de Débora: el mismo Yahvé ayuda desde el cielo (¡tormenta!) a los pobres soldados israelitas (y a Yael, que mata a Sísara).

– *El Canto de María* (Ex 15) interpreta el tema de la guerra desde antiguas tradiciones del éxodo de Egipto: triunfa un pueblo sin ejército, un grupo de fugitivos, que acaban de salir de la opresión y que no pueden enfrentarse a campo abierto contra los soldados de Egipto, pero que confían en la ayuda de Dios. Estrictamente hablando, los israelitas no presentan resistencia armada, ni tienen estructuras militares, pues, en este caso, los únicos soldados son *los otros*, los carros y caballos del Faraón y de Egipto. Desde aquí se entiende la teodicea de María, que canta al Dios que vence sin necesidad de armas humanas.

– *El Canto de Ana* (1 Sm 2) continúa en esa línea, expandiendo el tema en clave más social y poniendo de relieve el cambio humano, que se expresa a modo de revolución popular (económica, política, demográfica). Frente al mundo antiguo controlado por los grandes poderes (ejército, riqueza, número de gente) se eleva el orden nuevo de los débiles, pobres y poco numerosos. Dios les ayuda y así pueden heredar la tierra, de un modo distinto, sin guerra. En este contexto, Ana aparece como formuladora de la primera teodicea israelita de un cambio social de conjunto, al servicio de los oprimidos.

Muchos analistas de la Biblia consideran estos tres cantos de mujeres como principio y culminación de la experiencia israelita. Ellas (Débora, María y Ana) están en la raíz de la gran novedad religiosa de Israel.

4. Profetisas posteriores[57]: Hulda y Noadía

Damos un salto en el tiempo, pasando de los siglos XII-XI a.C. y del siglo VI a.C. (final de la monarquía de Jerusalén) al tiempo de la restauración de la comunidad del templo (V a.C.), donde encontramos dos nuevas profetisas. En ese contexto, entre las profetisas que intervienen en la reforma que lleva de Josías a Jeremías, queremos citar una que está a favor (Hulda) y a otra que está en contra de ella (Noadía). Situamos aquí sus figuras, aunque de hecho ellas tendrían que aparecer en un momento histórico posterior.

a) *Hulda*[58]. Es una mujer profeta, cuyo recuerdo se mantiene hasta hoy en el gran complejo del templo de Jerusalén, en una de las puertas

---

[57] Para situar el tema de las profetisas, cf. K. Butting, *Prophetinnen gefragt. Die Bedeutung der Prophetinnen im Kanon aus Tora und Prophetie*, Erev-Rav, Wittingen 2001; I. Fischer, *Gotteskünderinnen. Zu einer geschlechtsfairen Deutung des Phänomens der Prophetie und der Prophetinnen in der Hebräischen Bibel*, Kohlhammer, Stuttgart 2002.

[58] M. Th. Wacker, *2 Könige 22, 8.9a.10b.11-20: Hulda –eine Prophetin vor dem Ende*, en E. R. Schmidt (ed.), *Feministisch gelesen* 1, Kreuz V., Stuttgart 1989, 91-99; U. Rüterswörden, *Die Prophetin Hulda*, en M. Weippert (ed.), *M eilenstein* (FS H. Donner; ÄAT 30), Wiesbaden 1995, 234-242; R. J. Weems, *Huldah, the Prophet:*

que lleva su nombre. Ella aparece vinculada a la reforma de Josías, fechada en torno al año 621 a.C., con el hallazgo del «libro de la Ley» (y con un primer triunfo de la tradición deuteronomista) que ha sido esencial para el rechazo del culto de la diosa:

> (*Introducción*). El sumo sacerdote Jelcías dijo al escriba Safán: He hallado el libro de la Ley en la casa de Yahvé... y éste lo leyó. Entonces el escriba Safán fue al rey... y le dijo: El sacerdote Jelcías me ha dado un libro. Y Safán lo leyó en presencia del rey. Y sucedió que cuando el rey escuchó las palabras del libro de la Ley, rasgó sus vestiduras... y mandó al sacerdote Jelcías (y a otros)... Id y consultad a Yahvé por mí, por el pueblo y por todo Judá... Porque grande es la ira de Yahvé que se ha encendido contra nosotros, porque nuestros padres no han obedecido los mandamientos de este libro... Entonces el sacerdote Jelcías (y los otros) fueron donde la profetisa Hulda, esposa de Salum... guarda de las vestiduras, que vivía en el Barrio Nuevo de Jerusalén.
>
> (*Primer oráculo*). Y ella les dijo: «Así dice Yahvé Dios de Israel: Decid al hombre que os ha enviado: He aquí que yo traeré el mal sobre este lugar y sobre sus habitantes, es decir, todas las palabras del libro que el rey de Judá ha leído. Porque me han abandonado y han quemado incienso a otros dioses, provocándome la ira... Por eso se ha encendido mi ira contra este lugar, y no será apagada»
>
> (*Segundo oráculo*). Así diréis al rey de Judá que os ha enviado para consultar: «Así dice Yahvé Dios de Israel respecto a las palabras que has escuchado: Por cuanto tu corazón se ha conmovido y te has humillado delante de Yahvé cuando escuchaste lo que he pronunciado contra este lugar y contra sus habitantes..., y por cuanto rasgaste tus vestiduras y lloraste en mi presencia, yo también te he escuchado... Por tanto, he aquí que yo te reuniré con tus padres, y serás reunido en tu sepulcro en paz. Tus ojos no verán todo el mal que traeré sobre este lugar (2 Re 22, 3-20; cf. 2 Cr 34, 8-28).

El texto consta de una introducción donde se habla del «hallazgo» del libro y de dos oráculos de Hulda, a la que consultan los delegados del rey, para que les responda como profetisa de Yahvé. Ella es esposa del «guarda de las vestiduras», que pueden ser las del rey (así sería un funcionario real) o las de los sacerdotes (así sería funcionario del templo). Sea cual fuera la función de su marido, Hulda actúa como profetisa oficial de Jerusalén a la que consulta el mismo rey.

Reading a (Deuteronomistic) Woman's Identity, en B. A. Strawn (ed.), *A God so near* (FS P. D. Miller), Eisenbrauns, Winona Lake Ind. 2003, 321-339.

Su primer oráculo (2 Re 22, 16-17) contiene un juicio contra los habitantes de Jerusalén y de Judá, y está formulado en un estilo claramente deuteronomista, reproduciendo los argumentos que veremos en el cap. 12. Es muy posible que, en su forma actual, sea un añadido posterior. Por el contrario, el segundo (2 Re 22, 18-20) parece auténtico, pues en un sentido estricto no se ha cumplido del todo, ya que Josías, que «se ha reunido con sus padres» antes de ver la ruina de Jerusalén (esa parte se ha cumplido), no ha muerto en paz (como Hulda supone), sino como efecto de una derrota en la batalla de Meguido, que significó el fin de sus ideales de reforma yahvista.

A pesar de que no se ha cumplido del todo, la Biblia ha conservado este oráculo de Hulda, en un lugar clave de la historia deuteronomista, para confirmar el «castigo de Dios» contra el templo de Jerusalén y sus adoradores, por no haber cumplido la Ley del Deuteronomio. Hulda es la única mujer-profeta a la que aluden los libros de los Reyes y el hecho de que aparezca aquí y diga la última palabra sobre la caída de Jerusalén resulta muy significativo.

Es muy posible que en los años de la monarquía de Israel y de Judá (del siglo x hasta la caída de Jerusalén, el 587 a.C.) hubiera otras mujeres profetas, como aquellas a las que alude y condena Ezequiel (cf. 13, 17). Pero la Biblia judía no ha conservado en concreto su memoria, ni ha recogido sus posibles oráculos en libros como los de Isaías o Ezequiel, por razones que aparecerán más claras en los capítulos siguientes.

b) *Noadía*[59]. Pasados casi doscientos años, tras la caída de Jerusalén, el exilio y la primera restauración (hacia el 445-430 a.C.), en el tiempo de la reforma de Nehemías, de la que hablaremos en el cap 16, aparece otra profetisa, llamada Noadía, pero en una línea que parece contraria a la de Hulda, pues no está de acuerdo con la política social y religiosa de Nehemías, a la que se oponen también aquellos que (como Tobías y Sanbalat) buscan un estatuto distinto para Jerusalén y los pueblos del entorno. Nehemías la presenta así:

---

[59] Además de obras generales, citadas en nota anterior, cf. Cf. R. P. Carroll, *Coopting the prophets. Nehemiah and Noadja*, en E. Ulrich (ed.), *Priests, Prophets and Scribes. Essays on the Formation and Heritage of Second Temple Judaism*, FS J. Blenkinsopp (JSOT 149), Sheffield 1992, 87-99; Chr. Karrer, *Ringen um die Verfassung Judas. Eine Studie zu den theologisch-politischen Vorstellungen im Esra-Nehemia-Buch* (BZAW 308), Berlin 2001.

Después fui a la casa de Semaías hijo de Delaías..., porque él estaba encerrado allí. Y me dijo: «Reunámonos en la casa de Dios, dentro del templo, y cerremos las puertas del templo, porque vendrán para matarte. ¡Sí, a la noche vendrán para matarte!». Entonces respondí: «Un hombre como yo no huye, ni se encierra en el templo para salvar su vida. ¡No entraré!». Así entendí que Dios no lo había enviado, sino que decía aquella profecía en contra de mí porque Tobías y Sanbalat le habían sobornado. Le sobornaron para que yo tuviese miedo y para que, actuando de esa forma (escondiéndome en el templo) cometiese un pecado y ello les diera para desacreditarme. ¡Acuérdate, oh Dios mío, de lo que han hecho Tobías y Sanbalat y también de la profetisa Noadía y de los otros profetas que trataban de intimidarme! (Neh 6, 10-13).

Por este pasaje, y por otros semejantes de sus libros, sabemos que Esdras-Nehemías (y especialmente Nehemías, cuya obra no concuerda quizá con la de Esdras) encontraron bastante oposición en diversos grupos de judíos y en los pueblos vecinos del entorno. Pues bien, entre los que se opusieron a Nehemías no había sólo personas que podían defender unos intereses de tipo básicamente político, sino grupos de «profetas» (algunos manuscritos ponen «sacerdotes») que tenían una visión distinta de la herencia israelita y de la forma de entender el judaísmo.

Mirada así, Noadía (¡la única figura de profeta/profetisa cuyo nombre se cita en el pasaje anterior!) tiene que haber sido una persona importante y de gran influencia, como para oponerse a Nehemías, que actuaba con poderes del Rey Persa y que imponía por la fuerza su manera de entender el yahvismo, desde una perspectiva política y social, como veremos en el cap. 16.

Nehemías vincula a Noadía y a los otros profetas con Tobías y Sanbalat, que son sus «adversarios políticos» (y que actuarían por sus intereses particulares). Pero es evidente que también Nehemías tenía fuertes intereses y avales políticos, de manera que con la ayuda de esos avales (tiene la plena confianza del Rey de Persia) y porque empalma con una tradición de exclusivismo yahvista, ha logrado triunfar, imponiendo su visión religioso-social (cf. Eclo 49, 13). De esa manera, la voz y memoria de Noadía ha quedado marginada en la Biblia judía y en la historia posterior del judaísmo. Su profecía no ha sido aceptada.

7
SABIAS

La Biblia sabe que hay una sabiduría «femenina» que guía la historia. Sin duda, ella puede volverse ambigua (como supone Gn 2-3; cf. cap. 17), pero en principio resulta positiva. En esa línea, gran parte de la literatura bíblica tardía presenta a la Sabiduría de Dios en forma de mujer (cf. cap. 18). Desde ese fondo, partiendo del principio de la historia israelita, quiero presentar tres casos muy distintos (y en parte opuestos) de mujeres sabias: las esposas de Sansón, la sabia de Tecoa y la prostituta buena del juicio de Salomón.

1. Mujeres de Sansón, sabiduría y engaño[60]

La historia de Sansón (cuyo inicio hemos evocado en el capítulo anterior, hablando de su madre) constituye una parábola de la historia de Israel, personificada en un guerrero de Yahvé (¡nazir, consagrado!), capaz de

---

[60] En el cap. 6, al tratar de la madre de Sansón, he presentado algunas obras de referencia sobre el tema. Sobre la figura de Dalila, cf. A. Scherer, *Delila*, WiBiLex. Para una visión de Sansón desde la perspectiva de las mujeres, cf. P. Galpaz-Feller, *Samson: The Hero and the Man. The Story of Samson (Judges 13-16)* (Bible in History 7), Bern 2006; P. Nel, *The Riddle of Samson*, Bib 66 (1985) 534-545; H. J. Stipp, *Simson, der Nasiräer*, VT 45 (1995) 337-369; S. Carmy, *The Sphinx as Leader: A Reading of Judges 13-16*, Tradition 14/3 (1974) 66-79; J. L. Crenshaw, *The Samson Saga: Filial Devotion or Erotic Attachment?*, ZAW 86 (1974) 470-504; *Samson: A Secret Betrayed, a Vow Ignored*, Atlanta and London 1978; O. Maragalith, *Samson's Riddle and Samson's Magic Locks*, VT 36 (1986) 225-234; P. Nel, *The Riddle of Samson*, Bib 66 (1985) 534-545; S. Ackerman, *What If Judges Had Been Written by a Philistine?*, en J. C. Exum (ed.), *Virtual History and the Bible*, Brill, Leiden 2000, 33-41; J. C. Exum, *Samson's Women*, en *Fragmented Women: Feminist (Sub)versions of Biblical Narratives*, Trinity Press, Valley Forge 1993, 61-93; *Was sagt das Richterbuch den Frauen?* (SBS 169), Stuttgart 1997; *Das Buch der Richter. Verschlüsselte Botschaften für Frauen*, en L. Schottroff (ed.), *Kompendium Feministische Bibelauslegung*, Kaiser, Gütersloh 1999, 90-103; L. R. Klein, *The Book of Judges: Paradigm and Deviation in Images of Women*, en A. Brenner (ed.), *A Feminist Companion to Judges* (The Feminist Companion to the Bible 4), Sheffield 1993, 55-71; K. F. D. Römheld, *Von den Quellen der Kraft (Jdc 13)*, ZAW 104 (1992) 28-52. El tema de las mujeres de Sansón y Dalila, ha sido objeto de una abundante elaboración pictórica, literaria y cinematográfica, como en el film *Sansón y Dalila*, de Nicolas Roeg (1984).

vencer a todos los enemigos del pueblo de Dios, pero vencido (engañado) por mujeres extranjeras (filisteas) con las que se une en matrimonio.

Sansón es un signo de Dios, pero un signo ambiguo, vinculado a sus propias extravagancias de héroe y, sobre todo, a sus relaciones con mujeres filisteas, a pesar de la advertencia de sus padres, que quieren que tome sólo mujeres israelitas (Jue 14, 3). Por un lado, él se mantiene en lucha constante contra los filisteos, que habitan en la franja costera del sur de Palestina y aparecen como enemigos de su pueblo. Pero, al mismo tiempo, mantiene relaciones «matrimoniales» con dos mujeres filisteas, con lo que ello implica de vinculación social y religiosa.

Estudiamos de un modo más extenso el tema del matrimonio con mujeres extranjeras en los caps. 15-16, pero aquí debemos evocar ya el «riesgo» que ellas implican para Sansón, pues, a pesar de casarse con él (que es un israelita), esas mujeres siguen manteniendo su fidelidad filistea. La Biblia enfoca el tema desde una perspectiva patriarcal e israelita. Es evidente que si lo enfocamos desde las mujeres (y los hombres) de Filistea podrían sacarse conclusiones distintas.

a) La mujer timnita. El enigma del león

A pesar de la advertencia de sus padres, Sansón se casa con una mujer filistea de Timna y a lo largo de las bodas (que duran siete días) propone a sus «acompañantes» (amigos de la novia) una adivinanza, relacionada con un león que él había matado y en cuyo esqueleto encontró más tarde un panal de miel, del que comió gustoso, precisamente cuando venía a casarse.

El enigma (¿de quién se dice: «del que come salió comida, del fuerte salió dulzura»?) alude, evidentemente, al león que el héroe había matado y cuyo esqueleto encuentra más tarde, conteniendo un panal de abejas. Éste es, en el fondo, el secreto de la fuerza de Sansón, el signo que él propone como adivinanza para los compañeros filisteos, compitiendo con ellos en sabiduría. Parece una broma, un juego de bodas, pero en el fondo está el tema del conocimiento más alto de Sansón, que sus compañeros los filisteos quieren conseguir, «sobornando» para ello a la nueva esposa de Sansón.

En plena fiesta de esponsales, la mujer de Sansón debe escoger entre el amor a su nuevo marido o a la fidelidad a sus compañeros antiguos, los filisteos, que amenazan con quemar a su familia, si no les ayuda. No es fácil decidir en un caso como éste, no es fácil saber si la novia debe más fidelidad a su nuevo marido extranjero o a su antiguo pueblo. El texto supone que la mujer opta por su pueblo, utilizando el amor de Sansón (¡en la fiesta de bodas!) para sacarle el secreto de su conocimiento (el acertijo sobre la fuerza y dulzura de león):

> La mujer de Sansón se puso a llorar sobre él, y dijo: «Tú me odias y no me amas. Has propuesto una adivinanza a los hijos de mi pueblo y a mí no me la has explicado». Él le respondió: «Ni a mi padre ni a mi madre les he explicado mi adivinanza ¿y te la voy a explicar a ti?». Ella estuvo llorando encima de él los siete días que duró la fiesta. Por fin el séptimo día se la explicó, porque lo tenía asediado, y ella explicó la adivinanza a los hijos de su pueblo. El séptimo día, antes que entrara en la alcoba, la gente de la ciudad dijo a Sansón: «¿Qué hay más dulce que la miel, y qué más fuerte que el león?». Él les respondió: «Si no hubierais arado con mi novilla, no habríais acertado mi adivinanza» (Jue 14, 16-18).

Han «arado» con su esposa, a la que Sansón termina contando al final su secreto. De esa manera, su esposa filistea descubre la «sabiduría» de Sansón y después le «traiciona», optando por su familia y su pueblo (y traicionando de esa forma a su marido). Es difícil valorar el comportamiento de la mujer, que es capaz de lograr «por amor» un conocimiento que de otra forma no habría conseguido. Nos hallamos ante un debate en torno a la sabiduría superior de Sansón, que su esposa extranjera descubre (y publica) en la fiesta de bodas, dejando así a Sansón en manos de los filisteos. Es evidente que en el fondo del texto hay una crítica en contra de los matrimonios mixtos de israelitas con cananeas extranjeras (filisteas), pues al fin son ellas las que logran vencer a los maridos, robándoles su sabiduría.

b) *Dalila, sabiduría que vence a la fuerza*

Repite en el fondo la historia anterior, pero de un modo más dramático y sirve de conclusión al ciclo del héroe. Sansón se enamora otra vez de una mujer filistea, del entorno de Gaza, que descubre de nuevo su secreto (el secreto de su fuerza), vinculado a su condición de «nazir» de Dios, como cuenta un relato que puede dividirse en cuatro tiempos:

1. *Punto de partida. Los príncipes filisteos quieren utilizar a Dalila* (Jue 16, 4-5) para conocer de esa manera el secreto de Sansón y así derrotarle. No pueden hacerlo directamente, son incapaces de vencer de frente al héroe yahvista y tienen que apoyarse en Dalila (su nueva esposa), como en el caso anterior de la mujer timnita. El texto sabe que Sansón está

viviendo en medio de los filisteos y que representa una amenaza mortal para ellos, pues no pueden vencerle. ¿De parte de quién tendrá que ponerse Dalila: de su marido, que es un peligro para su pueblo, o de su pueblo amenazado? ¿Quién es el causante de esta situación: Sansón, que ha venido a casarse con una filistea, o los filisteos, a quienes la Biblia presenta como enemigos?

2. *Trama. Dalila no logra conocer el secreto de Sansón* (Jue 16, 6-14). Por tres veces intenta convencerle, para que le cuente el secreto de su fuerza, pero Sansón le engaña las tres veces y duerme impertérrito en su cama, sabiendo que nadie podrá derrotarle. Una y otra vez engaña Sansón a su esposa filistea, dándole respuestas falsas, y de esa forma, aunque los filisteos intentan atarle mientras duerme, él se despierta del sueño y deshace con facilidad las trampas que los filisteos le tienden, queriendo apresarle.

3. *Desenlace: Sansón dice la verdad a Dalila* (16, 15-17). Pero a la cuarta ya no puede seguir mintiendo, pues el «amor de Dalila» (a quien los cinco «tiranos filisteos» han prometido mil cien siclos de plata cada uno, cf. Jue 16, 4-5) logra vencer su resistencia, revelando al fin el secreto de su fuerza. Nos hallamos ante un tema de seguridad (de guerra) y de dinero... Sansón tiene una fuerza superior, un poder «divino» que nadie ni nada logra controlar. Pero hay dos «poderes» que resultan de hecho superiores: el dinero (que manejan los filisteos) y la astucia amorosa de una mujer, que es capaz de traicionar incluso a su marido, en los días de boda, por dinero y por «fidelidad» a su pueblo.

> Dalila le dijo: «¿Cómo puedes decir: «Te amo», si tu corazón no está conmigo? Tres veces te has reído ya de mí y no me has dicho en qué consiste esa fuerza tan grande». Como todos los días le asediaba con sus palabras y le importunaba, aburrido de la vida, le abrió todo su corazón y le dijo: «La navaja no ha pasado jamás por mi cabeza, porque soy nazir de Dios desde el vientre de mi madre. Si me rasuraran, mi fuerza se retiraría de mí, me debilitaría y sería como un hombre cualquiera» (Jue 16, 15-17).

Éste es el secreto: Sansón es un «nazir», consagrado de Dios, y mientras se mantenga fiel al signo de su consagración (sin cortarse el cabello) nadie en el mundo podrá dominarle, ni aunque se junten todos los filisteos. Pero hay una persona que lo puede hacer: su esposa Dalila en el lecho de bodas. Evidentemente nos hallamos ante un texto simbólico (mítico), pero en su fondo se plantean algunos de los temas fundamentales de la historia humana.

¿Puede un hombre como Sansón (un super-man) casarse y mantener oculto ante su esposa el origen de su fuerza? ¿No empezará el desajuste en el mismo Sansón que se ha casado con una mujer a la que oculta su verdadera identidad, el secreto de su poder? Y para fijarnos en Dalila: ¿A quién debe ella más fidelidad: a un marido, que le oculta su secreto, o a su propio pueblo amenazado por su marido? La respuesta no es fácil de dar y, de un modo inteligente, la Biblia no la ha dado, dejando que los lectores saquen las consecuencias.

4. *Dalila descubre el secreto y hace que corten el cabello de Sansón mientras él está dormido* (Jue 16, 18-21). El cabello es el signo de la fidelidad a Dios (nazireato), que hace invencible al guerrero israelita (cf. Nm 6, 1-8): algo muy frágil, algo muy simple, que se puede cortar a escondidas en la noche, mientras el guerrero duerme en las rodillas de la amada. Pero Dalila ha descubierto el secreto de su esposo y se lo comunica los «tiranos» filisteos, que desde ese momento pueden estar ya seguros de su victoria.

He dicho ya que no es fácil saber quién tiene razón, de manera que muchos nos sentimos atraídos por la figura de Dalila. Pero hay un elemento que nos hace mirarla con reserva. Es evidente que se deja amar por Sansón y que, en algún sentido, le responde. Pero también es evidente que ella quiere y debe mantenerse fiel a los representantes de su pueblo. Pues bien, en el fondo de esas dos fidelidades opuestas, lo decisivo, al fin, parece ser el dinero: los jefes filisteos le han prometido muchos kilos de plata por traicionar a su marido (Jue 16, 5) y así se lo traen, cuando le traiciona (16, 19).

Este detalle del dinero podría ser posterior y habría sido añadido en el texto para poner de relieve el «interés» de Dalila que, a fin de cuentas, más que como esposa, actuaría como una prostituta (¡por dinero!). Sea como fuere, en el fondo de la historia hay un convencimiento amargo de las complejidades de la vida. Posiblemente, la figura de Dalila, mujer filistea de Sansón, no aparece clara en esta historia escrita por israelitas, pero tampoco la de Sansón es clara (a pesar del final épico de Jue 16, 23-31).

2. La mujer sabia de Tecoa[61]

Entre las mujeres sabias de la Biblia destaca una de Tecoa (2 Sm 14), cuya parábola/discurso puede compararse al de Natán que aparece poco antes en la Biblia (2 Sm 12). Natán es profeta real y puede venir directamente y hablar por sí mismo ante David, en su propio nombre. Por el contrario, la sabia de Tecoa parece menos conocida (¡no se recuerda ni su nombre, sólo su pueblo de origen, pero ella ha debido tener gran fama como creadora de parábolas, pues Joab (general de David) la contrata para que interceda por Absalón, que se ha refugiado en el territorio de Guesur, tras haber matado a su medio hermano Ammón, por la forma en que éste ha violado a Tamar, su hermana. Sólo una mujer como ella puede interceder así ante el rey:

> *(Introducción)*. Entonces Joab mandó traer de Tecoa a una mujer sabia, y le dijo: «Por favor, finge que estás de duelo. Ponte un vestido de luto y no te unjas con aceite; antes bien, aparenta ser una mujer que hace tiempo guarda luto por algún muerto. Luego entra a la presencia del rey y habla con él de esta manera... Y Joab puso las palabras en su boca». Aquella mujer de Tecoa vino al rey, se postró en tierra sobre su rostro haciendo reverencia y dijo: «¡Socórreme, oh rey!». El rey le preguntó: «¿Qué te pasa?». Ella respondió:
> *(Discurso de la mujer)*. «¡Ay de mí! Soy una mujer viuda; mi marido ha muerto. Tu sierva tenía dos hijos. Pero los dos pelearon en el campo, y no habiendo quien los separase, el uno hirió al otro y lo mató. Y he aquí que toda la familia se ha levantado contra tu sierva, diciendo: ¡Entrega al que mató a su hermano, para que lo matemos por la vida de su hermano a quien mató, y destruyamos también al heredero! ¡Así extinguirán el carbón encendido que me queda, no dejando a mi marido nombre ni descendencia sobre la tierra!».
> *(Reacción del rey)*. Entonces el rey dijo a la mujer: «Ve a tu casa, que yo me ocuparé de tu caso». Y la mujer de Tecoa dijo al rey: «¡Oh mi señor el rey, sea la culpa sobre mí y sobre mi casa paterna! Pero el rey y su trono sean sin culpa». El rey dijo: «Al que hable contra ti, tráelo a

---

[61] Para una visión general del tema, cf. R. Lux, *Die Weisen Israels, Meister der Sprache, Lehrer des Volkes, Quelle des Lebens*, Evangelische V., Leipzig 1992. Para un estudio de la sabiduría desde una perspectiva de mujer, cf. A. Brenner (ed.), *A Feminist Companion to Samuel and Kings*, Sheffield Academic Press 2000; I. Fischer, *Gotteslehrerinnen. Weise Frauen und Frau Weisheit im Alten Testament*, Kohlhammer, Stuttgart 2006; S. Lafont, *Femmes, droit et justice dans l'Antiquité orientale. Contribution à l'étude du droit pénal au Proche-Orient ancien* (OBO 165), Freiburg (Schweiz) 1999.

mí; y no te molestará más». Entonces ella dijo: «Acuérdate, por favor, oh rey, de Yahvé, tu Dios, para que el vengador de la sangre no siga destruyendo, no sea que destruya a mi hijo». Él respondió: «¡Vive Yahvé, que no caerá en tierra ni un cabello de la cabeza de tu hijo!».

(*Aplicación*). Dijo la mujer: «Por favor, permite que tu sierva diga una palabra a mi señor el rey». Él dijo: «Habla». Entonces dijo la mujer: «Con lo que acabas de decir te condenas a ti mismo, porque al no dejar que vuelva el desterrado estás maquinando contra el pueblo de Dios. A la verdad, todos hemos de morir; somos como el agua derramada en la tierra, que no se puede recoger. Pero Dios no quita la vida, sino que quiere que el desterrado no siga desterrado. He venido ahora para decir esto a mi señor el rey, aunque algunos me han metido miedo. Pero tu sierva pensó: Hablaré al rey; quizá él haga lo que su sierva le diga» (2 Sm 14, 2-16).

Ciertamente (como muestra la *introducción*), se trata de un discurso pensado en el fondo por Joab, pero sólo una mujer como esta sabia de Tecoa puede escenificar ese discurso y presentarlo ante el rey, logrando que él se implique en la trama, de manera que termina por romper la cadena de muerte y venganza que pende sobre su familia, poniendo en riesgo la vida de sus hijos. Para Joab puede tratarse de un caso político: ¡Él es partidario de Absalón en la lucha por la herencia del trono de David y por eso le defiende, queriendo que vuelva del exilio! Para la mujer sabia, ese caso se convierte en principio universal de una nueva visión de la justicia, que supera la ley del talión.

Por eso, ella plantea el tema en forma de parábola personal, presentándose como una viuda con dos hijos, uno de los cuales ha matado al otro, corriendo después el riesgo de ser matado a su vez, conforme a la «justicia del talión». Ella no dice quién tenía razón (eso no importa). Los dos aparecen en su discurso como iguales, de forma simétrica. Se han enfrentado entre sí, como Caín y Abel (Gn 4). Uno ha muerto. Según la ley de la venganza de sangre, el otro también debe morir (¡tienen que matarle!).

Ciertamente, si matan al hermano se cumplirá la justicia, pero se destruirá toda la familia, de manera que, si se aplicara este caso de un modo universal, la misma vida en el mundo se volvería imposible, como sabe el Dios de Gn 4, cuando deja con vida a Caín, porque aplicando la cadena de sangre para vengar a todos los asesinados, al final no quedaría nadie en el mundo. La ley de justicia y venganza infinita pone en riesgo la vida; por eso es necesario parar esa ley, detener la venganza, superar el talión.

I. EN EL PRINCIPIO. LAS MUJERES DEL RECUERDO

Esta mujer ha presentado su caso en primera persona, no como un principio jurídico general, sino como expresión de su amor de madre, que es capaz de perdonar, por encima de la ley, a su hijo culpable, pues ella es misericordiosa y, además, no quiere que mueran todos sus hijos. Le ha mandado Joab, pero ella no necesita repetir las razones del general de David (que tiene otras miras, al apoyar a Absalón). Lo que ella quiere es que pueda mantenerse en el mundo la vida y así lo dice como mujer y madre.

Pues bien, el rey que, en cuanto tal, debía apoyar la venganza de sangre, se deja convencer por la razón de esta mujer y de esa forma (asumiendo la lógica femenina y materna de la mujer sabia) se compromete a defenderla, impidiendo que la justicia mate a su segundo hijo (aunque sea culpable). Estamos, sin duda, ante un problema de defensa de la vida por encima de la pura ley, que no logra garantizarla.

Desde ese fondo (cuando el rey le ha dado la palabra de que no dejará matar al «culpable») se entiende la sabiduría de esta mujer, que aplica su caso (su parábola personal) al caso personal del rey, que mantiene desterrado a un hijo porque ha matado a otro de sus hijos. En este contexto, universalizando su experiencia y «teología de madre», esta mujer de Tecoa ofrece una de las definiciones más profundas de Dios y de la vida que encontramos en la Biblia judía y en la literatura universal:

> Los hombres somos como agua derramada,
> que se va sin remedio,
> pero Dios quiere la vida (2 Sm 14, 14).

Así entiende la historia esta mujer. Los hombres están dispuestos a «derramar» la sangre de la vida, como agua que se va y se pierde. Pero Dios ama la vida. Por eso, frente a los que quieren cumplir la justicia matando sin más a todos los culpables (en cadena de acción y reacción de muerte), ella, que puede hablar desde la experiencia de sus hijos (seguramente los tiene), sabe que sólo rompiendo la cadena de muertes que exige la ley de la venganza se puede vivir en este mundo. De esa manera nos ofrece uno de los testimonios más hondos de la Biblia judía.

3. La prostituta buena. Juicio de Salomón[62]

Este pasaje nos sitúa ante un juicio semejante al anterior, que nos lleva también de la ley del talión (equivalencia universal a través de la muerte) al plano de la gratuidad y el perdón, propio de aquellos que saben ponerse por amor al servicio de la vida ajena, incluso en perjuicio propio. Estamos de nuevo ante un caso donde la justicia debe superarse a sí misma, al servicio de la vida, de un modo que jurídicamente resulta imposible, pero que es necesario. Pues bien, la solución la ofrece una de las prostitutas, en la que se apoya el veredicto de Salomón:

> Se presentaron por entonces ante el rey dos prostitutas. Una dijo: «Oye, mi señor. Yo y esta mujer vivíamos en una misma casa, y yo he dado a luz, estando ella conmigo. A los tres días, también dio a luz ella; estábamos juntas, no había ningún extraño en la casa, fuera de nosotras dos. El hijo de esa mujer murió una noche, porque ella se había acostado sobre él. Y ella se levantó en la noche y tomó a mi hijo de mi lado, mientras tu sierva dormía, y lo acostó en su regazo, y a su hijo muerto lo acostó en el mío. Cuando me levanté por la mañana para dar de mamar a mi hijo, lo hallé muerto; pero fijándome bien descubrí que no era mi hijo, el que yo había dado a luz». La otra mujer dijo: «No, todo lo contrario, mi hijo es el que vive y tu hijo es el muerto». Pero la otra replicó: «No; tu hijo es el muerto y mi hijo es el vivo». Y discutían delante del rey.
>
> Dijo el rey: «Ésta dice: Mi hijo es éste, el vivo, y tu hijo es el muerto. Pero la otra responde: No, tu hijo es el muerto, y mi hijo es el vivo». Y añadió: «Traedme una espada». Llevaron una espada ante el rey y el dijo: «Partid en dos al niño vivo y dad una mitad a cada una». La mujer de quien era el niño vivo habló al rey, porque sus entrañas se conmovieron por su hijo, y dijo: «Por favor, mi señor, que le den el niño vivo a la otra y que no lo maten». Pero la otra dijo: «No será ni para mí ni para ti: que lo partan». Respondió el rey: «Entregad el niño vivo a la primera y no le matéis; ella es la madre». Todo Israel oyó el juicio que hizo el rey y reverenciaron al rey, pues vieron que había en él una sabiduría divina para hacer justicia» (1 Re 3, 16-2).

Este episodio ha recibido gran atención en la literatura y el arte (sobre todo en la pintura) y suele estudiarse desde la perspectiva del Salomón que habría encontrado una estratagema (dividir al niño) para resolver la

---

62 Cf. R. Girard, *El misterio de nuestro mundo. Claves para una interpretación antropológica*, Sígueme, Salamanca 1982 y, sobre todo, Id., *Los orígenes de la cultura*, Trotta, Madrid 2006, 99-110.

dificultad del caso. Pero es mejor titularlo *el juicio de la buena prostituta*, pues, poniendo el amor a la vida (a su hijo) por encima de su propio bien particular, ella decide la sentencia de Salomón.

Nos hallamos ante un caso de equivalencia estricta entre posibilidades (de una parte y la otra), de manera que resulta imposible decidir con criterios de justicia estricta (y según ella habría que dividir al niño vivo en dos). Pero la madre verdadera (que tiene entrañas de misericordia, como las de Dios: cf. Ex 34, 6-7) supera ese plano de justicia estricta y sitúa el juicio (y la sentencia) en un nivel de gratuidad. En un plano de pura justicia no existe más salida que la división del hijo (que cada mujer lleve una parte), con su corolario de muerte, matando así al objeto discutido, en democracia de muerte. También se podría quizá entregar el niño a una institución o a una tercera persona, de manera que no quedara nada para ninguna de las dos pretendidas madres, pero tampoco esta sentencia sería buena, pues privaría del hijo a su verdadera madre.

Pues bien, allí donde la justicia no encuentra solución (o sólo encuentra la salida de la muerte o del alejamiento del objeto: ¡para ninguna de las dos!), el amor de la madre verdadera (que juzga desde su propio corazón) abre un camino de sabiduría no judicial, que logra resolver el tema, pues ella ama al niño por encima de sus propios derechos de madre o por eso dice al rey que no lo maten (ni lo entreguen a una institución), sino a su contrincante.

Esta prostituta «sabia» ha descubierto que el niño no se puede comprar, ni vender, ni partir a medias. Ella sabe que la auténtica justicia no es la igualdad, sino el servicio a la vida y, en especial, a la vida del niño necesitado. La defensa a ultranza de los propios derechos, en un caso de equivalencia como es éste, va en contra de la vida del niño (y de los necesitados). Ella, la prostituta buena («sabia») sabe que lo que importa es la vida del niño y, por eso, renuncia a luchar y a defender sus intereses. Esta renuncia, al servicio de la vida, es el principio de la verdadera sabiduría.

Lo que importa no es ella, ni la otra prostituta (los que están en litigio entre sí), sino la vida del niño necesitado, que no es culpable de la disputa y que tiene derecho a ser acogido. Ella, la prostituta buena, es la que decide con su renuncia la sentencia posterior de Salomón, cuya sabiduría consiste sólo en reconocer la verdad de fondo de esa prostituta sabia.

8
ESPOSAS E HIJAS DE REYES

Pasamos de las liberadoras y sabias a las que destacan por su familia, agrupadas en dos secciones: (1) Mujeres (e hijas) de David; (2) mujeres de Salomón.

1. Ciclo de David[63]

David (rey entre el 1010 y el 970 a.C.) aparece en la Biblia y en la tradición posterior como el héroe judío, padre y modelo mesiánico para israelitas y cristianos. Su figura está teñida de leyenda, pero al fondo de ella hay un recuerdo histórico, reflejado en el canto de las mujeres de Israel cuando le reciben tras haber derrotado «al filisteo»: «Saúl mató a mil, David a diez mil» (1 Sm 18, 7; cf. cantos de Ex 15; Jue 5; 1 Sm 2). Su recuerdo se asocia a la victoria sobre los pueblos del entorno y a la constitución de un Estado, primero en Hebrón y luego en Jerusalén.

Las mujeres le cantaron, y él mantuvo una relación conflictiva con ellas. Tuvo varias, al servicio de sus intereses, cuando fue soldado de Saúl, guerrillero autónomo al servicio de los filisteos, rey de Judá en Hebrón (1010-1000 a.C.) o rey de todo Israel en Jerusalén (1000-970 a.C.). Así lo empieza diciendo un texto programático:

---

[63] Para situar la historia de David y Salomón, cf. I. Finkelstein-N. A. Silberman, *En busca de los reyes sagrados de la Biblia y de las raíces de la tradición occidental. David y Salomón*, Siglo XXI, Madrid 2007; D. M. Gunn, *The Story of King David* (JSOTSup 6), Sheffield 1978. Sobre las mujeres en la historia de David, cf. A. Berlin, *Characterization in Biblical Narrative: David's Wives*, JSOT 23 (1982) 69-85; D. L. Jacobson, *Women in His Life: David and His Women*, Word & World 23 (2003) 403-412; A. Kunz, *Die Frauen un der König David. Studien zur Figuration von Frauen in den Daviderzählungen* (ABG 8), Leipzig 2004; D. Levenson, *1 Samuel 25 as Literature and as History*, CBQ 40 (1978) 11-28; D. Levenson-B. Halpern, *The Political Import of David's Marriages*, JBL 99/4 (1980) 507-518; M. Schwartz, *Adultery in the House of David: The Metanarrative of Biblical Scholarship and the Narratives of the Bible [2 Samuel 9–20, 1 Kings 1–2]*: Semeia 54 (1991) 35-55; I. Willi-Plein, *Frauen um David: Beobachtungen zur Davidhausgeschichte*, en M. Weippert (ed.), *Meilenstein* (FS H. Donner; ÄAT 30), Wiesbaden 1995, 349-361.

David tuvo hijos en Hebrón. Su primogénito Amón, hijo de Ajinoam de Yizreel; su segundo, Kilab, de Abigaíl, mujer de Nabal del Carmelo; el tercero, Absalón, hijo de Maacá, la hija de Talmay, rey de Guesur; el cuarto, Adonías, hijo de Jagguit; el quinto, Sefatías, hijo de Abital; el sexto, Yitream, de Eglá, mujer de David. Estos le nacieron a David en Hebrón (2 Sm 3, 1-5).

Antes que esas seis mujeres está Mical, hija de Saúl, que no aparezca en ese pasaje, pues no estuvo con David en Hebrón (sino que había estado antes y estará después en Jerusalén). Entre las nuevas mujeres que David tomará siendo ya rey de todo Israel en Jerusalén (cf. Sm 5, 13-15) destaca Betsabé, la de Urías. En ese contexto quiero evocar, junto a las mujeres más conocidas de David, la historia de Tamar, su hija, violada y vengada, y la de Abisag, la sunamita.

a) Mical, hija de Saúl[64]

1. *Una mujer enamorada, que salva a su marido*. La figura de Mical está envuelta en la leyenda y se sitúa dentro de las tensas relaciones que David mantuvo con Saúl, durante los años que estuvo como soldado y general a su servicio. En ese contexto, la Biblia dice algo que resulta extraordinario en ella: «Mical, hija de Saúl, estaba enamorada de David y se lo comunicaron a Saúl y le pareció bien, porque calculó: se la daré como cebo, para que caiga en manos de los filisteos» (1 Sm 18, 20-21). Exceptuando a la Sunamita del Cantar, que cumple otra función literaria y simbólica, Mical es la única mujer de la Biblia judía que ama a un hombre y que lo dice, haciendo lo posible para casarse con él. Pero tanto el padre (el rey Saúl) como el futuro esposo David (que ya actúa como pretendiente al trono) se aprovechan de ella.

El rey utiliza su amor, para tenderle una trampa a David, pidiéndole como dote cien prepucios de filisteos, a los que, evidentemente debía matar primero, pensando que él moriría en el intento (¿cómo se puede

---

[64] Además de los otros libros generales (como R Alter, *The Art of Biblical Narrative*, Basic Books inc, New York 1981, y J. P. Fokkelman, *Narrative Art and Poetry in the Books of Samuel*, 2 vols., Van Gorcum, Assen 1987); cf. D. J. A. Clines-T. Eskenazi (eds.), *Telling Queen Michal's Story. An Experiment in Comparative Interpretation*, Academic Press, Sheffield 1991; U. Bechmann, *Michal. Retterin und Opfer Davids*; K. Walter (ed.), *Zwischen Ohnmacht und Befreiung. Biblische Frauengestalten*, Herder, Freiburg 1988, 71-80; S. Bietenhard, *Michal und die Frau am Fenster. Ein Betrag zur Motiv- und Redaktionsgeschichte von II Sam 6, 16.20-23*, ThZ 55 (1999) 3-25; G. Weil, *Der Brautpreis*, Zürich 1988; E. White, *Michal the Misinterpreted* (JSOT 31), Scheffield 2007, 451-464.

matar a cien incircuncisos, sin riesgo de su vida?). Por su parte, David, de quien no se dice que ame a Mical, quiere aprovecharse de ella para conseguir así un derecho al trono de Saúl, pues el reino podía pasar del rey difunto al marido de su hija[65]. Mical manifiesta su amor, como algo valioso en sí mismo, pero su padre y su marido lo utilizan, dentro de un mundo despiadado, donde el padre (Saúl) parece un neurótico, lleno de manías persecutorias, y el marido es un aprovechado, dispuesto a utilizar todos los medios para conseguir sus fines:

> El rey Saúl dijo: «Decid así a David: No quiere el rey dote, sino cien prepucios de filisteos para vengarse de sus enemigos». Pues el rey quería que David sucumbiera a manos de los filisteos... La cosa pareció bien a David... y antes de cumplir el plazo se levantó y partió con sus hombres. Mató a doscientos hombres y trajo sus prepucios al rey para ser yerno suyo. Saúl le dio a su hija Mical por mujer (cf. 1 Sm 18, 25-27).

Se trata de una dote simbólica, pero nos ayuda a entender el valor de una hija de rey: doscientos prepucios de enemigos muertos (¿o los ha podido cortar a lo seco, dejándoles vivos?). No pueden ser prepucios de israelitas, porque no los tienen, ni de otros semitas, que también se circuncidan, sino de filisteos. Estamos ante un gesto de «matar por matar» o, quizá mejor, de quitar a los muertos su signo varonil, porque una mujer vale más de cien varones muertos, en un duro contexto de violencia[66].

Pues bien, en el fondo de esos datos legendarios, se revela una verdad: Mical, hija del rey Saúl, amaba a David, lo mismo que le amaba su hermano Jonatán (cf. 1 Sm 18, 20 y 19, 1), y así, David aparece inmerso en unas tensas relaciones con Saúl, que se siente traicionado por sus familiares más íntimos. Ciertamente, ella no es una mujer pasiva, sino una mujer de gran decisión, en contra de su mismo padre rey, a favor de su marido, a quien salva la vida, como se la salva, en otro contexto Jonatán (cf. 1 Sm 19, 1-10).

Desde aquí se pueden entender mejor los «celos» de Saúl, que provienen no sólo de su posible «neurosis», sino de saber que se encuentra amenazado por David (a quien por otra parte debe amar, de alguna

---

[65] Cf. J. Morgenstern, *Beena Marriage (Matriarchate)*, en *Ancient Israel and its Historical Implications*, ZAW 47 (1929) 93ss.
[66] En este contexto podemos recordar el matrimonio de Acsah, la hija de Caleb, cuyo pretendiente tiene que conquistar una ciudad enemiga para poder casarse con ella (Jos 15, 16-19).

forma, pues busca su servicio) y traicionado por sus hijos (y quizá por su esposa). Para Saúl resulta especialmente dura la traición de Mical, enamorada de David (1 Sm 18, 28-29). Situada entre su padre y su marido, ella optó por su marido, aunque éste le fuera a traicionar:

> Envió Saúl gente a la casa de David para vigilarle y matarle por la mañana, pero su mujer Mical advirtió a David: «Si no te pones a salvo esta misma noche, mañana morirás». Mical hizo bajar a David por la ventana. Él partió y huyó poniéndose a salvo. Tomó Mical un *terafim* y lo puso en el lecho, colocó una estera de pelos de cabra a la cabecera y la cubrió con un vestido. Cuando Saúl mandó gente para prender a David, ella dijo: «Está enfermo». Pero Saúl envió de nuevo a los emisarios para ver a David y les dijo: «Traédmelo del lecho para matarlo». Entraron ellos y hallaron un *terafim* en el lecho y la estera de pelos de cabra en la cabecera. Dijo Saúl a Mical: «¿Por qué me has engañado y has dejado escapar a mi enemigo para que se salve?». Ella respondió a Saúl: «Él me dijo: déjame marchar o te mato» (1 Sm 19, 11-17).

Mical opta así por su marido, en contra de su padre, con astucia y decisión. El texto supone que ella tiene en casa un *terafim* o ídolo familiar, protector, como los que aparecen en la historia de Raquel. Pero allí daba la impresión de que eran varios, más pequeños, y que podían esconderse bajo la silla de una cabalgadura. Aquí es uno, más grande, de tipo antropoide. No parece adecuado para adivinar, sino para resguardar la casa, como signo especial de presencia de Dios.

Este *terafim* aparece en la casa de un modo normal, sin explicaciones. No sabemos si es dios o diosa, masculino o femenino. Es probable que cumpla funciones protectoras (como ángel guardián de la casa) y también de «curación» (o incluso de adivinación). Ciertamente, tanto David como Mical (hija de Saúl) son yahvistas, pero eso no impide que, al lado de Yahvé, busquen la protección de otros dioses o símbolos divinos. Sea como fuere, ese «terafim» que Mical, enamorada de David, introduce en su lecho para engañar a los perseguidores, cumple en el texto una función positiva... Es un signo religioso manejado por una mujer, al servicio de un hombre...

Pero más importancia que el engaño del *terafim* tienen las últimas palabras de David, quien, según Mical, antes de escaparse de su casa, para burlar la persecución de los enviados del rey, le ha dicho: «Déjame marchar (*šelhuni lamah*: deja que me vaya) o te mataré». Estas palabras pueden interpretarse de dos formas: (a) Como una mentira de Mical: para echar la culpa a David y exculparse a sí misma, ella dice que no ha tenido más remedio que dejarle ir. (b) Pero éstas pueden (y creo que deben) entenderse en forma de «exigencia jurídica»: David pide a Mical el divorcio, diciéndole que quiere irse sin ella y que, si ella se empeña en retenerlo (o quiere ir con él o le impide marcharse) la matará. Ciertamente, según la ley posterior de Dt 21, 1-3, el marido puede «divorciar» (expulsar) por sí mismo a la mujer, sin el consentimiento de ella, pero aquí (por ser ella hija de rey) él debe pedirle el divorcio.

David ha visto que no puede contar con la hija del rey para lograr sus planes (heredar el trono de Saúl) y así decide escapar y seguir un camino distinto, de guerrilla, para llegar a ser rey por sus «méritos» y no a través de una estrategia matrimonial con Mical. El texto parece suponer que ella no quería dejarle marchar, sino que pretende retenerle (o marchar con él). Pero David no acepta la propuesta de Mical (que parece propuesta de amor) y está dispuesto a matarla para marchar y conseguir sus planes[67].

2. *Otra vez utilizada por David, que no la ama.* David huye de la corte de Saúl, abandonando a su mujer y, tras una serie de episodios de tipo novelesco (cf. 1 Sm 20–24), la Biblia dice que él se ha establecido como guerrillero, en el sur de Judá, lugar que controla bien, poniéndose alternativamente al servicio de los israelitas o de los filisteos, según su conveniencia (hasta venir a instalarse como rey en Hebrón: 2 Sm 2, 1-4).

En este contexto, la Biblia afirma que Saúl, viendo que Mical ha quedado libre (su marido anterior la ha dejado, ella está divorciada), la entrega a otro marido, un tal Paltiel, hijo de Lais (cf. 1 Sm 25, 44), de quien se dirá que la ama. Pues bien, más adelante, después que Saúl ha muerto, su hijo Isbaal (que actúa como rey sobre las tribus del norte de Israel) y David, que reina de hecho sobre la tribu de Judá, en Hebrón, quieren dominar sobre el conjunto de Israel. En estas circunstancias, Abner, que era familiar de Saúl y había sido su general, hombre fuerte del reino de Isbaal, traiciona a su rey y se pone de parte de David, a quien promete hacer rey de todo Israel.

> Envió Abner mensajeros para decir a David: «... Haz un pacto conmigo y me pondré de tu parte para traer a ti todo Israel». David respondió: «Bien. Haré un pacto contigo. Solamente te pido una cosa. No te admitiré a mi presencia si, cuando vengas a verme, no traes a Mical,

---

67 Ariel Álvarez, *¿Quién fue la primera reina de Israel?*, en *Enigmas de la Biblia*, Paulinas, Buenos Aires 2005, supone que David ha exigido (y conseguido) el divorcio de Mical, la hija del rey, y que ella no ha tenido más remedio que dejarle marchar.

la hija de Saúl». Envió David mensajeros a Isbaal, hijo de Saúl, para decirle: «Devuélveme a mi mujer Mical, que adquirí por cien prepucios de filisteos». Isbaal mandó que la tomaran de casa de su marido Paltiel, hijo de Lais. Su marido partió con ella; la seguía llorando detrás de ella, hasta Bajurim. Abner le incriminó: «Anda, vuélvete». Y se volvió (2 Sm 3, 12-16).

Como sabemos, David no amaba a Mical, a la que había despedido. Pero ahora la necesita de nuevo, no sólo por prestigio (¡va a ser el rey y no puede permitir que nadie tenga a la que ha sido su mujer!), sino para legitimar su acceso al trono. Por eso le conviene casarse de nuevo con ella. Tanto Abner como Isbaal, un rey sin poder al que van a destronar, tienen que plegarse a las exigencias de David.

A Mical no le preguntan nada, ni el texto se preocupa de sus sentimientos (mientras que antes había dicho que ella amaba a David), pero deja claro que su nuevo marido, Paltiel, la ha querido y la quiere tiernamente (aunque parece no haber tenido hijos con ella), pues le sigue llorando hasta una cuesta cercana a Jerusalén, donde Abner le detiene y le envía a su casa, sin duda, con grandes amenazas. Lo cierto es que Mical debe contentarse ahora con ser la primera mujer oficial en el harén de un rey implacable, que la necesita para mostrar su poder y justificar mejor sus derechos al trono de Saúl. Ella amó en otro tiempo a David y después ha sido amada por Paltiel, su nuevo marido. Pero, al fin, parece que ni ama ni es amada, sino que debe contentarse con ser una pieza más en el entramado real de David, que trae de Hebrón a sus seis mujeres con sus hijos (cf. 2 Sm 3, 1-5).

Las otras tendrán en casa a sus hijos. Ella, en cambio, vivirá como reina de Israel, pero sin el amor de su marido y sin hijos. En este contexto se sitúa la última escena de su vida, como reina despechada, tomándose la libertad de criticar a David porque ha bailado ante el Arca de Yahvé, cuando la traslada, como signo de protección, a su ciudad de Jerusalén. La amante antigua desprecia de esta forma a su marido:

> Cuando el arca de Yahvé entró en la Ciudad de David, Mical, hija de Saúl, que estaba mirando por la ventana, vio al rey David saltando y girando ante Yahvé y le despreció en su corazón... Cuando se volvía David para bendecir su casa, Mical, hija de Saúl, le salió al encuentro y le dijo: «¡Cómo se ha cubierto hoy de gloria el rey de Israel, descubriéndose hoy ante las criadas de sus servidores como se descubriría un cualquiera!». Respondió David a Mical: «En presencia de Yahvé danzo yo. Vive Yahvé, que me ha preferido a tu padre y a toda tu casa para

constituirme caudillo de Israel, su pueblo: yo danzaré ante Yahvé, y me haré más vil todavía; seré vil a tus ojos pero seré honrado ante las criadas de que hablas. Y Mical, hija de Saúl, no tuvo hijos hasta el día de su muerte (cf. 2 Sm 6, 16.20-23; cf. 1 Cr 15, 29).

El amor anterior de Mical se ha vuelto desprecio, por sentirse abandonada y quizá por la forma en que David se desnuda delante del arca (¡como un rey sin dignidad, un danzante semi-orgiástico y medio desnudo!). Ella, que salvó la vida de David en el momento del peligro, jugando su prestigio, ella que fue expulsada, para ser retomada después por su antiguo marido, en función de sus intereses políticos, es ahora «reina» (primera dama), pero reina abandonada y sin poder (sin hijos), entre las otras mujeres del rey, después que su familia ha sido casi totalmente asesinada. Así desprecia a David porque, a diferencia de los sacerdotes, que deben ir siempre vestidos según ley sagrada, baila casi desnudo, como hacían los profetas orgiásticos ante Dios, olvidando que su mismo padre había bailado también en trance, entre los profetas (1 Sm 10, 3-23).

Ella le desprecia y David le responde con nuevos reproches y desprecios, recordándole, del modo más hiriente, que Dios le ha escogido a él, y no a la familia de ella. Ésta es la última palabra de David a la mujer que un día le amó apasionadamente, una palabra de desprecio y de humillación en contra de su familia, a la que él ya no necesita. Así queda ella, abandonada y frustrada, sin hijos que puedan cuidarla en su vejez, cruzando los más duros reproches con el marido al que en otro tiempo amó, y que ahora la mantiene de algún modo prisionera[68].

---

68 Ella es el signo de un amor fracasado. Podía haber servido de lazo de unión entre las familias de Saúl y de David, pero termina siendo una mujer despechada y solitaria, como dice la Biblia de forma sombría: «Mical, hija de Saúl, no tuvo hijos en toda su vida» (1 Sm 6, 23). Ella, la única mujer de la que se dice que quiso a David y le salvó la vida (las otras parecen haberse casado con él por conveniencia) termina en el silencio, pues al quedar sin hijos no podrá ser madre del nuevo rey, ni tendrá quién la defienda en su vejez. Ésta es la historia básica de Mical, pero algunas variantes manuscritas de la Biblia (cf. 2 Sm 21, 8) dicen que Mical había tenido cinco hijos, después de haber estado la primera vez con David. La mayoría de los manuscritos atribuyen esos hijos (que fueron asesinados por orden de David para cumplir una venganza de los gabaonitas) a Merab, hermana mayor de Mical (cf. 1 Sm 14, 49). Sobre las conexiones entre Merab y Mical, cf. 1 Sm 18, 17-19). Si entre los asesinados por esa terrible venganza del Dios de David hubieran estado los hijos de Mical nos hallaríamos ante una de las tragedias (y desdichas) más duras de la historia. Trataremos de ello al hablar de Rispa.

b) Ajinoam (la yezaelita)[69]

Así se llamaba la primera de las mujeres conocidas de David tras establecerse en Hebrón (cf. 2 Sm 3, 2-5) y fue la madre de Amón (el que deshonró a Tamar). Pues bien, la primera mujer de Saúl tenía también ese nombre, que significa «mi hermano es un gozo» y parece que ella fue la madre de sus cinco hijos, citados en 1 Sm 14, 49-50, tres varones (Jonatán, Isvi y Malquisúa) y dos mujeres (Merab y Mical), pudiendo haber tenido también otros dos, citados en 1 Cr 8, 33-40 (Abinadab y Esbaal). Podemos pensar que hubo dos Ajinoam, las únicas que llevan ese nombre en la Biblia, una esposa de Saúl, otra de David. Pero también puede tratarse de una misma mujer, esposa de ambos reyes.

Algunos autores como J. Levenson (obra citada en nota) han supuesto que Ajinoam, la mujer de David (2 Sm 2, 2; 1 Cr 3, 1) y madre de su hijo primogénito (2 Sm 3, 2), era la misma mujer de Saúl y madre de sus cinco o siete hijos. En esa línea debería entenderse la acusación de Natán contra David, cuando le dice, en nombre de Dios (con ocasión de su adulterio con Betsabé): «Yo te di la casa de tu señor (Saúl) y puse en tu seno las mujeres de tu señor» (2 Sm 12, 8). Ciertamente, esa palabra puede referirse a las mujeres del harén de Saúl, que habrían pasado primero a Isbaal, hijo y sucesor de Saúl, y después a David, que actúa como heredero del reino de Saúl-Isbaal, pues, según la costumbre antigua, las mujeres del harén de un rey pasaban al nuevo rey (como veremos al tratar de Abisag).

Pero es muy posible que Natán se refiera a las dos mujeres más importantes de la familia de Saúl (Ajinoam, su esposa, y Mical, su hija), que David había tomado como suyas, en contra de la ley bíblica que prohíbe que un hombre se case, al mismo tiempo, con la madre y con la hija (Lv 19, 9). Por otra parte, la Biblia no dice que Saúl tuviera un harén. Su única concubina conocida se llamaba Rispa, pretendida primero por Abner (sin duda con deseos de tomar el reino; cf. 2 Sm 3, 7-8). Ella veló los cuerpos de los descendientes de Saúl asesinados por orden de David (cf. 2 Sm 21, 8-11). Por eso parece difícil que Rispa hubiera sido tomada por David como concubina.

---

69 Cf. D. V. Edelman, *Ahinoam*, ABD; D. Edelman, *Saulide Israel: A Study in Secondary State Formation in Ancient Canaan*, Eisenbrauns, Winona Lake IN 1990; D. Gunn, *The Fate of King Saul* (JSOTSup 14), Sheffield 1980; J. Levenson, *1 Samuel 25 as Literature and History*, CBQ 40 (1978) 11-28; J. D. Levenson-B. Halpern, *The Political Import of David's Marriages*, JBL 99 (1980) 507-518.

Ciertamente, resulta extraño que David se hubiera apoderado de Ajinoam, la mujer de Saúl, mientras éste seguía siendo rey de Israel, sin que ese hecho dejara huellas más profundas en la Biblia. Pero no es imposible, dadas las tensas relaciones que hubo entre David y la familia de Saúl (como hemos visto al tratar de Mical). Por otra parte, la historia de las disputas entre Saúl y David (1 Sm 18-24) contiene lagunas difíciles de explicar. Entre ellas podría situarse el hecho de que David (quizá tras haber despedido a Mical) llevó consigo a Ajinoam, mujer de Saúl y madre de sus hijos (¡de la misma Mical!), estableciéndola como la primera de sus mujeres en Hebrón.

A pesar de eso, y confesando, por otra parte, que David fue especialista en robar mujeres ajenas (Mical en su segundo matrimonio, Abigail de Nabal, Betsabé de Urías) pensamos (con ciertas dudas) que quizá es mejor suponer que hubo dos mujeres que llevaban ese mismo nombre (Ajinoam) y que fueron esposas de los dos primeros reyes de Israel. En esta segunda línea parece entenderse el hecho de que la primera Ajinoam aparezca como «hija de Ahimaas», por el nombre de su padre (1 Sm 14, 50), mientras que a la segunda se le llame «la de Jezrael» (por el nombre de su ciudad de origen: 1 Sm 25, 43; 27, 3; 30, 5; 2 Sm 2, 2; 3, 2; 1 Cr 3, 1)[70].

c) *Abigail de Carmel*[71]

Conocemos su historia mejor que la de Ajinoan y en este caso resulta evidente que, al menos de forma indirecta, David se la quitó a su marido. Estaba casada con Nabal de Carmel, hombre rico, del clan de los

---

70 Estrictamente hablando, esa diferencia (Ajinoam, la hija de Ahimaas; Ajinoam de Jezrael) no es demostrativa, sino que podría ser incluso una prueba a favor de la identidad de las dos mujeres. En el primer caso, como es normal, Ajinoam lleva el nombre de su padre; en el segundo, habiendo sido ya esposa de Saúl, no lleva el nombre del padre, sino el de su ciudad de origen. Hay en la Biblia dos ciudades con ese nombre: una, la más conocida, en el valle de su nombre (Jezrael), entre Samaría y Galilea, que aparece sobre todo en las historia de Elías y Jezabel (cf. 1 Re 21; 2 Re 8-10); la otra es una ciudad del sur de Judea (Jos 16, 56), que parece cercana a Carmel (la ciudad de Abigail). Esta segunda ciudad (Jezrael de Judá) parece más apropiada para el caso de que la mujer de David sea distinta de la de Saúl; él se habría casado con una mujer significativa del entorno de Judá, donde realizaba sus operaciones de guerrilla y donde estaba instaurando su reino, para tener así más apoyo en la zona.

71 Cf. U. Bechmann, *Abigail. Prophetin Weise Frau Politikerin*, KBW, Stuttgart 2001; K. Emmerich, *Machtverhältnisse in einer Dreiecksbeziehung. Die Erzählung von Abigajil, Nabal und David in 1 Sam 25* (ATSAT 84), St. Ottilien 2007; I. Fischer,

calebitas, cuyos rebaños pastaban al sur de Judá, controlada por los guerrilleros de David (que no era aún rey). Como suele suceder, David le mandó emisarios para pedirle un «tributo», a modo de compensación por la seguridad que le ofrecía. Nabal se negó, apelando a su propia independencia y, quizá, a los vínculos que mantenía con el rey Saúl.

Lógicamente, David convocó a sus hombres (unos cuatrocientos) y dejando a otros en la retaguardia se puso en marcha contra Nabal y sus posesiones, para darle un castigo ejemplar. Al enterarse de ello, Abigail, a quien el texto presenta como sensata y guapa (una esposa ideal), sin decir nada a su marido (a quien el texto presenta como áspero y sin educación, preocupado por esquilar sus ovejas, cf. 1 Sm 25, 3), tomó una serie de regalos y salió al encuentro de David, que comentaba: «¡Que Dios me castigue si antes del amanecer no mato a todos hombres de la casa de Nabal!» (25, 22).

Tan pronto como Abigail vio a David, se apresuró a bajar del asno y cayendo ante él se postró en tierra, y arrojándose a sus pies le dijo: «Caiga sobre mí la falta, señor. Deja que tu sierva hable a tus oídos y escucha las palabras de tu sierva... Yo, tu sierva, no vi a los siervos que mi señor había enviado. Ahora, mi señor..., por Yahvé que te ha impedido derramar sangre y tomarte la justicia por tu propia mano, que tus enemigos sean como Nabal (es decir, necios, que no logran cumplir sus objetivos). Quiero que este regalo, que tu sierva ha traído para mi señor, sea entregado a los muchachos que marchan en pos de mi señor. Perdona, por favor, la falta de tu sierva, ya que ciertamente hará Yahvé una casa permanente a mi señor, pues mi señor combate las batallas de Yahvé y no vendrá mal sobre ti en toda tu vida... Cuando haga Yahvé a mi señor todo el bien que te ha prometido y cuando te haya establecido como caudillo de Israel, no quiero que haya turbación ni remordimiento en el corazón de mi señor por haber derramado sangre inocente y haberse tomado mi señor la justicia por su mano; y cuando Yahvé haya favorecido a mi señor, acuérdate de tu sierva».

Abigajil: Weisheit und Prophetie in einer Person vereint, en *Auf den Spuren der schriftgelehrten Weisen* (FS J. Marböck) (BZAW 331), Berlin 2003, 45-61; M. L. Frettlöh, *Der Segen Abigajils und die unmögliche Möglichkeit der Rache Davids. Eine segens- und toratheologische Lektüre von 1 Sam 25*, en C. Hardmeier (ed.), *Freiheit und Recht* (FS F. Crüsemann), Gütersloh 2003, 339-359; M. Peetz, *Abigajil, die Prophetin: Mit Klugheit und Schönheit für Gewaltverzicht. Eine exegetische Untersuchung zu 1Sam 25* (Fzb 116), Würzburg 2008; E. Van Wolde, *A Leader Led by a Lady. David and Abigail in I Samuel 25*, ZAW 114 (2002) 355-375; A. Wenin, *Mujeres de la Biblia*, Claret, Barcelona 2008.

David dijo a Abigail: «Bendito sea Yahvé, Dios de Israel, que te ha enviado hoy a mi encuentro. Bendita sea tu prudencia y bendita tú misma que me has impedido derramar sangre y tomarme la justicia por mi mano. Vive Yahvé, Dios de Israel, que de no haberte apresurado a venir a mi encuentro, no le hubiera quedado a Nabal, al romper el alba, ni un solo varón» (cf. 1 Sm 25, 23-34).

En la línea de la mujer sabia de Tecoa (2 Sm 14), Abigail habla no sólo como sabia, sino como profetisa, diciéndole a David que «combate las guerras de Yahvé» y anunciando que él será rey de Israel, para lograr, de esa forma, que él «perdone» la vida de su marido y de la gente de su casa (que no derrame sangre inocente). Pero, en sentido estricto, por su discurso, no se sabe si ella habla para evitar la muerte de su marido o para impedir que David derrame sangre inocente, empañando así su trayectoria de «guerrero de Yahvé».

Lo que es cierto es que ella actúa con astucia «profética» (en nombre de Dios), acusando, por un lado, a su marido al que define como necio (¡faltándole al respeto que ella le debe como esposa...!), para salvar así su vida y la vida de la gente de su casa, y halagando por otro a David, a quien dice en nombre de Dios, como mujer-profeta, lo que él quiere oír (que llegará a ser rey de todo Israel). Este discurso de Abigail puede y debe tomarse como un modelo de diplomacia, aunque en el contexto parece estar dictado por el miedo. Sea como fuere, Abigail actúa no solamente como una mujer amenazada, sino, sobre todo, como sabia y profetisa, trazando ante David un modelo de conducta que puede conducirle a tomar el reino sobre Israel.

Aquí no se dice que Abigail ame a David (como le amaba Mical), pero queda claro que ella influye en su conducta, logrando que abandone la violencia ciega (que parece haberle guiado hasta aquí), para comportarse de un modo político. No parece que haya amor, por un lado ni por otro, aunque es muy posible que el lector inteligente haya descubierto en el pasaje antes citado un tipo de atracción entre el feroz guerrero David y la prudente y hermosa mujer de Nabal de Carmel, que logra aplacarle y que le despide con unas palabras, que pueden entenderse como una velada petición de mano: ¡Cuando Yahvé haya favorecido a mi señor, acuérdate de tu sierva! (1 Sm 25, 31); de esa forma, ella ofrece a David su colaboración y su persona, atreviéndose de alguna forma a pedirle la mano, no por amor, sino por interés. Por su parte, David se despide de ella aceptando de alguna forma su propuesta: «¡Bendita tu prudencia y bendita tú!» (25, 33).

Esta escena y estas palabras parecen ser como un anuncio de la escena de Betsabé, en 2 Sm 11, aunque en nuestro caso la muerte del primer marido (Nabal) es más indirecta y está influida por Abigail más que por David, como indica la continuación del relato. Cuando ella volvió a la casa, tras hablar con David, encontró a su marido bebido (¡era la fiesta del esquileo!) y no le dijo nada, sino que esperó el momento oportuno para hablarle y lo hizo de tal forma que Nabal sufrió un ataque y murió poco después:

> A la mañana, cuando a Nabal se le había pasado la borrachera, su mujer le contó lo sucedido. El corazón de Nabal se paró en su pecho y se le quedó como una piedra. Al cabo de unos diez días hirió Yahvé a Nabal y murió. Oyó David que Nabal había muerto y dijo: «Bendito sea Yahvé que ha defendido mi causa contra la injuria de Nabal y ha preservado a su siervo de hacer mal. Yahvé ha hecho caer la maldad de Nabal sobre su cabeza».
> Envió David mensajeros para proponer a Abigail que fuera su mujer. Llegaron los mensajeros de David a casa de Abigail en Carmel y le hablaron diciendo: «David nos envía a ti para tomarte por mujer». Se levantó ella y se postró rostro en tierra diciendo: «Tu sierva es una esclava para lavar los pies de los siervos de mi señor». Se levantó Abigail apresuradamente, montó en su asno y, seguida de cinco de sus siervas, se fue tras los enviados de David y fue su mujer (2 Sm 25, 36-43).

No se dice que ella «le mate», pero el texto insinúa que son las palabras de ella las que causan su enfermedad y así lo confirma su posterior matrimonio. Conforme a las costumbres de aquel tiempo, la iniciativa externa parte de David, que pide la mano de Abigail (aunque ella se la ha pedido antes, indirectamente). Pero Abigail acepta la petición inmediatamente, como si la hubiera estado esperando y sale al encuentro de David, sin más dilaciones. No se sabe lo que ha pasado con la casa de Nabal, sus posesiones, sus rebaños, sus criados, aunque el texto supone que Abigail no había tenido hijos, por lo que pudo partir inmediatamente, sin impedimentos.

Ella se muestra así como una mujer con iniciativa propia, que actúa siempre de manera autónoma, sin depender de su marido, para «calmar» al guerrillero enfurecido y, en el fondo, para ponerse a su servicio. Sin duda, ella dialoga con David de un modo prudente, pero, al mismo tiempo, le halaga con sus palabras y promesas de tipo profético (anunciándole que será rey). Es elegante con David, pero no con su marido, a quien tacha de necio y a quien, en el fondo, desea la muerte, pues dice a David «que todos tus enemigos sean como Nabal» (es decir, necios y que caigan en desgracia como él o mueran). Parece, según eso, que ha estado haciendo un doble juego: en un sentido, pide a David que no mate a su marido (como si éste le importara); pero, en realidad, ella se interesa por David y quiere que «no manche sus manos» con Nabal y su gente[72].

Fiel a su forma de narrar, la Biblia judía no juzga los hechos, pero los presenta de una manera que nos permiten comprender que Dios mismo dirige la historia de David para que consiga el reino. Pues bien, en esa historia de Dios que es el reinado de David, ha tenido una función importante la astuta Abigail, mujer de un hombre llamado Nabal, que murió de miedo por las palabras que ella misma le dijo. Ambas partes pudieron quedar satisfechas: ella logró lo que al parecer quería (ser esposa del futuro rey); por su parte, David logró el apoyo de Abigail y de su clan, en una zona que resultaba importante para sus pretensiones regias.

No es mucho más lo que sabemos de Abigail, sino que acompañó a David como mujer, al lado de Ajinoam, su otra mujer, durante los años en que se mantuvo como guerrillero, entre los filisteos y los israelitas (cf. 1 Sm 37, 2), siendo apresada por otros guerrilleros amalecitas y liberada después por el mismo David (1 Sm 30, 5), hasta el momento en que éste tomó el control de Judá, siendo coronado rey en Hebrón (2 Sm 2, 2-4). Ella aparece allí, en la corte de Hebrón, como segunda esposa de David (después de Ajinoam; cf. 2 Sm 3, 3), pero ya no se dice más de ella, ni de su descendencia, de modo que incluso su hijo ha recibido diferente nombres (2 Sm 3, 2 le llama Kilab, mientras que 1 Cr 3, 1 le llama Daniel).

---

72 Ella actúa, según eso, de manera ambigua. (a) Por una parte calma la ira de David, un bandolero marginado, con sus propios soldados guerrilleros, anunciándole que será rey. (b) Por otra parte, al hablar a Nabal, su marido, le dice las cosas en tono muy fuerte y, en vez de calmarle, le excita y le llena de miedo, de manera que puede afirmarse que ella misma provoca su muerte. Ciertamente, no podemos asegurar que le «ha matado», pero las cosas que le dice, en plena vigilia, contribuyen a su muerte. Por otra parte, como he dicho, conforme al texto actual, Abigail actúa como una «profetisa» (aunque no se le llame así), pues dice a David lo que él debe hacer, que es «pelear las guerras del Señor» y no luchar contra un pobre hombre como Nabal (25, 28); además, ella se siente enviada para anunciarle que será constituido «jefe de Israel», pidiéndole su ayuda para entonces (25, 30-31). De esa manera, aparece ante David no sólo como sabia y prudente, sino como profetisa y como mujer deseable.

d) Betsabé, la mujer de Urías[73]

Esta mujer, a quien la Biblia cristiana presenta como antepasada de Jesús de Nazaret (cf. Mt 1, 6, con Tamar, Rajab y Rut), ocupa un lugar significativo en el ciclo de David (de 2 Sm 11 a 1 Re 2). Ella aparece después que David ha conquistado Jerusalén y ha creado su propio harén, con las consecuencias sociales y políticas que ello implica. Antes, en Hebrón (2 Sm 3, 1-5), se dice que había tenido seis hijos, con seis esposas (cada una con su nombre). Ahora, instalado ya en Jerusalén, como rey sobre todo Israel, se añade que «tomó otras concubinas y esposas, que le dieron más hijos e hijas», entre los que se citan por su nombre once, entre ellos Salomón, en cuarto lugar. De los nombres de las mujeres no se dice nada, como si ellas en sí no interesaran (2 Sm 5, 13-16). Pues bien, entre ellas, la Biblia sólo ha destacado después a Betsabé, por sus circunstancias especiales y, sobre todo, porque es madre de Salomón, que le sucede en el trono. No es la primera, pues antes de Salomón, su hijo, el texto cita a otros tres hijos (de otras mujeres sin nombre). Nos centramos aquí en ella, destacando dos momentos importantes de su vida: su adulterio (2 Sm 11–12) y su gestión como gebîrá a favor de Salomón (1 Re 1–2)[74].

---

[73] Cf. R. C. Bailey, *David in Love and War: The Pursuit of Power in 2 Samuel 10–12* (JSOTSup), Sheffield 1989; A. E. Gardner, *The Identity of Bath-Sheba*: Revue biblique 112 (2005) 521-535; M. Garsiel, *The Story of David and Bathsheba: A Different Approach*, CBQ 55 (1993) 244-262; M. Häusl, *Abischag und Batscheba. Frauen am Königshof und die Thronfolge Davids im Zeugnis der Texte 1 Kön 1 und 2*, EOS Verlag, St. Ottilien 1993; H. Ch. P. Kim, *Murder s/he wrote? A cultural and psychological reading of 2 samuel 11–12*, en Ch. A. Kirk-Duggan, *Pregnant Passion: Gender, Sex, and Violence in the Bible* (Society of Biblical Literature Semeia Studies), Cambridge 2003. L. R. Klein, *Bathsheba revealed*, en A. Brenner (ed.), *Samuel and Kings. A feminist companion to the Bible* (Second series 7), Sheffield 2000, 47-64; H. Leneman, *Portrayals of Power in the Stories of Delilah and Bathsheba: Seduction in Song*, en G. Aichele (ed.), *Culture, Entertainment and the Bible* (JSOT 309), Sheffield 2000, 139-155; Th. Naumann, *David als exemplarischer König. Der Fall Urijas (2 Sam 11) vor dem Hintergrund altorientalischer Erzähltraditionen*, en A. de Pury (ed.), *Die sogenannte Thronfolgegeschichte Davids. Neue Einsichten und Anfragen* (OBO 176), Freiburg/Schweiz 2000, 136-167; G. G. Nicol, *The Alleged Rape of Bathsheba: Some Observations on Ambiguity in Biblical Narrative*, JSOT 73 (1997) 43-54; *David, Abigail and Bathsheba, Nabal and Uriah. Transformations Within a Triangle*: Scand. J. of the OT 12 (1998) 130-145; G. A. Yee, *«Fraught With Background»: Literary Ambiguity in II Samuel 11*, Int 42 (1988) 240-253.

[74] No es fácil decidir, si ella es «activa» (inspiradora y responsable de los hechos: adulterio, asesinato, coronación de Samuel) o si es, más bien, una víctima pasiva de la sed de mando de David, pues el texto deja abiertas las dos posibilidades y los críticos se inclinan hacia un lado o el otro. Aquí voy a suponer, moderadamente, que

1. *Adulterio y matrimonio, Salomón*. Betsabé estaba casada con Urías, oficial hitita del ejército de David, de origen probablemente cananeo. Puede haber sido un mercenario extranjero, pero quizá formara parte de la aristocracia indígena de Jerusalén, asimilada por David tras la «conquista» de la ciudad (cf. 2 Sm 5, 6-9), pues su casa está en la parte noble, junto al palacio real. Sea como fuere, la tradición le recuerda como uno de los «treinta valientes», que forman la guardia personal de David, el núcleo de su ejército, es decir, como uno de sus amigos (2 Sm 23, 39).

Posiblemente tampoco Betsabé era israelita de origen, sino «hitita» como su marido, una mujer de la Jerusalén jebusea, que David había asimilado. El texto la presenta como una mujer importante y conocida: Es hija de Eliam (¡otro de los «treinta», como Urías!; cf. 2 Sm 23, 35) y además nieta de Ajitófel, de quien 1 Cr 27, 33-34 dice que era el principal consejero de David. Por su marido y su padre/abuelo, ella debía ser una mujer muy conocida[75].

En la primera parte del relato parece que Betsabé se porta de un modo más pasivo. El texto no dice lo que quiere, ni lo que piensa, ni lo que tiene (si está contenta con Urías, si tiene hijos), sino sólo que se está bañando, mientras David la mira desde la terraza de su palacio, a la hora de la tarde, tras la siesta. De todas formas, el texto parece insinuar que ella aprovecha las circunstancias de su nueva historia (su adulterio, el asesinato de su marido) para ascender en la corte del nuevo rey israelita. Todo empieza a contarse a partir de David, un «voyeur» que espía mujeres desde su terraza:

> Pasado un año, al tiempo que los reyes salen a campaña, envió David a Joab con sus veteranos y todo Israel. Derrotaron a los amonitas y pusieron sitio a Rabbá, mientras David se quedó en Jerusalén. Un atardecer se levantó David de su lecho y se paseaba por la terraza

---

es una mujer activa, lo cual no significa que sea «mala» en el sentido moderno, sino que se aprovecha de las circunstancias para llegar a ser madre del rey.

75 Ajitófel, a quien 1 Cr presenta como consejero principal de David, aparece en 2 Sm 15-17 como inspirador y consejero de Absalón, en su levantamiento contra David. Uniendo los datos de 2 Sm y 1 Cr se podría suponer que ha traicionado a David por lo que éste ha hecho a su nieta, acostándose con ella y matando a Urías. En esa línea se puede citar que, entre los consejos de Ajitófel a Absalón está que se acueste con las concubinas de David, su padre, sobre la misma terraza (*gag*) del palacio desde donde David había espiado a Betsabé (cf. 2 Sm 16, 20-23), para que todo el pueblo vea que él, Absalón, es el rey. Debo estas reflexiones a Ariel Álvarez, que ha comparado la figura, traición y suicidio (por horca) de Ajitófel con la de Judas, en http://www.revistacriterio.com.ar/iglesia/iquestcomo-murio-judas/.

I. En el principio. Las mujeres del recuerdo

(*gag*, techo) del palacio cuando vio desde lo alto de la terraza a una mujer que se estaba bañando. Era una mujer muy hermosa. Mandó David para informarse sobre la mujer y le dijeron: «¿Pero no es ésa Betsabé, hija de Eliam, mujer de Urías el hitita?». David mandó gente para que la trajeran. Ella llegó donde David y él se acostó con ella, cuando acababa de purificarse de sus reglas. Y ella se volvió a su casa. La mujer quedó embarazada y envió a decir a David: «Estoy encinta». David mandó decir a Joab: «Envíame a Urías el hitita». Joab envió a Urías adonde David (2 Sm 11, 2-6).

El texto presenta a Betsabé bañándose, para purificarse tras la menstruación. Este detalle indica que el hijo que espera, tras haberse acostado con David, no puede haber sido engendrado por Urías, que estaba luchando al servicio del rey. En principio, nada permite suponer que ella se baña (¡quizá dentro de su casa, no en un patio externo, aunque siempre en un lugar visible!) para que el rey la mire y desee. Pero es claro que «no toma precauciones», ni es una desconocida, como responden los que él ha enviado para informarse: «¿Pero no es Betsabé, hija de Eliam, mujer de Urías el hitita?».

La Biblia supone que David la conoce, porque su padre Eliam y su marido Urías, forman parte de su guardia personal. Desde aquí se entiende mejor el tema: el rey no se acuesta con una cualquiera, sino con la hija (y esposa) de unos «amigos», compañeros cercanos de milicia. David la llama, y ella va, sin ofrecer resistencia (como la que ofrece Tamar en 2 Re 13, 12-13). Por otra parte, pasado un tiempo, al decirle a David que está encinta, parece actuar como cómplice, pidiéndole que asuma la paternidad del niño o, al menos, que resuelva el problema, pues su marido deberá matarla, al descubrir el adulterio.

Si no lo ha hecho antes, parece que en este momento Betsabé ha tomado ya la iniciativa, pidiéndole a David que acepte al niño (y que se case con ella), pues parece evidente que quiere tener el niño (por lo que eso significa para una mujer). Pero, en un primer momento, David no le escucha, sino que desea borrar la memoria de lo acontecido y por eso manda llamar a Urías, con la excusa de informarse de la guerra y pedirle que descanse por un tiempo en su casa y que se acueste con su mujer (para aparecer así como padre del niño que ella espera). Pero (en contra de lo que ha hecho Betsabé), Urías desobedece al rey por dos veces, negándose a subir a su casa, y duerme en el patio de guardia del palacio, con los «siervos de su señor» (que parecen ser compañeros suyos, pues él también forma parte de la guardia personal de David). En ese contexto podría suponerse que sus compañeros de guardia, le informan de lo sucedido; sea como fuere, por más que el rey insista y le emborrache él no sabe donde su esposa.

Mientras eso sucede y su marido duerme con los miembros de la guardia de palacio, Betsabé no dice nada. No se sabe si su silencio proviene del miedo (¡no puede revelar un secreto del rey!) o del deseo que ella tiene de tener un hijo de David. En cierto sentido, podría sospecharse que ella quiere, en realidad, que muera su marido, para no aparecer como adúltera. Pero no es ella la que actúa, según el texto, sino David, que, al no cumplirse su propuesta (que Urías duerma con Betsabé), cambia de estrategia y pide a Joab (general de su ejército) que coloquen a Urías en un puesto de alto riesgo, para que así muera, como efectivamente sucede (1 Re 11, 14-25).

Esto es lo que ella parece haber estado esperando, y así, muerto el marido, puede confiar en que el rey la tome como esposa, acordándose, ahora sí, del niño que está en camino: «Supo la mujer de Urías que Urías su marido había muerto e hizo duelo por su señor. Pasado el luto, David envió por ella y la recibió en su casa haciéndola su mujer; ella le dio a luz un hijo; pero aquella acción que David había hecho desagradó a Yahvé» (cf. 2 Sm 11, 26-27).

Es evidente que David no la ha querido y que sólo ha buscado con ella una aventura (quizá para humillar a Urías y Eliam, esposo y padre de su amante). Por su parte, Betsabé ha podido actuar como instigadora oculta de la trama, aunque el texto no lo afirma, sino que echa la culpa a David. De todas formas, muerto Urías, las cosas siguen el rumbo que puede esperarse: Betsabé cumple el luto por su marido (¿un mes?) y, pasado ese tiempo, acepta la invitación de David, que no la ama (¡quizá quiere al niño que va a nacer!), pero que, desde un punto de vista político, aprovecha la oportunidad de casarse con una mujer de la aristocracia autóctona de Jerusalén, a pesar de que su gesto puede haber suscitado la enemistad de los familiares de Urías y de los suyos, como su abuelo Ajitófel, que «traicionó» a David quizá por ello (2 Sm 15-17).

Sus mujeres anteriores (en Hebrón) pertenecían a la nobleza judía/ israelita y de las regiones vecinas (con Mical, que era hija de Saúl). Betsabé es jerosolimitana y parece de familia noble (¡su casa está junto al palacio del rey!) y así, en el momento de la sucesión de David, actúa como portavoz del partido de los que quieren imponer la autoridad (estilo de vida social y religioso) de la nueva capital sobre el conjunto de las tribus de Israel. Pero volvamos al texto, donde se ha dicho que el

Señor reprobó lo que David (¡no Betsabé!) había hecho (cf. 2 Sm 12, 1-15), añadiendo que «Dios hirió» y mató al niño, nacido del adulterio, a pesar de que David oró y ayunó por su salud (de lo que piensa y hace Betsabé no se habla, como si no importara). Pues bien, tras haber ayunado mientras el niño vivía, el texto añade que, muerto el niño y dejando de ayunar:

> David consoló a Betsabé su mujer, fue donde ella y se acostó con ella; dio ella a luz un hijo y se llamó Salomón; Yahvé le amó, y envió al profeta Natán que le llamó Yedidías, por lo que había dicho Yahvé (2 Sm 12, 24-25).

Sólo en este momento se afirma que David «consoló» a Betsabé (como si empezara a amarla) y se acostó con ella, para añadir, de forma sorprendente, que «Yahvé amó» al niño Salomón (12 Sm 12, 24) y que «envió a Natán», que antes había condenado a David por su adulterio (2 Sm 12, 1-12), para poner al nuevo hijo un nombre misterioso: *Yedidyah*, amado de Yahvé, «por lo que había dicho Yahvé». Esa palabra (que presenta a Salomón como «amado de Dios») puede aludir a 2 Sm 12, 8 (donde Natán había dicho que Dios seguirá bendiciendo a David), pero más probablemente a 2 Sm 7, 10-15 (profecía dinástica), donde el Dios de Natán le promete que tendrá un hijo que le sucederá y será hijo suyo (de Dios): ¡No apartaré de él mi amor! (2 Sm 7, 15). De esa forma, el texto afirma que Salomón, el hijo de la adúltera, es el amado de Dios, sucesor dinástico de un reino divino. Con esta noticia del nacimiento de Salomón (y con la afirmación de que Dios le ama), el texto anuncia lo que pasará tras muchos años, en los conflictos por la sucesión al trono, cuando Betsabé vuelva a ser una figura decisiva.

2. *Sucesión al trono, Betsabé gebîrá*[76]. Un texto ya citado (2 Sm 3, 1-5) aludía a los primeros hijos de David (en Hebrón), presentados por orden de primogenitura: Amón, Quilab, Absalón y Adonías; de Quilab no sabemos nada (es probable que muriera); Amón, del que hablaremos después, fue asesinado por Absalón (2 Sm 13), quien, por su parte, se rebeló contra su padre, queriendo ocupar su trono, pero su intento fracasó y murió en la guerra (2 Sm 14–19). Un texto posterior (2 Sm 5, 13-15) dice que David tomó mujeres y concubinas en Jerusalén, pero no las cita,

---

76 Cf. R. N. Whybray, *The Succession Narrative*, SCM, London 1968; L. Rost, *The Succession to the Throne of David*, Academic Press, Sheffield 1982.

citando, en cambio, a once de sus hijos, en este orden: «Sammúa, Sobab, Natán, Salomón...». 1 Cr 3, 5 supone que los cuatro primeros fueron hijos de Bat-sua (¿Betsabé?), hija de Ammiel (¡no de Eliam!), mientras que otros nueve (no siete), habrían sido hijos de otras madres. Vinculando las noticias de 2 Sm y 1 Cr, se podría suponer que Betsabé tuvo otros hijos (de David), antes de Salomón. Pero, aunque a veces Crónicas ofrece datos fiables, no parece que éste sea el caso. Todo nos permite suponer que Salomón fue el primer hijo de Betsabé (después de la muerte del concebido en adulterio).

Sea como fuere, a 2 Sm sólo le importa la suerte de Salomón, el «heredero mesiánico», según la «profecía» de 2 Sm 7, 12-15 (retomada en 2 Sm 12, 24-25). A partir de aquí comienza la segunda parte del ciclo de David, cuajado de sublevaciones y luchas (anunciados en 2 Sm 12, 10, como castigo por el adulterio de David), pero todas desembocan y se resuelven en la entronización del hijo de Betsabé (1 Re 1).

David se ha convertido ya en anciano y parece que ha perdido el control directo de los asuntos del reino y mientras él se apaga, se forman dos partidos, encabezados por dos de sus hijos. (a) El primogénito (y con más derechos) es Adonías, hijo de Jaguit, que parece ser representante de las tradiciones israelitas propiamente dichas, y que cuenta con el apoyo «oficial» del general Joab y del sacerdote Abiatar. (b) Un hijo menor, Salomón, parece apoyado por la aristocracia de Jerusalén (que no es de origen israelita, sino jebuseo/cananeo) y cuenta con el respaldo del sacerdote Sadoc y del profeta Natán y, sobre todo, con la ayuda de su madre, que decidirá el fin de la trama.

Sin esperar la aprobación de David, que parece incapaz de gobernar, por derecho de primogenitura, Adonías se adelanta y se hace proclamar rey, ante los funcionarios reales y ante sus hermanos (otros hijos de David), pero sin contar con el partido jerosolimitano de Salomón (con Sadoc, Natán). En ese momento, impulsada por Natán, interviene Betsabé, haciendo cambiar el rumbo de los acontecimientos:

> Entró Betsabé donde el rey, en la alcoba; el rey era muy anciano, y Abisag la sunamita le servía. Arrodillóse Betsabé y se postró ante el rey, que le dijo: «¿Qué te pasa?». Ella le dijo: «Tú, rey, mi señor, tú has jurado a tu sierva por Yahvé tu Dios: Salomón tu hijo reinará después de mí y él se sentará en mi trono. Pero ahora es Adonías el que se hace el rey, sin que tú, mi señor el rey, lo sepas. Ha sacrificado bueyes, vacas cebadas y ovejas en abundancia, invitando a todos los hijos del rey, al sacerdote Abiatar y a Joab, jefe del ejército, pero no ha invitado a tu

I. En el principio. Las mujeres del recuerdo

siervo Salomón. Ahora, mi señor el rey, los ojos de todo Israel te miran para que les indiques quién ha de sentarse en el trono de mi señor el rey, después de él. Y ocurrirá que, cuando mi señor el rey se acueste con sus padres, yo y mi hijo Salomón seremos tratados como culpables».

Estaba ella hablando con el rey cuando llegó el profeta Natán... que se postró sobre su rostro en tierra ante el rey y dijo: «Rey mi señor: ¿es que tú has dicho: Adonías reinará después de mí y él será el que se siente sobre mi trono?... Porque todos los hijos del rey, los jefes del ejército y el sacerdote Abiatar están ahora comiendo y bebiendo en su presencia y gritan: Viva el rey Adonías. Pero yo, tu siervo, y el sacerdote Sadoc y Benaías, hijo de Yehoyadá, y tu siervo Salomón no hemos sido invitados. ¿Es que viene esto de orden de mi señor el rey?».

El rey David respondió diciendo: «Llamadme a Betsabé». Entró ella donde el rey y se quedó ante él. El rey hizo este juramento: «Vive Yahvé que libró mi alma de toda angustia, que como te juré por Yahvé, Dios de Israel, diciendo: Salomón tu hijo reinará después de mí, y él se sentará sobre mi trono en mi lugar, así lo haré hoy mismo». Se arrodilló Betsabé rostro en tierra, se postró ante el rey y dijo: «Viva por siempre mi señor el rey David».

Dijo el rey David: «Llamadme al sacerdote Sadoc, al profeta Natán y a Benaías, hijo de Yehoyadá» Y entraron a presencia del rey. El rey les dijo: «Tomad con vosotros a los veteranos de vuestro señor, haced montar a mi hijo Salomón sobre mi propia mula y bajadle a Guijón. El sacerdote Sadoc y el profeta Natán le ungirán allí como rey de Israel, tocaréis el cuerno y gritaréis: Viva el rey Salomón. Subiréis luego detrás de él, y vendrá a sentarse sobre mi trono y él reinará en mi lugar, porque le pongo como caudillo de Israel y Judá» (cf. 1 Re 1, 15-35).

En sentido externo, la iniciativa parte de Natán, que parece «manejar» a Betsabé, recordándole que David le ha prometido que su hijo Salomón será rey, de manera que se podría suponer que ella sigue siendo «pasiva», como habría sido en la concepción del niño; y además, en este momento, ella aparece como subordinada a Abisag, que es la nueva mujer que sirve al rey como asistente y mayordomo. Pero, en otra perspectiva, parece que ella guía los hilos de la trama, como *gebîrá*, mujer poderosa, madre del que será monarca. Con Natán y los demás representantes del «partido de Jerusalén», ella dirige el golpe palaciego, convenciendo a David para que proclame a Salomón sucesor del trono. Sólo en este contexto se confirma lo que antes había quedado implícito en (2 Sm 12, 24-25): que Natán había confirmado a Salomón como «Yedidías» (el amado de Dios) y que David había prometido a Betsabé que sería el sucesor del trono.

Esa «promesa» que David había hecho a Betsabé (¡Salomón será rey!) puede entenderse en un contexto de amor especial por ella y su hijo, pero todos los indicios nos llevan a pensar que se trata de una verdadera opción política, a favor de la teología (ideología religiosa) de Jerusalén, en la línea de los reinos del entorno (especialmente de Egipto) donde el rey aparece como Hijo de Dios, en una línea de sucesión dinástica (cf. 2 Sm 7), en contra de la tradición de las tribus israelitas, representadas por Adonías (y antes por Absalón), con sus partidarios (el sacerdote Abiatar y el general Joab), conforme a la cual el rey no es hijo de Dios. Salomón (con su madre Betsabé) representa a la aristocracia jebuseo-cananea de Jerusalén (de la que forman parte Natán, el sacerdote Sadoc y el general Benaías), que han aceptado el yahvismo, pero que lo entienden desde otra perspectiva regia religiosa (de dominio regio, de origen jebusita).

La Biblia judía en su conjunto ha terminado optando por la realeza y sacralidad de Jerusalén (es decir, por Betsabé y Salomón) y por eso aprueba la opción del David anciano que, según el texto, había jurado a Betsabé que Salomón sería su sucesor. No se trata de un juramento privado, pues Natán y sus partidarios lo toman como punto de partida de su pretensión, logrando que David nombre rey a Salomón. De esa forma, ellos, con la guardia militar personal de David (¡de mercenarios no israelitas: cereteos y peleteos!) coronan rey a Salomón, imponiéndose sobre Adonías (1 Re 1, 38-53).

Betsabé actúa así como figura clave. En contra de lo que pudiera decirse en el principio (2 Sm 11–12), donde podría parecer una mujer pasiva, en este último momento ella actúa de un modo decisivo. En ese contexto se entiende, a mi juicio, la relación entre Adonías (pretendiente fracasado) y Abisag, la sunamita.

En un primer momento, quizá porque no cuenta con apoyo suficiente para imponerse de un modo inmediato, Salomón ha perdonado la vida de Adonías, permitiéndole mantenerse de un modo privado (1 Re 1, 53). Pero Adonías parece mantener sus pretensiones y, como signo de ellas, se atreve a pedir a Betsabé que interceda ante Salomón, para tomar como esposa a Abisag, que ha formado parte del harén de su padre. Parece un «juego» de poder, pues entre las «cosas» que hereda el nuevo rey está el harén del anterior (2 Sm 16, 21-22). De todas formas, podemos suponer que Adonías pide la mano de Abisag de un modo «inocente», pues sabe que David «no la ha conocido» (de manera que no han sido de verdad marido y mujer). Además, él reconoce su «derrota» (¡Yahvé le ha

I. En el principio. Las mujeres del recuerdo

dado el reino a Salomón!). Podemos suponer que sólo quiere el «consuelo» de Abisag, que debe ser una mujer muy atractiva:

> Adonías, hijo de Jaguit, fue donde Betsabé, madre de Salomón. Ella dijo: «¿Vienes en son de paz?». Respondió: «De paz, –añadiendo– quiero hablarte». Ella contestó: «Habla». Él dijo: «Sabes bien que la realeza me pertenecía y que todos los israelitas habían vuelto hacia mí sus rostros para que yo reinara; pero la realeza se volvió y fue para mi hermano, pues de Yahvé le ha venido. Ahora quiero pedirte una sola cosa, no me la niegues». Ella le dijo: «Habla». Él le dijo: «Intercede, por favor, ante el rey Salomón, que no te rechazará, para que me dé a Abisag la sunamita por mujer». Betsabé contestó: «Está bien. Hablaré al rey Salomón por ti».
> Entró Betsabé donde el rey Salomón para hablarle acerca de Adonías. El rey se levantó, fue a su encuentro y se postró ante ella, y se sentó después en su trono; pusieron un trono para la madre del rey, y ella se sentó a su diestra. Ella dijo: «Tengo que hacerte una pequeña petición, no me la niegues». Dijo el rey: «Pide, madre mía, porque no te la negaré». Ella dijo: «Que se dé Abisag la sunamita por mujer a tu hermano Adonías». El rey Salomón respondió a su madre: «¿Por qué pides tú que dé a Abisag la sunamita para Adonías? Pues con esto, él pide el reino para sí, pues es mi hermano mayor y tiene de su parte al sacerdote Abiatar y a Joab, hijo de Sarvia». Y el rey Salomón juró por Yahvé: «Esto me haga Dios y esto me añada, si Adonías no ha dicho esta palabra a costa de su vida. Y ahora, por Yahvé que me ha confirmado y me ha hecho sentar en el trono de David mi padre, y le ha dado una casa como había prometido, que hoy mismo morirá Adonías». El rey Salomón encargó de ello a Benaías, hijo de Yehoyadá, que le hirió y murió (cf. 1 Re 2, 13-25).

He supuesto (y diré) que Abisag es una mujer muy atractiva. David no la ha conocido (por tanto no forma parte de su harén estricto). Además, ha sido una mujer «importante» (pues el destino del reino ha estado por un tiempo en sus manos), de manera que Betsabé y el mismo Salomón la han debido tomar como «peligrosa» (una contrincante). Por eso, Betsabé ha podido «pedirle» al rey que se la «conceda» a Adonías, para liberarse de ella. Pero el conjunto del texto (y la conducta anterior de Betsabé, al servicio de su hijo), puede llevarnos a pensar también que ella actúa a sabiendas, como instigadora de la muerte de Adonías (que es el contrincante, no Abisag).

Sea como fuere, con el fin de liberarse de Abisag, que ha sido al final su contrincante ante David, o con el fin de liberarse de Adonías (que es ahora posible contrincante de su hijo), ella transmite la petición de Adonías, que no ha calculado bien (no sabe el riesgo en que se pone al pedir la mano de Abisag) o que es un loco suicida (quiere enfrentarse con Salomón, su medio hermano). Sea como fuere, Betsabé escoge el camino directo y transmite a Salomón la petición de Adonías. De esa manera, podemos afirmar que ella, que ha empezado colaborando en la muerte de su marido Urías, colabora también (al menos de un modo indirecto) en la muerte de Adonías, el contrincante de Salomón, siempre de forma oculta, pero decisiva.

En este contexto podemos hablar de una «realeza compartida» entre el hijo rey y su madre (la gebîrá), sentados sobre dos tronos, ejerciendo un mismo poder. Ciertamente, Salomón promete a su madre (sentada a su mano derecha) que no rechazará nada de lo que le pida... Pero después, escuchada la propuesta, se niega rotundamente a cumplirla (al menos de un modo externo), mandando matar a Adonías. Ella es «reina», pero el rey no ha cumplido su deseo externo (aunque quizá ha cumplido su deseo más interno, pues ella de hecho quería que Abisag quedara humillada y que Adonías no fuera ya peligro para el trono de su hijo). Sea como fuere, este «apartamiento» de Abisag y el ajusticiamiento a muerte de Adonías se inscriben en el resto de los acontecimientos vinculados a la coronación de Salomón, que se empieza mostrando como rey vengativo y despiadado, al lado de su madre.

Mirada desde aquí, en conjunto, Betsabé emerge como una de las figuras más ambiguas de la Biblia judía, una mujer que sabe emplear su astucia y sus deseos de poder, influyendo de un modo intenso en David y Salomón. La Biblia no juzga su conducta, simplemente la describe; pero, en el fondo, desde la perspectiva de conjunto de la Biblia, ella aparece como una mujer decisiva en el triunfo de Salomón y de la nueva visión jerosolimitana del judaísmo. Lo menos que podemos decir es que ha sabido valorar su función de mujer y que no desentona al lado de David y Salomón.

e) Tamar: hija de David, hermana de Absalón[77]

En la trama de la sucesión al trono de David (2 Sm 11–1 Re), que forma uno de los estratos más antiguos de la Biblia judía, y de la que hemos hablado ya en el apartado anterior (Betsabé), ocupa un lugar importante la historia de Tamar (2 Re 13), hija de David (¡aunque el texto no lo diga!) y hermana de Absalón (que debemos distinguir bien de otra Tamar, nuera de Judá). Su historia de «violación» y muerte viene tras el adulterio de David con Betsabé, quizá para resaltar la relación entre ambos casos.

> Y sucedió después de esto que Absalón, hijo de David, tenía una hermana hermosa que se llamaba Tamar. Amón, que era también hijo de David, se enamoró de ella. Y estaba Amón angustiado hasta enfermar, por Tamar su hermana; porque por ser ella virgen (soltera), parecía a Amón que sería cosa dificultosa lograr algo de ella (2 Sm 13, 1-2).

Si dejamos a un lado a Quilab, hijo de Abigail, del que no sabemos nada, Amón y Absalón eran los hijos mayores de David. Amón, primogénito y, por tanto, heredero al trono, era hijo de Ajinoam de Jezrael (2 Sm 3, 2; 1 Cr 3, 1). Por su parte, Absalón y Tamar eran hijos de Maacá, hija del rey arameo de Guesur (al noreste del mar de Galilea), con quien David había pactado a través del matrimonio. Aquí se dice que Amón «amaba» a Tamar, lo que en este contexto (por lo que viene después) significa que la desea y que quiere acostarse con ella, sin pensar en las consecuencias de su conducta, como parece haber hecho David, al comienzo de su relación con Betsabé. De tal padre tal hijo, se diría. Para cumplir su deseo, siguiendo el astuto consejo de un primo, pide un favor a su padre:

---

77 Cf. Ch. T. Begg, *The Rape of Tamar (2 Sam 13) according to Josephus*, Estudios Biblicos 54 (1996) 465-500; C. Conroy, *Absalom Absalom! Narrative and Language in 2 Samuel 13–20* (AnBib 81), Rome 1978; I. Müllner, *Gewalt im Hause Davids: die Erzählung von Tamar und Amnon (2 Sam 13, 1-22)*, Herder, Freiburg 1997; B. Suchanek-Seitz, *So tut man nicht in Israel. Kommunikation und Interaktion zwischen Frauen und Männern in der Erzählung von der Thronnachfolge Davids* (Exegese in unserer Zeit 17), Berlin 2006; F. M. Yamada, *Configurations of Rape in the Hebrew Bible: A Literary Analysis of Three Rape Narratives* (Studies in Biblical Literature 109), Frankfurt/M. 2008.

Entró el rey a verle y Amón le dijo: «Que venga, por favor, mi hermana Tamar y prepare ante mí unas frituras (= buñuelos) y yo las comeré de su mano». David envió a decir a Tamar: «Vete a casa de tu hermano Amón y prepárale algo de comer». Fue, pues, Tamar a casa de su hermano, que estaba acostado; tomó harina, la amasó, hizo pasteles y los puso a freír ante su hermano; tomó la sartén y la vació ante él, pero él no quiso comer; y dijo: «Que salgan todos de aquí». Y todos salieron. Entonces Amón dijo a Tamar: «Tráeme la comida a la alcoba para que coma de tu mano». Tomó Tamar las frituras que había hecho, se las llevó a su hermano Amón a la alcoba y se las acercó para que comiese, pero él la sujetó y le dijo: «Ven, acuéstate conmigo, hermana mía». Pero ella respondió: «No, hermano mío, no me fuerces, pues no se hace esto en Israel. No cometas esta infamia. ¿A dónde iría yo deshonrada? Y tú serías como un infame en Israel. Habla, te lo suplico, al rey, que no rehusará entregarme a ti». Pero él no quiso escucharla, sino que la sujetó y forzándola se acostó con ella.

Después Amón la aborreció con tan gran aborrecimiento que fue mayor su aborrecimiento que el amor con que la había amado. Y le dijo Amón: «Levántate y vete». Ella le dijo: «No, hermano mío, por favor, porque si me echas, este segundo mal es peor que el que me hiciste primero». Pero él no quiso escucharla. Llamó al criado que le servía y le dijo: «Échame a ésa fuera y cierra la puerta tras ella». (Vestía ella una túnica con mangas, porque así vestían antes las hijas del rey que eran vírgenes). Su criado la hizo salir fuera y cerró la puerta tras ella. Tamar puso ceniza sobre su cabeza, rasgó la túnica de mangas que llevaba, puso sus manos sobre la cabeza y se iba gritando mientras caminaba. Su hermano Absalón le dijo: «¿Es que tu hermano Amón ha estado contigo? Ahora calla, hermana mía; es tu hermano. No te preocupes de este asunto». Y Tamar quedó desolada en casa de su hermano Absalón. Cuando el rey David supo estas cosas se irritó mucho, pero no quiso castigar a su hijo Amón, al que amaba porque era su primogénito (2 Sm 13, 6-22).

El texto resulta ambiguo y da la impresión de que David puede haber comprendido las intenciones de Amón, cuando le pide que mande a su hermana, para que le prepare «unos buñuelos» (*labyivot*, palabra relacionada con *leb*, corazón), que podrían traducirse como frituras o tortas de amor. Tamar, en cambio, parece que no sospecha nada y así cocina para su medio hermano, heredero al trono, a quien ella debe respetar, unas «tortas de amor»; pero Amón quiere otra cosa y así se lo dice: «Acuéstate conmigo». Ella protesta, apelando a la ley (¡no se hace tal cosa en Israel!), añadiendo que sería una locura y villanía, para advertirle, como mujer, que si él quiere casarse con ella, puede pedir su mano al rey, pues en ese momento, el matrimonio entre hermanos de padre podría estar permitido (como en el caso Abrahán y Sara).

Pero Amón no la escucha (no quiere casarse con ella), sino que primero la viola y después la expulsa airado. Esta conducta puede entenderse desde la perspectiva de un hombre que quiere mostrar su superioridad sobre una mujer. Pero en ello puede influir también un tipo de «odio» hacia Absalón, su hermano menor, de quien quiere vengarse, violando a su hermana más querida. Sea como fuere, Tamar está dispuesta a «reparar» en lo posible el daño, aceptando como esposo (como mal menor) a su hermano, pues, habiendo sido violada, su padre no podrá casarla, por razones políticas, con ningún noble de su reino ni con ningún príncipe extranjero. Pero Amón se cree superior a toda ley (¡es el príncipe heredero!) y la expulsa sin contemplaciones.

Así termina su historia: «Ella *quedó desolada* en casa de su hermano Absalón». La palabra hebrea (*shamem*, desolada) es la que se emplea en otros casos (como en Isaías 54, 1) para hablar de una mujer estéril. Así queda ella, como estéril, una mujer sin futuro. Por su parte, el rey David, su padre, se muestra impotente y no castiga a Amón, quizá porque le ama, o porque le tiene miedo y, sobre todo, porque lo que ha hecho Amón lo había hecho él antes (con Betsabé y con otras mujeres). Por su parte, Absalón esperará con paciencia hasta el momento en que pueda vengarse, matando al violador de su hermana (2 Sm 14), para iniciar así una serie de violencias que conducirán a su propia muerte, tras luchar en contra de su padre (2 Sm 15–18)[78].

---

78 La Biblia judía ha contado esta historia triste de violación y asesinato para resituar la figura de David, que no puede controlar la violencia en el interior de su familia (cf. 2 Sm 12, 10) y que, al fin, quedará en manos de Betsabé, consintiendo que Salomón (representante de los intereses regios de Jerusalén) sea coronado rey. Se suele decir que el Dios de la Biblia escribe recto con renglones torcidos y uno de ellos es, sin duda, la historia de Tamar, hermana querida de Absalón, su vengador de sangre. De un modo significativo, Absalón, de quien se dice que era el israelita más guapo,

f) Abisag, la sunamita[79]

David había tenido varias mujeres y concubinas pero al final no hay ninguna que pueda dirigir su casa, en la intimidad, atenderle en los servicios domésticos y «calentarle» en la cama, quizá porque todas tenían sus ocupaciones (con su casa y sus hijos) y, sobre todo, porque eran ancianas. Además, posiblemente, ellas no querían al rey viejo, sino sólo aprovecharse de él, utilizando su cercanía como medio para el triunfo de sus hijos. En este contexto se cuenta la historia que sigue:

> Era ya viejo el rey David y entrado en años; le cubrían con vestidos pero no entraba en calor. Sus servidores le dijeron: «Que se busque para mi señor el rey una joven virgen y le asista y sea su mayordomo; que duerma en tu seno y dé calor a mi señor el rey». Se buscó una muchacha hermosa por todos los términos de Israel y encontraron a Abisag, la de Sunem, y la llevaron al rey. La joven era extraordinariamente bella; y era mayordomo del rey y su ministro, pero el rey no la conoció (cf. 1 Re 1, 1-4).

Éste parece el triste colofón de un rey anciano e impotente, a quien sus mujeres antiguas no cuidan, pero al que se le busca y encuentra una mujer joven que le pueda ofrecer los servicios más oficiales e íntimos. Éste es el destino de una muchacha que será la última mujer de un rey que ha hecho siempre lo que ha querido, pero que ahora está en manos de sus siervos. (a) No es el rey el que busca una mujer, pues ya no puede, sino sus *siervos* (*'abdau*, en el sentido de médicos y consejeros). (b) Ellos le buscan una mujer joven y bella, que pueda «calentarle» en sentido físico (quitarle el frío) y humano (encender su deseo), pues un rey sólo está verdaderamente vivo mientras mantiene su potencia sexual y puede tener hijos que hereden su trono; además, si el rey tiene un hijo heredero sus «siervos» serán regentes hasta que alcance la mayoría de edad.

Pues bien, siendo joven, la más bella y atractiva (para despertar el deseo sexual del rey), esa sunamita debe cumplir y cumple otras funciones esenciales. (a) Ella habita con el rey, en la intimidad del palacio, siendo su asistente de cámara (*'abad*: asiste ante él) y su administrador o

---

puso a su hija, también muy guapa, el nombre Tamar, su tía, quizá para que le sirviera de consuelo y compañía (2 Sm 14, 27).
79 Cf. M. Häusl, *Abischag und Batscheba. Frauen am Königshof und die Thronfolge Davids im Zeugnis der Texte 1 Kön 1 und 2*, EOS Verlag, St. Ottilien 1993; M. García Bachmann, *Un rey muy viejo y una muchacha muy linda; violencia casi imperceptible* (1 Re 1, 1-4), RIBLA 41 (2003) 50-68.

I. EN EL PRINCIPIO. LAS MUJERES DEL RECUERDO

mayordomo (es la *sokenet* del rey; cf. Is 22, 15). Nadie puede entrar ya en la intimidad del rey; sólo ella (¡buscada por los «siervos» de palacio) puede hacerlo y lo hace, llevando en sus manos las llaves del reino, como Sobna en Is 22, 15. (b) Esta sunamita actúa por tanto como ministro personal del rey, cuya casa administra (con *šarat*), de forma que tiene en sus manos el destino del reino, que pende, por tanto, de sus manos, siendo así un peligro para las pretensiones de Betsabé (y de Salomón): ¡El posible hijo de esta sunamita sería el heredero del reino!

De esa manera, mientras Adonías y Salomón disputan el trono de su padre (cf. 1 Re 1, 5-53), ella se ocupa de cuidar y administrar la casa del rey, de manera que cuando Betsabé viene a pedir audiencia con el rey, tiene que cursar su demanda a través de Abisag, que está presente a lo largo de la audiencia (1 Re 1, 15, con *šarat* de nuevo). Pero ella no pudo mantener el poder, ni legarlo a sus hijos, pues el rey «no fue capaz de conocerla» (1 Re 1, 4), ni de transmitir a través de ella su herencia real. Así aparece como mujer «frustrada», atracción inútil para un rey anciano.

Esta Abisag, sunamita hermosa y sabia, llamada (¿condenada?) a ser el último ministro humano y político de un rey antes poderoso, aparece así como figura trágica (¡no ha logrado levantar el deseo del rey, ni calentarle de verdad!), viniendo a convertirse, cuando muere el rey, en figura de harén, un personaje triste, como lo muestra el relato ya citado donde se dice que Adonías (pretendiente real) quiso tomarla como esposa, pidiendo a Betsabé que intercediera ante Salomón, que le mató por ello (cf. 1 Re 2, 13-24)[80]. Parece así que Abisag quedó al final sin un marido propio, en el nuevo harén de Salomón que quizá no volvió a acordarse de ella, pues tenía otras mujeres (y ella debía serle odiosa, como contrincante de su madre). Sea como fuere, algunos han pensado que ella es la sunamita/sulamita de Cantar de los Cantares.

---

[80] En mi presentación de Betsabé he dejado abierta su intención al cursar la petición de Adonías (ella puede querer «alejar» a Abisag, su contrincante final, o precipitar la muerte de Adonías). En ese fondo podríamos pensar que Adonías amara de verdad a Abisag y quisiera casarse con intenciones puramente «afectivas», pues el texto ha dicho que David no la había «conocido», de manera que ella permanecía virgen y, estrictamente hablando, no se podía decir que formara parte del harén real. Además, el mismo Adonías confiesa que «no quiere ya el reino», pues Yahvé se lo ha dado a Salomón (1 Re 2, 15-16).

2. Ciclo de Salomón

La Biblia Judía ha presentado el reinado de Salomón (c. 970-931 a.C.) de una manera más convencional que el de David y el tema de las mujeres concretas ocupa en su vida un lugar menos significativo. Hemos citado ya dos de ellas, relacionadas también con David (Betsabé y Abisag), y otras dos al hablar de mujeres sabias (las dos prostitutas). Aquí nos fijamos sólo en la Reina de Saba y en el gran harén que desvía el corazón del rey hacia dioses extranjeros.

a) La reina de Saba[81]

Proviene de Saba, sur de Arabia, en la zona actual del Yemen, o de Etiopía, al otro lado del mar (países que en aquel momento estaban vinculados por intercambios comerciales y políticos), tierra proverbial por su riqueza y su sabiduría. Y así viene a «compartir» con Salomón, en riqueza y en sabiduría:

> La reina de Saba oyó de la fama de Salomón, debido al nombre de Yahvé, y vino para probarle con preguntas difíciles (a desafiarle con enigmas). Vino a Jerusalén con un gran séquito, con camellos cargados de especias aromáticas, oro en gran abundancia y piedras preciosas. Cuando vino a Salomón, habló con él de todo lo que tenía en su corazón. Y Salomón respondió a todas sus preguntas; ninguna cosa hubo tan difícil que el rey no le pudiese responder. La reina de Saba vio toda la sabiduría de Salomón, la casa que había edificado, los manjares de su mesa, las sillas de sus servidores, la presentación y las vestiduras de sus siervos, sus coperos, y los holocaustos que él ofrecía en la casa de Yahvé; y se quedó sin aliento. Entonces dijo al rey: «¡Era verdad lo que había oído en mi tierra de tus cosas y de tu sabiduría! Yo no creía las palabras hasta que vine, y mis ojos lo han visto. Y he aquí que no se me había contado ni la mitad. En sabiduría y en bienes tú superas la fama que yo había oído. ¡Dichosos tus hombres, dichosos estos servidores tuyos que continuamente están de pie delante de ti y escuchan tu sabiduría! ¡Bendito sea Yahvé tu Dios, que se agradó de ti para ponerte en el trono de Israel! Por causa del eterno amor que Yahvé tiene por Israel, te ha constituido rey, a fin de que practiques el derecho y la justicia».
>
> Entonces ella dio al rey ciento veinte talentos de oro, una gran cantidad de especias aromáticas y piedras preciosas. Nunca llegó una

---

81 Cf. J. B. Pritchard (ed.), *Solomon and Sheba*, Phaidon Press, London 1974; K. Luke, *The Queen of Sheba (1 Kgs 10:1–13)*, Indian Theological Studies 23 (1986) 248-272.

cantidad tan grande de especias aromáticas como la que la reina de Saba dio al rey Salomón. Por su parte, el rey Salomón regaló a la reina de Saba todo lo que a ella se le antojó, aparte de lo que él le regaló, como rey espléndido. Después ella y su séquito emprendieron el viaje de vuelta a su país (1 Re 10, 1-10; cf. 2 Cr 9, 1-12).

Se trata, como se ve, de un intercambio entre un rey y una reina, que compiten en sabiduría y riqueza. La reina no viene a luchar contra el rey, sino a conversar con él, en gesto de admiración y respeto. Mirado así, este pasaje puede entenderse como un canto a la sabia mujer extranjera, que llega de un país lejano, que no representa ningún peligro religioso ni político para Israel, y como un canto para Salomón, que es signo de la grandeza israelita. Por eso, las relaciones entre estos dos reyes, que representan tradiciones distintas de riqueza y sabiduría, pueden ser pacíficas, sin que ninguno actúe sobre la forma de gobierno o religión del otro. Ambos son representantes de la riqueza y la sabiduría humana, entendidas como dones de Dios. Ambos resultan semejantes, pero el texto supone que la sabiduría (y riqueza) de Salomón son superiores a la riqueza y conocimiento de la reina de Saba, que acepta esa superioridad y alaba a Salomón, reconociendo el valor de la religión yahvista (¡Bendito sea Yahvé, tu Dios...!).

Por esto, tanto como por la sabiduría de Salomón, el texto quiere poner de relieve la sabiduría y riqueza de una mujer, que viene de un país conocido y famoso por sus comerciantes de oro y especias (cf. Gn 10, 7). Ella, la reina rica y sabia, aparece como expresión suprema de la grandeza humana, una mujer que posee todos los dones de Dios y puede compartirlos (y competir) con Salomón, el rey judío.

En ese contexto se entiende Sal 72, 10, cuando promete que los reyes de Saba y Arabia vendrán a Sión con regalos, y el anuncio de Is 43, 3 cuando añade que Dios dará para Israel, como rescate, tras el exilio, los países de Egipto, de Cus y de Saba (que aparecen así descritos de forma descendente: Egipto, Nubia, Etiopía). En esa línea, la visita legendaria de la reina de Saba adquiere un sentido casi mesiánico (los reyes lejanos vienen a Israel para traer sus dones). Pero esa visita sirve también para poner de relieve la riqueza y la sabiduría de Israel, representada por su rey, capaz de responder a todas las preguntas de la Reina Sabia y de competir con ella en regalos y riqueza.

Desde el punto de vista histórico, la tradición de la visita de la reina de Saba ha de entenderse finalmente desde una perspectiva comercial, pues se nos dice que Salomón había construido una flota en Ezion-geber

(Elat), en el Golfo de Aqaba (1 Re 9, 26-27 y 2 Cr 8, 17), y que sus barcos surcaban el Mar Rojo, controlando de esa forma el comercio hasta el estrecho de Bad el Mandev, que une y separa los países tradicionalmente vinculados a Saba (Yemen y Etiopía). En ese contexto se entiende el pacto entre los reinos de Israel y de Saba por el control de las rutas comerciales, frecuentadas por los mercaderes de Saba, ricos en oro, perlas y perfumes (cf. Sal 72, 15; Is 60, 6; Jr 6, 20; Ez 27, 22; 38, 13)[82].

b) Las mujeres que desviaron el corazón de Salomón

La historia de Salomón está dividida en dos bloques. El primero, que es más largo y culmina de algún modo con el relato de la Reina de Saba (cf. 1 Re 3-10), destaca sus logros administrativos, políticos y religiosos, centrados en la construcción del templo de Yahvé. El segundo, más corto (1 Re 11, 14-43) describe la desintegración del reino, que continúa en 1 Re 12ss.

Miradas las cosas históricamente, la desintegración ha comenzado por otras razones, de tipo económico y social. Pero el autor de la Biblia judía ha echado la culpa a las mujeres extranjeras que arrastraron el corazón de Salomón hacia otros dioses, desviándolo de Yahvé, Dios de Israel. El tema se inscribe dentro del motivo general del riesgo de las mujeres extranjeras, que hemos visto en la historia de los orígenes (caps. 2-3) y veremos en la restauración de la identidad israelita tras el exilio (caps. 15-16). Aquí me limitaré a evocarlo, citando el texto clave del libro de los reyes, poniendo en cursiva la redacción antigua y entre paréntesis las adiciones posteriores:

> *El rey Salomón amó a muchas mujeres* (extranjeras, además de la hija del Faraón; moabitas, amonitas, edomitas, sidonias e hititas y de los pueblos que había dicho Yahvé a los israelitas: No os unáis a ellas y ellas a vosotros, pues seguro que arrastrarán vuestro corazón tras sus dioses; pero Salomón se enamoró perdidamente de ellas). Él *tuvo setecientas princesas y trescientas concubinas.* (Y así, cuando llegó a viejo,

---

[82] Este relato de la visita de la Reina ha marcado las tradiciones posteriores del Corán (27, 15-45), donde la reina de Saba aparece como adoradora de Allah, lo mismo que Salomón. Por su parte, la «leyenda nacional» del reino cristiano de Etiopía (que ha existido desde el siglo IV d.C. hasta nuestros días) supone que Salomón y la reina de Saba tuvieron un hijo, llamado Menelik, que visitó después a su padre Salomón en Jerusalén, de donde llevó a Etiopía el Arca de la Alianza, signo de la presencia de Dios, y así los reyes cristianos de Etiopía se han considerado herederos de Salomón y la reina de Saba.

las mujeres de Salomón desviaron su corazón tras otros dioses y su corazón no fue por entero de Yahvé, su Dios, como el corazón de David su padre. Salomón marchaba tras Astarté, diosa de los sidonios, y tras Milcón, ídolo de los amonitas). *Salomón hizo lo que el Señor reprueba y su corazón no se mantuvo del todo al lado de Yahvé, como David su Padre. Por entonces Salomón edificó un altar a Camós, abominación de Moab, y a Milcón, abominación de los amonitas.* (Y lo mismo hizo con todas sus mujeres extranjeras que quemaban incienso y sacrificaban a sus dioses) (1 Re 11, 1-8)[83].

El texto antiguo (en cursiva) proviene quizá del tiempo de la monarquía y no culpa directamente a las mujeres ni las presenta como origen del pecado del rey, pues la abundancia del harén es signo de riqueza (de la abundancia de un reino) e incluso de la «virilidad» de un rey, que así aparece como hombre de gran fuerza sexual, lo cual, en aquel contexto, se tomaba como signo de bendición para el reino. Además, el hecho de que el rey se casara con mujeres extranjeras forma parte de la diplomacia, pues los pactos entre pueblos y reinos se concretaban en el intercambio de mujeres, que constituían un «capital económico» para regular las relaciones sociales. Finalmente, tanto por política como por paz familiar, Salomón debía respetar las creencias de sus mujeres, para las que lógicamente edifica lugares de culto.

Ciertamente, el texto antiguo afirma ya que Salomón «hizo lo que Dios reprueba», pero no centra ese pecado en su matrimonio con mujeres extranjeras. Pues bien, en contra de eso, los añadidos posteriores (entre paréntesis, en letra redonda), introducidos tras el exilio (cf. cap. 16) interpretan a las mujeres extranjeras no sólo como responsables de la idolatría de Salomón, sino de la división y ruina posterior de su reino. Como hemos visto en el cap. 1, los dioses aquí mencionados, en especial Astarté/Anat, la «esposa» de Baal, eran bien conocidos en Canaán y no pueden tomarse en modo alguno como extranjeros. Por su parte, Milcón (Moloc, Dios-Rey) y Camós aparecen con frecuencia como variedades locales del mismo dios Baal (el Señor), que domina en toda la historia primitiva de Israel.

---

83 Asumo la reconstrucción del texto propuesta en E. Würthwein, *Die Bücher der Könige. 1. Könige 1-16*, Das Alte Testament Deutsch, Vandelhoeck, Göttingen 1977, 130-135, elaborada de un modo especial por Elisabeth M. Cook Steike, *La mujer como extranjera en israel. Estudio exegético de Esdras 9 y 10*, Universidad Bíblica DEI, San José 2004.

Las adiciones al texto (que se sitúan en un tiempo cercano al exilio), describen a las mujeres extranjeras como instigadoras de la infidelidad de Salomón: desvían su corazón, le separan del amor a Yahvé y son causa de la división y ruina de su reino. Esas adiciones han debido ser introducidas cuando crece la preocupación por el matrimonio de judíos con mujeres extranjeras (moabitas, amonitas, edomitas, sidonias e hititas), a las que se hace responsables del pecado de Salomón (y del riesgo de pecado del pueblo, en tiempo de Esdras y Nehemías). Ellas son idólatras y constituyen un riesgo para los israelitas (representados por Salomón), a los que pueden seducir, conduciéndole a la idolatría.

Significativamente, el autor bíblico toma a esas mujeres como «chivo expiatorio» de las miserias del pueblo. Es evidente, que el rechazo y condena de las «mujeres extranjeras» de Salomón se ha introducido en un momento en que el matrimonio de los judíos con mujeres extranjeras constituye la máxima preocupación para un grupo de judíos que quieren mantenerse separados de todos los cultos y costumbres extranjeras. En ese contexto, tiende a suponerse que los hombres (como Salomón) son en sí mismos buenos y que el riesgo de corrupción de Israel proviene de las mujeres. No hará falta decir que ésta es una visión partidista y sesgada, pues los males del reinado de Salomón no provienen de sus mujeres, sino de su misma política «imperialista» y la causa de la ruina (real o simbólica) de Israel no proviene de las mujeres, sino del conjunto del pueblo, como seguiremos viendo.

9
GEBÎRÁ: MADRES DE REYES Y REINAS

En principio, la Biblia no conoce la figura de una reina israelita y sólo Atalía actúo como tal durante siete años (2 Re 11), siendo después derrocada y ajusticiada por una rebelión de sacerdotes yahvistas de Jerusalén. Ella conoce, sin embargo, la existencia de reinas extranjeras que ejercen el poder por sí mismas (Reina de Saba en 1 Re 10) o como consortes del rey (Tafnes/Tahpenes en Egipto, 1 Re 1, 19-20, y Vasti y Ester en Persia, Est 1–10). En este contexto podemos hablar de «matrimonios reales», realizados por conveniencia diplomática. Así se dice que David se casó con Maacá, hija del rey de Gesur (2 Sm 3, 3) y Salomón con la hija del Faraón y con mujeres de otras dinastías del entorno (cf. 1 Re 3, 1). Ajab se casó con Jezabel, hija de un rey fenicio (1 Re 16, 13), y Joram con Atalía (de la casa real de Israel: 2 Re 8, 18).

Se supone además que los harenes estaban integrados por mujeres de orígenes diversos, que servían como vinculación del rey con las familias principales de su reino y con otras dinastías de su entorno. El más famoso fue sin duda el de Salomón (1 Re 11, 1-3) de quien se dice que tuvo 700 mujeres y 300 concubinas. Se dice también que Roboam tuvo 18 mujeres y 60 concubinas (2 Cr 11, 21) y Abías 14 mujeres (2 Cr 13, 21). También se habla de las «mujeres» (harenes) de David (2 Sm 3, 2-5), de Ajab (1 Re 20, 3-7), Joaquín (2 Re 24, 15), cuya abundancia era un signo de poder, aunque el texto más tardío de Dt 17, 17 pone de relieve el riesgo de tener muchas mujeres, no porque ello implique algún tipo de injusticia o menosprecio, sino porque ellas, siendo muchas y extranjeras, pueden desviar el corazón del rey.

El harén era una posesión personal del rey, que pasa por tanto a su heredero, que se vuelve «esposo» de las mujeres de su padre (2 Sm 3, 6-11; 16, 15-23; 1 Re 2, 13-25), en contra de una ley que prohíbe que el hijo se case con la mujer de su padre (cf. Lv 18, 8). De todas maneras, más que la primera esposa o el harén en cuanto tal, la persona con más influjo en la política del rey suele ser la reina madre, como hemos visto en el caso de Betsabé y veremos en el de Maacá.

1. La madre del rey como gebîrá[84]

El hombre israelita es *geber* (fuerte, valioso) como guerrero y gobernante. Por el contrario, en principio, la mujer es *gebîrá* (también valiosa) como madre, pues como simple esposa ella se encuentra a merced del marido que puede tener otras mujeres y expulsarla además o divorciarse de ella por ley (cf. Dt 24, 1-4). Sólo como madre la mujer se vuelve importante en la familia. El hombre es rey por sí mismo; la mujer, en cambio, no es *gebîrá*/reina ni por sí ni por su esposo, sino como madre de un hijo rey, como lo fue Betsabé en tiempo de Salomón (su hijo), que la recibe con honor y la sienta a su derecha (1 Re 2, 19; cf. 2 Re 11, 1ss). Por eso, el libro de los Reyes no menciona a las esposas de los reyes, sino a sus madres, que reciben la dignidad oficial de *gebîrá* en la entronización del hijo (cf. 2 Re 23, 31.36; 24, 8.18) y la conservarán incluso después de la muerte de ese hijo (cf. 1 Re 15, 13).

En cuanto esposa, la mujer pertenece al mundo privado del esposo, de manera que, en sí misma, ella carece de rango oficial. Por el contrario, en cuanto madre, ella adquiere dignidad y aparece como símbolo de vida (fuente de la vida), ocupando así un lugar especial en el reino. Mientras el hijo es menor no tiene autoridad, está bajo la madre, en casa de ella (si el padre tiene varias mujeres). Sólo como madre de un hijo importante (y en especial del rey) una mujer se vuelve gebîrá.

> «Ese título llevaba consigo dignidad y poderes especiales. Betsabé era ciertamente *gebîrá* bajó Salomón: éste la recibe con gran honor y la

---

[84] Visión general en R. Jost, *Königinmutter*, en WiBiLex. Cf. también S. Ackerman, *The Queen Mother and the Cult in Ancient Israel*, en A. Bach (ed.), *Women in the Hebrew Bible*, Routledge, New York 1999, 179-194; A. Andreasen, *The Role of the Queen Mother in Israelite Society*, CBQ 45 (1983) 179-194; E. K. Solvang, *A Woman's Place Is in the House: Royal Women of Judah and Their Involvement in the House of David* (JSOtSup 349), Sheffield 2003; Z. Ben Barak, *The Queen Consort and the Struggle for Succesion to the Throne*, en J. M. Durant (ed.), *La Femme dans le Proche-Orient Antique (Rencontre Assyriologique Internationale* 33), Ed. Rech. sur les Civilisations, Paris 1986, 33-40; *The Status and Right of the Gebîra*, JBL 110 (1991) 23-34; P. J. Berlyn, *The Great Ladies*, JBQ 24 (1996) 26-35; H. Donner, *Art und Herkunft des Amtes der Königinmutter im Alten Testament*, en R. von Kienle (ed.), *Festschrift J. Friedrich zum 65. Geburtstag*, Winter V., Heidelberg 1959, 105-145; A. Kiesow, *Löwinnen von Juda. Frauen als Subjekte politischer Macht in der jüdäischen Königszeit*, Humboldt-Universität, Berlin 1998; H. Kosmala, *The Term geber in the Old Testament and in the Scrolls*, VT 17 (1969) 159-169: Cf. G. Molin, *Die Stellung der Gebira im Staate Juda*, ThZ 10 (1954) 161-175.

sienta a su derecha, 1 Re 2, 19. El poder de la reina madre no se basaba únicamente en el crédito que una madre tiene sobre su hijo, como en el caso de Betsabé, sino que iba mucho más lejos. Por abusar de tal poder, Maacá fue privada de su dignidad de *reina madre* por Asá, 1 Re 15, 13. Esta dignidad de la *reina madre* explica que Atalía se apoderase tan fácilmente del poder a la muerte de Ococías, 2 Re 11, 1s. Esta posición oficial dentro del reino justifica que el libro de los Reyes mencione el nombre de la madre del rey en la introducción de cada reinado de Judá...

Es posible que la dignidad de *gebîrá* se confiriese en el momento de la entronización del hijo. Es lo que parece indicar el destino de Jamutal, esposa de Josías, que fue *reina madre* en tiempo de Joacaz, su hijo... (2 Re 23, 31). Es posible también que la madre recibiese el título de *gebîrá* desde el momento en que el hijo era designado para la sucesión, como parece sugerirlo 2 Par 11, 21-22. Parece ser que la reina madre conservaba su dignidad aún después de la muerte del hijo. Así Maacá, esposa de Roboam, sigue siendo *gebîrá* bajo su nieto Asá, después del corto reinado de su hijo Abías, 1 Re 15, 13. Del mismo texto se deduce que la *gebîrá* podía ser destituida por el rey: Maacá había favorecido el culto de Ashera»[85].

En este contexto debemos añadir que las gebîrás han podido tener cierto influjo en los temas de culto, como veremos al hablar de Maacá, Jezabel y Atalía. Lógicamente, en esa línea, las mujeres (y sobre todo las extranjeras) han podido ser presentadas como responsables de la apostasía religioso/social de Israel. Así, G. W. Ahlström[86] sostiene que la reina madre actuaba como «pareja sagrada» en el ritual del «hieros gamos» o matrimonio sagrado que se celebraba en el templo de Jerusalén, que hasta el tiempo del exilio (o, al menos, de la reforma de Josías, en torno al 621 a.C.) nunca estuvo dedicado sólo a Yahvé, sino a Yahvé

---

85 Cf. R. de Vaux, *Instituciones del Antiguo Testamento*, Herder, Barcelona 1976, 172-173. Como he dicho, el varón es gibbor por la guerra o por actividades de violencia y conquista asociadas con ellas. Así son gibbor los gigantes (sexualmente insaciables, guerreros), que nacen de la unión de ángeles y mujeres, y lo es Nimrod, cazador mítico del principio, primer soldado de la Biblia (cf. Gn 6, 4; 10, 8). De ordinario se asocian al poder militar y económico, de forma que el *gibbor hayil* (poderoso-rico) es un guerrero profesional que puede costearse una armadura o un equipo de guerra. Gibborim por antonomasia son los héroes o valientes asociados de un modo especial a David. En contra de eso, en principio, la mujer es *gebîrá* por su maternidad. Ciertamente, en principio, ella puede ser gebîrá o señora en cuanto esposa del señor o en cuanto mujer libre (dueña de una esclava), como muestran varios textos de la Biblia judía (Gn 16, 4.8.9; 2 Re 5, 3; Is 24, 2; Sal 123, 2 etc.), pero sólo puede serlo plenamente como madre de un varón importante.

86 *Aspects of Syncretism in Israelite Religion*, Horae Soederblomianae 5, Lund 1963.

y su Ashera. Por su parte, S. Terrien[87] piensa que la reina madre representaba uno de los elementos cúlticos del mito de Jerusalén como *omphalos*, ombligo o centro del mundo, un tema que aparecía también en otros elementos de su culto (prostitución sagrada, rituales solares, serpiente divina...); esos elementos, en principio extraños a la religión israelita, formarían parte del culto «jebuseo» (cananeo) de la ciudad sagrada que David había conquistado y en la que Salomón construyó un templo que quería ser yahvista, pero que admitía los cultos cananeos anteriores de tipo cósmico y dual (Dios/Diosa).

Ese tema (el carácter sincretista del primer templo de Jerusalén) puede y debe seguir siendo discutido. Aquí sólo quiero evocar la historia de tres gebîrás (Maacá, Jezabel y Atalía) que ofrecen unos rasgos convergentes muy significativos: (1) Tienen un origen no israelita, aunque en el caso de Maacá no es claro. (2) Defienden el culto de la Ashera y/o de Baal; (3) Han sido destronadas.

2. Maacá y la imagen de Astarté

La Biblia judía recuerda a dos mujeres importantes con ese nombre. La primera es la hija del rey arameo de Guesur, con la que David se casó por razones diplomáticas, y que fue madre de Tamar y también de Absalón, que mató a su medio hermano Amón, por haber violado a Tamar, siendo el primero que intentó apoderarse del trono de su padre, muriendo en el intento. La segunda Maacá, de la que aquí hablaremos, tiene un origen más discutido, de manera que algunos afirman que podía ser una princesa extranjera. Pero es quizá mejor aceptar al pie de la letra el texto de 1 Re 15, 2 donde se dice que Maacá (esposa de Roboam y madre de su hijo, Abías) era hija de Absalón, y que llevaba, de un modo normal, el nombre de su abuela. Así parece confirmarlo el libro de Crónicas cuando afirma que el rey Roboam tenía 18 esposas y 70 concubinas, pero que «quería a Maacá, con la que se había casado, más que a todas las restantes mujeres» (2 Cr 11, 20-21), de manera que su hijo Abías fue heredero del trono, a pesar de no ser el primogénito.

En ese contexto se entiende la política religiosa de Roboam (931-913 a.C.), hijo de Salomón, y la de Abías (913-911 a.C.), su nieto, ambos influidos por Maacá (hija de Absalón y nieta del rey de Guesur), que debía ser una mujer poderosa, pues determinó la política religiosa del reino de Judá, manteniendo las tradiciones antiguas de

---

87 *The Omphalos Myth and Hebrew Religion*, VT 20 (1970) 315-338.

Canaán, con los signos de Baal y Ashera, con estelas y árboles sagrados, e incluso con la prostitución sagrada (con los signos del dios y de la diosa) en el mismo templo de Jerusalén (1 Re 14, 22-24). Ella influyó también en el breve reinado de su hijo Abías, pero su fortuna y su influjo cambió en tiempos de su nieto Asá (911-870 a.C.) que, por razones que desconocemos, optó por un tipo de yahvismo más estricto:

> El año veinte de Jeroboam, rey de Israel, comenzó a reinar Asá en Judá. Reinó 41 años en Jerusalén; su abuela se llamaba Maacá, hija de Absalón. Asá hizo lo recto a los ojos de Yahvé, como David su padre. Expulsó de la tierra a los consagrados a la prostitución sagrada (qedeshim), y quitó todos los ídolos que sus padres habían hecho. Incluso llegó a quitar a su abuela Maacá el título de gebîrâ porque había hecho un ídolo para Astarté. Asá abatió este ídolo (= horror) y lo quemó en el torrente Cedrón (1 Re 15, 9-13).

En el contexto anterior se entiende ese gesto de Maacá «que hizo un ídolo/imagen de Astarté», es decir, de la esposa divina, colocándolo sin duda en el templo, al lado de Yahvé, del que se dirá en la tradición posterior que ha de ser un Dios sin imagen[88]. Si se hubiera tratado de un gesto privado, es decir, si ella se hubiera limitado a venerar una estatua de Astarté en su casa, no hubiera pasado nada. Pero actuó como «reina madre», es decir, como la autoridad femenina más grande del reino, queriendo favorecer (al lado de Yahvé, sin duda) a la gran diosa, que podía provenir del reino de Gesur, lugar de origen de Maacá, su abuela, pero que era también muy conocida en las tierras de Israel. Se trataba, probablemente, de una «diosa de madera», que se puede quemar, una imagen humana/materna, pero podía recibir también la forma de un tronco sagrado, pues árboles y troncos eran signos de divinidad femenina.

En este contexto se dice que Asá «expulsó a los qedeshim», prostitutos sagrados (en masculino). Resultan más conocidas en el oriente antiguo las prostitutas sagradas, vinculadas a un templo, como signo de la sacralidad femenina. Pero también son conocidos los prostitutos, especialmente dedicados al culto de la diosa. Ellos habrían sido protegidos por Maacá. El texto supone que la destitución de Maacá, de la que su nieto se desvincula (quitándole su dignidad de gebîrâ), no se ha realizado de un modo violento, es decir, matándola (pues de lo contrario el texto lo

---

88 De hecho, como ha mostrado F. García López en *Iconismo y aniconismo bíblico*: Estudios Bíblicos 66 (2008) 247-262, en el templo antiguo de Jerusalén debió existir una imagen de Yahvé, que sólo desparece tras la reforma deuteronomista y el exilio.

habría dicho). Asá tampoco ha matado a los prostitutos, sino que los ha «expulsado». Nos hallamos ante un primer momento de la «revolución yahvista» que se irá expandiendo en los siglos siguientes, para culminar tras el exilio. Maacá representa una opción religiosa[89].

3. Jezabel, la mujer odiada por la Biblia judía[90]

Princesa fenicia, hija del rey Etbaal rey de los sidonios (1 Re 16, 31), que se casó con Ajab, rey de Israel, (874-852 a.C.) por razones evidentemente políticas, pues ambos reinos se necesitaban y completaban en el aspecto económico y militar. Igual que sus padres, ella es no sólo seguidora de Baal (y de Ashera/Astarté), sino posiblemente sacerdotisa de esos dioses. La redacción deuteronomista de la Biblia judía la acusa no sólo de haber introducido el culto de Baal en Israel (cosa que, como sabemos, no es exacta, pues en aquel tiempo había en Israel elementos yahvistas y baalistas (cf. cap. 1), sino de haberlo promocionado de un modo especial, persiguiendo a los profetas de Yahvé (1 Re 18, 4), especialmente a Elías (1 Re 19, 2) y apoyando a los profetas de Baal (1 Re 18, 19). La Biblia supone, además, que ella fue la inspiradora de la política anti-yahvista de su marido:

> Ajab... se casó con Jezabel, hija de Etbaal, rey de los fenicios, y dio culto y adoró a Baal; erigió un altar a Baal en el templo que le construyó en Samaría... (1 Re 16, 31-32). No hubo nadie que se vendiera como Ajab para hacer lo que Yahvé reprueba, instigado por su mujer Jezabel. Actuó del modo más abominable, siguiendo a los ídolos, procediendo en todo como los amorreos a los que Yahvé había expulsado frente a los israelitas (cf. 1 Re 21, 25-26).

Estamos ante unos temas ya conocidos. (a) Por un lado, el pecado de Jezabel y Ajab se identifica con el pecado de los «amorreos» antiguos, es decir, de los habitantes de Canaán, con quienes los israelitas no debían

---

89 Sobre los prostitutos sagrados, R. Jost, *Hure/Hurerei* (AT), WiBiLex; *Von «Huren und Heiligen». Ein sozialgeschichtlicher Beitrag*, en H. Jahnow (ed.), *Feministische Hermeneutik und Erstes Testament*, Kohlhammer, Stuttgart 1994 126-137; C. Stark, *Kultprostitution im Alten Testament? Die Qedeschen der Hebräischen Bibel und das Motiv der Hurerei* (OBO 221), Fribourg/Schweiz 2006.

90 Cf. P. R. Ackroyd, *Goddesses, Women and Jezebel*, en A. Cameron-A. Kurht (eds.), *Images of Women in Antiquity*, Detroit 1983, 245-259; G. Hentschel, *Elija und der Kult des Baal*, en E. Haag (ed.), *Gott der einzige* (QD 104), Freiburg 1985, 54-90; H. Parzen, *The Prophets and the Omri Dynasty*, HThR 33 (1940) 69-96.

haber pactado, conforme a la ley de la conquista, propia de los partidarios del «sólo Yahvé» (cf. Ex 23, 20-24; Dt 7, 1-6); no se trata, por tanto, de introducir dioses extranjeros, sino de mantener los antiguos dioses de la tierra. (b) Por otro lado, conforme al tema ya común del «riesgo de las mujeres extranjeras», el texto supone que ha sido ella, Jezabel, la que ha encarnado el mayor de los impulsos anti-yahvistas de la historia israelita (más incluso que el de las mujeres de Salomón).

Las diversas escenas de la historia de Ajab y Jezabel, inscritas en el ciclo de Elías y Eliseo (1 Re 17–2 Re 13), constituyen un momento central en la lucha entre el yahvismo y la religión de los baales/asheras, desde una perspectiva cercana a la que marca Dt 7, 7-23. En ese contexto, Jezabel aparece como seductora e instigadora del rey y del conjunto del pueblo (1 Re 21, 25-26), como personificación del riesgo que implica el baalismo y la cultura pagana cananea (fenicia) sobre el conjunto de Israel.

No sabemos el alcance histórico de su influjo, aunque todo nos permite suponer que ella fue impulsora del culto de Baal/Ashera (aceptado por una parte del pueblo), aunque no rechazó el culto de Yahvé, sino que buscó una especie de sincretismo religioso. Tampoco sabemos cómo fue la conducta de su marido Ajab (aunque podemos pensar que fue más neutral, en medio de esos dos impulsos y mundos religiosos que estaban chocando en su reino). Pero la Biblia judía ha personificado en ella los males del «paganismo» social y político, en su lucha contra del yahvismo.

La Biblia presenta a Jezabel como responsable de las «prostituciones y hechicerías» vinculadas con el culto a los baales. No la acusa en ningún momento de infidelidad sexual, sino que la presenta como buena esposa, preocupada por los intereses de Ajab. Pero, al entender la idolatría (culto a los baales) como prostitución, la Biblia la convierte en prototipo de infiel y adúltera, presentándola como signo de la «mala mujer», que «tienta» al marido y a todo el pueblo, de forma que hasta el día de hoy, sobre todo en el mundo anglosajón, decir Jezabel significa infidelidad, depravación sexual y perversidad. Así la ha recordado la Biblia cristiana en el Apocalipsis, al presentarla como signo de perversión femenina (cf. Ap 2, 20).

Para revalorar su figura necesitaríamos contar con un testimonio histórico neutral, que no estuviera escrito desde los «vencedores» (partidarios del sólo Yahvé), sino desde una perspectiva donde se tuvieran en cuenta las tres opciones que había en ese momento: o sólo Yahvé, o sólo Baal o un sincretismo entre Yahvé y Baal/Ashera. En este contexto debemos recordar que la postura más extendida y antigua en el reino de Israel

(Samaría) no era el «sólo Yahvé» (representado por Elías), sino el equilibrio entre Baal/Ashera-Astarté (los cultos autóctonos antiguos) y el nuevo dios Yahvé de los israelitas más estrictos. En algún momento, el partido de Baal/Astarté ha podido aparecer como dominante, pero no parece que se haya absolutizado, ni que sus defensores hayan mandado matar a los yahvistas.

Quizá pudiéramos decir que el impulso mayor para el conflicto provenía de los partidarios del «sólo Yahvé» (en la línea de Elías/Eliseo), que tendían a volverse intransigentes, rechazando otras opciones religiosas y sociales. En ese contexto deberíamos añadir, quizá también, que Jezabel actuaba como heredera de una cultura monárquica absolutista donde su padre (Rey de Sidón) tenía poderes sagrados sobre el pueblo (en contra de Israel, donde los reyes no podían apoyarse en poderes divinos). Por eso, su «mal» no parece hallarse en haber sido partidaria de Baal y en apoyar a los baalistas de su nuevo reino, sino en hacerlo de un modo absolutista. Desde aquí han de verse los tres episodios principales de su historia, según la Biblia judía: (1) Conflicto entre seguidores de Yahvé y Baal/Ashera (cf. 1 Re 16, 29-34; 18, 17-40; 19, 1-3). (2) Episodio de la viña de Nabot (1 Re 21, 1-16). (3) Muerte de Jezabel y su familia (1 Re 22, 29-40; 2 Re 9, 21-28.30-37).

1. *Enfrentamiento entre seguidores de Yahvé y Baal/Ashera* (cf. 1 Re 16, 29-34; 18, 17-40; 19, 1-3)[91]. Como he dicho, por ser hija del rey de los sidonios (cuyo culto a la diosa acentúan 1 Re 11, 5.33; 2 Re 23, 13), Jezabel parece haber sido sacerdotisa de Baal y Ashera/Astarté, dioses que regulan la fertilidad de la tierra y la vida de los hombres y mujeres. En principio, su intención no puede haber sido el perseguir directamente a los yahvistas, pues la religión de Baal no era básicamente proselitista ni fanática, sino que dejaba lugar para otros dioses. La «intransigencia religiosa» parece haber comenzado por algunos «profetas de Yahvé» que

---

[91] Además de obras citadas en nota anterior, cf. R. Albertz, *Elia. Ein feuriger Kämpfer für Gott* (Biblische Gestalten 13), Leipzig 2006; L. Bronner, *The Stories of Elijah and Elisah als polemic against Baal Wohsip*, Brill, Leiden 1968; G. Fohrer, *Elia* (ATANT 31), Zürich 1957; A. J. Hauser-R. Gregory, *From Carmel to Horeb. Elijah in Crisis* (JSOT SuppSer 85), Sheffield 1990; G. Hentschel, *Die Elijaerzählungen* (Erf. ThSt 33), Leipzig 1970; H. H. Rowley, *Elijah in Mount Carmel*, BJRL 43 (1960) 190-216; O. Steck, *Überlieferung und Zeitgeschichte in der Elia-Erzählungen* (WMANT 26), Neukirchen 1968; J. Vermeylen (ed.), *Elie le prophète*, Peeters, Leuven 1988.

eran en principio más fanáticos, pues no querían dejar ningún espacio para otros dioses.

En este contexto sitúa la Biblia el juicio del Carmelo (1 Re 18) donde, desde una perspectiva posterior, se describe el enfrentamiento entre Elías, profeta de Yahvé, y los cuatrocientos cincuenta profetas de Baal y los cuatrocientos de Ashera (cf. 1 Re 18, 19), a los que degolló en el río (cf. 1 Re 18, 40). Como es normal, al enterarse de ello, Jezabel jura vengarse, mandando decir a Elías: «Que los dioses me castiguen si mañana a estas horas no hago contigo lo que has hecho con cualquiera de ellos» (1 Re 19, 2). Evidentemente, Elías huye (cf. 1 Re 19, 3s).

2. *Episodio de la viña de Nabot* (1 Re 21, 1-16)[92]. Se supone que han pasado varios años. Ajab y Jezabel gozan de paz y han construido un palacio en Samaría (con un templo de Baal y Ashera) y otro palacio/villa en Jezrael, una ciudad estratégica, entre las montañas de Samaría y Galilea, dominando la gran llanura que une el Mediterráneo con las rutas del oriente. Para ampliar su jardín, Ajab quiere comprar la viña de Nabot, un propietario israelita que, fiel a las tradiciones de su pueblo (¡cada familia debe conservar la heredad que Dios le ha dado!), se niega a venderla. Como israelita, Ajab no tiene recursos legales ni morales para exigir a Nabot la venta de su viña. Pues bien, en este momento interviene ella, como representante de una tradición donde el rey posee poderes absolutos y donde la justicia se entiende de forma impositiva:

> Vino a donde él su mujer Jezabel, y le habló: «¿Por qué está triste tu espíritu y por qué no quieres comer?». Ajab le respondió: «Porque he hablado con Nabot de Yizreel y le he dicho: Dame tu viña por dinero o, si lo prefieres, te daré una viña a cambio, y me dijo: No te daré mi viña». Su mujer Jezabel le dijo: «¿Y eres tú el que ejerces la realeza en Israel? Levántate, come y que se alegre tu corazón. Yo te daré la viña de Nabot de Yezrael». Escribió cartas en nombre de Ajab y las selló con su sello, y envió las cartas a los ancianos y notables que vivían junto a Nabot. En las cartas había escrito: «Proclamad un ayuno y haced sentar a Nabot a la cabeza del pueblo. Haced que se sienten frente a él dos

---

92 Cf. F. Andersen, *The Socio-Juridical Background of the Naboth Incident*, Journal of Biblical Literature 85 (1996) 46-5; K. Baltzer, *Naboths Weinberg (1Kön 21). Der Konflikt zwischen israelitischem und kanaanäischem Bodenrecht*, WuD 8 (1965) 73-88; R. Bohlen, *Der Fall Nabot. Formen, Hintergrund und Werdegang einer alttestamentlichen Erzählung (1Kön 21)* (TThSt 35), Trier 1978; J. M. Miller, *The Fall of the House of Ahab*, VT 17 (1967) 307-324; A. Rofé, *The Vineyard of Naboth*, VT 38 (1988) 89-104; P. Welten, *Naboths Weinberg (1. Kön. 21)*, EvTh 33 (1973) 18-32.

malvados que le acusarán diciendo: Has maldecido a Dios y al rey y le sacaréis y le apedrearéis para que muera».

Los hombres de la ciudad, los ancianos y notables que vivían junto a Nabot en su ciudad, hicieron lo que Jezabel les había mandado, de acuerdo con lo escrito en las cartas que les había remitido. Proclamaron un ayuno e hicieron sentar a Nabot a la cabeza del pueblo. Llegaron los dos malvados, se sentaron frente a él y acusaron los malvados a Nabot delante del pueblo diciendo: «Nabot ha maldecido a Dios y al rey»; le sacaron fuera de la ciudad, le apedrearon y murió. Enviaron a decir a Jezabel: «Nabot ha sido apedreado y ha muerto». Cuando Jezabel oyó que Nabot había sido apedreado y muerto, dijo a Ajab: «Levántate, toma posesión de la viña de Nabot, el de Yezrael, el que se negó a dártela por dinero, pues Nabot ya no vive, ha muerto». Apenas oyó Ajab que Nabot había muerto, se levantó y bajó a la viña de Nabot, el de Yezreel, para tomar posesión de ella (cf. 1 Re 21, 4-16).

Éste es el auténtico «pecado» de Jezabel (y de Ajab) según la tradición más antigua, un delito de injusticia y asesinato (de prepotencia regia), no de idolatría en sentido separado de la vida. Conforme a la visión de conjunto de la Biblia, si Yahvé se eleva sobre Baal/Ashera no es por algún tipo de esencia metafísica superior, sino porque él defiende y avala la justicia, frente al absolutismo de los dioses/reyes de la tradición fenicio/cananea.

Es difícil evaluar históricamente la responsabilidad de ese «robo» de la viña de Nabot, con el asesinato de su propietario, aunque el hecho parece histórico, indicando que Ajab habría terminado utilizando medios de dominio violento para tomar algunas propiedades de los israelitas. Desde ese fondo se puede entender el consejo y proceder de Jezabel, porque ella representa unas tradiciones sociales de tipo cananeo/fenicio, más impositivas y absolutistas que las israelitas. En ese fondo se inscribe el juicio y condena de Elías, que sale al encuentro de Ajab y le acusa de asesinar y robar, dictando de esta forma la sentencia: «En el mismo lugar donde los perros han lamido la sangre de Nabot, los perros lamerán también tu sangre» (1 Re 21, 19).

Significativamente, esta sentencia de condena se cumple sólo de un modo parcial, pues al parecer Ajab murió en el campo de batalla y fue enterrado en Samaría (cf. 1 Re 22, 34-40), después de haber reinado muchos años, a pesar de su «pecado», y no fue arrojado a los perros en el campo en Jezrael, como suponía la condena de Elías (1 Re 1, 19). Por eso, el mismo texto de la Biblia judía rehace esa «sentencia», diciendo que Ajab se arrepintió y que Dios, por eso, no le castigó, sino que retrasó el castigo al tiempo de su hijo (cf. 1 Re 21, 17-29). En este contexto se añade otra palabra posterior, dirigida a Jezabel, que así aparece como causa del pecado: «También ha hablado Yahvé contra Jezabel: Los perros la devorarán en el campo de Jezrael» (1 Re 21, 23). De esa manera se transfiere a ella, de un modo especial, el castigo por el pecado de Ajab.

3. *Muerte de Jezabel y su familia* (1 Re 22, 29-40; 2 Re 9, 21-28.30-37)[93]. El primero que murió fue Ajab, herido por una flecha, en el campo de batalla, como he dicho, y su cadáver fue enterrado con honor en Samaría. De todas maneras, el texto añade que su carro de combate, con la sangre que brotó de la herida, tuvo que lavarse en la alberca de la capital (¡no en Jezrael!), de manera que los perros lamieron el agua manchada de sangre y las prostitutas se lavaron con ella (cf. 1 Re 22, 37-40).

Esta primera parte de la «profecía» de Elías contra Ajab (¡en el lugar donde los perros lamieron la sangre de Nabot, los perros lamerán la tuya! [1 Re 21, 19]) se cumplió sólo de un modo parcial, en el tiempo en que se produjo la gran rebelión (¿revolución?) yahvista, inspirada en los profetas Elías/Eliseo y encabezada por Jehú, en contra de la casa de Ajab y, en sentido más estricto, en contra de Jezabel.

Esta rebelión de Jehú (cf. 2 Re 9–11) es una de las más sangrientas de la historia de Israel y del yahvismo en su conjunto y resulta más violenta que las que podían haber tramado Ajab y su «nefanda» esposa Jezabel. La historia es conocida. Mientras Jorán, rey de Israel y su aliado, Ocozías de Judá, están luchando contra los sirios en Ramot Galaad, al otro lado del Jordán, un profeta de la escuela de Elías/Eliseo unge rey de Israel a Jehú, con el encargo de que «restablezca» el yahvismo, cosa que hace del modo más violento posible[94]. Jorán de Israel, que ha sido herido en la guerra de Ramot, se está curando en su palacio de Jezrael, donde viene a visitarle Ocozías de Judá. En ese momento se acerca Jehú, con sus conjurados, y los dos reyes, sin conocer sus intenciones, salen a su encuentro para «saludarle», encontrándose con él junto a la viña de Nabot:

---

93 Cf. R. W. Corney, *The reigns of Omri and Ahab. An essay in the reconstruction of the history of Israel*, Boston 1970; J. M. Miller, *The Fall of the House of Ahab*, VT 17 (1967) 307-324; O. H. Steck, *Überlieferung und Zeitgeschichte in den Elia-Erzählungen* (WMANT 26), Neukirchen-Vluyn 1868.

94 Sobre Jehú, cf. S. Otto, *Jehu, Elia und Elisa. Die Erzählung von der Jehu-Revolution und die Komposition der Elia-Elisa-Erzählungen* (BWANT152), Stuttgart 2001.

Jorán, rey de Israel, y Ocozías, rey de Judá, cada uno en su carro, partieron hacia de Jehú. Le encontraron en el campo de Nabot el de Yezrael. Cuando Jorán vio a Jehú, preguntó: «¿Hay paz, Jehú?». Respondió: «¿Qué paz mientras duran las prostituciones de tu madre Jezabel y sus muchas hechicerías?». Volvió las riendas Jorán y huyó diciendo a Ocozías: «Traición, Ocozías». Jehú tensó el arco y alcanzó a Jorán entre los hombros; la flecha le atravesó el corazón y se desplomó en su carro. Jehú dijo a su escudero: «Llévale y arrójale en el campo de Nabot de Yezrael... Al ver esto, Ocozías, rey de Judá quiso huir... pero le hirieron en su carro y, aunque logró huir a Megguido, murió allí. Sus siervos le llevaron en un carro a Jerusalén, donde le enterraron en la ciudad de David...

Entró Jehú en Yezrael y habiéndolo oído Jezabel, se puso afeites en los ojos, adornó su cabeza y se asomó a la ventana, y cuando Jehú entraba por la puerta, dijo ella: «¿Todo va bien, asesino de su señor?». Alzó su rostro hacia la ventana y dijo: «¿Quién está conmigo?». Se asomaron hacia él dos o tres eunucos, y él les dijo: «Echadla abajo». La echaron y su sangre salpicó los muros y los caballos la pisotearon. Entró, comió, bebió y dijo: «Ocupaos de esa maldita y enterradla, pues es hija de rey». Fueron a enterrarla y no hallaron de ella más que el cráneo, los pies y las palmas de las manos. Volvieron a comunicárselo y él dijo: «Es la palabra que Yahvé había dicho por boca de su siervo Elías el tesbita: En el campo de Yezrael comerán los perros la carne de Jezabel. El cadáver de Jezabel será como estiércol sobre la superficie del campo, de modo que no se podrá decir: Esta es Jezabel» (cf. 2 Re 9, 21-37).

Éste es el fin de la familia de Ajab y del sincretismo entre Baal y Yahvé: los mismos eunucos del harén real, que debía estar controlado por Jezabel, arrojan a la gebîrá por la ventana del palacio. En este contexto se sitúa la terrible venganza, de fondo histórico, de los yahvistas en contra de Jezabel y de su política. Es significativo el hecho de que la tradición bíblica recuerde a esa reina como «perversa» (compendio de todos los males y prostituciones) mientras que ha tendido un velo de olvido (o de perdón) contra los «pecados» de Jehú, su vengador, detallados en 2 Re 9–10. Ciertamente, es dudoso que la figura de Jezabel pueda ser totalmente rehabilitada, como quieren algunas teólogas feministas, pues no conocemos bien las circunstancias de su vida y de su muerte. Pero es evidente que ella no merece ser mirada como culpable de todos los «pecados» que se le atribuyen, pues la tradición posterior de la Biblia ha descargado sobre ella las culpas y pecados (conflictos) de un tiempo difícil en que yahvismo y baalismo estaban compitiendo por la supremacía en Israel.

4. Atalía, la reina madre asesinada[95]

Era «hija» del Rey Omrí de Israel (884-874 a.C.) y hermana de Ajab (874-852 a.C.), siendo, por tanto, cuñada de Jezabel, de la que acabamos de tratar. Estaba casada con Jorán, rey de Judá (848-841 a.C.) y actuó como gebîrá durante el reinado de su hijo Ocozías, que murió en la sublevación de Jehú, que acabamos de evocar (841 a.C.). Algunos investigadores suponen que no era hija estricta de Omrí, sino descendiente (nieta) y que sus padres eran Ajab y Jezabel. Sea como fuere, era una mujer decidida, que quiso seguir en Judá la política de Ajab/Jezabel, contando para ello con partidarios en la corte.

Su reinado empezó cuando Jehú mató a su hijo Ocozías y a los miembros de la familia real de Israel. Podemos suponer que ella tenía miedo de que la rebelión de Jehú se extendiese también a Judá, de manera que le mataran a ella y a los partidarios de Baal. En ese contexto se entiende su «golpe» o, quizá, mejor su «antigolpe» de Estado:

> Cuando Atalía, madre de Ocozías, vio que había muerto su hijo asesinado por Jehú, instaurador violento del yahvismo en Israel se levantó y empezó a exterminar a toda la estirpe real. Pero Josebá, hija del rey Jorán y hermana de Ocozías, tomó a Joás, hijo de Ocozías y lo sacó de entre los hijos del rey a quienes estaban matando, y les puso a él y a su nodriza en el dormitorio, ocultándolo de la vista de Atalía, y no le mataron. Seis años estuvo escondido con ella en la Casa de Yahvé, mientras Atalía reinaba en el país (2 Re 11, 1-3).

No conocemos los detalles religiosos y sociales de esta rebelión o «resistencia» de Atalía, de la que se dice que «empezó a exterminar toda la familia real», aunque es claro que no logró hacerlo, porque su cuñada Josebá raptó a Joás, hijo de alguna de las mujeres de Ocozías y por tanto nieto de la misma Atalía. Ciertamente, Atalía debía contar con buenos

---

[95] Cf. J. Begrich, *Atalja, die Tochter Omris*, ZAW 35 (1935) 78-79; H. Donner, *Art und Herkunft des Amtes der Königinmutter im Alten Testament*; R. Kienle (ed.), *Festschrift Johannes Friedrich zum 65. Geburtstag*, Winter V., Heidelberg 1959, 105-145; H. J. Katzenstein, *Who Were the Parents of Athaliah?*: IEJ 5 (1955) 194-97; C. Levin, *Der Sturz der Königin Athalja*, SBS 105, Stuttgart 1982; E. Puech, *Athalie, fille d'Achab, et la chronologie des rois d'Israël et de Juda*, Salmanticenses 28 (1981) 117-136 (aparece también en R. Aguirre-F. García [eds.], *Escritos de Biblia y Oriente*, Universidad Pontificia, Salamanca 1981); W. Rudolph, *Die Einheitlichkeit der Erzählung vom Sturz der Atalja (2 Kön 11)*, en W. Baumgartner (ed.), *Festschrift A. Bertholet*, Mohr, Tübingen 1950, 473-478.

defensores en el estamento social y religioso de Jerusalén y de Judá, que serían partidarios de las tradiciones jebusitas de la ciudad y de la coexistencia entre Baal (Ashera) y Yahvé, pues de lo contrario no podría haber reinado durante seis años, como hizo, en contra de las tradiciones israelitas, en las que no se conocía la figura de una mujer reina.

No sabemos si tenía preparado algún hijo o nieto suyo para sucederle, aunque podemos suponer que sí. La Biblia le acusa de sangrienta, pero ella parece haber sido tolerante, en la línea de un pacto o convivencia entre las religiones de Baal y de Yahvé, pues dejó que, al lado del templo de Baal (y Ashera), funcionara el de Yahvé y no intervino mucho en su funcionamiento, pues no supo que allí se escondía Joás y que le estaban educando para coronarle rey cuando se hiciera mayor. Posiblemente, ella misma era sincretista, lo mismo que gran parte de la población que, como supone Elías en el juicio del Carmelo, parecía ir con muletas, inclinándose unas veces por Baal y otras por Yahvé (1 Re 18, 21). Sea como fuere, ella permitió que se celebrara el culto del templo de Yahvé, dirigido por un sacerdote llamado Yehoyadá, que estaba planeando la venganza. En este contexto se entiende la rebelión yahvista:

> El año séptimo, Yehoyadá envió a buscar a los centuriones de los carios y de la escolta y los mandó venir donde él a la Casa de Yahvé y, haciendo un pacto con ellos, les hizo prestar juramento y les mostró al hijo del rey. Luego, les ordenó: «Esto es lo que tenéis que hacer: un tercio de vosotros, los que están de servicio el sábado, que custodien la casa del rey. Los otros dos tercios se quedarán guardando la Casa de Yahvé, junto al rey. Os pondréis en torno al rey, cada uno con sus armas en la mano. Todo el que venga contra vuestras filas, morirá. Estaréis junto al rey en sus idas y venidas». Los jefes de cien hicieron cuanto les mandó el sacerdote Yehoyadá... El sacerdote dio a los jefes de cien las lanzas y escudos del rey David que estaban en la Casa de Yahvé...
>
> Hizo salir entonces al hijo del rey, le puso la diadema y las insignias y le ungió. Batieron palmas y gritaron: «¡Viva el rey!». Oyó Atalía el clamor del pueblo y se acercó al pueblo que estaba en la Casa de Yahvé. Cuando vio al rey de pie junto a la columna, según la costumbre, y a los jefes y las trompetas junto al rey, y a todo el pueblo de la tierra lleno de alegría y tocando las trompetas, rasgó Atalía sus vestidos y gritó: «¡Traición, traición!». El sacerdote Yehoyadá dio orden a los jefes de las tropas diciendo: «Hacedla salir de las filas y a los que estén con ella pasadlos por la espada», porque dijo el sacerdote: «Que no la maten en la Casa de Yahvé». Le echaron mano y, cuando llegó a la casa del rey, por el camino de la Entrada de los Caballos, allí la mataron.

> Yehoyadá hizo una alianza entre Yahvé, el rey y el pueblo, para ser pueblo de Yahvé... Fue todo el pueblo de la tierra al templo de Baal y lo derribó. Destrozaron sus altares y sus imágenes, y mataron ante los altares a Matán, sacerdote de Baal. El sacerdote puso centinelas en la Casa de Yahvé, y después tomó a los jefes de cien, a los carios y a la guardia y a todo el pueblo de la tierra, e hicieron bajar al rey de la Casa de Yahvé y entraron a la casa del rey por el camino de la guardia, y el rey se sentó en el trono. Todo el pueblo de la tierra estaba contento y la ciudad quedó tranquila; y a Atalía la habían matado en el palacio del rey (cf. 2 Re 11, 4-20).

Se trata de una «rebelión sacerdotal yahvista», utilizando las armas del templo de Yahvé (¡que no han sido destruidas por los baalistas!) y dirigida por los mercenarios reales, controlados por el Sacerdote de Yahvé, y no por Atalía, la «usurpadora». Atalía no había logrado dominar a los «carios», ejército profesional que formaba la «escolta real», cosa que logró Yehoyadá, el sumo sacerdote, haciendo que ellos se pusieran de parte del niño pretendiente. La rebelión triunfó, de manera que, en vez de gobernar Atalía (quizá como regente al servicio de otro rey futuro), gobernará el sacerdote de Yahvé, que controla al rey niño hasta su mayoría de edad.

Atalía parecía «tolerante» y representa la tradición más antigua de la tierra, en la que se mezclaban elementos yahvistas y baalistas, de manera que permitió que funcionaran en Jerusalén los dos templos, con sus sacerdotes, en una línea de sincretismo. Yehoyadá, en cambio, que era partidario del «sólo Yahvé», mandó destruir el templo de Baal y degollar a su sacerdote, siguiendo así la conducta de Jehú en Israel. La tradición posterior de Israel (y la Biblia judía) ha seguido la línea del «sólo Yahvé», con sus grandes valores de fidelidad moral, pero también con un riesgo de intolerancia religiosa. En ese contexto, la figura de Atalía, que dejó que existieran en Jerusalén un templo de Baal y otro de Yahvé, merece ser recordada con agradecimiento.

II
MUJERES EN CRISIS
LA MUTACIÓN JUDÍA

Del principio (capítulo anterior), que nos situaba simbólicamente antes del exilio (587-539 a.C.), pasamos a lo que en sentido general podemos llamar la crisis judía, situada precisamente en torno al exilio. Lo que para otros pueblos del entorno (moabitas y amonitas, filisteos y fenicios...) supuso una ruptura total, de manera que dejaron de existir en cuanto tales, absorbidos por la gran marea de los imperios nacientes (persa, helenista, romano y luego árabe), ha sido para Israel un crisol de nuevo nacimiento. En ese contexto podemos y debemos hablar de mutación judía.

Para mantener la memoria de su pasado, Israel tuvo que reinterpretar y cambiar casi todo lo anterior, de manera que, a partir de lo que había sido una religión de la tierra, en la que siempre hubo conflicto entre Yahvé y los baales/asheras, fue naciendo el judaísmo de vocación universal, centrado en unas normas de vida nacional independientes de un reino y de una tierra. En ese contexto de mutación se entiende el sentido y función de las mujeres.

Teniendo eso en cuenta, bajo el común denominador simbólico del «exilio», he desarrollado algunos temas que nos permiten retomar los motivos anteriores y abrirnos hacia lo que será el nuevo judaísmo. (a) En primer lugar, he querido desarrollar algunos signos y leyes sobre el matrimonio, con rasgos duros (rapto y violación...), que nos sitúan ante el «dolor» de ser mujer en el nacimiento del judaísmo; en ese mismo contexto me ocupo después del sacrificio de las mujeres y de la situación de las viudas, para centrarme en la condena del culto de la diosa, con la repercusión que ha tenido en la vida social del judaísmo. (b) Buscando las claves del nuevo judaísmo he puesto de relieve la crítica profética (con lo que ella tiene de valoración del aspecto femenino de Dios), para ocuparme finalmente de aquellas leyes, relatos históricos y reformas que nos llevan a lo que será la endogamia del judaísmo posterior, centrado en el rechazo del matrimonio con mujeres extranjeras. Éstos son los temas de fondo de los siete capítulos que siguen.

10
MUJER PARA EL MATRIMONIO
VIOLENCIA Y LEY

Parece que, en principio, la mujer israelita sólo alcanza su sentido (y sólo sirve) en un contexto de matrimonio y maternidad, estando así al servicio de un hombre y de unos hijos (habiendo estado antes bajo el dominio de un padre). En ese contexto he querido empezar presentando algunos textos de la Biblia donde la mujer aparece como objeto de guerra o de rapto para los varones. Sólo en un segundo momento presentará algunas leyes significativas sobre la familia, especialmente sobre el matrimonio, con lo que ellas implican para la mujer[1].

1. Matrimonio, una violencia instituida

a) Adah y Silah, mujeres de Lamec[2]

Son las primeras mujeres/esposas de la Biblia y aparecen ya en un contexto de lucha, donde el varón/marido las mantiene y las defiende con violencia. La Biblia no justifica lo que pasa, sino que se limita a contarlo sobriamente. Ese relato de las mujeres de Lamec se inscribe en la

---

1 Sobre la condición de la mujer y la violencia de género en la Biblia tratan varias obras citadas en la primera parte de la bibliografía del final de este libro. En particular, sobre el matrimonio y la familia, cf. A. Kunz-Lübcke, *Familie*, WiBilex; Id., *Das Kind in den antiken Kulturen des Mittelmeers. Israel – Ägypten – Griechenland*, Neukirchener, Neukirchen-Vluyn 2007; Cf. también Th. Hieke, *Ehe und Familie aus biblischer Sicht*, Lebendiges Zeugnis 63 (2008) 165-176; A. Locher, *Die Ehre einer Frau in Israel. Exegetische und rechtsvergleichende Studien zu Deuteronomium 22, 13-21* (OBO 70), Freiburg/Schweiz 1986; C. Meyers, *The Family in Early Israel*, en L. G. Perdue (ed.), *Families in Ancient Israel*, Westminster, Louisville 1997, 1-47; E. Seifert, *Tochter und Vater im Alten Testament. Eine ideologiekritische Untersuchung zur Verfügungsgewalt von Vätern über ihre Töchter* (NThDH 9), Neukirchen-Vluyn 1997; R. de Vaux, *Instituciones del Antiguo Testamento*, Herder, Barcelona 1985, 40-104.
2 Comentarios: G. von Rad, *Génesis*, BEB 18, Sígueme, Salamanca 1977, 131-136; C. Westermann, *Genesis 1–11*, Augsburg, Minneapolis 1987, 321-344. Cf. S Croatto, *Exilio y sobrevivencia. Tradiciones contraculturales en el Pentateuco. Comentario de Gn 4–11*, Lumen, Buenos Aires 1997.

tradición de violencia de Caín, asesino de su hermano Abel y padre de la humanidad histórica, a quien el mismo Dios protege pues, si todos los asesinos debieran ser vengados, la misma humanidad se acabaría destruyendo sin remedio. De esa manera él aparece como creador cultural, héroe civilizador, pues siendo descendiente de Caín (*agricultor*) y de Henoc (*fundador de la ciudad*), él es padre de Yabal, Yubal y Tubalcaín, creadores de los diversos oficios humano: de los pastores, músicos y herreros (cf. Gn 4, 17-22). Pues bien, la misma Biblia le presenta como organizador de la vida familiar (del matrimonio histórico), que empieza por la poligamia, pues se dice que él ha tomado dos mujeres a las que domina con violencia:

> Tomó para sí dos mujeres. El nombre de una era Adah y el de la segunda Silah (que fueron madres de pastores, músicos y herreros)... Y dijo Lamec a sus mujeres: «Adah y Sillah ¡escuchad bien mi voz! Mujeres de Lamec ¡prestad oído a mi palabra! Yo he matado a un hombre por causa de una herida, a un muchacho por razón de un golpe; pues Caín será vengado siete veces y Lamec setenta y siete» (Gn 4, 19-24).

Ese pasaje supone, aunque no explica, el paso de la monogamia ideal, igualitaria (que se supone en Gn 1, 27-28 y en 2, 21-25) a la poligamia real, donde el varón es cabeza de dos o más mujeres, a las que tiene que defender con violencia, apareciendo así como dueño y vengador de sus mujeres. Sólo Lamec (el varón) tiene la palabra, mientras las mujeres aparecen como receptoras pasivas de su ley de violencia sagrada y social. Ellas carecen de voz, no pueden decir nada, simplemente escuchan lo que él les dice: son posesión que debe custodiar con celo y sangre, mujer-objeto, protegidas por una ley de venganza (¡setenta y siete veces!) que tiene dos finalidades: mantener a las mujeres sometidas (que introyecten la ley de su marido) y expulsar a los opositores (otros machos que puedan desearlas).

Éste es el lugar del primer mercado y guerra, que convierte a la mujer en objeto de dominio y disputa entre varones. Nacen así juntas la *propiedad* (las mujeres pertenecen al marido), la *defensa violenta* (lucha para defenderlas), y *el derecho* que justifica ambas cosas (propiedad y violencia). Por causa de mujeres (para poseerlas y robarlas) combaten los varones, instaurando la primera ley de dominio (doma) y venganza civilizadora.

Más que fuente de atracción sexual (como aparecía en Gn 2, 23), las mujeres son aquí objeto de dominio del varón, madres de sus hijos. La evolución posterior de la humanidad se establece de esa forma en claves de violencia (masculina) y sometimiento (femenino). Esta ley de Lamec no ha definido toda la historia posterior, aunque ha tenido mucho influjo en ella. Ciertamente, con el tiempo las cosas han cambiado, pero en muchos lugares sigue habiendo una violencia de género parecida a la de Lamec.

b) Acsah, mujer/ciudad conquistada[3]

La relación entre guerra y sexo que aparecía velada en el texto anterior resulta más clara en diversos pasajes de la tradición bíblica (y de otras culturas, a lo largo de la historia). La mujer aparece así como premio (¿descanso?) para el guerrero triunfador:

> Y Caleb dijo: «A quien venza a Qiryat-Séfer y la tome le daré a mi hija Acsah como mujer». Y la tomó Otniel, hijo de Qenaz, hermano menor de Caleb; y éste le dio a Acsah su hija como mujer. Cuando ella llegó, Otniel le instigó a pedirle un terreno a su padre. Ella se bajó del burro, y Caleb le preguntó: «¿Qué te pasa?». Y ella contestó: «¡Concédeme una bendición! [= *berakah*: que significa también regalo, alberca, pozo]. Ya que me has dado una tierra desierta (= país del Neguev), dame también fuentes de aguas». Y le dio Caleb las Fuentes de Arriba y las Fuentes de Abajo (Jue 1, 12-13.14b-15; texto paralelo en Jos 14, 13-20).

El padre, que actúa como dueño de su hija, se la entrega al guerrero más fuerte, al que sea capaz de conquistar la ciudad. Como veremos más tarde (cap. 11), Jefté sacrificará su hija a Dios; pues bien, Caleb se la ha «dado» a un marido. La hija acepta su suerte y, por instigación de su marido, pide a su padre que, junto al campo yermo del entorno, le conceda un estanque de aguas (*berakah*), para que los habitantes de la ciudad puedan recibir abundancia de la vida. Así aparece como persona activa, mediadora entre padre y esposo. Tiene una palabra, un gesto de mujer, al servicio de la vida. Para realizar su función y ser madre necesita las fuentes de agua (Jue 1, 14-15)[4].

---

3   Además de comentarios a libros de Jueces y Josué, cf. A. Scherer, *Überlieferungen von Religion und Krieg. Exegetische und religionsgeschichtliche Untersuchungen zu Richter 3-8 und verwandten Texten* (WMANT 105), Neukirchen-Vluyn 2005.
4   Ha expuesto el tema M. Bal, *Death and Dissymetry. The Politics of Coherence in the Book of Judges*, UP, Chicago 1988, 153-165. Sobre el trasfondo simbólico de la ciudad, cf. J. Rykwert, *La idea de ciudad*, Sígueme, Salamanca 2002; J. Ellul, *La Ciudad*, Aurora, Buenos Aires 1972.

La mujer se describe así simbólicamente como *ciudad que se debe conquistar*. No es una persona libre con quien hay que dialogar, para mantenerse en comunión con ella, sino una dificultad para vencer, algo que se debe tomar (conquistar, dominar) por la fuerza, alguien que acaba siendo tema de contrato entre padre y marido. De esa manera, al ser objeto de *conquista* (tomar la ciudad), ella se vuelve *mercancía*, aunque pueda realizar una función activa ante su padre: para volverse madre y alimentar a los hombres, ella necesita las albercas de agua, apareciendo así como mujer que sabe expresar su voluntad, al servicio de la vida (y quizá como alberca de vida).

Puede actuar, pero no tiene libertad real. Nadie le pregunta si quiere o no quiere casarse, no se le ofrece elección entre un marido u otro, sino que está a merced del más astuto y/o violento, que sepa y pueda conquistar la ciudad (conquistándola a ella), según la voluntad de su padre, que pone por ella un precio alto: ella vale una ciudad (*Ciudad del Libro*, Qiryat Séfer), de manera que aparece quizá como libro donde el guerrero debe inscribir su nombre, dejar su descendencia. En este contexto se podría hablar de una *tarea civilizadora* de la mujer, al servicio del hombre, al que convierte en «marido» (hombre de ciudad) y le ofrece el agua de su estanque y el libro de la vida, para que inscriba allí su historia de varón y no sea un simple guerrero de sangre.

c) *La ley de la bella cautiva*[5]

Uno de los textos que mejor ilustran la condición de la mujer en la Biblia es la ley de la bella cautiva, donde se muestra que, si un hombre quiere como esposa a una mujer, ha de comenzar por respetarla:

> Cuando salgas a la guerra contra tus enemigos y Yahvé, tu Dios, los entregue en tu mano y cautives cautivos y veas entre ellos una mujer de aspecto bello y la desees y quieras tomarla como esposa, la introducirás dentro de tu casa y se rapará la cabeza y se cortará las uñas; y se quitará el vestido de cautiva y habitará en casa y llorará a su padre y a su madre

---

[5] El tema se inscribe en el contexto de la guerra santa, estudiada por G. von Rad, *Der Heilige Krieg im Alten Israel*, Zwingli V., Zürich 1991; F. Stolz, *Jahwes uns Israels Kriege*, ATANT 60, Zürich 1972. En especial, cf. A. Brenner (ed.), *A Feminist Companion to Exodus-Deuteronomy* (Second Series, 2001), Academic Press, Sheffield 1994; I. Cardellini, *Die biblischen «Sklaven»-Gesetze im Lichte des keilschriftlichen Sklavenrechts* (BBB 50), Bonn 1981; G. C. Chirichigno, *Debt-Slavery in Israel and the Ancient Near East* (JSOT Suprser 141), Scheffield 1993; R. Westbrook, *Property and the Family in Biblical Law* (JSOT SuppSer 113), Sheffield 1991.

por un mes; y después entrarás en ella y la poseerás y será para ti esposa. Y si resulta que después no la quieres la dejarás marchar en libertad, pero no la venderás por dinero, ni la convertirás en esclava, pues la has humillado (Dt 21, 10-14).

En la base de esa ley parece hallarse la norma general que permite tomar a saco una ciudad: matar a los varones, violar a las mujeres, quemar los bienes inmuebles y arrebatar como botín los bienes muebles. Pues bien, sobre esa norma se eleva esta ley que se aplica a un guerrero que no quiere limitarse a saciar su deseo con una mujer vencida, sino tomarla como esposa (sin violarla ni esclavizarla). Para ello, el guerrero debe diferir su apetito y realizar con la mujer un ritual de «humanización»: dejar que llore un mes por su familia anterior (como se llora por los muertos), para comenzar luego con ella una vida nueva de matrimonio. Desde ese fondo deben destacarse algunos rasgos de esta ley.

1. *Es normal que la bella cautiva sea virgen* y que viva en la casa de sus padres, por quienes llora durante un mes (no por sus hijos). De todas formas, el texto no legisla sobre la condición de la mujer, sino sobre el deseo del varón, que, normalmente, en una guerra, quiere recibir el «premio» inmediato de violar a unas mujeres. Tampoco está en juego la descendencia del guerrero (que puede tener otras mujeres legítimas con hijos que mantengan su memoria), sino su comportamiento con una cautiva a la que quiere hacer su esposa.
2. *El guerrero que quiere tomar como esposa a una cautiva debe retrasar su deseo*, es decir, esperar y respetar por un tiempo a esa mujer, a fin de casarse después con ella. De esa manera, el rapto inmediato (propio de la guerra) se convierte en posesión duradera, para bien del propio marido, que espera que la mujer acepte su situación y colabore.
3. *Ésta es una ley de renacimiento femenino*. El varón ha de renunciar a la violencia inmediata, dando tiempo a la mujer para que «madure» y se adapte a la nueva condición, para así domesticarla (hacerla de su *domus*, casa) para siempre. Ella tiene que cambiar sus vestidos, cortarse su pelo y sus uñas y llorar durante un mes por aquellos que han muerto para ella (sus familiares anteriores).

Ese ritual de renacimiento convierte a la mujer raptada en propiedad «especial» (esposa) del marido, de forma que él ya no la puede vender ni esclavizar después, al modo usual, como se hace con mujeres que no han pasado el rito (que son esclavas, no esposas). En ese sentido decimos que ésta es una ley humanizadora, pues obliga al guerrero a tratar a la cautiva como a una mujer y no como a una esclava. Esta ley nos lleva casi a humanizar la guerra, superando la pura violencia, de manera que la relación del vencedor con los vencidos tiende a convertirse en experiencia de encuentro personal.

De todas maneras, esta «bella» mujer no tiene la posibilidad de rechazar aquello que le proponen; ciertamente, su raptor la debe tratar con cierta humanidad, pero, en sentido estricto, ella sigue estando bajo una ley de violencia que concede a los varones el derecho de tomar mujeres, según su deseo. Nadie le ha preguntado si quiere; nadie le ha dicho si prefiere morir o ser raptada. Una vez que ha sido vencida y tomada (como una ciudad), ella carece de patria y familia, de protección y seguridad.

Estrictamente hablando, esta mujer no es sujeto ni persona, sino objeto al servicio del deseo y quizá de la memoria (descendencia) de unos hombres que siguen creyéndose llamados por Dios para cumplir una tarea especial sobre el mundo. Ciertamente, la ley dice que el esposo no podrá venderla como esclava, sino que tiene que dejarla en libertad en el caso de que un día ya no la desee y prefiera repudiarla (quizá para no seguirla manteniendo). En ese caso, ella consigue la libertad. Pero ¿qué podrá hacer con esa libertad? No puede volver a la casa del padre (que fue destruida). Sólo le queda morir o volverse prostituta[6].

d) *Guerra para conquista de mujeres*[7]

Son muchos los pueblos que conservan la memoria de guerras antiguas para conseguir mujeres, desde Roma hasta México y la India. En un momento de «penuria», cuando un grupo carece de mujeres suficientes, si tiene dinero o poder, las «compra» (intercambio comercial) o hace la

---

6   Entre esta *ley del rapto* y la norma más tardía de la *prohibición de matrimonios mixtos*, es decir, de casarse con mujeres extranjeras (de la que trataremos de un modo especial en el cap. 6) hay un hilo conductor constante: las mujeres son víctimas de una *guerra de varones*. Por eso, en un momento dado, los varones más fieles de Israel tendrán que expulsar de la tierra y raza santa a las mujeres extrañas, sin pedirles su opinión, sin contar con sus posibles razones y dolores, porque se supone que ellas son un riesgo para los fieles varones (cf. Esd 9-10; Neh 8-10).
7   Además de comentarios a Jueces, cf. M. Bal, *Death and Dissymetry. The Politics of Coherence in the Book of Judges*, UP, Chicago 1988; A. Brenner (ed.), *A Feminist Companion to Judges* (Second Series, 1999), Academic Press Sheffield 1993; S. Ackerman, *Warrior, Dancer, Seductress, Queen. Women in Judges and Biblical Israel*, Doubleday, New York 2002.

guerra por ellas. El caso más significativo de la Biblia aparece en Jueces 21 (en el contexto de la violación de Guibea y de la muerte de la mujer del levita, de la que hablaremos más tarde). Pues bien, en esa circunstancia se nos dice que los «violadores» humillados y derrotados de la tribu de Benjamín corren el riesgo de quedar sin descendencia, pues les han matado a sus mujeres y las otras tribus de Israel no se las pueden dar, pues han jurado no hacerlo. Pues bien, ante esa situación, los mismos que niegan sus propias mujeres a los benjaminitas (para no romper un pacto) les proponen un medio distinto para casarse y tener descendencia con otras: luchar contra la ciudad «traidora» de Yabes Galaad y robar a sus mujeres:

> Entonces los de la Asamblea de Israel mandaron allí a doce mil hombres valerosos y les dieron órdenes diciendo: «Id y matad al filo de la espada a todos los habitantes de Yabes Galaad, incluidos mujeres y niños. Y obrareis de esta manera: ¡Exterminaréis a todo varón y a toda mujer que haya conocido varón acostándose con él, dejando con vida a las solteras!». Y encontraron entre los habitantes de Yabes Galaad cuatrocientas jóvenes vírgenes (= muchachas maduras) que no se habían acostado con varón (= no habían yacido para dejar recuerdo). Y las llevaron al campamento de Siloh... (Y la Asamblea se las dio a los benjaminitas...) (Jue 21, 10.14).

Esta guerra tiene dos fines: vengarse de una ciudad desleal a la alianza (que no se ha unido en la guerra a las otras tribus de Israel) y raptar a las muchachas casaderas. (1) La venganza recae sobre *varones y niños y sobre mujeres que han conocido varón*. Es evidente que esas mujeres casadas (y los niños) no son responsables del posible pecado de la ciudad, pero no sirven para criar nuevos hijos, y son asesinadas como los hombres de su ciudad (a cuyo servicio de semen/memoria se encuentran). (2) Por el contrario, *las muchachas que no han conocido varón* son raptadas, sacadas de su ciudad y entregadas como esposas a los violadores: han de *ser jóvenes* (*ne'ara*) *y vírgenes* (*betulah*, sexualmente maduras), pero sin haber «conocido» varón todavía.

Nadie pregunta a las mujeres lo que quieren, ni se preocupan por sus dolores o miedos, nadie pide su consejo: unas son asesinadas (las casadas o sexualmente «utilizadas»), otras son raptadas para entregarlas a los benjaminitas, violadores perdonados, para que así quede *memoria* de la tribu. De forma significativa, *varón y memoria* se dice en hebreo de igual modo (*zakar*). Por eso, acostarse como varón con mujer y dejar memoria (*le mishkab zakar*), son lo mismo.

Eso significa que la mujer en sí no tiene valor, ni vale tampoco su virginidad o intimidad como posible «virtud personal», sino que la mujer vale en cuanto propiedad del marido, para darle memoria o descendencia. Por eso, los delegados de Israel tienen que matar a las mujeres que han conocido varón (han estado al servicio de la descendencia de otros), pero raptan y «poseen» a las muchachas maduras (pero no casadas) que no han conocido varón (pues ellas sirven para dar descendencia a los benjaminitas).

Las mujeres en sí no tienen descendencia, no dejan memoria, no valen como personas, sino simplemente como medio para que los hombres expandan su semen. En ese contexto se entiende la guerra de las tribus federadas contra los habitantes de Yabes Galaad a los que derrotan y exterminan, simplemente para robar y utilizar a sus mujeres vírgenes, que servirán para que los benjaminitas dejen en ellas su semen-recuerdo y así puedan perdurar como tribu. Por causa de ellas luchan los varones, no para defender el derecho de las mujeres, sino su privilegio de varones.

2. Matrimonio como rapto

a) Hombres raptando mujeres

En el contexto anterior de la guerra por la violación de la esposa/concubina del levita (Jue 19–21) se añade otra historia de rapto, pero ahora sin guerra, en un espacio de fiesta religiosa. El texto supone que las cuatrocientas mujeres vírgenes robadas en la guerra de Yabes Galaad no han bastado para todos, de manera que muchos benjaminitas sin esposa, no pueden dejar su memoria en Israel. Por eso, la Asamblea de las tribus les indica que pueden raptar a las muchachas en la fiesta de Yahvé, que se celebra en otoño en Silo[8].

Es evidente que en el fondo del relato hay una tradición *folklórica*, una leyenda de la *fiesta de Yahvé*, relacionada con la vendimia y el baile

---

8 Sobre el lugar sagrado y las fiestas, cf. O. Eissfeldt, *Silo und Jerusalem*, VTSup 4 (1957) 138-147; M. Haran, *Temples and Temple Service in Ancient Israel*, Eisenbrauns, Winona Lake IND 1985; C. Körting, *Der Schall des Schofar. Israels Feste im Herbst* (BZAW 285), Berlin 1999; E. Otto, *Fest und Freude*, Kohlhammer, Stuttgart 1977; J. A. Wagenaar, *Origin and Transformation of the Ancient Israelite Festival Calendars* (BZABR 6), Wiesbaden 2005; K. W. Weyde, *The Appointed Festivals of JHWH* (FAT II 4), Tübingen 2004; F. E. Wilms, *Freude vor Gott. Kult und Fest in Israel*, Pustet, Regensburg 1981.

de las viñas. Danzan las muchachas no casadas y se esconden en las cepas los guerreros, para salir luego y llevar cada uno a la que quiera o pueda conseguir por fuerza. Nos hallamos ante un robo sagrado, en la fiesta de otoño, tiempo de celebración de la vida, tras la vendimia.

Se puede suponer que habrá muchachos mirando con deseo tras las cepas. Se puede suponer que las muchachas han salido a bailar sabiendo que pueden ser raptadas. Sea como fuere, este baile de muchachas en otoño es tiempo de guerra nupcial, de rapto bendecido por el mismo Dios. La mujer nace y se educa para ser robada, en una fiesta de Yahvé que se interpreta de algún modo como guerra[9]. En este contexto se sitúa el consejo de la Asamblea de Israel y la acción de los benjaminitas que no tienen mujeres:

>(*Reflexión de la Asamblea*). ¿Qué podemos hacer para proporcionar mujeres a los que quedan, pues las mujeres de Benjamín han sido exterminadas? ¿Cómo conservar un resto a Benjamín para que no sea borrada una tribu de Israel? Porque nosotros no podemos darles nuestras hijas en matrimonio ¡Pues habían pronunciado este juramento: Maldito quien entregue mujer a Benjamín!
>
>(*Consejo, en le fiesta de Yahvé*). Pero se dijeron: Es ahora la fiesta de Yahvé (que se celebraba todos los años en Silo...). Y dieron esta orden a los benjaminitas: Id a poner una emboscada entre las viñas. Estaréis alerta, y cuando las muchachas de Silo dancen en corro, saldréis de las viñas y raptaréis cada uno una mujer de entre las muchachas de Silo y os iréis a la tierra de Benjamín. Si sus padres o hermanos vienen a querellarse contra vosotros, les diremos: «Hacednos el favor de perdonarles...».
>
>(*Acción de los benjaminitas*). Así lo hicieron y cada uno llevó a una mujer, de entre las danzarinas que raptaron; luego se fueron, volvieron a su heredad, reedificaron las ciudades y se establecieron en ellas (Jue 21, 16-23).

El problema se resuelve cuando las muchachas salen a bailar entre las viñas, dispuestas a mostrarse en la fiesta del vino y de la fecundidad ante los varones. Ellas son representantes de Dios, portadoras de vida, y así danzan en la fiesta de Yahvé, en Silo, junto al santuario. Podría tratarse de una fiesta de primavera, cuando los sarmientos empiezan a brotar... (cf. Cant 6, 11; 7, 12-13), pero es mucho más probable que se trate de la fiesta mayor que se celebra al terminar la vendimia, en el entorno de los Tabernáculos, que es celebración del vino y matrimonio, en el otoño.

---

9 Cf. R. de Vaux, *Instituciones del Antiguo Testamento*, Herder, Barcelona 1985, 622-623.

No sólo han venido las muchachas casaderas, sino que están en fiesta sus tutores (padres y hermanos). Las muchachas bailan, elevando con el ritmo de sus cuerpos un canto a la vida. Se supone que los hombres beben el vino nuevo (mosto) recién preparado, de la uva de las viñas: beben, se alegran y se fijan en aquellas muchachas que más les convienen, para sacarlas del baile y ofrecerles matrimonio. Con esto acabará el verano; un año más, acabada la vendimia, se animarán las bodas. Allí se estipulan los contratos. En nuestro caso, unos roban, otros consienten, ellas son raptadas.

Pues bien, en este contexto irrumpen los benjaminitas, que no estaban invitados a esta fiesta, sino escondidos en las viñas, para apoderarse así de las muchachas, rompiendo el pacto social establecido donde el rapto de muchachas estaba socialmente regulado (de manera que cada muchacho había ya escogido previamente a la muchacha). Año tras año salen y bailan ellas sobre el campo, entre las viñas de Silo (y de otros lugares) para que las vean los muchachos ya apalabrados y se arreglen así los matrimonios. Pues bien, en ese momento, rompiendo los moldes de la fiesta establecida, irrumpen los varones guerreros escondidos para robar a las muchachas por la fuerza.

Estos guerreros no son muchachos del entorno, que ellas ya conocen y con quienes han pactado de algún modo el desposorio, sino invasores, que vienen de fuera (con el permiso implícito de la asamblea). Los guerreros violadores no preguntan a las muchachas «raptadas» si quieren, no les piden permiso, pues piensan que la ley de violencia de la guerra se puede extender a esas muchachas. Con ese supuesto apoyo legal salen de sus escondites y roban a las casaderas, mientras sus padres o hermanos (tutores) deben consentir en la violencia, pues ellos también son responsables y cómplices de esta *guerra/fiesta de Yahvé*, dirigida contra las mujeres a quienes se dirá que es un honor y gloria ser raptadas y empleadas sexualmente, para que perdure la memoria de los varones guerreros (violadores, ladrones) sobre el mundo.

Entre el «matrimonio por rapto pactado», que se celebra en las fiestas normales de la vendimia de Silo, donde asisten muchachos y muchachas que ya se conocen de algún modo, en un baile preparado para ello, y el «matrimonio del robo violento» de los benjaminitas que irrumpen en la fiesta y llevan consigo a las mujeres que logren agarrar, de un modo impositivo, para casarse con ellas a la fuerza, hay muchos intermedios. Además, por otra parte, cierto tipo de rapto matrimonial ha existido hasta hace poco tiempo, en diversas culturas. Pero el caso del rapto realizado por los benjaminitas (¡con permiso implícito de los padres de las muchachas!) nos sitúa en el límite de la pura violencia. En ese contexto, algunos han podido decir que todo matrimonio forzado es un tipo de rapto de la mujer.

b) En el principio están los ángeles raptores[10]

En el texto anterior, las mujeres eran posesión de unos hombres (aunque más fuertes), que las raptaban para ratificar su dominio social. Pues bien, ellas aparecen ahora como objeto de un deseo «sagrado» y perverso que no proviene ya de hombres, sino de unos seres «divinos» que han decidido violarlas. Así lo muestra un texto de la Biblia, que ha sido desarrollado por los apócrifos:

> Y sucedió que los hombres comenzaron a multiplicarse sobre la faz de la tierra y les nacieron hijas. Y vieron los hijos de Dios que las hijas de los hombres eran bellas (buenas, apetitosas) y tomaron mujeres de entre ellas, de todas las que se escogieron... Surgieron por entonces en la tierra los gigantes e incluso después de esto, cuando entraron los hijos de Dios en las hijas de los hombres y engendraron hijos para ellos; estos fueron los héroes (*gibborim*) de antiguo, hombres de renombre (Gn 6, 1-4).

Este pasaje es un resumen o compendio de una tradición más amplia que aparece de formas distintas en diversos pueblos: unos dioses o hijos divinos descendieron antaño para violar a las mujeres, engendrando por ellas a los duros guerreros, profesionales de lucha y violencia sobre el mundo. La apocalíptica judía ha recogido este mito y lo ha elaborado a manera de tratado teológico fundamental en un libro apócrifo (1 Henoc), que ha influido mucho en el contexto de la teología israelita (Jubileos, literatura de Qumrán).

---

10 He desarrollado extensamente el tema en Antropología Bíblica, Sígueme, Salamanca 2006. Texto de 1 Henoc en A. Díez Macho (ed.), *Apócrifos del Antiguo Testamento* IV, Cristiandad, Madrid 1984, 13-143, y en R. H. Charles, *Apocrypha and Pseudoepigrapha of the OT in English*, Clarendon Press, Oxford 1973, 163-281. Sobre la invasión de los ángeles y la violación de las mujeres, cf. R. Bartelmus, *Heroentum in Israel und seiner Umwelt. Eine traditionsgeschichtliche Untersuchung zu Gen. 6, 1-4 und verwandten Texten im Alten Testament und der altorientalischen Literatur* (AThANT 65), Zürich 1979; M. Delcor, *Le Mythe de la chute des anges*, RHR 189 (1976) 3-53; B. Marconcini (ed.), *Angeli e demoni. Il drama della storia tra il bene e il male*, Dehoniane, Bologna 1992; P. Sacchi, *L'Apocalittica giudaica e la sua storia*, Paideia, Brescia 1990, 131-153; J. Theisohn, *Der auserwählte Richter* (SUNT 12), Göttingen 1975.

Según ese mito, todo el mal del mundo proviene de algún modo de la violencia posesiva de unos seres superiores, extraterrestres (varones y/o ángeles) que han violado y raptado en el principio a las mujeres[11]. Ciertamente, los apócrifos judíos suponen que el Dios bueno destruyó a los ángeles perversos, pero el fruto de su violación permaneció: según las leyendas antiguas quedaron sus hijos gigantes, híbridos o humanoides, hechos de violencia (de deseo y sangre), ocupados en matarse unos a otros; y ha quedado la violencia de los hombres, empeñados de un modo o de otro en dominar/violar a las mujeres. Conforme a ese mito, las mujeres aparecen como un bien deseable y mostrenco (sin dueño). Están para ser apetecidas, son *tobim*, buenas-hermosas, como fruto del paraíso (cf. Gn 3, 6), pero no para vivir en paz sobre la tierra, sino para instaurar un orden de violación y saqueo. Así comienza el mito:

> En aquellos días, cuando se multiplicaron los hijos de los hombres, sucedió que les nacieron hijas bellas y hermosas. Las vieron los ángeles, los hijos de los cielos, las desearon y se dijeron: «Ea, escojámonos de entre los humanos y engendremos hijos». Semyaza, su jefe, les dijo: «Temo que no queráis que tal acción llegue a ejecutarse...». Le respondieron todos: «Jurémonos y comprometámonos bajo anatema...». Entonces juraron todos a una y se comprometieron a ello bajo anatema. Eran doscientos los que bajaron a Ardis, que es la cima del monte Hermón, al que llamaron así porque en él juraron y se comprometieron bajo anatema. Éstos eran los nombres de sus jefes: Semyaza, que era su jefe supremo, Urakiva, Rameel, Kokabiel... Tomaron mujeres. Cada uno tomó la suya. Y comenzaron a convivir con ellas (1 Hen 6, 1–7, 1).

Este pasaje ha desarrollado el mito de fondo de Gn 6, que ha influido poderosamente en la experiencia posterior de occidente, hecha de miedos cósmicos e invasiones diabólicas, muy vinculadas al deseo sexual (y a la violación de las mujeres). De aquella primera violación (pecado) original, expresada como rapto, surgieron los *gibborim*, duros guerreros que enseñaron a los hombres las diversas disciplinas y técnicas de muerte: la mala religión, la guerra sin fin y la seducción sexual, que convierte a los hombres y mujeres en esclavos de sus propios deseos, en guerra infinita de

---

11 Son muchos los que, en la actualidad, en la línea de G. H. Wells, *La guerra de los mundos*, 1898, siguen afirmando que estamos en el punto de mira de seres extraños, que provienen de otros niveles o espacios de vida, con intenciones casi siempre violadoras, destructoras, como aquellos «hijos de Dios» del antiguo mito israelita, que lo tenían todo en su cielo, pero añoraban dos cosas prohibidas: poseer mujeres y matar enemigos.

violaciones y muerte. Este mito refleja de un modo hiriente la condición perversa de la humanidad, que está constituida por *hombres* violadores (dioses fatídicos) y por *mujeres* sometidas, sin nombre ni palabra propia. Así dice el mito, pero la Biblia sabe que aquel «pecado» originario no ha logrado pervertir ni destruir del todo a la humanidad, que ha renacido a través del Diluvio (Gn 6–9).

Éste es un mito que se puede interpretar y se ha interpretado en el conjunto de la tradición bíblica de dos formas. (a) En un sentido es un mito *antifeminista*, de manera que se podría decir que las culpables de la violencia posterior fueron (y son) las mujeres, *tobim*, apetecibles, que encendieron el deseo sexual en ángeles y en hombres. Según eso, la misma atracción femenina sería el comienzo y raíz de una violencia que desborda los límites humanos, recibiendo dimensiones cósmicas: formamos parte de una guerra universal, de la que son culpables (y signo) las mujeres. (b) Pero este mito puede (y debe) interpretarse también de manera *antimasculina*: los culpables serían los varones (hombres, ángeles), que raptan y violan a las mujeres, que son sus víctimas.

En esta segunda línea se supone que han sido los ángeles/hombres perversos los que han sido origen de todos los males: (a) *de la mala religión*, hecha de ensalmos, conjuros, encantamientos, astrología... (cf. 1 Hen 7, 1; 8, 2-3); (b) *de la guerra sin fin*, pues Azazel el violador, «enseñó a los hombres a fabricar espadas, cuchillos, escudos, petos, los metales y sus técnicas...» (1 Hen 8, 1); (c) *de la seducción sexual*, fundada en el mismo Azazel que instruyó a los hombres en el arte de los adornos y el embellecimiento corporal (pintarse las cejas), en el uso de las piedras preciosas, lujosas (1 Hen 8, 1) y en las diversas formas de encender los deseos sexuales, dirigidos a violar a las mujeres.

Sea como fuere, en este contexto de rapto, la violencia sexual aparece como una realidad que desborda el plano puramente humano y nos sitúa en el lugar donde se encuentran e influyen lo angélico/demoníaco y lo humano. Las mujeres vienen a presentarse, según eso, como seres que poseen poderes más altos, que las relacionan con las fuerzas ocultas de la realidad. El tema volverá a presentarse en un contexto distinto en el relato de Sara la de Tobías.

3. Legislación bíblica sobre mujer y matrimonio

Conforme a la visión de la Biblia el matrimonio es un contrato por el que una mujer, que antes se hallaba bajo dominio del padre, pasa a formar parte de la «casa» de un marido (igual que su campo, su siervo o su sierva, su buey o su asno: cf. Ex 20, 17; Dt 5, 21), de manera que el marido tiene sobre ella el poder legal, social y religioso. Por eso no se puede hablar de igualdad entre hombre y mujer (como supone en otro plano Gn 2, 18-25), sino de pre-dominio del hombre sobre la mujer (a la que él debe respetar en cuanto madre de sus hijos). En ese contexto se sitúan las observaciones que siguen, empezando por la poligamia y siguiendo por la prostitución de mujeres[12].

a) Poligamia[13]

El judaísmo antiguo aceptó sin más la poligamia, considerándola como un hecho normal, pues así se tomaba en aquel tiempo. De esa manera, los judíos han presentado como polígamos a muchos grandes patriarcas y fundadores del pueblo (Abrahán, Jacob, Elcaná, David, Salomón...). A pesar de ello, en el Pentateuco no existe una legislación directa sobre la poligamia, sino sólo algunas indicaciones marginales, que regulan su uso (que se da como supuesto), para favorecer a la parte más débil o amenazada.

Así se dice: «Si un hombre toma para sí otra mujer, a la primera no le disminuirá su alimento, ni su vestido, ni su derecho conyugal» (Ex 21, 19). Por eso, «si un hombre tiene dos mujeres (la una amada y la otra aborrecida)... y si el hijo primogénito es de la mujer aborrecida... no podrá tratar como a primogénito al hijo de la mujer amada... Reconocerá al hijo de la mujer aborrecida como primogénito para darle una doble porción de todo lo que tiene» (Dt 21, 15-17). La misma norma del Deuteronomio añade «que el rey no tendrá muchas mujeres... Tampoco

---

12 En bibliografía final se incluyen varios libros sobre el tema. Cf. además V. H. Matthews (ed.), *Gender and Law in the Hebrew Bible and the Ancient Near East* (JSOT Sup 262), Sheffield 1998; R. T. Alpert, *Like bread on the seder plate: Jewish lesbians and the transformation of tradition*, Columbia U. Press, New York 1997; Ch. B. Anderson, *Women, Ideology, and Violence: Critical Theory and the Construction of Gender in the Book of the Covenant and the Deuteronomic Law*, T&T Clark, London 2004.

13 Para situar el tema, Cf. X. Pikaza-J. F. Durán, *Poligamia*, en *Diccionario de las Tres Religiones*, Verbo Divino, Estella 2009. Cf. también R. J. Hitchens, *Multiple Marriage: A Study of Polygamy in Light of the Bible*, Doulos Pub, Maryland 1987; M. Burrows, *The Basis of Israelite Marriage*, Amer. Or. Series 15, New Haven 1938; E. Neufeld, *Ancient Hebrew Marriage Laws, with special references to general Semitic laws and customs*, Longmans, Green and Co, London 1944; J. R. Porter, *The Extended Family in the Old Testament*, Occasional Papers in Social and Economic Administration 6, London 1967.

acumulará para sí mucha plata y oro» (Dt 17, 17), pues en ese contexto las mujeres aparecen como una posesión que puede resultar peligrosa para el hombre.

De todas formas, por lo menos a partir del exilio (desde el siglo v a.C.), la poligamia se fue reduciendo entre los judíos. Por diversos indicios, podemos afirmar que ella resultaba poco frecuente en tiempos de Jesús, de manera que la mayoría de los matrimonios eran monógamos, tanto por cuestiones económicas como sociales. Por otra parte, varios textos de la tradición israelita (desde Gn 2–3) parecían destacar el valor de la monogamia, tomándola, de un modo simbólico, como expresión de fidelidad personal entre hombre y mujer. Así lo suponen algunos textos proféticos (de Oseas y Jeremías, de Ezequiel y de la tradición de Isaías) que presentan el amor de Dios hacia Israel como relación monógama: un solo Dios, un solo pueblo amado; fiel es Dios en el amor, fiel ha de ser en su amor el pueblo, unidos ambos por un vínculo único.

En todos esos casos, más que la poligamia se condena el riesgo de adulterio o *porneia* del pueblo de Israel, que teniendo a Dios como «único» marido quiere buscar otros maridos, que sólo son amantes falsos. Por otra parte, el relato de la creación, tal como culmina en Gn 2, 21-24, parece tomar la monogamia como estado ideal de la humanidad. En esa misma línea nos sitúan los textos del Cantar de los Cantares, donde el hombre y la mujer se deben fidelidad en el amor, de manera que, al menos en un plano, parecen excluir la poligamia[14]. De todas formas, según la Biblia, la poligamia es legítima (Ex 21, 10; Dt 21, 15-16) y, además, el hombre casado no comete adulterio cuando cohabita con una mujer no casada ni comprometida con otro (aunque no se case con ella). Por el contrario, toda relación extramarital de la esposa se considera como un agravio contra el esposo, de manera que tanto ella como su «amante» o seductor merecen la pena de muerte (Lv 20, 10; Dt 22, 22-24).

En principio, la esposa y las hijas no tienen derecho a la herencia, de manera que ellas sólo pueden heredar si no existen descendientes varones (cf. Nm 27, 1-11, el tema de las hijas de Salfajad) y, aún en ese caso, a las mujeres se les imponen unas limitaciones concretas, dirigidas a lograr que la herencia pase después a manos de los «legítimos» descendientes

---

14 El judaísmo posterior ha tendido a prohibir la poligamia (los asquenazíes lo han hecho desde el siglo xi d.C.), pero ella se ha venido practicando hasta tiempos recientes en algunas comunidades del Yemen y de Irán. El Estado de Israel la ha prohibido de hecho, aunque ha respetado los derechos de algunos emigrantes judíos provenientes de lugares donde aún estaba en uso.

masculinos, dentro de los clanes de la «tribu paterna» (Nm 36, 1-13). Según eso, las hijas que posean alguna «heredad» en cualquiera de las tribus de Israel tienen que casarse dentro de los clanes de la tribu paterna, a fin de que esa herencia no salga de la tribu, a cuyo servicio ellas se encuentran. Ésta es, significativamente, la última «ley» del Tetrateuco, es decir, de los cuatro primeros libros de la Biblia[15].

En ese mismo contexto se sitúa la ley del levirato (cf. Dt 25, 5-10), por lo que una mujer viuda y sin hijos ha de quedar en manos de un hermano de su difunto marido, a fin de conseguir un heredero para él (para el marido muerto). Esa ley puede entenderse como una forma de «defensa» de la viuda (que queda así acogida y que puede conseguir unos hijos que la defiendan más tarde); pero implica también una gran limitación, pues muestra que ella no tiene autonomía para casarse con quien quiera (o para vivir soltera).

b) Prostitución[16]

Aparece en la Biblia desde los tiempos más antiguos, tanto en la tierra de Israel como en los países del entorno (Gn 28, 15; Jue 16, 1; Prov 2, 16; 29, 3), pero ha sido especialmente condenada en dos casos: (a) Un sacerdote, y especialmente el Sumo Sacerdote, no puede casarse con una prostituta, pues ello implicaría un riesgo para su santidad y, sobre todo, para la limpieza genealógica de sus hijos (cf. Lv 21, 7.14); (b) Un padre no puede prostituir a su hija para lograr así ganancias económicas, aunque quizá lo que se prohíbe aquí es la prostitución sagrada (cf. Lv 19, 29).

En estos casos, la prostitución se entiende en su sentido literal. Pero, como suele suceder en otros pueblos, las palabras vinculadas con la prostitución han tomado pronto un carácter simbólico, de tipo casi siempre religioso y negativo. En este contexto debemos poner de relieve el hecho de que, por contaminación patriarcalista, el Antiguo Testamento

---

15 Así lo ha destacado J. L. Sicre, *Introducción al Antiguo Testamento*, Verbo Divino, Estella 1995.
16 Cf. R. Jost, *Hure/Hurerei*, WiBiLex. Cf. también R. Jost, *Frauen, Männer und die Himmelskönigin. Exegetische Studien*, Kaiser, Gütersloh 1995; *Gender, Sexualität und Macht in der Anthropologie des Richterbuches*, Kohlhammer, Stuttgart 2006; H. Schulte, *Beobachtungen zum Begriff der Zonah im Alten Testament*, ZAW 102 (1992) 255-262; C. Stark, *Kultprostitution im Alten Testament? Die Qedeschen der Hebräischen Bibel und das Motiv der Hurerei* (OBO 221), Freiburg/Schweiz 2006; G. C. Streete, *The Strange Woman. Power and Sex in the Bible*, Westminster, Louisville 1997.

presenta como prostitutas a mujeres que, estrictamente hablando no lo son, sino que poseen y ejercen una independencia social que las hace autónomas ante la sociedad o ante su misma familia. Los casos más famosos son los de Rajab, la «hospedera» de Jericó, que recibe a los espías de Israel (Jos 2, 1-3; 6, 17-25), y la «concubina» del Levita de Jue 19, 1-3. Más que prostitutas en el sentido normal, ellas son mujeres que gozan de una libertad o autonomía que otras no tienen, sea en plano social o matrimonial. En este contexto podemos evocar algunos casos en los que el simbolismo de la prostitución tiene un papel significativo para la Biblia.

1. *Prostitutos sagrados*. Han sido especialmente condenados en Israel los cultos de la prostitución sagrada de varones y mujeres (llamados «santos» y «santas»: de la raíz *qds*), vinculados al culto de algunos templos cananeos o de otras ciudades del entorno. En este contexto se sitúa la famosa ley del Deuteronomio: «No traerás la paga de una prostituta ni el precio de un perro [= prostituto sagrado] a la casa de Yahvé tu Dios por ningún voto; porque abominación es a Yahvé tu Dios tanto lo uno como lo otro» (Dt 23, 18)[17].
2. *La idolatría como prostitución*. El caso más repetido de prostitución sagrada, de tipo perverso, es la que está vinculada con el culto a los ídolos que, al menos desde Oseas, aparecen como amantes falsos (vinculados a veces con prácticas sexuales que la religión de Yahvé condena como inmorales). Entendida así, la prostitución es el pecado nacional de Israel, como supone Os 2, 1; Is 1, 21; Jr 13, 27. Especialmente significativo es, en ese contexto, el largo capítulo de Ez 16, dedicado a las prostituciones de las dos doncellas de Dios, Israel y Judá.

La prostitución como tal no ha sido condenada en los libros más antiguos de la Biblia judía, que la consideran como un hecho normal de la dinámica social. En ese sentido, el Decálogo no condena la prostitución, sino el adulterio (cf. Ex 20, 14; Dt 6, 18), aunque interpreta de una forma negativa la forma de actuar de la prostituta (cf. Ez 16). La literatura tardía, tanto el libro de los Proverbios como el Eclesiástico (cf. cap. 19) y,

---

17 Este pasaje supone que en un momento ha existido dentro del mismo templo de Yahvé algún tipo de prostitución sagrada, como indica por otra parte 1 Re 15, 12, cuando afirma que el rey Asá (911-870 a.C.) «desterró del templo la prostitución sagrada», que había sido favorecida por su abuela Maacá. Cf. también P. E. Dion, *Did Cultic Prostitution Fall into Oblivion during the Postexilic Era? Some Evidence from Chronicles and the Septuagint*, CBQ 43 (1981) 41-48.

sobre todo los apócrifos (cf. Testamento de los XII patriarcas) han condenado con dureza la prostitución de las mujeres.

c) *Virginidad y violación, adulterio y divorcio*[18]

En un sentido extenso, se puede afirmar que la mujer soltera es propiedad de su padre que la entrega en matrimonio y, de esa forma, a cambio de una suma de dinero, ella pasa a pertenecer a su marido. Por eso, una vez desposada, la mujer se convierte en posesión de su esposo, de manera que se prohíbe que otros hombres la codicien, lo mismo que se prohíbe codiciar la casa o el asno ajeno, no por tabú sexual, sino por derecho de propiedad (Ex 20, 17; Dt 5, 18). En este contexto resulta fundamental la virginidad antecedente de la mujer y su fidelidad posterior (prohibición de adulterio), que están básicamente al servicio de la legitimidad patriarcal de los hijos (es decir, de los derechos del esposo). En el caso de que una mujer virgen (no casada) haya sido seducida o violada, el culpable (varón) debe reparar el daño comprándola como esposa.

> Si un hombre seduce a una virgen, no desposada, y se acuesta con ella, le pagará la dote, y la tomará por mujer. Y si el padre de ella no quiere dársela, el seductor pagará el dinero de la dote de las vírgenes (Ex 22, 16-17). Si un hombre encuentra a una joven virgen no prometida, la agarra y se acuesta con ella, y son sorprendidos, el hombre que se acostó con ella dará al padre de la joven cincuenta monedas de plata; ella será su mujer, porque la ha violado, y no podrá repudiarla en toda su vida (Dt 22, 22-29).

La mujer aparece así como una especie de «mercancía preciosa» (y peligrosa) que pasa, por una suma de dinero, de las manos del padre (su dueño anterior) al marido (que es su nuevo dueño), pero que puede ser devaluada (en caso de violación o de divorcio). En este contexto se distingue entre el adulterio propiamente dicho (con una mujer casada) y semi-adulterio, es decir, la violación de una prometida-virgen.

---

18 A. Bach, *Women, seduction, and betrayal in biblical narrative*, Cambridge University Press, 1997; L. Epstein, *Marriage Law in the Bible and the Talmud*, Cambridge MA 1942; M. Fishbane, *Accusations of Adultery: A Study of Law and Scribal Practices in Num 5:11–31*, HUCA 45 (1974) 25-45; W. Kornfeld, *L'Adultere dans L'Orient Antique*, RB 57 (1950) 92-109; H. McKeating, *Sanctions against Adultery*, JSOT 11 (1979) 57-72; E. Neufeld, *Ancient Hebrew Marriage Laws*, New York and London 1944; A. Phillips, *Ancient Israel's Criminal Law*, Oxford 1970; G. J. Wenham, *Betulah: «A Girl of Marriageable Age»*, VT 22 (1972) 326-348.

II. Mujeres en crisis. La mutación judía

En el caso del *adulterio pleno* la solución es clara: «Si se sorprende a un hombre acostado con una mujer casada, morirán los dos: el hombre que se acostó con la mujer y la mujer misma. Así harás desaparecer de Israel el mal» (Dt 22, 22). En esa circunstancia no se pregunta si la mujer ha consentido o no; no se distingue entre una violación o un posible acto voluntario, consentido por ambos. La mujer aparece como una «cosa», propiedad del marido, de manera que para impedir que tenga hijos «adulterinos» debe morir, por más inocente que ella sea en sentido moral.

Por el contrario, en el caso de un adulterio sólo incoado, cuando un hombre (casado o no, ese dato es secundario) se acuesta con una «virgen» prometida a otro (¡el dato de la virginidad es esencial, pues la descendencia del prometido no está en peligro!), la solución es distinta y se tiene en cuenta la reacción de la mujer:

> Si una joven virgen está prometida a un hombre y otro hombre la encuentra en la ciudad y se acuesta con ella, los sacaréis a los dos a la puerta de esa ciudad y los apedrearéis hasta que mueran: a la joven por no haber pedido socorro en la ciudad, y al hombre por haber violado a la mujer de su prójimo. Así harás desaparecer el mal de en medio de ti. Pero si es en el campo donde el hombre encuentra a la joven prometida, la fuerza y se acuesta con ella, sólo morirá el hombre que se acostó con ella; no harás nada a la joven: no hay en ella pecado que merezca la muerte. El caso es semejante al de un hombre que se lanza sobre su prójimo y le mata: porque fue en el campo donde la encontró, y la joven prometida acaso gritó sin que hubiera nadie que la socorriera (Dt 22, 23-27).

Si la «virgen» ha gritado es «inocente», de manera que ella puede vivir, pues se sabe de quién es el hijo (si es que nace). Si no ha gritado, pudiendo hacerlo, se supone que consiente y que nunca podrá ser fiel a un marido (asegurando así que los hijos son del «padre»), por lo que hay que matarla. Esto supone que la sociedad (al menos el entorno familiar) sabe si la muchacha era virgen y lo puede atestiguar públicamente. En ese contexto se entiende también el caso de un marido que «difunde de manera calumniosa la mala fama sobre una virgen de Israel»:

> Si un hombre se casa con una mujer, y después de llegarse a ella, le cobra aversión... y la difama públicamente diciendo: «Me he casado con esta mujer y, al llegarme a ella, no la he encontrado virgen», el padre de la joven y su madre tomarán las pruebas de su virginidad y las descubrirán ante los ancianos de la ciudad, a la puerta. El padre de la

joven dirá a los ancianos: «Yo di mi hija por esposa a este hombre; él le ha cobrado aversión, y ahora le achaca acciones torpes diciendo: No he encontrado virgen a tu hija. Sin embargo, aquí tenéis las señales de la virginidad de mi hija», y levantará el paño ante los ancianos de la ciudad. Los ancianos de aquella ciudad tomarán a aquel hombre, le castigarán, y le pondrán una multa de cien monedas de plata, que entregarán al padre de la joven, por haber difamado públicamente a una virgen de Israel. Él la recibirá por mujer, y no podrá repudiarla en toda su vida. Pero si resulta que es verdad, si no aparecen en la joven las pruebas de la virginidad, sacarán a la joven a la puerta de la casa de su padre, y los hombres de su ciudad la apedrearán hasta que muera, por haber cometido una infamia en Israel prostituyéndose en casa de su padre. Así harás desaparecer el mal de en medio de ti (Dt 22, 13-22).

La diferencia entre el varón y la mujer es clara. Al marido que difama a una mujer se le castiga sólo con una multa, no tanto por lo que ha hecho con esa mujer, sino porque «destruye la fama» de unos padres (de un padre) que están encargados de velar por la virginidad de su hija, antes de entregarla al matrimonio. Pero en el caso de que los padres no puedan demostrar que su hija se ha mantenido virgen antes del matrimonio, esa hija tiene que morir, porque ha puesto en peligro la norma clave que sostiene la legitimidad de la herencia.

La mujer pasa así de manos del padre a manos del marido. Pero la autoridad de ambos no es igual. El padre tiene incluso el derecho de vender a su hija como esclava (Ex 21, 7). El marido, en cambio, no puede venderla, sino sólo *divorciarse de ella* (es decir, expulsarla), pero sin obligación de darle ninguna explicación ni indemnización, sino sólo un documento (¡libelo!) de repudio, de manera que ella pueda mostrar que es libre (sin que ella pueda nunca expulsar a su marido, es decir, divorciarse de él):

> Si un hombre toma una mujer y se casa con ella, y sucede que ella no le agrada porque él ha hallado en ella alguna cosa vergonzosa, le escribirá una carta de divorcio, la entregará en su mano y la despedirá de su casa. Salida ella de su casa, podrá ir y casarse con otro hombre. Si este hombre la llega a aborrecer, le escribe una carta de divorcio, la entrega en su mano, la despide de su casa; o si muere este hombre que la tomó por mujer, entonces su primer marido que la despidió no podrá volverla a tomar para que sea su mujer, después que ella fue mancillada, porque esto sería una abominación ante Yahvé (Dt 24, 1-4).

Eso significa que la mujer «divorciada» no es igual que la no casada, sino que ha quedado «manchada» (mancillada: *hittama'h*), pues su primer marido ha encontrado en ella algo «vergonzoso» y, al expulsarla de su casa (aunque la deje en libertad), la ha marcado con una señal de «abominación». Sin duda, esta ley de divorcio puede interpretarse como una medida de protección de la mujer, que no queda ya sujeta a la arbitrariedad de su marido; pero es, al mismo tiempo, una ley que sanciona la impureza de la mujer expulsada. Lógicamente, los sacerdotes, a quienes se atribuye una mayor santidad, sólo pueden casarse con mujeres vírgenes (no divorciadas, viudas o violadas; cf. Lv 21, 7; 44, 22).

En este contexto se puede añadir la durísima (y significativa) «ley» de Dt 25, 11-12: «Si dos hombres luchan entre sí y la mujer de unos de ellos, para defender a su marido, se mete entre los dos y agarra a su enemigo por las partes vergonzosas, deberás cortarle la mano a esa mujer, sin tener compasión de ella». La Biblia «protege» de esa forma la «intimidad» sexual del hombre (incluso del enemigo), limitando así la posibilidad de defensa de la mujer hasta unos límites que nos pueden parecer intolerables. Según eso, ¿podría defenderse a sí misma una mujer agredida agarrando al agresor por sus «partes vergonzosas»? Parece que no, de manera que da la impresión de que a ella sólo se le concede la defensa del «grito».

d) *Leyes «religiosas», tabúes sociales*[19]

Según las nuevas leyes de Israel, la mujer no tiene autonomía en el campo religioso, de manera que tanto su padre como su marido pueden anular los votos y obligaciones sagradas o sociales que ella hubiere asumido por sí misma (cf. Nm 30, 1-8). Eso significa que, en principio, la mujer se encuentra sometida a la autoridad religiosa del padre, y especialmente, del marido que son los que deciden lo que ella puede y debe hacer.

Sea como fuere, esta legislación ha encontrado siempre dificultades a lo largo de la historia de Israel pues, como hemos visto en la historia de Salomón (cf. cap. 8) y como veremos más tarde al ocuparnos de las leyes de Esdras y Nehemías (cf. caps. 15-16), los israelitas han tenido miedo de que las «mujeres extranjeras» mantengan su autonomía religiosa, de tal

---

19 Además de bibliografía citada en notas anteriores, cf. T. Ilan, *Integrating women into Second Temple history* (TSAJ 76), Tübingen 1999; H. W. Wolff, *Antropología del Antiguo Testamento*, Sígueme, Salamanca 1999.

forma que las han mirado como un peligro para su identidad social y religiosa, llegando al punto de sentirse obligados a expulsarlas.

Pasando ya a motivos más concretos, la ley israelita considera impura a la mujer durante su ciclo menstrual (Lv 15, 1-16) y después del parto (cuarenta días si el nacido es niño, ochenta si es niña: Lv 12, 2-5). Estas leyes pueden entenderse como una «protección» para la mujer, que en esos días conserva su autonomía corporal (y no puede ser utilizada por su marido). Pero también podrían interpretarse como una forma de «dominio» del marido que mantiene de esa forma su autoridad sobre ellas. Sería fundamental entender esa ley desde la perspectiva de las mujeres y saber cómo se han sentido ellas al «tener» que cumplirla. Pero en este campo, la Biblia no nos da ninguna indicación, no se ha preocupado de lo que piensan y sienten las mujeres, no ha pensado que merecía la pena concederles la palabra.

En esa misma perspectiva religiosa se sitúan las normas sobre el culto. Es evidente que en un tiempo antiguo han existido «sacerdotisas» (mujeres sagradas), vinculadas al culto de la Ashera (como hemos ido viendo en los capítulos anteriores). Pero tras el triunfo del yahvismo, y de un modo especial tras el exilio, ellas han sido expulsadas del ámbito sacral «positivo», para ser consideradas como simples «hechiceras» (en el caso de querer realizar gestos sagrados). En esa línea se indica que ellas no tienen acceso al atrio central del templo (donde ya no está la Ashera al lado de Yahvé).

Sea como fuere, en este campo, la historia israelita resulta compleja. Ciertamente, en un primer plano, la Biblia parece sólo un libro de varones, de Adán a Abrahán, de Abrahán a Moisés y David, de David a Josías y Esdras (sin contar con los profetas oficiales, todos varones, de Amós e Isaías, hasta Daniel y Malaquías). Las mujeres parecen invisibles. Pero detrás de ese «predominio masculino», que resulta indudable, hay una marcada presencia femenina, como venimos indicando: al lado de Adán está Eva (quizá más importante que él); al lado de Abrahán están Sara y Agar; al lado de Josué se encuentra Rajab y junto a Barac está Débora, etc. Además, como veremos en los caps. 20-22, hay un predominio de heroínas. Precisamente para poner de relieve esa importancia de las mujeres en la Biblia hemos escrito este libro.

11
UN CLARO-OSCURO
SACRIFICAR MUJERES, SOCORRER VIUDAS

Hay en la historia de Israel dos elementos que parecen oponerse, pero que en el fondo se vinculan: el sacrificio de mujeres, al servicio de un orden masculino, y la exigencia de ayudar y sostener a las viudas. En este claro-oscuro nos sitúa la historia y legislación judía.

1. Sacrificio de mujeres

La Biblia Judía recuerda dos mujeres especialmente sacrificadas, en un contexto de guerra anterior o posterior: la hija de Jefté y la «esposa» del Levita. Éstos son quizá sus pasajes más duros y dolientes y sólo podemos entenderlos en su entorno social.

a) La Hija de Jefté[20]

Abrahán, a quien Dios pidió que matara a su hijo Isaac, para mandarle después que no lo hiciera y que, en su lugar, sacrificara un cordero ha

---

[20] Cf. W. Groß, *Jiftachs Tochter*, en F.-L. Hossfeld (ed.), *Das Manna fällt auch heute noch. Beiträge zur Geschichte und Theologie des Alten, Ersten Testaments* (FS E. Zenger) (HBS 44), Freiburg 2004, 273-293; C. Houtman, *Die Bewertung eines Menschenopfers. Die Geschichte von Jefta und seiner Tochter in früher Auslegung*, BN 117 (2003), 59-70; R. Jost, *Gender, Sexualität und Macht in der Anthropologie des Richterbuches*, Stuttgart 2006; B. Miller, *Tell it on the mountain: the daughter of Jephthah in Judges 11*, Liturgical Press, Collegeville Minn. 2005; M. Navarro, *El sacrificio del cuerpo femenino en la Biblia hebrea: Jueces 11 (la hija de Jefté) y 19 (la mujer del Levita)*, en M. Arriaga (ed.), *Cuerpos de mujeres en sus (con)-textos anglogermánicos, hispánicos y mediterráneos: una aproximación literaria, socio-simbólica y crítico-alegórica*, Arcibel, Sevilla 2005, 227-243; H. D. Neef, *Jephta und seine Tochter (Jdc XI 29-40)*, VT 49 (1999) 206-217; W. Richter, *Die Überlieferungen um Jephtah. Ri 10, 17–12, 6*, Bib 47 (1966) 485-556; Th. C. Römer, *Why Would the Deuteronomists Tell about the Sacrifice of Jephthah's Daughter?*, JSOT 77 (1998) 27-38; A. Rottzoll, *Die Erzählung von Jiftach und seiner Tochter (Jdc 11, 30-40) in der mittelalterlich-jüdischen und historisch-kritischen Bibelexegese*, ZAW 115 (2003) 210-230; A. Scherer, *Überlieferungen von Religion und Krieg. Exegetische und religionsgeschichtliche Untersuchungen zu Richter 3-8 und verwandten Texten* (WMANT 105), Neukirchen-Vluyn 2005; E. Seifert, *Tochter und Vater im Alten Testament. Eine ideologiekritische Untersuchung zur Verfügungsgewalt von Vätern über ihre Töchter*, Neukirchen-Vluyn 1997, 121-126 y 180-183; A. Wenin, *Mujeres de la Biblia*, Claret, Barcelona 2008.

quedado en la Biblia como padre de los creyentes. Por el contrario, Jefté, que sacrificó de hecho a su hija, cumpliendo un voto religioso, ha terminado pareciendo una figura marginal; pienso, sin embargo, que la figura de esa hija sacrificada resulta esencial para comprender un elemento de la piedad sacrificial del antiguo Israel.

Normalmente, las hijas han sido «sacrificadas» por sus padres (y después por sus esposos), en aras de una determinada concepción patriarcalista de la vida, aunque muchos hayan querido olvidarlo, pero la Biblia habla de ello sin inmutarse, pues expresa (sigue expresando) un tema clave de la historia humana: hay un tipo de victoria económica o militar (en línea de sistema) que implica la utilización y/o destrucción de las mujeres, como supone el relato ejemplar de la hija de Jefté.

La Biblia supone que eran tiempos de dura violencia, época «sin reyes» (es decir, «sin leyes»), cuando cada uno hacía lo que quería (cf. Jue 21, 25). Además, los israelitas se hallaban amenazados de muerte por unas tribus amonitas. En ese contexto, los representantes de Yahvé, el pueblo de la alianza, incapaces de vencer esa amenaza, pidieron a Jefté, un guerrillero marginado, que dirigiera su guerra. Él lo hizo y, siguiendo las duras costumbres de su tiempo, ofreció a Dios un voto, «prometiéndole la vida de aquel que saliera a recibirle de su casa cuando llegara victorioso»:

> «Si entregas a los amonitas en mi mano, ofreceré ante Yahvé en holocausto ('*olah*) al primero que salga a mi encuentro de las puertas de mi casa, cuando regrese victorioso...». Y cuando regresaba... le salió a recibir su hija con címbalos y danzas. Y ella era única; no tenía fuera de ella hijo ni hija.
>
> Al verla, Jefté rasgó sus vestiduras y exclamó: «¡Ay, hija mía! ¡Qué desdichado soy! ¡Tú eres mi desdicha, pues hice una promesa a Yahvé y no puedo volverme atrás!». Y ella le respondió: «Si hiciste una promesa a Yahvé, cumple conmigo lo que prometiste, pues Yahvé te ha concedido vengarte de tus enemigos». Y le pidió a su padre: «¡Concédeme esto! Déjame libre dos meses, para que habite en los montes y llore mi virginidad con mis compañeras». Él le contestó ¡vete! y fue por dos meses... con sus compañeras y lloró su virginidad por los montes. Y al cabo de dos meses volvió donde su padre y él cumplió con ella el voto que había prometido. Y ella no había conocido varón. Y quedó por costumbre en Israel que las hijas de Israel vayan a cantar a la hija de Jefté, el galaadita, cuatro días al año (Jue 11, 31.34-40)[21].

---

21 Para una visión general, cf. M. Bal, *Death and Dissymetry. The Politics of Coherence in the Book of Judges*, UP, Chicago 1988; R. G. Boling, *Judges* (AB 6a), New

II. Mujeres en crisis. La mutación judía

De Abrahán, portador de la promesa, a quien Dios pide la vida de su hijo Isaac (sustituido después por el cordero: Gn 22), pasamos a Jefté, padre guerrero, que ofrece y sacrifica a su hija, como pago por la victoria obtenida sobre los enemigos, en gesto de cruel intercambio religioso: «Dios me ha dado lo más grande, la victoria; yo tengo que darle lo mejor que tengo, la vida de mi hija». Algunos han pensado que Jefté ha caído en la trampa de su irreflexión, ofreciendo a Dios «al primero que salga por las puertas de mi casa», sin saber quién sería (o suponiendo que sería un animal). Pero el texto parece suponer que él sabe lo que ha prometido, pues de su casa sólo puede salir de verdad su hija, para recibirle con júbilo, dirigiendo el coro de cantoras que celebran la victoria. En esa línea, su extrañeza y angustia al ver que de hecho sale ella a recibirle (¡ay, hija mía!) puede resultar retórica.

De todas formas, el tema queda abierto y podríamos suponer que Jefté ha pensado en algún otro (¡algún criado o familiar!)... O podemos suponer también que la hija conoce el juramento (¡es público!) y, a pesar de ello y por ello, sale la primera, desafiando de esa forma a su padre, quizá con la esperanza de que retire su juramento y no la mate (¡no mate a nadie por la victoria conseguida!). De esa manera, ella se elevaría y protestaría contra su mismo padre y contra el Dios de la guerra con quién su padre ha pactado. Por eso, en toda esta escena está en juego no sólo Jefté, sino su mismo Dios, que parece haberle escuchado y concedido la victoria por el voto que él ha hecho. Y así vemos que Jefté no cambia.

– *Yahvé, Dios de la guerra*, necesita un precio para aplacarse y conceder la victoria al jefe militar israelita. Él quiere, como siempre, lo más grande: la vida de la hija única y virgen del guerrero, «que llora por los montes su virginidad», antes de morir en holocausto. La desea para sí, sin que nadie más pueda casarse con ella, sin que ella tenga hijos. Así viene a mostrarse como un Dios del sacrificio violento, que quiere precisamente lo más importante y valioso: la vida de la joven, que debe renunciar por eso a su maternidad.

– *Jefté, guerrero sacerdote*, viene a presentarse de esa forma como dueño de la vida de su hija, de la que dispone como «valor de cambio» para negociar con ella (como padre que podría venderla como esclava: Ex 21, 7). Ciertamente, él consigue la victoria, pero a costa de su hija. Abrahán iba a ofrecer a Dios su «único hijo» por nada, para mostrarle su fidelidad. Jefté promete a su hija a Dios para conseguir la victoria, y

York 1975; A. D. H. Mayes, *Judges* (JSOT), Sheffield 1985; J. A. Soggin, *Judges*, Westminster, Philadelphia 1981.

cuando la logra se la ofrece. La redacción final de la Biblia condena los sacrificios humanos (cf. 2 Re 3, 27; Lv 18, 21; Dt 12, 31; 18, 10), pero aquí vemos que existieron y tuvieron un sentido para israelitas como Jefté.

Este sacrificio de la hija de Jefté pertenece a la historia primigenia de la humanidad y tiene equivalentes en otros pueblos (desde el sacrificio de Ifigenia en Grecia hasta la muerte de doncellas casaderas en las fiestas del Dios del maíz de México). Conforme a la lógica de este sacrificio (y del Dios que está en su fondo), Jefté ha ofrecido a Dios, de hecho, su único tesoro verdadero (la hija que puede darle descendencia), y lo hace para triunfar en el combate. Da la impresión de que Yahvé y Jefté, ambos guerreros, están en lucha. La batalla de Jefté contra los amonitas parece secundaria. Su verdadera guerra la entabla con Dios, por la vida de su hija.

El Dios, que en Gn 22 «perdonó» la vida de Isaac, no perdona a la hija de Jefté, sino que la quiere para sí. No hay posible salvación para esta *hija virgen*, que acaba muriendo en manos del guerrero padre, que la ofrece en sacrificio. Evidentemente, ella tiene que ser virgen (no haber conocido varón), pues sólo de esa forma vale como precio de memoria (de batalla) para Dios o para unos esposos que podrían raptarla por guerra (cf. Jue 21, 10-14) o comprarla (recibirla) de manos de su padre.

Según eso, la hija de Jefté aparece como *ser para la muerte* (el holocausto), al servicio de la guerra y del dios de los varones, sin más recuerdo que la memoria del llanto (los cuatro días que lloran cada año por ella las hijas de Israel). Ciertamente, desde una perspectiva cúltica, se podría pensar que el «holocausto» (*'olah*) de la hija de Jefté consistiría en haber sido consagrada como virgen, al servicio de Yahvé, pues se dice que ella llora en los montes por su «virginidad» (*b^{e}tuli*: Jue 11, 37), no por el hecho de que va a morir. Pero esa interpretación no parece probable, pues en el Antiguo Testamento la palabra holocausto (*'olah*) implica muerte sangrienta y destrucción de la víctima[22].

De todas formas, el texto vincula el dolor de la muerte de la hija de Jefté con su «virginidad». Lo que ella y las mujeres israelitas lloran no es la muerte en sí (un hecho natural), sino la muerte violenta por sacrificio (*'olah*) de una muchacha joven que no puede así ser madre. En esa línea, la «memoria» de la Hija de Jefté el galaadita, que las muchachas de Israel celebran cuatro días al año constituye en la Biblia uno de los

---

[22] Cf. R. de Vaux, *Instituciones del Antiguo Testamento*, Herder, Barcelona 1985, 529-530.

signos principales de una «liturgia femenina», una celebración de mujeres (hijas/*banot* de Israel) que lloran a la «hija de Jefté», comparten su dolor, se lamentan por su fracaso y así protestan contra los hombres y padres como Jefté, que las sacrifican. La hija de Jefté queda así integrada en la protesta de las mujeres de Israel que lloran su destino. Ciertamente, ella, la hija sacrificada no tiene hijos propios (ni resucita), pero, de algún modo, vive en la memoria de las mujeres que la recuerdan, protestando por la cultura de guerra de los hombres[23].

b) La «mujer» del Levita[24]

El texto que ahora comentamos forma parte de una durísima trama de violación, con sacrificio de esposa, venganza militar y rapto (Jue 19-21). De su final, con rapto de mujeres, hemos hablado ya (cap. 10). Aquí nos ocupamos del sacrificio de la esposa.

El relato comienza hablando de un levita que busca a una esposa (concubina), que se había marchado de la casa del marido, para volver a casa de su padre (en Belén de Judá). El levita no acepta de buen grado

---

23 Hay, sin duda, una «cultura de guerra» que sólo logra extenderse y conseguir sus objetivos matando a los inocentes (como a esta muchacha). Ésta es la cultura representada por Jefté, que aparece así como dueño de la vida de su hija, de la que dispone como valor de cambio para negociar con Dios y ganar en la guerra. Pero hay también una cultura de humanidad, representada por la hija de Jefté y por aquellas mujeres que lloran por su sacrificio, durante cuatro días al año. Ella, y las mujeres que la lloran, son una expresión muy clara de aquella parte de la humanidad (formada sobre todo por mujeres) que vive sacrificada bajo el holocausto de la guerra y del dios de los varones, sin más recuerdo que el memorial del llanto, cuatro días al año, llorando ante el Dios de Israel en las montañas. De esa manera, el canto jubiloso de victoria de las mujeres (cf. Ex 15; Jue 5; 1 Sm 2 y 18, 6-7) se convierte para ellas en experiencia y memorial de muerte. L. Feuchtwangen, *Jefta y su hija*, EDAF, Madrid 1995, ha intentado penetrar en forma novelada, desde la vertiente del padre (no de la hija) en la historia y teología o ideología abismal de este relato.

24 Para situar el tema, cf. M. Bal, *Death and Dissymmetry. The Politics of Coherence in the Book of Judges*, Chicago UP 1988. Cf. también A. Brenner (ed.), *A Feminist Companion to the Bible. Judges (*Second Series 1999), Academic Press, Sheffield 1993; J. Ch. Exum, *Fragmented Women. Feminist (Sub)versions of Biblical Narratives*, JSOT, Sheffield 1993; R. Jost, *Gender, Sexualität und Macht in der Anthropologie des Richterbuches*, Stuttgart 2006; M. Navarro, *El sacrificio del cuerpo femenino en la Biblia hebrea: Jueces 11 (la hija de Jefté) y 19 (la mujer del Levita)*, en M. Arriaga (ed.), *Cuerpos de mujer en sus (con)-textos anglogermánicos, hispánicos y mediterráneos: una aproximación literaria, socio-simbólica y crítico-alegórica*, Arcibel, Sevilla 2005, 227-242 (on line en: http://www.ciudaddemujeres.com/articulos/El-sacrificio-del-cuerpo-femenino); Ph. Trible, *Texts of Terror*, Fortress, Philadelphia 1984.

este «abandono legítimo» de su esposa libre (ella es una *pilegesh*, Jue 19, 1) y quiere llevarla de nuevo con él, a la tierra de Efraín, pasando así del matrimonio patri-local (la esposa seguiría viviendo en el hogar de su padre) al viri-local (ella habita en casa del marido). El padre de la mujer consiente; de ella no se dice nada, aunque se supone que acepta la propuesta del marido.

Pues bien, tras hospedarse unos días con el suegro, el levita vuelve a su tierra, llevando a su mujer, y pernocta de camino, con ella y su criado, en Gibea de Benjamín, donde un emigrante efraimita les ofrece alojamiento, ante la indiferencia y rechazo de los benjaminitas del lugar, quienes, por pasión homosexual o por humillar al levita que pasa la noche en su ciudad, intentan violarle. Pero el levita, apoyado por el efraimita que le ha recibido en su casa, se defiende y, en vez de ponerse él mismo en manos de los violadores, entrega a su esposa, a la que violan a lo largo de la noche; pasada la noche, tiempo de violación, ella vuelve y se tiende a la puerta de la casa donde está su esposo, como pidiendo su ayuda. Pero el esposo levita no la ayuda, sino que (cumpliendo la ley que manda matar a las que han adulterado, con o sin consentimiento) la carga en su asno y la lleva a su ciudad, donde la corta en doce pedazos, que envía a cada una de las tribus de Israel, pidiendo venganza. Éste es el texto:

> Un hombre de la tribu de Leví, que habitaba como forastero en una parte remota de la región montañosa de Efraín, había tomado como esposa (*pilegesh*) a una mujer de Belén de Judá. Su esposa se enfadó con él y se fue de su lado a la casa de su padre, a Belén de Judá, y estuvo allá durante cuatro meses. Su marido se levantó y se fue donde ella para hablarle con amor y hacerle volver. Llevó consigo un criado y un par de asnos... Cuando volvían se les hizo de noche junto a Gibea de Benjamín, donde entraron y se sentaron en la plaza, porque no hubo quien los recibiese en su casa.
> Pero sucedió que al atardecer un anciano volvía de trabajar en el campo... y los hizo entrar en su casa y dio forraje a los asnos. Y ellos se lavaron los pies, comieron y bebieron. Cuando ellos estaban reponiéndose, los habitantes de la ciudad, hombres pervertidos, rodearon la casa y golpearon la puerta diciendo al anciano, dueño de la casa: «¡Saca fuera al hombre que ha entrado en tu casa, para que lo conozcamos!». Aquel hombre, dueño de la casa, salió donde estaban ellos y les dijo: «¡No, hermanos míos! Por favor, no cometáis esta maldad, porque este hombre ha entrado en mi casa. No cometáis esta vileza. Aquí está mi

hija virgen. Yo os las sacaré; humilladla y haced con ella lo que os parezca bien. Pero no hagáis esa vileza a este hombre».

Pero aquellos hombres no le quisieron escuchar; por lo cual el levita, tomando a su esposa, la sacó afuera. Ellos la violaron y abusaron de ella toda la noche hasta el amanecer, y la dejaron al rayar el alba. Cuando amanecía, la mujer vino y se tendió ante la puerta de la casa de aquel hombre donde se había hospedado su marido, hasta que fue de día. Y levantándose de mañana, su marido abrió la puerta de la casa y salió para seguir su camino. Y la mujer, su esposa, estaba tendida ante la puerta de la casa, con sus manos sobre el umbral. Él le dijo: «Levántate, y vámonos». Pero ella no respondió. Entonces el hombre la cargó sobre el asno, se puso en camino y se fue a su pueblo.

Cuando llegó a su casa, tomó un cuchillo, y sujetando firmemente a su esposa, la cortó en doce pedazos y los envió por todo el territorio de Israel. Y todos los que lo veían, decían: «¡Jamás se ha hecho ni visto cosa semejante, desde el día en que los hijos de Israel subieron de la tierra de Egipto hasta hoy! ¡Consideradlo, deliberad y manifestaos!» (Jue 19, 1-30).

Este levita tiene probablemente varias esposas y una es ésta, a la que el texto llama *pilegesh*, término que suele traducirse por *concubina*, aunque estrictamente hablando significa una mujer casada que sigue conservando su libertad dentro del matrimonio, de manera que tiene el derecho de habitar con su padre, sin que el marido pueda obligarle a vivir con él. Esto es lo que había hecho efectivamente ella, dejando a su marido para vivir en casa de su padre (según derecho del matrimonio patrilocal). El texto no dice por qué se ha marchado, aunque es muy probable que sea porque su marido le ha defraudado (parecen carentes de sentido las traducciones que suponen que ella se había marchado para serle infiel).

Sea como fuere, el marido vuelve a buscarla y parece convencerla, por lo que ambos se ponen de nuevo en camino hacia la tierra del marido, pasando la noche en Gibea de Benjamín, donde les hospeda un hombre no benjaminita. En este contexto se añade que los hombres de Gibea «quisieron conocer» (violar) al levita que había venido a dormir con su esposa. Quizá deseaban simplemente divertirse al modo homosexual, pero es más probable que quisieran humillarle, por lo que él representa, como levita y marido de una mujer a la que lleva de nuevo a su casa con halagos.

Pero el levita, en vez de dejarse violar él para defender a la esposa (a la que intenta llevar de nuevo a su casa), prefiere entregarla, para que los benjaminitas sacien de esa forma su deseo. Sabiamente, el texto no comenta nada: no habla de la cobardía o egoísmo del levita, que entrega a la mujer para evitar su humillación, ni deja que hable la mujer que cae (se tiende) extenuada ante la puerta de la casa donde se habían hospedado, después de una noche de sufrimiento. El texto sólo evoca el mandato del levita que ordena a su mujer muy de mañana, de un modo imperioso: «¡Levántate, vámonos!». Los benjaminitas querían violarle a él, pero él les entrega a su esposa, y ahora parece que la dignidad y la vida de esa esposa no importan, sino sólo su honra de marido.

Aquí está el tema. Ella quería ser independiente y por eso había vuelto a casa de su padre. Pero luego cedió, quizá por amor, y se dejó llevar por el marido, con el consentimiento de su padre. Pues bien, en medio del camino, este marido, en vez de defenderla, la entrega en manos de unos violadores, que querían vengarse de él, no de ella. Evidentemente, ese levita no es un héroe, ni es defensor de su mujer, pues la «sacrifica», para salvarse él mismo, dejándola primero en manos de los violadores y cortándola después en doce trozos, para salvar «su honor» de marido manchado y cobarde. No ha querido defender a su mujer, sino que sólo se defiende a sí mismo, de manera que no se digna ni hablar con ella, sino que, llevándola a casa la mata (porque ha sido violada, y es, de hecho, una adúltera y la ley manda matar a las adúlteras), enviando los trozos de su carne a las tribus, haciendo así que comience una guerra durísima en contra de los benjaminitas, en defensa de su honor de marido violado, no del honor ni de la dignidad de su mujer.

El contenido del texto resulta para nosotros extraño, pues los guerreros de Israel, que tienen que luchar contra los benjaminitas adúlteros no lo hacen para defender el honor o la vida de la mujer violada, sino el honor del marido, manchado por aquellos que han violado a su mujer (a la que él mismo ha matado, como se hace con las mujeres «adúlteras», hayan consentido o no en el adulterio, como hemos visto en el cap. 10). Por su parte, estos guerreros de Israel no matan a los hombres/maridos violadores de la ciudad de Gibea o de la tribu de Benjamín (que serían los culpables), sino a las mujeres de la tribu de Benjamín (¿qué culpa tienen ellas?), como mujeres de violadores (Jue 20–21).

Quiero insistir en eso. El marido/levita, sacrificador oficial, ha inmolado a su esposa «adúltera» (como algo de su propiedad, según ley: cf. Lv 20, 10), pues lo que importa en el adulterio no es la posible culpabilidad o inocencia de la mujer, sino el hecho de que ha recibido «semen extraño» y no se sabe ya de quien puede ser el hijo que nazca de ella. Ésta es la trama del texto. Por un lado, el mismo marido, que es el causante del adulterio (ha entregado a su mujer en manos de los violadores), tiene que matarla después (porque de hecho es adúltera, iniciando una guerra para defensa de su honor de marido ultrajado). Ella no ha tenido palabra, ni antes ni después: no ha podido decir nada cuando su esposo la entregó en manos de los violadores (mientras él quedaba seguro), ni ha podido decir nada cuando ha caído desfallecida a la puerta de la casa donde su marido había pasado la noche seguro, ni cuando su esposo la monta en su asno y luego la mata. No dice nada, le han dejado sin palabra, de manera que no puede responder cuando su marido le dice que se levante. Inconscientemente, solemos pensar que está muerta, pero el texto no lo dice, sino que dice sólo que «no responde», quedando pasiva en manos de un marido que tiene que cumplir la ley con ella y matarla. Ella lo sabe y calla. Ha esperado quizá la misericordia del marido, pero no la ha encontrado.

En este contexto queremos destacar de nuevo su identidad. Ella es una *pilegesh*, una esposa legítima que conserva su propia libertad en el matrimonio y que por eso ha podido marcharse a la casa de su padre. Pero vuelve con su marido (que probablemente tiene más esposas legítimas) y éste se porta con ella de un modo cruel, entregándola en manos de los violadores (porque importa el honor de él, no el de ella). Y después, cuando la mujer se deja caer extenuada ante la puerta, después de una noche de sufrimiento, él sólo tiene una palabra imperiosa: «¡Levántate, vámonos!». Evidentemente, ella no puede responder.

Es como si ella no contara, sólo cuenta el marido. Por eso, una vez violada (por «culpa» del mismo marido), ella ya no cuenta. Estrictamente hablando, se podría suponer que ella estaba muerta, desde el momento en que cayó a la puerta de la casa y no respondió a la voz del marido que le dijo: «Levántate y vamos». Pero todo el ritmo del relato está indicando que se encontraba biológicamente viva, aunque era incapaz ya de actuar y de responder a la seca voz imperiosa (no amorosa) de su marido, que tiene que matarla según ley. Éste es uno de los casos en los que la historia de Israel nos sitúa ante un verdadera «tragedia» en el sentido fuerte del término. Ella es inocente, la única inocente en toda esta historia, pero tiene que morir, según ley.

El marido/levita, sacrificador oficial, ha inmolado por ley a su esposa (¡como adúltera debe morir!), después que él mismo ha sido causante del adulterio, al entregarla en manos de los violadores. Ella no ha tenido palabra, ni antes ni después: no ha podido decir nada, ni cuando su esposo la entregó en manos de los violadores (para estar así él seguro), ni cuando cayó desfallecida a la puerta de la casa del efraimita donde su marido ha pasado la noche, sin haberse dejado violar, ni cuando éste la llevó en su asno, ni cuando la mató en su casa, como si ella no fuera más que doce trozos de carne que se envían para iniciar una guerra de violadores.

2. Historias de viudas

En este apartado he querido evocar la historia de algunas mujeres especialmente necesitadas, en especial aquellas que recibieron la ayuda de Elías y Eliseo. He querido empezar con Rispa, mujer conmovedora, concubina viuda de Saúl.

a) Rispa, concubina/viuda de Saúl[25]

Ella aparece pronto como figura discutida. Había sido «concubina» (una de las mujeres) de Saúl y tras la muerte del rey fue objeto de disputa entre Isbaal, hijo de Saúl y nuevo rey, hombre de poca autoridad, y Abner, su general, hombre fuerte del reino, que está conspirando para entregarlo en manos de David:

> Durante la guerra entre la casa de Saúl y la casa de David, Abner adquirió predominio en la casa de Saúl. Había tenido Saúl una concubina, llamada Rispa, hija de Ayyá, y Abner la tomó. Pero Isbaal dijo a Abner: «¿Por qué te has unido a la concubina de mi padre?» (2 Sm 3, 6-7).

Al apoderarse de Rispa, Abner actúa de hecho como nuevo soberano, porque las concubinas de un rey muerto o depuesto pasan a ser propiedad de su hijo-heredero. Pues bien, Abner traicionó al hijo de Saúl y ofreció su apoyo a David, que de esa manera pudo hacerse rey sobre el conjunto de Israel. Pero no pudo «disfrutar» de su traición, ni mantener

---

25 R. G. Branch, *Rizpah: Activist in Nation-Building. An Analysis of 2 Samuel 21:1-14*, Journal for Semitics 14/1 (2005) 74-94; D. Chavel, *Compositry and Creativity in 2 Samuel 21:1-14*, JBL 122 (2003), 23-52; R. Gnuse, *Abducted Wives: a Hellenistic Narrative in Judges 21?*, Scand. Journal of the OT 21 (2007) 228-240; B. Gosse, *Subversion de la législation du Pentateuque et symboliques respectives des lignées de David et de Saül dans les livres de Samuel et de Ruth*, ZAW 110 (1998) 34-49; G. Hentschel, *Die Hinrichtung der Nachkommen Sauls (2 Sam 21, 1-14)*, en H. M. Niemann (ed.), *Nachdenken über Israel, Bibel und Theologie (FS Klaus-Dietrich Schunck)* (BEATAJ), Frankfurt am Main 1994, 93-116; Ph. Lefebvre, *Riçpah, la dame du Lithostrôton (2 Sam XXI; Jn XIX)*, RB 109 (2002), 217-240; R. Quiroga, *La venganza gabaonita a la luz de los conceptos actuales de justicia. Un estudio interpretativo de 2 Samuel 21:1-14*, Davar/Logos 4 (2005) 117-129; W. Thiel, *Rizpa und das Ritual von Gibeon*, en I. Kottsieper (ed.), *Wer ist wie du, Herr, unter den Göttern? (FS Otto Kaiser)*, Vandenhoeck, Göttingen 1994, 247-262.

a Rispa como mujer, pues Joab, general de David, le mató a traición, por celos (no quería tener competidores de alto rango) y por enfrentamientos anteriores (cf. 2 Sm 3, 27).

Poco después, unos «mercenarios», que quisieron ayudar a David, liberándole de sus posibles contrincantes, mataron a traición a Isbaal, rey de Israel, de manera que Rispa quedó sin ninguno de sus posibles maridos (porque parece que David no quiso pretenderla, como podría haber hecho). Pues bien, pasados los años, los habitantes de Gabaón, a quienes el rey Saúl había tratado con dureza (matando a algunos de ellos), por cuestiones de identidad israelita (¡pues no parecían totalmente integrados en la alianza de Israel! cf. Jos 9), pidieron venganza a David en contra de Saúl, y David se la concedió, permitiéndoles que mataran y colgaran (¡en honor de Yahvé!) a siete de sus descendientes.

Algunos exegetas han visto en ese gesto de David un medio utilizado por él para deshacerse de sus posibles contrincantes, los descendientes de Saúl. Pero quizá es preferible interpretar el juicio y muerte de los familiares de Saúl como expresión de una justicia de sangre (de violencia), que se ejercía sobre todo en tiempos de hambre, para atraer la lluvia. Frente a ese fondo de justicia divina vengadora emerge la figura más humana de Rispa, cuyos dos hijos se encuentran entre los ajusticiados:

> En tiempo de David hubo hambre por tres años consecutivos. David consultó a Yahvé y Yahvé respondió: «Hay sangre sobre Saúl y sobre su casa, porque mató a los gabaonitas». Llamó el rey a los gabaonitas, que no eran israelitas, sino uno de los residuos amorreos, con los que los israelitas habían pactado (cf. Jos 9), pero Saúl había intentado exterminarlos, llevado del celo por los israelitas y Judá. Dijo, pues, David a los gabaonitas: «¿Qué debo hacer por vosotros y cómo puedo aplacaros para que bendigáis la heredad de Yahvé?»... Le respondieron: «Aquel hombre (Saúl) nos exterminó y proyectó aniquilarnos para hacernos desaparecer... Que se nos entreguen siete de sus hijos y los sacrificaremos ante Yahvé en Gabaón, en el monte de Yahvé». El rey dijo: «Os los entregaré»...
>
> Tomó el rey a los dos hijos que Rispa, hija de Ayyá, había dado a Saúl... y a los cinco hijos que había tenido Merab [algunos manuscritos ponen Mical], hija de Saúl..., y los puso en manos de los gabaonitas que los colgaron en el monte ante Yahvé. Cayeron los siete a la vez; fueron ajusticiados en los primeros días de la cosecha, al comienzo de la siega de la cebada. Y Rispa, hija de Ayyá, tomó un sayal y lo tendió sobre la roca desde el comienzo de la siega hasta que cayeron sobre ellos las

lluvias del cielo; no dejaba que se pararan junto a ellos las aves del cielo por el día ni las bestias del campo por la noche.

Avisaron a David de lo que había hecho Rispa, concubina de Saúl... y David fue a recoger los huesos de Saúl y los huesos de su hijo Jonatán... y los reunió con los huesos de los sacarificados. Sepultaron los huesos de Saúl, los de su hijo Jonatán y los de los sacrificados, en el sepulcro de Quis, padre de Saúl, en Selá, en la tierra de Benjamín... y de esa manera Dios quedó aplacado con la tierra (cf. 2 Sm 21, 1-14).

Éste es uno de los textos más duros de la Biblia judía, que presenta a Yahvé como garante de una justicia vengadora. Para que se aplaque su cólera, tienen que morir ritualmente siete hijos (descendientes) de Saúl, expiando así los posibles crímenes de su padre, y sus cadáveres han de quedar colgados todo el verano, desde el comienzo de la siega hasta que lleguen las lluvias de otoño, ante el lugar sagrado (templo de Yahvé) de Gabaón, que en ese momento es muy importante en Israel (como muestra el comienzo de la historia de Salomón: cf. 1 Re 3, 1-15). Parece que en el fondo hay un rito cananeo (atestiguado en Ugarit), con el sacrificio de unos «culpables», cuyos cadáveres, quedan expuestos al sol implacable, para atraer la lluvia. Sea como fuere, el texto nos sitúa ante un tipo de «justicia de Yahvé» a la que Rispa se opone.

Los cadáveres elevados así ante Yahvé son sagrados, como dirá Dt 21, 22-23 (cf. Gal 3, 13), cuando prohíbe que permanezcan colgados durante la noche siguiente a su ejecución. Esa prohibición (que es tardía) supone que antes, en un contexto pagano o yahvista (como en nuestro caso), los cadáveres de los ajusticiados quedaban expuestos junto a los caminos o ante los lugares de culto para alejar el mal o quizá también, como en nuestro caso, para atraer la lluvia[26].

Los hijos/descendientes de Saúl permanecieron así todo el verano colgados ante el sol y el viento de la noche, expuestos al calor y al agua, como pasto de las aves carroñeras y las fieras del campo... para expiar ante Yahvé y para aplacar su cólera. Éste era el mayor castigo que se podía infligir a un ser humano: matarle y dejar su cadáver insepulto, sin rito funerario y sin entierro, ante el Dios de la venganza, para impetrar su piedad y conseguir su lluvia. Pues bien, frente al Dios que exige ese castigo y frente a los hombres que lo cumplen (incluido David), se eleva

---

26 Por cumplir ese nuevo mandato del Deuteronomio debieron bajar a Jesús de Nazaret de la cruz (cf. Jn 19, 31). Por cumplir el rito más antiguo de venganza y para atraer la lluvia quedaron los cadáveres de los descendientes de Saúl ante el santuario del Yahvé gabaonita, en un gesto que la legislación posterior del Deuteronomio ha prohibido.

Rispa, que actúa no sólo como madre de sus hijos, sino como representante de los demás ajusticiados, colocándose allí, sobre la roca donde se asienta el santuario, velando noche y día ante los cadáveres, sin miedo al sol y al viento, alejando a las aves de carroña y a las fieras.

Rispa viene a presentarse de esa forma como mujer buena y madre sufriente, que no cree en la ley de la venganza, ni en el Yahvé que exige la muerte de los hijos por los crímenes de su padre. Ella es la verdadera «sacerdotisa» del Dios de la vida, la auténtica creyente, signo mayor de humanidad, muy por encima de David y del mismo Yahvé de las venganzas de Gabaón. Ella aparece como ejemplo máximo de dignidad, de amor materno y de valentía humana, de manera que su actitud (¡todo un verano sin dormir, a cielo abierto, espantando animales...!) logra que el durísimo David (¡y el más duro Yahvé!) aprendan y cese el castigo horrendo de los cadáveres insepultos, mandando que los bajen y que traigan también los huesos de Saúl y de sus hijos, y los entierren con honor y acabe de un modo menos trágico la historia de su dinastía.

El relato termina con una frase ambigua: «Y Dios quedó aplacado con la tierra». En sentido estricto, el texto afirma que Yahvé se aplacó al cumplirse la venganza, con la muerte de los siete descendientes de Saúl. Pero también se puede suponer que un Yahvé más alto se aplacó con la actitud de Rispa, madre sufriente, que «cuidó» a sus hijos (y a los nietos de su marido) que habían sido ajusticiados. Sea como fuere, Rispa la viuda ofrece en la Biblia un testimonio fuerte de valentía y de piedad, una mujer que es servidora de la vida, frente a todos los varones asesinos.

b) La viuda de Sarepta[27]

Hemos tratado ya del ciclo de Elías y Eliseo, profetas de la fidelidad a Yahvé (¡sólo Yahvé!) al ocuparnos de Jezabel (y de Atalía) (cf. cap. 9). Pues bien, al lado de ese aspecto, vinculado a la lucha contra los baales, estos profetas muestran también un rasgo de misericordia y cercanía humana. La tradición cuyo eco aparece en el evangelio cristiano recuerda

---

27 Para situar el tema, cf. A. González Núñez, *Profetas, sacerdotes y reyes en el Antiguo Israel*, Casa de la Biblia, Madrid 1962. Cf. también M. Alvarez Barredo, *Las narraciones sobre Elías y Eliseo en los libros de los Reyes: Formación y Teología*, Carthaginensia 12 (1996) 1-124; Id., *La iniciativa de Dios. Estudio literario y teológico de Jueces 9–21*, Instituto T. Franciscano, Murcia 2004; L. Bronner, *The Stories of Elijah and Elisah als polemic against Baal Wohsip*, Brill, Leiden 1968; G. Fohrer, *Elia* (ATANT 31), Zürich 1957; A. J. Hauser-R. Gregory, *From Carmel to Horeb. Elijah in Crisis* (JSOT SuppSer 85), Sheffield 1990; G. Hentschel, *Die Elijaerzählungen*

así la historia de sus milagros, relacionados de un modo especial con extranjeros, es decir, con no israelitas, de manera que Elías y Eliseo, los enemigos del culto a los baales, aparecen precisamente como amigos de extranjeros:

Le fue dirigida la palabra de Yahvé a Elías diciendo: «Levántate y vete a Sarepta de Sidón y quédate allí, pues he ordenado a una mujer viuda de allí que te dé de comer». Se levantó y se fue a Sarepta. Cuando entraba por la puerta de la ciudad había allí una mujer viuda que recogía leña. La llamó Elías y dijo: «Tráeme, por favor, un poco de agua para mí en tu jarro para que pueda beber». Cuando ella iba a traérsela, le gritó: «Tráeme, por favor, un bocado de pan en tu mano». Ella dijo: «Vive Yahvé, tu Dios, que no tengo nada de pan cocido: sólo tengo un puñado de harina en la tinaja y un poco de aceite en la orza. Estoy recogiendo estos palos, entraré y lo prepararé para mí y para mi hijo, lo comeremos y moriremos».

Pero Elías le dijo: «No temas. Entra y haz como has dicho, pero primero haz una torta pequeña para mí y tráemela, y luego la harás para ti y para tu hijo. Porque así habla Yahvé, Dios de Israel: No se acabará la harina en la tinaja, no se agotará el aceite en la orza hasta el día en que Yahvé conceda lluvia sobre la faz de la tierra». Ella se fue e hizo según la palabra de Elías, y comieron ella, él y su hijo. No se acabó la harina en la tinaja ni se agotó el aceite en la orza, según la palabra que Yahvé había dicho por boca de Elías.

Después de estas cosas, el hijo de la dueña de la casa cayó enfermo, y la enfermedad fue tan recia que se quedó sin aliento. Entonces ella dijo a Elías: «¿Qué hay entre tú y yo, hombre de Dios? ¿Es que has venido a mí para recordar mis faltas y hacer morir a mi hijo?». Elías respondió: «Dame a tu hijo». Él lo tomó de su regazo y subió a la habitación de arriba donde él vivía, y lo acostó en su lecho. Después clamó a Yahvé diciendo: «Yahvé, Dios mío, ¿es que también vas a hacer mal a la viuda en cuya casa me hospedo, haciendo morir a su hijo?». Se tendió tres veces sobre el niño, invocó a Yahvé y dijo: «Yahvé, Dios mío, que vuelva, por favor, el alma de este niño dentro de él». Yahvé escuchó la voz de Elías, y el alma del niño volvió a él y revivió. Tomó Elías al niño,

(Erfurt ThSt 33), Leipzig 1970; S. Otto, *Jehu, Elia und Elisa. Die Erzählung von der Jehu-Revolution und die Komposition der Elia-Elisa-Erzählungen* (BWANT152), Stuttgart 2001; H. H. Rowley, *Elijah in Mount Carmel*, BJRL 43 (1960) 190-216; O. Steck, *Überlieferung und Zeitgeschichte in der Elia-Erzählungen* (WMANT 26), Neukirchen 1968; J. Vermeylen, *Elie le prophète*, Leuven 1988. Sobre la visión teológica vinculada a Elías, cf. J. Briend, *Dieu dans l'Ecriture* (LD 10), Cerf, Paris 1992, 13-40.

lo bajó de la habitación de arriba de la casa y se lo dio a su madre. Dijo Elías: «Mira, tu hijo vive»… (1 Re 17, 9-23).

Perseguido en Israel, Elías se refugia en una ciudad de Fenicia, en tiempo de hambre y pide a una viuda pobre que le alimente y ella, que es pagana, responde a su petición, ofreciéndole todo lo que tiene para vivir. Dios premia su generosidad y tanto la viuda como su hijo y Elías (a quien ella ha ofrecido una habitación en la parte superior de la casa) pueden mantenerse en medio de la hambruna. Más tarde, cuando ha pasado el hambre, el hijo de la viuda muere y Elías se lo «resucita».

Ésta es, sin duda, una historia popular, que recoge y reelabora recuerdos antiguos en los que se evoca la figura de Elías no sólo como profeta de Israel (en línea política dura, en contra de sus reyes, Ajab y Jezabel), sino como hombre de Dios y sanador, por encima de las fronteras de Israel. En ese contexto, al Dios de Elías no le importa ya el triunfo del yahvismo, ni la pureza religiosa de Israel (como en los textos de la tradición más dura de 1 Re 18), sino la vida de los hombres y mujeres, y en especial la de las viudas y los huérfanos, dentro o fuera de las fronteras de la nación escogida. La viuda de Sarepta no es yahvista, ni Elías quiere «convertirla», y, sin embargo, recibe la ayuda de Elías. Por su parte, Elías aparece como profeta de Dios al servicio de los necesitados, y no como mensajero de Dios para el rey.

En ese contexto se entienden los tres milagros que evoca el relato. (a) En la base está el milagro de generosidad de la viuda no israelita, que concede al profeta la comida que ella y su hijo necesitan, ofreciéndole para vivir la habitación superior de la casa. (b) En el centro hay un milagro de abundancia del profeta, a favor de la viuda y de su hijo: «El cántaro de harina no se vaciará, la alcuza de aceite no se agotará…»; que la viuda y su hijo puedan comer en tiempo de carestía, éste es el don de Dios, ésta es la religión. (c) Hay, finalmente, un milagro de vida: que el hijo de la viuda extranjera pueda vivir, viva, como signo de bendición y presencia de Dios, precisamente en el momento en que va a comenzar el juicio del Carmelo (1 Re 18), que, en otro sentido, va en contra de los cultos extranjeros.

Así vemos que Elías que, dentro de Israel aparece como defensor del más duro yahvismo, viene a mostrarse fuera de Israel como defensor de viudas y necesitados. En ese contexto se sitúan sus milagros (multiplicar la comida, resucitar a los muertos…), fundados en la fe de una mujer extranjera, que es capaz de dar al profeta lo que ella tiene (para sí y para su hijo). Esta fe y generosidad de la mujer (que no es israelita) ofrece uno de los signos religiosos y humanos más profundos de la Biblia judía.

c) La viuda pobre y la mujer rica de Sunem[28]

El milagro anterior de Elías incluía tres rasgos: (a) una mujer extranjera le daba de comer y le alojaba; (b) el profeta le ofrecía comida en abundancia y (c) resucitaba a su hijo. Pues bien, esos tres rasgos aparecen desglosados y desarrollados por separado en el nuevo ciclo de Eliseo (2 Re 4-5), que consta de tres milagros: (a) Cura a Naamán, un extranjero, general del ejército de Siria (2 Re 5). (b) Ofrece alimento (dinero) abundante a una viuda israelita. (c) Promete a una mujer israelita el nacimiento de un niño y después le resucita. Aquí sólo puedo evocar los dos últimos, en los que intervienen mujeres. El primero trata de una viuda pobre; el segundo, de una mujer rica (y con marido) a la que Eliseo le «resucita» al hijo.

1. *La viuda pobre* no puede pagar las deudas y corre el riesgo de que vendan como esclavos a sus hijos. Es creyente y pide indirectamente la ayuda del profeta:

> Una de las mujeres de la comunidad de los profetas clamó a Eliseo diciendo: «Tu siervo, mi marido, ha muerto; tú sabes que tu siervo temía a Yahvé. Pero el acreedor ha venido a tomar a mis dos hijos para esclavos suyos». Eliseo dijo: «¿Qué puedo hacer por ti? Dime, ¿qué tienes en casa». Respondió ella: «Tu sierva no tiene en casa más que una orza de aceite». Dijo él: «Anda y pide fuera vasijas a todas tus vecinas, vasijas vacías, no te quedes corta. Entra luego y cierra la puerta tras de ti y tras de tus hijos, y vierte el aceite sobre todas esas vasijas, y las pones aparte a medida que se vayan llenando». Se fue ella de su lado y cerró la puerta tras de sí y tras de sus hijos; éstos le acercaban las vasijas y ella iba vertiendo. Cuando las vasijas se llenaron, dijo ella a su hijo: «Tráeme otra vasija». Él dijo: «Ya no hay más». Y el aceite se detuvo. Fue ella a decírselo al hombre de Dios, que dijo: «Anda y vende el aceite y paga a tu acreedor, y tú y tus hijos viviréis de lo restante» (2 Re 4, 1-7).

Es la viuda creyente de un profeta (compañero de Eliseo) y en ella descubrimos que la desgracia se abate por igual sobre creyentes y no creyentes, sobre israelitas y extranjeros. Es pobre, no puede pagar las

---

28 Además de obras citadas en nota anterior, sobre Eliseo en especial, cf., H. C. Schmitt, *Elisa. Traditionsgeschichtliche Untersuchungen zur vorklassischen nordisraelitischen Prophetie*, Mohn, Gütersloh 1972; H. Schweizer, *Elischa in den Kriegen*, Kösel, Munich 1974; J. Asurmendi, *Eliseo, justicia y política y el relato ficticio*, Verbo Divino, Estella 1995.

deudas y corre el riesgo de que vendan sus hijos como esclavos quedándose absolutamente sola. Pero tiene una vasija con aceite y el profeta le promete que ese aceite se multiplicará, de forma que, con el producto de su venta, podrá no sólo pagar la deuda y conservar a sus hijos, sino comer de lo que sobre.

Éste es el milagro de una mujer pobre, que necesita algo de comida para mantenerse y la asistencia de sus hijos para no quedar abandonada. Es un signo de la misericordia cercana de un Dios que aparece vinculado a la suerte de una mujer necesitada, una viuda, como en el caso de Elías, donde se decía: «El cántaro de harina no se vaciará...» (1 Re 17, 14). Nos hallamos ante unos gestos que parecen simples, de pan y de aceite, pero ellos nos sitúan ante el milagro de vida entendida como don para todos, una vida que vale lo mismo para israelitas y no israelitas. En el caso de Elías (1 Re 17) esos dos elementos (uno de comida, otro de resurrección) estaban vinculados a una misma persona. Ahora, en Eliseo, ellos se desglosan de modo que junto a la viuda pobre (que acabamos de evocar) encontramos a la mujer rica sin hijos:

2. *La mujer rica es de Sunem*, en el norte de Israel, lo mismo que Abisag, la de David (y quizá la sunamita/sulamita del Cantar). El texto que trata de ella se puede dividir en tres partes:

> (a) Un día pasó Eliseo por Sunem, donde había una mujer principal que le insistió para que se quedara a comer, y después, siempre que pasaba, él iba allí a comer (2 Re 4, 4-8).
>
> (b) Dijo ella a su marido: «Mira, sé que es un santo hombre de Dios que siempre viene por casa. Vamos a hacerle una pequeña alcoba en la terraza y le pondremos en ella una cama, una mesa, una silla y una lámpara, y cuando venga por casa, que se retire allí». Vino él en su día, se retiró a la habitación de arriba, y se acostó allí. Y dijo a Guejazí, su criado: «¿Qué podemos hacer por ella?...». Respondió Guejazí: «Por desgracia ella no tiene hijos y su marido es viejo». Dijo Eliseo: «Llámala». La llamó y ella se detuvo a la entrada. Dijo él: «Al año próximo, por este mismo tiempo, abrazarás un hijo». Dijo ella: «No, mi señor, no engañes a tu sierva...». Ella concibió y dio a luz un niño en el tiempo que le había dicho Eliseo (2 Re 4, 9-16).
>
> (c) Creció el niño y un día se fue donde su padre junto a los segadores y dijo a su padre: «¡Mi cabeza, mi cabeza!». El padre dijo a un criado: «Llévaselo a su madre». Lo tomó y lo llevó... y el niño estuvo sobre las rodillas de su madre hasta el mediodía y murió. Subió y le acostó sobre el lecho del hombre de Dios, cerró la puerta tras el niño

y salió... Hizo aparejar a la asna y dijo a su criado: «Guía y anda....». Fue ella y llegó donde el hombre de Dios, al monte Carmelo... donde el hombre de Dios y se abrazó a sus pies... y dijo: «¿Acaso pedí un hijo a mi señor? ¿No te dije que no me engañaras?»... Él se levantó y se fue tras ella... Llegó Eliseo a la casa; el niño muerto estaba acostado en su lecho. Entró y cerró la puerta, y oró a Yahvé. Subió luego y se acostó sobre el niño, y puso su boca sobre la boca de él, sus ojos sobre los ojos, sus manos sobre las manos, se recostó sobre él y la carne del niño entró en calor... Llamó a Guejazí y le dijo: «Di a la sunamita que venga». La llamó y ella llegó donde él. Dijo él: «Toma a tu hijo». Entró ella y, cayendo a sus pies, se postró en tierra, y salió llevándose a su hijo (2 Re 4, 19-22.32-36).

El texto contiene dos milagros (uno de nacimiento, otro de resurrección), relacionados con el «milagro» anterior de la «bondad» de una mujer, la sunamita, esposa rica y caritativa de un hombre influyente (en 2 Re 4, 19 aparece con sus segadores). Tres son por tanto los rasgos que pueden destacarse en el relato, con un anejo posterior (que no he citado en el texto anterior).

- a. *Bondad de la mujer*. Todo el relato se funda en la «generosidad» previa de la mujer, que ayuda al profeta y a su servidor, a quienes hospeda en su casa. Ella es la protagonista, una mujer de «discernimiento espiritual» (valora al profeta) y de gran iniciativa: le invita a comer, siempre que pasa, y hace que su marido prepare una habitación para él, en la azotea de la casa. Así aparece como mujer inteligente y caritativa.
- b. *Milagro de nacimiento*. Lógicamente, Eliseo quiere recompensar a la mujer (¡no a su marido!), pero ella no necesita nada material, ni ha pedido nada al profeta. Ciertamente, quiere un hijo, pero no lo dice, quizá porque no se atreve, o porque le parece imposible conseguirlo. Pues bien, por indicación de Guejazí, su criado, Eliseo se lo ofrece: ¡El año que viene por estas fechas abrazarás a un hijo! Éste es el mayor tesoro que ella puede recibir, como mujer, como persona, y así se lo anuncia el profeta (a ella, no a su marido que es una figura secundaria en el relato).
- c. *Milagro de resurrección*. Han pasado unos años, el niño ha crecido, pero un día de siega enferma y muere (al parecer, de insolación) en brazos de su madre, que sale presurosa y corre hasta llegar donde el profeta, pidiéndole la vida del hijo que él le había

«dado». Significativamente, ella ha colocado al niño en la habitación superior y en la cama que había dispuesto para Eliseo, como si quisiera dejarle «en manos del profeta», mientras sale a buscarle, insistiendo hasta que él viene a su casa, pues no le basta con que venga su criado y que imponga sobre el niño muerto la vara del profeta. Es evidente que ella cree que el profeta, que le ha dado un hijo, se lo podrá conceder de nuevo (resucitar), como en el caso de Elías (1 Re 17) que antes hemos evocado. La escena está descrita de un modo plástico para indicar que el aliento y calor del profeta hacen revivir al niño muerto. Siendo milagro de profeta, éste es un milagro de madre, pues ella es la protagonista, por su forma de insistir ante el profeta.

d. *Hay un anejo* en 2 Re 8, 1-6, que parece posterior y que sirve para justificar la protección del profeta sobre la sunamita. Cuando llega el hambre sobre el país, Eliseo dice a la mujer que emigre y así lo hace, con su hijo y su familia, para volver, pasados siete años, recibiendo de nuevo su heredad. Da la impresión de que el marido ha muerto. Ella actúa como jefe de familia; es una mujer con personalidad. Ha sabido insistir, ha logrado lo que quería.

3. Ley sobre viudas y extranjeras

En este contexto (sacrificio de mujeres y «milagros» de viudas) he querido añadir la legislación básica sobre las viudas necesitadas (con los extranjeros/as y los huérfanos/as), conforme a una ley básica de la Biblia, que marca de forma poderosa su trayectoria, pues la hallamos en casi todos los estratos del Pentateuco[29].

---

29 Sobre viudas (con huérfanos/as y extranjeros/as) cf. J. Fensham, *Widow, Orphan the Poor in Ancient Legal and Wisdom Literature*, JNES 21 (1962) 129-139; F. S. Frick, *Widows in the Hebrew Bible: a transactional approach*, en A. Brenner (ed.), *A Feminist Companion to Exodus to Deuteronomy*, Academic Press, Sheffield 1994, 139-151; H. A, Hoffner, *Almanah (viuda)*, DTMAT 1, 305-309; R. D. Patterson, *The Widow, the Orphan and the Poor in the OT and the Extrabiblical Literature*, BibSac 130 (1972) 223-234: J. D. Pleins, *Poor, Poverty*, ABD V, 402-414; Ch. van Houton, *The Alien in the israelite Law* (JSOT SuppSer 107), Sheffield 1991; G. van Leeuwen, *Le Développement du Sens Social in Israël avant l'ère Chrétienne*, SSNeer Assen 1955; I. Weller, *Zum Schicksal der Witwen and Waisen bei den Völkern der Alten Welt*, Altertum 31 (1981) 157-197; C. J. H. Wright, *Family*, ABD II, 761-769. Para situar las leyes que siguen en su contexto histórico/jurídico, cf. R. de Vaux, *Instituciones del AT*, Herder, Barcelona 1985, 74-90 y 109-137; N. K. Gottwald, *The Tribes of Yahweh*, SCM, London 1980, 237-344; T. W. Ogletree, *Hospitality to the*

a) Huérfanos, viudas y extranjeros/as

El derecho israelita se ha ocupado de un modo especial de las viudas quienes (con los huérfanos y extranjeros) formaban la capa más desfavorecida de la población. Viuda (*'almanah*) es una mujer que no puede apelar a la ayuda económica o a la protección social de nadie, sea porque su marido ha muerto, sea porque ella ha sido abandonada y queda sola, sin padres, hermanos o parientes.

En aquel contexto patriarcalista y violento, para una mujer, era casi imposible vivir sola, pues la unidad y el espacio base de existencia era la «casa» o familia y, fuera de ella, una mujer (¡sobre todo si era joven!) venía a convertirse en prostituta o vagaba por el territorio. En ese contexto se entiende la institución del *levirato* (Dt 25, 5-10): el hermano o pariente más cercano del marido muerto ha de casarse con la viuda, para asegurar la descendencia del difunto y para protegerle (darle espacio familiar y casa) a ella (cf. Gn 38; Rut 4).

Una serie de textos (de carácter más exhortatorio que impositivo) han vinculado a las viudas con los huérfanos y extranjeros, pidiendo a la sociedad que les ayude (cf. Is 1, 23; Jr 49, 1; Job 22, 9; 24, 3; Lam 5, 3), imitando así a Yahvé, que es padre de huérfanos, juez de viudas (Sal 68, 6). Eso significa que el mismo Dios toma bajo su protección sagrada de padre (*'ab*) el cuidado/educación de los huérfanos, apareciendo al mismo tiempo como defensor o juez (*dayan*) de las viudas, es decir, como fuente de familia para aquellos que carecen de ella.

Con los huérfanos y viudas se vinculan los *forasteros o gerim*, que son los que residen (*gur*) en la tierra israelita, pero sin formar parte de la institución social de las tribus. No se han integrado en la estructura económico/vital del pueblo de la alianza, pero tampoco son *extranjeros* en el sentido moderno (*zar* o *nokri*: personas que provienen de otro país y gozan de la protección de su lugar de origen), sino que peregrinan o vagan por la tierra sin protección jurídico/social, como en otro tiempo los patriarcas (cf. Gn 12, 10; 20, 1) o se encuentran sometidos a los habitantes del país, como los israelitas en Egipto (cf. Gn 47, 4; Ex 2, 22).

Sea como fuere, la diferencia entre extranjeros (bajo la protección de la ley de otro país) y forasteros (sin ninguna protección legal) puede

---

Strangers, Fortress, Philadelphia 1985; J. L. Sicre, *Introducción al AT*, Verbo Divino, Estella 1992, 109-132; D. L. Smith, *The religion of the Landless*, Meyers SB, Bloomington 1989; M. Smith, *Palestinian Parties and Politics that Shaped the OT*, SCM, London 1987. S. Weinberg, *The Citizen-Temple Community* (JSOT SuppSer 151), Sheffield 1992.

II. Mujeres en crisis. La mutación judía

resultar pequeña en un contexto donde no había un derecho internacional reconocido por todos. Especial atención han recibido en la Biblia las mujeres extranjeras, como hemos visto y seguiremos viendo (cf. caps. 15-16), por el riesgo que ellas tienen (se supone) de contaminar la pureza de la religión y de la «raza» israelita. Pues bien, aquí queremos vincularlas con las viudas.

Éste es un tema muy complejo, que no ha sido plenamente articulado en la legislación israelita, en la que pueden distinguirse dos líneas: (a) Por una parte (según las leyes que veremos), las mujeres extranjeras deben ser protegidas por los israelitas, en la medida en que son necesitadas, como los huérfanos y las viudas, pues están bajo la protección especial de Dios. (b) Por otra parte, esas mujeres aparecen como una amenaza para la identidad del pueblo, de manera que en muchos estratos de la Ley se prohíbe que ellas se casen con israelitas e incluso son perseguidas, como seguiremos viendo. Aquí estudiamos sólo la primera línea (ayuda a las extranjeras, viudas y huérfanas), dejando para los caps. 15-16 la amenaza de las extranjeras. Lo haremos evocando sólo los textos legales, que son suficientemente expresivos, sin aludir más a los de tipo profético o sapiencial.

b) Textos básicos

Las «leyes» que citaremos tratan de las viudas (sólo mujeres) y de los huérfanos y extranjeros (varones y/o mujeres), pues en situación de necesidad no se hace distinción de sexos, aunque en otros contextos esa distinción sea muy significativa (cf. caps. 15-16). En esa línea se sitúa el *dodecálogo de Siquem* (Dt 27, 15-26), quizá la más antigua «ley» israelita:

> ¡Maldito quien niegue su derecho
> al forastero, huérfano y viuda!
> Y todo el pueblo responda: así sea (Dt 27, 19).

Este pasaje supone que un levita proclama en nombre de Dios la ley sagrada (*misppat*) que exige (bajo juramento o «maldición») la defensa de los más débiles, y todo el pueblo debe responder *así sea*. Entre esos débiles, que no pueden contar con la ayuda de un vengador de sangre o de unos familiares fuertes que les defiendan, se encuentran las viudas (¡sólo mujeres!), y los huérfanos y forasteros (varones o mujeres). La Ley sagrada afirma que todas esas personas tienen unos derechos avalados por el mismo Dios, por lo que de esa manera se encuentra en la base de la ley israelita, lo mismo que el rechazo de la idolatría (Dt 27, 15) y las leyes de pureza sexual y protección personal (Dt 27, 20-25).

En la misma línea sigue el *Código de la Alianza* (Ex 20, 22–23, 19), que aparece integrado en la teofanía y el pacto del Sinaí (Ex 19–24), como una continuación del Decálogo y que incluye diversas leyes de tipo social, criminal, económico y cultual que forman la base del Derecho israelita:

> No oprimirás ni vejarás al *forastero,* porque forastero fuisteis en Egipto. No explotarás a *la viuda y al huérfano,* porque si ellos gritan a mí yo los escucharé. Se encenderá mi ira y os haré morir a espada, y quedarán viudas vuestras mujeres y huérfanos vuestros hijos (Ex 22, 20-23).

La ley del forastero, varón o mujer, queda avalada por la historia israelita, pues forasteros o *gerim* fueron antaño aquellos que ahora forman el pueblo de la alianza. Por eso, en el caso de que excluyan y opriman a los extranjeros, los israelitas rechazarán y negarán su propio origen. En ese contexto se incluye la ley de huérfanos/as y viudas. Si alguien les explota ellos pueden *gritar* y Dios les escucha, como escuchó a los israelitas en Egipto (comparar con Ex 3, 7).

El tema vuelve a presentarse en el cuerpo del *Deuteronomio* (Dt 12–26), que constituye la ley básica del partido de «sólo Yahvé», que logra imponerse en el judaísmo después del exilio. Ese código, que sirve para identificar a los israelitas, separándoles de otros pueblos, recoge, actualiza y sistematiza unas leyes muy antiguas que se sitúan en el contexto de las fiestas de Yahvé. Pues bien, en ese contexto, de manera paradójica, la misma reforma yahvista que ha insistido en la identidad de Israel pone de relieve el derecho de aquellas personas que en principio son ajenas a esa identidad y pueden amenazarla:

> Celebrarás (la fiesta) ante Yahvé, tu Dios, tú y tus hijos y tus hijas y tus siervos y tus siervas, y el levita que está junto a tus puertas, y el *forastero, y el huérfano y la viuda* que viva entre los tuyos, en el lugar que Yahvé tu Dios elija para que more allí su nombre. Recuerda que fuiste siervo de Egipto; guarda y cumple todos estos preceptos (Dt 16, 11-12).

Se alude aquí a la Fiesta de las Semanas (Pentecostés), pero el tema se repite también en la celebración de los Tabernáculos (Dt 16, 13-15). En los días de fiesta, el israelita debe abrir el espacio de su casa y familia,

II. Mujeres en crisis. La mutación judía

acogiendo a los que no tienen familia y, de un modo especial, a las viudas, a los huérfanos (varones y mujeres) y también a los extranjeros, varones o mujeres, poniendo así la celebración sagrada de su Dios por encima de las posibles discriminaciones religiosas y sociales.

Eso significa que, la fiesta de Yahvé rompe los muros de un yahvismo cerrado, abriendo a los judíos más allá de los límites del pueblo de la alianza, de manera que ellos deben «comer y alegrarse» ante Dios, en gesto de apertura hacia los necesitados del entorno social y/o religioso. Eso significa que la «necesidad y pobreza» de las viudas (y de las extranjeras o huérfanas) está por encima de las normas de identidad israelita. En ese mismo contexto se sitúa la ley de la solidaridad económica, en el momento de la recogida de los frutos:

> No defraudarás el derecho (*mishpat*) del *emigrante* y del *huérfano* y no tomarás en prenda la ropa de la *viuda*... Cuando siegues la mies de tu campo... no recojas la gavilla olvidada; déjasela al *forastero*, al *huérfano* y a la *viuda*... Cuando varees tu olivar, no repases sus ramas; dejárselas al *forastero*, al *huérfano* y a la *viuda*. Cuando vendimies tu viña no rebusques los racimos... (cf. Dt 24, 17-22).

Del plano anterior de la «fiesta de Yahvé», que vincula a todos (incluidos viudas, huérfanos y forasteros), pasamos al plano de la comunicación económica ante los bienes de la tierra. Frente a la tendencia de aquellos que acaparan esos bienes de la cosecha para un grupo especial de elegidos, se destaca aquí un principio más alto de solidaridad y participación, que se abre de manera universal a los huérfanos y forasteros (varones o mujeres) y a las viudas.

La exigencia de una comunicación económica se sitúa, según eso, por encima de las distinciones y discriminaciones de tipo nacional o religioso. Recordemos que las huérfanas/viudas/extranjeras no son dueñas de la tierra, ni han sembrado su semilla, ni han sembrado en ella y, sin embargo, tienen derecho a una parte de la cosecha, no por un tipo de ley secundaria, sino por *mishpat*, el derecho básico de la alianza israelita.

Las emigrantes/huérfanas/viudas tienen un derecho que es anterior a toda jurisprudencia particular, un derecho que se sitúa y nos sitúa ante el descubrimiento de la igualdad fundamental de los hombres y mujeres ante los bienes de la tierra, empezando por los más pobres. En ese contexto encontramos la palabra más honda y exigente de la legislación israelita, que vincula lo más particular (elección, separación del pueblo) y lo más universal (amor a los distintos):

a. (Elección). De Yahvé, tu Dios, son los cielos y los cielos de los cielos, la tierra y todo lo que hay en ella; pero sólo a vuestros padres se unió Yahvé para amarles, y sólo a sus descendientes escogió tras ellos, a vosotros, entre todos los pueblos, como sucede hoy.
b. (Conversión y confesión creyente). Circuncidad el prepucio de vuestros corazones, no endurezcáis más vuestra cerviz; porque Yahvé, vuestro Dios, es Dios de Dioses y Señor de Señores, es Dios grande, fuerte y terrible, no es Dios parcial ni acepta soborno, hace justicia *al huérfano y a la viuda*, y ama *al forastero* para darle pan y vestido.
c. (Consecuencia). Y *amareis al forastero*, porque forasteros fuisteis en Egipto. A Yahvé, tu Dios, temerás y a él servirás, te apegarás a él y en su nombre jurarás (Dt 10, 14-20)

Ésta es quizá la declaración más exigente de la Biblia judía, que puede y debe situarse al lado del *shema*, donde se afirma que Yahvé, Dios de Israel, es el único Dios (es único) y se pide a los israelitas que le «amen» (cf. Dt 6, 4-5). Pues bien, conforme a este nuevo pasaje, (a) ese Dios único, que escoge y ama a los israelitas, como único pueblo elegido, (b) ama, al mismo tiempo, a los huérfanos-viudas-extranjeros, y, de esa forma, desde el mismo centro de Israel supera el posible círculo cerrado que ese pueblo tiende a constituir. (c) De esa manera, en este contexto, la misma Ley pide a los israelitas que (amando a Dios) amen a los extranjeros.

Eso significa que la «elección» o separación de Israel (su amor a Yahvé) ha de ponerse al servicio de los necesitados, entre los que se incluyen los/as extranjeros/as (que no forman parte de la alianza israelita) y las huérfanas y viudas. De esa forma se traza la gran paradoja israelita. (a) Por un lado, el texto afirma que Dios sólo *ha elegido/amado* (*'ahab*: 10, 15) a los padres del pueblo (a los israelitas). (b) Pero, universalizando esa elección, el texto sigue diciendo que el mismo Dios ama (*'ahab*) a los *gerim*, es decir, a los que no forman parte del pueblo israelita, con las huérfanas y viudas (10, 18).

Desde ese fondo, en vez de acentuar la circuncisión física (que define, en un nivel, la identidad israelita, a partir de los varones, que son los únicos que pueden realizarla en ese plano), este pasaje pone de relieve dos exigencias fundamentales, que forman la esencia de la elección israelita. Por una parte (b), pide a todos los israelitas, varones y mujeres, que circunciden el «prepucio» de sus corazones (*'arlat lebabkem*), expresando de esa forma la identidad y presencia de un Dios que se abre en amor a todos los hombres y mujeres, enriqueciéndoles por dentro y curándoles las impurezas de su dureza interior. Por otra parte (c), este pasaje manda a todos los israelitas (varones y mujeres) que amen a los necesitados, comprometiéndose a ayudarles, empezando por los extranjeros, entre los que se cuentan de un modo especial muchas mujeres, y siguiendo por las huérfanas y viudas, sean israelitas o extranjeras.

Ésta es la verdadera *circuncisión*, ésta es la esencia de la vocación e identidad israelita: el *amarás a Yahvé, tu Dios*, del proyecto fundamental o *shema* (Dt 6, 4-5) se amplía de esta forma en las palabras igualmente fundamentales, que definen la identidad israelita: *amareis al forastero ('ahabtem 'et ger)*, porque forasteros (*gerim*) fuisteis en Egipto (10, 19). La tradición posterior ha tendido a silenciar este pasaje, y por eso ha unido el mandato de amar a Dios del *shema* (tradición deuteronomista) con la exigencia del amor al *prójimo*, es decir, al judío, conforme a una ley de separación (propia de la tradición sacerdotal: cf. Lv 19, 18 par.). En esa línea se sitúa el Nuevo Testamento cristiano (que manda amar a Dios y amar al prójimo: cf. Mc 12, 31 par.). Pues bien, desde el fondo de la tradición deuteronomista, hubiera sido más lógico unir las dos palabras básicas del comportamiento israelita (y cristiano): amar a Dios (shema: Dt 6, 4-5) y amar a los extranjeros/as (Dt 10, 18).

En contra de una visión particularista, donde el amor a Dios iría unido al amor a un prójimo-cercano (del propio pueblo), nuestro texto recoge y formula la revelación de un Dios «que no es parcial, ni acepta soborno, sino que hace justicia al huérfano y a la viuda y ama al forastero para darle pan y vestido», y de esa forma puede pedir a los israelitas que «amen» (que acojan, respeten y ayuden) a los extranjeros (Dt 10, 17-19). En esa línea, la ley básica de la alianza de Israel ha de entenderse como impulso de amor y servicio a los que están fuera de la alianza. Eso significa que las viudas (israelitas o extranjeras) deben interpretarse desde la perspectiva más general de los necesitados, entre los que aparecen otros grupos de mujeres (y de hombres): huérfanos, extranjeros...

Esta «ley» de los huérfanos, viudas y extranjeros resulta difícil de compaginar plenamente con aquello que la misma Biblia dice de las mujeres extranjeras, como veremos en los caps. 15-16, situándonos así ante uno de los casos más fuertes de contraste intratextual. Llevando hasta el extremo lo que dicen estas leyes sobre huérfanos-viudas-extranjeros (en especial mujeres), las normas de vida de la Biblia judía deberían haberse universalizado. Es evidente que, dentro de la Biblia, esas normas deben entenderse desde la perspectiva de un diálogo textual (entre diversos textos) y de un contraste de interpretaciones, como ha sabido siempre la exégesis de los judíos posteriores, que han querido armonizar los elementos más particulares y los más universales de su legislación[30].

Sea como fuere, resulta claro que aquí nos encontramos ante uno de los testimonios religiosos y sociales más altos de la cultura humana, como ha puesto de relieve E. Levinas, filósofo judío. A su juicio, la política y la vida social de occidente (y del mundo en su conjunto) se ha mantenido en la línea del triunfo del sistema (es decir, de la totalidad dominadora). Pues bien, en contra de eso, estos pasajes de la Biblia judía nos abren a la experiencia del Dios infinito (más allá del sistema), que se revela precisamente en los expulsados (huérfanos-viudas-forasteros), que son sus representantes en la tierra. Siguiendo en esa línea se puede elaborar una visión distinta de la mujer (y de los expulsados y necesitados de la sociedad)[31].

---

30 Así lo puso de relieve, de una forma clásica, en relación a Jesús de Nazaret y a otros «judíos extremistas», J. Klausner, *Jesús de Nazaret. Su vida, su época, sus enseñanzas*, Paidós, Barcelona 1991 (original de 1922).
31 Cf. E. Levinas, *Totalidad e infinito*, Sígueme, Salamanca 2002.

12
RECHAZO DE LA DIOSA

He comenzado este libro hablando de la «diosa» en el principio de la historia de la Biblia (cap. 1), indicando que ella no venía de fuera, sino que estaba siempre allí, desde el principio de la historia de Israel, como un elemento de la «religiosidad cananea», propia de los habitantes más antiguos de la tierra. Pero, como también he venido señalando, los partidarios del «sólo Yahvé», que empezaron siendo unos «invasores» llegados del Sur (del Sinaí), con tradiciones del Éxodo de Egipto, lograron imponerse poco a poco, inventando (o recreando) su propia religión y su identidad como pueblo.

1. Judaísmo, una reinterpretación de la historia[32]

A partir de lo anterior se entiende, a mi juicio, el elemento distintivo de la gran crisis de Israel, vinculada a la ruina del modelo de vida anterior (período tribal, reinos de Israel y Judá), tal como desemboca, tras el exilio (587-539 a.C.), en el nacimiento del judaísmo del segundo templo (tras el 515 a.C.). En este contexto resulta fundamental la condena de la diosa y el rechazo de muchos elementos religiosos anteriores, concebidos ahora como idolatría. Éstos son algunos elementos básicos de esa transformación:

> 1. *Reinterpretación deuteronomista de la historia*. En vez de concebir su fracaso nacional (caída del reino de Israel, 721 a.C., y de Judá, con la destrucción del templo de Jerusalén: 587 a.C.) como efecto de un destino impersonal o como victoria de los dioses enemigos, los judíos se echaron a sí mismos la culpa del desastre y lo vieron como obra de su Dios, diciendo que los invasores (asirios, babilonios) no eran responsables de la derrota de Israel, sino que

---

32 Asumo básicamente una interpretación general de la historia de Israel; cf. obras citadas en bibliografía general, sección historias y teologías, como las de R. Albertz y P. Sacchi. He presentado una visión histórico-teológica de la identidad israelita en *Dios judío, Dios cristiano*, Verbo Divino, Estella 1997. Para una visión hermenéutica de conjunto, cf. G. Theissen, *La fe bíblica. Una perspectiva evolucionista*, Verbo Divino, Estella 2002.

(aún siendo «malos»), ellos habían actuado como agentes del único Dios (Yahvé), que sancionaba a su pueblo (Israel) por sus infidelidades e idolatrías. Dios mismo había enviado y dirigido a los invasores, para castigar y purificar a los israelitas por sus pecados, para que se convirtieran y pudieran ser lo que siempre debían haber sido: devotos del único Yahvé

2. *El más importante de los pecados de Israel habría sido la idolatría*, es decir, la adoración de otros dioses y, de un modo especial, la veneración de la diosa, figura femenina, que aparecía como signo básico de la divinidad (al lado de su Dios esposo, masculino). Evidentemente, la «idolatría» del antiguo Israel ha tenido otros elementos, desde la adoración de los dioses astrales hasta un culto de carácter cósmico, vinculado a los «santuarios de los lugares altos», con sus «baales y asheras», que siguen manteniéndose al lado de Yahvé, como expresión de una sacralidad universal, vinculada a los signos de lo masculino y femenino y con los ritmos de la vida cósmica (el transcurso de las estaciones, el retorno anual de las cosechas, el nacimiento de los corderos...). Pero el signo distintivo de esa idolatría habría sido la ashera/diosa, tomada en un sentido general, como expresión de un sincretismo social y religioso (unión de dioses y pueblos: israelitas y cananeos).

3. *La condena de la diosa se explicita y expande en forma de condena de las personas vinculadas a su culto* y, más extensamente, de las mujeres (y sobre todo de las extranjeras) en cuanto sospechosas de propagar ese culto. Ciertamente, la Biblia sabía que el pecado de Israel no había sido sólo de mujeres (sino de hombres y mujeres, y en especial de los dirigentes), pero muchos acusaron de un modo especial a las mujeres, diciendo que eran más propensas al culto de la diosa. En esa línea podríamos hablar de un anti-feminismo bíblico. Ciertamente, en un sentido bíblico, debemos confesar que la Biblia judía no ha mostrado una «neurosis» semejante a la surgida después en ciertos lugares de la Europa cristiana, que ha perseguido obsesivamente a las mujeres/brujas, desde la Edad Media hasta bien entrada la Edad Moderna. En ese sentido, el judaísmo bíblico ha sido en general más favorable a las mujeres que gran parte del cristianismo posterior. Pero también el judaísmo antiguo y su Biblia ofrecen rasgos de lucha anti-femenina, vinculada al rechazo de la diosa.

En ese contexto de lucha anti-femenina, propia de los partidarios del «sólo Yahvé», que ha desembocado en la formación de la Biblia judía, queremos destacar dos rasgos, ya evocados en capítulos anteriores. (1) La búsqueda religiosa de la identidad yahvista de Israel (Yahvé, Dios único: Dt 6, 4-5), con el rechazo de la Diosa, considerada como causante de la caída del pueblo, tal como lo muestra la tradición profética (Jeremías y Ezequiel...) y deuteronomista (libros 1–2 de Samuel y 1–2 de Reyes). (2) La condena social de los partidarios de la diosa, y especialmente de las mujeres, que se suponen más vinculadas a ese culto (tanto en el Pentateuco como en los libros históricos antiguos).

Es evidente que estos rasgos, religioso y social, son inseparables y han de interpretarse críticamente, pues la Biblia los presenta de un modo sesgado y los valora desde la perspectiva de los vencedores. Por eso, si queremos comprender mejor lo que pasó, tendremos que estar muy atentos, para mirar las cosas no sólo desde el punto de vista «oficial» de la Biblia, sino también desde «la razón de los vencidos», que en este caso son los partidarios de la diosa y, en especial, las mujeres a las que aquí se mira como sospechosas.

2. Identidad israelita y rechazo de la diosa

a) Principios

Aún a riesgo de repeticiones, quiero destacar algunos elementos que están en la base de la «condena» de la diosa, recordando que en el conjunto de Israel, y de un modo especial en el templo de Jerusalén, han existido dos tendencias. (a) Los partidarios del «sólo Yahvé» (cuya confesión de fe ha cristalizado en el shema: «Escucha Israel, Yahvé, tu Dios es único...»; Dt 6, 5), sin imágenes (ídolos), ni compañía (consorte), como Poder Creador, que exige ante todo fidelidad ética. Este Dios celoso de su poder y de su trascendencia, está vinculado de un modo especial a las tradiciones del Éxodo, propias del grupo de pre-israelitas que conquistó la tierra de Canaán. (b) Los partidarios de una «religión más sincretista», donde el culto a Yahvé se vincula con otros cultos propios de la tierra de Canaán, donde se sacraliza el poder de la vida, en sus formas masculinas y femeninas.

Pues bien, los portadores de la reforma deuteronomista (iniciada en el siglo VII a.C., poco antes del Exilio) han recreado y contado la historia desde la perspectiva del «sólo Yahvé» y por eso han querido «borrar» la

memoria de la diosa (con sus rasgos de religiosidad cósmica); por eso
han destacado los momentos de «fidelidad» del pueblo, vinculados a la
destrucción de los ídolos, con lo que ello implica de rechazo del aspecto
femenino de la divinidad[33]. Esa historia del triunfo del partido del «sólo
Yahvé» y de la negación de la diosa puede dividirse, de un modo convencional, en tres momentos, que desarrollaremos esquemáticamente.

1. El grupo del «sólo Yahvé» tiene un *origen antiguo*, vinculado a la tradición de un grupo israelita, que aparece en los relatos del éxodo y conquista de la tierra. Estrictamente hablando, no conocemos con exactitud el origen de esa tradición de culto exclusivista a Yahvé, aunque pensamos que no proviene de Canaán, sino de fuera: de los «evadidos» de Egipto (tema del Éxodo) y de algunos grupos nómadas (probablemente de origen madianita) que se unieron con aquellos evadidos y que «conquistaron» la tierra de Canaán. Ese grupo aparece de un modo especial en la «historia de Elías/Eliseo» (y en profetas como Amós-Oseas), donde Yahvé no actúa como Dios del santuario judío de Jerusalén, sino como Señor del pacto de Israel, antes de la instauración de Jerusalén como santuario central.

2. Sin embargo, desde la perspectiva actual de la Biblia Judía, el triunfo del grupo del «sólo Yahvé» se encuentra relacionado de manera muy intensa con *la «reforma» del templo de Jerusalén*, que empezó siendo de hecho un templo mixto (donde al lado del culto a Yahvé había otros cultos a dioses/diosas que no parecían contrarios

---

[33] Sobre la reforma deuteronomista y su influjo en el judaísmo, cf. Cf. B. Lang, *Die Jahwe-Allein-Bewegung. Neue Erwägungen über die Anfänge des biblischen Monotheismus*, en M. Oeming (ed.), *Der eine Gott und die Götter. Polytheismus und Monotheismus im antiken Israel* (AThANT 82), Zürich 2003, 97-111; W. Dietrich, *Prophetie und Geschichte. Eine redaktionsgeschichtliche Untersuchung zum deuteronomistischen Geschichtswerk* (FRLANT 108), Göttingen 1992; Id., *Von David zu den Deuteronomisten. Studien zu den Geschichtsüberlieferungen des Alten Testaments* (BWANT 156), Stuttgart 2002; H. D. Hoffmann, *Reform und Reformen. Untersuchungen zu einem Grundthema der deuteronomistischen Geschichtsschreibung* (ATANT 66), Zürich 1980; N. Lohfink, *Kerygmata des deuteronomistischen Geschichtswerks*, en *Studien zum Deuteronomium und zur deuteronomistischen Literatur II* (SBAB 12), Stuttgart 1991, 125-142; M. Weinfeld, *Deuteronomy and the Deuteronomistic School*, Clarendon, Oxford 1972; H. Weippert, *Das deuteronomistische Geschichtswerk. Sein Ziel und Ende in der neueren Forschung*, ThR 50 (1985) 213-249; C. Westermann, *Die Geschichtsbücher des Alten Testaments. Gab es ein deuteronomistisches Geschichtswerk?* (ThB 87), Gütersloh 1994; H. W. Wolff, *Das Kerygma des deuteronomistischen Geschichtswerks*, en *Gesammelte Studien zum Alten Testament* (ThB 22), München 1973, 308-324.

a Yahvé), pero que después vino a convertirse en un templo yahvista puro (sólo de Yahvé), siendo al fin el único santuario válido del único Dios Yahvé. Esas reformas, que pueden haber empezado ya en el siglo IX a.C. (con el asesinato de Atalía), se han ido concretando a lo largo de más de dos siglos, hasta culminar en la crisis «deuteronomista» de Josías, en torno al 621 a.C., pocos años antes de la destrucción del templo (587 a.C.). En esa línea, tras su destrucción, se dijo que el templo debía ser (y fue) condenado/destruido, por estar manchado con la memoria de la diosa y del politeísmo; en contra de eso, el nuevo templo debía ser puramente yahvista.

3. Esa historia de la transformación del santuario se encuentra relacionada con *la memoria de los grandes profetas* (en especial Jeremías y Ezequiel) que no sólo han condenado la vinculación anterior del templo con la diosa, sino que, al mismo tiempo (al menos en la escuela de Ezequiel) han prometido la construcción de un templo nuevo, exclusivamente yahvista, donde no aparezca ya ningún signo de la diosa.

b) *Tradición del «sólo Yahvé»*

No conocemos el momento en que algunos grupos de israelitas antiguos comenzaron a condenar el culto a la diosa (y a otros dioses). Pero todo nos permite suponer que ha sido un tiempo relativamente antiguo, anterior a las historias conservadas actualmente en la Biblia judía. El culto a Yahvé, Dios único, sin imagen ni esposa, no es algo que haya comenzado en un momento dado (que podamos fijar bien), sino que constituye uno de los elementos de la prehistoria de Israel, de manera que no podemos precisar cuándo empezó a desarrollarse en la forma que después ha recibido, tal como aparece en la Biblia judía.

Ese grupo existía desde antiguo y está vinculado de forma significativa con tribus y clanes que vinieron de la estepa del sur de Judá (de la tierra de Madián). En ese sentido no se puede hablar de un «fundador» de este yahvismo exclusivista (del Dios sin diosa, del culto sin imagen). Ni siquiera Moisés aparece en la Biblia como fundador del yahvismo, sino como alguien que encuentra a Yahvé (con su culto) en una zona del Sinaí, donde habitaban los madianitas[34].

---

34 Además de comentarios a Éxodo y de teologías del Antiguo Testamento, sobre Moisés cf. A. Neher, *Moisés y la vocación judía*, Aguilar, Madrid 1962; M. Buber, *Mosè*, Marietti, Casale Mo. 1983; H. Schmid, *Mose. Ueberlieferung und Geschichte* (BZAW 110), Berlin 1968. Sobre Yahvé, cf. W. F. Albright, *Yahweh and the Gods of*

La visión primera de Yahvé como Dios sin diosa (Señor exclusivo de un grupo de guerreros que quieren conquistar la tierra de Canaán para imponer allí su forma de vida) no se puede identificar sin más con la figura de Yahvé más elaborada y teologizada de los judíos que restauran el yahvismo tras las crisis del reino de Judá y del exilio, pero se sitúa ya en esa línea, como marcan algunas «leyes» que tienen sin duda un origen antiguo.

Ciertamente, en el conjunto de Israel, pueblo que brota de pactos e influjos de diversos grupos, han seguido existiendo otras tendencias, diversos santuarios, cultos dedicados al Dios Toro y a la Diosa (como en otros países del cercano oriente). Pero su identidad y su aportación especial viene dada por un grupo de seguidores del «sólo Yahvé», partidarios de la identidad sagrada de Israel, vinculado a un Dios que no es masculino ni femenino. En ese contexto pueden ponerse de relieve varios elementos significativos, dentro del proceso de unidad y de separación entre Yahvé y la Ashera[35]:

1. *Las leyes antiguas de la «conquista»*, vinculadas con el grupo del «sólo Yahvé», proponen unas leyes de limpieza religiosa y exclusivismo religioso que ya hemos citado. Ellas han sido redactadas en un contexto posterior (dentro de la tradición deuteronomista del siglo VII-VI a.C.), pero recogen unas normas anteriores, propias del grupo de Yahvé, que rechaza el pacto social y religioso con los cananeos, a los que se debe exterminar (destruyendo sus baales y asheras), porque Yahvé es un «Dios

---

Canaan, London 1968; A. M. Dubarle, *La signification du nom du Yahveh*, RSPh 35 (1951) 3-21; R. de Vaux, *Historia antigua de Israel* I, Cristiandad, Madrid 1974, 315-348; P. Van Imschoot, *Teología del AT*, FAX, Madrid 1969, 36-60; T. N. D. Mettinger, *Buscando a Dios. significado y mensaje de los nombres divinos en la Biblia*, Almendro, Córdoba 1994, 31-64.

35 Entre la bibliografía sobre el tema, con especial referencia a la «diosa», cf. M. Oeming-K. Schmid (eds.), *Der eine Gott und die Götter: Polytheismus und Monotheismus im antiken Israel* (AThANT 82), Zürich 2003; B. Becking (ed.), *Only One God? Monotheism in Ancient Israel and the Veneration of the Goddess Asherah* (JSOT-Sup 406), London 2003; M. Dietrich-O. Loretz, *Jahwe und seine Aschera. Anthropomorphes Kultbild in Mesopotamien, Ugarit und Israel. Das Biblische Bildverbot* (UBL 9), Münster 1992; W. Herrmann, *Von Gott und den Göttern: Gesammelte Aufsätze zum Alten Testament* (BZAW 259), Berlin 1999; O. Keel-C. Uehlinger, *Göttinnen, Götter und Gottessymbole: Neue Erkenntnisse zur Religionsgeschichte Kanaans und Israel aufgrund bislang unerschlossener ikonographischer Quellen* (QD 134), Freiburg 1992; J. De Moor, *The Rise of Yahwism. The Roots of Israelite Monotheism* (BETL 91), Leuven 1997.

celoso» que no acepta ningún tipo de competencia a su lado (cf. Ex 34, 14; y Dt 5, 9; 6, 15)[36].

2. *Del «celo» de Yahvé, que no tolera a otros dioses (monolatría), se pasa después al monoteísmo estricto,* que se expresa en los decálogos (Ex 20, 2-5; Dt 5, 6-9) y en el shema (Dt 6, 4-5). Estrictamente hablando, ese monoteísmo yahvista, que triunfa con el Deuteronomio y el Segundo Isaías (cf. Is 45, 5-22), no va sólo en contra de la diosa, sino de un Dios masculino-femenino, de manera que en esa línea habría que condenar tanto al Dios como a la Diosa, construyendo una religión donde no entrara ni lo masculino ni lo femenino (ni figura ninguna de la divinidad). De todas formas, al negar su aspecto femenino, da la impresión de que Dios queda siendo exclusivamente masculino.

La afirmación básica del monoteísmo práctico (no tendrás a mi lado otro Dios, no harás imágenes de Dios) significa que lo divino no puede entenderse como alteridad (dualidad), ni como representación interior, sino como una realidad que no es «cosa», pues todas las que conocemos están hechas de correlaciones y figuras. Significativamente, las religiones suelen ser juegos de alteridades, estructuras hechas de correspondencias duales y formas, entre las que parece entrar el culto a la diosa, vinculada no sólo a un Dios sino a unos hijos divinos. En contra de eso, la afirmación del «sólo Yahvé» supone que debe superarse toda alteridad y proceso genético en Dios, tanto lo masculino como lo femenino, tanto lo paterno/materno como lo filial, aunque de hecho la religión israelita ha tendido a «fijarse» después en claves masculinas (Dios parece masculino, sólo los varones pueden ser sacerdotes, etc.).

3. *Elías, en el origen de la profecía israelita.* Un momento clave en el triunfo de esa religión del «sólo Yahvé» ha sido, sin duda, la reforma vinculada con Elías (siglo IX a.C), que es propia del reino de Israel (de Samaria), mientras Jerusalén y su templo parece más dominada por un sincretismo religioso. En contra de lo que a veces se ha supuesto, en el comienzo de la gran transformación yahvista no ha estado el templo de Jerusalén (ni sus profetas), sino Elías y los profetas de Samaría, que han visto primero el problema, oponiéndose desde Yahvé «a los cuatrocientos cincuenta profetas de Baal y Ashera, que comen de la mesa de Jezabel» (1 Re 18, 19).

---

36 Sigue siendo básico N. Lohfink, *Das Hauptgebot. Eine Untersuchung literarischer Einleitungsfragen zu Dtn 5-11,* Pontificio Instituto Biblico, Roma 1963.

En la tradición de Elías se plantea con fuerza la oposición entre el Baal/Ashera de Ajab con Jezabel y el Yahvé de Elías, de manera que no puede darse simbiosis o complementación, sino alternativa: «o» Yahvé «o» Baal/Ashera, pues ambos dioses y cultos no pueden compaginarse. Conforme al gran juicio del Carmelo, tal como ha sido transmitido por la tradición deuteronomista (1 Re 18), la cohabitación de ambos esquemas religiosos resulta imposible. No se puede caminar sobre los dos, como con muletas, sino que hay que elegir entre uno u otro.

La «victoria» de Elías contra los profetas de Baal/Ashera constituye uno de los acontecimientos básicos de la historia (y tragedia) religiosa israelita, no sólo por lo que implica de triunfo del yahvismo, sino por la violencia con la que se expresa, pues, conforme a la tradición, Elías (¡el rey Jehú!) hizo que murieran todos los profetas de Baal/Ashera, pasados a cuchillo. La destrucción de la «religiosidad femenina» (de Ashera), considerada como idolátrica y contraria a la moralidad levítica de Israel, aparece en este contexto como un hecho doloroso:

> (Tras el «triunfo» de Yahvé, todos sus fieles...) cayeron sobre su rostro exclamado: ¡Yahvé es Dios! ¡Yahvé es Dios! Y Elías dijo al pueblo: «Tomad a los profetas de Baal. Que no escape ninguno de ellos». Y ellos les agarraron, y Elías les hizo bajar al torrente Quisón y allí los degolló (1 Re 18, 38-40).

Más que un hecho histórico datable en un momento, ese pasaje ha recogido un elemento esencial de la religión israelita (con la victoria de Yahvé sobre Ashera): ¡Sólo Yahvé es Dios! y envía el auténtico fuego sagrado, de forma que a su lado no puede haber lugar para Baal/Ashera ni para sus seguidores. De esa forma, la confesión de fe ¡*Yahvé es Dios, Yahvé es Dios!* (¡*YHWH hu-ha 'Elohim, YHWH hu-ha 'Elohim*!) se convierte en principio de muerte para los dioses y sus seguidores[37].

4. *Los primeros profetas «escritores»*. Dentro de la tradición de Israel, el profeta por excelencia ha sido Elías (Elías/Eliseo), pero su memoria no está vinculada a un libro que recoja sus oráculos, sino a unas tradiciones recogidas en los libros históricos. Pues bien, un siglo después de Elías (es decir en el VIII a.C.) surgieron en Israel los dos primeros profetas cuyo recuerdo está vinculado a unos libros que conservan la

---

37 Además de las obras sobre Elías, ya citadas en cap. 11, cf. M. Öhler, *Elia im Neuen Testament. Untersuchungen zur Bedeutung des alttestamentlichen Propheten im frühen Christentum* (BZAW 88), Berlin 1997.

memoria (y el texto) de sus «oráculos», que no derivan del templo de Jerusalén, sino de la tradición yahvista de la alianza con el único Dios y de su compromiso de justicia. Uno de ellos proviene del reino de Judá (Amós), otro de Israel (Oseas). Ambos aparecen como partidarios de la tradición del «sólo Yahvé», con las implicaciones que de ello se deducen, desde perspectivas distintas.

Amós identifica el yahvismo con un tipo de justicia social. Por eso, más que en contra de los dioses o la diosa como ídolos, él lucha contra la injusticia, que puede estar tan vinculada con un yahvismo superficial como con un tipo de baalismo. En este contexto se entiende su polémica contra las mujeres ricas (¡vacas de Basán!) que engordan y se adornan a costa de los pobres (Am 4, 1) y contra los poderes sociales de Israel y de su entorno que imponen su dominio, llegando a rajar en canal a las mujeres, para que no tengan hijos, etc. (cf. Am 1, 13).

Oseas, por su parte, ha sido el primero de los representantes (¡conocidos!) de una teología que intenta recrear desde el yahvismo algunos valores de la tradición de los baales. No quiere destruir por medio de una guerra a Baal y a las Asheras, ni matar a sus devotos, como los seguidores de Elías (significativamente, él ha condenado la violencia del yahvismo de Jehú, que quiso imponerse matando a los partidarios de Baal; cf. Os 1, 4), sino recuperar desde una perspectiva yahvista el encanto femenino de Ashera/Baal, pero aplicándolo al pueblo de Israel[38].

3. Reformas y destrucción del santuario de Jerusalén

Desde la perspectiva posterior de la Biblia judía (aunque no del Pentateuco, pactado o ratificado también por los samaritanos), la gran tradición de la reforma, que ha llevado al triunfo del «sólo Yahvé» (y a la expulsión de la diosa y de las mujeres sagradas), se vincula de un modo intenso con

---

38 En un sentido extenso, se puede afirmar que el monoteísmo judío tiene un origen profético, tal como lo han destacado sobre todo los autores de tendencia más teológica; cf. J. Crenshaw, *Los falsos profetas. Conflicto en la religión de Israel*, Desclée de Brouwer, Bilbao 1986; A. Heschel, *Los profetas* I-III, Paidós, Buenos Aires 1973; F. del Olmo, *Vocación de líder en el antiguo Israel*, Pontificia, Salamanca 1973. Entre los historiadores, cf. M. Albani, *Deuterojesaja Monotheismus und der babylonische Religionskonflikt Nabonids*, en M. Oeming-K. Schmitt (eds.), *Der eine Gott und die Götter. Polytheismus und Monotheismus im antiken Israel* (AThANT 82), Zürich 2003, 171-201; E. Haag (ed.), *Gott der Einzige. Zur Enststehung des biblischen Monotheismus* (QD 104), Herder, Freiburg 1985; B. Lang, *Monotheismus*

el templo de Jerusalén, que termina apareciendo como signo importante de muchos partidarios del «sólo Yahvé». En ese contexto destacaremos la ambivalencia y cambios de ese templo en el período anterior al exilio[39].

El santuario de Jerusalén, construido por el rey Salomón (en torno al 965 a.C.), conforme al modelo de los cultos del entorno (Canaán, Fenicia, Siria), ha sido ante todo un templo regio, es decir, propio de la monarquía. Ha tenido, sin duda, un carácter yahvista, pues el rey ha querido recoger las tradiciones y signos de Yahvé, propios de las tribus, representadas, sobre todo, por el Arca de la Alianza. Pero, al mismo tiempo, ha tenido que ser y ha sido un templo «sincretista», abierto a las diversas tendencias religiosas de la población y, sobre todo, a las tradiciones «paganas» de la ciudad jebusea, que David había conquistado hacía poco tiempo (en torno al 1000 a.C.) y había conservado como propiedad personal (¡su ciudad!), en el centro de su reino.

Todo nos permite suponer que en ese templo hubo desde el principio una tensión. (1) Por una parte, el rey Salomón quiso presentarlo como santuario para todos los habitantes de su reino, aunque sabiendo, al mismo tiempo, que a lo largo y a lo ancho de su territorio había otros santuarios venerables, donde se mantenían quizá con más fuerza las tradiciones de Yahvé, pero también otras tradiciones, con toros sagrados y asheras. (2) Ciertamente algunos quisieron que el santuario de

---

and the Prophetic Minority, Almond Press, Sheffield 1980; Id., Der einzige Gott. Die Geburt des biblischen monotheismus, Kösel, München 1981; M. S. Smith, The Early History of God. Yahweh and the other Deities in Ancient Israel, Harper & Row, San Francisco 1990; Id., The Origins of Biblical Monotheism. Israel's Polytheistic Background and the Ugaritic Texts, Oxford UP 2001, 135-148.

39 La relación entre Yahvé y el santuario de Jerusalén ha de estudiarse, sobre todo, a partir de los salmos, cf. M. G. Goulder, The Psalms of the Sons of Korah (JSOT SuppSer 20), Sheffield 1982; L. Krinetzki, Zur Poetik and Exegese von Ps 48, BZ 4 (1960) 70-97; A. Robinson, Zion and Saphôn in Ps 48, 3, VT 24 (1973) 118-123; S. Lach, Versuch einer neuen Interpretation der Zionhymnem, VT 29 (1978) 149-164; F. Stolz, Structuren und figuren im Kult von Jerusalem (BZAW 118), Berlin 1970; G.Wanke, Die Zionstheologie der Korachiten (BAAW 97), Berlin 1960. Para una visión general del tema, cf. T. Busink, Der Tempel von Jerusalem. Von Salomo bis Herodes I-II, Brill, Leiden 1970-1980; R. E. Clements, God And Temple, Fortress, Philadelphia 1965, 61-62; R. J. Clifford, The Cosmic Mountain in Canaan and the Old Testament (HSS 4), Cambridge Ma. 1972; M. Haran, The Divine Presence in the Israelite Cult and the Cultic Institutions, Bib 50 (1964) 251-267; Id., Temples and Temple-Service in Ancient Israel, Oxford 1978; B. Mazar, The Mountain of the Lord, Garden City, NY. 1975; H. Schmidt, Yahwe und die Kulttraditionen von Jerusalem, ZAW 67 (1955) 168-197; S. Yeivin, Social Religious and cultural Trends in Jerusalem under the Davidic Dynasty, VT 3 (1953) 149-166.

II. Mujeres en crisis. La mutación judía

Jerusalén estuviera vinculado sólo a Yahvé (de manera que no hubiera a su lado otros dioses ni diosas); pero de hecho, como santuario del rey y del conjunto de la nación (al menos de Judá), ese templo ha tendido a convertirse en un panteón sagrado donde, al lado de Yahvé, podían venerarse otros dioses y, sobre todo, la diosa.

La historia posterior (fijada por la historia deuteronomista: 1 y 2 de Reyes) se apoya en el supuesto de que el templo de Jerusalén debía ser (y ha sido) desde el principio un templo dedicado sólo a Yahvé (sin lugar para otros dioses y diosas), pero eso va en contra de los datos que en un sentido más histórico ofrece el mismo deuteronomista. En este contexto podemos distinguir algunos momentos significativos, que han sido narrados por la Biblia desde la perspectiva del poder, es decir, desde la historia de los reyes, de la que hemos tratado ya en parte (en cap. 9):

1. *La ashera de Maacá*. Al comienzo del reino separado de Judá, se nos dice que Maacá, la gebîrâ, esposa de Roboam (931-913 a.C.), había hecho construir un «horror» (estatua) para Ashera y la había colocado en el templo, como signo expreso de la vinculación de Yahvé con la diosa (cf. 1 Re 15, 13). Es evidente que su propuesta sólo pudo triunfar porque una parte de la población estaba de acuerdo con ella. Cuando se dice que su nieto Asá (911-870 a.C.) le quitó por ello la dignidad de gebîrâ se está indicando que otra parte de la población se oponía a su propuesta.

2. *Reinado de Atalía* (841-835 a.C.). Era hija de un rey de Israel, casada con un rey de Judá, y siguió una política de sincretismo o convivencia entre el culto de Yahvé y el de Baal/Ashera, convirtiéndose de hecho en reina de Judá tras la muerte de su hijo (cf. 2 Re 11). Parece que su gesto implicaba no sólo una política religiosa, sino una estrategia de supervivencia: tenía miedo de que le mataran, lo mismo que Jehú había matado a Jezabel junto con los partidarios de Baal.

Ella siguió la línea de Maacá, pero no introdujo a la Ashera como esposa/madre en el templo de Yahvé, sino que, al lado de Yahvé, hizo construir o favoreció el surgimiento y culto de otro templo, dedicado a Baal/Ashera. No conocemos la relación entre ambos templos, con sus funcionarios y devotos. Pero el texto actual de la Biblia supone que el Sumo Sacerdote del templo de Yahvé (Yehoyadá) siguió teniendo mucha autonomía y pudo iniciar un golpe de estado que llevó al asesinato de Atalía, con la destrucción del templo de Baal/Ashera y la entronización de Joás, un rey yahvista.

3. *Caída del reino de Israel* (2 Re 17). Parece que el foco más importante del yahvismo, en el tiempo de los dos reinos, estuvo en Israel (reino del Norte), donde se desarrolló la tradición de Elías. Pero la Biblia actual, escrita desde la perspectiva de Judá/Jerusalén, supone que el yahvismo del Norte (Israel) estuvo contaminado desde el principio por signos paganos, como los toros/becerros de Betel y de Dan (cf. 1 Re 12, 35-33). Es evidente que, en un principio, esos toros podían ser y eran un signo de Yahvé (sin tener una diosa a su lado); pero es normal que ellos estuvieran asociados con las asheras (esposas-madres sagradas).

Así lo ha visto la historia deuteronomista cuando interpreta la caída del reino de Israel a manos de los asirios (año 721 a.C.) como una consecuencia del abandono del auténtico yahvismo, pues los israelitas del Norte habían construido por doquier estelas y postes sagrados, baales y asheras (2 Re 17, 10), con lo que eso implica de culto a lo masculino-femenino, siendo castigados por Yahvé por ello, como serán castigados más tarde los judíos de Jerusalén/Judá y de su entorno (año 587).

Pero hay una diferencia entre los dos grupos yahvistas: en los siglos posteriores, los samaritanos (herederos del reino de Israel) no lograron recrear un yahvismo duradero y universal, en contra de lo que harán los judíos de Jerusalén tras el exilio, de manera que la tradición israelita se ha conservado básicamente a través de los judíos, como supone, desde un punto de vista cristiano, el evangelio de Juan (cf. Jn 4, 22). Es evidente que ésta es una afirmación dogmática, que ha sido y sigue siendo rechazada por los samaritanos antiguos y modernos; pero de hecho, sea cual fuere el juicio teológico que podamos realizar, la gran tradición yahvista se ha extendido al conjunto de la cultura mundial a través del judaísmo de Jerusalén y no a través de la tradición israelita de Samaría, por rica que haya sido[40].

4. *Reforma de Ezequías*. Poco después de la caída del reino de Israel comenzó en Jerusalén el reinado de Ezequías (716-687 a.C.) y en su tiempo se sitúa la figura gigantesca de Isaías, uno de los primeros profetas que vincula intensamente a Yahvé con el templo de Jerusalén. Hasta entonces el yahvismo se expresaba más en otras tradiciones (en un contexto de teología de la alianza de Dios con las doce tribus). Ahora, en cambio, parece destacar la alianza de Yahvé con la ciudad y templo de Jerusalén. Así lo entiende, al menos, la Biblia judía, que presenta al rey

---

40 Sobre los samaritanos, cf. R. J. Coggins, *Samaritans and Jews*, Knox Press, Atlanta 1975; A. D. Crown (ed.), *The Samaritans*, Mohr, Tübingen 1989.

II. Mujeres en crisis. La mutación judía

Ezequías como buen yavhista, porque «suprimió la estelas, arrancó los postes sagrados [los baales y las asheras...] e hizo destruir el Nejustán», vinculada a la memoria de Moisés, que se hallaba en el mismo templo de Jerusalén, al lado de Yahvé (2 Re 18, 4).

La «sombra» del Nejustán o serpiente de bronce (que está en el centro de relatos antiguos, como el de Nm 21, 8-9) volverá a aparecer en un lugar básico de la Biblia judía, en la «historia» de la primera mujer, Eva, en Gn 3 (cf. cap. 17). Sin duda, la serpiente es un signo sexual masculino, pero está vinculado al culto de la tierra y al aspecto femenino de la sabiduría. En esa línea, la ruptura del culto de Yahvé y del Nejustán puede haber sido uno de los momentos centrales en el surgimiento del yahvismo radical (y de la superación de los signos femenino/masculinos de la religión)[41].

5. *Reforma de Josías*. El triunfo del yahvismo en el templo de Jerusalén está vinculado a la reforma de Josías (años 640-609 a.C.), que definirá la historia posterior del judaísmo. Esa reforma, impulsada por el «descubrimiento» del Libro de la Ley (Hulda), y por la exigencia de centralización del culto, en torno al año 621 a.C. (sólo Yahvé y sólo Jerusalén), incluyó de un modo especial la destrucción de los cultos de Ashera, que habían vuelto a introducirse (o que estaban desde siempre) en el templo de Jerusalén:

«El rey mandó al sumo sacerdote Jelcías y a los sacerdotes... que sacaran del templo de Yahvé todos los utensilios que habían sido hechos para Baal, Ashera y todo el ejército de los cielos. Los quemó fuera de Jerusalén, en el campo del Cedrón, e hizo llevar sus cenizas a Betel. Después quitó a los sacerdotes idólatras que habían puesto los reyes de

---

41 Cf. S. Beyerle, *Die «Eherne Schlange» Num 21, 4-9: synchron und diachron gelesen*, ZAW 111 (1999) 23-44; L. Camp, *Hiskia und Hiskiabild. Analyse und Interpretation von 2 Kön 18-20* (MThA 9), Altenberge 1990; G. Garbini, *Le Serpent d'Airain et Moïse*, ZAW 100 (1988) 264-267; K. R. Joines, *The Bronze Serpent in the Israelite Cult*, JBL 87 (1968), 245-256; L. Jonker, *The Disappearing Nehushtan: The Chronicler's Reinterpretation of Hezekiah's Reformation Measures*, en I. Cornelius-L. Jonker (eds.), *From Ebla to Stellenbosch. Syro-Palestinian Religions and the Hebrew Bible* (Abhandlungen des Deutschen Palästina-Vereins 37), Wiesbaden 2008, 116-140; K. Koenen, *Eherne Schlange und Goldenes Kalb*, ZAW 111 (1999) 353-372; H. Shanks, *The Mystery of the Nechushtan. Why did King Hezekiah of Judah Destroy the Bronze Serpent that Moses had Fashioned to Protect the Israelites?*, BArR 33 (2007) 58-63; K. A. Swanson, *A Reassessment of Hezekiah's Reform in Light of Jar Handles and Iconographic Evidence*, CBQ 64 (2002) 460-469.

Judá para que quemaran incienso en los lugares altos de las ciudades de Judá y en los alrededores de Jerusalén, así como a los que quemaban incienso a Baal, al sol y a la luna, a los signos del zodíaco y a todo el ejército de los cielos. Hizo también sacar la imagen de Ashera fuera de la casa de Yahvé, fuera de Jerusalén, al valle del Cedrón, la quemó en el valle del Cedrón, la convirtió en polvo y echó el polvo sobre los sepulcros de los hijos del pueblo» (2 Re 23, 4-6).

Además «destruyó las estatuas, derribó las imágenes de Ashera y llenó el lugar que ocupaban con huesos humanos. También el altar que estaba en Betel y el lugar alto que había hecho Jeroboam hijo de Nabat, el que hizo pecar a Israel... lo destruyó, lo quemó y lo hizo polvo, y prendió fuego a la imagen de Ashera» (2 Re 23, 14).

Este pasaje nos muestra que, tras una larga historia de intentos de reforma, más de tres siglos después de su fundación como santuario yahvista, el templo de Jerusalén seguía siendo un lugar de sincretismo religioso, donde Yahvé se encontraba vinculado con Ashera. Éste será el último de los grandes intentos de expulsión de la diosa del templo, un intento paradójicamente fracasado[42].

6. *Caída de Jerusalén como castigo por el culto de la diosa*. Siguiendo la lógica de la historia deuteronomista, se podría pensar que la «reforma de Josías» debería haber sido suficiente. Por fin, los israelitas del reino de Judá tenían un santuario «limpio» al servicio del «sólo Yahvé». Pero Josías murió trágicamente en Meguido, el 609 a.C., fracasando en su intento «político» de salvaguardar las reformas sociales y religiosas que había pretendido para unificar a todo Israel (un solo pueblo) desde el único Yahvé. Tras su muerte se inició una rápida descomposición que desembocó en la caída definitiva del Reino de Judá, con la destrucción consecuente del templo, que quedó desolado del 587 al 515 a.C.

Lógicamente, dentro de una visión histórico-religiosa normal, se debía haber supuesto que la caída del templo y de la ciudad de Yahvé implicaban la derrota y fracaso de Yahvé como Dios en sí y como protector de su pueblo (ambas cosas se tomaban entonces como inseparables).

---

42 Sobre Josías y su reforma, cf. Cf. W. Dietrich, *Josia und das Gesetzbuch (2 Reg. XXII)*, VT 27 (1977) 13-35; C. Levin, *Joschija im deuteronomistischen Geschichtswerk*, ZAW 96 (1984) 351-371; J. R. Lundbom, *The Law Book of the Josian Reform*, CBQ 38 (1976) 293-302; A. Malamat, *Josiah's Bid for Armageddon: The Background of the Judean-Egyptian Encounter in 609 B.C.*, JANES 5 (1973) 267-280; H. G. Williamson, *The Death of Josiah and the Continuing Development of the Deuteronomic History*, VT 32 (1982) 242-248.

II. Mujeres en crisis. La mutación judía

Pues bien, en contra de eso, la tradición deuteronomista, responsable de la redacción de los libros históricos, concibe la caída de Israel como castigo por el culto de Ashera.

Según eso, los que verdaderamente «destruyeron» el reino de Judá, con su templo de Jerusalén (como habían destruido antes el Reino de Israel), no fueron los enemigos externos (asirios y después babilonios), sino los falsos yahvistas y el mismo Yahvé, que ha querido castigar de esa manera a su pueblo por haber adorado a los baales/asheras. Esta interpretación teísta de la destrucción de los reinos y del templo constituye un elemento clave de la teología y de la misma historia israelita. Así lo «anuncia» el texto bíblico:

> Yahvé sacudirá a Israel al modo como la caña se agita en las aguas; arrancará a Israel de esta buena tierra que había dado a sus padres, y los esparcirá más allá del Éufrates, porque ellos han hecho imágenes de Ashera, enojando a Yahvé (1 Re 14, 15). Lo mismo se aplica a la caída del reino de Judá. Yahvé lo destruyó y destruyó su mismo templo porque «levantaron estatuas e imágenes de Ashera en todo collado alto y debajo de todo árbol frondoso» (2 Re 17, 10). Les destruyó porque «dejaron todos los mandamientos de Yahvé, su Dios; se hicieron imágenes fundidas de dos becerros, y también imágenes de Ashera; adoraron a todo el ejército de los cielos y sirvieron a Baal» (2 Re 17, 16).

Esto significa que, según la Biblia judía, toda la historia de las reformas anteriores resultó insuficiente e inútil. Los judíos siguieron venerando en el templo de de Jerusalén a las asheras. Por eso, Yahvé no tuvo más remedio que destruirlo, pues estaba impuro, a fin de que pudiera iniciarse después una historia de auténtica fidelidad «monoteísta», sin baales ni asheras: «Ya no mirarán a los altares que hicieron sus manos, ni mirarán a lo que hicieron sus dedos, ni a los símbolos de Ashera ni a las imágenes del sol» (Is 17, 8).

Es evidente que este proceso de «destrucción de las asheras» puede y debe interpretarse de un modo muy matizado, pues aquello que en un sentido fue sin duda un enriquecimiento (nació una religión distinta, con una búsqueda de trascendencia y unos ideales éticos que enriquecen al judaísmo, cristianismo e Islam posterior), fue en otro sentido una pérdida, pues el abandono de la diosa ha tenido consecuencias fuertes y, en algún sentido, negativas hasta el momento actual, para la visión de la mujer.

4. La tradición profética

Como acabo de indicar, la historia deuteronomista ha colocado en su centro la gran paradoja de que precisamente cuando parece que el templo de Jerusalén había quedado purificado (reforma de Josías) empezó a gestarse la gran catástrofe, que desemboca en la destrucción del mismo templo, con la ruptura del orden anterior. En esta línea se pueden formular dos afirmaciones generales, que ayudan a entender el sentido de esa historia:

1. *Los autores deuteronomistas han pensado que los pecados de politeísmo del pueblo no podían ser borrados* sin una experiencia radical de muerte y nuevo nacimiento. A pesar de la reforma de Josías, con la expulsión de la diosa, el templo de Jerusalén seguía siendo de tal forma impuro que sólo podría limpiarse con el fuego de la destrucción y la construcción de uno nuevo, sin idolatría. Las huellas de la diosa resultaban demasiado fuertes como para que se borraran con una simple reforma.
2. *Además, la ley deuteronomista no se aplicó de modo consecuente*, pues, como veremos a continuación, los dos grandes profetas yahvistas del momento de la caída del templo (Jeremías y Ezequiel) siguieron declarando que el templo, en esos años inmediatos a su destrucción (587 a.C.), seguía estando contaminado por la «diosa», quizá porque la misma estructura política del pueblo, con la identificación de nación/estado y religión, hacía imposible el rechazo total de la diosa, pues para ello tenía que nacer un nuevo tipo de nación «religiosa» (sin Estado).

Sólo la destrucción del viejo templo dejaba abierta la posibilidad de una recreación de conjunto del judaísmo. Ésta fue al menos la postura oficial de la Biblia y del judaísmo posterior, que optó por una reconstrucción no estatal del templo, avanzando de manera consecuente en la línea del «sólo Yahvé», como seguiré indicando. Pero antes quiero evocar ya desde aquí, la visión de dos grandes profetas del tiempo de la destrucción que condenaron el culto de la diosa, que seguía parcialmente vivo aún después de la destrucción del templo. Esa tradición profética, vinculada al culto del «sólo Yahvé», ha hecho posible la renovación del judaísmo después del exilio.

II. MUJERES EN CRISIS. LA MUTACIÓN JUDÍA

a) Jeremías. La Reina del Cielo[43]

Pertenece a la tradición del pacto más que a la del templo de Jerusalén, quizá porque proviene de una familia sacerdotal que había sido marginada tras el triunfo del nuevo orden sacerdotal (¡jebuseo!) impuesto por Salomón. Actúa como profeta entre el 627 a.C. (vocación) y el 580 a.C. (últimos oráculos en Egipto). Desde su fidelidad a la alianza de Yahvé se entiende su famoso sermón del templo (Jr 7), donde se vincula la condena de los que adoran a Yahvé (pero mantienen la injusticia: 7, 1-15), con el culto de aquellos que adoran a la Reina de los Cielos (7, 16-21).

A los ojos de Jeremías, la injusticia social (robar, matar...) va unida al gesto de los que ofrecen incienso a los baales/asheras. La idolatría no es solamente mala porque desconoce a Dios, sino, de un modo especial, porque ratifica de algún modo la injusticia social (robar, matar, no liberar a los siervos...). En ese contexto se sitúa su famosa condena del culto a la Reina del Cielo, como elemento central del «pecado» de Israel.

Esa Reina del Cielo aparece como opuesta al Dios del Pacto israelita, pues su culto está vinculado a la injusticia (cf. Jr 7). Ciertamente, parece que, a su juicio, el templo oficial de Jerusalén está dedicado sólo a Yahvé (según la reforma deuteronomista), pero el culto real del pueblo se dirige más bien a la Reina del Cielo, que actúa como divinidad superior (celeste) de la vida y la comida, una divinidad familiar, en cuyo culto participan los diversos miembros de la casa: «los niños recogen la leña, los padres encienden el fuego, las mujeres amasan la pasta para hacer las tortas a la Reina del Cielo» (cf. 7, 16-20).

Frente al culto de Yahvé, que parece cerrado en un tipo de sacralidad oficial, masculina, propia de unos especialistas religiosos, hallamos aquí

---

43 Cf. Ph. C. Schmitz, *Queen of Heaven*, en ABD. Cf. además, S. Ackerman, «*And The Women Knead Dough*». *The Worship of the Queen of Heaven*, en P. Day (ed.), *Gender and Difference in Ancient Israel*, Fortress, Minneapolis 1989, 109-124; W. Helck, *Betrachtungen zu Grossen Göttin und den ihr verbundenen Gottheiten* (Religion und Kultur der alten Mittelmeerwelt in Parallelforschung 2), Munich 1971; R. Jost, *Frauen, Männer und die Himmelskönigin. Exegetische Studien*, Kaiser, Gütersloh 1995; Chr. Frevel, *YHWH und die Göttin bei den Propheten*, en M. Oeming-K. Schmid (eds.), *Der eine Gott und die Götter. Polytheismus und Monotheismus im antiken Israel* (AThANT 82), Zürich 2003, 49-75; K. Koch, *Aschera als Himmelsgöttin in Jerusalem*, UF 20 (1988) 97-120; M. Olyan, *Some Observations Concerning the Identity of the Queen of Heaven*, UF 19 (1987) 161-174; W. E. Rast, *Cakes for the Queen of Heaven*, en A. L. Merrill-T. W. Overholt (ed.), *Scripture in History and Theology* (Theological Monograph Series 17), Pittsburgh 1977, 167-180; M. Weinfeld, *The Worship of Molech and the Queen of Heaven and Its Background*, UF 4 (1972) 133-154.

un tipo de culto integral, centrado en el pan (la cosecha, el hogar), donde interviene toda la familia, reunida en torno a la memoria de la Reina del Cielo, a la que parece interesar menos el reinado social de Yahvé, que se vincula al templo de Jerusalén y al cumplimiento de unas normas radicales de justicia.

Ese culto a la Reina del Cielo constituye un elemento resistente de la religiosidad israelita, vinculado de un modo especial a las mujeres. Así lo muestra el final de su libro, donde Jeremías, refugiado en Egipto, con otros muchos hombres y mujeres de Judá (mientras otros han sido desterrados a Babilonia), tras la caída de Jerusalén (587 a.C.), se alza contra aquellos que siguen haciendo lo que hacían en Jerusalén antes de la destrucción del templo:

> Entonces todos los hombres que sabían que sus mujeres quemaban incienso a otros dioses, y todas las mujeres que estaban presentes... respondieron a Jeremías diciendo: «La palabra que nos has hablado en nombre de Yahvé no te la escucharemos. Más bien, pondremos por obra toda palabra que ha salido de nuestra boca, para quemar incienso a la Reina del Cielo y para derramarle libaciones, como hemos hecho nosotros y nuestros padres, nuestros reyes y nuestros magistrados, tanto en las ciudades de Judá como en las calles de Jerusalén. Pues nos saciábamos de pan, nos iba bien y no vimos mal alguno. Pero desde que dejamos de quemar incienso a la Reina del Cielo y de derramarle libaciones, nos falta de todo, y somos exterminados por la espada y por el hambre». Y las mujeres dijeron: «Cuando nosotras quemábamos incienso a la Reina del Cielo y le derramábamos libaciones, ¿acaso era sin el conocimiento de nuestros maridos que le hacíamos tortas, reproduciendo su imagen, y le derramábamos libaciones?» (Jr 44, 15-29).

Estos judíos suponen que el pueblo de Jerusalén y Judá (con reyes, jueces y ancianos) había rendido culto a la Reina del Cielo y que el abandono de ese culto ha motivado precisamente la caída y ruina de la ciudad en manos de los babilonios. Los adversarios de Jeremías optan por retornar a la Reina del Cielo, a la que pueden adorar como refugiados en Egipto, pues ella es una diosa universal. Ese retorno les situaría en la línea de una religiosidad abierta, centrada en la Gran Madre, en diálogo con otros pueblos del entorno, que podrían haber hecho una opción semejante (abandonando el culto al Dios-Rey del Estado o del imperio), en la que faltaría la radicalidad del Dios israelita y su exigencia de justicia.

Pues bien, en contra de eso, Jeremías, a quien la Biblia judía concede la última palabra, opta por retornar al «sólo Yahvé», que debía ser el único Dios israelita. En esa línea, él afirma que la caída de Judá y Jerusalén no ha sido causada por el abandono de la Diosa, sino todo lo contrario: esta caída proviene del juicio de Yahvé, que ha condenado a los judíos «por el incienso que quemasteis (a la Reina del Cielo) en las ciudades de Judá y en las calles de Jerusalén... Yahvé no pudo soportaros más... Por tanto, vuestra tierra ha sido convertida en ruinas, en horror y en maldición, hasta no quedar habitantes, como en este día» (Jr 44, 22-23).

No es la Diosa la que ha castigado a los judíos, porque le han abandonado, sino que les ha castigado Yahvé, porque ellos habían adorado a la Diosa. La destrucción de Judá y Jerusalén no proviene del abandono de la Gran Madre, sino de su culto y por eso Yahvé ha tenido que «castigar» a su pueblo. Sólo tras ese castigo y destrucción, cuando mueran los que han adorado a la Gran Madre, podrá haber un nuevo comienzo para Israel. «Todos los hombres de Judá que están en la tierra de Egipto serán exterminados por la espada y por el hambre, hasta que perezcan del todo... Los que escapen de la espada sabrán de quién es la palabra que ha de prevalecer: si la mía o la de ellos» (Jr 44, 27-28).

Así queda abierta la gran alternativa: (a) Por una parte se eleva la Reina del Cielo, signo astral sagrado, parecido a Ishtar (Astarté), divinidad única de tipo femenino, que puede vincularse también con Deméter, que da el pan, según el mito griego. (b) Por otra parte queda el Dios Yahvé, con sus grandes valores, vinculados a la justicia. Nos hallamos ante la exigencia de una opción radical, y las dos partes tienen sus valores. Pues bien, como venimos diciendo en este libro, en el judaísmo posterior y en la Biblia ha triunfado el Yahvé de Jeremías.

b) *Ezequiel y la Diosa; el Ídolo del Celo*[44]

Jeremías, que procedía de una familia sacerdotal del campo, acabó su vida en el exilio de Egipto, condenando a la Reina del Cielo. Pues bien,

---

44 Además de comentarios a Ezequiel, cf. J. Lust, *Ezequiel and his Book* (BETL 74), Leuven 1986; F. L. Hossfeld, *Untersuchungen zu Komposition und Theologie der Ezechielbuches* (FB 20), Würzburg 1977; G. Savoca, *Un profeta interroga la storia. Ezechiel e la teologia della storia*, Herder, Roma 1976. Para situar el tema de la condena de la diosa, cf. Chr. Frevel, *YHWH und die Göttin bei den Propheten*, en M. Oeming-K. Schmid (eds.), *Der eine Gott und die Götter. Polytheismus und Monotheismus im antiken Israel* (AThANT 82), Zürich 2003, 49-75; U. Winter, *Frau und Göttin. Exegetische und ikonographische Studien zum weiblichen Gottesbild im Alten Israel und in dessen Umwelt* (OBO 53), Freiburg-Schweiz 1993.

Ezequiel, de una familia de la alta nobleza sacerdotal de Jerusalén, había sido deportado ya a Babilonia hacia el año 597 a.C., antes de la Gran Destrucción (587 a.C.), y desde el exilio condenó la idolatría de Jerusalén y anunció su caída, viendo cómo la Gloria de Dios tenía que abandonar su templo, porque Yahvé no podía seguir habitando en un santuario que se hallaba impuro (cf. Ez 1-11).

Desde su exilio en Babilonia, el profeta sacerdote mira lo que pasa en Jerusalén y descubre a los judíos que siguen adorando en el templo a la Diosa del cielo. Parece que Jeremías situaba ese culto fuera del templo, en el plano de la vida familiar, como expresión de una religiosidad que se podía seguir celebrando en Egipto sin dificultad. Por el contrario, desde su exilio, Ezequiel mira y descubre que el culto a la Diosa ha invadido el mismo templo de Jerusalén, convertido en lugar de «idolatría», en los años final del reino (entre el 597 y el 587 a.C.).

De todas maneras, quizá, de modo significativo, este pasaje no describe sólo (ni sobre todo) lo que sucedía de hecho en el templo esos años anteriores a su destrucción, sino lo que había venido sucediendo en toda la historia anterior, desde que fue construido por orden de Salomón. Éstos son los elementos básicos de su descripción, que ofrece el más preciso de todos los esquemas de la Biblia sobre el culto de la Diosa (y de los dioses) en el entorno del templo de Jerusalén:

1. *Junto a la puerta de Yahvé han colocado a la Diosa.* «Entonces me dijo: «Oh hijo de hombre, levanta tus ojos en dirección al norte». Levanté mis ojos en dirección al norte, y he aquí que al norte de la puerta del altar, en la entrada, estaba el Ídolo del Celo» (*sekel ha-q^{e}nah*, Ez 8, 5). Este ídolo (que va en contra del Dios Celoso de su identidad: cf. Ex 20, 5; 34, 14; Dt 4, 4; 5, 9, etc.) es, sin duda, el signo del Dios rival, una imagen prohibida, que suscita el celo/ira de Yahvé (cf. Ex 20, 4-5; 34, 14; Dt 4, 24).

¿A quién representa? En un sentido podría ser la imagen de Baal, que se opone al poder y al reinado masculino de Yahvé (un tipo de «becerro de oro», como el de Ex 32), pero dentro de la línea que estamos estudiando, y según la forma gramatical del texto (que habla «del ídolo», como algo conocido), todo indica que Ezequiel está aludiendo aquí a la imagen de Astarté, como consorte de Yahvé, que Maacá había colocado en el templo y que el rey Manasés había vuelto a colocar en el mismo lugar (cf. 2 Re 21, 7; 2 Cr 33, 7).

Este «pecado» de Manasés aparece en 2 Re 21, 10-15 como causa de la destrucción de Jerusalén y del templo y es un tema conocido y repetido en la Biblia judía. Nos hallamos ante una situación muy parecida a la que aparecerá en la reforma del tiempo de los macabeos, cuando los helenistas pusieron junto al altar de Yahvé la abominación de la desolación, pero en el tiempo de los macabeos esa «abominación» era el Zeus universal, mientras que en nuestro caso la abominación es la imagen femenina de Dios, la estatua de la Diosa. Estamos ante una lucha de signos sagrados. Para Ezequiel, lo mismo que para Jr 7 y 44, Jerusalén ha caído porque ha dado culto a la Diosa.

2. *Los ancianos elevan incienso a los dioses.* Dentro del templo descubre Ezequiel los camarines con las imágenes de los setenta dioses: «¿No ves lo que hacen los setenta ancianos de Israel, a oscuras, incensando cada uno a su ídolo... en una cámara del mismo templo» (Ez 8, 12). Estos «setenta ancianos» son representantes de todo Israel, una especie de senado/sanedrín/consejo del pueblo (cf. Ex 24, 1.9; Nm. 11, 16-14; Dt 10, 22). Ellos han tenido y tienen gran poder de decisión sobre el pueblo. Externamente han podido venerar a Yahvé, pero en lo oculto, a oscuras, han seguido adorando a los dioses y dicen «Yahvé no nos ve, Yahvé ha abandonado al país...». Ante el ocultamiento del Dios de la tradición yahvista (Dios celoso), que parece desatender a su nación, los ancianos de Israel vuelven a los «setenta dioses de los pueblos» (tema que está al fondo de Dt 4, 19-20).

Evidentemente, estos judíos que adoran a los ídolos (cada uno al suyo) no tienen necesidad de defender con armas la independencia de Jerusalén, con su Dios único, ni han de oponerse a la pluralidad de lo divino. Lógicamente, a su juicio, su santuario debería integrarse en la pluralidad religiosa de los pueblos del entorno. En esa línea, en el fondo del exilio y de la destrucción de Jerusalén se hallaría el fracaso del Dios Yahvé, con su exclusivismo social y sagrado... En contra de ese exclusivismo, los setenta ancianos de Jerusalén (¡todo el pueblo!) apelan a la pluralidad de lo divino, y por eso veneran a los dioses con incienso.

3. *Primera abominación mayor: las mujeres lloran por Tammuz.* Ezequiel descubre, finalmente, las dos apostasías supremas de Jerusalén, una más vinculada a las mujeres, otra a los hombres. Ésta es la primera abominación mayor, propia de mujeres: «Y me llevó a la entrada de la

puerta de la casa de Yahvé que da al norte, y he aquí que estaban allí sentadas unas mujeres, llorando a Tammuz» (Ez 8, 14), un Dios del panteón sumerio-acadio (Dumuzi), que está vinculado con Baal, muriendo cada año para fecundar la tierra; por eso, las mujeres, que se identifican con Astarté/Anat, le lloran, esperando su resurrección (que salga de la tierra de los muertos). Este llanto religioso femenino, dirigido a Baal/Tammuz puede mostrar el influjo babilonio en la religión de Jerusalén, pero no es algo nuevo en Israel, sino que pertenece al estrato más antiguo de la religiosidad israelita[45].

Nos hallamos ante una religión cósmico/vital, vinculada al despliegue de la vida, que, según Ezequiel, va en contra de la fidelidad debida a Yahvé, el único Dios trascendente. Es un culto vinculado a las mujeres sacerdotisas que lloran, sentadas en el suelo, en un templo al que después, con el triunfo del yahvismo, ellas no podrán entrar. Estas mujeres no lloran por la caída de Jerusalén, ni por la ruina de Israel, ni por sus propios pecados, sino por el Dios muerto, que es el símbolo del riesgo de la vida, que ellas descubren mejor que los hombres, por su especial relación con Astarté, la esposa/hermana del Dios muerto.

Para esas mujeres y sus familiares la ruina del templo resulta en el fondo secundaria. Lo que importa es la muerte del Dios con quien se encuentran vinculadas, la pura religión. Ellas, las mujeres, son como esposas del Dios muerto, en unión con Anat/Astarté que llora, que se lamenta por Baal, sepultado en la tierra. En ese contexto, la religión es una forma de piedad compasiva por el Dios que muere, es decir, que está sometido a la muerte, lo mismo que los seres humanos. Evidentemente, ese culto vital de las plañideras sagradas constituye una abominación para Ezequiel, que no conoce más Dios que Yahvé, Señor Vivo, por encima del ciclo de la vida y muerte de los hombres y mujeres.

4. *Segunda abominación mayor: los hombres adoran al sol.* «Y he allí, en la entrada del templo de Yahvé, entre el pórtico y el altar, había unos veinticinco hombres con sus espaldas vueltas hacia el templo de Yahvé y sus caras hacia el oriente, postrándose ante el sol, hacia el oriente» (Ez 8, 16). Ésta es quizá otra parte del rito del mismo Tammuz,

---

[45] Cf. B. Alster, *Tammuz*, DDD, 67-79; S. N. Kramer, *Inanna's Descent to the Netherworld Continued and Revised*, JCS 5 (1951) 1-17; Id., *The Sacred Marriage Rite: Aspects of Faith, Myth, and Ritual in Ancient Sumer*, Indiana UP, Bloomington 1969; S. Langdon, *Tammuz and Ishtar: A Monograph upon Babylonian Religion and Theology*, Claendon, Oxford 1914; J. McKay, *Religion in Judah under the Assyrians* (SBT 26), Naperville IL 1973.

dios solar. Las mujeres le lloran cuando muere (al atardecer), los hombres le adoran cuando renace, mirando hacia oriente, al lugar de su salida del sol.

Sea como fuere, estamos ante un ritual religioso de tipo cósmico, vinculado a la totalidad de la vida, entre cuyos signos ocupa un lugar destacado el Sol divino. El culto al sol como tal (y a los otros signos celestes) está prohibido en Dt 4, 19 y en el conjunto de la Biblia, pero en esa misma Biblia hay referencias al sol como signo religioso (cf. Nm 25, 4; Dt 4, 19), tal como lo muestra por ejemplo (ya fuera de la Biblia), el famoso texto de Filón (*De Vita Contemplativa*, siglo I d.C.), donde afirma que los judíos terapeutas culminaban sus liturgias pentecostales esperando la salida del sol para venerarle.

5. *Conclusión. Pecado de violencia.* Los cuatro «pecados» anteriores culminan en la reflexión de Ez 8, 17-18, donde el profeta afirma que los idólatras de Jerusalén han pervertido el templo de Yahvé y han llenado la tierra con un tipo de hipocresía y mentira que se concreta en un último gesto cuyo sentido resulta hoy difícil de precisar, pues no sabemos ni siquiera cómo traducir el texto: ¿Llevan un sarmiento de vid a las narices, para olerlo y adorar al sol (como supone la Biblia de Jerusalén) o realizan gestos de opresión, como suponen otras traducciones? La expresión hebrea ($z^e morah$ '*al 'apaim*) resulta ambigua, pero, sea cual fuere su sentido exacto, para Ezequiel, en el fondo de ella se encuentra un gesto de violencia. A su juicio, el Dios de Israel es trascendente y se encuentra por encima de los atributos sexuales y de generación, más allá de la violencia y mentira de los ídolos. Por eso, a fin de mantener su pureza y de no contaminarse, él tiene que «salir» de este templo de diosas y dioses cósmico/vitales, para iniciar con los israelitas que quieran purificarse su revelación más alta.

En resumen, la «idolatría» de Jerusalén está vinculada a la injusticia, como ha puesto también de relieve Ez 22, que ha unido los cultos no yahvistas de Jerusalén con el derramamiento de sangre y la violencia. En esa línea, en el fondo, la condena de Ezequiel va en contra de todos los dioses, masculinos y femeninos, de manera que estrictamente hablando no implica sólo un rechazo del aspecto femenino de la divinidad, sino también del masculino. Pero, de hecho, en último término, estos pasajes no se han empleado por igual para condenar los rasgos masculinos y los femeninos de Dios, sino que se han aplicado de un modo más intenso a lo femenino, de manera que, al menos de forma inconsciente, pueden dar la impresión de que lo masculino sigue siendo válido, como si fuera el sexo natural de la religión (y de Dios), mientras que lo femenino debe ser observado con recelo por su vinculación con el paganismo[46].

---

46 En este contexto se sitúan los capítulos finales de Ezequiel, dedicados parcialmente a la descripción del nuevo templo y de la nueva tierra de Israel (Ez 40–48) donde Yahvé debe volver, después que ha sido destruido el anterior, contaminado por la Diosa. Parecen escritos por un discípulo de Ezequiel, que está exponiendo las claves de la restauración de un templo totalmente dedicado a un Dios trascendente donde no exista ya ningún lugar para dioses extraños, ni para mujeres, sino sólo para sacerdotes. El viejo templo del rey y del pueblo entero, de hombres y mujeres, con sus riesgos y riquezas habrá desaparecido para siempre.

13
MADRE MESIÁNICA, HIJA SIÓN

En el capítulo anterior he puesto de relieve la importancia que ha tenido en Israel la condena de la Diosa y su influjo en la visión de las mujeres, sobre todo extranjeras, a las que se toma como causantes de idolatría. Ahora quiero invertir y completar esos motivos, desarrollando el tema de la mujer como madre mesiánica y la elevación simbólica de la mujer como expresión del pueblo al que Dios ama. En ese contexto he presentado, en forma de apéndice, las funciones distintas de dos mujeres profetas.

1. Madre mesiánica

a) Isaías 7, 14[47]

A pesar de sus acusaciones contra las mujeres, la Biblia nunca ha olvidado la función de la mujer como madre ni el sentido salvador de su figura. En esa línea evocamos el *Libro del Emmanuel* (Is 7–11), que ha recreado proféticamente ese motivo, mostrando que el mismo Dios trascendente (Yahvé, Señor supremo) se expresa de un modo privilegiado en una mujer joven, que está encinta, y en el hijo que ha de nacer (Is 7, 14).

---

[47] Hay una gran bibliografía sobre el origen y sentido de la «profecía» del Emmanuel. Cf., como ejemplo, M. R. Adamthwaite, *Isaiah 7, 16. Key to the Immanuel prophecy*, RTR 59 (2000) 65-83: R. Bartelmus, *Jes 7, 1-7 und das Stilprinzip des Kontrastes. Syntaktisch-stilistische und traditionsgeschichtliche Anmerkungen zur «Immanuel-Perikope»*, ZAW 96 (1983) 50-66; J. Barthel, *Prophetenwort und Geschichte. Die Jesajaüberlieferung in Jes 6-8 und 28-31* (FAT 19), Tübingen 1997; K. Budde, *Das Immanuelzeichen und die Ahaz-Begegnung Jesaja 7*, JBL 52 (1993) 22-54; G. del Olmo, *La profecía del Emmanuel. Is 7, 10-17*, EphMar 22 (1972) 357-385; C. Dohmen, *Das Immanuelzeichen. Ein jesajanisches Drohwort und seine inneralttestamentliche Rezeption*, Bib 68 (1987) 37-56; N. K. Gottwald, *Immanuel as the Prophet's Son*, VT 8 (1958) 36-47; E. Haag, *Das Immanuelzeichen in Jesaja 7*, TThZ 100 (1991) 3-22; H. Irsigler, *Zeichen und Bezeichnetes in Jes 7, 1-17. Notizen zum Immanueltext*, BN 29 (1985) 75-114; S. A. Irvine, *Isaiah, Ahaz and the Syro-Ephraimitic Crisis* (SBL.DS 123), Atlanta 1990; R. Kilian, *Die Verheissung Immanuels. Jes 7, 14*, SBS, Stuttgart 1968; H. A. J. Kruger, *Infant Negotiator? God's Ironical Strategy for Peace. A perspective on Child-figures in Isaiah 7-11, with special reference on the Royal Figure in Isaiah 9:5-6*, Scriptura 44 (1993) 66-88; A. Laato, *Who is Immanuel? The Rise and the Founding of Isaiah's Messianic Expectations*, Academy Press, Åbo

El oráculo central de ese libro se inscribe dentro de la guerra siro-efraimita (entre el 734-732 a.C.), cuando los reyes de Damasco y Samaría quisieron sitiar y tomar Jerusalén para que el rey de Judá se sumara a su alianza política (en contra de los asirios). En esas circunstancias, Isaías sale al encuentro de Acaz (734-727), rey de Judá, ofreciéndole una «señal de Dios», que debía situarse posiblemente en la línea de las promesas vinculadas a la dinastía davídica. El rey Acaz rechaza los signos que le ofrece el profeta (quizá porque no está de acuerdo ellos), e Isaías le responde:

> Escuchad, casa de David: ¿Os parece poco ser molestos a los hombres, para que también seáis molestos a mi Dios? Por tanto, el mismo Yahvé os dará la señal: He aquí que la joven (virgen) ha concebido y dará a luz un hijo, y le pondrá por nombre Emmanuel (Dios cono nosotros). Él comerá leche cuajada y miel, hasta que sepa desechar lo malo y escoger lo bueno... (Is 7, 12-15).

Frente al gran riesgo de la guerra (inserta en una lógica de destrucciones sin fin) eleva el profeta el signo de una «mujer joven» (*almah* o virgen, es decir, una muchacha capaz de concebir y dar a luz), que es signo de paz y esperanza, en medio y por encima de ese entorno de lucha impulsada por la política de reyes e imperios.

Lógicamente, el profeta no dice, ni puede decir, quién engendra a ese Hijo mesiánico, que es representante y salvador de Dios sobre un mundo en guerra. Los exegetas modernos han buscado vanamente la identidad social y el padre de ese niño, que podría ser el mismo rey Acaz, el profeta Isaías u otro personaje importante del entorno. Pero el oráculo deja el tema abierto, como insinuando que, en un primer nivel, el padre humano no importa, la que importa es ella, la mujer joven, aunque tampoco se sabe quién es, de manera que debe suponerse que, en ese fondo, el que actúa de verdad es Dios, pues la madre ha de poner al Niño el nombre de Emmanuel, Dios con nosotros, porque Dios expresará por él su presencia salvadora (el niño será Hijo suyo) en medio de la guerra. Éstos son los rasgos básicos del texto:

1988; J. Lindblom, *A Study of the Immanuel Section in Isaiah (Isa. vii,1-ix,6)* (SMHVL 4), Lund 1958; H. Liss, *Die unerhörte Prophetie. Kommunikative Strukturen prophetischer Rede im Buch Yesha'yahu* (Arbeiten zur Bibel und ihrer Geschichte 14), Leipzig 2003; M. McNamara, *The Emmanuel Prophecy and its Context*, Scriptura 15 (1962) 80-86; G. Rice, *The Interpretation of Isaiah 7:15-17*, JBL 96 (1977) 363-369; J. Vermeylen, *Du prophète Isaie à l'apocalyptique. Isaiae, I-XXXV, miroir d'un demi-millénaire d'expérience religieuse en Israel* I-II, Gabalda, Paris 1977-1978.

II. Mujeres en crisis. La mutación judía

1. *He aquí que «la joven»*, una mujer concreta, capaz de concebir (*ha-almah*, con artículo) ya ha concebido y ofrecerá muy pronto la respuesta (una respuesta de Dios a la crisis), dando a luz al niño, antes de nueve meses. Ésta madre innominada pero concreta, a la que el texto hebreo llama la joven (*ha-almah*), pero que en la Biblia judía de los LXX ha recibido ya el título de *hê parthenos* (la virgen)[48], es signo de toda la humanidad, compuesta por varones y mujeres que acogen la promesa y salvación de Dios, en un mundo frágil pero lleno de esperanza salvadora. Ella, esta joven, que podría ser quizá una mujer del rey Acaz o la esposa del profeta Isaías, aparece así como expresión de la presencia de Dios, como un signo de salvación. Ella es la referencia básica de Dios en un mundo de profetas y reyes, por su función materna de concebir, dar a luz y, sobre todo, de poner nombre «divino» al niño que nace[49].

2. *Ha concebido*. No se dice de quién, como si el padre (que sería el rey davídico) fuera secundario o se limitara a mantenerse envuelto en guerras sin fin, que llevan a la muerte. De todas formas, como he dicho, es posible que el padre sea Isaías y la mujer joven su «esposa profetisa»,

---

48 Cf. R. De Sousa, *Is the Choice of ΠΑΡΘΕΝΟΣ theological motivated?*, JSS 53 (2008) 211-232. La figura de *ha-almah* ha planteado pronto cuestiones de tipo histórico y simbólico, viniendo a elevarse por encima de la pura contingencia histórica (según la cual, ella era esposa del rey o del profeta), apareciendo como signo de la «nueva mujer», la madre mesiánica. De un modo normal (mucho antes que los cristianos hayan aplicado esa figura a María, la madre de Jesús, en Mt 1, 23), los intérpretes judíos de los LXX han sentido su «extrañeza» ante ella; por eso, para traducir el término *almah* han escogido en griego *hê parthenos* (la virgen), que significa también una muchacha joven, pero con evocaciones simbólicas distintas, pudiendo referirse a una mujer en la que actúa el mismo Dios.

49 No es imposible que esta joven innominada sea la esposa de Isaías, a quien el profeta llama «profetisa». La Biblia judía sólo cita expresamente a cinco «profetisas» (las otras cuatro son María, la hermana de Aarón, cf. Ex 15, 20; Débora, cf. Jue 4, 4; Hulda, en 2 Re 23, 14, y Noadía, cf. Neh 6, 14), sin contar a las profetisas sin nombre que Ezequiel ha criticado (Ez 13, 17). Pues bien, entre las profetisas aparece esta mujer de Isaías (Is 8, 3), que, siendo lo que es, podría concebir un hijo «profético», que sería signo del juicio de Dios. De esa forma, ella y su hijo aparecerían como expresión de la palabra de Dios, que se impone y triunfa por encima de la guerra de Acaz. Pero, en otro sentido, parece más probable que la *ha-almah*, que ha concebido y dará a luz al Emmanuel, sea la esposa del rey Acaz, de manera que el texto nos situaría en la línea de la «profecía davídica de Natán» (2 Sm 7, 12-14), de manera que el hijo de la *almah* sería el hijo y sucesor de Acaz, es decir, Ezequiel (que reinó entre el 727 y el 698 a.C.); según esa segunda perspectiva nos hallaríamos en la línea de la esperanza davídica, pero personificada ahora a través de una mujer, la *almah* a la que alude Isaías, como profeta del rey.

que dará a luz un nuevo hijo (el primero está con Isaías en el momento del mensaje, cf. Is 7, 3). Pero, como he dicho, es más probable que ella sea Abí, hija de Zacarías y esposa del rey Acaz, madre del nuevo rey Ezequiel (que aparecería así como un signo mesiánico, cf. 2 Re 18, 2). El rey padre (Acaz), a quien 2 Re 16, 1-4 presenta como personaje sangriento, que sacrificó a su mismo hijo en la hoguera, para obtener la protección de un Dios de muerte (probablemente en la guerra a la que alude Is 7), es un hombre que actúa en contra del Dios de Isaías. Pues bien, a pesar de su forma de ser y actuar, matando a su propio hijo, su joven esposa *Abí* ha concebido, recibiendo así el misterio de la vida. En contra de lo que hemos visto en el capítulo anterior, donde parecía que las mujeres, en el fondo, se encontraban inclinadas al culto de la «Diosa», de manera que apartan a los buenos israelitas de su fidelidad al verdadero Dios Yahvé, esta mujer aparece aquí como fiel a la vida de Dios, en contra de su marido sangriento, que ha sido capaz de sacrificar a su propio hijo.

3. *Y dará a luz un hijo*. Estamos en el tiempo breve entre la concepción y el parto, que es un tiempo de gestación de paz, expresada en la mujer gestante, que así aparece como signo de Dios, en oposición a la guerra y a la muerte de la que es portador su marido. Ella no rechaza lo que ha concebido en su seno, no vive para la guerra (matar a otros), como hace el rey (¡asesino de su hijo!), sino que ha querido mantenerse y se mantendrá fiel a la «vida» que lleva en su seno. Por eso, su gestación tendrá buen fin y culminará con el nacimiento de un «hijo» (*ben*), que es signo de promesa, fuente de vida. Frente al camino de guerra que el rey está preparando (en clave de muerte) se eleva aquí el signo de la mujer-gestante, que da a luz un «hijo» (*ben*), que será para Dios «como un hijo» (*le-ben*: 2 Sm 7, 14). La promesa mesiánica de David permanece y triunfa así, por encima de los pecados de Acaz, a través de la mujer joven, la *almah*, que concibe y da a luz.

4. *Y le pondrá por nombre Emmanuel*. Sólo ella puede dar un verdadero nombre al niño, como representante de Dios, que es quien actúa. Ella y no el padre (ni el rey Acaz, ni el profeta Isaías...) tienen autoridad para nombrar a este niño y para inscribirle así en la gran corriente de la vida de Dios. Ordinariamente, en una sociedad patriarcal, el que impone el nombre es el padre, que marca así y define la vida del hijo, introduciéndole en una genealogía ya marcada de antemano. Aquí, en cambio, como Eva en Gn 4, 1 (y como las esposas de Jacob, Gn 29, 31–30, 24), es

la *almah* la que pone nombre y abre un horizonte de vida para su hijo, mostrando así que cree en Dios, por encima de la guerra. Significativamente, este gesto de imponer un nombre es una profecía, quizá la más intensa de toda la Biblia judía. La *almah* llama a su hijo «Em-manuel» (Dios con nosotros), presentándole así como signo y promesa de la presencia salvadora de Dios que se revela en este niño; de esa forma abre un surco futuro de Vida, no sólo con su gestación (ha concebido, dará a luz), sino, y sobre todo, con su palabra. Ella tiene la gran palabra: ¡Con nosotros, en el niño que nace, está Dios!

Esta función de la mujer-madre, que concibe, da a luz y pone al niño el nombre de la presencia de Dios, ha marcado de manera poderosa la conciencia de los israelitas, que han reflexionado sobre ese signo del Niño de Is 7, 14. A este niño parece referirse otro pasaje del mismo *Libro del Emmanuel*, que está en «pasivo divino», para indicar que el mismo Dios es quien suscita y «nos da» a este niño:

> Porque un Niño (en hebreo *yeled*, un nacido; en griego *paidion*, un niño) nos ha nacido, un Hijo (en hebreo *ben*, en griego *huios*) se nos ha dado. Lleva en su hombro el principado, y es su nombre: *Maravilla de Consejero, Dios guerrero, Padre perpetuo, Príncipe de la Paz*, para dilatar el Principado con una paz sin límites, sobre el trono de David y sobre su reino (Is 9, 5-6)[50].

Aquí ya no hay «almah» o «parthenos», desaparece del contexto inmediato la madre y todo el espacio lo ocupa Dios, que es quien «hace nacer» un nacido-hijo, como signo inmediato de su presencia, dentro del espacio davídico, representado por el rey. Nos hallamos en un claro contexto político y religioso; estamos ante un texto simbólico (alguien diría mítico), que presenta al mismo hijo de la mujer/madre salvadora como Hijo-Niño divino, como saben también las tradiciones religiosas de otros pueblos, que esperan el nacimiento de un niño salvador. Desde una perspectiva israelita, Isaías ha recreado ese signo en términos de esperanza «mesiánica», es decir, de transformación divina de la historia de la humanidad[51].

---

50 Visión general en J. Vermeylen (ed.), *The Book of Isaiah* (BETL 81), Leuven 1989; S. Mowinckel, *El que ha de venir*, FAX, Madrid 1975, 106-136.
51 He interpretado a la mujer y al niño en clave davídica. De todas formas, en otro contexto simbólico, todo el libro del Emmanuel puede y quizá debe entenderse, también, en clave profética. Eso significa que este niño Emmanuel (Dios con noso-

b) Madre Israel, dolores de parto

De la mujer individual, que es signo de Dios dando a luz (Is 7, 14), podemos pasar a la «mujer pueblo», es decir, al conjunto de Israel representado de forma femenina, como mujer cercana a Dios. Sólo cuando ha desaparecido en Israel el culto a la Diosa (Ashera/Astarté) como pareja de Dios (sólo cuando ella no puede ser ya adorada en una estatua, como esposa de Dios), puede y debe surgir en Israel la figura simbóliamente poderosa de la mujer sagrada, como signo del mismo pueblo de Israel.

Para situar mejor el tema, quiero empezar evocando el signo de la mujer que va a dar a luz (como en Is 7, 14), pero que ahora sufre y grita, en medio de los dolores de parto (que desembocan en el nacimiento de un niño salvador). Éste es un motivo que culmina en Ap 12, 2, un libro cristiano compuesto a partir de una larga tradición de símbolos judíos, donde esos dolores de madre que da a luz, siendo una expresión de angustia y tribulación (cf. Jr 6, 24; 13, 21; Is 37, 3), evocan, al mismo tiempo, una esperanza salvadora:

> ¿Quién oyó tal? ¿Quién vio cosa semejante?
> ¿Puede nacer un país en un solo día?
> ¿O nace todo un pueblo de una vez?
> Pues bien, Sión tuvo dolores
> y dio a luz a sus hijos (Is 66, 7-8).

Esos dolores de parto, a los que alude el profeta de la escuela de Isaías (a quien suele llamarse el Tercer Isaías), encontrarán su sentido cuando irrumpa el tiempo salvador, que se expresa en el nacimiento de un niño. La historia del pueblo de Israel (y de la presencia de Dios) aparece así bajo el signo de una «mujer-madre», que encuentra su gozo cuando ha dado a luz (como sabe Jn 16, 21). En esa línea, el conjunto del judaísmo podría suscribir las palabras de Pablo en Rom 8, 22, quien afirma que la creación entera (y especialmente Israel), sufre y gime con dolores de parto, como madre que está grávida de Dios, hasta el momento en que llegue la salvación.

tros) debe relacionarse con el otro hijo del profeta, que se llamará *maher shalal Jash Baz, tajeôs skuleuson oxeôs pronomeuson*: ¡pronto al saqueo, presto al botín! (Is 8, 3). El niño que ha de nacer es, por un lado Emmanel/Dios con nosotros; pero, al mismo tiempo puede llevar y lleva un nombre de amenaza: ¡se acerca el saqueo, es inminente el botín! Pues bien, a pesar de esa amenaza, en medio de una tierra que parece condenada a la guerra sin fin, Dios ha querido que nazca su Emmanuel.

II. MUJERES EN CRISIS. LA MUTACIÓN JUDÍA

Eso significa que los dolores de parto de la mujer-Israel, que aparece también como mujer-humanidad y que es signo de Dios, tienen un sentido positivo: va a nacer el niño, va a surgir un tiempo nuevo de plenitud. Ciertamente, hay casos en los que puede hablarse también de un fracaso, es decir, de un dolor materno que es falso e inútil: parece que la salvación tendría que llegar, pues las angustias del parto han sobrevenido sobre el pueblo-mujer, pero se ha tratado de angustias vacías, porque «hemos concebido, tenemos dolores, pero no hemos traído a la tierra espíritu de salvación» (cf. Is 26, 18). Pero ese fracaso de la Madre Israel (madre humanidad) se acaba superando siempre. El Dios bíblico, como madre que va a dar a luz, es principio de vida, de manera que sus dolores constituyen un elemento integrante de la tribulación escatológica, tienen un sentido salvador (dentro del gran canto de salvación de Is 26, 16–27, 1, donde se inscribe el texto anterior, abierto a la esperanza final del pueblo).

Siguiendo en esta línea, la tradición rabínica judía hablará de *los ayes* (dolores de parto), propios del tiempo del Mesías, que están abiertos a la revelación salvadora de Dios, aunque en un plano parcial estos dolores pueden acabar y acaban llevando al fracaso, como ha sucedido en el año 587 a.C. con la primera caída de Jerusalén y, sobre todo, en el año 70 d.C., tiempo en que numerosos libros judíos hablan de la ruina de la Madre Israel (así 4 Esdras).

De todas formas, en ese contexto, llegando al límite de su dolor, desde la hondura de su propia angustia, impotencia y soledad, el conjunto de Israel ha tenido una esperanza mesiánica materna: Como madre que espera y sufre por el nacimiento de su hijo salvador, así es Israel (y, en el fondo, así es Dios). Eso significa que el dolor no ha sido inútil, pues el mismo Dios ha sostenido a la mujer, como decía el primer el texto citado, el más significativo (ha concebido la doncella y dará a luz un hijo: Is 7, 14) y como reformulaba Miqueas, hablando de la esperanza vinculada a la dinastía de David, que aparece así como representante del judaísmo:

> Pero tú, Belén Efrata, no eres la menor entre las familias de Judá pues de ti ha de surgir aquel que ha de dominar en Israel, y cuyos orígenes son de antigüedad, desde los días de antaño. Por eso, él los abandonará hasta el tiempo en que dé a luz la que ha de dar a luz; y entonces el resto de sus hermanos volverán a los hijos de Israel (Miq 5, 1-2).

Según eso, desde antiguo, tanto Is 7, 14 como Miq 5, 1-2 simbolizan al pueblo de Israel como una madre que da a luz, abriendo un camino de esperanza para todos. El signo máximo de Israel (y de Dios) es una mujer gestante que va a dar a luz, en medio de dolores y circunstancias adversas, superando al fin todos los riesgos y dificultades. Éste es el Signo: un pueblo en forma de mujer a la que Dios transcendente ha fecundado con su palabra, haciéndole capaz de abrirse hacia un futuro de salvación (dará a luz al Mesías, entendido en sentido personal o social). Este camino de gestación israelita (con dolores de parto y nacimiento) es uno de los signos más profundos de Dios. En esa línea se sitúa, como he dicho, un texto cristiano (Ap 12, 1-5), pero también un famoso salmo de Qumrán, que retoma el motivo central de Is 7, 14 y 9, 4-6, con Miq 5, 1-2:

(a) Me encontraba en los dolores,
como mujer que da a luz a su hijo primogénito...
La mujer fecundada por un hombre sufre penosamente sus dolores,
pero en medio de tormentos de muerte dará a luz un hijo varón,
y en medio de durísimos sufrimientos saldrá de su vientre de
gestante un maravilloso consejero y lleno de poder...

(b) Pero ellos, los que han concebido de la víbora (o vanidad),
vendrán a ser presa de un tormento horrible
y las olas de la muerte se apoderarán de todas las obras del horror;
los fundamentos de su muralla se hundirán,
como un barco se hunde bajo el agua (1QH III, 7-14; =1QH Col XI)[52].

En un plano el signo de la mujer gestante «buena» se identifica con la comunidad esenia (los elegidos de Israel). Pero, en otro plano, los dolores del parto mesiánico se formulan de forma individual y reflejan la experiencia del autor del himno; pero aún en este segundo plano los dolores del hombre sufriente se generalizan y se aplican al conjunto de la comunidad, que aparece como madre del Salvador a quien se llama *maravilloso consejero* (como en Is 9, 5). Pues bien, frente al buen pueblo que gesta al salvador (la salvación) están aquellos que han concebido de la víbora (de la vanidad o de la nada); evidentemente, son los enemigos de la comunidad (la mala mujer) que sólo podrán dar a luz la perdición (la muerte), como una madre frustrada. De esta manera se pone de relieve el riesgo del mal nacimiento, pero, en su conjunto, la Biblia y la tradición judía han superado el riesgo de dualismo de Qumrán

---

52 Texto hebreo en E. Lohse, *Die Texte aus Qumran*, Kösel, München 1964, 120-121. Traducciones en F. García Martínez, *Textos de Qumrán*, Trotta, Madrid 1992, 368-369; J. Carmignac, *Les textes de Qumran* I, Letouzey et Ane, Paris 1961, 192-196; G. Vermes, *The Dead Sea scrolls in english*, Penguin, Harmondsworth 1965, 157.

II. Mujeres en crisis. La mutación judía

y han presentado a Israel/Jerusalén como madre buena que da a luz al salvador[53].

Como vemos, las interpretaciones de ese signo materno de Dios pueden ser distintas, pero en el fondo de todas ellas, de alguna manera, se supone que Israel (y Dios) es como una mujer que ha concebido y va a dar a luz. Desde esa perspectiva afirmamos que la Biblia judía es la expresión de un pueblo teológico y mesiánico, de un pueblo que cree en el Dios que actúa no sólo como creador, sino como padre de un pueblo que va a nacer, pues la Madre-Israel va a dar a luz un futuro de salvación.

En ese contexto se sitúan algunos de los textos apócrifos más significativos que han definido el sentido y herencia de Israel en el comienzo del cristianismo. Entre ellos se puede destacar, por ejemplo, 4 Esdras, cuya figura principal es la Madre Israel, en forma de viuda (ha muerto ya su hijo) o de madre gestante (va a dar a luz nuevamente a sus hijos). Según eso, el «primer ser humano» no es un Adam, sino una figura femenina, que puede relacionarse con Eva, madre de todos los vivientes[54].

Desde este fondo, H. Arendt, ensayista y antropóloga judía, ha interpretado la novedad del judaísmo (y del cristianismo) en claves de natalidad (capacidad de dar a luz). El ser humano se define como ser natal, alguien que puede engendrar y dar a luz: es capaz de hacer que surja algo nuevo (alguien) que le permite superar la esclavitud del pasado.

> El milagro que salva al mundo, a la esfera de los asuntos humanos, de su ruina normal y «natural» es en el último término el hecho de la natalidad, en el que se enraíza ontológicamente la facultad de la acción. Dicho con otras palabras, el *nacimiento* de nuevos hombres y un *nuevo*

---

[53] Valoración de 1QH III, 3-18 en relación con Ap 12, cf. O. Betz, *Das Volk seiner Kraft: Zur Auslegung der Qumrân-hodajah III, 1-18*, NTS 5 (1958) 67-75; R. E. Brown, *The messianism of Qumrân*: CBQ 19 (1957) 53-82; H. W. Brownlee, *Messianic motifs of Qumrân and the NT*, NTS 3 (1956-1957) 12-20 y 195-210. El tema ha sido estudiado básicamente a partir de Ap 12; cf. M. Böckeler, *Das Grosse Zeichen. Apokalypse 12, 1. Die Frau als Symbol göttlicher Wirklichkeit*, Müller, Salzburg 1941; B. Le Frois, *The woman clothed with the sun (Apoc 12): Individual or Collective?*, Herder, Roma 1954; H. Gollinger, *Das «grosse Zeichen» von Apokalypse 12*, Echter, Stuttgart 1971.

[54] Significativamente, la figura de la Madre-Israel, vinculada estrechamente con Dios, que ha dado a luz a su hijo (Israel) y que después lo ha perdido (en la guerra del 67-70 d.C.), quedando así viuda y baldía, mientras espera la nueva «hora de Dios» (concebir de nuevo, que su hijo resucite), está en el centro de una parte considerable del judaísmo del siglo I d.C. En ese mismo contexto se sitúa la tradición cristiana, cuando habla de Jerusalén como madre de los creyentes (Gal 4, 26; cf. Ap 21, 2-10).

comienzo es la acción que los humanos son capaces de emprender por el hecho de haber nacido.

Sólo la plena experiencia de esta capacidad puede conferir a los asuntos humanos fe y esperanza, dos características esenciales de la existencia humana que la antigüedad griega ignoró por completo, considerando el mantenimiento de la fe como una virtud muy poco común y no demasiado importante y colocando la esperanza entre los males de la ilusión en la caja de Pandora. Esta fe y esperanza en el mundo encontró tal vez su más gloriosa y sucinta expresión en las pocas palabras que en los evangelios anuncian la gran alegría: «Os ha nacido hoy un Salvador»[55].

Estas palabras de H. Arendt, una judía universal, que ha dirigido su mirada de vigía profética a través de las oscuridades del siglo XX pueden servirnos de referencia para entender el sentido de la mujer en el judaísmo, llevándonos hasta el lugar donde es posible la *acción* más alta, propia de la fe y de la esperanza, la acción que traza un nuevo comienzo, expresado y concretado en cada nacimiento humano. Según H. Arendt, al fijarse en la mujer que ha concebido y en el niño que va a nacer, la profecía bíblica enciende en los hombres la certeza de que va a nacer algo totalmente nuevo; la madre y el niño son signo de salvación.

2. Hija Sión. La ciudad de Dios[56]

Especial importancia recibe en ese contexto de «revelación femenina» de Dios la figura de Jerusalén/Sión, pero entendida no ya sólo como Madre, sino (de un modo complementario) como hija-esposa de Dios. En sentido etimológico, parece que Sión significa altozano, lugar fortificado y seco, situado encima de una fuente de aguas. Pues bien, esa palabra se ha convertido con el tiempo en una forma poética de hablar de Jerusalén y en signo religioso de gran profundidad, pues simboliza al conjunto de Israel como Ciudad Madre (de pueblos), siendo al mismo tiempo Ciudad Hija.

---

55 H. Arendt, *La condición humana*, Paidós, Barcelona 2001, 266.
56 M. E. Biddle, *The Figure of Lady Jerusalem. Identification, Deification and Personification of Cities in the Ancient Near East*, en K. L. Younger (ed.), *The Biblical Canon in Comparative Perspective*, Edwin Mellen, Lewiston 1991, 173-194; C. Maier, *Tochter Zion im Jeremiabuch. Eine literarische Personifikation mit altorientalischem Hintergrund*, en I. Fischer (ed.), *Prophetie in Israel* (AOT 290), Münster 2003, 157-167; C Mandolfo, *Daughter Zion talks back to the prophets: a dialogic theology of the book of Lamentations*, Brill, Leiden 2007; M. Wischnowsky, *Tochter Zion. Aufnahme und Überwindung der Stadtklage in den Prophetenschriften des Alten Testaments* (WMANT 89), Neukirchen-Vluyn 2001.

II. Mujeres en crisis. La mutación judía

Desde aquí se entienden los varios sentidos de la palabra. (a) Por un lado, Sión es el *monte* sobre el cual había una pequeña, pero importante, *ciudad fortificada* que permaneció en manos de jebuseos (no israelitas), hasta que la conquistó David, hacia el año 1000 a.C., haciéndola capital de su reino-dinastía (cf. 2 Sm 5, 7.9). (b) Al mismo tiempo, Sión significa también toda la ciudad de Jerusalén, capital del reino de Judá, lugar donde se unen trono y templo. (c) En un tercer nivel, Sión se ha convertido en símbolo femenino de todo el pueblo de Israel, que se centra de algún modo en Judá, abriéndose al conjunto de la humanidad; en ella, la Ciudad-Sión, se condensa la vida de las tribus y de todo el pueblo. (d) En ese fondo, condensando todos los rasgos anteriores, Sión/Jerusalén viene a presentarse como «mujer sagrada» (hija o madre divina).

(a) *Montaña sagrada*. La tradición pagana y, de una forma especial la cananea, se ha referido desde antiguo a ciertas *montañas sagradas*, concebidas como centro y culmen de la creación o, mejor dicho, de la acción organizadora de (un) dios. Ellas unen lo más alto (están arriba, cerca de las aguas superiores del cielo) y lo más hondo (por debajo de ellas discurren las corrientes subterráneas, como discurre y nace el Guijón bajo Jerusalén). En esas montañas se vinculan tierra y cielo, los dioses y los hombres. Tanto los cananeos como los invasores israelitas han «adorado» a Dios en lugares altos (= la Biblia suele hablar de Altozanos sagrados), con signos de lo divino (árbol, roca y a veces fuente, en la ladera).

Conforme a la tradición antigua, asumida por el Pentateuco (Ex 19–24; 31–34), la presencia de Yahvé había estado relacionada con la montaña del Sinaí-Horeb, donde se manifestó al principio, pero después ella ha perdido su importancia. Para los judíos posteriores, la montaña cósmica de la creación y revelación de Dios se identifica con Sión, según un tema que posiblemente tiene raíces cananeas: «Grande es Yahvé y muy digno de alabanza en la ciudad de nuestro Dios, su Monte Santo, altura hermosa, alegría de toda la tierra, Monte Sión, vértice de Safón, ciudad del Gran Rey» (Sal 48, 2-3).

(b) *Lugar elegido por Dios*. La Biblia judía ha insistido en el hecho de que Sión es una montaña elegida, en la que Dios ha querido habitar para expandir desde allí su presencia sobre el mundo. En esa línea, el mismo Isaías puede hablar en nombre y por encargo de «Yahvé Sebaot, que habita en el monte Sión» (Is 8, 18). Por eso, el orante, estremecido por la ruina de su ciudad y de su templo, se atreve a decirle a Dios: «Recuerda... el Monte de Sión en el cual has puesto tu morada» (Sal 74, 2).

La ruina de Sión y de su templo sólo puede durar por un tiempo, «porque Dios habita (*yoseb*) en Sión» (Sal 9, 11) y allí ha de revelar su reino eterno (Sal 146, 10). «Puso en Salem su tienda, su habitación en Sión» (Sal 76, 3). Sión es, por tanto, un monte y una ciudad humanizada: un monte convertido en templo o tabernáculo (tienda) de un Dios que ha descendido y de alguna forma se ha «encarnado» en el mundo en forma de monte-pueblo-ciudad. Llegando hasta el límite en esa línea, se puede afirmar que Sión (montaña-ciudad-morada) tiene un carácter sobrehumano: «Dios fundó en Sión su morada»; hizo la Montaña, quiso habitar por siempre en ella y nunca será vencido (cf. Sal 125, 1).

(c) *Hija-Sión, mujer y madre de pueblos*. Por ampliación normal, el nombre «Sión», que se aplicaba al monte/templo (morada) de Dios, vino a tomarse como expresión de la ciudad (Jerusalén) y de sus habitantes y de aquellos que vienen hasta ella, para adorar a Dios, llegando de todos los pueblos. De esa manera, conforme a un simbolismo que es bastante común en todo el oriente antiguo, la ciudad de Jerusalén aparece simbolizada en forma femenina, como una mujer (hija, madre, doncella) en la que se condensa y expresa todo el pueblo.

Esta novedad judía (que no ha sido admitida por los samaritanos israelitas) significa una gran novedad en la historia de Israel y de la humanidad. Han existido (y existen) ciudades sagradas en diversos pueblos, con palacios y templos. En principio, los israelitas habían sido contrarios a las ciudades entendidas como centro de poder político y sagrado. Pero después, a partir de tradiciones quizá jebuseas (es decir, paganas), ellos han sacralizado a Jerusalén, como esposa-hija de Dios, no sólo en forma simbólica (como harán los cristianos en Ap 21–22), sino de un modo también físico. La ciudad de Sión ha terminado siendo para ellos Ciudad Madre, signo de Dios.

(d) *En esa última línea Sión/Jerusalén aparece como signo femenino de Dios*, de manera que se puede hablar no sólo de una Jerusalén Terrestre (capital y centro de Israel), sino también de una Jerusalén Celeste, entendida como expresión y compendio de la humanidad entera, es decir, como centro universal. De esa manera, ella recibe rasgos personales y puede tomar el título de Hija (*bat*), vinculándose estrechamente a Dios, no como diosa en el sentido idolátrico de la palabra, sino como expresión humana (femenina) de la divinidad, como indicaremos a continuación.

II. Mujeres en crisis. La mutación judía

Los antiguos semitas y entre ellos los israelitas, han destacado el aspecto filial de la vida, de manera que, en esa línea, un hombre o mujer es, ante todo, «hijo-de» o «hija-de». En ese contexto, los habitantes de una ciudad unificada (guardada, amurallada) tienden a llamarla «hija» (hija de un Dios, hija de un pueblo), como si ella fuera una persona (una mujer que nace de Dios, siendo madre de sus habitantes). Por eso, no es extraño que la misma Biblia pueda hablar de la Hija-de-Tiro, es decir de la Hija-Tiro, de la Hija-Babel o de la Hija-Tarsis (cf. Sal 137, 8). En ese contexto preferimos hablar de la Hija-Sión, no de la Hija de Sión, pues la frase hebrea se encuentra en «estado constructo» y no alude a una hija «de» Sión, sino a la misma ciudad, entendida como «Hija-Sión», en clave femenina.

La misma Sión que en el primer sentido aparecía como monte/morada de Dios viene a presentarse ahora de manera consecuente como Hija (de Dios). De esa manera debemos distinguir entre *las hijas de Sión*, que son unas mujeres concretas, que nacen de la Sión-Madre (cf. Is 3, 16.17; Cant 3, 11) y *la Hija-Sión*, que es la misma ciudad como «hija»: una ciudad/templo donde adoran los israelitas (y donde vendrán todas las naciones), entendida como mujer joven que tiene relaciones de vinculación especial con Dios. ¿De quién es Hija? Evidentemente, de Dios, como indica Isaías, hacia el año 700 a.C., cuando el ejército asirio de Senaquerib intentaba conquistar Jerusalén:

> La virgen Hija-Sión te desprecia, se burla de ti (de Senaquerib); la Hija-Jerusalén menea la cabeza detrás de ti. ¿A quién has ultrajado e insultado, contra quién has levantado la voz y alzado los ojos? ¡Contra el Santo de Israel! (Is 37, 22-23; cf. 2 Re 19, 21-22).

Senaquerib, rey de Asiria, se atreve a combatir contra una ciudad que, en un aspecto, parece bastante frágil: una ciudad pequeña, en comparación con Assur, una pobre doncella. Pues bien, en otro plano, en el sentido fuerte del término, esa «doncella-Sión» es Hija del mismo Dios que la defiende. Yahvé ha fundado a Sión y allí ofrece a sus fieles un espacio de vida resguardada, un ámbito de vida para los pobres, desvalidos y oprimidos (cf. Is 14, 30-32).

En esa línea, en otro lugar, el mismo profeta Isaías afirma que «al final de los tiempos se alzará (asentará) el monte de la casa de Yahvé sobre la cumbre de los montes; se alzará sobre los collados. Afluirán hacia él todos los pueblos e irán pueblos numerosos, diciendo: Venid, subamos al monte de Yahvé, a la Casa del Dios de Jacob; él nos enseñará sus caminos y andaremos por sus sendas, porque de Sión saldrá la ley, de Jerusalén la Palabra de Yahvé» (Is 2, 2-3; Miq 4, 1-3).

De esa manera, la Hija-Sion vendrá a presentarse como lugar de refugio para aquellos que buscan la paz, presentándose así como madre escatológica: «Yahvé ama las puertas de Sión más que todas las moradas de Jacob. Cosas grandiosas se dicen de ti, ciudad de Dios (= de Elohim). Contaré a Rahab y Babel entre los que me reconocen, Filistea, Tiro y Etiopía han nacido allí. Y de Sión se dirá: Éste y éste han nacido en ella y el mismo Elyon (Altísimo) la ha fundado. Yahvé escribirá en el registro de los pueblos: Éste ha nacido allí. Así cantan y danzan: Todas tus fuentes están en ti» (Sal 87, 2-7)[57].

En este contexto podemos decir que el mismo Dios se ha vinculado a Sión (y por Sión al conjunto de Israel) como un marido con su esposa, como un padre con su hija. Eso significa que Dios tiende a mostrarse (revelarse) como masculino, mientas que el pueblo (la humanidad, Israel, la ciudad de Sión) toma a su lado una forma femenina.

De esa forma se establece (o ratifica) una dicotomía que ha marcado la historia posterior de occidente, no sólo en clave judía, sino también cristiana. (a) Por una parte, la mujer es lo más alto, es el signo supremo de Dios en el mundo. Así se concibe a Israel como figura femenina, lo mismo que a Sión, y, más tarde, a la Sinagoga judía o a la Iglesia cristiana. Éste es el plano de la mujer simbólica, idealizada por los varones, que ocupa, de algún modo, el lugar de las diosas antiguas. (b) Por otra parte, de hecho, las mujeres concretas han seguido estando bajo el dominio de los hombres. Su elevación simbólica (en la línea de lo que después se llamará el eterno femenino) se vincula con su abajamiento real, pues, de hecho, históricamente, ellas siguen estando sometidas a los hombres.

Quizá podamos decir que para los judíos uno de los símbolos fundamentales de Dios es una figura femenina (Jerusalén), pero en la Jerusalén histórica (y en el judaísmo real) dominan los hombres (sacerdotes, políticos). De esa manera, la Biblia eleva por un lado a la mujer ideal, mientras que por otro mantiene sometida a la mujer concreta, en una línea que ha segui do dominando de diversas formas en la cultura de occidente (donde ha sido importante el signo del eterno femenino, unido a la opresión de las mujeres).

---

57 Sión, la ciudad hija de Dios, aparece así como signo de la presencia final de Dios: una Mujer-Ciudad abierta a todos los pueblos, como dirá de un modo especial el Apocalipsis cristiano cuando la presenta como Esposa-Madre que baja del cielo, ofreciendo un espacio de salvación para todos los que quieran recibirla (Ap 21–22). Toda la humanidad (o al menos el pueblo de Israel) aparece así como Ciudad-Mujer que dialoga con Dios, en una línea que en perspectiva judía ha culminado, por ejemplo, en 4 Esdras.

14
MENSAJE PROFÉTICO. ESPOSA DE DIOS

En el capítulo 12 he puesto de relieve la importancia de «la diosa» (Ashera, Astarté) como «pareja» divina, añadiendo que tanto los grandes profetas (Jeremías, Ezequiel) como la historia deuteronomista (1 y 2 de Reyes) han interpretado la caída y ruina del antiguo Israel como castigo de Yahvé por la «adoración» de la diosa. En el capítulo 13 he destacado la figura y función de la madre mesiánica (desde Is 7, 14) y de las figuras maternas en la simbología de Israel (Madre Israel, Hija Sión). Pues bien, siguiendo en esa línea, los mismos profetas que han condenado a la diosa (¡en el plano divino sólo se puede hablar del Dios/Yahvé!) han interpretado al pueblo de Israel (y a Jerusalén) como esposa/hija de Dios.

En ese sentido, debo recordar otra vez que la tradición oficial israelita ha mostrado gran reserva frente a los símbolos sexuales y familiares: Dios no es Padre o Madre (en sentido cósmico o biológico), sino creador; no ha engendrado al pueblo de un modo inmediato, sino que le ha suscitado (le ha dado vida) a través de un proceso de elección y llamada, de liberación y alianza. Por eso, su carácter específico no puede expresarse en símbolos sexuales, ni paternos. Eso significa que los israelitas han velado en principio la figura materna (y paterna) de Dios. Para ellos, Dios se mueve a otro nivel de trascendencia y cercanía creadora, de encuentro personal y responsabilidad ética, apareciendo, ante todo, como aquel que libera a los esclavos de Egipto y sostiene la alianza de las tribus de Israel, en gesto de creatividad originaria.

Esta novedad israelita de Dios se expresa en varias notas o supuestos, que aquí presentamos en resumen. (a) *Trascendencia*. Dios no es en sí ni Padre ni Madre, sino que es trascendente, realidad distinta, separado de todo lo que puede expresarse en forma de exaltación de la fecundidad o a modo de celebración inmediata de la vida y de la muerte. (b) *No hay culto sexual*. Los pueblos del entorno han celebrado la vida de Dios a través de diversos mitos esponsales, vinculados a la fertilidad materna o a la hierogamia. Israel ha rechazado esos esquemas, entendiendo a Dios como principio de individuación personal y como garante de una maduración y libertad humana que se expresa, sobre todo, en la fidelidad ética. (c) *Pacto*. Al situar la religión en un nivel de realización y encuentro personal, los israelitas han superado el plano de la sacralidad inmediata del sexo, para interpretar la vida como un camino de obediencia personal a la ley, más allá de la inmediatez de las relaciones familiares (esponsal, paterna, materna, filial, fraterna). Eso significa que la religión no se interpreta como sacralidad generativa y familiar[58].

Pues bien, dicho eso, debemos añadir que aquella misma experiencia, reprimida en un nivel (Dios no es esposo/esposa), vuelve y triunfa en otro, como podemos ver ya en la misma terminología del pacto por el cual «reaparece» la diosa reprimida tomando forma de «esposa humana» de Dios, como supone en el fondo la formulación del «shema», donde se pide al pueblo (Israel) que ame y recuerde al «Dios celoso» como la esposa recuerda a su marido:

> Escucha, Israel: Yahvé, nuestro Dios, es Yahvé Uno. *Amarás* a Yahvé, tu Dios, con todo tu corazón, con toda tu alma y con todas tus fuerzas. Estas palabras que yo te mando estarán en tu *corazón*. Las *repetirás* a tus hijos y las dirás sentado en casa o haciendo camino, cuando te acuestes y cuando te levantes (Dt 6, 4-7).

Este pasaje central de la Biblia recoge una larga experiencia israelita, propia del grupo del «sólo Yahvé», Dios que aquí aparece de manera expresa como «Dios único», (Yahvé *ehad*), vinculado con Israel «pueblo único», a quien pide amor exclusivo, como el esposo se lo pide a su esposa. Pues bien, esa experiencia del Dios «esposo único y trascendente» del «único pueblo histórico», que es Israel, constituye de algún modo el tema central del nuevo judaísmo. De esa manera, después de haber velado la figura de la esposa divina, la Biblia ha puesto de relieve la importancia de la esposa humana de Yahvé, que es el pueblo israelita.

La mujer, que aparecía antes como riesgo de idolatría (inclinaba a los hombres a la adoración de la diosa, abandonando el culto de Yahvé) vuelve a presentarse como signo del «pueblo esposa» (y no sólo como madre mesiánica). De esa forma, ella recibe una dignidad especial, como signo y compendio del pueblo. Ciertamente, los hombres/varones son determi-

---

58 Sobre la afirmación y/o superación de la figura de Dios Padre en la Biblia israelita (desde una perspectiva cristiana), cf. J. W. Miller, *Biblical Faith and Fathering*, Paulist, New York 1990, 43-87; R. Hamerton-Kelly, *Theology and Patriarchy in the teaching of Jesus*, Fortress, Philadelphia 1979; W. Marchel, *Abba, Père. La prière de Christ et des chrétiennes*, Gregoriana, Roma 1971.

nantes en el plano de la «historia externa», pero en su radicalidad el pueblo es «mujer», como suponen los profetas[59].

1. Oseas. Se ha prostituido tu madre[60]

Oseas ejerció su función profética en el Norte de Israel (reino de Samaría), entre los años 740 y 722 a.C., es decir, antes de la conquista asiria de la zona. Conocía bien las tradiciones israelitas de la alianza y quiso oponerse a la religión de las «asheras» donde Dios aparecía como dualidad sexual, para recuperar la experiencia del único Dios trascendente (Yahvé), pero de manera que el pueblo de Israel ocupase de algún modo la función y puesto de esposa de Dios.

El problema central venía dado por el origen de los productos de la tierra (pan, vino y aceite). Ciertamente, son dones de Dios, pero ¿de qué Dios? ¿No serán un signo de la presencia de los dioses de la tierra, y en especial de Baal y Astarté/Ashera, como afirmaban desde antiguo los cananeos? ¿Se puede afirmar que Yahvé, Dios que viene del desierto (¡Dios de la guerra!) sabe cuidar y ofrecer los dones de la tierra? La cuestión discutida no es Dios en sí, sino los dones y alimentos de este mundo: ¿De quién los recibimos, a quién agradecerlos? ¿Cómo debemos relacionarnos con ellos?

Ésta es la «historia» que ha quedado fijada en Os 2, cuyas imágenes queremos evocar, poniendo de relieve los aspectos esponsales de Yahvé,

---

59 R. J. Weems, *Amor maltratado. Matrimonio, sexo y violencia en los profetas hebreos*, DDB, Bilbao, 1997. J. M. O'Brien, *Challenging prophetic metaphor: theology and ideology in the prophets*, Westminster, Louisville Ky 2008, recuerda que el Dios de los profetas sigue siendo patriarcalista y autoritario.

60 Además de comentarios a Oseas, cf. G. Baumann, *Liebe und Gewalt. Die Ehe als Metapher für das Verhältnis JHWH-Israel in den Prophetenbüchern* (SBS 185), Stuttgart 2000; A. A. Keefe, *Woman's body and the social body in Hosea*, Academic Press, Sheffield 2001; B. E. Kelle, *Hosea 1-3 in Twentieth-Century Scholarship*, Currents in Biblical Research 7 (2009) 179-216; J. Mejía, *Amor, pecado, alianza. Una lectura del profeta Oseas*, UCA, Buenos Aires 1975; M. Navarro, *La figura femenina en los libros de Amós y Oseas*, en S. Ausín (ed.), *De la ruina a la afirmación. El entorno del Reino de Israel en el siglo VIII a.C.*, Verbo Divino, Estella 1997, 193-218; Y. Sherwood, *The prostitute and the prophet: Hosea's marriage in literary-theoretical perspective*, Academic Press, Sheffield 1996; Id., *The prostitute and the prophet: reading Hosea in the late twentieth century*, T. & T. Clark, London 2004; H. Simian-Yofré, *El desierto de los dioses. Teología e historia en el libro de Oseas*, Almendro, Córdoba 1993; H. W. Wolff, *Oseas hoy. Las bodas de la ramera*, Sígueme, Salamanca 1984; M. Th. Wacker, *Figurationen des Weiblichen im Hosea-Buch*, Herder, Freiburg im B. 1996.

que aparece, al mismo tiempo, como esposo y padre de Israel, pidiendo a sus hijos (= israelitas) que rechacen a su madre como adúltera, para recapacitar después y rogar a los israelitas que se dejen amar por Yahvé, el auténtico esposo:

> Pleitead contra vuestra madre, pleitead,
> porque ella no es mi mujer, ni yo soy su marido,
> que quite de su cara sus fornicaciones, y sus adulterios de los pechos.
>
> – Se ha prostituido su madre (= Israel), se ha deshonrado...
> Ella decía: iré tras mis amantes, que me dan mi *pan* y mi agua,
> mi lana y mi lino, mi *aceite y mi vino*...
> – Ella no comprendía que era yo quien la daba *pan, vino y aceite*,
> plata y oro en abundancia (y ellos lo empleaban para Baal).
> Por eso volveré a quitarle mi *trigo* en su momento, *mi vino*
> en su sazón;
> y arrancaré *mi vino* y lana que cubrían su desnudez...
>
> – Por tanto, mira, voy a seducirla, la llevaré al desierto, hablaré
> a su corazón,
> le entregaré allí sus viñedos y el valle de Desgracia será puerta
> de Esperanza.
> Me responderá como en su juventud, como el día en que subió
> de Egipto...
> – Aquel día, oráculo de Yahvé,
> escucharé a los cielos y estos responderán a la tierra,
> y la tierra responderá con *el trigo, el vino y el aceite*...
> Me casaré contigo para siempre, me casaré contigo en justicia
> y derecho
> en misericordia y compasión, me casaré contigo... (cf. Os 2, 4-23).

Según Oseas, muchos israelitas se han prostituido, entregándose en manos de Baal (de los baales y asheras), divinidades de los agricultores cananeos, antiguos dueños de la tierra. Pensaban que Yahvé, Dios de pastores nómadas, era incapaz de producir los dones de la tierra. Pues bien, Oseas, interpreta esa actitud como adulterio, pues Israel, esposa legítima de Dios ha buscado otros esposos (los dioses de la tierra). Ciertamente, Yahvé no tiene esposa-diosa (en ese nivel se encuentra solo). Pero, siendo trascendente (Único), él se ha «casado» (ha hecho alianza) con una esposa humana, que es Israel.

Conforme a la visión de Oseas, Israel, esposa elegida de Yahvé, se ha vuelto infiel, convirtiéndose en esposa mala, que abandona al Dios Yahvé,

II. MUJERES EN CRISIS. LA MUTACIÓN JUDÍA

y adultera, uniéndose con dioses o amantes falsos (impotentes), cometiendo de esa forma unos pecados (adulterios) que destruyen el orden del mundo, pues invierten el proceso creador de Gn 2, 4bss. Sobre la tierra yerma y seca había creado Dios un paraíso. Más aún, él había querido vincularse con un pueblo especial (que es Israel), haciéndole su esposa. Pero el pueblo ha roto esa alianza, ha sido infiel a ese matrimonio, como el mismo profeta descubre en su experiencia: también él se ha casado con una mujer que le ha sido infiel, que se ha vuelto adúltera; pero Dios le pide que ame a esa mujer de nuevo y que la acoja, pues también él (Dios) quiere acoger y amar a su esposa infiel, tras un dramático proceso de castigo y de transformación (cf. Os 1–2).

En un primer momento, respondiendo al pecado del pueblo, Dios decide convertir el paraíso de la esposa infiel en paramera. Ésta es la experiencia más honda del profeta, que descubre a Dios como un marido celoso, que sufre por la falta de fidelidad de su esposa. En ese contexto afirma Oseas que la madre de los israelitas (que es Israel, esposa de Yahvé) se ha prostituido (Os 2, 7). Ha buscado otros «amantes» que le ofrezcan y aseguren los dones vitales (pan y agua, lana y lino, aceite y vino), se ha entregado a los valores inmediatos de Baal/Ashera (vida cósmica, proceso de la vegetación), olvidando el más hondo amor, la fidelidad personal, el compromiso por la justicia, que es propio de Yahvé.

Los israelitas baalistas interpretaban esos «dones» como signo de sacralidad cósmica, vinculada al amor de Dios y de la Diosa, vinculando así a Yahvé con Baal y su Ashera. En contra de eso, Oseas se siente representante del Dios único (Yahvé), diciendo que sólo Yahvé es capaz de dar a los israelitas los dones de la vida, como esposo legítimo del pueblo (que es su esposa humana). Ese Dios Único (Yahvé) no está casado con una diosa, sino con el pueblo de Israel.

Los dones de la tierra (pan, vino, aceite...) no provienen de Baal y Ashera, sino que son regalo de Dios y fruto del trabajo humano. No son fruto del amor Dios/Diosa, sino expresión del amor supremo del único Dios Yahvé, que se ha vinculado en matrimonio de fidelidad con su pueblo.

En ese fondo, Oseas ha puesto de relieve la insuficiencia de un mito agrario cerrado en sí mismo. Sin duda, el mito de Baal y de su Ashera, que se vinculan con la lluvia y la cosecha, con el vino y el trigo que nacen de la tierra (del Dios que muere y resucita), es hermoso. Pero, a juicio de Oseas, ese mito encierra a los hombres y mujeres en el nivel de los bienes de la tierra, como si la mujer (la diosa) fuera sólo un signo de la madre naturaleza y de los productos de la cosecha. En contra de eso, Oseas sabe y quiere decir que los hombres y mujeres son seres personales, autónomos y de esa forma, unidos como pueblo, ellos pueden presentarse como «esposa» del único Dios, que no les da sólo el pan, vino y aceite, sino unos dones mucho más altos (de fidelidad ética).

Hoy, pasados veinticinco siglos de aquella lucha entre Baal y Yahvé, seguimos siendo muy sensibles a los viejos valores paganos de la tierra: admiramos el banquete de la vida, el orden y equilibrio de la naturaleza, en la que seguimos descubriendo una presencia divina... Pero, al mismo tiempo, confesamos y agradecemos la experiencia israelita de la transcendencia divina, la fidelidad personal y la justicia que propugna Oseas, cuando presenta a Israel como «esposa humana» (no divina) de Yahvé.

En ese contexto se entiende la nueva promesa (tarea) de Dios que, como esposo engañado (lo mismo que Oseas) opta por iniciar de nuevo el camino del amor, venciendo así la infidelidad anterior de su esposa Israel. Por eso dice: la llevaré al desierto... (2, 16-17). Para reconocer el sentido de los dones de la tierra cultivada (pan, vino, aceite), es conveniente que Israel vuelva al principio de su historia, a la dureza de una estepa donde no existían cultivos, ni fiesta de vino, ni abundancia de pan, ni gozo de aceite. Retornar al desierto significa enamorase de nuevo con Dios, descubriendo así que los bienes de la tierra, los signos más hondos de la vida, son regalo matrimonial de un Dios que existe en sí mismo. En esa línea, el desierto se vuelve revelación de Dios, que «conversa» con los cielos, para que se vuelvan fuente de vida (lluvia) y plenitud para su pueblo. Por su parte, los cielos conversan con la tierra, para que sea signo de paz y abundancia: no habrá fieras; batallas y perfidias serán superadas. Podrán abrazarse en noviazgo varones y mujeres, compartiendo desde Dios, en eucaristía de fidelidad y amor, los dones de la tierra. El gozo de Dios se expresa en la fe del pueblo, que celebra la fiesta de la libertad y concordia.

En este contexto, Dios aparece esposo y padre; y por su parte la humanidad (Israel) como esposa e hija. Dios es Padre del pueblo, entendido como grupo de personas necesitadas de ayuda, y es Esposo de ese mismo pueblo, entendido en su unidad, como grupo de personas capaces de dialogar con él en encuentro de fidelidad o de rechazo, es decir, de adulterio/prostitución. Ambos signos (esposo y padre) se fecundan y determinan. Es evidente que ellos pueden entenderse en forma jerárquica (de imposición): el padre-esposo aparece como dueño de la esposa, a la que trata como hija menor... Pero pueden entenderse también en clave de diálogo personal. La humanidad (o, mejor dicho, el pueblo de Israel) ocupa el lugar que antes tenía la Diosa. Por un lado es un pueblo humano, que depende de Dios sin ser divino (es hijo). Pero, por otro lado, es un pueblo integrado en Dios (como esposa amada).

No se trata, por tanto de negar la sacralidad de la tierra, para dominarla de un modo destructor (como hemos hecho los herederos de una tradición judeo-cristiana mal interpretada), sino de ver en ella la mano de un Dios creador, que aparece al mismo tiempo como esposo-padre del pueblo (y de la tierra). Ciertamente, ese símbolo (Dios padre y esposo) resulta hoy problemático, pues destaca los aspectos masculinos, de manera que implícitamente supone que lo femenino es inferior (pues Dios aparece como esposo/masculino), mientras que la humanidad aparece como esposa inferior (vinculada a los niños). Pero es un símbolo importante que puede y debe elaborarse en claves de vinculación en igualdad de lo masculino y femenino. Desde esta perspectiva podemos entender el pasaje que sigue. Habla Dios como padre y esposo de Israel:

> (Padre) Cuando Israel era niño, yo lo amé
> y desde Egipto yo llamé a mi Hijo...
> Yo enseñé a andar a Efraín, y lo llevé en mis brazos
> y ellos no advertían que yo los cuidaba.
> (Esposo) Con lazos de amor los atraía, con cuerdas de cariño...
> ¿Cómo podré dejarte, Efraín, entregarte a ti, Israel?...
> No cederé al ardor de mi cólera,
> no volveré a destruir a Efraín, que soy Dios y no un hombre,
> el Santo en medio de ti y no enemigo devastador (Os 11, 1-4.8-9)[61].

Dios se revela y actúa así como padre/esposo de amor, que lleva en brazos y acuna a su hijo, al que convierte en su esposa. No apela a su grandeza/poder para imponerse sobre el hijo/esposa, ni utiliza palabras de castigo, sino que se presenta en debilidad e impotencia, como alguien que sabe ceder por amor. Estar dispuesto a perder ante el amigo, esto es amar: quedarse impotente ante el pueblo/esposa, ofreciéndole amor, esto es ser padre/esposo verdadero, no para destruir la tierra (como han hecho después los herederos judeo-cristianos de esa experiencia), sino para potenciar su sacralidad, pero en clave personal.

---

61 Estos pasajes han sido especialmente evocados por F. García López, *Dios Padre en el Antiguo Testamento*, en *Dios es Padre* (Semanas Estudios Trinitarios 25), Salamanca 1991, 52-56, que presenta a Yahvé como «padre con entrañas de madre». Cf. I. Gómez Acebo, *Dios también es madre*, Paulinas, Madrid 1994.

Al presentar de esa manera a Dios, el profeta ha vinculado las dos experiencias del amor más profundas de la humanidad. En una perspectiva (que aparece sobre todo en Os 2) domina la visión de Dios como esposo amante, no como Señor patriarcalista que se venga de la mujer infiel, castigándola o matándola por ley (cf. Lv 20, 10; Dt 22, 22-24), sino como amigo que sabe amar y que, en amor, perdona, iniciando de nuevo el camino de una vida en compañía. En la otra perspectiva (Os 11) domina la imagen del Dios que es padre materno, que se vuelve esposo. Este es un Dios débil, sensitivo, que, en vez de castigar al hijo infiel le ama, ofreciéndole de nuevo un camino de realización.

Según eso, Dios no es dualidad en sí (esposo-esposa, Baal-Ashera), como decían los cananeos, pero se vuelve dualidad al amar a su pueblo. Eso significa que no tiene esposa divina (en sí mismo es «Dios solo», ni masculino ni femenino), pero puede tener y tiene una esposa humana (crea dualidad). En ese sentido, Dios en el fondo, no actúa como «varón», sino que está más allá de la dualidad varón-mujer. Pero él puede y quiere presentarse como padre-esposo del pueblo, lo que hace que el pueblo entero aparezca a su lado como esposa-hijo, de manera que, simbólicamente, puede suscitar una dualidad jerárquica entre los sexos, pues lo divino tiende a verse como más cercano al padre-esposo, mientras que lo humano queda vinculado al signo de la mujer-hijo.

En esa línea, se puede hablar de una elevación de la mujer, que aparece así como signo de una humanidad (de un pueblo de Israel) que es capaz de aceptar o rechazar a Dios... Pero esta experiencia puede ofrecer también un riesgo para la mujer, pues sigue situando a las mujeres concretas en un plano de inferioridad jerárquica, pues todo el orden de la realidad se funda en el Dios padre/esposo, que ama al hijo/esposa, pero desde arriba.

2. Jeremías. Recuerdo tu amor de novia[62]

Jeremías, cuya vocación y primer mensaje se sitúa en el contexto de la reforma de Josías (en torno al 621 a.C.) y cuyas últimas palabras, de condena de la Reina del Cielo, nos llegan del exilio de Egipto (tras el 587 a.C.), ha sido también un profeta del amor de Dios entendido como padre y esposo del pueblo (en la línea de Oseas). Por eso, lo que he dicho

---

62 Cf. A. Bauer-Levesque, *Gender in the book of Jeremiah: a feminist-literary reading*, Peter Lang, New York 1999; M. Häusl, *Bilder der Not: Weiblichkeits- und Geschlechtermetaphorik im Buch Jeremia*, Herder, Freiburg im B. 2003.

al hablar de su condena de la Reina del Cielo (cap. 12) ha de entenderse desde su visión de Israel como «esposa» de Yahvé.

Como he destacado en Oseas, los símbolos se cruzan y fecundan: Dios aparece al mismo tiempo como *esposo* que ama de manera apasionada y como *padre/madre* que ofrece la vida de forma gratuita a su pueblo. El profeta sabe bien que Dios es trascendente, que en sí mismo no es padre, ni esposo, ni madre, de manera que no puede hablarse de una pluralidad intradivina (en la línea de Baal y Ashera). Pues bien, esa misma certeza le capacita para descubrir y destacar, desde su sensibilidad personal, el amor de Dios, que puede presentarse como padre/esposo de Israel:

> (Amor joven) Recuerdo tu pasión de juventud, tu amor de novia, cuando me seguías por el desierto, tierra yerma... (Jr 2, 2).
> (Pecado) (Pero ahora...) dicen a un leño *¡eres mi Padre!*, a una piedra *¡me has parido!* Me dan la espalda, no la cara; pero en el apuro exclaman *¡sálvanos!* (2, 27). (Ciertamente...) me dices: *¡eres mi Padre, mi Amigo de juventud!* Pero piensas *¡no me guardará rencor eterno!* y sigues actuando mal... (3, 4).
> (Llamada) Volved, hijos apóstatas, que yo soy vuestro dueño...Volved, hijos apóstatas, y os curaré de vuestra apostasía (3, 14.22).

Las dos imágenes (Dios esposo y Dios padre/madre) se fecundan mutuamente. Jeremías sitúa a sus oyentes ante un Dios personal, que utiliza signos de amor (no de fuerza) para convencer y llamar a los hombres, ante un Dios maduro en afecto, que mantiene fielmente su amor. Pocas veces se han dicho palabras más hermosas de memoria enamorada: *recuerdo (zakarti lak) tu pasión de joven*. Dios viene a mostrarse por esas palabras como «recuerdo de amor»: como esposo que mantiene la memoria de la amante de su juventud, como padre/madre que añora el amor primero. Por eso se lamenta indefenso cuando no recibe amor y así llama: *¡Volved hijos apóstatas!*

Este Dios de Jeremías no puede obligar a su esposa/hijos, pues el amor no impone obligaciones, ni utiliza la fuerza, de manera que él emerge y se eleva como poderoso, siendo el más débil, pues no puede utilizar la fuerza para llamar a los hombres, sino sólo su palabra y su evocación de amor, de manera que su fortaleza de padre creador se identifica con su debilidad de esposo enamorado[63]. En ese contexto han

---

63 Así lo han destacado algunos judíos actuales como A. J. Heschel, *Los profetas III. Simpatía y fenomenología*, Paidós, Buenos Aires 1973; A. Neher, *La esencia del profetismo*, Sígueme, Salamanca 1975, 75-134.

de entenderse las más bellas palabras de llamada que el Dios de Jeremías proclamó en los primeros años de la restauración de Josías (a parir del 627-621 a.C.), cuando parecía que las tribus desterradas del Norte (Israel, Samaría) volverían del exilio, para reconstruir la unidad israelita:

> (Principio) Con amor eterno te amé, por eso engrandecí mi lealtad; te reconstruiré y quedarás construida, capital de Israel. De nuevo saldrás enjoyada a bailar con panderos en corro; de nuevo plantarás viñas en los montes de Samaría...
>
> (Retorno) Yo os traeré del país del norte, os reuniré de todo el mundo... Marcharon llorando, pero los haré venir entre consuelos... Seré un padre para Israel, Efraín será mi primogénito. Estoy escuchando lamentarse a Efraín: *¡Me has corregido y he escarmentado..., vuélveme y me volveré, que tú eres el Señor, mi Dios!*
>
> (Entrañas Maternas) ¡Si es mi Hijo querido, Efraín, mi niño, mi encanto! Cada vez que le reprendo me acuerdo de ello, se conmueven mis entrañas y tengo compasión (Jr 31, 3-4.8-9.18.20).

Estamos ante el amor esponsal del Dios novio, que contempla emocionado a su novia danzando, y también ante la ternura de padre/madre cuyas entrañas se conmueven por el sufrimiento de su hijo. No es un amor de superioridad, sino de cercanía personal, un amor emocionado, como el de Oseas, con todos sus valores, pero también con la limitación que implica este signo que puede entenderse y se ha entendido de un modo patriarcalista: el padre como superior al hijo, el marido como autoridad sobre la esposa. Éste es el riesgo de un esposo que tiende a ser padre de la esposa (de un marido/varón que está por encima de la mujer). En ese contexto, si tomamos los signos de un modo «cosista», podemos desembocar en una visión de la mujer como subordinada (importante, sí, pero necesitada de la protección superior del marido, que es una continuación del padre)[64].

---

[64] Esta visión del Dios padre-amigo (esposo), que asume formas de debilidad para amar a los amigos, puede hallarse también en algunas tradiciones religiosas de la India. Pero sólo en Israel ha recibido este fuerte carácter personal, emocionado.

3. Ezequiel, la alegoría de Israel mujer[65]

Tanto Oseas como Jeremías han presentado el tema de una forma sobria, casi a modo de evocación parabólica. Por el contrario, Ezequiel, de quien hemos hablado ya en el cap. 12, recordando su condena de la diosa, lo ha desarrollado con mucha extensión, de forma alegórica. Dios no tiene esposa divina (no hay a su lado una Ashera/Astarté), pero actúa como esposo divino de Israel, y así lo ha desarrollado nuestro profeta en dos largos capítulos: uno trata de las dos hermanas infieles (Ez 23) y el otro de Jerusalén (Ez 16). Comienzo citando algunos versos de la alegoría de las dos hermanas:

> Había dos mujeres, que eran hijas de una sola madre. Se prostituyeron en Egipto; en su juventud se prostituyeron. Allí manosearon sus pechos; allí desfloraron su seno virginal. La mayor se llamaba Ohola, y su hermana se llamaba Oholiba. Fueron mías y dieron a luz hijos e hijas. En cuanto a sus nombres, Ohola es Samaría, y Oholiba es Jerusalén.
> Ohola se prostituyó cuando me pertenecía. Ardió en deseo por sus amantes, los asirios, hombres de guerra vestidos de azul, gobernadores y jefes de ejército, todos jóvenes atractivos, jinetes montando a caballo. Con ellos se entregó a la prostitución. Ellos eran lo más selecto de los hijos de Asiria. Y ella se contaminó con los ídolos de aquellos por quienes ardió en deseo... Por tanto, la entregué en mano de sus amantes, en manos de los hijos de Asiria por quienes ardía en deseo. Ellos descubrieron su desnudez, tomaron a sus hijos y a sus hijas, y a ella la mataron a espada.
> Su hermana Oholiba vio esto, pero corrompió su deseo más que la otra; su lujuria sobrepasó a la de su hermana... Así practicó abiertamente su prostitución y descubrió su desnudez, por lo cual mi alma se hastió de ella, como mi alma se había hastiado de su hermana... Por tanto, Oholiba, así ha dicho Yahvé: «He aquí que yo incito contra ti a tus amantes, de los cuales tu alma ya se ha hastiado. Los traeré contra ti de todas partes... Todas estas cosas te harán por haberte prostituido tras las naciones, porque te contaminaste con sus ídolos».
> Luego me habló Yahvé diciendo: «Oh hijo de hombre, ¿juzgarás tú a Ohola y a Oholiba? Entonces declárales sus abominaciones. Porque han

---

[65] Cf. Chr. Maier, *Ohola/Oholiba*, WiBilex; *Jerusalem als Ehebrecherin in Ez 16. Zur Verwendung und Funktion einer biblischen Metapher*, en Hedwig Jahnow (ed.), *Feministische Hermeneutik und Erstes Testament*, Kohlhammer, Stuttgart 1994, 85-105; J. Galambush, *Jerusalem in the Book of Ezekiel. The City as Yahweh's Wife* (SBL Dissertation Series 130) Atlanta 1992.

cometido adulterio, y hay sangre en sus manos. Han cometido adulterio con sus ídolos; y aun a los hijos que me habían dado a luz, los hicieron pasar por fuego para servirles de alimento. Además, me hicieron esto: Aquel mismo día contaminaron mi santuario y profanaron mis sábados, pues habiendo sacrificado sus hijos a sus ídolos, en el mismo día, entraron en mi santuario para profanarlo. He aquí que obraron así dentro de mi casa... (Ez 23).

Éste es el relato de un adulterio doble y único, la historia de las «dos esposas» de Yahvé (Samaría y Jerusalén), culpables desde el principio hasta el fin (desde el tiempo de la esclavitud en Egipto hasta la destrucción de Jerusalén). Yahvé las había escogido como esposas, para él, pero ellas se prostituyeron, adoraron a sus amantes (ídolos) y se pervirtieron con sus falsos protectores (los poderes políticos del entorno), convirtiendo su camino en un reguero de sangre.

Esta descripción alegórica de la historia de Israel (Samaría y Jerusalén) desde la perspectiva de dos esposas adúlteras e infieles se encuentra en el comienzo de una larga tradición simbólica que se ha desarrollado de un modo especial en muchos libros apócrifos judíos (que culminan en 4 Esdras), en los que se supone que el Dios sin esposa divina se ha desposado con una esposa humana, que es Israel (o con dos, Israel y Judá), que le han sido infieles. Ésta es una historia de infidelidad y de amor, como ha puesto de relieve, de forma impresionante, el otro texto paralelo, dirigido ya sólo a Jerusalén:

(*Esposa de Dios*). En cuanto a tu origen y a tu nacimiento, eres una cananea; tu padre fue un amorreo y tu madre una hetea. Y en cuanto a tu nacimiento, el día en que naciste no te cortaron el cordón umbilical, ni te lavaron con agua para limpiarte. No te frotaron con sal, ni te envolvieron en pañales... sino que te echaron sobre la superficie del campo. Pero pasé junto a ti y te vi revolcándote en tu sangre...y te dije: ¡Vive!... Y pasé otra vez junto a ti y te miré, y he aquí que estabas en tu tiempo de amar. Entonces extendí sobre ti mis alas y cubrí tu desnudez. Te hice juramento y entré en pacto contigo; y fuiste mía, dice el Señor Yahvé...

(*Adúltera*) Pero confiaste en tu belleza y te prostituiste a causa de tu fama; vertiste tu lujuria sobre todo el que pasaba, fuera quien fuese... Tomaste las bellas joyas de mi oro y de mi plata que yo te había dado, y te hiciste símbolos de varón, y con ellos te prostituías... Además de esto, tomaste a tus hijos y a tus hijas que me habías dado a luz, y los sacrificaste ante ellos para que fuesen consumidos. ¿Eran poca cosa tus prostituciones? Pues degollaste a mis hijos y los hiciste pasar por el fuego. En medio de tus abominaciones y de tus prostituciones, no

II. Mujeres en crisis. La mutación judía

te acordaste de los días de tu juventud, cuando estabas desnuda y en cueros, revolcándote en tu sangre. Y sucedió que después de toda tu maldad construiste alcobas e hiciste lugares altos (altares...) en todas las plazas... En cada encrucijada construiste lugares altos y convertiste tu hermosura en abominación, ofreciéndote a cuantos pasaban y multiplicando tus prostituciones ¡Mujer adúltera, que teniendo marido recibes a los extraños!...

(*Castigo*) Por eso, he aquí que voy a reunir a todos tus amantes con quienes tuviste placer. A todos los que amaste y a todos los que aborreciste, los reuniré contra ti de los alrededores. Ante ellos descubriré tu desnudez, y verán toda tu desnudez... Te entregaré en mano de ellos, y destruirán tus alcobas y derribarán tus altares. Te desnudarán de tus ropas, se llevarán tus hermosas joyas y te dejarán desnuda y descubierta...

(*Perdón*) Y, sin embargo, yo me acordaré de mi pacto que hice contigo en los días de tu juventud, y estableceré contigo un pacto eterno... Pues yo restableceré mi pacto contigo, y tú sabrás que yo soy Yahvé; para que te acuerdes y te avergüences, y nunca más abras la boca a causa de tu afrenta cuando yo haga expiación por todo lo que has hecho, dice el Señor Yahvé (Ez 16).

Esta alegoría de la historia de Jerusalén, esposa amada de Dios, pone de relieve algunos rasgos que el texto anterior dejaba más velados. El Dios Uno y Solo, a cuyo lado no existen esposas divinas ni dioses, se ha vinculado en amor con su esposa humana que es Jerusalén, una esposa que él halló abandonada y arrojada (moribunda) a la vera del camino, sin valor ni belleza; pero la amó y la embelleció, mientras ella, sintiéndose importante, dejó a Dios y se entregó a todos los posibles amantes del cielo (diosas) y de la tierra (poderes políticos).

Mirada en su conjunto, la historia de Jerusalén/Judá, ciudad esposa de Dios, está formada por una serie de infidelidades y adulterios, que debían terminar y terminan en un castigo de muerte (el castigo de las adúlteras...). Pero el texto de Ezequiel (que contiene otros rasgos y elementos que aquí he dejado a un lado) termina con una promesa de perdón para Israel/Jerusalén, que es la esposa humana de Yahvé, siguiendo el mismo esquema que habíamos visto ya en Oseas. Todo el pueblo es mujer, todo el pueblo es esposa, lo que indica la grandeza de la mujer (como signo de humanidad), pero, al mismo tiempo, su limitación, pues ese símbolo esponsal supone que el varón (signo de Dios/esposo) es superior a la mujer.

4. Tradición de Isaías: como se alegra el marido con su esposa...[66]

Conforme a la visión de Oseas y Jeremías, la que aparecía como esposa de Dios era Israel. Ezequiel había recreado el tema desde una perspectiva más jerosolimitana, en línea más alegórica. Pues bien, dentro de la Biblia judía ese motivo culmina en el Tercer Isaías (Is 56–66) que ofrece el testimonio de la teología ya tardía (siglo v-iii a.C.), elaborada desde la perspectiva de la ciudad sagrada (Jerusalén) que aparece como esposa divina.

> Por amor de Sión no callaré,
> por amor de Jerusalén no descansaré,
> hasta que brille como aurora su justicia
> y su salvación llamee como antorcha.
> Y verán los pueblos tu justicia y todos los reyes tu gloria,
> te pondrán un nombre nuevo, fijado por la boca de Yahvé.
> Serás corona fúlgida en la mano de Yahvé
> y diadema real en la palma de tu Dios.
> Ya no te llamarán Abandonada ni a tu tierra Devastada.
> A ti te llamarán Mi-Favorita y a tu tierra Desposada,
> porque Yahvé te favorece y tu tierra tendrá marido.
> Como un Joven se casa con la novia, te desposa El que te Construyó
> y como se alegra el Marido con su esposa,
> se alegrará tu Dios contigo (Is 62, 1-5).

Éste es un claro testimonio del Dios esposo, enamorado joven que goza con su novia, y marido maduro que disfruta con su esposa, en amor de compañía y comunión, de entrega mutua y plenitud regia. Más que padre/rey, que ama a su hijo dándole el poder de la victoria militar, este Dios es creador/esposo, cuya grandeza consiste precisamente en la ternura y sentimiento que muestra hacia Jerusalén (su esposa humana). Dios es creador y padre porque sabe amar y porque ama, siendo también un esposo cercano, que triunfa (despliega su amor) de un modo humilde y tierno. Pues bien, este «Dios marido» (con rasgos, por tanto, masculinos) viene a

---

[66] Cf. P. E. Bonnard, *Le Second Isaie, son disciple et leur éditeurs* (Isaïe 40–45), Gabalda, Paris 1972; K. Elliger, *Deutero Jesaja (40, 1–45, 7)* (BKAT 11/1), Neukirchen 1978; Ch. R. North, *Isaías 40–55*, Aurora, Buenos Aires 1960; J. Vermeylen (ed.), *The book of Isaiah* (BETL 81), 1989; C. Westermann, *Jesaja 40–66* (ATD 19), Göttingen 1966.

II. Mujeres en crisis. La mutación judía

presentarse, al mismo tiempo, como «Dios mujer» y, en sentido más estricto, como madre que se ocupa de sus hijos:

> Alegraos con *Jerusalén*, gozad con ella, todos los que la amáis. Alegraos de su alegría, con ella, todos los que por ella llevasteis duelo; mamaréis de sus pechos, os saciaréis de sus consolaciones, beberéis las delicias de sus senos abundantes... Como un niño a quien consuela su *madre*, así os consolaré yo y en Jerusalén seréis consolados (Is 66, 10-13).

La ternura materna de Dios se revela en Jerusalén, que aparece simbólicamente como ciudad divina, madre del pueblo. Este profeta sabe que el primer deseo de los seres humanos es sentir la dulzura de los pechos de una madre y sentarse en sus rodillas. Pues bien, respondiendo a eso, en el fondo de la Madre Jerusalén viene a revelarse el mismo Dios Yahvé, que aparece con rasgos de Madre, más que como esposo-padre. Dios no es ya exclusivamente padre, sino fuente de amor total y cercano. Nos hallamos ante una piedad filial y femenina, que concibe a Dios como Madre y le relaciona con Jerusalén (ciudad materna, paraíso), tal como aparece en Is 49, 14-17 (del Segundo Isaías).

> ¿Olvidará una mujer a su criatura, dejará de querer al hijo de su vientre? Pues aunque ella se olvide, yo no me olvidaré de ti. En las palmas de mis manos te tengo grabada... (Is 49, 4-17).

El signo más hondo de Dios es por tanto una ciudad/mujer/madre que ama al hijo de su entraña. En esa línea se podría afirmar que Dios es un padre que actúa como madre. Pues bien, el texto añade luego que incluso ese signo resulta imperfecto, pues una mujer puede fallar (olvidarse de ser madre), pero Yahvé no lo hará jamás, porque es madre del amor perfecto, es Mujer fundante, que mantiene por siempre su ternura y donación de amor hacia los hijos de su entraña. Llevado de esta forma hasta su límite, este simbolismo del amor activo de Dios desborda el nivel de lo puramente masculino y nos lleva hasta el misterio de un Amor primero, que es, al mismo tiempo, de padre y de madre, con predominio de la madre. Así puede hablarse de bodas de Dios con los hombres.

15
RIESGO DE LAS MUJERES EXTRANJERAS

La condena de la diosa (diosas) y del dios (dioses) se ha expresado de un modo especial en el rechazo de las mujeres extranjeras (no yahvistas), como vimos en la historia de Salomón (cap. 8) y veremos en las leyes de Esdras-Nehemías (cap. 16). Ese rechazo se funda quizá en tradiciones de clanes patriarcales, que tendían a mantener la endogamia como medio de supervivencia (cf. caps. 2-3), pero ha recibido una importancia especial en el grupo del «sólo Yahvé» y en las leyes donde se expresa su ideal de la conquista de Canaán, lo mismo que en algunas narraciones etiológicas vinculadas al rechazo de las mujeres moabitas/madianitas[67].

1. Leyes fundamentales[68]

En el conjunto de la Biblia, las mujeres, aparecen de un modo especial como lo «otro» y de esa forma representan lo «extranjero», que llevó a Israel al abandono de Yahvé y que mereció el castigo de la destrucción del templo (con su culto) y de la dispersión del pueblo. Por eso, tras el riesgo del culto a la diosa se ha destacado el de la contaminación de las mujeres, que los textos tienden a ver como extranjeras.

Éste es un tema que está ya presente en diversos estratos de la Biblia, tal como hemos empezado viendo en las sagas patriarcales (caps. 2-3), en las «aventuras» de Sansón (cap. 7) y en las esposas de Salomón (cap. 8). Sin duda, aquellos textos podían reflejar un fondo histórico, pues los clanes patriarcales querían conservar su identidad y tendían a

---

67 Cf. A. Brenner (ed.), A Feminist Companion to Samuel and Kings, Academic Press, Sheffield 1994; C. V. Camp, Wise, Strange and Holy. The Strange Woman and the Making of the Bible. Journal for the Study of the Old Testament Supplement Series 320, Academic Press, Sheffield 2000; J. E. Ramírez, Alterity and Identity in Israel. The 'ger' in the Old Testament, Walter de Gruyter, New York 1999; G. N. Knoppers, Intermarriage, social complexity and ethnic diversity in the genealogy of Judah, Journal of Biblical Literature 120 (2001) 15-30.
68 Sigue siendo fundamental sobre este tema N. Lohfink, *Das Hauptgebot: Eine Untersuchung literarischer Einleitungsfragen zu Dtn 5-11* (AnBib 20), Roma 1963. Cf también G. Van Rad, *Der Heilige Krieg im alten Israel*, Vandenhoeck, Göttingen, 1965; M. Weippert, *Heiliger Krieg in Israel und Assyrien*, ZAM, 84 (1972) 460-492; P. C. Craigie, *The Problem of the War in the O. T.*, Eerdmans, Grand Rapids MI, 1978.

separarse de los cananeos; pero ellos han sido reformulados desde una perspectiva posterior, influida por el partido del «sólo Yahvé», que condenó ya de un modo expreso el influjo posible de las mujeres cananeas en el despliegue de la identidad israelita.

Por eso, empezamos citando algunas leyes del grupo del «sólo Yahvé», que han sido recibidas en varios códigos fundamentales de Israel y forman parte de eso que pudiéramos llamar el «derecho de la conquista», propio de un grupo especial de israelitas yahvistas que buscaban ante todo la pureza étnica y religiosa del pueblo. Estrictamente hablando, más que contra el matrimonio con mujeres extranjeras en general, esas leyes condenan el matrimonio de los israelitas con las mujeres cananeas, de la tierra que deben conquistar sólo para ellos:

> Cuando Yahvé tu Dios te haya introducido en la tierra donde has de entrar para tomarla en posesión, y haya expulsado de delante de ti a muchas naciones (heteos, gergeseos, amorreos, cananeos, ferezeos, heveos y jebuseos: siete naciones mayores y más fuertes que tú)... no harás pacto con ellas ni tendrás misericordia de ellas, ni te emparentarás con ellas: No darás tu hija a su hijo, ni tomarás su hija para tu hijo, porque ella, desviará a tu hijo de en pos de mí, y servirá a otros dioses, de modo que el furor de Yahvé se encenderá sobre vosotros y pronto os destruirá. Ciertamente así habéis de proceder con ellos: Derribaréis sus altares, romperéis sus piedras rituales, cortaréis sus árboles de Ashera y quemaréis sus imágenes en el fuego. Porque tú eres un pueblo santo para Yahvé tu Dios (Dt 7, 1-6).

La santidad se interpreta aquí como separación. En este contexto se supone que, los israelitas, pueblo de la alianza con Dios, deben rechazar todo pacto con los cananeos, pues la tierra es sólo para ellos. En principio, el texto prohíbe los matrimonios mixtos de varones y mujeres. Pero después, en concreto, sólo se fija en las mujeres «cananeas», que no son extranjeras por tierra (viven en Canaán antes que los israelitas), pero están vinculadas a otros cultos (y en especial al de Ashera) y de esa forma ponen en peligro la pureza de religión y «raza» israelita, como destaca otro texto:

> Yahvé le dijo: «Voy a hacer una alianza contigo frente a todo tu pueblo: Haré maravillas como nunca se hicieron en toda la tierra... Guarda lo que yo te mando hoy. He aquí que yo echaré de tu presencia a los amorreos, cananeos, heteos, ferezeos, heveos y jebuseos. Guárdate, no sea que hagas alianza con los habitantes de la tierra a donde vas, de manera que eso sea de tropiezo en medio de ti.

Ciertamente derribaréis sus altares, romperéis sus imágenes y eliminaréis sus árboles rituales de Ashera. No te postrarás ante otro dios, pues Yahvé se llama Dios Celoso y lo es. No sea que hagas alianza con los habitantes de aquella tierra, y cuando ellos se prostituyan tras sus dioses y les ofrezcan sacrificios, te inviten, y tú comas de sus sacrificios; o que al tomar tú sus hijas para tus hijos y al prostituirse ellas tras sus dioses, hagan que tus hijos se prostituyan tras los dioses de ellas» (Ex 34, 10-16).

De esta manera se formula la Segunda Ley de Israel, tras el episodio del Becerro de Oro (Ex 32) y la ruptura de las tablas de la Primera. Estamos ante unas nuevas «tablas», un nuevo decálogo (Ex 34, 14-28), que se centra en el rechazo de la Diosa y en la condena de todo pacto de los israelitas con los «cananeos», con lo que ello implica de prohibición de casarse con sus mujeres. El peligro que quiere evitarse es que las mujeres «cananeas» puedan pervertir a los israelitas, llevándoles a la adoración de otros dioses.

Estos dos pasajes (Dt 7 y Ex 34) se inscriben dentro de un contexto de gran intransigencia social, que desemboca no sólo en el mandato de la expulsión de los cananeos, a los que Dios irá arrojando de su tierra (Ex 23, 23-33; cf. Nm 33, 50-56), sino también en su exterminio: «Devorarás a todos los pueblos que te entregue Yahvé, no tengas compasión de ellos, porque serán un lazo contra ti» (Dt 7, 16). «En las ciudades de esos pueblos cuya tierra te entrega Yahvé no dejarás un alma viviente; consagrarás al exterminio a hititas, amorreos, cananeos...» (Dt 20, 16-18)[69].

La prohibición de matrimonios mixtos se inscribe en ese contexto de conquista exclusiva. Dt 7 prohíbe también el matrimonio de mujeres israelitas con varones cananeos, pero de hecho sólo desarrolla el tema del matrimonio de varones israelitas con mujeres cananeas, como hace de un modo exclusivo Ex 34, 16. Estas leyes suponen que las mujeres no sólo tienden a prostituirse a sí mismas (adorando a otros dioses, quizá en un contexto de prostitución sagrada), sino que prostituyen a los israelitas.

---

69 Cf. F. Crüsemann, *Gewaltimagination als Teil der Ursprungsgeschichte. Banngebot und Rechtsordnung im Deuteronomium*, en F. Schweitzer (ed.), *Religion, Politik und Gewalt*, Gütersloher V., Gütersloh 2006, 343-360; N. Lohfink, *Gewalt und Gewaltlosigkeit im Alten Testament* (QD 96), Stuttgart 1983, 51-110; C. Schäfer-Lichtenberger, *Bedeutung und Funktion von Herem in biblisch-hebräischen Texten*, BZ 38 (1994), 270-275; M. Weinfeld, *The Ban on the Canaanites in the Biblical Codes and Its Historical Development*, en A. Lemaire-B. Otze (eds.), *History and Tradition of Early Israel* (VTSup 50), Brill 1993, 142-160.

Ciertamente, estas leyes contra los siete pueblos cananeos han de entenderse de un modo «retórico», como expresión de una idea más que de una práctica general. En el momento de la última redacción de Dt 7 y Ex 34 esos pueblos habían desaparecido ya como «realidades sociales concretas», pero estas leyes podían y debían seguirse formulando como un signo del «poder de perversión religiosa» de las mujeres.

2. Las mujeres de Baal Peor y la madianita ejecutada por Pinjás

Ya en el relato del Becerro de oro hallamos una referencia al peligro de las mujeres y los niños, pues cuando Moisés parece perdido en la montaña de un Dios inaccesible y el pueblo pide a Aarón (el sacerdote) un Dios visible, «que camine delante de nosotros», Aarón les responde: «Que vuestras mujeres, vuestros hijos y vuestras hijas se quiten los pendientes de oro que llevan en sus orejas y me los traigan...» (Ex 32, 2). Ese pasaje supone que el ídolo masculino (Becerro/Toro), que aparece como una amenaza desde el principio de la historia israelita, está vinculado de un modo especial al «lujo» (adornos) de las mujeres y de los niños.

Más aún, después de haber adorado al Becerro a quien le ofrecen holocaustos (signos de veneración/sumisión) y sacrificios de comunión (signos de vinculación mutua), «el pueblo se sentó a comer y beber y después se levantó para danzar» (Ex 32, 6). Hombres y mujeres comen, comulgando con Dios, y después bailan, en gesto religioso, que implícitamente se encuentra vinculado con las relaciones sexuales (de generación). El Becerro nos sitúa así ante una religión de la inmediatez vital, que el Dios de Moisés rechaza de un modo sangriento (cf. Ex 32, 16-29).

Pues bien, lo que el signo del Becerro de Oro (Ex 32) indica de un modo velado (desde una perspectiva más interna, pues es un signo israelita, ratificado por el mismo Aarón), lo dice Nm 25 de un modo explícito, en un relato doble de tipo durísimo, donde se condena, desde el principio de Israel, el matrimonio con mujeres extranjeras. Debemos recordar una vez más que las «leyes» de prohibición de matrimonio con mujeres extranjeras (Ex 34; Dt 7), que expresa el deseo de la corriente más rigorista de Israel, nunca han podido aplicarse del todo, pues la Biblia está llena de israelitas casados con mujeres extranjeras, empezando por Moisés, a quien vemos con una madianita/cusita (Séfora). Por eso, las leyes del Pentateuco, que se suponen promulgadas por un Moisés que no las cumple, son una prueba de la disonancia interna (y de la riqueza) de la Biblia y del mismo judaísmo.

a) Las mujeres de Baal Peor y la venganza de Yahvé[70]

Nm 25 incluye dos partes distintas, pero vinculadas. La primera (25, 1-5.9) está centrada en la mujeres de un santuario «baalista» de Moab donde van a «pecar» muchos varones israelitas. La segunda (25, 6-18) ofrece una justificación etiológica del sacerdocio de Pinjás, famoso por su celo al ejecutar de una misma lanzada a un judío y a la madianita a la que había llevado a su tienda. Ésta es la primera parte:

> Israel acampó en Sitim, y el pueblo empezó a prostituirse con las mujeres de Moab, pues ellas invitaron al pueblo a los sacrificios de sus dioses, y el pueblo comió y se postró ante los dioses de ellos. Israel se adhirió al Baal de Peor, y el furor de Yahvé se encendió contra Israel. Yahvé dijo a Moisés: «Toma a todos los jefes del pueblo y cuélgalos a la luz del sol, en honor a Yahvé. Así se apartará de Israel el furor de la ira de Yahvé». Entonces Moisés dijo a los jueces de Israel: «Que cada uno mate a los hombres de su familia que se han adherido al Baal de Peor...». Así cesó la matanza de los israelitas, y los que murieron fueron veinticuatro mil (Nm 25, 1-5.9).

Éste es un texto durísimo de ira y venganza salvaje del Dios de Israel, que se opone a los cultos del santuario de Baal Peor, en el entorno de Moab, donde iban, sin duda, muchos fieles de Yahvé en los tiempos de cercanía y cohabitación entre israelitas y moabitas. Estamos ante un claro testimonio de sincretismo religioso, donde, según la Biblia han tenido un papel especial las mujeres, vinculadas al culto de las diosas (junto al Baal de Peor debía hallarse su Ashera, representada por las mujeres que asisten al culto). La venganza de los israelitas no puede dirigirse a las

---

70 El tema de Baal-Peor aparece en otros textos (Dt 4, 3; Os 9, 10 y Sal 106, 28) con un sentido algo distinto del que ha recibido en Nm 25, desde una perspectiva deuteronomista de rechazo del culto de la diosa y de la prostitución sagrada. M. Weippert, *Synkretismus und Monotheismus. Religionsinterne Konfliktbewältigung im alten Israel*, en J. Assmann-D. Harth (eds.), *Kultur und Konflikt*, Suhrkamp, Frankfurt a.M. 1990, 143-179. Por el significado de su nombre, el culto del Baal de Peor (vinculado a la Montaña del Abismo, es decir, del Mundo Inferior, cf. Is 5, 14) parece haber asociado elementos de culto a los muertos (Mot) y de celebración de la vida (Baal), en un contexto de ritos sexuales. Cf. T. Lewis, Cults of the Dead in Anciet Israel and Ugarit, UF 23 (1991) 265-281; K. Spronk, *Beatific Afterlife in Ancient Israel and in Ancient Near East* (AOAT 218), Neukirchen-Vluyn 1986.

mujeres, pues ellas pertenecen a otro pueblo (son moabitas) y el texto supone que están fuera de las fronteras de los israelitas (que han acampado cerca de Moab). Por eso no se las puede exterminar, como se mandaría si vivieran dentro de las fronteras de Israel. El castigo tiene dos partes.

1. *Juicio oficial*. Hay que sacrificar (matar y colgar ante el Sol), en honor de Yahvé, a los jefes del pueblo, quienes se suponen que han consentido en la idolatría. ¿Quién les mata? ¿Quién se puede elevar de esa manera ante todos los jefes del pueblo? Es muy posible que el texto esté suponiendo que los ejecutores de la sentencia son los levitas, un cuerpo de sacerdotes armados al servicio de la pureza del culto a Yahvé (cf. Ex 32, 28). Este castigo parece situarse en un *nivel irracional*, de pura venganza, pues para apagar la cólera de Yahvé hay que matar a todos los jefes del pueblo y colgarlos ante el Sol (Nm 25, 5). Parece una respuesta desmedida, pues no tiene en cuenta si todos los jefes han pecado. De todas formas, el texto supone que ellos no han impedido que el pueblo se prostituya con las mujeres de Baal, de manera que no han cumplido con su obligación de mantener la pureza del culto israelita... ¿Por qué se les cuelga ante el Sol de Yahvé? No se dice, pero ese gesto puede tener la finalidad de que todos les vean y teman la venganza sacral de un Dios que necesita ver los cadáveres de aquellos que le han negado, adhiriéndose a otros dioses. Estaríamos, según eso, ante un gesto sacrificial, ante un sacrificio humano ante Dios (cf. Rispa, cap. 11).
2. *Venganza familiar*. Tras colgar a los jefes ante el sol, se dice que Moisés mandó que cada israelita matara a sus familiares contaminados con las mujeres de Baal. Ésta es una ley que ha de cumplirse así en el interior de cada familia, como manda Dt 13, 7-12, diciendo que los familiares (vengadores de sangre, cf. 2 Sm 14, 11; Jos 20, 3-5; Dt 19, 6-12; Nm 35, 12-27) deben exterminar a los parientes más cercanos que han caído en la idolatría. Se podría decir que ésta es una respuesta racional, en un nivel religioso, pues aquí no se manda matar en general, sino sólo a los que se han unido a las mujeres moabitas para dar culto a su dios/diosa (Dt 25, 5).

Al decir que deben «colgar a los culpables en honor a Yahvé» se está suponiendo que, al lado del santuario del Baal de Peor, hay otro dedicado a Yahvé (como el de Gabaón en el caso de Rispa: 2 Sm 21, 9-10) y que ante ese santuario deben colgar a los israelitas que se han unido a las mujeres-sacerdotisas de Baal Peor. Este pasaje (Nm 25, 1-4) describe a las mujeres moabitas como representantes o sacerdotisas de un culto internacional (¡van allí muchos israelitas!), centrado en el Baal que se venera en Peor. Ellas forman parte de un culto que se vincula, sin duda, al de Anat/Astarté: comen, adoran y quizá tienen una experiencia sexual. De todas formas, al decir que «comen y adoran» no se sabe si los sacrificios a los que aquí se alude son sangrientos (de animales) o son de vegetales (de pan).

Estamos, como he dicho, *ante un rito internacional*, propio del santuario de Baal Peor, un lugar de encuentro entre personas de diversos grupos tribales o nacionales, apto para vincular a pueblos de diversa procedencia, porque lo que todos tienen en común es la vida y aquí se celebra la vida y la muerte, a través de un gesto en el que participan hombres y mujeres. Por eso, es normal que ellas, las mujeres de Moab, inviten a personas de diversa procedencia y es normal que vengan muchos israelitas, que de esa forma muestran su «apertura» religiosa, en contra del principio del «sólo Yahvé».

Pues bien, como representante de la diferencia de los israelitas, que no pueden mezclarse con las mujeres, que practican el culto al Baal de Peor (postrarse ante el Dios de la vida y comer juntos, superando unas barreras confesionales y nacionales), según la Biblia se alza aquí Moisés, que aparece como fundador y representante de la identidad yahvista. De todas formas, como he dicho ya y como todo lector de la Biblia recuerda, este mismo Moisés estaba dos veces casado con mujeres extranjeras, de manera que su reacción contra el «culto de las mujeres» (y de los muertos) de Baal Peor ha de tomarse con cierta reserva.

b) *Finés, vengador de Yahvé: la ejecución de Zimrí y Cosbí*[71]

El redactor de Números ha introducido en el contexto anterior otro pasaje escalofriante de muerte. Se supone que seguimos en el espacio anterior (junto al templo de Baal Peor/Fegor), pero ahora ya no importa el templo y el culto como tal, sino la inclusión de las mujeres extranjeras en la comunidad israelita. Hay además un verso común (Nm 25, 9: «Así cesó la matanza de los israelitas, cuando ya habían muerto veinticuatro mil»), que sirve de unión a los dos pasajes.

---

71 Sobre Finés/Pinjás, cf. J. J. Collins, *The Zeal of Phinehas. The Bible and the Legitimation of Violence*, JBL 122 (2003) 3-21. M. Hengel, *Die Zeloten* (AGJU 1), Leiden 1976; J. Thon, *Pinhas ben Eleasar – der levitische Priester am Ende der Tora* (ABG 20), Leipzig 2006.

II. Mujeres en crisis. La mutación judía

El tema del nuevo pasaje es semejante al anterior, pero hay unas diferencias muy significativas. El centro de atención de este pasaje (y del libro de los Números en su conjunto) ya no es un «santuario» moabita donde los varones israelitas van a pecar «con mujeres de Baal», sino un «sacerdote fiel» (Finés/Pinjás) que mata de una misma lanzada, por el bajo vientre, a un israelita y a la mujer extranjera (madianita) que ha traído a su casa-tienda. Éste es un texto de consagración sacerdotal, que marca (y ratifica) el dominio sagrado de la familia de Pinjás. Es un pasaje que puede dividirse en tres partes, con una ampliación:

1. (*Provocación y venganza*). Y he aquí que un israelita vino trayendo una mujer madianita ante sus hermanos, a la vista de Moisés y de toda la congregación de los hijos de Israel, mientras ellos lloraban a la entrada del tabernáculo de reunión. Al verlo, Finés hijo de Eleazar, hijo del sacerdote Aarón, se levantó de en medio de la congregación, tomó una lanza en su mano y fue tras el israelita a la tienda. Y atravesó a ambos con su lanza, al israelita y a la mujer, por su vientre. Así ceso la matanza de los israelitas, cuando ya habían muerto veinticuatro mil (Nm 25, 6-9).

2. (*Confirmación sacerdotal*). Entonces Yahvé habló a Moisés diciendo: «Finés hijo de Eleazar, hijo del sacerdote Aarón, ha hecho que mi furor se aparte de los hijos de Israel, manifestando entre ellos mi celo. Por eso yo no he consumido en mi celo a los hijos de Israel. Por tanto digo: Yo le concedo mi pacto de paz. Él y su descendencia después de él tendrán un pacto de sacerdocio perpetuo, porque tuvo celo por su Dios e hizo expiación por los hijos de Israel» (Nm 25, 10-13).

3. (*Identificación*). El nombre del israelita que fue muerto con la madianita era Zimrí hijo de Salú, dirigente de una casa paterna de Simeón. El nombre de la mujer madianita muerta era Cosbí hija de Zur, el cual era jefe de la gente de una casa paterna de Madián (Nm 15, 14-15).

4. (*Ampliación*). Yahvé habló a Moisés diciendo: «Lleva a cabo por completo la venganza de los hijos de Israel contra los madianitas...». Entonces Moisés habló al pueblo diciendo: «Armaos algunos... para llevar a cabo la venganza de Yahvé contra Madián...». Y Moisés los envió a la guerra, 1000 de cada tribu, junto con Finés, hijo del sacerdote Eleazar, quien fue a la guerra llevando consigo los utensilios del santuario y las trompetas para dar la señal... y mataron a todos los varones de Madián... y llevaron cautivas a las mujeres de Madián y a sus hijos pequeños; saquearon todo su ganado, todos sus rebaños y todas sus riquezas... Moisés, el sacerdote Eleazar y todos los dirigentes de la congregación salieron a recibirlos fuera del campamento. Y Moisés se enojó contra los oficiales del ejército... y les dijo: «¿Habéis dejado con

vida a todas las mujeres? ¡He aquí que ellas fueron las que vinieron a los hijos de Israel, por consejo de Balaam, para que actuaran contra Yahvé en el asunto de Baal Peor, por lo que hubo mortandad en la congregación de Yahvé! Ahora pues, matad a todos los niños varones y a toda mujer que haya tenido relaciones sexuales con varón. Pero dejad vivas para vosotros a las muchachas que no hayan conocido varón...» (cf. Nm 31, 1-18).

Éste es un pasaje vinculado al anterior, pero tiene una intención y problemática distinta. En su base no están las mujeres extranjeras que atraen a los israelitas para que celebren con ellas en su santuario, sino un israelita (Zimrí) que se atreve a traer a su «tienda» a una mujer madianita (no moabita), como supondría el contexto del santuario de Baal Peor, llamada Cosbí; más que a los israelitas que salen a los santuarios del entorno, condena a los que «traen» a su tienda a mujeres extranjeras, desde la perspectiva de un sacerdote-celoso (al que la tradición ha hecho inspirador de los celotas posteriores).

Este pasaje nos sitúa, como vengo indicando, ante una de las grandes paradojas de la Biblia. (a) Por una parte, en el comienzo de la veneración de Yahvé están los extranjeros y en especial los/las madianitas, de manera que el mismo Moisés está casado con una de ellas (Séfora) y su suegro Jetró (¡sacerdote de Madián!) le ayuda a organizar la vida del pueblo elegido (Ex 3, 1; 18, 1-10). En este contexto se supone que Israel es un pueblo mestizo y que el casamiento con extranjeras es una bendición. (2) Por otra parte, ese tipo de casamiento destruye la identidad del pueblo. Significativamente, nuestro texto ha vinculado el casamiento con una extranjera (madianita), a la que se mete en la casa/tienda de Israel, y la salida de los israelitas al santuario pagano, dirigido por mujeres moabitas (en Baal Peor).

Desde ese fondo se entiende la *provocación* de Zimrí quien, a la vista de todos, «introduce en su tienda/casa a una madianita» (el hecho de que sea madianita y no moabita, como exigiría el contexto, puede entenderse como oposición implícita a Moisés, casado con una madianita, o puede deberse también al estrecho vínculo que había entre moabitas y madianitas). Ese gesto de Zimrí, hijo de Salú, jefe de familia de la tribu de Simeón (Nm 25, 14), supone un gran reto, pues él actúa por tanto como representante de Israel y se opone al menos implícitamente a la orden de Moisés que ha mandado matar a los que han «adorado» a Baal Peor, seducidos por mujeres extranjeras (moabitas).

II. Mujeres en crisis. La mutación judía

Como he dicho, en el caso del santuario de Baal Peor, son las moabitas las que «seducen» a los israelitas, invitándoles a compartir su religión y su vida. En nuestro caso, en cambio, es Zimrí el que «seduce» y trae ante todos a una madianita, introduciéndola en el campamento (es decir, en el pueblo de Israel), optando así por una ley matrimonial distinta de la que parece defender Moisés (el Moisés del «sólo Yahvé»). De un modo significativo, el texto no dice si Zimrí y la madianita adoran a Baal/Ashera, no incluye ninguna referencia a una «idolatría», sino que nos sitúa ante un caso de puro y simple matrimonio mixto. No parece haber peligro de prostitución sacral, pues Zimrí introduce a Cosbí en su tienda/casa, de manera que puede suponerse que ella acepta básicamente la alianza de Israel. Pues bien, en ese contexto, este pasaje se alía con la parte más dura de los defensores del «sólo Yahvé», sacralizando la figura del sacerdote/soldado Finés, el vengador de Yahvé.

Aquí se inscribe la venganza y la «ordenación» sacerdotal de Finés (= Pinjás), uno de los textos más violentos de la Biblia, que han marcado la línea dura del nacionalismo israelita: Finés toma la lanza, entra en la tienda de los nuevos casados y los traspasa a los dos por el «bajo vientre», en clarísima alusión sexual, que en este contexto se entiende como un «sacrificio». Este pasaje, que servirá como fundante de una tradición israelita, servirá para «instituir» la alianza sacerdotal de Dios con Finés, una alianza que se funda en un pacto de muerte (comprometerse a matar a las mujeres extranjeras que se casan con israelitas, y a los israelitas que se casan con ellas). Este Finés/Pinjás, ejecutor de extranjeras, es desde ahora uno de los grandes personajes de la historia israelita, el fundador de una estirpe de sacerdotes fieles al yahvismo (cf. 1 Cr 6, 4; Sal 106, 30; Eclo 45, 23-26).

Este episodio, ha sido ampliado en la guerra de Nm 25, 16-18 (retomada en Nm 31, 1-18, según el texto ya citado). Ésta es una guerra santa contra los «madianitas» (que ahora se supone que se identifican plenamente con los moabitas de Nm 25, 1), para defensa de la identidad israelita, exigiendo (dentro de la tierra de Israel) el exterminio de todos los enemigos. No se trata de matar sólo a los guerreros contrarios y a los varones (adultos y niños), sino a todas las mujeres que estén ya casadas o que hayan tenido relación con varones (quizá aludiendo en especial a las inscritas en el culto de Baal/Ashera, a las que se toma como prostitutas).

Ésta es una guerra de exterminio, en la línea de aquella que, según Ex 1-2, habían ordenado los egipcios en contra de los israelitas. El Dios de Finés (de la línea dura del «sólo Yahvé») ordena que se mate en Israel a todos los extranjeros varones (adultos y niños), lo mismo que a las mujeres que han tenido ya relaciones sexuales, porque se supone que representan un riesgo para la semilla santa de Israel. Las niñas y las muchachas que no han tenido relaciones sexuales pueden vivir, porque se supone que puede ser «reutilizadas» (resocializadas) al servicio de la raza pura de Israel.

En este contexto, tras lo sucedido a Zimrí y a su Cosbí, su «esposa moabita», podríamos preguntarnos si ella era a virgen o no... En el caso de que hubiera sido virgen, toda la venganza posterior de Finés habría sido en vano. Colocado a la puerta de su tienda, Zimrí le podría haber dicho: «Mi muchacha es virgen y tengo derecho a introducirla en la alianza de Israel». Pero dejemos ese tema y concluyamos diciendo que, tal como han sido concebidas las dos partes del texto que acabamos de comentar (Nm 25, 1-5 y 25, 6-16), con la ampliación de Nm 31, 1-24, éstas quieren vincular y han vinculado estrechamente la idolatría y el peligro de matrimonio con mujeres extranjeras.

16
ESDRAS/NEHEMÍAS. EL TRIUNFO DE LA ENDOGAMIA

Como he venido indicando, antes del exilio había diversas tradiciones, que se reflejaban en la forma de entender a Yahvé y a los dioses (la diosa), con la repercusión que ello tenía en las mujeres. Pues bien, tras el exilio, a través de una serie de procesos que han marcado la primera etapa *del segundo templo* (515 a.C al 70 d.C.) ha triunfado en principio una línea en la que podemos destacar dos fenómenos unidos: (a) *La endogamia*, representada por Esdras/Nehemías: el pueblo tiende a cerrarse en sí mismo a través de un movimiento en el que se impone la prohibición del matrimonio de judíos con mujeres extranjeras. (b) La *fijación de una Ley nacional*, donde se establecen las tradiciones que definen la existencia del pueblo. Pues bien, paradójicamente, en el principio de esa Ley Nacional, se destaca la importancia de una figura femenina (Eva) donde desembocan y se cristalizan gran parte de las experiencias anteriores sobre las mujeres. De ella trataré al comienzo del siguiente capítulo. Ahora, para terminar esta parte, me ocupo de Esdras/Nehemías.

1. Esdras y Nehemías. Contexto histórico[72]

Hasta ahora, antes de la restauración de la «comunidad del templo», no podía hablarse de judaísmo en el sentido posterior del término, pues,

---

72 Sobre el trasfondo histórico, cf. P. R. Ackroyd, *Exile and Restoration. A Study of Hebrew Thought of the Sixth Century B.C.*, Westminster, Philadelphia 1968; Id., *Israel under Babylon and Persia*, Oxford UP 1970; Id., *The Jewish community in Palestine in the Persian period*, en W. D. Davies (ed.), *The Cambridge History of Judaism Vol 1: Introduction. The Persian Period*, Cambridge UP, 1984, 130-161; R. Albertz-B. Becking (eds.), *Yahwism After the Exile. Perspectives on Israelite Religion in the Persian Era*, Van Gorcum, Assen 2003; M. Bernett, *Polis und Politeia. Zur politischen Organisation Jerusalems und Jehuds in der Perserzeit*, en S. Alkier (ed.), *Die Griechen und das antike Israel* (OBO 201), Freiburg-Schweiz 2004, 73-129; J. L. Berquist, *Judaism in Persia's Shadow. A Social and Historical Approach*, Fortress, Minneapolis 1995; D. Böhler, *Die heilige Stadt in Esdras – und Esra-Nehemia. Zwei Konzeptionen der Wiederherstellung Israels* (OBO 158), Freiburg-Schweiz 1998; J. Bright, *Historia de Israel*, Desclée de Brouwer, Bilbao 1989, 445-482; S. Hermann, *Historia de Israel*, Sígueme, Salamanca 1979, 381-420; Ph. R. Davies, (ed.), *Second Temple studies* (JSOT SuppSer 117), Sheffield 1991; E. Nodet, *Essai sur*

estrictamente hablando, el judaísmo es producto de esa restauración en la que destacan estas fechas:

a) 538 a.C. Tras cincuenta años de exilio, el nuevo rey persa, *Ciro el Grande*, permite repatriarse a los que habían sido desterrados por los babilonios el año 587 a.C. Ellos (los que vuelven) son herederos de la tradición deuteronomista (del «sólo Yahvé») y traen una visión más nacional y cerrada del judaísmo, fundada en criterios de restauración social y religiosa, más que política.

b) 515 a.C. Los judíos repatriados, con los descendientes de los que habían permanecido en Palestina, *reconstruyen y dedican el templo de Jerusalén*, pero no logran la independencia nacional, como muchos habían deseado. El líder civil, Zorobabel, descendiente de la familia de David, fracasa y el control de Jerusalén y Judá queda en manos de sacerdotes, sin que se logre un tipo de orden social y religioso aceptado por todos, de manera que haya armonía con los líderes y grupos religiosos y sociales del entorno, que conservan también tradiciones yahvistas.

c) 445 a.C. Tras unos decenios de incubación social y de fuertes tensiones, *Nehemías* (enviado por el rey persa, con plenos poderes) organiza la vida social y religiosa de Jerusalén, convirtiéndola en sede sagrada y capital de una «comunidad socio-religiosa» de judíos, que viven no sólo en la ciudad y en su entorno, sino en todo el imperio persa, que en ese momento se extiende desde la India hasta Egipto. Esa reforma de Nehemías constituye el momento central (aunque no único) de la (re-)fundación del judaísmo donde influyen y convergen dos tendencias: el movimientos de

---

les origines du judaïsme, Cerf, Paris 1992, y P. Sacchi, *Historia del judaísmo en la época del Segundo Templo*, Trotta, Madrid 2004; M. Noth, *Historia de Israel*, Garriga, Barcelona 1966, 275-320; C. Saulnier, *Histoire de Israel* II, Cerf, Paris 1985; M. Smith, *Palestiniam Parties and Politics that Shaped the Old Testament*, SCM, London 1987; E. Ulrich (ed.), *Priests, Prophets and Scribes. In Honour J. Blenkinsopp* (JSOT SuppSer 149), Sheffield 1992 (dedicado al tiempo de Esdras y Nehemías). Sobre la «reforma» de Edras/Nehemías: J. H. Cazelles, *La mission d'Edras*, VT 4 (1954) 113-140; U. Kellermann, *Nehemiah: Quellen, Überlieferung und Geschichte* (BZAW 102), Berlín 1967; K. Koch, *Ezra and the Origins of Judaism*, JSS 19 (1974) 173-197; R. W. Klein, *Ezra-Nehemia*, ABD II; J. D. McCarthy, *Covenant and Law in Chronicles-Nehemiah*, CBQ 44 (1982) 25-44. R. Rendtorff, *Esra und das «Gesetz»*, ZAW 96 (1984) 165-184; M. Sánchez Caro, *Esdras, Nehemías y los orígenes del judaísmo*, Salm 32 (1985) 5-35; J. L. Wright, *Rebuilding Identity: The Nehemiah Memoir and Its Earliest Readers* (BZAW 348), Berlin 2004.

tipo deuteronomista (del «sólo Yahvé»), con una ley de vida social, de carácter más ético; y un movimiento más sacerdotal, que tiende a identificar el judaísmo con un culto centrado en el templo.

Esa refundación judía de Nehemías necesita un «poder central» que la impulse y avale, y significativamente ese poder no está dentro, sino fuera del judaísmo, en un imperio como el persa, que quiere organizar la vida de sus provincias y de sus grupos comunitarios y culturales, entre los que se encuentra Judea y el conjunto del judaísmo. En esa línea se ha podido decir que el judaísmo del Segundo Templo (del 525 a.C. al 70 d.C.) es una creación persa (pues Nehemías actúa como delegado del rey persa), aunque debe pactar de algún modo con los grupos de la tierra, y que el mismo Pentateuco (libro que actúa como signo de identidad para judíos y samaritanos, bajo el mismo imperio) ha sido compuesto y fijado básicamente como referencia social y religiosa ante la administración persa. Eso significa que los judíos no se han organizado como Estado Nacional (como antes del exilio), sino como grupo socio/religioso autónomo, dentro de un imperio que quiere mantenerse neutral en plano religioso.

Pero Nehemías no puede trabajar en el vacío. Su refundación necesita un fuerte impulso interior, que ha provenido de un grupo de judíos, especialmente vinculados al exilio de Babilonia, capaces de «recrear», desde su visión de la historia pasada y desde su compromiso actual, un tipo de «nación religiosa» que va a suponer una aportación importante en la historia de la humanidad. Es ahora, en torno al 445 (fecha clave de la «restauración» de Nehemías), cuando nace, estrictamente hablando, la «nación religiosa» de Israel, tanto en su vertiente judía en torno a Jerusalén, como en su vertiente samaritana (pues también los samaritanos aceptan el Pentateuco). Lo anterior puede verse como «prehistoria», como unos presupuestos, que podían haberse interpretado y actualizado de diversa forma. Lo que nace ahora es algo nuevo, que nunca antes había existido (aunque recoge y recrea tradiciones anteriores).

Desde esa nueva perspectiva se recopilan y seleccionan de un modo «canónico» las tradiciones antiguas del Pentateuco (que pueden ser aceptadas tanto por judíos como por samaritanos). En un momento posterior, los judíos del entorno de Jerusalén fijan también la historia antigua (libros que van de Josué a 2 Reyes) y empiezan a codificar las tradiciones de los profetas, desde Isaías a Zacarías, pero en una línea y orientación que los israelitas samaritanos ya no pueden aceptar. En ese contexto suele situarse la aportación de Esdras, a quien la Biblia judía ha vinculado con Nehemías.

Nosotros estudiamos aquí esa historia desde la perspectiva de Jerusalén, vinculada a las tradiciones de Nehemías (y en un segundo plano de Esdras) que implican una decisión «valiente» de compromiso judío, pero que incluyen también dos gestos que, desde nuestra perspectiva posterior, nos parecen problemáticos y dolorosos. (a) Por un lado, los judíos de la línea de Nehemías han optado por una visión restringida de las tradiciones israelitas, lo que hará que terminen separándose de los israelitas samaritanos que, en un sentido estricto, pueden presentarse como más fieles al mismo Pentateuco, en la línea de Esdras. (b) Esa opción más restringida de las tradiciones de Israel ha tenido un reflejo social: los judíos de la línea de Esdras han «expulsado» a las mujeres extranjeras. Desde ese fondo podemos vincular y separar a Nehemías y Esdras:

a) *Nehemías* es históricamente el más importante (como confirma Eclo 49, 13, al verle como último de los grandes creadores de Israel). Él mismo ha recogido los aspectos fundamentales de su *Restauración Sacral de Jerusalén*, con bastante rigor y precisión, en su *Libro de Memorias* (Neh 1-7 y 11-13). Ha sido un hombre de gran influjo en la corte persa: Copero del rey, favorito de su corte... Así pudo venir a Jerusalén por dos veces (la primera en torno al 445 a.C. para instaurar su reforma y la segunda más tarde, en torno al 428, para consolidarla) con amplios poderes y muchísimo dinero, para reedificar la muralla y organizar la vida social de la ciudad.

Actuó con decisión: era rico y arriesgado, una especie de «tirano» (como los que florecían en ese momento en las ciudades helenistas de Asia Menor, integradas en el imperio persa), y así puso su influjo al servicio de una determinada concepción del judaísmo, sentando las bases de lo que será una comunidad separada y autónoma, centrada en el templo y reconocida por la ley persa. Parece haber sido el inspirador real de la «reforma» que aquí estudiamos, con la expulsión de las mujeres extranjeras y la creación de una comunidad endogámica, cerrada en torno al templo.

b) *Esdras*. La tradición le presenta como escriba oficial, versado en los asuntos de la Ley de Dios para los judíos, que viene también de Babilonia, para fijar e instaurar en Jerusalén el nuevo orden sacral que de alguna forma puede vincularse a la obra más «social» de Nehemías. Parece un personaje histórico, pero su figura y función han quedado más en la penumbra. No sabemos si actuó antes que Nehemías (hacia el 458 a.C), si le acompañó en su segundo viaje a Jerusalén (428 a.C) o si es posterior (398 a.C). Tampoco conocemos exactamente lo que hizo.

II. Mujeres en crisis. La mutación judía

Sea como fuere, su nombre ha quedado vinculado a la codificación de la Ley (del Pentateuco), de tal forma que se le recuerda como una especie de «nuevo Moisés», es decir, como aquel que ha fijado y codificado las tradiciones que definirán desde ahora la vida del pueblo. Posiblemente era contrario al proyecto «endogámico» estricto de Nehemías y quería establecer una «ley» más amplia, que pudiera ser aceptada por los samaritanos y por otros grupos sociales contrarios a la reforma de Nehemías. Pero, de hecho, la tradición posterior le ha vinculado a Nehemías, presentándole como partidario de su reforma (vinculando sus dos libros, sus dos obras). Así le presentamos aquí, sin entrar en cuestiones de detalle.

Un redactor posterior, que asume la obra social de Nehemías y toma a Esdras como gran escriba de la Ley de Dios, vinculando al menos parcialmente su trabajo al del Cronista (autor de la nueva historia oficial de Israel, codificada en 1-2 Cr), ha escrito en forma unitaria un relato sobre los dos personajes, que dan nombre a sus libros: Esdras y Nehemías (Esd y Neh). Este relato está compuesto de tal forma que resulta casi imposible distinguir los datos históricos y las interpretaciones teológicas (a no ser en la parte que podemos llamar *Memorias de Nehemías*, Neh 1-7 y 11-13, que son de tipo más histórico).

Estrictamente hablando, ambos libros forman uno solo, de manera que las dos reformas (una más político/nacional, de Nehemías, y otra más teológico/legal, de Esdras) aparecen ahora como inseparables y ofrecen la base del nuevo judaísmo de Jerusalén, que se proclama heredero del antiguo Israel (aunque los samaritanos les disputan esa herencia), formando un pueblo especial con una Ley propia atribuida al Dios del Cielo, garantizada por decreto oficial del rey de Persia. No sabemos la extensión que tenía esa Ley del Dios del cielo, aunque es muy posible que ella vinculara elementos del Deuteronomio con tradiciones sacerdotales. Sea como fuere, ella está en la base del Pentateuco.

Se trata, por un lado, en la línea de Esdras, de un «ley amplia», hecha de pacto de tradiciones (como advertimos en el Pentateuco actual, aceptado por los samaritanos), de manera que en ella pueden reconocerse diversos tipos de judíos. Pero, al mismo tiempo, en la línea de Nehemías, esa ley ha terminado siendo una «ley estrecha», pues de hecho se vincula con la tradición de Jerusalén y deja a un lado tendencias y grupos que habían aparecido en el Gran Israel anterior. Entre los rasgos fundamentales de esa Ley queremos destacar dos:

(a) *Ya no queda lugar para la Diosa*, con lo que ella ha significado en la historia anterior. Esta historia-ley del Pentateuco, como libro de la nueva identidad judía, refleja el triunfo consecuente de la línea del «sólo Yahvé», de manera que la Diosa «ni se nombra»: no hace falta ni siquiera criticarla, pues no constituye un peligro para el judaísmo. Simplemente «se la ignora», como si no hubiera existido. De todas formas, esta eliminación de la diosa no ha podido ser total pues, como hemos ido viendo en los capítulos anteriores (con la ayuda de los libros históricos y proféticos), la sombra de esa Diosa ha quedado latente en muchos textos.

(b) *El rechazo de la Diosa se refleja en la expulsión de las mujeres extranjeras*, de tal forma que el nuevo judaísmo se constituye como un pueblo endogámicamente religioso. Son muchas las culturas, comunidades, castas sociales y grupos religiosos que han cultivado (y cultivan) un tipo de endogamia, que hemos visto ya en ciertos pasajes y momentos de la historia israelita anterior. Pero esta endogamia judía, de la que ahora trataremos, aparece ahora de una forma nueva y viene a presentarse como «objetivo central» de la reforma de Esdras y Nehemías.

Desde el tiempo de los patriarcas y desde el ideal de la conquista de la tierra por los grupos del «sólo Yahvé» ha existido en Israel un tipo de repliegue interior, como hemos venido señalando en los capítulos anteriores de este libro. Pero ese repliegue sólo ha culminado y se ha implantado de un modo radical ahora, en esta reforma de Nehemías (que llamaremos, en sentido amplio, de Esdras/Nehemías), viniendo a convertirse en artículo central de su proyecto social y religioso. Esta nueva visión del judaísmo ha influido en la visión de toda la historia anterior, que ha sido re-escrita desde la perspectiva del riesgo de las mujeres extranjeras (aunque ella no ha logrado imponerse del todo, como seguiremos viendo). De esta «expulsión de las mujeres extranjeras» tratan las reflexiones que siguen; partiendo de ellas, podemos decir que judío es el que «cree en Yahvé, dios único» y que se casa con (nace de) una mujer judía.

2. El centro del conflicto. Las mujeres extranjeras[73]

Un problema clave en la reforma de Esdras/Nehemías ha sido la búsqueda de una «identidad propia», en el plano religioso y social, es decir, la existencia de un pueblo formado por personas con una identidad propia, capaces de marcar su territorio social. En este contexto, donde parece que todo se ha perdido (y en un sentido se ha perdido todo, pues no existe ya un Estado nacional), puede surgir y surge todo: el nuevo judaísmo.

Antes, los israelitas lo eran «por nacimiento y por pertenencia a un grupo social» (aunque en un contexto de mezcla constante entre elementos yahvistas y signos de la diosa o de los dioses cananeos). Ahora, dentro de la nueva tendencia universal del imperio, primero persa y luego helenista, los judíos sólo pueden surgir y mantenerse como tales si definen y refuerzan su voluntad de ser judíos, optando por un modo de vida distinto, en el plano religioso y social. En este contexto se suscita el problema de las relaciones con los otros pueblos y el de la pureza étnico-religiosa, que se expresa de un modo especial en la prohibición de matrimonios mixtos.

---

[73] Sobre el entorno histórico y el sentido de la legislación de Esdras-Nehemías, además de comentarios y de obras citadas en nota anterior, cf. B. Becking, *Continuity and Community in the Book of Ezra*, en *The Crisis of Israelite Religion*, Brill, Boston 1999, 256-287; Y. Dor, *The Composition of the Episode of the Foreign Women in Ezra IX-X*, VT 53 (2003), 26-47; M. W. Duggan, *The Covenant Renewal in Ezra-Nehemiah (Neh 7:72b-10:40). An Exegetical, Literary, and Theological Study* (SBL. DS 164), Atlanta, GA 2001; T. Eskenazi, *Marriage to a Stranger in Ezra 9-10*, en *Second Temple Studies Vol 2: Temple and Community in the Persian Period* (Journal for the Study of the Old Testament, Supplement Series 175), Sheffield 1994, 266-285; D. Janzen, *Witch-hunts, Purity and Social Boundaries. The Expulsion of Foreign Women in Ezra 9-10* (Journal for the Study of the Old Testament Supplement Series 350), Sheffield 2002; Sh. Shemaryahu, *The Emergence of Jewish Sectarianism in the Early Second Temple Period*, en P. Miller Jr. (ed.), *Ancient Israelite Religion*, Fortress, Philadelfia 1987, 587-616; F. Schmidt, *How The Temple Thinks. Identity and Social Cohesion in Ancient Judaism*, Academic Press, Sheffield, 2001; D. Smith-Christopher, *Between Ezra and Isaiah: Exclusion, Transformation, and Inclusion of the 'Foreigner' in Post-Exilic Biblical Theology*, en M. G. Brett (ed.), *Ethnicity and the Bible* (Biblical Interpretation Series), Leiden 1996, 117-142; K. Sparks, *Ethnicity and Identity in Ancient Israel. Prolegomena to the Study of Ethnic Sentiments and Their Expression in the Hebrew Bible*, Eisenbrauns, Winona Lake 1998; G. C. Streete, *The Strange Woman. Power and Sex in the Bible*, Westminster, Louisville 1997; Ch. van Houten, *The Alien in Israelite Law* (JLOT. Sup. Series 107), Sheffield 1991; H. C. Washington, *Israel's Holy Seed and the Foreign Women of Ezra-Nehemiah: A Kristevan Reading*, Biblical Interpretation 11 (2003) 427-437.

a) Memorias de Nehemías

El tema de los matrimonios aparece de forma menos elaborada, en la parte final de las memorias de Nehemías (Neh 13). Por eso queremos empezar citando algunas de sus afirmaciones básicas, que se sitúan en el entorno de su segundo viaje a Jerusalén (hacia el 428 a.C.) y que vinculan el tema del sábado y de las mujeres extranjeras:

> (*Sábado*). En aquellos días vi en Judá a algunos que en sábado pisaban los lagares, acarreaban gavillas, las cargaban sobre asnos, y también vino, uvas, higos y toda clase de cargas, y los llevaban a Jerusalén en día de sábado. Les amonesté acerca del día en que vendían las provisiones. Y la gente de Tiro que habitaba allí traía pescado y toda mercancía, y vendía en sábado a los habitantes de Judá en Jerusalén... Sucedió, pues, que cuando oscurecía a las puertas de Jerusalén antes del sábado, ordené que fueran cerradas las puertas y que no las abriesen hasta después del sábado... Luego mandé a los levitas que se purificasen y fuesen a guardar las puertas, para santificar el día de sábado. También por esto acuérdate de mí, oh Dios mío, y perdóname según la grandeza de tu misericordia (cf. Neh 13, 15-22).
>
> (*Mujeres extranjeras*). Asimismo, en aquellos días vi a judíos que habían tomado mujeres de Asdod, de Amón y de Moab. La mitad de sus hijos hablaban el idioma de Asdod; no sabían hablar el hebreo, sino el de aquellos otros pueblos. Reñí con ellos, los maldije, golpeé a algunos, les arranqué los pelos y les hice jurar por Dios, diciendo: ¡No daréis vuestras hijas a sus hijos, ni desposaréis sus hijas con vuestros hijos ni con vosotros! ¿No pecó por esto Salomón, rey de Israel?... ¡Que no volvamos a enterarnos de que cometéis la infamia de casaros con mujeres extranjeras! Uno de los hijos de Yoyada, hijo del sumo sacerdote Eliasib, era yerno de Sanbalat el horonita; por lo que lo alejé de mi lado. ¡Acuérdate de ellos, oh Dios mío, porque han contaminado el sacerdocio y el pacto de los sacerdotes y de los levitas! (cf. Neh 13, 23-30).

Éste parece históricamente el texto más antiguo y menos teologizado sobre el tema y en él se vinculan dos elementos básicos de la identidad judía: la sacralidad del sábado, impuesta de un modo oficial en Jerusalén, y la prohibición del matrimonio con mujeres extranjeras, por el riesgo que ello implica de disolución del judaísmo, que ahora se entiende como una comunidad de personas vinculadas sacralmente a un templo y cerradas socialmente en sí mismas. El símbolo del judaísmo es de esa forma una ciudad que se recluye en sus muros (en torno a su templo) sin que pueda entrar nadie a contaminarla en un día de sábado, una comunidad de hombres y mujeres que se clausuran en sus límites sociales (sin aceptar mujeres externas). La observancia del sábado y el rechazo del matrimonio con extranjeras constituyen los dos grandes signos del nuevo judaísmo.

b) *El centro de la Ley según el libro de Esdras: expulsar a las mujeres extranjeras*

Esdras, Escriba del Dios del Cielo (a quien el texto presenta como sacerdote) ha venido a Jerusalén con la tarea expresa de «imponer», con autoridad del rey persa, la nueva ley judía; esa parece haber sido su función histórica, vinculada al surgimiento del Pentateuco. Pues bien, el texto actual le atribuye también la tarea de separación del pueblo (la expulsión de las mujeres extranjeras, divorciándose de ellas). De esta forma, él aparece como partidario (ratificador) de la reforma de Nehemías, y con ese tema culmina su libro, lo mismo que el de Nehemías:

> (*Presentación: el gran pecado son las mujeres*). Acabadas estas cosas, se acercaron a mí los magistrados y dijeron: El pueblo de Israel, los sacerdotes y los levitas no se han separado de los pueblos de la tierra, pues cometen las abominaciones de los cananeos, los heteos, los ferezeos, los jebuseos, los amonitas, los moabitas, los egipcios y los amorreos. Porque de las hijas de éstos han tomado mujeres para sí y para sus hijos, y han mezclado la simiente santa con la de los pueblos de la tierra. Y los magistrados y oficiales han sido los primeros en incurrir en esta infidelidad. Al oír esto, rasgué mi vestidura y mi manto, arranqué los pelos de mi cabeza y de mi barba, y me quedé consternado, orando: «Dios mío, estoy avergonzado y afrentado como para levantar mi rostro a ti, oh Dios mío; porque nuestras iniquidades se han multiplicado sobre nuestras cabezas, y nuestra culpa ha crecido hasta los cielos... Porque hemos abandonado tus mandamientos que mandaste por medio de tus siervos los profetas, diciendo: La tierra a la cual vais para tomarla en posesión es una tierra inmunda a causa de la inmundicia de los pueblos de aquellas tierras... Así pues: no daréis vuestras hijas a sus hijos, ni tomaréis sus hijas para vuestros hijos» (cf. Esd 9, 1-13, con referencia a Dt 7, 1-6).
>
> (*Pacto de expulsar a las mujeres extranjeras*). Mientras Esdras oraba y hacía confesión llorando y postrándose ante la casa de Dios, se juntó a él una multitud muy grande de Israel: hombres, mujeres y niños; y el pueblo lloraba amargamente. Entonces intervino Secanías hijo de Yejiel, de los descendientes de Elam, y dijo a Esdras: «Nosotros hemos actuado con infidelidad contra nuestro Dios, pues hemos tomado mujeres extranjeras de los pueblos de la tierra. Pero a pesar

de esto, aún hay esperanza. Despediremos a todas las mujeres y a los hijos nacidos de ellas, según el consejo de mi señor y de los que temen el mandamiento de nuestro Dios...». Entonces se levantó el sacerdote Esdras y les dijo: «Vosotros habéis actuado con infidelidad, porque tomasteis mujeres extranjeras, aumentando así a la culpa de Israel. Ahora pues, haced confesión a Yahvé, Dios de vuestros padres. Cumplid su voluntad, y apartaos de los pueblos de la tierra y de las mujeres extranjeras». Entonces toda la congregación respondió y dijo en voz alta: «Sí, haremos conforme a tu palabra...». Ellos se comprometieron a despedir a sus mujeres... De los hijos de Imer: Hanani y Zabadías; de los hijos de Harim... (sigue una larga lista de jefes de familia que expulsaron a sus mujeres extranjeras, apareciendo así como fundadores del nuevo judaísmo...). Todos estos habían tomado mujeres extranjeras y algunas les habían dado hijos (Esd 10, 1-3.10-12.19-44).

El pecado es por tanto la «mezcla»: Abandonar la separación (un Dios, un pueblo) y juntarse con otros pueblos, perdiendo así su identidad. En principio, la ley de separación (de divorcio) afecta por igual a varones y mujeres, pero después, de hecho, sólo se aplica a las mujeres extranjeras... Esa ley nos sitúa ante un caso de «divorcio» obligatorio, que exige que los judíos expulsen a las mujeres extranjeras con las que se han casado, para salvaguardar así la identidad nacional. Da la impresión de que una parte considerable de los judíos del entorno de Jerusalén (a los que se dirige de un modo inmediato esta ley) se habían mezclado con mujeres de ese mismo entorno, pero que no provenían de la comunidad del exilio. Pues bien, esa «apertura» e intercambio matrimonial, que en otro contexto podría tomarse como fuente de fecundación y enriquecimiento, se entiende aquí como un riesgo para el judaísmo.

El gesto de expulsar a las mujeres «extranjeras» (que estrictamente hablando no eran extranjeras, pues formaban parte de otras corrientes de vida israelita) constituye un signo de debilidad extrema: los dirigentes judíos temen a las mujeres que tengan otra forma de entender la vida (otra manera de interpretar la cultura/religión, sobre todo porque ellas tienen en sus manos el cuidado de los hijos). Por eso, a fin de asegurar la fidelidad socio/religiosa de sus hijos, los jefes del nuevo judaísmo exigen que las mujeres de los judíos sean también judías de su misma tendencia. De esa manera, la experiencia más honda de trascendimiento y fidelidad ética del judaísmo se ha vinculado con un gesto ambiguo de separación: para ser religioso y judío fiel hay que expulsar a las mujeres extranjeras. De los derechos de esas mujeres no se dice nada.

3. El nacimiento del judaísmo: Neh 8–10

Los dos pasajes anteriores (uno de Nehemías, otro de Esdras) culminan en un texto programático donde se describe y confirma eso que pudiéramos llamar el «nacimiento del judaísmo» (Neh 8–10). Este nuevo texto retoma el motivo básico de la gran asamblea del Sinaí (Ex 19–24), donde, según la tradición, Israel había nacido como pueblo ante la montaña de Dios, recibiendo los mandamientos y celebrando el pacto. Pues bien, ahora, los judíos reunidos en Jerusalén, celebran su nuevo pacto y se constituyen como pueblo, en torno a la figura ideal de Esdras, el escriba, que aparece como nuevo Moisés (Neh 8, 1), asumiendo un compromiso firmado y avalado en primer lugar por Nehemías (cf. Neh 10, 2). Esdras no aparece entre los firmantes, lo que indica que su presencia en la gran ceremonia es más ideal que real. Significativamente, en el centro de ese pacto, que ratifica la nueva y definitiva ley del judaísmo, se sitúa el compromiso de la expulsión de las mujeres extranjeras. Éstos son algunos de sus elementos principales:

a) *Liturgia de la ley*. Entonces se reunió todo el pueblo (*ha'am*) como un solo hombre en la plaza que hay delante de la Puerta del Agua y dijeron a Esdras, el escriba, que trajese el libro de la Ley de Moisés que Yahvé había prescrito a Israel. Y Esdras, el sacerdote, trajo la Ley ante la asamblea (*qahal*) de varones, de mujeres y todos cuantos eran capaces de entender... Y estuvo leyendo (del libro de la Ley)... y los levitas explicaban la Ley al pueblo, mientras el pueblo se mantenía en pie (Neh 9, 1-8).

b) *Pacto básico*. Y así nosotros concertamos un pacto (*'amana*) y lo pusimos por escrito y lo sellamos: jefes, levitas y sacerdotes. Lo firmaron Nehemías, hijo de Jecalías, y Sedecías... Y el resto del pueblo... con sus mujeres, con sus hijos e hijas, todos los capaces de comprender... hicieron promesa y juramento.

c) *Leyes*. Nos comprometimos a caminar en la Ley que Dios dio a Moisés (y asumimos estos compromisos). (1) No dar nuestras hijas a extranjeros, ni a tomar a sus hijas para nuestros hijos. (2) No comprar en sábado mercancías y especialmente cereales a los extranjeros... (3) Renunciar (a la cosecha) el año séptimo y a cualquier tipo de deudas. (4) Entregar cada año un tercio de siclo para el culto del templo... y traer cada año para el Templo de Yahvé las primicias de nuestros campos (Neh 10, 1-2.29-35).

Ésta es el acta de fundación del nuevo judaísmo como pueblo sacral, en torno al templo. Los mismos *reyes persas* han impulsado y sancionado su nacimiento, por razones políticas: la seguridad de la pequeña tierra de Judea, casi en las fronteras de un Egipto inquieto y peligroso, resulta para ellos muy importante. Pero el impulso principal proviene del mismo pueblo de Israel. Han influido algunos repatriados ricos, que vuelven de Babilonia (capital persa) con una visión más rigurosa de la ley, y también otros judíos (en parte exilados en Babel y en parte vecinos de Jerusalén/Judea) que han ido codificando su *Ley*, con tradiciones de diverso tipo que confluyen y se juntan en código de separación sagrada, interpretado desde Jerusalén (no desde Samaría).

Ciertamente, ignoramos la amplitud de este Libro de la Ley que aquí aparece como revelación de Dios, manual celebrativo, y código jurídico. Pero es evidente que en estos años (entre mediados del V a.C y finales del IV a.C) diversas tradiciones narrativas y legales se han ido uniendo, hasta formar el Pentateuco, que puede interpretarse también de otras maneras (como en la versión samaritana), pero que aquí se aplica desde el judaísmo más estricto.

a) *Liturgia de la Ley. No hay diferencia entre varones y mujeres* (Neh 8, 1-13). El nuevo judaísmo nace en ámbito profano, en la gran plaza que se forma ante la Puerta de las Aguas, probablemente al lado de la fuente del Guijón, al exterior de la muralla, en un lugar de viejos recuerdos religiosos y sociales (cf. 1 Re 33–39). Este judaísmo nace a campo abierto, como pueblo laical, reunido a partir de la Palabra de Dios (Libro de la Ley), trazando así una gran paradoja: (a) Por un lado, los repatriados de Babel habían querido centrarse como pueblo en torno al templo. (b) Por otro lado, en el momento decisivo, sacerdocio, templo y altar quedan a un lado; el pueblo ('Am) se reúne en la plaza pública, formando allí una asamblea constitutiva (Qahal).

En este contexto, las mujeres se integran en el pueblo, lo mismo que los varones. Ellas deben escuchar la ley y han de ser capaces de responder, para transmitir esa misma ley de los niños. El portador de la Ley es Esdras (que la lee) y sus transmisores son los levitas (que la explican). Pero sus destinatarios y garantes son todos los judíos: *varones, mujeres, niños* (los que son capaces de entender), formando un nuevo pueblo que surge de la escucha de la Ley. Por eso, antes que mujeres o varones, los nuevos judíos son personas creyentes que acogen la palabra de Dios. En este contexto no existe diferencia entre varones y mujeres, aunque se supone que sólo los varones pueden proponer y comentar la Ley de Dios en un nivel público. Ciertamente, las mujeres escuchan en público (están

II. Mujeres en crisis. La mutación judía

en la plaza, lo mismo que los hombres), pero sólo pueden explicar lo que escuchan en un ámbito privado, de familia (a los niños). Por eso será importante que las mujeres de judíos sean judías.

b) *Principio básico*. Aquí se ha establecido el «pacto constituyente» del nuevo judaísmo, fijado, según el texto actual de la Biblia, bajo la autoridad de Esdras y Nehemías, aunque de hecho Esdras no aparece entre los firmantes (en Neh 10, 1-28), mientras aparece Nehemías como autoridad política (es el primero de los firmantes). Éste es un pacto firmado por los representantes del pueblo, que forman una especie de sanedrín (jefes/ancianos, levitas/escribas y sacerdotes), pero que aparece ratificado por «todos los capaces de comprender» (hombres, mujeres y niños).

Este pacto no se impone sobre las mujeres israelitas (ni sobre los niños), sino que se ofrece públicamente, en un espacio abierto (ante la Puerta de las Aguas, en la parte inferior de la ciudad, donde acuden todos, en especial las mujeres). Eso significa que, en principio, el pacto no es propiedad de los sacerdotes, ni de los ancianos, ni de los levitas, sino del pueblo entero, incluidas las mujeres con los niños, aunque sólo lo ratifican y firman las autoridades.

Neh 10, 1-28 recoge y precisa el nombre de las autoridades firmantes (sacerdotes, levitas y jefes, por ese orden), recordando así el nombre de los fundadores del nuevo judaísmo. En este contexto resulta sorprendente la ausencia de Esdras, que no aparece entre firmantes del pacto, el primero de los cuales es Nehemías. (Eso significa que Esdras no debe haberse encontrado entre los promotores históricos de ese pacto, y así parece indicarlo Eclo 49, 13, que no le cita, mientras cita a Nehemías)[74]. El Gran Consejo de este nuevo judaísmo está integrado por *sacerdotes, levitas y autoridades o jefes del pueblo* (cf. Neh 10, 1 y 10, 15) y es semejante al Sanedrín de tiempos posteriores donde, los *escribas* entran en lugar de los *levitas* (que son de alguna forma sus antecesores).

c) *Las leyes del pacto*. Todo ha sucedido en la plaza: la revelación de Dios se contiene en el Libro, explicado para todos (hombre, mujeres y niños). Pues bien, las cinco leyes de este pacto son también, básicamente, unas leyes civiles (sólo la quinta trata del sostenimiento del templo y de los sacerdotes). En este contexto del pacto y sus leyes podemos sospechar que han influido (han pactado) los tres grupos constitutivos de la identidad israelita: los *levitas/escribas*, más cercanos al Dt, que hallamos

---

[74] Cf. P. Höffken, *Warum schwieg Jesus Sirach über Esra?*, ZAW 87 (1975) 184-201.

en el fondo de Neh 8-9, los *sacerdotes* (más cercanos al P), defensores del orden sacro y los *jefes* o autoridades civiles del pueblo.

Entre esos grupos debían darse ciertas diferencias, pero no se puede hablar de antagonismo, pues, de lo contrario, su unión hubiera sido imposible. En un momento determinado, entre la primera intervención de Nehemías (mediados del V a.C) y la fijación del Pentateuco (finales del IV a.C), los representantes de Israel han elaborado un tipo de derecho común, donde destacan tres leyes más sociales (prohibición de matrimonios mixtos, sacralización del sábado y observancia del año sabático) y una de tipo más sacral (sobre el mantenimiento del templo). Pues bien, la primera de las leyes de este pacto fundante del judaísmo ratifica el rechazo de los matrimonios mixtos, sancionando así la gran separación judía.

Ciertamente, este pacto mantiene la confesión de Yahvé, Dios nacional (único), pero en su principio sitúa la prohibición de los matrimonios mixtos, mirados desde una perspectiva masculina: los judíos que se casan con extranjeras corren el riesgo de abandonar la alianza, pues dejan en manos de esas mujeres la educación de sus hijos. Por eso es necesario expulsar a las extranjeras y casarse sólo con judías[75].

4. Mujeres expulsadas. Una interpretación de la endogamia judía

Este pacto fundante del nuevo judaísmo avala y sanciona, en el centro de su normativa, las leyes de los partidarios de la separación de Israel, que aparecían en textos como Dt 7, 1-7 y Ex 34, 15-16 (que han de compararse con las leyes de separación entre animales y plantas de diversa especie: cf. Lv 19, 19; 20, 25-26). Estamos ante un pueblo muy preocupado por mantener su pureza social y religiosa, para guardarse de esa forma libre de contaminación, distinguiendo así lo puro de lo impuro. En esa línea, las mujeres extranjeras aparecen como impuras, de forma que pueden contaminar al pueblo.

De esa manera, tras el exilio, en vez de mezclarse con los pueblos del entorno (tanto en Babilonia como en Egipto y, sobre todo, en la propia tierra de Judea/Jerusalén), los judíos han optado por mantener y reforzar su identidad, acentuando los signos sociales y religiosos (¡no políticos en

---

[75] Éstos son los *pilares* del nuevo judaísmo, que se funda en la separación familiar (prohibición de matrimonios mixtos), la observancia de los días y los años sabáticos y la ayuda al templo. Surge así el nuevo judaísmo, formado por familias separadas del entorno.

II. Mujeres en crisis. La mutación judía

línea estatal, pues no tienen Estado!) de su pertenencia. En esa línea se sitúa el tema del matrimonio con mujeres extranjeras que es quizá más complejo y que va más allá de la separación de lo puro y lo impuro o de plantas, animales o cosas de diversa especie[76].

a) *Tema de fondo. Sociedad matrilineal.* Conforme a la visión del judaísmo rabínico (a partir del siglo II d.C.) se viene diciendo que la identidad étnica de la madre es la que permite definir el carácter judío del hijo/a. Según eso, judíos son aquellos que nacen de madre judía. En esa línea se sitúa la ley de Esdras y Nehemías, aunque parece que ella no logró imponerse sobre el conjunto del judaísmo hasta el siglo II d.C., pues no apelan a ella libros y autores como Jubileos, Filón y Josefo[77].

Ese principio matrilineal no está al servicio de la mujer, para elevarla así por encima de los hombres, sino al contrario. No es una ley para salvaguardar y ensalzar a las mujeres, sino para defender a los hombres, esto es, para evitar que ellos se contaminen casándose con mujeres impuras (y que tengan, por tanto, hijos impuros). Esta ley sirve para proteger el carácter judío de un hombre y de sus hijos. Este principio (¡que no se case un judío con una no judía!) no se puede invertir, pues en el caso de una mujer judía que se casa con un no-judío, sus hijos pertenecen a la familia del marido (están fuera de Israel), de manera que no constituyen un riesgo de contaminación para el judaísmo.

Por eso, al decir que sólo son judíos «los hijos de judía», se está suponiendo que ella es esposa de un judío, pues la línea genealógica sigue siendo de tipo patriarcal (como aparece en 1–2 Crónicas y en otros textos contemporáneos y posteriores). Lo que esta ley pretende es que los dos, hombre y mujer, sean judíos, para conservar así la pureza del linaje y de la herencia, que sigue siendo prerrogativa del varón. En ese sentido, para que el hombre pueda cumplir su función (ser padre de hijos judíos) se requiere que la mujer (la madre) sea también judía, pues ella educa a los hijos (para servicio del padre).

---

76 En ese contexto quiero poner de relieve algunos aspectos del problema, recogiendo en parte las aportaciones de Elisabeth M. Cook Steike, *La mujer como extranjera en Israel. Estudio exegético de Esdras 9 y 10* (DEI, San José de Costa Rica, 2003). He de agradecer aquí su generosidad por haber tenido la confianza de compartir conmigo el contenido de su investigación.
77 Cf. S. Cohen, *Beginnings of Jewishness Boundaries, Varieties, Uncertainties*, Berkeley, California UP 1999, 271-273.

b) *¿Un problema económico y social?* Esta prohibición de matrimonios con mujeres extranjeras parece haber sido pensada básicamente para aquellos judíos que han vuelto del exilio de Babilonia y quieren instaurar un régimen de separación en Jerusalén y en su entorno. Son ellos, los de la *gola* (es decir, del exilio), los que han sentido con más fuerza la atracción y el riesgo de este tipo de matrimonios, que Esdras y Nehemías han tenido que «atajar», para mantener la «pureza» del grupo.

Se puede suponer que los retornados del exilio que intentaron casarse y se casaron de hecho con «mujeres extranjeras» querían mejorar su condición económica y, sobre todo, querían introducirse en la trama social de los habitantes del país, que podían ser de origen israelita, pero cuyo judaísmo no parecía satisfactorio para los partidarios de una separación más estricta. En ese sentido, el problema no es tanto el de judíos que se casan con mujeres «no-judías» (cosa que no se puede negar), sino el del matrimonio entre «judíos puros» (los que han venido del exilio) y judíos «menos puros» (más asimilados a las tradiciones del entorno), a los que se considera como extranjeros.

En esa última línea se sitúa el hecho de que algunos de los casos más significativos de matrimonios mixtos se dan entre sacerdotes (de familias quizá más pobres) con mujeres de estirpes más influyentes de la tierra de Judá y de su entorno. De esa forma, los que se casan con «no judías» estrictas siguen una estrategia de pacto y simbiosis, interpretando el judaísmo como una «religión abierta» a las nuevas realidades del entorno social (sin tener que abandonar por ello las tradiciones judías).

Es lógico que algunos sacerdotes hayan querido pactar por matrimonio con grupos semi-judíos (vamos a llamarlos así) como los tobíades de la zona trasjordana o con grupos israelitas, aunque no judíos, del viejo reino del Israel (de Samaría) (cf. Neh 6, 17-19). Pues bien, en contra de esa política de apertura y pacto, Nehemías (y el Esdras de la Biblia), siguiendo la tradición de un yahvismo exclusivista, ha optado por la separación y la diferencia, actuando como partidario de una política de la «diferencia», que le ha permitido interpretar desde esa perspectiva toda la historia anterior (desde los patriarcas a Salomón) en clave de separación.

En un momento difícil, buscando su propia identidad y reinterpretando la historia pasada del pueblo en clave yahvista, los que han retornado de la «gola» o cautividad, para recuperar y recrear su tradición en Jerusalén y en su entorno, optan por mantener una diferencia estricta, frente a los extranjeros y frente a otro tipo de judíos más abiertos al contacto con extranjeros. Por eso, además de la problemática económica y social, en el fondo de la prohibición de los matrimonios con mujeres «extranjeras» hay un deseo de mantener la propia identidad del grupo, evitando así experiencias que en otro tiempo parecían haber sido funestas (como hemos visto en los caps. 15-16).

c) *Un problema moral*. En la superficie de esa prohibición de matrimonios mixtos y, sobre todo, en el mandato de «expulsar» a las mujeres no judías casadas con judíos, se plantea un problema jurídico, que puede resolverse acudiendo a la ley del divorcio, que capacita al varón judío para expulsar a su mujer (dándole un libelo de repudio, cf. Dt 24, 1). Pero, en el fondo, sigue habiendo un problema moral: ¿Qué es antes, la fidelidad a una mujer y a unos hijos o la fidelidad a unos principios de tipo religioso? Según Dt 13 la respuesta es clara: si alguien de tu propia familia te puede inclinar a la idolatría tienes que ser radical al rechazarle, incluso entregándole a la muerte. Pues bien, en este caso se supone que la mujer que puede ponerte en riesgo de idolatría es «extranjera» y que, por lo tanto, no se la puede matar (a pesar de la solución que proponía Finés, en el relato de Baal Peor; cf. Cosbí en Nm 25). No se trata por tanto, de matar a los dos, al israelita y a la extranjera que se «acuestan» juntos (pues ello lo impediría la misma ley persa, ahora vigente, que protege por igual a judíos y no judíos). Lo que se puede hacer es expulsar a la extranjera.

A pesar de eso, en este contexto se sigue suscitando un gran problema, pues algunas de las leyes fundamentales de Israel, que hemos evocado ya al hablar de las viudas aluden también a los extranjeros/as a quienes se debe protección especial, si están en necesidad (cf. Ex 22, 20-23; Dt 16, 9-15; 24, 17-22), y aquí parece que nos encontramos ante unas mujeres extranjeras necesitadas. Por otra parte, estas leyes nos siguen situando en un ámbito jurídico y social puramente masculino: los que toman la decisión son los hombres, a las mujeres no se les consulta. ¿Por qué no pueden hablar ellas? ¿No podría haber otra solución?

Es evidente que la solución de Esdras/Nehemías no ha sido (ni sigue siendo) la única, a pesar de que ha definido gran parte de la historia del judaísmo posterior, que se ha estructurado en forma de comunidad endogámica, en el plano familiar y religioso. Hemos citado ya a la profetisa Noadía y a otros profetas que no estaban de acuerdo con la propuesta de Esdras/Nehemías, que ha permitido el despliegue de un judaísmo que ha puesto más de relieve su «identidad y diferencia» que su apertura mesiánica. Lógicamente, esta norma ha encontrado siempre dificultades en la vida real de muchos judíos.

III
EVA
LAS GRANDES MUJERES

*E*n las dos partes anteriores de este libro he tratado de las mujeres del recuerdo (centrándome básicamente en las tradiciones anteriores al exilio) y del dolor (y gozo) de ser mujer, destacando la problemática surgida con la recreación de Israel en el contexto del exilio. Esta última parte se ocupa, en primer lugar, de Eva, que es la mujer bíblica por excelencia, para exponer después la visión de la mujer que aparece en la literatura sapiencial y ofrecer finalmente una especie de retablo, un octateuco con ocho grandes figuras de mujeres que ocupan la última etapa de la Biblia judía.

17
EVA, LA MUJER

Eva, cuyo destino preside el despliegue bíblico (Gn 1, 1–4, 2), constituye una de las figuras más poderosas de la cultura humana. Por razones literarias y teológicas, su figura ha sido colocada al comienzo de la Biblia (Gn 1–3); pero, como venimos suponiendo, ella sólo se entiende desde la perspectiva de este largo desarrollo que he venido recorriendo con cierto detalle en las reflexiones anteriores.

Eva, y toda la «historia de los orígenes humanos» (en general: Gn 1–11), ha de entenderse como expresión del momento culminante de la conciencia israelita, de manera que su figura y su función sólo adquiere sentido a la luz de lo que venimos diciendo, en un momento dado de la historia judía, cuando, tras el «retorno del exilio», los representantes de una línea más deuteronomista y los de una línea más sacerdotal pactaron para definir la identidad del judaísmo (Pentateuco: siglo IV-III a.C.), con la aportación esencial de los profetas, como hemos visto en el capítulo anterior.

Significativamente, los primeros capítulos del Génesis, con la figura de Eva (y el conjunto del Pentateuco), surgieron en un momento en que aún no había triunfado del todo la reforma de Nehemías (con la sacralidad exclusiva de Jerusalén y la expulsión de las mujeres extranjeras), de tal manera que esos textos (y todo el Pentateuco) han sido aceptados (y quizá elaborados en parte) con la colaboración de los israelitas de Samaría, antes de la ruptura total entre judíos y samaritanos (que ha culminado entre el siglo III y el II a.C.).

Estos capítulos, en los que aparecen el hombre y la mujer y, en especial, Eva como signo de humanidad, forman parte de la entraña del judaísmo, pero son, al mismo tiempo, universales, de manera que pueden aplicarse no sólo a los hombres y mujeres que se reúnen en torno a Jerusalén (y a los israelitas no judíos), sino al conjunto de la humanidad. Aquí los dividimos, para nuestro fin, en dos partes principales (Gn 1, 1–2, 4a y 2, 4b–4, 2).

III. Eva. Las grandes mujeres

1. Gn 1, 1–2, 4a. El ser humano, varón y mujer[1]

Este primer capítulo de la Biblia forma un relato unitario que desarrolla, de un modo esquemático y litúrgico, el sentido y orden del conjunto de la creación, dividida, conforme a los simbolismos sacerdotales, en siete días, que culminan con el surgimiento de los animales y los hombres (y con el Sábado). El día sexto brotan, por la palabra de Dios, dos realidades que comparten el mismo nicho ecológico: los animales (Gn 1, 24-25), que provienen de la tierra en la que viven, y los hombres (Gn 1, 26-31), que brotan de la tierra y del aliento de Dios. Sólo entonces, acabadas sus obras, Dios, puede revelar su Sábado (Gn 2, 1-3), como tiempo de descanso y plenitud.

En esa línea, el ser humano forma parte (y culmen) de un mundo positivo, creado por Dios, y sabe que todo lo que le rodea es bueno: buena es la luz, bueno el cielo (entendido como bóveda que impide la irrupción del gran caos de las aguas y a la vez como signo de misterio: lugar para los astros) y es buena especialmente la tierra que ofrece el sustento a las plantas. También es positivo el espacio donde el hombre habita y el paso de los tiempos, entendidos como alternancia del día y de la noche (luz/oscuridad) y como sucesión de fiestas/días/años. Todo es bueno en su ser profano (aquí no se habla de templos, ni de sacerdotes) y siendo, al mismo tiempo, expresión y signo de presencia del Dios creador.

En este contexto emerge el ser humano, como objeto de un cuidado y de una palabra especial de Dios, que le capacita para «dominar» sobre el resto de los vivientes, apareciendo desde el primer momento, como un ser dual, varón y mujer, sin superioridad ni jerarquía de uno sobre otro:

> Entonces dijo Dios: Hagamos al ser humano a nuestra imagen, conforme a nuestra semejanza, y que tenga dominio sobre los peces del mar, las aves del cielo, y sobre todo animal que se desplaza sobre la tierra. Creó, pues, Dios al ser humano a su imagen; a imagen de Dios (Elohim) lo creó: varón y mujer los creó. Dios los bendijo y les dijo: Sed fecundos y multiplicaos. Llenad la tierra; sojuzgadla y tened dominio sobre los peces del mar, las aves del cielo y todos los animales que se desplazan sobre la tierra.

---

1 He tratado del surgimiento del hombre-mujer en *Antropología Bíblica*, Sígueme, Salamanca 2006, donde discuto los temas de un modo más extenso y ofrezco la bibliografía básica. En especial, cf. A. Brenner (ed.), *Genesis: The Feminist Companion to the Genesis*, Academic Press, Sheffield 1998; I. Gómez-Acebo (ed.), *Relectura del Génesis*, DDB, Bilbao 1997; M. Navarro, *Barro y Aliento. Exégesis y antropología narrativa de Gn 2–3*, Paulinas, Madrid 1993.

Dios dijo además: He aquí que os he dado toda planta que da semilla que está sobre la superficie de toda la tierra, y todo árbol cuyo fruto lleva semilla; ellos os servirán de alimento. Y todo animal de la tierra, toda ave del cielo, y todo animal que se desplace sobre la tierra..., toda planta les servirá de alimento. Y fue así. Dios vio todo lo que había hecho, y he aquí que era muy bueno. Y fue la tarde y fue la mañana del sexto día (Gn 1, 26-31).

Sobre un mundo donde cada cosa tiene su lugar, al final del día sexto (con los animales), el relato introduce esta novedad, marcada por la misma palabra de Dios que dice *hagamos* (Gn 1, 26), como si tuviera que pararse y pensar, tomando consejo consigo o consultando con los ángeles que forman su corte sagrada. Por obra de un sujeto libre (Dios), no por capricho o por pura mutación material surge el ser humano.

Dios dice *hagamos al ser humano* (al Adam con artículo: Ha-Adam), en sentido inclusivo (como varón/mujer) *a nuestra imagen, según nuestra semejanza* (1, 26). La palabra imagen (*tselem*) suele aplicarse a una estatua o representación, de manera que el ser humano es como una efigie en la que se expresa el original (que es Dios). Pero el texto añade «y a nuestra semejanza» (*demut*), indicando de esa forma un parecido, que los exegetas precisan con más cuidado.

Unos dicen que el hombre es imagen/semejanza de Dios por sus cualidades espirituales, otros por su poder y pensamiento, otros incluso por su forma externa... Sea como fuere, el ser humano (varón y mujer, ambos a la vez) es imagen/estatua de Dios, de manera que con ello (de un solo trazo) queda superado todo intento de buscar otras imágenes masculinas o femeninas de su realidad. Todas las restantes imágenes de Dios que varones y mujeres han creado (imágenes de astros o animales, de varones o mujeres) resultan falsas y son idolatría. Eso significa que los hombres no pueden encontrar a Dios fuera de sí mismos o fabricarle estatuas, sino que han de buscarle y encontrarle en su propia intimidad y camino humano.

Dios sigue diciendo al hombre/mujer *que dominen sobre los peces y aves, cuadrúpedos y reptiles* (Gn 1, 26) que son los cuatro tipos de animales que el texto anterior (Gn 1, 20-22.24-25) había destacado. Dios habla en plural (que dominen), aludiendo por igual a varones y/o mujeres, sin trazar diferencias y abriendo para ellos un camino de creatividad. La palabra utilizada, tanto aquí como en el pasaje correspondiente de Gn 1, 28 para «dominar» es *radah* que significa tener *autoridad y organizar*, como hace un rey que ocupa un territorio, ejerciendo allí su soberanía.

III. Eva. Las grandes mujeres

Varón y mujer aparecen así como «delegados» de Dios ante el conjunto de los animales, no para esclavizarlos y matarlos (¡los hombres/mujeres del principio son vegetarianos, no pueden matar animales según Gn 1, 29-30!), sino para vivir en armonía con ellos, presidiendo de algún modo el equilibrio de la vida. Frente a toda «sacralización» (o divinización) de los animales, Gn 1 sabe que ellos están bajo la autoridad de unos hombres/mujeres que les presiden para darles nombre, no para matarles.

El texto sigue diciendo: *varón y mujer los creó* (1, 27). Hasta ahora, el ser humano (*ha-adam*) aparecía, al mismo tiempo, como individuo y colectividad (y así se le decía en plural: *que dominen...*). Ahora se despliega como dualidad, en signo que puede tener varios sentidos:

(a) *Ésta es una forma de dualidad somática (corporal), que se supone que existía ya en los animales*, creados según sus especies, capaces de multiplicarse. Pero ¿por qué no se ha dicho ya eso de los animales, afirmando que eran machos y hembras? ¿Por qué los animales se distinguen sólo por su *especie*, mientras los humanos quedan definidos por la dualidad masculino/femenina? Esto nos invita a buscar otro sentido en el pasaje.

(b) *Es una dualidad teológica*, pues varón/mujer aparecen como una *imagen expresa de Dios*, que dice «hagamos», mientras el texto añade que los hizo a su imagen y semejanza. Estamos, sin duda, ante un Dios «no sexuado» (que no es macho ni hembra, ni es Baal y Ashera, como hemos venido indicando en los capítulos anteriores). Pues bien, de ese Dios no sexuado (¡no hay dualismo intradivino!), proviene la dualidad sexual del hombre/mujer, como supone el paralelismo del texto: *a imagen de Elohim lo creó/macho y hembra los creó*. Del Dios bíblico sin sexo (no es Diosa/Dios) ha surgido la dualidad sexual humana.

En ese sentido ha de entenderse el ser humano, Ha-Adam, que así aparece como varón-mujer, no como un principio asexuado, ni como un varón del que deriva la mujer (ni como mujer de la que deriva el varón), sino como realidad dual, varón y mujer, sin superioridad o jerarquía interna. Así lo destaca el texto, al interpretar al ser humano (Ha-Adam) como varón «y» mujer (no como varón «o» mujer, cada uno por separado). De esa manera, desde el «y» que es esencial para el «varón y mujer» (de modo que no existe uno sin otra y viceversa) puede entenderse el enigma del «hagamos» de Dios, que implica un diálogo interior, pero no una dualidad, como en los hombres.

Mirada desde aquí, la dualidad personal del ser humano (varón y mujer) no es un simple recuerdo o pervivencia de la dualidad sexual de los animales, sino expresión fuerte de una personalidad dialogal, que aparece vinculada enigmáticamente con Dios. El ser humano empieza siendo así varón y mujer, de manera que en principio no se puede hablar de superioridad de uno sobre otro, sino de dualidad personal.

En ese contexto, la Biblia sigue diciendo: «Creced, multiplicaos, llenad la tierra y sometedla» (Gn 1, 28), utilizando para ello la forma plural (dual), dirigiéndose a varón y mujer, sin establecer diferencias. Desde ese fondo se entiende la bendición propia de Dios, que no se dirige al padre ni a la madre, sino a los dos, varón y mujer, que deben crecer y multiplicarse, de manera que surjan nuevos varones y mujeres, capaces de llenar la tierra y «ponerla a su servicio» (dominarla). Desde la cúspide de la creación, el ser humano (varón y mujer), como lugarteniente de Dios, ejerce su señorío sobre la tierra.

En ese contexto se entiende también *la ley del alimento*: «Toda planta que da semilla... y todo árbol cuyo fruto lleva semilla os servirán de alimento» (cf. Gn 1, 29-30). Recordemos que el autor de este pasaje es (parece ser) un sacerdote interesado en el ritual de sacrificios de su templo (probablemente de Jerusalén), donde día a día se ofrece a Dios la sangre viva (¡es vida!) de animales muertos. Pues bien, aquí, en la base de su libro no hay lugar para sacrificios. Al principio de los tiempos, el hombre vivía en una especie de paz mesiánica, cercana a la del fin del tiempo, cuando habitarán unidos y pacificados el lobo y el cordero, alimentándose de hierba sobre el campo (cf. Is 11, 2-9; 65, 25; Ez 34, 25). Hombre y mujer se encuentran integrados, en equilibrio pacífico, con la naturaleza (comiendo semillas y frutos de las plantas, hermanados con los animales que comen hierbas).

Según eso, en su origen, la Biblia concibe al hombre y mujer como vegetarianos: ambos se alimentan de semillas (trigo, centeno...) o frutas (de olivo, palmera, higuera, manzano...), habitando en paz sobre la tierra, recogiendo lo que ella les da, sin forzarla, como hijos agradecidos de una buena madre (cf. Gn 1, 11), de manera que su «dominio» es un dominio sin violencia ni muerte. Es evidente que el autor no puede recordar aquí un tiempo concreto en que los hombres fueran como él dice, pacíficos y vegetarianos. Pero él sabe que la comida de carne (con derramamiento de sangre de animales) lleva en sí violencia, pues matar animales para comerlos no es signo de señorío sino de dictadura, no es dominio humanizador, sino esclavitud. Según eso, hombres y mujeres estaban en principio (simbólicamente) integrados en un mundo de paz, pacificados entre sí.

En ese mismo sentido, nuestro autor añade: «y a todos los animales (cuadrúpedos, aves, reptiles) la hierba verde les servirá de alimento» (Gn 1, 30). Eso significa que en su raíz también los animales (lobos y corderos, palomas y águilas, serpientes y osos) son (debían ser) vegetarianos para acompañar de esa manera a hombres y mujeres sobre el campo, comiendo aquello que la tierra produce de forma espontanea, generosa, sin matar para alimentarse. Del hombre y la mujer se dice que comen las semillas. Los animales, en cambio, comen hierba verde, plantas, manteniéndose todos (unos y otros) en un equilibrio de fraternidad universal, de abundancia pacífica de vida. El texto evoca así un tiempo feliz, una edad de oro en que todos los animales eran hermanos.

Éste es un ideal que hombres y mujeres han cultivado muchas veces y en muchos lugares, proyectándolo al principio y a la meta de la historia. Por eso el texto, siendo relato de alabanza cósmica, propio de sacerdotes, es también un canto de protesta y profecía. (a) Es una protesta frente al mundo actual que es campo de lucha entre hombres y animales, entre seres humanos y animales. (b) Es una profecía en el más hondo sentido del término: al decir que en el principio no fue así (no había lucha entre hombres y mujeres, ni sacrificio de animales), Gn 1 ha elevado la esperanza de un final distinto, de una humanidad reconciliada. (c) Quizá se pueda añadir que el texto culmina en el «sábado de Dios» (cf. 2, 1-3), que nos lleva de los seis días del trabajo humano al séptimo de la plenitud de Dios, un sábado que los creyentes (hombres y mujeres) anticipan con su propia vida sobre el mundo. En ese sentido, las afirmaciones de Gn 1, 26-30, sobre la creación han sido y son esenciales para conocer el sentido y tarea de las mujeres judías.

Aquí, en la primera página de la Biblia, para entender y situar todo lo que sigue, se nos dice: (a) Varón y mujer no pueden entenderse como separados y enfrentados, pues forman un mismo «ser humano» (Ha-Adam). (b) No hay superioridad de uno sobre el otro, sino que ambos forman el único nosotros... que constituye el ser humano. (c) Si varón y mujer son imagen de Dios, Dios no puede entenderse en forma masculina, sino que lo divino está vinculado al varón y a la mujer, es decir, al despliegue total del ser humano. (d) En ese contexto no se puede hablar de Eva contra Adán (ni viceversa), sino de ambos vinculados. Los seres humanos aparecen así formando una comunión.

2. Gn 2, 4b–4, 2. La mujer es Eva[2]

a) *Hombre y mujer, el relato de la creación*

El texto anterior (Gn 1, 1–2, 4a) suele atribuirse a un autor más vinculado a la tradición sacerdotal, que no separa la función del hombre y la mujer, mostrando que sólo pueden existir unidos, formando un mismo «ser humano» (ha-Adam). Pero después, en la historia concreta, hombres y mujeres se han distinguido y dividido, por razones éticas, sociales y religiosas. Desde esa perspectiva, un redactor de tendencia más deuteronomista ha añadido los capítulos siguientes (Gn 2, 4b–4, 2) que vuelven a plantear el sentido del ser humano, destacando la función especial de la mujer, que recibe aquí el nombre de Eva, como indicaremos comentando el texto:

– *En tierra árida: no hay agua, ni ser humano* (Gn 2, 4b-6). El narrador ofrece un nuevo punto de partida para el conjunto de la creación y para los humanos. Antes (Gn 1, 1–2, 4a) suponía que todo lo que existe brota de las aguas: era necesario dominarlas, dividirlas, retirarlas a su sitio, para que surgiera la tierra viva de los hombres, en un orden donde todo tiene un espacio y un sentido en el conjunto. Ahora, en cambio, nos

---

[2] Sigo apoyándome en lo que he desarrollado en *Antropología bíblica*, Sígueme, Salamanca 2006. Visión de conjunto en U. Sals, *Frau*, y H. Pfeiffer, *Adam und Eva*, en WiBiLex. De un modo especial, además de comentarios a Génesis, cf. G. Anderson (ed.), *Literature on Adam and Eve. Collected Essays* (Studia in veteris testamenti pseudepigrapha 15), Leiden 2000; L. M. Bechtel, *Genesis 2.4b-3.24: a Myth about Human Maturation*, Journal for the Study of the Old Testament 67 (1995) 3–26; Ph. A. Bird, *Male and Female He Created them*, Harvard Theological Review 74 (1981) 129-159; A. M. Fusco, *Eve's Eden: An Analysis of Feminist's Critiques of the Creation Story*, Southern Connecticut State University, New Haven 2001; M. Gilbert, *Une Seule Chair (Gen 2, 24)*, Nouvelle Revue Théologique 100 (1978) 66-89; S. L. Greiner, *Did Eve Fall or Was She Pushed?*, Bible Review 15 (1999) 17-23 y 50-51; O. Keel-S. Schroer, *Eva – Mutter alles Lebendigen. Frauen- und Göttinnenidole aus dem Alten Orient*, OBO, Freiburg-Schweiz 2005; M. McKenna, *«Déjala» (Jn 12, 7). Mujeres en la Escritura*, Sal Terrae Santander 2001, 250-276; P. J. Milne, *Eve and Adam: Is a Feminist Reading Possible?*, Bible Review 43 (1988) 12-21; M. Navarro, *El Dios de Israel un padre materno*, Ephemerides Mariologicae 41 (1991) 37-83; Id., *Barro y aliento. Exégesis y antropología narrativa de Gn 2–3*, San Pablo, Madrid 1993; J. J. Schmitt, *Like Eve, Like adam: Msl in Gen 3, 16*, Biblica, 72 (1991) 1-22; T. Stordalen, *Echoes of Eden: Genesis 2-3 and Symbolism of the Eden Garden in Biblical Hebrew Literature*, Peeters, Leuven 2000; J. S. Beverly, *Out of Eden: Reading, Rhetoric, and Ideology in Genesis 2-3*, Academic Press, Sheffield 1995; E. J. van Wolde, *A Semiotic Analysis of Genesis 2-3: A Semiotic Theory and Method of Analysis Applied to the Story of the Garden of Eden*, Van Gorcum, Assen 1989.

III. EVA. LAS GRANDES MUJERES

conduce hasta el desierto, mejor dicho, hasta la estepa: tierra seca donde nada brota porque Yahvé Elohim no «ha llovido» todavía ni hay humanos que horaden la tierra, descubriendo y canalizando el agua de las fuentes interiores para cultivar el campo (2, 4b-6). Dos cosas faltan en la estepa y las dos se han vinculado: el agua de Dios, que viene por la lluvia, y el trabajo de los seres que consigue que el mismo duro suelo produzca frutos buenos, sacando el agua de la hondura de la tierra.

– *Dios y el ser humano* (Gn 2, 7). Sobre el contexto anterior se añade que «Yahvé Elohim modeló al ser humano (Adam) del barro de la tierra (adamah)». Este ser humano (que no es todavía varón ni mujer) es Adam de la Adamah: arcilloso/rojo de la arcilla, terroso de la tierra... No brota por generación espontánea, como las plantas en Gn 1, 11, sino que, para que él naciera, ha sido necesario el *trabajo* de Yahvé Elohim que le ha sacado del barro (adamah), le ha dado forma y ha insuflado en su nariz/garganta su aliento de vida, dándole así su propia y misteriosa identidad. Este primer Ser Humano (que no es aún ni varón ni mujer) es signo y compendio de todos los hombres y mujeres, modelados de la tierra, llenos de aliento divino.

– *Y plantó Yahvé Elohim un paraíso (parque)...* allá en Oriente, en la tierra donde nace el sol y la existencia empieza (Gn 2, 8-15). Plantó un jardín o parque para el ser humano y lo llenó de todos los árboles que son apetecibles y bellos y puso allí en especial el árbol del conocimiento del bien y del mal y el árbol de la vida. Nacen, además, en el jardín los grandes ríos que riegan la tierra, hay abundancia de riqueza, pero nada de ello puede contentar al ser humano, que cuida y cultiva el jardín vegetal, pero no tiene compañía que pueda contentarle.

– *Puedes comer... Mandato de Dios* (Gn 2, 16-17). El ser humano, que es dueño del jardín, recibe además una palabra de Dios que le abre un camino positivo (¡de todo árbol comerás, podrás comer!), indicándole, al mismo tiempo, un riesgo y cerrando un camino: ¡Pero no comerás del árbol del conocimiento del bien/mal! De esa manera el ser humano aparece como un viviente que puede saciar todos sus deseos, pero que, al mismo tiempo, debe reconocer un límite: No es dueño del árbol del conocimiento del bien y del mal; no todo lo que él puede hacer es bueno que lo haga.

– *El ser humano y los animales* (Gn 2, 18-28). En este momento, de manera sorprendente (retomando en otro plano un motivo que aparecía en Gn 1, 26-30), el Dios creador descubre y dice que no es bueno que el ser humano esté solo, sin verdadera compañía. Y por eso, para superar su soledad, él crea para el hombre los animales, que le sirvan de compañía y Adam les va poniendo nombres, pero ninguno logra acompañarle, ninguno se encuentra a su nivel y le responde. Este ser humano (Adam) puede hablar con Dios, habita en un jardín precioso del que se alimenta, tiene a su disposición todos los animales, pero en sentido profundo sigue estando solitario. Por eso, Dios decide «darle un auxiliar o amigo (un compañero) semejante a él» (pues Dios no como él, no está a su nivel, ni tampoco son semejantes a él los animales).

– *El ser humano es compañía: varón y mujer* (Gn 2, 21-25). Hasta ahora, Adam era todo ser humano (lo mismo que en Gn 1, 27), pero sin la distinción de hombre y mujer. Por eso, lo que el texto ha dicho hasta aquí (cuidado del parque, dominio sobre los animales, prohibición de «comer» el fruto del árbol del centro del paraíso...) vale por igual para varones y mujeres (lo mismo que lo dicho en Gn 1), de manera que en este principio no existe una antropología diferencial (una de hombres, otra de mujeres), sino sólo una antropología unitaria, pues lo más importante de los varones y mujeres es aquello que tienen en común.

En este contexto se descubre que a cada ser humano le falta algo: otro ser humano, que sea como él y que pueda ofrecerle compañía, siendo distinto, otra persona. El Adam anterior (que no era aún ni varón ni mujer) estaba lleno de un inmenso deseo de compañía, pues buscaba alguien como él y no lo hallaba. Pues bien, en ese «hueco» de su deseo se inscribe la acción creadora de Dios, que convierte al ser humano en ser-en-compañía, varón y mujer. Sólo así puede encontrarse a sí mismo y saciarse, al volverse identidad en la diferencia, varón y mujer, Adán y Eva:

> Entonces Yahvé Dios hizo caer sobre el ser humano (Adam) un sueño profundo; y mientras dormía, tomó una de sus costillas y cerró la carne en su lugar. Y de la costilla que Yahvé Dios tomó del hombre, hizo una mujer y la trajo al hombre (que es ya Adán, como varón) (Gn 2, 21-22).

Hasta ahora, el término *Adam* se entendía en sentido abarcador y presexual: era el ser humano, un símbolo de la totalidad que incluye a varones y mujeres. Pero en el momento en que Dios toma la costilla (intimidad profunda del Adam presexuado) para modelar con ella a otro humano podemos hablar ya de un Adam masculino y otro femenino (es decir, de Adán y Eva). De esa «acción de Dios» sobre el Adam presexuado no proviene sólo la mujer (Eva, la mujer), sino, que surgiendo «ella», surge también «él» (el Adán ya individual y masculino).

III. EVA. LAS GRANDES MUJERES

No había primero varón y luego mujer, pues del Adam presexuado han surgido los dos a la vez: varón y varona, hombre y hembra (ish e ishah). Más adelante, destacando un elemento de su etimología (Havah, *Eva*, se relaciona con Hayah, ser), el Adán ya masculino dirá que Eva, su mujer, es *madre de todos los vivientes* (Gn 3, 20), suponiendo que el mismo varón proviene de ella.

De todas formas, en un primer momento, miradas las cosas desde el despliegue narrativo, se puede indicar que primero estaba el varón y que de su «hueco» (costilla, vacío) ha suscitado Dios a la mujer, como compañía. Así puede afirmarse que en el principio fue el varón y que de su entraña ha surgido la mujer (cf. Gn 2, 21-23), aunque advirtiendo inmediatamente que el varón debe romper con sus padres para buscar a la mujer y unirse a ella, encontrando así su plenitud (2, 24). En esa ruptura del varón, que abandona la seguridad del origen (padre/madre) y busca una esposa que está fuera (que no es su costilla) encuentra su sentido y plenitud la realidad humana[3], como dice el Adán ya masculino al mirar a Eva, su compañía, que es como él: «¡Ésta es hueso de mis huesos, carne de mi carne!»[4]. Y así lo ratifica el comentador: «Su nombre es Hembra, pues ha sido tomada del Hombre. Por eso el Hombre abandona padre y madre y se junta a su mujer y se hacen una sola carne» (Gn 2, 23-24). En esa línea, el Hombre (ish) aparece como anterior y la Hembra (ishah) como posterior, aunque luego Adán-Hombre invierta el esquema y diga que todos los vivientes vienen de Eva-Hembra (Gn 3, 20).

La palabra de Adán (¡Ésta es hueso de mis huesos, carne de mi carne!, Gn 2, 23) es la primera palabra de hombre-varón, que reconoce su verdad (su propio ser) en la mujer y que debe estar dispuesto a perder su propia identidad para encontrarla en ella. Propiamente hablando, antes, Adán aún no existía y por eso se buscaba en vano a sí mismo (en el diálogo con Dios, en el dominio sobre los animales). Sólo ahora, cuando deja todo para unirse a la mujer, recibiendo vida de ella, realizándola con ella, se puede afirmar que ha encontrado su propio ser humano, se ha descubierto a sí mismo. Sólo ante la mujer el hombre/varón se

---

3 Los diversos elementos de esa relación compleja e igualitaria entre varón y mujer han sido estudiados por M. Navarro, *Barro y Aliento*, 109-158. Entre las obras de tipo genérico sobre el tema, cf. M. Condren, *The Serpent and the Goddess*, Harper, San Francisco 1989; A. Primavesi, *Del Apocalipsis al Génesis. Ecología feminista, cristianismo*, Herder, Barcelona 1994.
4 Cf. Rh. J. Burnette-Bletsch, *My Bone and My Flesh: The Agrarian Family in Biblical Law*, Diss. Duke University, Duke 1998.

convierte en persona, ser que existe en sí mismo existiendo en el otro (en la otra)[5].

b) Gn 3, 1-6. Serpiente y mujer

1. Presentación del texto

Tanto Gn 1 (hombre y mujer en el cosmos) como Gn 2 (Adán y Eva en el paraíso) nos han situado ante una *humanidad ideal*, que no ha existido nunca en un plano «historicista»: no hubo hombre y mujer vegetarianos, en armonía con el cosmos, ni hubo jardín de Edén en un lugar de oriente. Pero lo que allí se ha relatado constituye el «fondo» de sentido de toda la Biblia judía y sirve para recordarnos que no somos lo que podíamos haber sido, pues nuestra condición, como vivientes dominados por la ansiedad y la violencia, por la angustia y la lucha mutua, está determinada por algo que los mismos seres humanos hemos ido suscitando desde el principio de nuestra historia, movidos por una especie de «impulso» exterior/interior que nos tienta (como serpiente), a partir de un deseo que se expresa primero en la mujer, que aparece ahora como figura más significativa.

Este impulso, que podemos llamar anti-divino (simbolizado por la serpiente), viene de fuera, surgiendo, al mismo tiempo, de nuestra misma vida interna, abierta al pensamiento, a la libertad de opción, a la búsqueda inquieta de nuestra verdad. Ese impulso forma parte de nuestra propia realidad creada, que tiene que optar, hacerse a sí misma, buscando y tanteando su verdad. Así aparece por vez primera en la mujer:

> Entonces la serpiente, que era el más astuto (desnudo) de todos los animales del campo que Yahvé Dios había hecho, dijo a la mujer: «¿Es verdad que Dios os ha dicho: No comáis de ningún árbol del jardín?». La mujer respondió a la serpiente: «Podemos comer del fruto de los árboles del jardín. Pero del fruto del árbol que está en medio del jardín ha dicho Dios: No comáis de él, ni lo toquéis, no sea que muráis». Entonces la serpiente dijo a la mujer: «Ciertamente, no moriréis. Es que Dios sabe que el día que comáis de él, vuestros ojos se abrirán, y seréis como Dios (= Elohim), conociendo el bien y el mal». Entonces la mujer

---

5 Además de los comentarios y libros ya citados, cf. W. Brueggermann, *Of the same Flesh and Bone (Gen 2, 23a)*, CBQ 32 (1970) 532-542; M. Gilbert, *Une sole chair (Gen 2, 24)*, NRT 110 (1978) 66-89; J. L. Ska, *Je vais lui faire un allié qui soit homologue (Gen 2, 18)*, Bibl 65 (1984) 233-238.

vio que el árbol era bueno para comer, que era atractivo a la vista y que era codiciable para alcanzar sabiduría. Tomó, pues, de su fruto y comió. Y también dio a su marido que estaba con ella, y él comió (Gn 3, 1-6).

El Adam presexuado había puesto nombre a los animales y luego el Adán ya masculino había acogido con gozo a la mujer. Ambos se hallaban desnudos, *'arumim* sobre el ancho paraíso, integrados en la inocencia cósmica de los deseos que se cumplen sin violencia. Pero en hebreo *desnudo* significa también *astuto*. Por eso el texto continúa diciendo, de manera natural, que *la serpiente* era es la más *desnuda/astuta* (*'arum*) de los animales que Dios había hecho.

Ciertamente está *desnuda* (carece de pelo o plumas) y es *astuta*, pues simboliza las potencias subterráneas/profundas de la vida, la sabiduría cósmica y el poder del sexo, que los cananeos del entorno israelita habían divinizado en las figuras de Baal y Ashera/Astarté. En esa línea, muchos mitos la presentan vinculada con la sabiduría de la muerte y de la vida (es fármaco y veneno) y con la fuerza original del caos (es el dragón que debe ser vencido por los dioses creadores...).

2. La serpiente[6]

En este pasaje y en el que sigue (en todo Gn 3), la serpiente es un signo ambivalente. Por un lado aparece como *positiva*: abre los ojos, da capacidad para entender las cosas, haciendo que Eva se inicie en el camino de la sabiduría. Pero, al mismo tiempo, ella presenta rasgos *negativos*: es signo de envidia, de deseo de poder y de dominio inmediato sobre las fuerzas de la vida (sin tener en cuenta a Yahvé, el Dios trascendente y libre de Israel). Es evidente que esta serpiente es una figura mítica, pero ella expresa algo que no puede decirse de otra forma: ha sido creada por Yahvé y, sin embargo, ella se opone a Yahvé y de esa forma se sitúa en la línea de un «mal» que no sabemos explicar, superando así de raíz todo intento de racionalización de la realidad.

No lo podemos explicar. Ni Platón ni Hegel (por citar a dos pensadores que se han ocupado del tema) han logrado definir el mal, que está ahí, ante nosotros, de manera que por un lado nos desborda (y corre el riesgo

---

[6] He tratado de la serpiente al hablar de la «reforma» de Ezequías (cap. 12), ofreciendo una bibliografía básica sobre el tema. Cf. también K. R. Joines, *Serpent Symbolism in the OT*, Haddonfield House, Haddonfield NY 1974; C. Westermann, *Genesis 1-11*, 236-252. Para una visión general de lo que sigue, cf. L. Alonso Schökel, *Motivos sapienciales y de alianza en Gn 2–3*, en *Hermenéutica de la palabra* III, Ega, Bilbao 1991, 17-36.

de destruirnos) y por otro aparece como condición concreta del bien, es decir, de nuestra respuesta creadora. En esa línea, sabiendo que es una figura mítica negativa (como expresión de un poder de mal que sobreviene desde fuera a los seres humanos y en especial a la mujer), descubrimos pronto que ella ofrece también rasgos positivos, pues pertenece al camino de maduración del pensamiento.

No es una serpiente objetiva, un poder externo que impone su fuerza sobre la mujer, sino que aparece como sabiduría insinuante, pensamiento que pone en marcha el deseo más alto de la mujer. De esa manera, presentándose en forma animal, ella actúa de manera intensamente humana, como si fuera la otra cara de un paraíso en el que Dios permite que hombres y mujeres se realicen en libertad, abriendo un espacio de búsqueda/deseo donde anida/emerge la serpiente (sin serpiente no habría paraíso).

Quizá podamos afirmar que esa serpiente (que habla con la mujer) es el mismo pensamiento que puede dudar y duda al interior de la palabra de Dios (¿por qué nos ha prohibido comer del árbol del centro del jardín?), en gesto de envidia, poniéndose frente a Dios y diciendo: ¿Por qué no soy Dios? ¿Por qué no ocupo su lugar y descubro así que soy divina, sin necesidad de recibir vida de nadie, sin limitaciones? Entendida así, ella forma parte del riesgo de la creación de Dios, que ha suscitado un ser que puede responderle y competir con él, al menos en un plano de deseos. Nada concreto sacia a esta mujer. Ella no apetece nada que le pueda dar el mundo (el jardín de las delicias). Lo tiene casi todo, sólo una cosa le falta: no es Dios, no tiene el poder del bien/mal, no es dueña de la vida y precisamente es eso lo que ella quiere tener (ser) para vivir y engendrar por sí misma y no por gracia de un Dios que le parece impuesto por arriba. Esta serpiente es la envidia: querer ser Dios, pero en forma humana de limitación, en la rueda incesante del nacer-morir en que se sitúan Baal y Ashera.

Figuras como serpientes y dragones, pueblan la imaginación y el culto de multitud de pueblos, desde China hasta México (por poner dos ejemplos). En esa línea se sitúan los serafines o serpientes voladoras de Is 6, 2 (signos de Yahvé) y la serpiente sanadora de Nm 24, construida por el mismo Moisés, para que curara a los israelitas mordidos por serpientes venenosas en el desierto:

> Hazte una serpiente ardiente (venenosa) y colócala sobre un asta; cualquiera que sea mordido y la mire, vivirá. Hizo Moisés una serpiente de bronce, y la puso sobre un asta. Y cuando alguna serpiente mordía a alguien, este miraba a la serpiente de bronce y vivía (Nm 21, 4-9).

Las serpientes venenosas, que Dios enviaba por castigo, eran serafines voladores de muerte (*sheraphim*). En contra de ellas había construido Moisés otra serpiente *sheraph* (voladora), hecha de bronce (*nejoshet*), que estaba vinculada al mismo Yahvé, con un veneno que cura otros venenos, como antídoto o vacuna sagrada. En el fondo de este relato se encuentra la *experiencia abismal* de la serpiente, signo sagrado, de carácter ambiguo (sabia y venenosa, engendradora y destructora), que aparece en muchos ritos y cultos del entorno bíblico. Como he dicho en el cap. 12, los mismos israelitas tributaron un culto a esa serpiente, como recuerda el libro de los Reyes cuando afirma que el rey Ezequías (727-699 a.C.), al destruir los cultos del Dios y de la Diosa, «trituró la serpiente de bronce que había construido Moisés, porque los israelitas seguían ofreciéndole todavía incienso; la llamaban Nejustán» (2 Re 18, 4).

Hasta ese momento, los israelitas que acudían al templo de Jerusalén no habían separado todavía el signo del Dios-Yahvé (que en principio es trascendente, más allá del proceso divinizado de la generación) y de la serpiente (vinculada a los dioses cósmicos: Baal y Ashera). Sólo ahora, cuando destruyen la serpiente antes sagrada (divina), empiezan a separar el ámbito de Dios (poder trascendente, principio de libertad) y el culto a la serpiente (vinculada a los dioses cósmicos y al subsuelo). Este gesto (la destrucción de la serpiente-diosa) marca el comienzo de un camino que culmina en la separación plena entre Dios y Satán (entre el Yahvé y la diosa), que culmina con la apocalíptica del siglo II a.C. Sólo en ese contexto se puede escribir este relato, donde la serpiente aparece como tentadora para Eva (pues le cierra en sí, no le permite descubrir al Dios más alto que se expresa a través de ella)[7].

3. La mujer

Por lo que estamos diciendo, dentro de la conciencia «ortodoxa» judía, que ha postulado la existencia de una vinculación especial entre la mujer y la idolatría (adoración de la diosa y cultos cananeos de la vida), resulta normal que sea una mujer la que aparezca dialogando con la serpiente. Del varón se ha dicho que desea a la mujer y que descubre en ella su plenitud, por encima de la vinculación que le une a su padre y a su madre

---

7   Cf. J. S. Croatto, *Crear y amar en libertad. Estudio de Génesis 2, 4–3, 24*, Aurora, Buenos Aires 1986; E. Drewermann, *Strukturen des Bösen I*, Paderborn 1989; H. Gunkel, *Genesis*, Vandenhoeck, Göttingen 1922; H. Leisegang, *Das Mysterium der Schlange*: Eranos Jahrbuch (1939) 151-250; H. N. Wallace, *The Eden Narratives* (HSM 32), Atlanta 1985.

(cf. Gn 2, 23-25). La mujer, en cambio, desea el contacto con las fuentes de la vida, dialogando así con la «serpiente», con los poderes divinos de la generación, que los cananeos y otros pueblos paganos habían sacralizado. Ella, la mujer, es la primera que explora y quiere abrir un camino en las raíces de la vida, en un gesto que para la Biblia resulta ambivalente.

a) En un sentido, *ella, la mujer representa lo más grande*: es la humanidad que ha penetrado en la raíz de la existencia, planteándose de forma personal las preguntas primordiales (el sentido de la vida, el valor del árbol del conocimiento del bien y del mal, el alcance de la prohibición...). De esa forma, ella «conoce» por la propia experiencia de su vida (por su deseo de absoluto, por su maternidad...). Ésa es la raíz y la verdad de su conocimiento (recordemos que en la Biblia judía «conocer» significa tener relaciones sexuales, engendrar). Por eso, esta referencia a la mujer «que quiere conocer» representa un canto a su grandeza femenina, a su deseo de concebir como persona (mujer).

b) Pero, en otro sentido, *ese deseo del árbol del conocimiento resulta una indicación de la debilidad de la mujer,* pues se trata de un conocimiento que es sólo parcial (como el que ofrecen los ídolos) y que engendra ciertamente vida, pero sólo una vida limitada por la muerte, pues todo lo que se concibe y nace humanamente muere. Ciertamente, la mujer quiere hacerse y se hace «como Elohim», es decir, como los seres divinos del paganismo que conocen (conciben) y mueren, como la serpiente, es decir, como Baal y Ashera (cf. Gn 3, 5). Pero ese conocimiento que ella desea adquirir por sí misma (sin Yahvé) le cierra en su propia finitud, en el círculo sin fin de la vida y de la muerte donde giran los ídolos cananeos de la fertilidad[8].

Todo el relato se define entre el *moriréis* de Yahvé (¡el día que comáis moriréis!) y el *no moriréis* (que dice la serpiente). Ciertamente, en un plano, la serpiente tiene razón: al entrar en el mundo del conocimiento sexual/vital absolutizado (de Baal y Ashera) los seres humanos (y en

---

8 Visión teológica del conocimiento del bien/mal, en H. Blocher, *La Creazione. L'inizio della Genesi*, Claudiana, Torino 1984, 172-223. Sentido del bien/mal, en I. Höver-Johag, *Tôb*, ThDOT V, 296-317; J. H. Stoebe, *Tôb*, DTMAT I, 902-918; *R'a'*, DTMAT II, 999-1010; H. S. Stern, *The Knowledge of Good and Evil*, VT 8 (1958) 405-418.

especial la mujer) no mueren (no terminan), sino que viven y permanecen por encima de la muerte, en el nivel de los ciclos de la reproducción biológica (como las plantas y los animales, que nacen-mueren-renacen). Pero lo que el Dios Yahvé quería (quiere) y prometía (promete) a la mujer y al varón es otra cosa: es una vida que trascienda ese nivel de la reproducción biológica, donde se sitúa el paganismo cananeo que está en el fondo de la «tentación» de Eva.

Éste es el «pecado de la mujer», si es que podemos emplear ese lenguaje o, mejor dicho, el pecado del hombre-mujer, tal como los israelitas fieles a Yahvé lo han descubierto y condensado en el paganismo cananeo, que tiende a cerrarse en los dioses de la reproducción, esto es, de una vida que se clausura en sí misma, sin posibilidad de una iluminación superior (propia del auténtico Dios). Queriendo llegar a las raíces de la Vida, empleando para ello el ritual de la serpiente, Eva corre el riesgo de quedarse en el nivel de la «reproducción» (del constante engendrar/nacer/morir) donde se sitúan los dioses cananeos (y en especial la Diosa). Ciertamente, esta Eva es creadora de cultura humana (vinculada al pensamiento y al deseo de la vida). Pero, al mismo tiempo, ella corre el riesgo de hundirse y clausurarse en el plano de los dioses cananeos, como ha venido mostrando la historia bíblica, sobre todo desde una perspectiva deuteronomista.

4. Riesgo de mujer, riesgo de hombre

Muchos mitos (sobre todo, en una línea gnóstica) han situado en el principio un pecado o ruptura en el mismo interior de Dios, de manera que la historia mundana de los hombres procedería de un fracaso de Dios. Pues bien, en contra de eso, la Biblia no habla de un pecado «teológico» (cometido en el origen de todo por la Diosa), sino que habla más bien, simbólicamente, de una caída histórica, propia de unos seres humanos, a partir de la mujer (Eva) que, en vez de abrirse al Dios creador (Yahvé), ha querido permanecer en el plano de los dioses cananeos.

En ese sentido se puede aludir a un pecado de mujer o, quizá mejor, a una caída de la madre humana en el principio de la historia, pero añadiendo, inmediatamente que no es un «pecado» exclusivo, sino que ella lo ha compartido con el varón, que se ha dejado convencer por la mujer (como indica una tradición bíblica constante cuando habla del riesgo de las mujeres, que han hecho que sus maridos adoren a los dioses cananeos). Este pasaje (Gn 3, 1-7) no se puede entender en sentido historicista (como si hubiera existido una mujer, llamada Eva, que comió la manzana...), pero refleja y tematiza una experiencia clave de la historia israelita, que ha insistido en el riesgo de idolatría de las mujeres.

No nos hallamos ante un acontecimiento concreto y aislado, sino ante un riesgo, que se ha dado muchas veces en la historia israelita (y que debe evitarse). No se trata, por tanto, de un hecho puntual, sino más bien de una constante: el texto bíblico nos pone ante el peligro de una divinización de los poderes de la vida, que son buenos, pero que impiden un despliegue más alto y gratuito de la vida. Podemos hablar quizá de un «pecado universal» (como amenaza para todos los hombres y mujeres del mundo), pero, en un sentido más concreto, muestro texto nos sitúa ante un «pecado israelita».

El autor de Gn 3 ha reflexionado sobre aquello que, según la tradición deuteronomista, ha sucedido en el pasado y puede repetirse en el presente, condensando el riesgo de todas las mujeres en la figura paradigmática de Eva. No quiere hablarnos de una tragedia insuperable (¡los dioses son así, así es la historia humana!), sino de un peligro histórico que puede y debe superarse, iniciando una historia de «gracia», es decir, de transparencia en la Vida verdadera que es Yahvé, el Dios israelita. En un plano, el mundo sigue siendo «sagrado» y los seres humanos no pueden dominarlo de un modo dictatorial (como hemos hecho en occidente), sino que tenemos que vivir en armonía con él. Pero, en otro plano, hombres y mujeres somos más que puro mundo[9].

Así podemos decir, en resumen, que esta Mujer/Eva evoca lo más grande: la humanidad que quiere saber (ser dueña de sí misma) y penetrar en las raíces de la vida, comiendo así del árbol del conocimiento del bien/mal. Pero, al mismo tiempo, ella representa el riesgo de una humanidad que se cierra en sí misma, tal como aparece en los cultos cananeos de la fertilidad, que interpretan a los hombres y mujeres como un momento del proceso de la naturaleza, en contra de Yahvé, que quiere abrirles a un nivel superior de vida[10].

---

9 Sobre la tragedia en relación con pecado original y violencia, cf. P. Ricoeur, *Finitud y culpabilidad*, Taurus, Madrid 1969. El lector atento advertirá lo que debo a R. Girard, reinterpretado desde L. Scubla, *Contribution à la thèorie du sacrifice*, en M. Deguy y J.-P. Dupuy (eds.), *René Girard et le Problème du Mal*, Grasset, Paris 1982, 103-168.

10 Así podemos afirmar que, en un sentido, Eva ha conseguido aquello que quería, situándose en el plano del despliegue de la vida y siendo así la madre de los vivientes (cf. Gn 4, 2). Pero de esa forma se ha cerrado en el nivel de la gestación y el parto que son dolorosos (Gn 3, 16), quedando por consiguiente en manos de una violencia sin fin, de una vida hecha de lucha y mentira, corriendo el riesgo de desligarse para siempre de la Vida que le ofrece Dios.

c) Hombre y mujer, la humanidad real (Gn 3, 7-13)

Gn 1 y Gn 2 hablaban de un principio de armonía y de esa forma suponían que la realidad actual del mundo podía haber sido distinta. Pues bien, ese principio ha terminado. Queriendo penetrar en las raíces desnudas de la vida (por incitación de la serpiente), Eva (y Adán) han quedado en manos de su propia desnudez y su violencia.

> Y se les abrieron los ojos a los dos, y conocieron que estaban desnudos. Entonces cosieron hojas de higuera, y se hicieron ceñidores. Y cuando oyeron la voz de Yahvé Dios que se paseaba por el jardín en el fresco de la tarde, el hombre y su mujer se escondieron de la presencia de Yahvé Dios entre los árboles del jardín.
> Pero Yahvé Dios llamó al hombre y le preguntó: «¿Dónde estás?». El hombre respondió: «Oí tu voz en el jardín y tuve miedo, porque estaba desnudo. Por eso me escondí». Le preguntó Dios: «¿Quién te dijo que estabas desnudo? ¿Acaso has comido del árbol del que te mandé que no comieses?». El hombre respondió: «La mujer que me diste por compañera, ella me dio del árbol, y yo comí». Entonces Yahvé Dios dijo a la mujer: «¿Por qué has hecho eso?». La mujer dijo: «La serpiente me engañó, y comí» (Gn 3, 7-13).

Han querido «conocer» para vivir así de un modo independiente (sin necesidad de Dios), pero se miran a sí mismos y descubren que ese tipo de conocimiento, vinculado a su deseo de dominar la vida, les deja desnudos. Buscaban lo absoluto, querían lo divino, pero, al cumplir su deseo, sólo encuentran su debilidad desnuda. Más que signo de deseo sexual (también presente), la desnudez es para la Biblia una expresión de pequeñez y desamparo: varones y mujeres se descubren indefensos y perdidos, uno ante el otro. Querían desearse y encontrarse en claridad total, pero se descubren en ocultamiento y frustración, de manera que deben taparse uno del otro. Querían dominar la vida, y ahora tienen que ocultarse, por miedo de quedar indefensos.

De esa forma, al ocultarse uno del otro, ellos se ocultan de Dios (Gn 3, 8-10), que se había revelado en la misma transparencia de la vida, en el jardín transparente a la vida, de manera gratuita, dirigiéndoles hacia el equilibrio superior de una vida sin fin, hecha de gracia, en manos de Yahvé, Dios de Vida, no a merced de los dioses cananeos de la fertilidad vinculada, según la Biblia, a la muerte (es decir, a un mundo que no puede superar este nivel de existencia cerrada entre el nacer y el morir). El mismo deseo de «ser Dios» (no reconociendo lo divino) ha encerrado al hombre y a la mujer en su propia fragilidad de manera que tienen que ocultarse de sí mismos y de Dios, acusándose uno al otro.

El varón echa la culpa a la mujer (¡la mujer que me diste...!) y la mujer acusa a la serpiente, en proceso de culpabilización que suele llevar a la violencia entre todos. Afortunadamente, en este caso, la espiral de acusaciones no se cierra en el nivel humano. El varón echa la culpa a la mujer, pero la mujer no echa la culpa al varón (no cierra el círculo en el plano de la división interhumana), sino que se encara con el mismo dios/serpiente (que le ha engañado).

Por salvarse a sí mismo, el varón ha sido capaz de «acusar/sacrificar» a la mujer; la mujer, en cambio, no sacrifica al varón, sino que descarga su violencia hacia el exterior de lo humano, hacia la serpiente (que es signo de los «dioses» que le han engañado). Sólo porque ella «ha cedido» y no acusa al varón puede seguir existiendo vida humana sobre el mundo; sólo porque ella se ha elevado de nivel, acusando a la serpiente, puede darse paz entre los humanos. En este contexto, la mujer distingue entre Dios y la serpiente y de esa forma se sitúa en el principio de un camino de superación de la idolatría: confiesa que la serpiente le ha engañado, presentándose así como la primera que reconoce su culpa, de forma que podemos decir que es la primera «teóloga», pues habla ante Dios de la serpiente, que es la falsa religión (deseo de conocimiento-poder absoluto) que le ha engañado, cerrándole en la lucha sin fin de esta tierra.

De todas formas, dicho lo anterior, debemos recordar que el texto es simbólico y no quiere racionalizar (explicar) el origen y sentido del mal, sino decir que está «ahí», enigmáticamente, como una realidad (una experiencia) que se introduce entre nosotros y Dios. Eso significa que para el texto Eva no es perversa (maldad en sí, como suponen algunos discursos gnósticos), sino una mujer que se ha sentido tentada y que reconoce su culpa (cosa que Adán no hace). Entendido así, este pasaje no carga la culpa de lo que somos a Dios, pero tampoco la carga totalmente sobre los seres humanos (y en especial sobre Eva). Sin duda, ella es «culpable» y así lo reconoce, pero la razón última de su caída (si se puede utilizar esa palabra) es la figura enigmática de la serpiente, cuyo origen y sentido no se explica, como tampoco se explica el origen y sentido del mal, en contra de lo que han querido hacer, de forma siempre sesgada algunos gnósticos, teósofos e incluso filósofos (y teólogos) de línea racionalista.

La serpiente estaba ahí, escondida en la tierra, vinculada a la libertad de Eva y Adán, insinuándose a la puerta de la vida. Ellos (Eva y Adán) han abierto la puerta y la serpiente ha penetrado, de manera que de ahora en adelante deberán acostumbrarse a convivir con ella. Es lógico que los israelitas hayan personificado el «mal» en la serpiente, pues así lo han hecho otros pueblos. Pero ellos han proyectado sobre esa serpiente una carga simbólica especial, de manera que ella aparece como signo de la idolatría de Israel (vinculada de un modo especial con las mujeres).

Esa serpiente no es un animal cósmico, ni es tampoco un «Dios trascendente», sino la personificación del mal que está presente desde el principio de la historia humana, como expresión y consecuencia de la libertad. Si no hubiera serpiente, no podría hablarse de historia humana.

d) Mujer y serpiente, una historia de enemistades

Más adelante, Adán llamará a su mujer Eva (de *hawah*, vivir, dar vida: Gn 3, 20), en palabra que está relacionada con Yahvé (de *hayah*, ser, estar presente, cf. Ex 3, 14). De esa forma relaciona el poder materno, vitalizante de la mujer (Eva) con la asistencia salvadora de Yahvé[11]. Eva había querido apoderarse de la vida como Madre Sagrada (en línea idolátrica); pues bien, Adán descubre que ella es madre de todos los vivientes (y signo de Yahvé), pero madre humana, vinculada al varón, en un proceso de deseo, gestación y parto doloroso (Gn 3, 16), expresando así su verdad de mujer (persona) al servicio de la vida. Por eso, lo que suele llamarse pecado original no significa destrucción de su deseo femenino, sino transformación y realización dolorosa y finita (limitada) de ese mismo deseo (femenino y masculino). Eva ha deseado poseer por sí misma la vida, como los dioses (haciéndose en algún sentido diosa), y así se lo dice a Dios, a quien confiesa su culpa, reconociendo que la serpiente le ha engañado.

> Entonces Yahvé Dios dijo a la serpiente: «Porque hiciste esto, serás maldita entre todos los animales domésticos y entre todos los animales del campo. Te arrastrarás sobre tu vientre y comerás polvo todos los días de tu vida. Y pondré enemistad entre ti y la mujer, y entre tu descendencia y su descendencia; ésta te herirá en la cabeza, y tú le herirás en el talón» (Gn 3, 14-15).

---

11 Sobre el sentido de Eva como *Vitalidad* y *Madre de todos los vivientes*, cf A. Bonora, *La creazione: il respiro della vita e la madre dei viventi in Gen 2–3*, PSV 5 (1982) 9-22; H. N. Wallace, *Eve*, ABD II, 676-677. Sobre la etimología y sentido originario de Yahvé, cf. E. Jenni, *Yahvé*, DTMAT I, 967-975; H. O. Thompson, *Yahweh*, ABD VI, 1010-1011; E. A. Knauf, *Yahwe*, VT 34 (1984) 467-472.

Eva no ha logrado ser madre-diosa, pero puede ser *madre humana*, en clave de limitación y dolor, como dice ahora Dios (al hablar de su descendencia) y como la presenta Adán, al llamarle madre de todos los que viven (Gn 3, 20). Adán la «dominará» en un sentido (Gn 3, 16), pero no podrá «definirla», pues la vida más profunda de Eva, su dolor y lucha más intensa se siguen definiendo y desplegando en relación con la serpiente o, mejor dicho, con el deseo fuerte de la vida, que proviene de Dios, de manera que en el fondo ella, la mujer, quiere relacionarse en último término y verdaderamente con Dios (3, 15).

En esa línea resitúa Dios el diálogo entre la mujer y la serpiente, que había comenzado en Gn 3, 1-6. Pero ya no es un diálogo de engaño oculto, en el que triunfa la serpiente, sino de lucha abierta, una gran batalla donde se enfrentan como antagonistas (enemigos casi gemelos, muy distintos y cercanos) la mujer que da vida (*'ishah*) y la serpiente que quiere matar (*najash*), como muestra la misma semejanza de sus nombres.

Ésta es una lucha en que ellos, mujer y serpiente, determinan o definen la existencia humana, en el principio de la historia. De una manera comprensible, la tradición cristiana ha llamado a este pasaje el *protoevangelio* (Gn 3, 15), pues «marca» (o define) la lucha entre la mujer con su descendencia y la serpiente con su descendencia, con victoria de la mujer, es decir, de la vida. Al principio (Gn 3, 1-6) triunfaba la serpiente. Pero ahora, según la palabra de Dios, triunfa la mujer, que está al servicio de la vida, pues el mismo Dios la sostiene con su promesa. Mujer y serpiente aparecen así como signos supremos, antagónicos, del drama de la historia. Lo que ha sido la primera derrota de la mujer (ha dejado que la serpiente le engañe, como ella misma dice en 3, 13) se convierte luego en guerra incesante, que se abre al fin al triunfo de la vida, es decir, al triunfo de la mujer.

La mujer que lucha en favor de la humanidad total (ella está al servicio de los otros, de los hijos) es la garantía de un futuro para la humanidad entera, pues Dios ha dicho: *pondré* (*'ashit*) enemistades (guerra) entre ti (serpiente) y la mujer, *entre tu descendencia y la suya*... Ambas, serpiente y mujer, aparecen como madres: son principio y signo de dos tipos de existencia.

Es claro que la serpiente (un animal concreto que, según se dice se alimenta de polvo) aparece como símbolo (madre) de una serie de males y que se opone a la mujer y a su descendencia, es decir, a la humanidad), mirada aquí desde la perspectiva de Eva, no de Adán. Esa serpiente (que es un signo de los dioses cananeos) podrá tentar a la mujer, pero no la vencerá nunca del todo, porque Dios está con la mujer, no con la serpiente.

Este pasaje habla de la semilla de la serpiente (es decir, del mal), pero también de la semilla de la mujer, que actúa según Dios, una semilla positiva, de manera que ella, la mujer, actúa como cabeza de toda la estirpe humana. De ordinario, en la Biblia, la semilla vital (en hebreo *zara'*, en griego *sperma*) suele presentarse como algo propio de los varones, que son los que fundan las genealogías (cf. para Abrahán y su descendencia: Gn 12, 7; 13, 16; 15, 13, etc.). Pues bien, aquí es Eva, mujer, la portadora de *zara'* o esperma (cf. Gn 3, 15 LXX). Por eso, todos los seres humanos son su descendencia.

En el principio de lo humano no hay, por tanto, un varón sino una mujer (*'ishah*) con su esperma (*zara'*). Ciertamente, el texto sabe que al lado de la mujer se encuentra Adán, pero en este momento y para esta función Adán es secundario. En la raíz de la vida no está Adán/Varón, sino Eva/Mujer, madre en contacto especial con Dios y la serpiente[12].

Por eso, desde una perspectiva bíblica, *los humanos no son hijos de Adán sino de Eva y de Dios*, tal como indica el mismo varón (Adán), diciendo que la mujer es *Eva/Vitalidad*, reconociendo así que es madre de todos los vivientes, con (desde) Dios (3, 20). Ella, por su parte, al poner su nombre al hijo, sabiéndose grávida de Dios, le llamará Caín porque *he conseguido («caniti») un hijo de Dios*. Ciertamente, ella sabe que el padre humano (hoy diríamos biológico) es Adán, pero sabe también que el padre verdadero es Dios, como dice, en su magníficat o canto exultante de gloria (cf. Lc 1, 46-55): ¡he conseguido (*caniti*) un hijo de Dios![13].

---

12 Tradicionalmente, la simiente de vida se vincula al semen masculino: las mujeres son simples depositarias temporales de esa semilla. Aquí se rompe esa imagen y Eva aparece como «portadora de semilla» y madre de todos los humanos. Es normal que una tradición patriarcalista haya querido ignorar e invertir estos datos (fijándose en Adán, no en Eva) Por eso debemos recordar la *tradición mariológica cristiana* (en otros aspectos poco científica) que ha interpretado ese pasaje como *protoevangelio*, mirando a la mujer de Gn 3, 15 como una especie de madre mesiánica universal.

13 *Caniti* significa engendrar, establecer, crear (cf. Prov 8, 22). Pues bien, aquí se dice que Dios engendra al ser humano a través de la mujer o que ella engendra *de parte, como compañera, de Dios*. Su segundo hijo será Abel (*habel*, Vanidad: vida evanescente, un puro soplo...). Ésta es la grandeza y tragedia de la Mujer: es compañera de Dios en la donación de vida, siendo engendradora de violencia (Caín) y muerte (Abel). En estos dos hermanos estamos todos contenidos, los hijos de Eva.

e) Mujer y varón: identidad y descendencia (Gn 3, 26-20)[14]

Como acabamos de indicar, la historia humana se define desde la mujer y la serpiente, de manera que no hay sitio para el varón en el principio de la humanidad, de manera que el *patriarcalismo* es derivado (como diría el evangelio cristiano de Mc 10, 6). En el principio está Eva, portadora del impulso original (deseo de absoluto) y signo del gran riesgo (quiere adueñarse por sí misma de la vida: idolatría). Por eso, lo que suele llamarse *condena* de la mujer implica también un reconocimiento de su tarea:

> Y a la mujer le dijo: «Te haré sufrir mucho en tu embarazo; con dolor darás a luz a los hijos. Desearás con ansia a tu marido, y él te dominará». Al hombre le dijo: «Porque hiciste caso a tu mujer y comiste del árbol prohibido, la tierra será maldita por tu culpa... Con sudor de tu frente comerás el pan, hasta que vuelvas a la tierra, pues de ella te sacaron, porque eres polvo y al polvo has de volver». El hombre llamó a su mujer Eva (Vitalidad), porque ella es madre de todos los vivientes (Gn 3, 16-20).

1. *Parirás hijos con dolor...* (3, 16a). Su primer rasgo de mujer es la *maternidad* (a diferencia de Gn 2, 23-24, donde Adán la definía como objeto de su deseo). Quiso ser madre-divina, pero aquí aparece como madre muy humana y con dolor, de manera que la vida es para ella un sufrimiento aceptado, porque, a pesar del riesgo que ello implica quiere ser madre. De esa forma, la mujer/madre se sitúa en las fronteras de un sufrimiento muy grande, en los límites de un riesgo de muerte (pues los niños nacen de su sangre). Ésta es su grandeza como mujer histórica: acepta el dolor por amor a la vida.

2. *Desearás con ansia a tu marido y él te dominará...* (Gn 3, 16b). Había comenzado el varón deseando gozoso a la mujer (Gn 2, 23-24); por su parte, la mujer deseaba la «vida total» (la manzana de la diosa, ser madre divina) y así la quiso compartir con su marido, no quiso ser madre a solas (cf. Gn 3, 6). Pues bien, ahora, ella desea a su marido, pero no básicamente como «hombre» (un compañero), sino como padre que le dé hijos. Ésta es la grandeza y la limitación de la mujer bíblica, que está

---

14 Además de comentarios a Gn 4, cf. L. Alonso Schökel, *¿Dónde está tu hermano?*, San Jerónimo, Valencia 1985: A. Ibáñez Arana, *La narración de Caín y Abel en Gn 4, 2-16*, ScripVictoriense 1966, 281-319. En la línea de R. Girard, en perspectiva de surgimiento de la violencia: R. Schwager, *Brauchen wir eninen Sündenbock?*, Kösel, München 1978, 64-91; G. Barbaglio, *Dios violento? Letture delle Scritture ebraiche e cristiane*, Citadella, Assisi 1991, 27-54.

sometida al varón y, sin embargo, le desea, porque sólo así puede tener hijos (que son lo que ella verdaderamente quiere; cf. Gn 30, 1).

Ciertamente, la palabra que aquí emplea el texto: «y tu deseo ansioso (*teshuqah*) irá hacia tu marido», puede entenderse también en sentido afectivo, de amor personal y enamorado de ella hacia él (como en Cant 7, 11). Pero en el contexto actual ese deseo mayor de la mujer no parece dirigido al marido en sí (como varón y compañero sexual y sentimental), sino como *padre* que puede darle hijos, pues el texto sigue diciendo «y él te dominará». Da la impresión de que la mujer busca al varón para tener descendencia, mientras que el varón busca a la mujer para dominarla (y no solamente para tener compañía semejante a él, como se decía en Gn 2, 20-25).

Desde ese fondo se debe interpretar la palabra «mashal», que define el dominio o relación del varón con la mujer. En un sentido, se podría suponer que la mujer busca al marido también (y ante todo) como persona. Pero, en otro sentido, de hecho, las mujeres bíblicas, en general, exceptuando la del Cantar de los Cantares, no han tenido ocasión de escoger a los maridos para amarles, siendo iguales a ellos. Tenemos, pues, dos posibilidades:

a) *El dominio del marido sobre la mujer se expresa como imposición*. En esa línea, siendo por un lado superior (es fuente de vida), la mujer tiene que entregarse al varón para cumplir su deseo y destino de madre y, de manera consecuente, el varón se aprovecha de ella: no la recibe ya como igual (en la línea de 2, 23-24), sino como subordinada. Por eso, el mismo Dios dice, en palabra luminosamente dura: y él te dominará (con *mashal*, que es gobernar o administrar de forma sabia). Según eso, el varón utilizaría en su provecho el deseo maternal de la mujer para dominarla o regularla.

b) Pero la palabra *mashal* significa también *concordar, regularse mutuamente*, de manera que ambos, varón y mujer, deben «regularse» entre sí. El varón necesita a la mujer para cumplir su deseo de dominio; la mujer necesita del varón para tener hijos. Ambos, varón y mujer se completan y ajustan «*mashal*» (como los dos versos de un proverbio, que eso significa generalmente el *mashal*), en camino de fragilidad donde, en general, termina dominando el más violento (el varón), conforme al primer sentido de la palabra[15].

---

15 Sobre dos (o tres) sentidos de *mashal*, cf J. J. Schmitt, *Like Eve, Like Adam: msl in Gen 3, 16*, Bib 72 (1991) 1-22; J. A. Soggin, *Msl*, DTMAT II, 1265-1269. M. Nava-

3. *El varón llamó a su mujer Eva porque ella es madre de todo lo que vive* (Gn 3, 20). Parece que el varón se aprovecha de la mujer para imponerse sobre ella, pero en el fondo de esa imposición, él la sigue admirando y de esa forma reconoce su grandeza al llamarla Eva, la Viviente, mientras él es simplemente Adán sin más, es decir, el Terroso de la Tierra, porque de ella ha brotado (cf. 2, 7).

Por un lado, el varón actúa como superior (pues pone nombre a la mujer); pero, en otro sentido, por ese mismo nombre, el varón descubre y confiesa la supremacía de la mujer, llamándola: Eva, *Hawah*, fuente de la vida. Con ese nombre termina de alguna forma el relato del paraíso, antes de la expulsión (Gn 2, 4b–3, 24). Hasta ahora, la «mujer» (así se la llamaba, de un modo general) había estado buscando su propia identidad en camino conflictivo, queriendo hacerse diosa, para convertirse, al fin, en madre humana, oponiéndose de esa manera a la serpiente (que era signo de idolatría).

Sólo ahora sabemos quién es Eva, la mujer. (a) Por una parte, ella aparece como fiel a Dios, a quien ha confesado su «pecado» (la serpiente me engañó y comí, cf. 3, 13), aceptando su destino: Dios le dice que luchará contra la Serpiente, busca al varón, al servicio de la vida. (b). Por otra parte, ella aparece vinculada a su marido, que le da su nombre y reconoce su tarea (*Eva, viviente, madre de todos los vivientes humanos de la tierra*), declarando su cercanía con Dios, pues, como hemos dicho ya, su mismo nombre (*Hawah*) la vincula con Yahvé (de *Hayah*). Ciertamente, ella no es Dios, ni madre tierra divina, pero está cerca de Dios siendo la madre de los humanos[16].

---

rro, *Barro y aliento*, Paulinas, Madrid 1993, 217-267 ha precisado el sentido comparativo de *msl*: lo que el texto ratifica no es el dominio del varón sobre la mujer, sino la mutua referencia. En ese contexto quiero añadir que la mujer había querido hacerse absoluta (definiéndose en relación con Dios). La experiencia del *pecado* le ha hecho volver a la humanidad: se descubre en relación con el marido. Me parece buena esta visión; pero debo añadir que ella implica (abre el camino) para el otro sentido del texto: al quedarse en manos del marido, ella termina estando dominada por él. Así lo ha destacado mi interpretación.

16 Sobre la etimología y sentido de Eva, cf. H. N. Wallace, *Eve*, ABD II, 676-677; A. Bonora, *La creazione: il respiro della vita e la madre dei viventi in Gn 2*□*3*, PSV 5 (1982); J. Bergman, *Hayah*, ThDOT III, 369-371. Para el transfondo teológico y tradicional del tema, cf comentarios a Gn: J. A. Soggin, *Genesi 1-11* (CSANT), Torino 1991, 89; C. Westermann, *Genesis 1-11*, Augsburg, Minneapolis 1987, 267-270.

f) Conclusión. Expulsados del paraíso (3, 17–4, 2)

Las palabras de condena de Dios al varón (vida de trabajo duro y muerte: Gn 3, 17-19) valen por igual para todos, pues varón y mujer, habitan en una tierra buena, pero «maldecida», descubriendo, al mismo tiempo, que ellos tienen que «taparse» uno del otro (tapar su desnudez) y que tienen que vivir fuera del paraíso (3, 21-24).

El mismo Dios que les creó desnudos les hace ahora *unas pellizas* para cubrirse (Gn 3, 21), retomando un gesto que habían comenzado ellos mismos (3, 7-10). De esa forma, los dos seres humanos dejan de ser «simples hermanos» de los animales, desnudos como ellos, sobre el ancho campo bueno del gozoso paraíso (donde todo era armonía), de manera que el mismo Dios confecciona para ellos unas «pellizas» hechas de la piel de animales muertos. Así comienza para ellos la historia de una cultura, que empieza mostrándose por los vestidos, hechos no sólo para ocultarse uno del otro, sino también para manifestarse, tal como ellos lo desean.

De esa manera, el mismo «pecado» (tienen que ocultar su desnudez con vestidos) viene a mostrarse como principio de una cultura más alta: ellos pueden escoger la manera de manifestarse a través de unos vestidos que son signo de su misma identidad y, sobre todo, de una interioridad que no puede manipularse. Los vestidos sirven para resguardar el interior y para manifestarlo con libertad (en intimidad), en un camino que marcará desde ahora toda la historia humana.

Ésta es la historia del hombre y la mujer fuera del paraíso del que Dios mismo les expulsa (Gn 3, 22-23), para que así ellos puedan vivir resguardados de Dios (¡sin que Dios se les imponga!), de tal forma que se desplieguen simplemente como humanos (hombres y mujeres). En un primer nivel, da la impresión de que Dios tiene envidia y miedo del hombre y la mujer y que, por eso, les expulsa de su paraíso, para ser así él solo el que manda. Pero en un segundo nivel, descubrimos que esa «expulsión» es buena para el hombre y la mujer, pues de esa manera ellos pueden realizarse de verdad como aquello que son, es decir, sencillamente como humanos. Ellos saben que hay Dios, pero no pueden «volver a encontrarle» en su nivel divino, como parecía suponer el relato del paraíso (con el árbol del conocimiento y de la vida a la mano). Ahora, por vez primera, descubrimos que el hombre y la mujer son lo que son, sencillamente humanos, de manera que no pueden atravesar la frontera de Dios y volver al paraíso, pues unos querubines de espadas de fuego (de muerte) les cierran la entrada (Gn 3, 23-24).

Esta visión del no retorno puede parecernos dura: un Dios celoso impide que encontremos el camino de vuelta al paraíso (sacralidad perdida), de manera que así nos domina, impone su poder sobre nosotros, actuando quizá por envidia. Pero en el fondo se trata de un gesto bondadoso y respetuoso: Dios ratifica aquello que hemos querido ser y que somos, impidiendo que vivamos en el sueño de un retorno a la unidad sagrada de lo divino. La primera condición para ser «seres humanos» (hombres y mujeres) es reconocer que no somos dioses. Se trata, por tanto, de aceptar la humanidad. Carece de sentido un eterno retorno, una vuelta a los orígenes infantiles del paraíso (con el deseo de idolatría de la mujer y la aceptación idolátrica del hombre). Sólo ahora se dice que Eva pudo tener y tuvo dos hijos, aquello que había querido desde el principio[17].

17 Ciertamente, los hijos son de Eva y Adán, pero es ella la que los engendra como propios, dándoles un nombre. Al primero le llama *Caín*, porque he conseguido/engendrado (*caniti*) un *hijo de parte de Yahvé*. Así aparece ella como «creadora» con Dios... Pero creadora de un hijo que será el asesino de su hermano, es decir, del segundo hijo, que se llamará *Abel* que significa un breve Soplo, Vanidad, un Suspiro (*Habel*). Eva le ha engendrado, pero ya no le pone nombre como a Caín. El texto dice que se llama Abel, para añadir después que su hermano le matará. Eva aparece así desde el principio como madre de dolores (de dos hijos divididos desde el principio de la historia, en lucha de muerte). Cf. Qoh 1, 2: *Habel Habalim: vanidad de vanidades*, todo lo que existe sobre el mundo es un suspiro de mentira y muerte. Pero hay una diferencia fundamental: para Gn 4, 1-16 el hombre es Habel/Abel porque le mata su hermano por envidia, en lucha despiadada que acaba siendo asesinato; para el *Qohelet* (Ecl) el ser humano es vanidad por su misma constitución, por su forma de ser dura y despiadada sobre el mundo.

18

MUJER IDEAL, SABIDURÍA DE DIOS

Tras el exilio, dentro del movimiento de reconstrucción judía que hemos vinculado a la expulsión de las mujeres extranjeras (Esdras/Nehemías) y al desarrollo paradigmático de la figura de Eva, la mujer, se ha fijado la tercera parte de la Biblia, que está formada básicamente por los «Escritos» (Ketubim), que tienen un carácter más bien Sapiencial. En ellos se ha dado un amplio tratamiento al tema de la mujer, que puede condensarse en tres motivos principales: (1) Mujer ideal, una expresión de Dios. (2) Mujeres reales, peligro y ayuda para el hombre. (3) Figuras ejemplares, un octateuco de mujeres (que dividiremos en tres capítulos).

Comenzamos aquí por el primer motivo, que responde a un tema que se conoce bien, no sólo en la Biblia, sino en muchas culturas que, por un lado, tienden a esclavizar a la mujer concreta (cerrada en casa, al servicio del hombre) mientras que, por otro, elevan a la mujer ideal y la colocan en una «hornacina», como si fuera una diosa. En esa línea suele hablarse de un eterno femenino.

Éste es un tema que aparecía ya en la literatura profética, antes y después del Exilio, desde Oseas hasta el Tercer Isaías (como hemos visto ya en el cap. 14). Los profetas han negado que Yahvé tenga una «esposa divina» (han rechazado a la Ashera), pero han interpretado al pueblo de Israel, y de un modo especial a Jerusalén, como Hija/Esposa de Dios, hipostasiando así de alguna forma al pueblo, en forma femenina, haciendo de Israel una especie de pareja humana del Dios sobrehumano.

En esa línea han avanzado los libros sapienciales, que conocen otras hipostasizaciones de Dios (la Palabra, el Espíritu), insistiendo de un modo especial en la Sabiduría que es, sin duda, un «atributo» de Dios (no una «persona» estrictamente dicha), pero que recibe cierta autonomía y se vincula de un modo especial con lo femenino. De esa forma, la Sabiduría de Dios (signo de su Ley y de su Pueblo, su Palabra creadora y su Presencia) recibe formas de mujer ideal y de «esposa» de Dios, como vemos en Proverbios, Eclesiástico (Ben Sira) y Sabiduría.

1. Proverbios: la Sabiduría como Diosa-amiga[18]

El libro de los Proverbios (Prov) forma parte de la Biblia hebrea y consta de dos partes: una antología de refranes o dichos sapienciales (Prov 10-31) y una introducción teológica (Prov 1-9) con una enseñanza unitaria sobre los riesgos y sentido de la vida humana. Esa introducción, escrita hacia el siglo IV a.C, trasmite la doctrina que un padre y/o maestro israelita dirige a su hijo/discípulo para ayudarle a superar los riesgos generales de la vida (cf. Prov 1-5) y, sobre todo, la tentación de la mala mujer (cf. Prov 6-7). Pues bien, frente a esa mala mujer, en la base de su enseñanza, Proverbios presenta a la Dama Sabiduría (maestra divina), para que guíe al joven en su maduración (cf. Prov 8-9).

1. *Dios habla como una mujer.* En el momento en que debe decir su palabra esencial, el maestro varón (autor del libro) tiene que ceder la palabra a la Mujer-Sabiduría, por la que el mismo Dios viene a mostrarse amiga/esposa de los sabios. Frente a la mala mujer o ramera que destruye el corazón incauto (cf. Prov 1, 20-33; 5, 1-14; 7, 1-27), dejándolo en manos de su propia pequeñez y su violencia, viene a revelarse la mujer sagrada, amiga/esposa de Dios y de los hombres (Prov 8-9).

Nos hallamos cerca del discurso de Platón quien, al llegar a la cumbre de su diálogo de amor, deja que hable una mujer, Diótima en nombre de la divinidad (*Banquete*). Pero en Proverbios la que habla no es una

---

[18] Introducción en J. Hausmann, *Weisheit* (AT), WiBiLex y en especial Ch. Maier, *Weisheit (Personification) (AT)*, WiBiLex. Para una visión general, cf. A. M. Dubarle, *Los Sabios de Israel*, Escerlicer, Madrid 1958; I. Fischer, *Gotteslehrerinnen. Weise Frauen und Frau Weisheit im Alten Testament*, Kohlhammer, Stuttgart 2006; S. Schroer, *Die Weisheit hat ihr Haus gebaut. Studien zur Gestalt der Sophia in den biblischen Schriften*, Grünewald, Mainz 1996; P. Heinisch, *Die Persönliche Weisheit des AT in religionsgesch. Beleuchtung* (Bibl. Zeitfragen 13), Münster 1923; B. Lang, *Frau Weisheit. Deutung einer biblischen Gestalt*, Patmos, Düsseldort 1975; B. L. Mack, *Logos und Sophia*, Vandenhoeck, Göttingen 1973; E. Schüssler Fiorenza, *La senda de Sofía. Hermenéutica feminista crítica para la liberación*, Lumen, Buenos Aires 2003; G. von Rad, *La Sabiduría en Israel. Los Sapienciales y lo Sapiencial*, FAX, Madrid 1973, 189-207; V. Wodtke (ed.), *Auf den Spuren der Weisheit. Sophia – Wegweiserin für ein weibliches Gottesbild*, Herder, Freiburg B. 1991. En especial, cf. L. Alonso Schökel-J. Vílchez, *Proverbios*, Cristiandad, Madrid 1894; G. Baumann, *Die Weisheitsgestalt in Proverbien 1-9. Traditionsgeschichtliche und theologische Studien* (FAT 16), Tübingen1996; C. V. Camp, *Wisdom and the Feminine in the Book of Proverbs*, Almond, Sheffield 1985; Ch. Maier, *Die «fremde Frau» in Proverbien 1-9. Eine exegetische und sozialgeschichtliche Studie* (OBO 144), Freiburg-Schweiz 1995.

sacerdotisa (aunque elevada), sino la misma Sabiduría de Dios, que viene a presentarse como mujer/amiga que despliega su belleza y palabra de encanto fuerte en la colina, a la vera del camino, en las entradas de la ciudad (Prov 8, 1-2), oponiéndose así a la prostituta:

> A vosotros, hombres llamo, a los hijos de Adam (= ser humano) me dirijo: aprended sagacidad los inexpertos, aprended cordura los necios. Recibid mi instrucción, que es más que plata, recibid mi ciencia mejor que el oro puro; porque la Sabiduría (= *hokmah*) vale más que las perlas y ninguna joya se le puede comparar.
> Yo, Sabiduría, soy vecina de la sagacidad (= *'ormah*)... Por mí reinan los reyes y los príncipes dan leyes justas. Yo amo a los que me aman, y los que madrugan por mí me encuentran. Yo traigo riqueza y gloria, fortuna copiosa y bien ganada; mi fruto es mejor que el oro puro y mi renta vale más que la plata. Camino por sendero justo, por las sendas del derecho (= *mispat*) para legar riqueza a mis amigos y colmar sus tesoros.
> Yahvé me estableció al principio de sus tareas, al comienzo de sus obras antiquísimas. En un tiempo remotísimo fui formada, antes de comenzar la tierra. Antes de los océanos fui engendrada, antes de los manantiales de las aguas. Todavía no estaban encajados los montes, antes de las montañas fui engendrada. No había hecho aún la tierra y la hierba, ni los primeros terrones del orbe.
> Cuando colocaba el cielo, allí estaba yo. Cuando trazaba la bóveda sobre la faz del océano; cuando sujetaba las nubes en la altura y fijaba las fuentes abismales. Cuando ponía un límite al mar, y las aguas no traspasaban sus mandatos. Cuando asentaba los cimientos de la tierra, yo estaba junto a él, como aprendiz, yo era su encanto cotidiano, todo el tiempo jugaba en su presencia; jugaba con la bola de la tierra, disfrutaba con los hijos de Adam.
> Por tanto, hijos míos, escuchadme: dichosos los que siguen mis caminos. Escuchad mi aviso y seréis sabios, no lo rechacéis. Dichoso el hombre que me escucha, velando en mi portal cada día, guardando las jambas de mi puerta. Quien me alcanza alcanzará mi vida, y gozará el favor de Yahvé; quien me pierde se arruina a sí mismo; los que me odian aman la muerte (Prov 8, 4.10-11.18.36).

La Sabiduría de Dios es una mujer que ofrece su palabra en público (sobre el ancho mundo, no en un templo), a todos cuantos quieran escucharla. Ella es la expresión y presencia del aspecto femenino-amoroso-atractivo de Dios, que sale al encuentro y nos precede en el camino de la vida. Ahora no es la Serpiente la que habla (en contra de Gn 3), sino la mujer, signo de Dios. Eso significa que la búsqueda más honda, la tensión más fuerte del amor que impulsa nuestra vida no es algo que hayamos inventado, sino un don del amor de Dios que nos llama, a través de su Sabiduría amorosa, en forma de mujer (al menos desde el punto de vista de un varón, como parece ser el autor del libro).

El Amor y la Sabiduría de Dios se identifican, apareciendo como principio y sentido de la vida humana, en forma y palabras de mujer. Por eso es ella la que habla, la Sabiduría, de un modo directo, presentándose a sí misma como mujer divina, diciendo: (1) *El mismo Dios, Yahvé, me estableció* (= canani). Esa palabra es enigmática. Puede aludir a la *generación*, como si Yahvé fuera padre/madre de la sabiduría; o también a un tipo de *adquisición*, como si Dios en el principio hubiera comprado/poseído a su Sabiduría. (2) *Fui engendrada* (= holaltti). Es un pasivo divino: Dios mismo ha «engendrado», en claro simbolismo maternal, a la Mujer-Sabiduría, en el principio de los tiempos. Todo lo que existe sobre el mundo viene luego de ella. Sólo en un momento posterior y con la ayuda de la Sabiduría/Amor han surgido los océanos y montes, los abismos de la tierra y los poderes de la bóveda celeste. En el origen, como expresión fundante de Dios, ha emergido su Sabiduría.

Esta Sabiduría creadora muestra un aspecto gozoso, de tipo lúdico: *Jugaba en su presencia* (*mesaheqet*)... Ella había sido establecida y engendrada en el principio (como obra preferida, hijo querido de Dios). Pues bien, ahora aparece como aprendiz (*'amon*) y encanto (*sa 'suim*) de Dios, que no ha suscitado el mundo por deber, por cálculo egoísta o por motivos lucrativos, sino por gozo y despliegue de amor. Éste es un Dios que siente placer y disfruta ante el encanto de su Sabiduría; con ella se alegra, como maestro que es feliz enseñando su saber a otro, como amante que se emociona con su querido/a.

2. *Lo femenino ha vuelto a Dios.* Los israelitas antiguos habían «expulsado» del trono de Dios a la Diosa/Ashera. Pues bien, ahora, sus descendientes judíos sapienciales, han vuelto a introducir en Dios a la Sabiduría/Diosa, no como otra persona, sino como una expresión y momento del mismo ser de Dios, que es masculino/femenino, y que parece más femenino que masculino. Así lo muestran estos motivos fundamentales del gran canto de la mujer/sabiduría.

Sin duda, ella presenta rasgos de diosa, en la línea de las grandes figuras femeninas de Egipto, Siria y Mesopotamia. Pero no tiene valor independiente: no se puede separar del Dios Yahvé ni concretarse en un signo idolátrico que podamos manejar. Tampoco es una personificación sin más, un modo de hablar, un motivo estético/literario sin ningún apoyo en la realidad. Esta mujer/sabiduría desborda los esquemas de la pura razón y aparece como signo femenino de la divinidad[19].

La tradición teológica cristiana ha reelaborado ese pasaje, aplicándolo a Jesús, Hijo de Dios, en su condición de ser divino y principio de lo humano. En esa línea, el mismo Jesús-Hombre sería la encarnación (el Hijo) de la Sabiduría femenina de Dios, que suele identificarse con el Espíritu Santo. *Dentro de la tradición judía*, esa Dama/Sabiduría sigue siendo un signo privilegiado del cuidado amoroso del Dios que llama a los humanos y les ama (acoge) como hace una mujer amante. En ese sentido, este pasaje no habla del Dios cerrado en sí ni tampoco de su posible encarnación en Cristo, sino del Dios que se revela a los hombres en diálogo de amor.

En ese contexto judío debemos añadir que la Palabra creadora del Dios de Gn 1 (que decía «hágase» y se hacía) aparece en Prov 8 como palabra invitadora que sigue diciendo en Prov 9, 5: «Venid y comed de mi pan, bebed del vino que he mezclado...». Como mujer que atrae a sus amantes, así convida Dios/Sabiduría a sus amigos, ofreciéndoles la gracia y encanto de su vida. Quizá pudiéramos añadir que esta mujer Sabiduría/Amor es la verdad del paraíso, presencia de Dios, que se define así como mujer-sabiduría-esposa que llama a los seres humanos (¿especialmente a los varones?), invitándoles a compartir su gozo y su belleza. En esa línea, Dios aparece como mujer y madre buena que dirige a los hombres su palabra educadora (cf. 8, 32: «Por tanto, hijos míos, escuchadme...»). Las dos imágenes (madre y esposa) se implican y completan sin dificultad en plano simbólico, apareciendo como elementos esenciales del Dios judío.

3. *Los dos caminos, dos mujeres*. Significativamente, la *introducción teológica* de Proverbios (Prov 1–9) culmina presentando los dos caminos (un tema casi universal, en Israel y en Grecia, en India y China) como dos *amores* que llaman a los «inexpertos» seres humanos. (1) La Dama

---

19 Un artista como Miguel Ángel Buonarrotti ha podido interpretar con gran belleza estas palabras en el fresco de la creación de la Capilla Sixtina del Vaticano: del hueco formado por el brazo izquierdo de Dios/varón emerge la Sabiduría/mujer como un elemento del misterio divino: Dios la mira y al mirarla, descubriendo lo más hondo de su vida, de manera que, a partir de ella (la mujer divina), puede crear con la otra mano al Adán varón. De esa manera se puede afirmar que en la mujer Sabiduría se encuentran en germen todos los seres (y en especial los humanos).

Sabiduría/Amor les invita al banquete de sus bodas divinas, en fidelidad de amor: ella ha construido su casa de «siete columnas», ha preparado el festín, ha enviado a sus emisarios y quiere que todos participen en su fiesta de vida (Prov 9, 1-12). (2) La Dama/Locura o Necedad, presentada en forma de gran prostituta, seduce a los que pasan, llevándoles a la antifiesta de un amor que lleva a la muerte (9, 13-18).

Ese pasaje retoma el motivo del banquete de la alianza, donde se decía que *Moisés y los ancianos comieron y bebieron ante Yahvé* (Ex 24, 11). Varios profetas (de Oseas al Tercer Isaías) habían interpretado esa alianza en claves esponsales. Pues bien, la tradición sapiencial ha desarrollado el tema hablando de dos banquetes. (a) *La Mujer Sabiduría* ha edificado una casa, ha labrado sus siete columnas, ha matado sus víctimas ha mezclado su vino, ha aderezado su mesa y ha enviado a sus mensajeros para que anuncien su banquete desde las colinas del entorno de la ciudad: «Si alguno es sencillo véngase acá... Venid y comed todos de mi pan, bebed del vino que he mezclado. Dejad la necedad y viviréis, y dirigíos por los caminos de la inteligencia» (Prov 9, 1-6). (2) *La Mujer Necedad* (Prostituta) es alborotada e ignorante y se sienta a la puerta de su casa, sobre un trono, y también en las colinas del entorno de la ciudad, para llamar a los que van por los caminos de la perdición: «Vosotros, los inexpertos, veníos aquí; quiero hablar a los faltos de juicio...». De esa forma invita a los que van por el camino de la perdición, para el banquete de las aguas robadas. No saben que allí moran las Sombras y que sus invitados bajan al Abismo (cf. Prov 9, 13-18).

Dos figuras femeninas definen, según eso, la vida de los seres humanos a los que Proverbios dirige su enseñanza. (a) Una es la Mujer-Sabiduría, que llama, alimenta y educa, iniciando un proceso de maduración abierto, en especial, a los jóvenes «sencillos», que corren el riesgo de perderse en el camino. (b) Otra es la Mujer-Prostituta, que se opone a Dios y que aparece como la Serpiente de Gn 3, como Eva falsa, tentando de un modo especial a los varones.

Estas dos mujeres anuncian ya un tipo de dualidad, que se expresará plenamente en la Gnosis y en el Maniqueísmo, con una Mujer-Divina, que forma parte del cielo (eterno femenino bueno) y una Mujer-Serpiente, que es el signo de la creación pervertida. En esa línea, el autor de Proverbios quiere que la mujer-buena, la Dama Sabiduría Divina, inicie al joven en el camino de la maduración humana, en línea de realización afectiva (buen matrimonio) y religiosa (plenitud personal), ofreciéndole así el alimento adecuado. Lógicamente, Proverbios tiene que mostrar el riesgo de la Mujer-Mala, vinculada a la serpiente, que ofrece su comida perversa de prostitución y muerte, destruyendo el corazón de los incautos (cf. 6, 24-25; 7, 6-23).

Frente a esa mala mujer, que deja al hombre en manos de su propia violencia (mal pan, mal agua), se eleva la *mujer sagrada*, amiga/esposa que alimenta de buen pan y vino bueno el corazón de los hombres. Como he dicho ya, éste es un tema que está cerca de Platón (discurso de Diótima, *Banquete*). Pero el Dios/Sabiduría de Proverbios, que habla en forma de mujer, no quiere llevar a los hombres a un cielo de amor extraterreno, sino conducirles al Buen Amor encarnado en el pueblo judío; no defiende un eros puramente sapiencial (espiritual), sino un amor integral, expresado en términos sociales, como seguirá indicando el libro de Ben Sira. Es Dios/Sabiduría que habla como mujer ideal, pero sólo para los varones, recordándoles el riesgo de las mujeres reales (como indicaremos en el próximo capítulo).

2. Eclesiástico: la Sabiduría es la alianza israelita[20]

El libro de Ben Sira o Eclesiástico (= Eclo) retoma algunos motivos de Prov 8–9, pero los sitúa en otra perspectiva. Actualmente se conoce el original hebreo del libro, pero el texto canónico de la Biblia judía de los LXX se halla en griego. El trasfondo esponsal sigue presente, pero pasa a segundo plano. La grandeza del Dios/Sabiduría se revela en la misma *nación* israelita, de manera que podemos hablar de una cuasi-encarnación de Dios en su ciudad o/y pueblo (que se sigue entendiendo en forma femenina). Éstos son los temas principales de Eclo 24, un *himno*, escrito hacia el 180 a.C., que he dividido en cinco partes, que cito parcialmente:

> 1. (*Presentación*). La Sabiduría (*sophia*) se alaba a sí misma, se gloría en medio de su Pueblo (= *laou*), abre su boca en la asamblea del Altísimo (= *ekklesia hypsistou*) y se gloría delante de su Potestad (*dynameos autou*) (Eclo 24, 1-2).

---

20 Cf H. Conzelmann, *Die Mutter der Weisheit (Sir 24, 3-7)*, en *Fest. R. Bultmann II*, Mohr, Tübingen 1964, 225-234; M. Gilbert, *L'Éloge de la Sagesse (Sir 24)*, RTL 5 (1974) 326-384; M. Hengel, *Judaism ande Hellenism* I, SCM, London 1974, 157-162; P. W. Skehan, *Structures in Poems on Wisdom: Proverbs 8 and Sirach 24*, CBQ 41(1979) 365-379; G. von Rad, *La Sabiduría de Israel*, FAX, Madrid 1973, 208-216; K. van der Toorn (ed.), *The Image and the Book: Iconic Cults, Aniconism and the Rise of Book Religion in Israel and the Ancient Near East* (CBETh 21), Leuven 1997.

2. (*Himno: Yo: Sabiduría*). Yo (= *egô*) salí de la boca del Altísimo y como niebla (= *homikhle*) cubrí la tierra; yo habité en el cielo poniendo mi trono sobre columna de nubes; (yo) sola rodeé el arco del cielo y paseé por la hondura del abismo; regí las olas del mar y los continentes y todos los pueblos y naciones; por todas partes busqué descanso (= *anapausin*) y una heredad (*klêronomia*) donde descansar. Entonces el Creador (= *ktistês*) del universo me ordenó, el que me creó (*ho ktisas me*) hizo reposar mi tienda (= *skênên*); y dijo: habita en Jacob, sea Israel tu heredad... (Eclo 24, 3-8).

3. (*Himno: Llamada*). Venid a mí los que me amáis y saciaos de mis frutos; mi recuerdo es más dulce que la miel y mi herencia mejor que los panales. El que me come tendrá más hambre, y el que me bebe tendrá más sed; el que me escucha no se avergonzará y el que me pone en práctica no pecará (Eclo 24, 18-22).

4. (*Comentario*: *Sabiduría-Libro*). Todo esto es el Libro de la Alianza del Dios Altísimo, la Ley que nos mandó Moisés como heredad para las comunidades (*synagôgais*) de Jacob. Rebosa sabiduría como el Pisón, y como el Tigris en primavera; va lleno de sabiduría como el Éufrates, y como el Jordán en los días de cosecha; hace brillar como luz la enseñanza (*paideia*), como el Guijón en los días de vendimia (Eclo 24, 23-27).

5. (*El escriba habla en nombre propio: Ben Sira*). Y yo salí como canal de un río y como acequia que va hacia un jardín (= *paradeison*). Y dije: regaré mi huerto, empaparé mis bancales; pero el canal se me hizo río, el río se hizo mar. Haré brillar mi enseñanza (*paideia*) como aurora y haré que ilumine hasta lejos; derramaré doctrina (*didaskalia*) como profecía y la legaré a las futuras (eternas) generaciones (Eclo 24, 30-33).

1. *Presentación* (24, 1-2). La formula el redactor del texto, diciendo que ella (la Sabiduría) pronuncia su alabanza ante los tres planos básicos de la realidad: (1) ante el *Pueblo* de Israel (*laos*: 24, 1b); (2) ante la *asamblea* de los ángeles que rodean a Dios (*ekklesia*: 24, 2a); (3) y finalmente ante la misma *Potestad* (24, 2b) o fuerza original divina. La Sabiduría no aparece ya simplemente como buena mujer, ante las puertas de aquellos que van a la ciudad (cf. Prov 8, 1-3), sino que tiene una cátedra más alta e influyente: habla a todos los seres, incluido el mismo Dios, de manera que su palabra aparece como revelación del misterio.

2. *Yo-Sabiduría: el gran discurso* (24, 3-8). En este momento habla ella, presentándose con un yo enfático (*egô*, cf. 24, 3.4), como en Prov 8, 12.14.17 donde se expresaba también en primera persona (*'ani*). Este *egô-yo* sirve para destacar el carácter personal de la Sabiduría de Dios, que habla abiertamente de sí misma, como en Prov 8, pero evitando los

III. Eva. Las grandes mujeres

términos ambiguos o menos conformes con la teología oficial israelita (como aquellos que aluden a una Sabiduría «engendrada» por Dios). Ben Sira es más sobrio que el autor de Prov, limitándose a decir que la Sabiduría brota de la boca del Altísimo, como Palabra (en la línea de Gn 1). Ella aparece también como *Espíritu* (*ruah*, cf. Gn 1, 2), tomando rasgos de niebla/nube. Ciertamente, ella habita en el cielo (forma parte de Dios: Eclo 24, 4) y fundamenta/rige (da sentido y consistencia) a todo lo que existe. Pero, a diferencia de Prov 8, 22-31, más que la acción de la Sabiduría en el cosmos, nuestro texto ha resaltado su presencia en Israel donde ella reside y descansa, habitando en el pueblo elegido (y especialmente en Jerusalén), que así aparece como «esposa» de Dios, en la línea de la tradición profética. Todo este pasaje se encuentra, por tanto, al servicio de la *identidad nacional* de Israel: el Dios eterno descansa en Sión, su muy amada; allí se despliega y revela su Sabiduría.

3. *Invitación* (24, 18-22). En la línea de Prov 8–9, la Sabiduría ofrece su alimento: «Venid a mí los que me amáis y saciaos de mis frutos» (*genêmatôn*: 24, 19). Como mujer amorosa, ella llama a los hombres; como árbol rebosante les ofrece sus dones: dulzura de miel, alimento sabroso, santidad (24, 20-22). Génesis 2–3 había separado las figuras: por un lado ponía a Eva y por otro al árbol del conocimiento/vida (que Eva no podía comer). Pues bien, aquí la misma Sabiduría/Mujer (Eva verdadera) es árbol bueno y se ofrece a sí misma como alimento para los seres humanos.

4. *Sabiduría-libro* (24, 23-29). El himno propiamente dicho ha terminado en 24, 22. Pero el escriba que lo transmite (Ben Sira), ha añadido una nota erudita diciendo, en tercera persona, como narrador o teólogo, que interpreta y aplica lo anterior desde su visión de la Ley: *Todo esto es el Libro...* (24, 23). De esa forma, identifica la Sabiduría femenina de Dios, que está como encarnada en el pueblo israelita, con el Libro de la Alianza (*biblos diathêkês*) y con la Ley (*nomos*) que define el judaísmo. En ese contexto se podría afirmar que la «esposa» de Dios es el Libro, como lo ha destacado el judaísmo posterior, formado por aquellos que descubren la presencia de Dios en la Escritura; en ella meditan, de ella viven, en ella esperan, descubriéndola de alguna manera como Esposa de Dios, su propia esposa con la que se han casado.

5. *El escriba, transmisor de la sabiduría. Confesión autobiográfica* (Eclo 24, 30-33). Al final, confirmando lo anterior, emerge el yo del escriba (de Ben Sira). Ha dicho antes que la Sabiduría ha brotado (*exelthon*) de la Boca del Altísimo (24, 3). Utilizando la misma palabra, él dice ahora

que él ha salido/brotado (*exelthon*: 24, 30) del gran río de ese Libro/Ley de la Sabiduría. El judío es, según eso, un hombre que *nace del Libro*, de una Ley que es su padre y su madre; ha brotado de la Sabiduría de Dios, en ella vive, de ella ha recibido su abundancia. Quiso ser un pequeño *canal*, para regar con agua del Libro los bancales de su entorno (sus alumnos). Pero se siente desbordado: el agua del canal se le ha hecho río, el río se ha vuelto mar inmenso. Así vive: sorprendido, gozoso, creativo. Con la Sabiduría/Libro se ha casado; al servicio de ella ha puesto su vida.

3. Libro de la Sabiduría. Me casé con ella[21]

Este libro (= Sab), escrito originalmente en griego, en los años del nacimiento de Jesús, y recogido en la Biblia judía (los LXX), contiene un fuerte testimonio de búsqueda racional y afectiva *de Dios*. El autor, un judío alejandrino experto en helenismo, elabora algunos aspectos distintivos de la revelación israelita. Su obra es un *midrash*, en el que desarrolla algunos rasgos de la Sabiduría, entendida de diversas formas (como fuerza creadora, fuente de justicia...), en las que se pone de relieve su carácter «femenino»: ella es amiga-esposa de Dios y de los hombres.

Entre los rasgos de la Sabiduría de Dios pueden destacarse: (1) Ella es *gracia*, esto es, presencia amorosa de Dios, de manera que el hombre no puede dominarla, ni conquistarla por la fuerza. (2) Ella es *justicia*, expresión del orden de Dios en el que todo se fundamenta. (3) Ella es *amiga*, y así ofrece rasgos femeninos, apareciendo como verdadera esposa del rey Salomón, a quien se le atribuye ese libro, que trata de ella. La tradición antigua de 1 Re 3, 6-9 y 2 Cr 1, 8-12 afirmaba que, iniciando su reinado,

---

21 He desarrollado el tema en *Antropología Bíblica*, Sígueme, Salamanca 2006. Entre los comentarios, cf. C. Larcher, *Le Livre de la Sagesse ou la Sagesse de Salomon* I-III (ÉtBibl), Paris 1983-1985 y J. Vílchez Líndez, *Sabiduría*, Verbo Divino, Estella 1990. Además de libros citados en notas anteriores, cf. P. E. Bonnard, *La Sagesse en personne annoncée et venue; Jesus-Christ* (LD 44), Cerf, Paris 1966, 93-107; P. Beauchamp, *Épouser la Sagesse ?*, en M. Gilbert (ed.), *La Sagesse de l'AT* (BETL 51), Leuven 1979, 347-369; A. M. Dubarle, *La manifestacion naturelle de Dieu d'après l'Écriture* (LD 91), Paris 1976, 127-154. A. J. Festugière, *L'ideal religeux des grecs et l'evangile*, Gabalda, Paris 1981; J. Fichtner, *Die Stellung der Sapientia Salomonis in der Literatur- und Geistesgeschichte iher Zeit*, ZNT 36 (1937) 113-132; T. Finant, *Hellenistic Humanism in the Book of Wisdom*, TQ 27 (1960) 30-48; A. Jaubert, *La Notion d'Alliance dans le Judaïsme aux abords de l'Ère Chretienne*, Seuil, Paris 1963, 350-446; É. des Places, *Le Livre de la Sagesse et les influences grecques*, Bib 50 (1969) 536-542; G. Schimanowski, *Weisheit und Messias* (WUNT 17), Tübingen 1985, 69-94.

III. Eva. Las grandes mujeres

el joven Salomón había rogado a Dios, pidiendo Sabiduría para conocer y gobernar su reino:

> Dios de mis padres, Señor de misericordia, que todo lo formaste con tu palabra y creaste al hombre sabiamente para que dominara todas tus criaturas, gobernara el mundo con justicia y santidad y administrara justicia rectamente: dame la Sabiduría entronizada junto a ti. Contigo está la Sabiduría que conoce tus obras, a tu lado estaba cuando hiciste el mundo. Envíala desde tu trono glorioso, para que esté a mi lado y trabaje conmigo, enseñándome lo que te agrada (Sab 9, 1-4.9-10).

Ésta es la Sabiduría compañera (esposa/amiga) de Dios, que aparecía ya en el libro de los Proverbios y en el Eclesiástico. Salomón la pide, para desposarse con ella (no con «malas mujeres», como suponía la tradición antigua: cf. cap. 8, mujeres extranjeras de Salomón) y actuar así con el poder de Dios sobre la tierra. Esta oración nos sitúa en el principio de la historia humana, como si Salomón fuera el nuevo Adán, el hombre reconciliado con Dios.

La Sabiduría es Compañera (esposa) divina y humana: estaba en Dios, organizando todo lo que existe, y ahora actúa entre los hombres para que ellos sean reflejo y presencia (imagen) de Dios sobre la tierra. Todos somos Adán, conforme a esa plegaria universal de Salomón. En ese contexto, retomando una experiencia que hemos visto ya en Prov 8 y Eclo 15, 2; 51, 13-15, Sab afirma que, siendo de algún modo esposa de Dios, la Sabiduría es esposa y compañera de vida para el hombre. Gn 2–3 decía que el ser humano (*ha-Adam*) sólo alcanzaba su plenitud como varón y mujer, al desplegarse en pareja de amor. Pues bien, en nuestro caso, en el lugar de Eva descubrimos a la Sabiduría como esposa (esposo, amigo) para el hombre:

> A ella la quise y la busqué desde muchacho,
> intentando hacerla mi esposa, convirtiéndome en enamorado de su
>   hermosura.
> Al estar unida (*symbiôsis*) con Dios, ella muestra su nobleza,
> porque el dueño de todo la ama.
> Por eso decidí unirme con ella, seguro de que sería mi compañera
>   en los bienes,
> mi alivio en la pesadumbre y la tristeza (Sab 8, 1–2, 9).

La vida entera se define, según esto, como *proceso afectivo*. Está al fondo el simbolismo que aparece también en el *Banquete* de Platón, con el ascenso amoroso hacia las fuentes de toda realidad (el Bien Supremo). Pero Salomón, el enamorado, no sale del mundo, sino que se introduce con fuerza de amor en este mundo. De todas maneras, en otros sentidos, hay rasgos paralelos. *El sabio* platónico, transformado por amor, puede gobernar con justica a los humanos. *El Rey israelita*, enamorado desde joven de la Sabiduría superior, descubre en ella su gozo (disfruta) y gobierna con su ayuda.

Conforme a esta visión, el hombre encuentra su verdad en una alianza o matrimonio de amor que le liga con el Dios Sabiduría. Estamos cerca de un motivo hierogámico, explicitado en los profetas (cf. Oseas, Ezequiel, cf. cap. 14). Pero hay una diferencia significativa. Los profetas ven a Dios como marido celoso de su pueblo Israel. Por el contrario, Sab 8 concibe al ser humano como esposo-marido de un Dios (Sabiduría) que aparece como esposa.

Este cambio es importante y nos obliga a superar muchos prejuicios de sexo que solemos proyectar en lo divino, presentando a Dios como varón (sólo en línea masculina) y al ser humano como mujer (en línea femenina, siempre inferior). Pues bien, en contra de eso, Sab 6, 14; 8, 2.9 podría entenderse de una forma inversa, de manera que en línea de sabiduría (Sophia femenina) el mismo Dios viene a presentarse como compañera-amiga-esposa de los hombres; la presencia de Dios se concibe en forma femenina de conocimiento y amor.

En el fondo de todo conocimiento hay un amor hombre-mujer. Por eso, Salomón, el hombre bíblico, es un auténtico filó-sofo: un amante de la sabiduría. En esa línea, se podría añadir que las mujeres ya no son para él causa de idolatría (como en la tradición antigua), sino signo de la Sabiduría de Dios, que él buscó de un modo apasionado: «La preferí a cetros y tronos, y en su comparación tuve en nada la riqueza. No la equiparé a la piedra más preciosa, porque el oro a su lado es como vulgar arena. La quise más que a la salud y a la belleza» (Sab 7, 8-10). Como en todo amor auténtico, esa Sabiduría-mujer es para él un signo de *gracia*. Por eso hay que rogar a Dios, para que la ofrezca, pues ella (toda mujer) es un don divino:

> Dios de mis padres y Señor de misericordia,
> que todo lo creaste con tu palabra y formaste al hombre sabiamente,
> dame la Sabiduría entronizada junto a ti (*paredron*)
> y no me excluyas de entre tus siervos.
> Contigo está la Sabiduría que conoce tus obras,
> a tu lado estaba cuando hiciste el mundo,

III. Eva. Las grandes mujeres

ella sabe lo que a ti te agrada, lo que responde a tus mandamientos.
Envíala desde el sagrado cielo, mándala desde el trono de tu gloria,
para que esté a mi lado y trabaje conmigo,
enseñándome lo que te agrada (Sab 9, 1-2.4.9-10).

Este pasaje destaca el aspecto femenino de Dios y nos permite descubrir, al mismo tiempo, que la mujer es amiga y compañera del hombre. Para un varón, que busca ternura y compañía, Dios aparece como Amada, alguien que le responda en gesto de cercanía afectiva y compañía cordial, desde el principio y meta de la vida, viniendo a presentarse de esa forma como mujer-Sabiduría, esposa verdadera. Así culmina una visión femenina de Dios que es también una visión del ser humano: quien busca a Dios de esa manera (como Sabiduría-amiga) ha de saber que las mujeres son un signo especial (superior) de la Sabiduría original del paraíso.

Esta experiencia del Dios compañera (amiga, en alianza matrimonial) constituye una de las cumbres de la revelación israelita (del Antiguo Testamento cristiano). Pero ella puede tener y ha tenido un gran riesgo: elevar a la mujer a un plano ideal, en línea platónica (eterno femenino) mientras se margina (¡de un modo mentiroso!) a las mujeres concretas.

19
MUJERES REALES, RIESGO PARA LOS HOMBRES

Como he puesto de relieve en el capítulo anterior, los libros sapienciales, siendo tan generosos en ensalzar a la mujer ideal, han sido muy duros con las mujeres reales, como indicaremos a continuación. Ciertamente, debemos situar su postura y entenderla desde un contexto donde los hombres tienen miedo de las mujeres concretas a las que toman como riesgo (tentación, peligro) para los sabios y rectos judíos. De esa manera, estos libros muestran la otra cara de Eva (tentadora), juzgada desde el punto de vista de los varones. Ciertamente (en contra de una gnosis posterior), el judaísmo sapiencial nunca ha condenado del todo a las mujeres, ni ha olvidado sus aspectos positivos pero lo que dice de ellas, sacado de su contexto, resulta a veces injusto y sesgado.

1. Qohelet o Eclesiastés, entre mil ninguna[22]

Qohelet, el hombre del *qahal* o congregación, en griego *Eclesiastés*, varón de la *ekklesia* (iglesia-asamblea), es un pensador que reflexiona sobre la vanidad de la vida, en un mundo que parece encerrarse en sí mismo, en fría y silenciosa indiferencia, desde una perspectiva muy pesimista. No es que el mundo sea malo, como sospechaba Job, no es que Dios posea un elemento satánico y se goce en tentarnos o hacernos sufrir. Es más duro todavía: parece que Dios se desentiende de los seres humanos, pues todo va y viene, sin que nadie se preocupe por el sufrimiento de la humanidad.

---

22 Además de comentarios (cf. J. Vílchez, *Qohelet*, Verbo Divino, Estella 1994), cf. A. Bonora, *Qohelet, la gioia e la fatica di vivere*, Queriniana, Brescia 1987; S. Bretón, *Qohelet studies*, BibThBull 2 (1973) 22-50; R. Braun, *Kohelet und die frühhellenistische Popularphilosophie* (BZAT 130), Berlin 1974; J. Ellul, *La razón de ser. Meditación sobre el Eclesiastés*, Herder, Barcelona 1989; S. Fischer, *Die Aufforderung zur Lebensfreude im Buch Kohelet und seine Rezeption der ägyptischen Harfnerlieder* (Wiener alttestamentliche Studien 2), Frankfurt/M. 1999; Ch. Forman, *Qohelet and his Contradictions* (JSOT SuppSer 7), Sheffield 1989; M. Lange, *Weisheit und Torheit bei Kohelet und in seiner Umwelt. Eine Untersuchung ihrer theologischen Implikationen* (EHS.T 433), Frankfurt/M. 1991; D. Lys, *L'Eclesiaste ou que vaut la vie?*, Letouzey et Ané, Paris 1977; M. Rose, *Rien de nouveau. Nouvelles approches du livre de Qohéleth* (OBO 168), Freiburg-Schweiz 1999; E. Támez, *Cuando los horizontes se cierran – Relectura del libro de Eclesiastés o Qohelet*, DEI, San José 1998.

III. Eva. Las grandes mujeres

Desde ese fondo, como varón que expone una sabiduría propia de varones, que hablan en la asamblea o iglesia (donde las mujeres no tienen palabra), el Eclesiastés dice:

> Pero yo me puse a indagar a fondo, a explorar y a buscar la sabiduría y la razón, para conocer lo malo de la necedad y la insensatez de la locura. Y descubrí que la mujer es más amarga que la muerte, pues sus pensamientos son redes y lazos y sus manos ataduras. El que agrada a Dios escapará, pero el pecador quedará atrapado por ella.
> Mira –dice Qohelet– habiendo considerado las cosas una por una, para dar con la razón, he hallado esto: Un hombre he hallado entre mil, pero entre mil no encontré ni una mujer... Dios hizo al ser humano equilibrado, pero los hombres se han buscado preocupaciones sin cuento (Qoh 7, 25-29).

Estamos ante una de las visiones más pesimistas de la humanidad, ante una interpretación sesgada de Gn 2, 23-24, donde la mujer aparecía como compañera-igual para los varones (aunque en el fondo terminara pareciendo más propensa a la idolatría). Para el Qohelet el riesgo no es ya la idolatría, sino un tipo de necedad femenina. Es como si el hombre-varón, preocupado por el ver-hacer de la asamblea ciudadana (formada por sacerdotes-magistrados...), no entendiera a la mujer y no supiera cómo interpretar sus acciones, que le parecen «amargas» y necias, pues separan al buen hombre/varón de sus deberes.

Nos hallamos cerca del mito griego de Pandora, donde Hesíodo presenta a la mujer como principio de todos los males. También Qohelet prefiere pensar que sería mejor que no hubiera mujeres, en un plano social, pues entre mil no ha encontrado ninguna (sabia). No es que no haya conocido mujeres o que haya sido «retraído» con ellas, sino al contrario, como Salomón, con quien se identifica (cf. Qoh 1, 1), ha disfrutado los gozos y el placer de las mujeres:

> Yo dije en mi corazón: ¡Vamos, pues; te probaré con el placer, y verás qué bueno! Pero he aquí que esto también era vanidad... Engrandecí mis obras, me edifiqué casas, planté viñas, cultivé huertos y jardines, y planté en ellos toda clase de árboles frutales. Me hice estanques de aguas para regar con ellas un bosque donde crecieran los árboles. Adquirí siervos y siervas, y tuve siervos nacidos en casa. También tuve mucho ganado de vacas y ovejas, más que todos los que vivieron antes que yo en Jerusalén. Acumulé también plata y oro para mí, y tesoros preciados de reyes y provincias.

> Me proveí de cantantes, tanto hombres como mujeres y tuve un harén de concubinas, para gozar como suelen los hombres... No negué a mis ojos nada que ellos desearan, ni rehusé a mi corazón placer alguno; porque mi corazón se alegraba de todo mi duro trabajo. Ésta fue mi porción en medio de este mundo de duro trabajo. Y después consideré todas las cosas que mis manos habían hecho y el duro trabajo con que me había afanado en hacerlas, y he aquí que todo era vanidad y aflicción de espíritu. No había provecho alguno debajo del sol (cf. Qoh 2, 1-10).

Aquí estamos ante el hombre-rey que lo ha tenido todo, en un plano de posesión y gozo: el placer de obrar y triunfar, tener y disfrutar, con siervos y siervas, dinero y animales, cantores y cantoras para banquetes y mujeres... Todo lo ha tenido, todo lo ha gozado, sin limitar sus deseos. Nada se le ha resistido, a ninguna mujer se ha negado. Pero, al final, todas esas cosas (jardines, animales, banquetes, mujeres...), tomadas como posesión, se le presentan como vanidad: ha podido «poseer» las mujeres que ha querido, pero ninguna le ha dado una buena compañía para saciar la soledad, como buscaba Adán en Gn 2. Pues bien, este mismo Qohelet, que ha sido rey y ha «disfrutado» sin gozo verdadero de todas las mujeres que ha querido, al final de la jornada, al dar su consejo a los «alumnos» de su escuela (él es un maestro), se inclina por el amor monogámico y en esa línea presenta a la mujer en perspectiva positiva:

> Anda, come tu pan con gozo y bebe tu vino con alegre corazón, porque tus obras son ya aceptables a Dios. En todo tiempo sean blancas tus vestiduras, y nunca falte aceite perfumado sobre tu cabeza. Goza de la vida, con la mujer que amas, todos los días de tu vana vida, que Dios te ha dado debajo del sol; porque ésta es la porción de tu vida y del duro trabajo con que te afanas debajo del sol. Todo lo que te venga a la mano para hacer, hazlo con empeño. Porque en el Sheol, a donde vas, no hay obras, ni cuentas, ni conocimiento, ni sabiduría (Qoh 9, 7-10).

Aquí estamos ante un sano optimismo. No sabemos nada, todo es vanidad, y, sin embargo, hay algo firme: el deseo de vivir con «la mujer a la que amas», pues eso es don de Dios. Sólo en este contexto donde ella aparece en clave de amor (la mujer a la que amas) puede superarse la relación anterior de puro dominio (de harén) y la falta de sentido de la vida. Desde ese fondo, Qohelet, que antes era hombre de asamblea (y que decía, quizá cínicamente, que entre mil no encontró ninguna mujer), viene a presentarse como «hombre de casa» y en ella resulta esencial la mujer a la que ama (*ašer 'ahabtá, hês êgapêsas*: 9, 9). Ya no es una mujer entre mil, sino una mujer a la que el hombre ama, buscando su plenitud en (con) ella.

Hubiera sido conveniente, para completar el tema, preguntarle a esa mujer, pedirle a ella que escribiera lo que piensa, lo que siente, lo que quiere, como «eclesiastesa», es decir, como mujer de la asamblea social y de la casa. Ese libro de la mujer que puede decir lo que quiere (como lo dice el Eclesiastés), no se encuentra en la Biblia, pero sería esencial para completar lo que ésta dice.

2. Proverbios, mujer que tienta, mujer que fortalece[23]

He tratado ya, en el cap. 18, de la Mujer-Sabiduría, tal como aparece en la primera parte del libro (Prov 1–9). Pues bien, ahora quiero recoger algunos «proverbios» concretos del cuerpo del libro (Prov 10–30), poniendo de relieve la ambigüedad de la mujer, desde la perspectiva del varón, para citar después el canto a la mujer hacendosa, que es un texto básico de la tradición femenina de judíos y cristianos.

1. *Empiezo citando algunos proverbios concretos*, que ponen de relieve los valores y riesgos de la mujer. Ciertamente, el libro alaba a la mujer hermosa que se hace respetar (11, 16), pero insiste en el riesgo de una hermosura vana: «Zarcillo de oro en hocico de cerdo es la mujer hermosa que carece de discreción» (11, 22). Evidentemente, este libro no juzga a la mujer desde sí misma, sino desde la perspectiva del varón: «La mujer virtuosa es corona de su marido, pero la mala es carcoma en sus huesos» (12, 4). Como es lógico, en aquella situación, ella forma parte del ámbito familiar, no pertenece al espacio externo, propio de varones: «La mujer sabia edifica su casa, pero la insensata con sus propias manos la destruye» (14, 1).

La mujer necia es un riesgo constante, como una gotera en la casa (19, 13), pero la prudente es un regalo de Dios (19, 14), algo que no puede heredarse ni comprarse, es de los tesoros de una casa. Pues bien, en

---

23 Cf. bibliografía citada en el capítulo anterior, al tratar de la Mujer/Sabiduría en Proverbios. De un modo especial, cf. H. C. Washington, *The Strange Woman of Proverbs 1-9 and Post-Exilic Judaen Society*, en T. C. Eskenazi (ed.), *Second Temple Studies. Temple and Community in the Persian Period* II (JSOT, Sup. Series 175), Sheffield 1994, 217-242.

contra de eso, el libro añade que el mayor riesgo de un hombre es una mujer amiga de rencillas y pendencias: «Mejor es vivir en un rincón de la azotea (o en un desierto) que compartir la casa con una mujer rencillosa» (21, 9.19; 25, 44; 27, 15).

Atención especial merece el riesgo de la mujer ajena (20, 16; 27, 13), a la que presenta como una hoya en la que caen aquellos a los que Dios ha dejado de su mano (22, 14). «Fosa profunda es la prostituta; pozo angosto es la mujer extraña. Ella se pone al acecho como asaltante y provoca traiciones en los hombres» (23, 27-28), sin remordimiento alguno, de manera que «come, se limpia la boca y dice: no he hecho nada malo» (30, 20).

En este contexto recibe una atención especial la figura positiva de la madre, que generalmente aparece acompañada por el padre, en un contexto doméstico, especialmente vinculado a la educación de los hijos: «El hijo sabio alegra al padre, el necio menosprecia a la madre» (15, 20); «quien maltrata al padre y expulsa a la madre es hijo indigno e infame» (19, 26; cf. 20, 2). En esos y otros proverbios resuena la voz del mandamiento que exige «honrar al padre y a la madre» (Ex 20, 12; Dt 5, 6): «Escucha a tu padre, que te engendró; y cuando tu madre envejezca, no la menosprecies... Alégrense tu padre y tu madre, gócese la que te dio a luz» (Prov 23, 20.22).

2. *Himno a la mujer fuerte*[24]. Significativamente, el libro de los Proverbios, que empezaba con la imagen ideal de la Dama-Sabiduría (presencia divina), termina con un canto a la mujer hacendosa, que ha sido referencia ideal para la mujer casada (y rica) entre judíos y cristianos. Aquí recojo algunos de sus versos (construidos originalmente en forma de poema acróstico):

> Mujer virtuosa, ¿quién la hallará? Porque su valor sobrepasa a las perlas. Confía en ella el corazón de su marido, y no carecerá de ganancias, pues le trae ganancias y no pérdidas, todos los días de su vida. Busca lana y lino y con gusto teje con sus manos. Es como un barco mercante que trae su pan de lejos. Se levanta siendo aún de noche, y da de comer a su familia y su diaria ración a sus criadas. Evalúa un campo y lo compra, y con sus propias manos planta una viña... Vigila su negocio, para que le vaya bien, y no se apaga su lámpara en la noche.

---

24 Cf. M. García Bachmann, *Mujer de valor... (Prov 31:10-31). Elementos para una antropología bíblica desde el género*, Centro de Estudios Salesiano, Buenos Aires 2004, 119-132; K. Brockmöller, *Eine Frau der Stärke – wer findet sie? Exegetische Analysen und intertextuelle Lektüren zu Spr 31, 10-31* (BBB 147), Berlin 2004.

Su mano se aplica a la rueca, y sus dedos toman el huso. Extiende sus manos al pobre y tiende sus brazos al necesitado...
   Respetan a su marido en las puertas de la ciudad, cuando se sienta con los ancianos del país. Teje telas y las vende, fabrica cinturones para los comerciantes...Vigila las andanzas de sus criados y no come pan de ociosidad. Se levantan sus hijos y le llaman bienaventurada. Y su marido la alaba también: «Muchas mujeres han hecho el bien, pero tú sobrepasas a todas. Engañosa es la gracia y vana es la hermosura; la mujer que teme a Yahvé, ella será alabada» (cf. Prov 31, 10-31).

Ésta es la mujer hacendosa y fuerte, que dirige bien la casa y que trabaja al servicio del marido (¡que suele estar a las «puertas» de la ciudad, tratando de cuestiones sociales!) y de los hijos. Es una mujer rica, económicamente autónoma (aunque la propiedad pertenezca por derecho al marido), capaz de dirigir los negocios de la familia, desde las tierras (¡dirige la agricultura, cuida la viña!) hasta el taller (que está sin duda en la casa), donde confecciona prendas de lana y de cuero.

Es una mujer hábil y emprendedora, como una gerente de la empresa del marido, en el interior de una familia rica, con criados y criadas. Ella dirige la industria familiar, de manera que le alaban hijos y marido. Así la presenta un observador externo, que es, sin duda, un hombre. Pero en esa imagen ideal falta algo: la vida personal de esta mujer (¿cómo siente, cómo se relaciona con su marido), su relación interior con Dios, su libertad ante la vida, sus ideas... Por otra parte, hay algo en su figura que no sirve para un tiempo como el nuestro, pues la división de espacios que aquí se supone (ella en la casa, el marido en el mundo exterior, la ciudad) ha terminado.

3. Eclesiástico, nada es peor que una mujer[25]

En el cap.18 he tratado también de este libro, que no ha sido recibido en la Biblia hebrea (pero sí en el canon judío de los LXX), a pesar de la importancia de su doctrina en la historia del judaísmo. En un plano simbólico, este libro sigue mirando a la Sabiduría de Dios como «mujer»,

---

25 Cf. bibliografía citada en cap. anterior al tratar del Eclo. De un modo especial, cf. N Calduch-Benages, *Ben Sira y las mujeres*, Reseña Bíblica 41 (2004) 37-42; J. Marböck, *Weisheit im Wandel. Untersuchungen zur Weisheitstheologie bei Ben Sira* (BBB 37), Bonn 1971; U. Rapp, *Der gottesfürchtigen Frau ein guter Mann? Zur Lektüre der Aussagen über gute und schlechte Ehefrauen im Sirachbuch* I. Fischer (ed.), *Auf den Spuren der schriftgelehrten Weisen* (FS J. Marböck; BZAW 331), Berlin 2003, 325-338.

pero después, de hecho, expulsa a las mujeres concretas de la asamblea del pueblo. Es un libro «eclesiástico», es decir, para la iglesia o asamblea, pero, en contra de lo que sucedía en Esdras y Nehemías donde la palabra se leía para hombres, mujeres y niños (cf. Es 10, 1; Neh 8, 2), aquí las mujeres parecen excluidas de la asamblea de Israel.

El Eclesiástico contiene muchos elementos antifeministas, y así lo indican algunos textos que citaremos a modo de ejemplo. Pero ellos deben entenderse desde su contexto. Sin duda, su autor siente un gran respeto por la mujer, entendida como esposa e hija, pero es un respeto teñido de miedo y rigorismo:

> No repudies a la mujer sabia y buena, que su gracia vale más que el oro. ¿Tienes hijos? Adoctrínalos, doblega su cerviz desde su juventud. ¿Tienes hijas? Ten cuidado de ellas, y no les pongas una cara muy risueña. Casa a tu hija y habrás hecho una gran cosa, pero dásela a un hombre prudente. ¿Tienes una mujer que te gusta? No la despidas, pero si la aborreces, no te confíes a ella (Eclo 7, 19-26).

La mujer y la hija aparecen en ese contexto entre las posesiones del hombre, en un mundo fijado de manera patriarcal y masculina. En ese fondo se añade que el hombre no debe confiar demasiado en ninguna mujer, ni siquiera en la propia, «no sea que te llegue a dominar» (Eclo 9, 2). El riesgo de la mujer ajena (entendida como prostituta o casada con otro) no se ve ya aquí desde la idolatría (como en los capítulos 15-16), sino desde el peligro que supone el dejarse dominar por ella:

> No vayas al encuentro de una mujer prostituta, no sea que caigas en sus redes. Con cantadoras no frecuentes el trato, para no quedar prendido en sus enredos. No te quedes mirando a doncella, para que no incurras en tu propio castigo. A prostitutas no te entregues, para no perder tu herencia...
>
> Aparta tu ojo de mujer hermosa, no te quedes mirando la belleza ajena. Por la belleza de la mujer se perdieron muchos; ante ella el amor se inflama como fuego. Junto a mujer casada no te sientes jamás, estando a la mesa con ella no te entregues al vino, para que tu corazón no se desvíe hacia ella y te deslices a la ruina (9, 3-9).

La mujer es como el vino, pues saca al hombre fuera de sí, con sus seducciones; por eso hay que tener cuidado con ella (19, 1-3). Significativamente, Eclo condena tanto el adulterio de la mujer (que ha sido infiel a su marido y le ha dado un heredero que es de otro: 23, 22) como el del marido (el hombre que viola su propio lecho: 23, 18). Pero la condena de la mujer resulta especialmente dura:

> Ninguna herida como la del corazón, ninguna maldad como la de la mujer. No hay veneno como veneno de serpiente, ni furia como furia de enemigo, pero más vale convivir con león o dragón que convivir con mujer mala. La maldad de la mujer desfigura su semblante, oscurece su rostro como el de un oso. En medio de sus vecinos se sienta su marido, y sin poder contenerse suspira amargamente.
>
> Toda malicia es poca al lado de la malicia de mujer, ¡que la suerte del pecador caiga sobre ella! Pendiente arenosa bajo los pies de un anciano, así es la mujer habladora para un marido pacífico. No te dejes llevar por belleza de mujer, no te apasiones por ella... Corazón abatido, rostro sombrío, herida del corazón eso es la mujer mala... La mujer fue el comienzo del pecado, y por causa de ella morimos todos. No des salida al agua, ni a mujer mala libertad de hablar. Si no camina como tú quieres, córtala de tu carne (cf. Prov 25, 13-26).

Nos hallamos ante una interpretación muy sesgada de Gn 3 (¡pecado de Eva!), que ha pasado después a una parte considerable de la tradición cristiana, que ha presentado a la mujer como causa de pecado, reformulando así, de una manera sapiencial (universal), y en otro contexto, la condena contra las mujeres extranjeras de la tradición deuteronomista. Aquí parece que toda mujer es «extranjera» para el hombre, una tierra que debe ser «colonizada», a fin de que no se vuelva peligrosa.

Ciertamente, Eclo conserva de algún modo el tema de la mujer hacendosa de Prov 31, pero de manera mucho menos destacada (cf. 26, 1-4.13-18). Sabe que la mujer hacendosa hace que prospere su marido (26, 2), pero lo dice con menos convencimiento, insistiendo en el peligro que las mujeres representan para los hombres (26, 19-28).

Por su parte, el hombre (varón) de Eclo tiene miedo de que le quiten su poder. Por eso vive siempre en guardia: «Ni a hijo ni a mujer, ni a amigo ni a vecino des poder sobre tu vida; mientras vivas y respires no te sometas a nadie» (33, 20-21). Eso significa que las mujeres han de vivir siempre sometidas (igual que los hijos menores). De todas formas, este sometimiento no es total, pues la mujer ofrece al hombre una felicidad y un cobijo que nadie más podría darle.

> La belleza de la mujer recrea la mirada, y el hombre la desea más que ninguna otra cosa. Si en su lengua hay ternura y mansedumbre, su marido será plenamente afortunado. El que adquiere una mujer,

adquiere el comienzo de la fortuna, una ayuda semejante a él y columna de apoyo. Donde no hay valla, la propiedad es saqueada, donde no hay mujer, gime un hombre a la deriva. ¿Quién se fiará de la soldadesca que salta de ciudad en ciudad? Nadie se fiará tampoco del hombre que no tiene nido y que se acuesta donde la noche le sorprenda (Eclo 36, 27-31).

Aquí sí que estamos otra vez más cerca de Gn 2-3, pues la mujer viene a presentarse como principio de felicidad y como nido (cobijo) para un hombre que, de lo contrario, corre el riesgo de perderse y dispersarse. En ese sentido podemos decir que la «buena» mujer «domestica» al marido, le da una *domus* (casa), le ofrece una estabilidad que él, por sí mismo, no posee (pues, sin buena mujer, andaría saltando de prostituta en prostituta). Pues bien, para que la mujer cumpla esa función tiene que ser buena y estar «vigilada» (cf. 42, 6). En este contexto se sitúa el cuidado del padre, entre cuyas obligaciones mayores está el cuidar-educar a la hija:

> Una hija es para el padre un tesoro engañoso que le quita el sueño por la preocupación. Cuando ella es joven, tiene miedo a que se le pase la edad; si está casada, miedo a que sea aborrecida. Cuando virgen, no sea mancillada y quede encinta en la casa paterna. Cuando casada, miedo a que sea infiel o a que sea estéril.
> Sobre la hija desenvuelta refuerza la vigilancia, no sea que te haga la irrisión de tus enemigos, comidilla en la ciudad, corrillos en el pueblo, y ante el vulgo espeso te avergüence. No te quedes mirando la belleza de ningún hombre, y entre mujeres no te sientes. Porque de los vestidos sale la polilla, y de la mujer la malicia femenina. Vale más maldad de hombre que bondad de mujer; la mujer cubre de vergüenza y oprobio (42, 9-14).

Era difícil decir las cosas con más intensidad. El Eclesiástico, representante de una comunidad de hombres cuyo ideal está en «casarse con el Libro» (cf. cap. 14), siente miedo ante la mujer, quizá porque ha renunciado a entenderla y a dialogar con ella, que de esa forma queda fuera del círculo del conocimiento y de la palabra. Para precisar la situación sería necesario dejar que hablara ella, que nos contara su historia de hija y de madre, sus deseos verdaderos, su desvelo por la vida, su amor... El Eclesiástico no ha sentido la necesidad de dar la palabra a la mujer. Por eso la conoce y la describe sólo desde fuera.

En este contexto resulta significativo el hecho de que en el «elogio de los hombres de bien» (Eclo 44-50) no mencione a ninguna de las mujeres de la Biblia, ni siquiera a las madres y esposas de los patriarcas. Nuestro autor no las recuerda ni para condenarlas, como si Israel fuera sólo una historia de varones, presidida por una galería de grandes figuras desde Henoc (44, 16) y Adán (49, 16) hasta el sacerdote Simón (50, 1), contemporáneo de Ben Sira. Las mujeres no cuentan.

4. Libro de la Sabiduría. Dichosa la estéril

He presentado ya el libro (Sab) al hablar de la Sabiduría como esposa divina (cap. 14). A diferencia de Prov y Eclo, Sab apenas habla de las mujeres concretas, pero, en el contexto del justo perseguido y de la experiencia de la inmortalidad, ofrece un texto que ha marcado gran parte del pensamiento judío (y cristiano) sobre el tema. Es un texto donde la mujer aparece como valiosa en sí misma, desde su posible «pequeñez» (aunque no tenga hijos). Éste es, a mi juicio, el único lugar de la Biblia judía donde la mujer se valora simplemente por lo que es, no por lo que hace:

> Dichosa la estéril sin mancilla, la que no conoce lecho de pecado; tendrá su fruto en la visita de las almas (= en el día de la cuenta). Dichoso también el eunuco que con sus manos no obra iniquidad ni fomenta pensamientos perversos contra el Señor; por su fidelidad se le dará una escogida recompensa, una herencia muy agradable en el Santuario del Señor. Que el fruto de los esfuerzos nobles es glorioso, imperecedera la raíz de la prudencia (Sab 3, 13-15).
>
> Mejor es carencia de hijos acompañada de virtud, pues hay inmortalidad en su recuerdo, porque es conocida de Dios y de los hombres; presente, la imitan, ausente, la añoran; en la eternidad, ceñida de corona, celebra su triunfo porque venció en la lucha el premio incorruptible. En cambio, la numerosa prole del impío será inútil (Sab 4, 1-3).

Normalmente, la mujer judía estaba al servicio de la descendencia, de manera que su oficio y grandeza consistían en ser madre (aunque en Gn 2–3 ella aparecía básicamente como compañía-igual del varón). Pues bien, aquí nos encontramos ante el canto a la mujer estéril, cuyo valor está en sus obras, es decir, en su virtud personal. De esa manera, ella aparece al lado del justo perseguido (que muere sin hijos) y del eunuco (que no puede tenerlos), es decir, al lado de los rechazados sociales.

En este contexto resulta esencial la visión de la «inmortalidad», que puede y debe entenderse en sentido de «valoración interior». De esa manera, las personas que parecen inútiles (como un fallo de la naturaleza) pueden presentarse como privilegiadas de Dios, siempre que desarrollen unos valores personales (cf. Sab 3, 13-4, 6). La fe en Dios y la esperanza de la inmortalidad expresan y ratifican el valor de esos inútiles y, en especial, el de aquellos que no dejan descendencia. Dios viene a elevarse de esa forma como garantía de sentido y de plenitud para los hombres y mujeres que carecen de fortuna y futuro sobre el mundo, es decir, para los marginados sociales o personales, varones y mujeres. En este contexto no existe diferencia entre mujeres y hombres (estériles, eunucos etc.).

Estamos, sin duda, ante un manifiesto religioso: la fe en Dios es signo y *principio de inmortalidad* y garantía del valor de las personas, varones y mujeres (cf. Sab 8, 17). Pero, al mismo tiempo, estamos ante un manifiesto de *protesta social* contra los opresores y «ricos», contra los que tienen salud, dinero e hijos y no se ocupan de las estériles, eunucos y los pobres. Éste ha sido un paso decisivo en la conciencia personal y social de la Biblia hebrea, un paso que en el fondo significa que las mujeres tienen valor en sí mismas; desde ese fondo se podría avanzar aún, llamando dichosas no sólo a las mujeres estériles por naturaleza, sino también a las que optan por un «celibato» entendido como expresión de plenitud humana (como hará el Pablo judío y cristiano en 1 Cor 7)[26].

---

26 Para todo el tema, cf. C. Larcher, *Le Livre de la Sagesse ou la Sagesse de Salomon* I, Gabalda, Paris 1985, 273ss. Trasfondo general en P. Grelot, *L'espérance juive à l'heure de Jésus*, Desclée, Paris 1994.

20
OCHO MUJERES EJEMPLARES (A)
AMANTES Y ESPOSAS: SULAMITA, SARA, SUSANA

Me sitúo ya al final de la Biblia judía, para poner de relieve la importancia de ocho mujeres principales que han marcado y siguen marcando la conciencia del judaísmo (y del cristianismo). Ellas destacan por sus rasgos ejemplares, pues posiblemente ninguna ha sido una figura histórica, en el sentido estricto de la palabra. Pero todas expresan, de formas distintas y complementarias, la visión ideal de la mujer que tenía el judaísmo entre el siglo IV y el I a.C[27].

Esas ocho mujeres se pueden dividir de varias formas. Yo insistiré en su condición y en sus funciones, según el esquema que sigue, que consta de *tres capítulos: (A) Amantes y esposas: Sulamita, Sara de Tobías, Susana. (B) Extranjeras: Rut, Asenet. (C) Liberadoras: Ester, Judit, la madre macabea.*

Y con esto empiezo este capítulo del «octateuco» de mujeres, tratando de las amantes y esposas, entre las que he incluido, por motivos distintos, las figuras de la Sulamita del Cantar, Sara la de Tobías y Susana, la del libro de Daniel. En el primer caso nos hallamos ante la libertad del amor, en el segundo ante la necesidad de que la mujer sea libertada para el matrimonio y en el tercero ante una mujer fiel en el matrimonio. Sólo el primer texto forma parte de la Biblia hebrea, los dos siguientes pertenecen a la Biblia Judía de los LXX.

---

[27] He querido inspirarme en un libro ya clásico de A. Lacoque, *Subversives. Un Pentateuque* de *femmes*, Cerf, Paris 1992, que analiza el sentido y la aportación de cinco mujeres significativas del final la Biblia judía: la Sulamita (del Cantar de los Cantares), Rut, Ester, Judit y Susana. Pero más que un «pentateuco» ofrezco aquí un «octateuco», pues no son cinco, sino ocho las mujeres, que marcan de algún modo la culminación de la Biblia judía, las cinco de Lacoque (Sulamita, Rut, Ester, Judit y Susana) y otras tres muy significativas (Sara, la de Tobías, la madre macabea y Asenet).

1. La Sulamita: Cantar de los cantares[28]

El *Cantar de los Cantares* (= Cant, Ct) es un enigmático, profundo y sorprendente *poema del amor humano* donde por vez primera (desarrollando temas que están implícitos en Gn 2), la Biblia Judía ha puesto de relieve la igualdad en el amor entre el hombre y la mujer. Resulta sorprendente que la Biblia haya recogido en su canon sagrado estos poemas (del siglo IV-III a.C), que pueden compararse con otros semejantes de la literatura antigua (sobre todo de Egipto), para presentarlos como clave de humanidad, dentro de una Escritura esencialmente religiosa.

Este libro ofrece el itinerario de amor de un hombre y una mujer que descubren en sí mismos (en su encuentro) los valores y misterios de la creación originaria, el canto de un *amor integral* donde se implican motivos de la naturaleza y de la historia israelita, desde la perspectiva de un hombre y de una mujer que aparecen radicalmente como iguales y complementarios, sin superioridad de uno sobre otro. Éste es un canto donde resulta claro el influjo de la naturaleza (primavera, árboles, olores...), de la historia y de la geografía israelita, pues se habla de Jerusalén y Salomón (1, 1.5; 3, 7.9.11) y de lugares como Engadí y Líbano, de Tirsa y Sarón (1, 14; 2, 1; 4, 8, etc.). En este contexto destaca la alusión a la Sulamita/Sunamita (6, 13; cf. 1 Re 1, 3.15).

a) La Sulamita

1. *Punto de partida.* El Cant nos sitúa de nuevo en el comienzo de la creación, allí donde varón y mujer se encuentran de un modo inmediato,

---

28 Comentarios: J. C. Exum, *Song of Songs* (OTL), Louisville/KY 2005; M. V. Fox, *The Song of Songs and the Ancient Egyptian Love Songs*, University of Wisconsin Press, Madison 1985; A. González, *El Cantar de los Cantares*, Paulinas, Madrid 1981: D. Lys, *Le plus beau chant de la création. Comentaire du Cantique des Cantiques* (LD 51), Cerf, Paris 1968; M. Pope, *Song of Songs* (AB 7c), Doubleday, New York 1976; A. Robert-R. Tournay, *Cantique des Cantiques*, Gabalda, Paris 1963; G. Ravasi, *Il Cantico dei Cantici*, EDB, Bologna 1992; L. Alonso Schökel, *El Cantar de los Cantares*, EDB, Estella 1992; Y. Zakovitch, *Das Hohelied* (HThKAT), Freiburg 2004. Cf además A. Brenner, *A Feminist Companion to the Bible. Song of Songs* (II Series), Sheffield academic Press 2000; D. M. Carr, *Gender and the Shaping of Desire in the Song of Songs and Its Interpretations*, JBL 119 (2000), 233-248; A. C. Hagedorn (ed.), *Perspectives on the Song of Songs – Perspektiven der Hoheliedauslegung* (BZAW 346), Berlin 2005; C. E. Walsh, *Religion, Erotic, and the Song of Songs*, Fortress, Minneapolis 2000. El lenguaje del Cant ha inspirado gran parte de la experiencia mística y de la espiritualidad cristiana, como he visto en *Amor de hombre, Dios enamorado*, Desclée de Brouwer, Bilbao 2005.

«antes» de todo pecado y de todo dominio de uno sobre otro. Aquí no hay preocupación por el riesgo de la idolatría, ni por las genealogías impuras, ni por matrimonios de conveniencia. Aquí no hay tampoco observaciones moralizantes sobre la mujer (como en Prov o Eclo), ni exigencias patriarcalistas, ni cuidado por los hijos. Varón y mujer aparecen sencillamente como iguales, sin las divisiones religiosas, culturales o sociales impuestas por el sexo o por otras funciones sacralizadoras.

El Cantar es un texto de amor humano. Se puede llamar «erótico», pero no en el sentido del Banquete de Platón (como momento de un ascenso superior a lo divino), sino desde la clave universal de una iniciación en amor, entre un hombre y una mujer (dos jóvenes) que se buscan y encuentran en un contexto múltiple y cambiante, donde se cruzan las escenas pastoriles y las de palacio. La mujer es siempre la misma, teniendo funciones distintas: es pastora, viñadora y reina (favorita del gran harén del rey).

Éste es un canto donde la mujer puede hablar de sus sentimientos en el camino de búsqueda y encuentro erótico, en radical igualdad con el varón. De todas maneras, conforme a la costumbre social de aquel tiempo, da la impresión de que el varón/amante aparece y desaparece cuando quiere, con plena licencia para andar por las calles, yendo y viniendo sin preocuparse por los sentimientos de ella (pues supone que los tiene asegurados), mientras que ella debe «arriesgarse» a salir por la noche, buscando al amor (tiene valentía para hacerlo), aunque parece acompañada (no controlada) por sus hermanos pastores.

La mujer de Cant es reina y pastora, está en el campo (curtida por el sol) o en casa... pero siempre aparece con autonomía para amar; por eso puede salir del hogar sin escándalo, recorriendo de noche la ciudad, hasta encontrar al amigo de su alma, llevándolo a su lecho. Estamos ante el ejemplo más claro de lo que podemos llamar la «libertad del amor» en la mujer enamorada. Ella no busca sin más a cualquier hombre, sino al único que la puede devolver a la vida con sus besos. En ese sentido, aunque parece que es él quien va y viene, en otro sentido, es ella quien toma la iniciativa y le busca en la noche (sin ser condenada por hacerlo).

2. *La sulamita*. Como vengo diciendo, entre él y ella hay una relación simétrica e igualitaria. Los dos hablan y se buscan, en contra de lo que suele suceder en las relaciones patriarcales. Más aún en el Cantar sobresale el protagonismo de ella, que es la que habla y cuyos sentimientos son enfatizados. Es así hasta el punto de que podemos decir que este libro es

el Cantar de ella, de la Sulamita, cuyo nombre aparece expresamente sólo en 6, 13 (o en 7, 1), pero su figura domina todo el despliegue del Cántico[29].

Estrictamente hablando, no sabemos lo que este nombre (sulamita) significa, de manera que se han trazado varias hipótesis: (a) Algunos han pensado que ella es la mujer de Sunem/Sulem, como Abisag, la esposa ideal de David, convertida luego en esposa de su hijo (pero la identidad de Sunem con Sulem es muy dudosa y difícil pasar de la mujer final de David a la esposa ideal de Salomón). (b) Puede ser el nombre femenino de Salomón, como para indicar que Salomón y ella forman una pareja de iguales. (c) Siguiendo en esa línea, algunos afirman que el nombre Sulamita viene de la raíz *šlm*, con el sentido de «la perfecta», la pacificada, lo mismo que Salomón. (d) Otros suponen que se trata de una «personificación» de la diosa Šala o Šulmânîtu, que sería una forma equivalente de Anat/Ishtar/Astartu, de manera que en el fondo del Cantar se hallaría el viejo mito de amor del Dios y de la Diosa (Ashera).

Sea como fuere, Salomón y la Sulamita «constituyen» la pareja ideal y perfecta. Ambos son jóvenes, en un contexto de búsqueda y encuentro que pudiéramos llamar prematrimonial o, quizá mejor, prematerno. En ningún momento aparece una presión hacia el matrimonio oficial, ni hacia el cuidado de los hijos. Matrimonio e hijos podrán venir después, pero no están en el centro del Cantar, donde la *Sulamita* (vinculada a unos hermanos, no a unos padres o a un marido) y su amante descubren el sentido del mundo, descubriéndose a sí mismos; así expresan sus sentimientos de un modo vivo y fuerte, pero nunca erótico en el sentido peyorativo del término.

Nos hallamos, según eso, ante un canto a la belleza de la creación, descubierta y cantada entre dos, un hombre y una mujer, en sinfonía de amor, donde se integran cuerpo y alma, intimidad personal y mundo entero. De esa manera, descubriendo lo mejor de sí mismo, cada uno en el otro, ellos encuentran el sentido del mundo. «El amor tiene una dimensión corpórea, que no se agota en la contemplación: oír, ver, mirar, escuchar. El amor es una gravitación mutua de dos cuerpos que no quieren guardar distancias, porque buscan la unión, sueñan con la fusión»[30].

En contra de lo que se solía decir, hoy estamos convencidos de que el Cantar no fue escrito como alegoría religiosa, de manera que, en princi-

---

29 Cf. M. Navarro Puerto, *Cantares enamorados: el Cantar y los poemas de amor del Antiguo Egipto*, en *Reseña Bíblica*, 22 (1999) 34.
30 Alonso Schökel, *El Cantar de los Cantares*, 55.

pio, no habla del amor de Dios[31], sino del humano, pero sabiendo que allí donde un hombre y una mujer se aman se expresa el sentido de Dios y de la creación. En este contexto, la erótica más honda (descripción de un cuerpo de mujer, los momentos de su encuentro con el varón) se vuelve teología. Según eso, puede hablar de Dios quien sabe ver, quien asume y entiende limpiamente el gran misterio del amor humano.

b) Algunos textos especiales

¡Que me cubra de besos con su boca! (Cant 1, 1). Así comienza el libro, como palabra de deseo de una mujer que busca la presencia y contacto del hombre al que ama. No es una mujer silenciosa, esperando que venga el amado, sino que ella expresa su deseo y le llama. Este deseo de mujer, que en otros lugares de la Biblia judía ha podido tomar rasgos ambiguos, aparece aquí como normal y bueno. Ella puede decir lo que siente, ella sabe valorarse a sí misma, ella puede decidir:

> Soy morena, pero hermosa, hijas de Jerusalén. Soy como las tiendas de Quedar o como los pabellones de Salomón. No os fijéis en mi tez morena, pues el sol me bronceó. Los hijos de mi madre se enojaron contra mí y me pusieron a cuidar viñas. ¡Y mi propia viña no cuidé! Hazme saber, oh amado de mi alma, dónde pastoreas, dónde se recostará tu ganado al mediodía, para que yo no ande errante tras los rebaños de tus compañeros (1, 5-7).

He dicho que ella no está bajo un padre o un marido, pero corre el riesgo de que sus hermanos la utilicen, para guardar sus «viñas» y no «la viña del amor», que ella busca. Por eso se decide a caminar, buscando a su amado pastor, aunque su tez esté morena por el sol. Y de esa forma camina por los campos y montes, sin miedo, porque el amor la mueve y la guía.

Pues bien, cuando llega al lugar donde se encuentra su amado, ella escucha una palabra de alabanza: «Tú, mi amada, te pareces a una yegua del tiro del faraón» (Cant 1, 9). De esa forma, el amor se hace poesía cuando ellos se encuentran en intimidad, de manera que el «nardo» de la amada (su cuerpo es perfume) que atrae a su amado, es también perfume para ella: *Una bolsa de mirra entre mis pechos mi amado es para mí* (1, 13). Él responde: *¡Qué guapa estás, mi amiga, qué hermosa con*

---

31 M. Navarro Puerto, *Cantares enamorados: el Cantar y los poemas de amor del Antiguo Egipto*, 28.

tus ojos de paloma (1, 15). El amor se vuelve así un descubrimiento de olores y miradas, de manea que asistimos a una declaración mutua de admiración emocionada.

Oíd que llega mi amado (2, 8). Ella le compara a un apetecible «manzano» del que desea saborear sus frutos (en contra de lo que decía Gn 3, donde ella y él tenían que alejarse del manzano del conocimiento del bien-mal). Aquí, al contrario, ellos se deben unir, comerse uno al otro, pues el conocimiento del amor no es «pecado» (fruto prohibido), sino gracia y regalo supremo de la vida, una comunicación que les vincula para siempre. Por eso, ella dice «*Con su izquierda sostiene mi cabeza, su derecha me abraza*» (2, 6), o puede decirlo él, pues en el abrazo se vinculan ambos, sin que ninguno sea superior al otro.

En este contexto, parece que Cant 2, 8-17 relata un sueño de amor de la joven, mientras descansa en los brazos de su amado: «Oíd, que llega mi amado...» (2, 8). Da la impresión de que estamos en el centro de un sueño en el que ambos (empezando por ella) se descubren y se cantan como vivientes enamorados (un cervatillo, una paloma...). Al amarse y encontrarse, ellos son todo (se hace todo), creando un universo lleno de símbolos fuertes, abiertos a una noche de encuentro sin fin, porque (como ella dice) mi amado es mío y yo soy de mi amado, que es pastor de azucenas, para invitarle a que venga y se quede: Cuando refresque el día (Cant 2, 17) y echen a correr las sombras, amado mío, vuelve, saltando por las lomas, igual que una gacela o un cervatillo, por los montes de aromas (2, 17).

En el lecho de noche lo buscaba (3, 1). En este camino del amor hay un momento en que la mujer no puede dormir; se ha despertado y descubre que está en la cama. Le asalta la preocupación, se siente abandonada y decide salir a buscar a su amado por las calles y las plazas. No teme los peligros de la noche, nada la retiene, hasta encontrarle y traerle de nuevo a su lecho, en gesto que choca con las costumbres más convencionales de una mujer de oriente que no debería salir de su casa en la noche y preguntar a los guardias: *¿Habéis visto al que yo más quiero?* (3, 3). Pero ella sale y pregunta, porque el amor está por encima de todas las leyes sociales.

Pues bien, en Cant 3, 4 les encontramos de nuevo en la casa y alcoba materna, los dos en la noche. De esa manera, el amor que comenzaba siendo beso (1, 1) termina siendo tálamo de encuentro y descanso compartido. Aquí se alude por primera vez a una boda o matrimonio (cf. 3, 11), aunque en el conjunto del Cántico, los jóvenes no están casados ni tienen intención de estarlo, pues en Cant 8, 8-9, la joven se encuentra aún bajo la protección de sus hermanos, que discutirán la forma de «casarla»... aunque el texto deja claro que es ella la que tiene que decidir y decidirá por encima de sus hermanos.

Qué guapa estás, qué hermosa eres (4, 1). En este momento es el amado el que toma la palabra. Hasta ahora ha sido ella quien ha llevado la iniciativa en el trayecto amoroso, pero para que el amor sea verdadero, también el varón ha de tomar la palabra y decidirse, cantando a la mujer. Da la impresión de que él no ha necesitado salir a la montaña (aunque es pastor y habita en ella), ni ha tenido que andar buscando misterios en los ríos lejanos del oriente o en los jardines de Edén del paraíso de Gn 2. El río y la montaña y el paraíso del varón es la mujer, a la que describe de esta forma:

¡Qué bella eres, oh amada mía! ¡Qué bella eres! Tus ojos son como de palomas, mirando a través de tu velo. Tus cabellos son como manada de cabritos que se deslizan por las laderas de Galaad. Tus dientes son como rebaños de ovejas trasquiladas que suben del lavadero: que todas tienen mellizos, y ninguna hay sin cría. Tus labios son como hilo de grana, y tu boca es bella. Tus mejillas parecen mitades de granada, a través de tu velo. Tu cuello es como la torre de David, edificada para armería: mil escudos están colgados en ella, todos escudos de valientes. Tus dos pechos son como dos venaditos, mellizos de gacela, que se apacientan entre lirios. Me iré al monte de la mirra y a la colina del incienso, hasta que raye el alba y huyan las sombras (4, 1.7).

Ella es el monte de mirra y el collado de incienso, ella es todo el paraíso para el amante, que compara su cabello con un rebaño de cabras; su dentadura con unas ovejas recién salidas del baño, resaltando la blancura de los dientes; su cuello es como la torre de David, adornado de un magnífico collar; sus pechos se comparan con crías mellizas de gacela, para resaltar su suavidad y su tersura. Esos mismos pechos son quizá *el monte de mirra* y *el collado del incienso*, aunque ese monte y collado pueden identificarse también con las partes más íntimas de la mujer, que sólo pueden describirse con metáforas poéticas.

Al ver a la mujer, el amado descubre el paraíso (cf. 4, 12-15), un huerto cerrado, un manantial sellado (cf. 4, 12) donde él puede beber. Ella misma es el jardín que huele a alheña, a nardo y azafrán, canela y cinamomo. Un parque con árboles de incienso, de áloe y de mirra, que esparcen esencias perfumadas (4, 14). Así queda descrita la mujer, en signos velados pero misteriosamente abiertos... Mirado desde una perspectiva masculina, todo el canto es una invitación *a gustar los frutos exquisitos del huerto* (4, 16) que es ella, la plenitud de la creación de Dios.

Estaba yo durmiendo, mi corazón velaba (5, 1). Ella vuelve a hablar ahora, con palabras que son una confesión del placer que ha sentido y que quiere volver a sentir, incitando al amante, que *mete la mano por la cerradura y al sentirlo, ella se estremece toda* (5, 4), aunque da la impresión de que no quiere abrirle. Pero después, muy pronto, le abre (5, 5), llena de encanto, con las manos «destilando mirra», perfume de amor. Parece que estos dos pasajes están evocando unas escenas de intimidad, en la que ambos parece que no quieren queriendo, pues la auténtica fuerza no se impone nunca, no se impone, sino que necesita un diálogo de búsqueda tensa, gozosa.

Sólo entonces, cuando le preguntan las señas del amado, ella responde y ofrece su propia visión del amado (5, 10-16): es un varón perfecto que se distingue entre millares (5, 10); sus ojos son dos palomas que se bañan en leche (5, 12); sus labios son lirios que destilan mirra y dulcísimo es su paladar (5, 13.16); sus brazos modelados en oro y su vientre de pulido marfil (5, 14), con piernas rectas para el amor (5, 15).

Hermosa como la luna, límpida como el sol (6, 10). Sin duda, ella sabe mirar al amado, pero el que la mira con más intensidad es él, como si ella le enseñara a descubrir el universo, la tierra concreta donde vive. Por eso la describe otra vez, a ella, a la Sulamita:

¡Qué bella eres, oh amada mía! Eres como Tirsa, atractiva como Jerusalén e imponente como ejércitos con banderas desplegadas... Tu cabello es como manada de cabras que se deslizan por las laderas de Galaad. Tus dientes son como rebaños de ovejas que suben del lavadero: que todas tienen mellizos, y ninguna hay sin cría. Tus mejillas parecen mitades de granada, a través de tu velo.

Hay sesenta reinas, ochenta concubinas y un sinnúmero de jóvenes mujeres. ¡Pero una sola es mi paloma, mi perfecta! Ella es la única hija de su madre, quien la considera predilecta. La ven las mujeres y la llaman: Bienaventurada. Las reinas y las concubinas la alaban diciendo: ¿Quién es aquella que raya como el alba y es bella como la luna, radiante como el sol e imponente como ejércitos abanderados? (6, 4-10).

Hemos pasado del contexto pastoril al entorno de unas bodas reales. Ella viene rodeada de esposas de segundo orden (reinas) y de concubinas. Pero todas las demás quedan eclipsadas ante su hermosura. Nos hallamos ante el tema del gran Rey Salomón, del que se dice que tuvo muchísimas mujeres. Pero ahora, en la plenitud del amor, sólo tiene una, sólo quiere a una.

Esto es el amor, esta es la mujer. De pronto desaparecen todas las restantes figuras, concubinas y reinas, y queda ella, como sol, como luna, como la única (igual que Dios es único para los israelitas). Por su mismo impulso de encuentro personal, el amor aparece aquí como monogámico (en un contexto de poligamia). Ella es la mujer, la única mujer-reina para su amante.

Danza de mujer: ¡Vueltas, más vueltas! (cf. 7, 1). Cant 7 está dividido en dos partes: en la primera, danza de mujer, se canta y admira el cuerpo en movimiento; en la segunda se ofrece una nueva versión del encuentro (del que ya hemos hablado). Estamos en una fiesta que puede preceder a las bodas. Los amigos le dicen a la joven que gire danzando, para contemplar esa su figura: ella danza (7, 1-6) y después se va a solas con el amado. Es bueno descubrir su cuerpo en la danza, aquí, en el centro de la Biblia judía que puede presentarse como un canto a la belleza de la mujer:

> ¡Qué bien lucen tus pies con las sandalias, oh hija de nobles! Los contornos de tus muslos son como joyas, obra de las manos de un artista. Tu ombligo es como una copa redonda a la que no le falta el vino aromático. Tu vientre es como un montón de trigo rodeado de lirios. Tus dos pechos son como dos venaditos, mellizos de gacela. Tu cuello es como torre de marfil. Tus ojos son como los estanques de Hesbón, en la puerta de Batrabim. Tu nariz es como la torre del Líbano, que mira hacia Damasco. Tu cabeza es como el Carmelo, y tu cabellera es como púrpura real aprisionada en trenzas (7, 2-6).

Ciertamente, esta mujer es un cuerpo, pero cuerpo personal (si se puede así decir), cuerpo para el amor. Por eso, al mirarla, el amado dice: «Tu talle es como una palmera, y tus pechos como racimos de dátiles. Pensé: ¡Subiré a la palmera y me prenderé de sus racimos» (7, 8-9). Ella aparece entonces, al bailar para su amado, como el árbol del paraíso. Todos la ven, todos la miran y la admiran, descubriendo en ella la belleza del paraíso, la grandeza de Israel. La Sulamita es el mundo entero para el amado, sólo para él, que le llama y le invita, ambos se invitan a caminar al campo... a mirar si florecen ya las vides, si las yemas se abren, para darse allí el amor el uno al otro, dentro de un mundo convertido en paraíso para el encuentro entre él y ella, en todos los que aman (cf. 7, 12-14).

Oh, si tú fueras mi hermano... (8, 1). El canto empezaba con el deseo de la mujer (¡que me bese con los besos de su boca!, 1, 1). Ahora termina también con el deseo de ella, que quisiera tener a su amado en su casa, en su tienda, como si fuera su amado... Un amor eterno, un amor sin fin eso lo que ella desea (8, 1-3). Y significativamente, él acepta ese deseo de mujer amada y pide a todos (a las muchachas de Jerusalén) que la dejen, que no la molesten (8, 4), para repetir de nuevo los temas y caminos del amor (8, 5-14).

Fue la mujer la que inició esta historia de amor, pero ahora son los dos quienes la afirman y confirman, como historia de vida sin fin. Ésta es la aportación del Cantar, que deja que los sentimientos y deseos de la mujer se expresen, con un lenguaje vivo y fuerte, compuesto a partir de unas imágenes y símbolos que nos siguen emocionando, pues hablan del valor inmenso de la vida como encuentro de mujer y de hombre. Mientras el Cantar forme parte de la Biblia judía, habrá que decir que ella ofrece un testimonio insuperado e insuperable del valor de la mujer (en clave de amor). Ciertamente, hay otras claves para entender a la mujer (y al hombre), en clave de conocimiento y trabajo. Pero ellas pueden venir después. Allí donde se entienda y viva el Cantar se podrá decir que la Biblia (y la vida) es en el fondo un Canto a la Mujer.

2. Sara de Tobías. Una esposa liberada

La Sulamita del Cantar no era esposa, sino amante, mujer que despierta a la vida y a la compañía del amor junto a su amado. Pues bien, al lado de esa amante, la parte más moderna de la Biblia judía ha desarrollado la figura de algunas casadas (además de la mujer hacendosa de Prov 31, ya evocada). Entre ellas destacamos a Sara (esposa liberada) del libro de Tobías (LXX) y a Susana (mujer justificada) de Daniel LXX. Empezamos por Sara[32].

---

[32] Se han encontrado fragmentos antiguos hebreos y arameos del libro de Tobías en Qumrán, lo que indica que su historia gozaba de autoridad entre los círculos esenios, cf. J. A. Fitzmyer, *Tobit*, en M. Broshi (ed.), *Qumran Cave 4: XIV. Parabiblical Texts 2* (DJD 19), Oxford 1995, 1-76. Entre los comentarios, cf. J. Vílchez, *Narraciones III. Tobías y Judit*, Verbo Divino, Estella 2000. Para una visión general, cf. C. A. Moore, *Tobit*, ABD VI, 585-594, y T. Nicklas, *Tobit/Tobitbuch*, WiBiLex. Sobre temas particulares, cf. M.-F. Baslez, *Le roman de Tobit. Un judaïsme entre deux mondes*, en P. Abadie-J.-P. Lémonon (eds.), *Le judaïsme à l'aube de l'ère chrétienne* (LeDiv 186), Paris 2001, 29-50; P. Deselaers, *Das Buch Tobit: Studien zu seiner Entstehung, Komposition und Theologie* (OBO 43), Freiburg-Schweiz 1982; B. Ego, «*Denn er liebt sie*» *(Tob 6, 15 Ms. 319). Zur Rolle des Dämons Asmodäus in der Tobit-Erzählungen*, en A. Lange (ed.), *Die Dämonen. Die Dämonologie der innerbiblisch-jüdischen und frühchristlichen Literatur im Kontext ihrer Umwelt*,

III. Eva. Las grandes mujeres

a) Tema de fondo: matrimonio con mujeres extranjeras

En un contexto sapiencial, en diálogo con la cultura del entorno, pero destacando la identidad israelita, se sitúa el libro de *Tobías*, que presenta a Dios como Padre providente, que ayuda a los judíos en la prueba. El libro (que forma parte de la Biblia judía de los LXX) está escrito alrededor del año 200 a.C. en la diáspora oriental, posiblemente en arameo/hebreo, pero sólo se conserva entero en griego; su tema básico es la providencia de Dios, que ayuda a los exilados y dispersos de Israel, tanto a los mayores (Tobit con Ana, su esposa) como a los jóvenes (Tobías con Sara, de la que trataremos). Para enfocar el tema quiero empezar citando parte del canto final de Tobit:

> Bendito sea Dios, que vive eternamente, cuyo reino dura por los siglos. Él azota y se compadece: hunde hasta el abismo y saca de él, y no hay quien escape de su mano. Confesadle, israelitas, ante los gentiles... porque él es nuestro Dios y Señor, nuestro Padre por todos los siglos. Él nos castiga por nuestros delitos, pero se compadecerá de nuevo y os congregará de entre todas las naciones por donde habéis sido dispersados (Tob 13, 1-5).

Ellos, los judíos del exilio, aparecen de esta forma como testigos privilegiados de Dios Padre entre los pueblos. Así han podido entender y entienden su historia como testimonio especial de filiación, de manera que sus mismos sufrimientos son una prueba de elección divina. Gran parte de los judíos posteriores, hasta el momento actual, han podido sentirse representados por esta oración de Tobías: ellos, desterrados del mundo, son herederos y testigos de un Dios, que les ama y corrige, porque es Padre. Por eso, en su misma dispersión y sufrimiento siguen siendo fieles a Dios.

Pues bien, entre los temas básicos del libro está la preocupación por mantener la identidad del pueblo en un ambiente extranjero. Los judíos del imperio persa (o helenista) forman grupos de familias que se mantienen separadas del entorno pagano, dando gran importancia al matrimonio entre ellos mismos, como pone de relieve el padre, Tobit, al dirigirse a su hijo:

Mohr, Tübingen 2003, 309-317; M. Hutter, *Asmodeus*, DDB, 197-200; M. McKenna,*«Déjala» (Jn 12, 7). Mujeres en la Escritura*, Sal Terrae Santander 2001, 110-139; T. Hieke, *Endogamy as a subliminal theme in the Book of Tobit in correspondence to Genesis and Ezra-Nehemia*, en G. Xeravits-J. Zsengellér (eds.), *The Book of Tobit. Text, Traditions, Theology*, Brill, Leiden 2005, 103-120; T. Nicklas, *Marriage in the Book of Tobit: A Synoptic Approach*, en *ibid*, 139-154.

Guárdate, hijo, de toda *inmoralidad sexual* (fornicación); en primer lugar, toma mujer del linaje de tus padres. *No tomes a una extranjera que no pertenezca a la tribu de tu padre*, porque somos descendientes de profetas. Recuerda, hijo, que desde siempre nuestros padres, Noé, Abrahán, Isaac y Jacob tomaron mujeres de entre sus hermanas y fueron bendecidos en sus hijos, de modo que su estirpe poseerá la tierra en herencia. Según eso, hijo mío, ama a tus parientes y no te creas superior a los hijos e hijas de tu pueblo, desdeñando tomar esposa de entre ellos, porque en la soberbia está la perdición (Tob 4, 12-13).

El matrimonio con una mujer extranjera aparece así como ejemplo de inmoralidad sexual y queda rechazado lo mismo que en Esdras-Nehemías, a fin de mantener la pureza de la «semilla/raza santa» (Esd 9, 2), que se expresa en la «descendencia de los profetas» (Tob 4, 12), no sólo en Judá/Jerusalén (como en Esdras y Nehemías), sino en el contexto más extenso de la diáspora (aunque en referencia a la tierra prometida). De un modo significativo, Tobías y su familia no son judíos, sino descendientes de galileos, desterrados en Nínive, Asiria (Tob 1, 1-8); ellos representan por tanto el gran Israel, aunque abierto a Jerusalén, en contra de la tendencia más cerrada de Nehemías.

b) Sara y Asmodeo. Un diablo que se opone al matrimonio

Desde ese fondo ha tejido este libro dos historias paralelas: la del anciano Tobit, que pide a Dios que le libere de la ceguera que padece (aunque es un hombre justo, que se ocupa de enterrar a los muertos) y la de la joven Sara, una israelita perseguida y poseída por un demonio perverso, de origen persa, llamado Asmodeo (Aesma-Daeva), vinculado al principio del mal, que tiene celos de ella (y del despliegue de la vida) y que ha matado, en la noche de bodas, a sus siete maridos, antes que llegaran a acostarse:

> Y sucedió aquel mismo día –en que estaba orando Tobit–, que también Sara, hija de Ragüel, el de Ecbátana de Media, fue injuriada por una de las esclavas de su padre, porque había sido dada en matrimonio a siete hombres, pero el malvado demonio Asmodeo los había matado antes de que se unieran con ella de casados. La esclava le decía: «¡Eres tú la que matas a tus maridos! Ya has tenido siete, pero ni de uno siquiera has disfrutado. ¿Nos castigas porque se te mueren los maridos? ¡Vete con ellos y que nunca veamos hijo ni hija tuyos!».
> Entonces Sara, con el alma llena de tristeza, se echó a llorar y subió al aposento superior con intención de ahorcarse. Pero... en aquel

III. Eva. Las grandes mujeres

momento, extendiendo las manos hacia la ventana, oró así: Bendito seas tú, Dios de misericordias, y bendito sea tu Nombre por los siglos, y que todas tus obras te bendigan por siempre. Vuelvo ahora mi rostro y alzo mis ojos hacia ti. Manda que yo sea liberada de la tierra, para no escuchar ultrajes. Tú sabes, Señor, que yo estoy pura de todo contacto de varón, que no he mancillado mi nombre ni el nombre de mi padre en la tierra de mi cautividad... Ya perdí siete maridos: ¿para qué quiero la vida? Si no te place, Señor, darme la muerte, ¡mírame con compasión! y no tenga que escuchar injurias.

Fue oída en aquel instante, en la Gloria de Dios, la plegaria de ambos (de Tobit y de Sara) y fue enviado Rafael a curar a los dos: a Tobit, para que se le quitaran las manchas blancas de los ojos y pudiera con sus mismos ojos ver la luz de Dios; y a Sara la de Ragüel, para entregarla por mujer a Tobías, hijo de Tobit, y librarla de Asmodeo, el demonio malvado; porque Tobías tenía más derechos sobre ella que todos cuantos la pretendían. En aquel mismo momento se volvía Tobit del patio a la casa, y Sara, la de Ragüel, descendía del aposento (Tob 3, 3-17).

De esa forma, los dos problemas quedan unidos y en camino de solución: la ceguera del anciano y la maldición de la muchacha, dominada por un demonio celoso, que es el principio del mal que domina en la religión persa. Se trata, evidentemente, de un demonio de gran fuerza, uno de los grandes poderes del mal (¡Dios de la Ira!), que lucha contra el Dios del Bien. En nuestro libro aparece como un tipo de íncubo que tiende a enamorarse (= apoderarse) de las mujeres. Su figura está presente en numerosas tradiciones del entorno bíblico, que describen el poder de espíritus fuertes que se adueñan de un modo especial de mujeres, con las que de alguna manera se «acoplan» en plano sexual y personal, destruyendo a quienes se acercan a ellas. En esa línea sitúa nuestro libro a Sara.

El libro no razona sobre la situación de Sara, ni explica el origen de la figura de Asmodeo, demonio destructor, aunque deja claro que no puede vencer al Dios israelita, ni a su ángel Rafael. Dios mismo es quien vence a Asmodeo, pero no tiene que hacerlo directamente, sino a través del Ángel Bueno y Sanador (Rafael), que actúa de un modo escondido (en forma humana), al servicio de Tobías, para curar a Sara y Tobit, protegiendo de esa forma el poder de la Vida y el valor de la mujer. Es como si el libro quisiera decir que otros pueblos pueden estar sometidos al demonio, mientras que Israel puede confiar y confía en el ángel bueno.

En ese contexto se nos dice que Tobit, el patriarca ciego, envía a su hijo, Tobías el joven, de Nínive donde vive, para recuperar el dinero que le deben unos parientes lejanos, en la tierra de los medos. Tobías, acompañado por un ángel, llamado Rafael (Medicina de Dios), que aparece en las historias de 1 Henoc como mensajero fiel y fuerte defensor de los derechos y de la vida de Dios, realiza bien su tarea. Rafael, espíritu de Dios en forma humana, actúa como guía sabio (ángel sanador), dirigiendo los pasos de Tobías y, con la ayuda del hígado de un pez milagroso que han sacado del Tigris, consigue liberar a Sara del fiero demonio Asmodeo, que había matado en la noche de bodas a sus siete esposos anteriores.

c) *Liberación y boda de Sara*

Acompañado y protegido por Rafael (ángel en forma humana), Tobías llega a casa de Ragüel su pariente, y, por consejo del ángel (que se hace llamar Azarías), pide a Ragüel la mano de su hija Sara y así se celebran las bodas (mientras Rafael sigue a solas, para recuperar el dinero del padre Tobit). Éste es el relato de la boda:

> Después de lavarse y bañarse, se pusieron a comer. Tobías dijo entonces a Rafael: «Hermano Azarías, di a Ragüel que me dé por mujer a mi hermana Sara». Al oír Ragüel estas palabras dijo al joven: «Come, bebe y disfruta esta noche, porque ningún hombre hay, fuera de ti, que tenga derecho a tomar a mi hija Sara, de modo que ni yo mismo estoy facultado para darla a otro, si no es a ti, que eres mi pariente más próximo. Pero voy a hablarte con franqueza, muchacho. Ya la he dado a siete maridos, de nuestros hermanos, y todos murieron la misma noche que entraron donde ella. Así que, muchacho, ahora come y bebe y el Señor os dará su gracia y su paz».
>
> Pero Tobías replicó: «No comeré ni beberé hasta que no hayas tomado una decisión acerca de lo que te he pedido». Ragüel le dijo: «¡Está bien! A ti se te debe dar, según la sentencia del libro de Moisés, y el Cielo decreta que te sea dada. Recibe a tu hermana. A partir de ahora, tú eres su hermano y ella es tu hermana. Tuya es desde hoy por siempre. Que el Señor del Cielo os guíe a buen fin esta noche, hijo, y os dé su gracia y su paz».
>
> Llamó Ragüel a su hija Sara, y cuando ella se presentó, la tomó de la mano y se la entregó a Tobías, diciendo: «Recíbela, pues se te da por mujer, según la ley y la sentencia escrita en el libro de Moisés. Tómala y llévala con bien a la casa de tu padre. Y que el Dios del Cielo os guíe en paz por el buen camino». Llamó luego a la madre, mandó traer una hoja de papiro y escribió el contrato matrimonial, con lo cual se la entregó por mujer, conforme a la sentencia de la ley de Moisés (7, 9-13).

Estamos ante un contrato matrimonial, perfectamente realizado, según la Ley de Moisés, entre un judío y una judía de la misma estirpe. A pesar de que el rito se realiza según todas las normas de la ley, Ragüel y su esposa tienen miedo (pues conocen por experiencia lo que les ha pasado a los «novios» de Sara en la noche de bodas) y por eso deciden «cavar» una fosa, para enterrar en ella al incauto Tobías que, conforme al ejemplo de los maridos anteriores, debía caer y caería en manos de la furia de Asmodeo, el demonio que había tomado posesión de Sara. Pero esta vez las cosas iban a ser distintas, porque Sara y el viejo Tobit habían rogado a Dios y porque el joven Tobías había seguido y seguiría el consejo de Rafael, que le había dado el corazón y el hígado del pez del río Tigris, que servirían como remedio contra los males de Asmodeo (cf. Tob 6, 1-9).

Cuando acabaron de comer y beber, decidieron acostarse, y tomando al joven le llevaron al aposento. Recordó Tobías las palabras de Rafael y, sacando el hígado y el corazón del pez de la bolsa donde los tenía, los puso sobre las brasas de los perfumes. El olor del pez expulsó al demonio que escapó por los aires hacia la región de Egipto. Fuese Rafael a su alcance, le ató de pies y manos y en un instante le encadenó. Los padres salieron y cerraron la puerta de la habitación.
Entonces Tobías se levantó del lecho y le dijo: «Levántate, hermana, y oremos y pidamos a nuestro Señor que se apiade de nosotros y nos salve». Ella se levantó y empezaron a suplicar y a pedir el poder quedar a salvo. Comenzó él diciendo: ¡Bendito seas tú, Dios de nuestros padres, y bendito sea tu Nombre por todos los siglos de los siglos! Que te bendigan los cielos y tu creación entera, por los siglos todos. Tú creaste a Adán, y para él creaste a Eva, su mujer, para sostén y ayuda, y para que de ambos proviniera la raza de los hombres. Tú mismo dijiste: «No es bueno que el hombre se halle solo; hagámosle una ayuda semejante a él». Yo no tomo a esta mi hermana con deseo impuro, sino con recta intención. Ten piedad de mí y de ella y que podamos llegar juntos a nuestra ancianidad. Y dijeron a coro: «Amén, amén». Y se acostaron para pasar la noche.
Y muy de mañana se levantó Ragüel y, llamando a los criados que tenía en casa, fueron a cavar una tumba, porque se decía: «No sea que haya muerto y nos sirva de mofa y escarnio». Cuando tuvieron cavada la tumba, volvió Ragüel a casa, llamó a su mujer y le dijo: «Manda a una criada que entre a ver si vive; y si ha muerto, le enterraremos sin que nadie se entere». Mandaron a la criada, encendieron la lámpara y abrieron la puerta; y, al entrar, ella vio que estaban acostados juntos y dormidos (Tob 8, 1-14).

Tobías y Sara han cumplido en su matrimonio las tradiciones de Israel, bendecidos y curados por Rafael, el ángel de la salud (médico divino) que vence y ata a Asmodeo, declarando así la santidad del matrimonio, como expresión de la voluntad de Dios, conforme a la ley israelita. Sin duda, el matrimonio es santo, pero antes de consumarlo los jóvenes oran ante Dios, de manera que el lector de Tobías recibe la impresión de que las mujeres necesitan ser curadas por el ángel, según la ley de Israel, a fin de no convertirse en portadora de muerte para sus maridos, como lo había sido Sara (que había aparecido vinculada a Asmodeo, un Dios de la Ira y de la Muerte).

Así quedó curada Sara, por intercesión del ángel y por el buen hacer de Tobías, el joven. Poco después llegó Rafael, con el dinero que había recuperado, para acompañar de nuevo a los jóvenes esposos en el viaje de vuelta a Nínive, donde les espera Tobit, el patriarca anciano, a quien Rafael cura también, con el mismo remedio del pez del río Tigris. Así termina esta historia ejemplar, de estos israelitas ricos, que viven en el exilio de oriente, conservando las mejores costumbres de su pueblo y superando los riesgos de Asmodeo, el demonio-dios persa.

Ésta es una historia moralista, escrita para entretener a los piadosos judíos y para recordarles el valor de las buenas obras, especialmente la de enterrar a los muertos (cosa que hacía el viejo Tobías: cf. Tob 1, 15-20; 2, 3-8) y la de honrar a los padres ancianos (como hace el joven Tobías a lo largo del texto). En ella se habla de los ángeles custodios, como Rafael, que asisten a los fieles y les libran de los diversos peligros de la vida (cf. Tob 12). Ésta es finalmente, y sobre todo, la historia de la «curación» de la mujer, que había corrido el riesgo de caer bajo las garras de un demonio/dios celoso y destructor (un íncubo malo), que había matado a sus siete maridos. Es como si quisiera decir que una mujer, aún siendo buena, se encuentra siempre bajo la amenaza de demonios destructores. Sólo un ángel bueno y la oración del buen esposo pueden liberar a una mujer de la tiranía de los demonios que les amenazan.

Por su forma de entender las buenas obras, la providencia de Dios, la asistencia de los ángeles y, sobre todo, la suerte de Sara (a quien el ángel libera del poder del dios adverso), este libro de Tobías ha influido mucho en la piedad y devoción de los judíos y, de un modo aún mayor, de aquellos cristianos católicos y ortodoxos, que lo han tomado como canónico. De un modo normal, la historia inquietante de la primera Sara, mujer poseída (¿amada?) por un dios/demonio que mata a sus maridos, ha impresionado más que la historia de la segunda Sara, curada por Rafael, casada ya canónicamente con su marido Tobías, según la ley del Dios de Israel.

3. Susana, esposa fiel y justificada[33]

Sara era una esposa perseguida por un demonio celoso, que mataba sus maridos. Susana, en cambio, es una esposa fiel a la que persiguen y quieren matar unos jueces perversos de Israel. Es una mujer noble y rica, casada con Joaquín, un judío principal del exilio de Babilonia (Tobit formaba parte de los exilados de Asiria, en Nínive). Su historia constituye el argumento básico de una novelita que ha sido añadida al texto antiguo (hebreo y arameo) del Libro de Daniel. Parece que el original ha sido hebreo o arameo, pero sólo se conserva en griego, en dos versiones, bastante diferentes: la canónica, de Dn 13 LXX, y la de Teodoción).

Se trata de una narración piadosa, que sirve para destacar la «sabia y dura» justicia de la ley, que, al fin, termina condenando a los culpables (a los falsos jueces) y salvando a Susana, la inocente, a la que acusan de adulterio. Con Susana, la buena mujer, el protagonista de la historia es Daniel, juez sabio (que descubre el engaño de los jueces falsos y les condena a muerte).

a) El riesgo del adulterio

En el fondo de esta narración se encuentra el riesgo de adulterio de la mujer, un riesgo condenado por los textos básicos de la ley judía (Ex 20, 6; Dt 5, 18), que quieren salvaguardar la unidad matrimonial (desde la perspectiva del varón). Ciertamente, el adulterio es cosa de dos (un

---

[33] Visión de conjunto en K. Koenen, *Susanna*, WiBiLex. Cf además: M. Bal, *The Elders and Susanna*, Biblical Interpretation 1 (1993) 1-19; W. Baumgartner, *Susanna. Die Geschichte einer Legende*, ARW 24 (1926) 259-280; A. Brenner (ed.), *A Feminist Companion to Esther, Judith and Susanna* (The Feminist Companion to the Bible 7), Sheffield 1995; H. Engel, D*ie Susanna-Erzählung. Einleitung, Übersetzung und Kommentar zum Septuaginta-Text und zur Theodotion-Bearbeitung* (OBO 61), Freiburg/Schweiz 1985; K. Koenen, *Von der todesmutigen Susanna zum begabten Daniel. Zur Überlieferungsgeschichte der Susanna-Erzählung*, ThZ 54 (1998) 1-13; J. C. Prêtre (ed.), *Suzanne. Le procès du modèle*, Bibliothèque des Arts, Paris 1990; D. Ruiz López, *La historia de Susana y los viejos a través de la pintura*, en J. Campos y V. Pastor (eds.), *Actas del Congreso Internacional «Biblia, memoria y encrucijada de culturas»* (ABE), Zamora 2004, 694-703; J. Schüpphaus, *Das Verhältnis von LXX- und Theodotion-Text in den apokryphen Zusätzen zum Danielbuch*, ZAW 83 (1971) 49-72; E. Spolsky (ed.), *The Judgment of Susanna. Authority and Witness* (Early Judaism and its Literature 11), Atlanta 1996.

varón, una mujer), pero tanto en la Biblia como en la tradición posterior, su condena se entiende desde el contexto de la mujer casada, entendida como propiedad del marido y como madre de sus hijos. Es ella la que peca si se acuesta con otros hombres, corriendo el riesgo de dar a su marido hijos «ajenos». Por eso, con el fin de proteger la integridad de la familia, desde la línea del varón-patriarca, la ley de Israel (lo mismo que otras leyes) ha condenado a las mujeres adúlteras a muerte. Así comienza el texto:

> Vivía en Babilonia un hombre llamado Joaquín. Se había casado con una mujer llamada Susana, hija de Jelcías, que era muy bella y temerosa de Dios. Los padres de Susana eran justos y habían educado a su hija según la ley de Moisés.
> Joaquín era muy rico, tenía un jardín contiguo a su casa, y los judíos solían acudir donde él, porque era el más prestigioso de todos. Aquel año habían sido nombrados jueces dos ancianos, escogidos entre el pueblo... Venían éstos a menudo a casa de Joaquín, y todos los que tenían algún litigio se dirigían a ellos. Cuando todo el mundo se había retirado ya, a mediodía, Susana entraba a pasear por el jardín de su marido. Los dos ancianos, que la veían entrar a pasear todos los días, empezaron a desearla. Perdieron la cabeza dejando de mirar hacia el cielo y olvidando sus justos juicios. Estaban, pues, los dos apasionados por ella (Dn 13, 1-8).

A partir de aquí se teje la historia, centrada en el acoso de los jueces-ancianos y en la honestidad de Susana, que opta por mantenerse fiel a Dios «siendo fiel a su marido», aunque corra por ello el riesgo de ser condenada a muerte. El texto supone que Susana es bella y religiosa (13, 2), según la educación que ha recibido en su familia: es hija de Jelcías, tiene hijos... (cf. 13, 3.30.63). De esa forma aparece como signo de los auténticos judíos que viven en este mundo conforme a la ley de Dios (cf. Dn 13, 57), en medio de la dura prueba que ella padece y de la que sale vencedora, con la ayuda de Daniel (= Juez justo o Juez de Dios).

Susana está casada con un hombre llamado Joaquín, del que se afirma que era rico y respetado, pero no que fuera «justo». El texto pone de relieve la riqueza de Joaquín, que tiene una casa, rodeada de un parque cerrado, en la que suelen realizarse las reuniones de los «ancianos» (jueces) del pueblo. El parque (una especie de «paraíso») es un lugar público, donde asiste la gente, pero en ciertos momentos se cierran sus puertas y viene a convertirse en un lugar privado, de manera que Susana puede bañarse o limpiarse en la fuente que ocupa su centro. Junto a la mujer aparecen los *jueces* (ancianos), malos israelitas (cf. Dn 13, 52-53.56-67), que representan la justicia pervertida propia de unos varones violadores, que quieren aprovecharse de una mujer indefensa.

En muchos lugares y tiempos se han contado historias como la de Susana: la riqueza y belleza (parque, agua, cuerpo joven) excitan y nublan la vista de los jueces, de manera que la mujer inocente parece que tiene que sucumbir sin remedio ante el engaño y violencia de los jueces perversos. Parece que Dios no escucha.

> Un día entró Susana en el jardín como los días precedentes, acompañada solamente de dos jóvenes doncellas, y como hacía calor quiso bañarse en el jardín. No había allí nadie, excepto los dos ancianos que, escondidos, estaban al acecho. Dijo ella a las doncellas: «Traedme aceite y perfume, y cerrad las puertas del jardín, para que pueda bañarme»...
>
> En cuanto salieron las doncellas, los dos ancianos se levantaron, fueron corriendo donde ella, y le dijeron: «Las puertas del jardín están cerradas y nadie nos ve. Nosotros te deseamos; consiente, pues, y entrégate a nosotros. Si no, daremos testimonio contra ti diciendo que estaba contigo un joven y que por eso habías despachado a tus doncellas». Susana gimió: «¡Ay, qué aprieto me estrecha por todas partes! Si hago esto, es la muerte para mí; si no lo hago, no escaparé de vosotros. Pero es mejor para mí caer en vuestras manos sin haberlo hecho que pecar delante del Señor» (Dn 13, 15-23).

Susana grita pidiendo auxilio, pero gritan también los ancianos y, cuando viene la gente, ellos acusan a Susana de adulterio, diciendo que la han visto yacer con un joven, que logró escaparse y que, por eso, ella se encuentra desnuda (como efectivamente está) sobre el jardín del delito (una especie de paraíso invertido, con una mujer corrompida por una nueva serpiente). Se instruye el juicio y, como es normal, la asamblea acepta la versión de los jueces ancianos, que condenan a muerte a Susana.

b) *Justicia para la mujer inocente*

Cuando todo parece perdido y van a ajusticiarla, aparece Daniel, juez joven y profeta sabio, portador de la justicia de Dios, revelador de su juicio, para invertir la sentencia y restablecer el orden en clave de talión. Daniel logra reiniciar el juicio y demostrar el perjurio de los ancianos, descubriendo sus mentiras ante todo el pueblo, que acaba aceptando jubiloso el nuevo veredicto: Susana es inocente y todos han de reconocerlo; los dos jueces ancianos son culpables y deben ser ajusticiados:

Entonces la asamblea entera clamó a grandes voces, bendiciendo a Dios que salva a los que esperan en él. Luego se levantaron contra los dos ancianos, a quienes Daniel, por su propia boca, había convencido de falso testimonio y, para cumplir la ley de Moisés, les aplicaron la misma pena que ellos habían querido infligir a Susana: les dieron muerte, y aquel día se salvó una sangre inocente. Jelcías y su mujer (los padres de Susana) dieron gracias a Dios por su hija, así como Joaquín su marido y todos sus parientes, por el hecho de que nada indigno se había encontrado en ella (Dn 13, 60-63).

En este proceso ha resultado inquietante la ausencia de Joaquín, el marido, a quien Susana permanece fiel a lo largo de todo el relato, pues él sólo aparece al final de la escena (Dn 13, 63), como si no tuviera nada que decir, como si hubiera dejado el caso en manos de una justicia ajena. Joaquín no actúa como testigo a favor de Susana, y el relato sólo le presenta al final, cuando Daniel ya ha salvado a su esposa. Ha pasado ya todo y entonces el texto dice que también el marido se alegra, pero sólo después de haber hablado de la alegría de los padres. Esta ausencia del marido (el más respetado de los judíos) resulta enigmática para nosotros, pero entra dentro de la lógica de un relato donde el «adulterio de la mujer» no es sólo pecado contra el marido, sino contra el mismo Dios (que es el que debe defender a Susana, si es que ella es inocente).

Leído así, el texto pone de relieve la extrema falta de seguridad de Susana, una mujer bella, a la que se puede acusar y matar por el testimonio de dos hombres que la desean, sin que ella, por sí misma, pueda defenderse y sin que intervenga una posible defensa del marido. Pues bien, la Biblia supone que el problema encuentra una solución más alta, según Ley, por intervención de Dios: la bella mujer es inocente, los ancianos-jueces, que son mala autoridad, son los culpables y por eso deben morir. Pero eso sucede sólo algunas veces. En la mayoría de las ocasiones las susanas mueren.

Susana representa, por una parte, el riesgo de la mujer bella, bañándose a solas en un parque donde, por más precauciones que se tomen, puede haber unos hombres ansiosos, mirando tras las ramas. Por otra parte, es muy posible que, en el fondo del relato, haya también una advertencia contra el gesto de Susana que se baña a solas en un jardín, sin la presencia inmediata del marido o de las siervas (como en un paraíso donde ella misma aparece como tentadora).

Pero el argumento principal no es el gesto de la mujer, bañándose en la fuente del parque, sino el «juicio de Daniel», joven y sabio judío que ha resuelto y resuelve los grandes problemas religiosos y sociales de su entorno (siglo II a.C.). Daniel representa el buen *sistema judicial* que logra separar claramente a buenos y malos: hay una ley y se cumple: en lugar de la buena Susana deben morir los malos jueces, convertidos en *chivo emisario* de un sistema de violencia que se eleva sobre todos los buenos ciudadanos. Sin duda, ese juicio de Daniel es necesario en un nivel de pura ley, pero no es un juicio salvador, sino expresión de una justicia que salva algunas veces a los buenos (Susana) y condena a los malos (falsos jueces), pero sin cambiar las estructuras de una sociedad que crea deseos como los de los jueces y situaciones como la del libro.

Aquí se sitúa la última palabra de Daniel: es juez en línea israelita y necesita que el sistema funcione por medio de la muerte, para que las buenas «susanas» de la tierra puedan bañarse en su parque, sin que nadie se atreva a molestarlas. Triunfa así la ley del miedo, ratificada por la sangre de los malos jueces. Se impone la justicia del talión: cambian las suertes (como en los Purim de Ester), pero el sistema sigue, un sistema que seguirá creando malos jueces. Esta historia es un canto en defensa de la buena mujer (Susana), pero es sobre todo una defensa de la buena sociedad, que se edifica sobre la expulsión de los culpables.

Además, en este caso, no estamos ante una defensa de la mujer como mujer, sino de la mujer como «fiel a su marido» (no adúltera). Por eso, en un primer momento, ella puede gozar y seguirse bañando con sus criadas, ya sin miedo, mientras son apedreados y mueren para siempre los jueces malos. Pero a la larga los malos jueces siguen apareciendo y lo que tiene que cambiar es el sistema que los crea.

Sea como fuere, Dn 13 ofrece una imagen perfecta de un tipo de «mesianismo de la ley», que los apocalípticos de Israel y ciertos moralistas posteriores de la iglesia cristiana han elaborado. Es lógico que este pasaje de justicia intra-mundana (Dn 13) haya sido introducido tras el Daniel sapiencial (Dn 1–6) y apocalíptico (Dn 7–12), como recogiendo y culminando ambos motivos. Esta historia de Susana es hermosa, pero resulta inquietante, pues no ofrece una respuesta de concordia más alta, amorosa, entre todos, sino la respuesta de la muerte.

21
OCHO MUJERES EJEMPLARES (B)
EXTRANJERAS: RUT, ASENET

Uno de los temas centrales de la Biblia judía y de este libro ha sido el de las mujeres extranjeras que, según la ley de Esdras-Nehemías, debían ser expulsadas de la alianza israelita. Pues bien, en contra de esa ley han surgido en el entorno de Biblia dos bellísimos relatos de mujeres extranjeras que se «han convertido», viniendo a formar parte de la alianza de Israel. Una (Rut) pertenece a la categoría de las «matriarcas» y su libro forma parte de la Biblia hebrea. La otra (Asenet) es protagonista de un libro apócrifo que (como excepción) he querido comentar aquí, pues ofrece una visión muy significativa de la mujer en el judaísmo helenista del siglo I a.C.

1. Rut la moabita, madre mesiánica[34]

Al principio de la historia de la Biblia hemos podido estudiar a las grandes madres: Sara y Agar, Rebeca, Lía y Raquel... Pues bien, ahora al final aparece otra madre israelita, a quien el libro de su nombre (que es tardío) ha situado en la época de los jueces. Algunas ediciones de la Biblia judía (con los LXX) colocan este libro después del Pentateuco (entre Josué y Jueces), pero los codificadores de la Biblia hebrea lo sitúan entre los «cinco rollos» (con el Cantar de los Cantares, Eclesiastés, Lamentaciones y Ester) que se leían en algunas fiestas principales; sin duda, ellos tuvieron dudas sobre su origen pues, aunque los hechos narrados parecen situarnos en un tiempo muy antiguo, los problemas de fondo son nuevos, posteriores a los libros de Esdras y Nehemías (contra los que Rut parece elevarse, como veremos).

---

34 Visión general en I. Fischer, *Ruth*, WiBiLex. Entre los comentarios: I. Fischer, *Rut* (HThK), Freiburg 2005; *The Book of Ruth*, en A. Brenner (ed.), *A 'Feminist' Commentary to the Torah?* (Second Series), Academic Press, Sheffield 1999, 24-49; M. Navarro, *Los libros de Josué, Jueces, Rut*, GEAT, Ciudad Nueva, Madrid 1995; A. Lacocque, *Le Livre de Ruth* (CAT 21), Genève 2004; K. Larkin, *Ruth and Esther* (OTGu), Sheffield 1996; C. Pressler, *Joshua, Judges and Ruth* (Westminster Bible Companion), Louisville 2002. Debo el esquema básico del libro de Rut y algunas de las reflexiones que siguen a Pablo Berbegal, de Argentina.

III. Eva. Las grandes mujeres

El libro de Rut eleva su protesta contra aquellos que quieren expulsar a las mujeres extranjeras, desarrollando precisamente la historia de una mujer moabita a la que presenta como fundadora de la estirpe mesiánica de David. No sabemos quién es su autor (varón o mujer), pero es evidente que ha querido recrear un ambiente patriarcal, agrícola, antiguo. Todo el relato gira en torno a las cosechas del campo y a la herencia o propiedad de la tierra, un tema que ha preocupado a los judíos de un modo especial tras la vuelta del exilio.

a) Historia básica

El libro de Rut cuenta, con un estilo sobrio y conmovedor, en forma novelada la historia de una «matriarca», de origen moabita (Rut), que se vincula con su suegra judía (Noemí), para convertirse en creadora de la estirpe de David, héroe judío. Como he dicho ya, se trata de un texto tardío, escrito contra la tendencia de Esdras/Nehemías, que habían querido imponer sobre el judaísmo la prohibición de matrimonios con mujeres extranjeras. Así ha surgido, en el siglo IV-III a.C., esta narración, que puede dividirse en cinco partes:

1. *Introducción. Una moabita* (1, 1-22). Un judío efratita (de Belén de Efrata) emigra a Moab en tiempos de hambre, con su mujer, que es Noemí, y sus dos hijos, que se casan allí con mujeres moabitas. Pero el efratita muere y después mueren también sus dos hijos. Pasado un tiempo, cuando el hambre remite en Judea, Noemí retorna a su patria. Una de sus nueras, Orfá, decide quedarse en Moab, mientras que la otra, Rut, acompaña a su suegra, con la que establece una alianza personal, aceptando como propio a su Dios y a su nación.
2. *Espigadora en Belén* (2, 1-23). En el tiempo de la cosecha, igual que otras judías (pero con el derecho que le da ser extranjera y viuda, cf. 11), Rut va a recoger las espigas sobrantes de los campos en siega (cf. Lv 19, 9-10; Dt 24, 19-22). Allí se encuentra con Booz, que se preocupa de ella y la protege, de manera que Rut puede alimentar a su suegra Noemí, que, por otra parte, pertenece a la misma familia de Booz.
3. *Derecho de «rescate»* (3, 1-18). Acabada la cosecha, llega el momento de la trilla, momento de fiesta y alegría, para trabajar, comer y dormir en el campo, dando a Dios gracias por la cosecha. En ese momento, Noemí recuerda a Rut el derecho de «rescate» (o

goelato) de Booz, que tiene la obligación (o, al menos, la posibilidad) de «comprar los campos de la familia de Noemí», retomando así su herencia y casándose con la heredera, que es Rut (cf. Lv 25).
4. *Ante el tribunal* (4, 1-12). A las puertas de la ciudad se establecía el tribunal público, para resolver los temas de la comunidad y allí acude Booz, apelando a la ley del goelato (el pariente más próximo puede comprar tras siete años la tierra que la familia de Noemí había vendido en tiempo de hambre) y también a la ley del levirato (el pariente más próximo debía casarse con una viuda sin hijos, para dar herencia al difunto: Dt 25, 5-10). Booz apela a esos derechos unidos, y aunque hay otro pariente más cercano (que estaría dispuesto a comprar la tierra, pero no a casarse con la viuda) él recibe, ante los jueces de la ciudad, la tierra y la mujer (Rut), para así poder asegurar la herencia y descendencia de Elimélec (marido de Noemí) y de Quilión (marido de Rut), ambos difuntos.
5. *La genealogía. Rut, la abuela de David* (4, 13-20). Del campo público, de las puertas de la ciudad, donde se ejerce el derecho, pasamos al campo de la casa donde se nos dice que Booz y Rut se casan y tienen un hijo, al que llaman Obed, el Siervo de Dios, creador de la dinastía davídica, que es fundamental para judíos y cristianos.

b) Comentario: una moabita, la mejor judía

Ésta es una historia de tolerancia y acogida «moabita», antes que judía. A diferencia de los egipcios, que oprimieron a los hebreos emigrantes, los moabitas de la otra orilla del Mar Muerto, en la actual Jordania, acogen a una familia judía, que ha emigrado por causa del hambre. El padre muere y mueren también sus dos hijos, que se han casado con mujeres moabitas. De esa manera, al final, sólo quedan tres mujeres. Una judía emigrante (Noemí) y dos moabitas viudas de judíos (Orfá y Rut). A partir de aquí, la historia se vuelve relato de mujeres.

Noemí, la judía viuda, quiere volverse a su tierra de Belén, después que ha perdido a su familia en los campos de Moab, y Rut, una de sus nueras moabitas, decide volver con ella, en gesto de fidelidad personal: no quiere ni puede dejar sola a la madre de su difunto esposo. De esa manera, esta mujer, siendo moabita, ofrece uno de los testimonios más perfectos de identidad judía (personal y familiar), que se expresa en forma de compromiso de fidelidad personal, en la línea del «hesed» bíblico (misericordia, pertenencia mutua). Así dice Rut a Noemí, su suegra:

III. Eva. Las grandes mujeres

«Dondequiera que tú vayas, yo iré; y dondequiera que tú vivas, yo viviré. Tu pueblo será mi pueblo, y tu Dios será mi Dios» (Rut 1, 16-17). Rut formula así una tesis absolutamente revolucionaria, que va en contra de la teología y de la política oficial de los puristas de Judá, que, en ese tiempo, están prohibiendo los matrimonios de judíos con mujeres extranjeras, por pensar que ellas no pueden asumir el modelo básico de vida del judaísmo (Esd 9, 1-2; Neh 13, 23-27; cf. Mal 2, 11-12).

Conforme a la visión de Esdras-Nehemías, el «pecado original» de Israel sería la mezcla de razas, la perversión que brota y crece allí donde los buenos varones judíos se casan con extranjeras «malas», que forman parte de un pueblo enemigo, como las moabitas, del otro lado del Mar Muerto (cf. Dt 23, 4-7), según vimos de forma impresionante en Nm 25, donde se alaba la acción de Fineas-Pinjás, héroe sacerdote, que asesina a Cosbí, signo de las mujeres moabitas-madianitas que se casan con judíos (cap. 15). En contra de eso, este relato nos transmite la fidelidad ejemplar de Noemí, una judía, pero, sobre todo, la de Rut, una moabita, que ha dejado casa y tierra (su propia religión, su identidad nacional) por acompañar a la madre judía de su difunto esposo, en un camino de «hesed» o solidaridad extrema, es decir, de compromiso de convivencia y de unión familiar que supera todas las diferencias nacionales, religiosas y sociales.

Nos hallamos en un tiempo en que muchos «hombres» (políticos y sacerdotes triunfadores) de Judá y Jerusalén mantenían una lucha a muerte en contra de los pueblos del entorno, considerados enemigos y, de un modo especial, en contra de sus mujeres (a las que excluían del pueblo de la alianza). El problema fundamental del buen pueblo de Israel, centrado en Jerusalén (y en la alianza judía), sería la «pureza nacional», la exclusión sagrada de las mujeres extranjeras. Pues bien, en contra de eso, este relato popular, perfectamente escrito (¡es una joya de la literatura universal!), presenta la historia de dos mujeres que «rompen» ese dogma sagrado de varones (¡políticos, sacerdotes!), presentando la historia desde una perspectiva de fidelidad y alianza femenina, abierta a las mujeres extranjeras.

La judía Noemí es una mujer sabia que se deja querer y acoger (acompañar) por su nuera moabita, a la que introduce en la trama de la vida judía, sorteando todos los impedimentos legales que pudiera haber para ello. Por su parte, Rut, la moabita, acompaña a su suegra por sororidad (¡amor de mujeres!) y por fidelidad a su difunto esposo, una sororidad y una fidelidad que está por encima de las normas nacionales y legales. En ese fondo se inscribe la trama de este libro. Sobre las leyes de separación que están promoviendo los libros de Esdras-Nehemías, el autor de esta historia sabe que hay otras leyes «familiares» de vinculación personal, en la línea del levirato (cf. Lv 25, 25; Dt 25, 5-10) y que ellas exigen que Booz, pariente cercano de su difunto esposo, tenga que casarse con Rut, integrándola así, de un modo pleno, en la alianza de la vida y familia israelita.

Este Booz, que se casa con Rut es signo del auténtico Israel, que mantiene y promueve unas normas de convivencia fraterna por encima de las leyes de exclusión nacional que promueven los nuevos rabinos, que quieren separar a Israel y cerrarlo en sí mismo. Por su parte, Rut, sin dejar de ser moabita, se convierte en signo del verdadero pueblo de Israel, por la fidelidad que ha mantenido a su suegra Noemí y por su confianza en la providencia del Dios israelita, un Dios abierto a la vida y al futuro mesiánico. Ésta es la paradoja del texto: la judía más perfecta, la matriarca mesiánica, no es Judit, ni Ester, mujeres luchadoras y violentas, a favor de la separación judía, sino Rut, una moabita fiel a su suegra, fiel a la memoria de su difunto esposo y, sobre todo, fiel a la humanidad y a la vida.

c) *Una conclusión judía y cristiana*

La salvación de Israel queda según eso en manos de esta judía extranjera y así termina diciendo el libro: «Booz tomó a Rut, y ella fue su mujer. Él se unió a ella, y Yahvé le concedió que concibiera y diera a luz un hijo... Noemí tomó al niño, lo puso en su seno y fue su ama. Y las vecinas le dieron nombre, diciendo: (a) ¡Un hijo le ha nacido a Noemí! Y le pusieron por nombre Obed. Él fue el padre de Jesé, padre de David. (b) Ésta es la historia de los descendientes de Fares: Fares engendró a Hesrón. Hesrón engendró a Aram. Aram engendró a Aminadab. Aminadab engendró a Najsón. Najsón engendró a Salmón. Salmón engendró a Booz. Booz engendró a Obed. Obed engendró a Jesé y Jesé engendró a David» (Rut 4, 13-22).

Como se puede observar, aquí tenemos dos finales genealógicos, que quieren «marcar» de una forma legal, el origen de David, que es el prototipo del buen judío, del hombre mesiánico. (a) Hay una *genealogía corta*, que pasa de Rut-Noemí (Noemí aparece como verdadera madre-legal, con Rut) a Obed y Jesé, el padre de David, a quien la tradición bíblica presenta como verdadero tronco mesiánico (cf. Is 11, 1). (b) Hay una *genealogía larga*, que pasa desde Fares, hijo de Judá, hasta David; ésta es la que el libro de Rut ha querido presentar como signo de apertura y de diálogo de Israel con las naciones del entorno.

Esta genealogía larga, con la que termina el libro (Fares, Hesrón, Aram, Aminadab, Najsón, Salmón, Booz, Obed, Jesé, David), ha sido retomada y reinterpretada por el evangelio cristiano de Mateo, que la presenta como centro y clave de la genealogía mesiánica de Jesús, en la que se incluyen las cuatro «mujeres irregulares», que marcan la verdadera regularidad y providencia femenina de la historia (cf. Mt 1, 3-6): Fares es hijo de Judá y de *Tamar* (mujer del hijo de Judá, que se hace pasar por prostituta para que obtener justicia); Booz es hijo de Salmón y de *Rajab*, la posadera-prostituta de Jericó (que ayuda a los hebreos); Obed es hijo de Booz y de *Rut*, la moabita de nuestra historia; finalmente, siguiendo la línea mesiánica, David (bisnieto de Rut) engendrará a Salomón con *Betsabé*, la mujer de Urías, al que éste había asesinado.

De esa manera, integrada en la historia de la providencia de Dios, igual que las otras tres mujeres «irregulares», Rut forma para los cristianos un eslabón fundamental de la cadena mesiánica de la vida, como signo de fidelidad humana y de apertura social y familiar (incluso sexual) que rompe los pequeños límites de un pueblo que quiere cerrarse en sus leyes particularistas, en sus principios de exclusión sagrada. A través de Rut, la moabita, muchos judíos posteriores (y también los cristianos) se sienten vinculados al Israel eterno, que sigue estando abierto a los gentiles, es decir, a todos los pueblos[35].

2. Asenet la egipcia, esposa de José[36]

Entre las grandes figuras femeninas del último judaísmo bíblico estaba Rut, también conversa, que asumía voluntariamente la patria y religión de

---

35 Desde una perspectiva actual, Rut la moabita (¡matriarca judía!) podría ser en este momento (año 2011) un signo de la alianza posible entre judíos (o cristianos) y musulmanes, a partir de unas mujeres, que son capaces de vincular historias y destinos que hombres y pueblos separan.

36 Texto castellano en A. Díez Macho (ed.), *Apócrifos del Antiguo Testamento* III, Cristiandad, Madrid 1982, 209-238. Cf. C. Burchard, *Untersuchungen zu Joseph und Aseneth: Überlieferung-Ortsbestimmung* (WUNT 8), Tübingen 1965; Id., *The Present State of Research on Joseph and Aseneth*, en J. Neusner (ed.), *Religion, Literature, and Society in Ancient Israel, Formative Christianity and Judaism* II, Scholars Press, Atlanta GA, 31-52; Id., *The Importance of Joseph and Aseneth for the Study of the NT*, NTS 33 (1987) 102-134; R. D. Chesnutt, *The Social Setting and Purpose of Joseph and Aseneth*, JSP 2 (1988) 21-48; H. C. Kee, *The Socio-Cultural Setting of Joseph and Aseneth*, NTS 29 (1983) 394-413; M. Philonenko, *Joseph et Aséneth* (SPB 13), Leiden 1968; D. Sänger, *Bekehrung und Exodus: Zum jüdischen Traditionshintergrund von «Joseph und Aseneth»*, JSJ 10 (979) 11-36.

Noemí, su suegra (¡tu Dios será mi Dios, tu tierra será mi tierra!), siendo aceptada por Booz, un rico y justo propietario judío. A su lado situamos a otra conversa (Asenet), una mujer cuyo proceso de purificación e integración en Israel cuenta con detalle el libro de su nombre (*Libro de José y Asenet*, JA), escrito entre el siglo I a.C. y el I d.C.

Este libro es una novela apócrifa judeo-helenista, escrita (como Sab) en la comunidad de Alejandría, en un tiempo y contexto de fuerte apertura universal, con los problemas que ello implica para las relaciones entre judíos y paganos. Es una historia que recoge y recrea, desde un contexto nuevo la figura de Asenat, hija de un sacerdote de On, casada con el patriarca José, según Gn 41, 45.50. Pues bien, esta nueva Asenat/Asenet, hija virgen de un sacerdote pagano de Egipto, ha rehusado a sus pretendientes y vive en soledad, esperando la llegada del hombre que pueda ser su maestro y amigo, hasta que aparece José con quien se casará al final de un hondo proceso de conversión y purificación.

a) *Una mujer pagana*

Éste es un libro sapiencial (como Sab), pero destaca de un modo más intenso el proceso de conversión de una pagana, que se integra en el judaísmo, para compartir con los buenos Israelitas (José) toda la vida, en comunión de mesa y matrimonio. Desde un punto de vista literario es una novela edificante que, sobre la trama de los viejos personajes del Génesis (José y su esposa Asenat), ha tejido el nuevo argumento de las relaciones entre judíos y gentiles, en Egipto.

Asenet, protagonista de este libro, es símbolo del buen «paganismo» de Egipto que, sin saberlo, está esperando la llegada de su auténtico esposo y salvador, que es José, el hijo de Jacob, que ha sido nombrado ya visir o virrey supremo del faraón de Egipto, cuyas riquezas inspecciona. El libro evoca desde ese fondo las relaciones entre judíos y gentiles en Egipto. José y Asenet, representan lo mejor de los dos mundos culturales y religiosos.

José es el buen israelita, verdaderamente virgen, porque, conforme a lo exigido por Esdras-Nehemías rechaza a toda mujer extranjera (José y Asenet 8, 1). Ella, Asenet, es virgen porque sólo quiere casarse con el primogénito del rey de Egipto (cf. 4, 15), Señor pagano de la tierra. Pues bien, en un momento dado, ella encuentra a José, queda prendada de su gracia y quiere besarle, pero él empieza rechazándole porque:

Un varón piadoso que bendice con su boca al Dios vivo, que come el pan bendito de la vida, bebe la copa bendita de la inmortalidad... no puede besar a una mujer impura (extranjera) que bendice con su boca imágenes muertas y mudas, come carnes ahogadas, en la mesa de la idolatría, bebe la copa de traición de sus libaciones y se unge con unción de perdición (8, 5).

El contraste es claro. *José*, buen judío, bendice a Dios, se alimenta de buen pan y vino puro y está ungido con el óleo sagrado de los sacerdotes legítimos. Por el contrario, *Asenet* pertenece a un pueblo de ídolos, toma carne y vino de impureza y se encuentra marcada por la unción mala del pecado.

Las mismas comidas establecen según eso una distancia que puede parecer insalvable, como lo había visto Nehemías, contrario a los matrimonios mixtos. Pero el autor de este libro sabe algo que puede superar esa distancia: el amor de Asenet y la compasión de José (8, 8-9). Estamos, según eso, ante el tema central de la posible «conversión» de las mujeres extranjeras, un tema que ha venido atravesando toda la Biblia judía. Asenet no acepta el rechazo judío, no se deja excluir, sino que pide a José que le ayude a purificarse y convertirse en una verdadera israelita, conforme a la oración de José, que pide a Dios por ella:

Señor, Dios de mi padre Israel, el Altísimo, el Fuerte, que llamas de las tinieblas a la luz, del error a la verdad y de la muerte a la vida. Tú mismo, Señor, vivifica y bendice a esta doncella. Renuévala con tu soplo, remodélala con tu mano, re-vívela con tu vida. Que coma el pan de tu vida y beba la copa de tu bendición, ella, a la que yo escogí antes de ser concebida, y que penetre en el descanso que has preparado a tus elegidos (JA 8, 10-11).

Ésta es una preciosa oración eucarística, al estilo de la *beraká* o bendición litúrgica, pero centrada en el tema de la conversión, donde, a partir del Dios creador, se van trazando los momentos básicos de un *proceso de iniciación judía*. El signo de la gentilidad no es un varón (por eso aquí no influye el tema de la circuncisión), sino una mujer que inicia un proceso de *renacimiento* o *resurrección*, teniendo que pasar de las tinieblas a la luz, del error a la verdad, de la muerte a la vida.

b) Un camino de conversión

Ese nuevo nacimiento queda avalado en un banquete: comer juntos el pan de la vida, beber unidos la copa de la bendición..., eso es ser judíos. Tras su conversión, ella, la gentil, puede comer con José (israelita) y casarse con él. Pasan a segundo plano otras referencias de sacrificios y purezas, incluso la unción. El judaísmo, entendido como meta de descanso para los elegidos, se interpreta en formas de vinculación alimenticia y esponsal. Los símbolos de integración (pan, copa) son los propios de la liturgia matrimonial: hacerse judío es desposarse con el nuevo pueblo, tomando su pan, bebiendo su vino, en una liturgia de la vida.

Una vez que José se ha marchado, tras esa primera oración, Asenet debe retirarse al desierto de su soledad y conversión penitencial, preparando su nuevo nacimiento: lógicamente, ella abandona sus viejas costumbres paganas, simbolizadas por los vestidos lujosos (10, 8-12), destruye sus ídolos, dando a los pobres el oro y plata de su riqueza material (10, 13), y arroja a los perros la comida de los ídolos (10, 14). Este proceso de conversión, expresado en forma de plegaria (JA 11-12) y confesión creyente, queda ratificado por una teofanía: José aparece ante Asenet en su verdad sagrada, como «comandante del ejército del Señor» (como Miguel, ángel supremo).

En esa línea, el libro va trazando los momentos básicos de un proceso de iniciación judía, que culmina en la conversión y nuevo nacimiento de Asenet, de manera que ella puede comer y beber con José y con una comunidad judía, cuya vida se centra en formas de vinculación alimenticia y esponsal, ratificadas por José, que puede mostrarse ya como ángel de Israel (cuya misión sanadora puede compararse a la que realiza Rafael con Sara, en el libro de Tobías). Ciertamente, en el fondo sigue estando el tema de la comida (comunión de mesa) y del matrimonio (comunión de vida y carne). Pero el motivo central es la transformación interior de Asenet, que así aparece como signo de una Sabiduría abierta a todas las naciones:

> Asenet se despojó de su túnica negra y se vistió una nueva y luminosa... Se ciñó el doble cinturón brillante de su virginidad... Y el hombre (José), le dijo: «Retira el velo de tu cabeza: eres un virgen santa... Ten ánimo, el Señor ha escuchado las palabras de tu confesión... A partir de hoy vas a ser renovada, remodelada y revivificada; vas a comer el pan de vida, a beber la copa de la inmortalidad, y serás ungida con la unción de la incorruptibilidad. Ya no serás llamada Asenet, sino que tu nombre será Ciudad de Refugio, ya que en ti se refugiarán muchas

naciones, y bajo tus alas se abrigarán muchos pueblos, y en tu muralla serán protegidos quienes se unan a Dios a través de la conversión» (14, 15–15, 1-7).

Ella recibe un *vestido nuevo*, que es símbolo de renacimiento y que parece vinculado a los bautismos purificatorios, normales en el judaísmo de ese tiempo. De esa forma puede alimentarse ya con el *pan y el vino* de la nueva comida israelita, en comunión de mesa y matrimonio, apareciendo como auténtica *Ciudad, Refugio Salvador*, es decir, como expresión del nuevo pueblo judío, abierto en comunión a todos los gentiles que quieran.

Asenet se eleva así como signo de todos aquellos egipcios (varones y mujeres) que, en tiempos de Jesús, estaban dispuestos a integrarse en un tipo de judaísmo helenista, deseoso de hacer prosélitos, abierto al conjunto de la humanidad. Ella marcó por un tiempo un camino lleno de esperanza, iniciando un proceso de apertura universal, simbolizada precisamente en la mujer pagana, que está buscando a su verdadero esposo, que es José (una figura angélica).

La apertura misionera (proselitista) del judaísmo aparece así como un proceso de «transformación» de la mujer. Precisamente, las mujeres extranjeras, que habían sido rechazadas y condenadas en gran parte de la tradición bíblica anterior, aparecen aquí dispuestas para el encuentro y comunión con Israel, en un gesto de proselitismo bien conocido por la historia de ese tiempo, pues eran muchos los paganos (sobre todo mujeres piadosas) que se sentían atraídos por el judaísmo[37]. En ese contexto se entiende el rito de *iniciación*, una liturgia de bodas, simbolizada por un *panal de miel*, que es signo de la tierra prometida, siendo al mismo tiempo signo y alimento de la entrega mutua de los esposos:

> (José le dijo): «Feliz tú, Asenet, porque te han sido revelados los secretos de la divinidad, y los secretos de los que se unen a Dios por la conversión, pues comerán de ese panal. Ésta es la miel que ha sido elaborada por las abejas del paraíso, y los ángeles comen de ella, y todo el que la come no morirá nunca». Entonces, el hombre (José) extendió su mano derecha, partió un trozo de panal y comió y con su propia mano puso otro trozo en la boca de Asenet. Volvió a extender su mano y posó su dedo en el extremo del panal hacia *oriente*, y la huella del dedo se

---

[37] Cf. S. J. D. Cohen, *Crossing the Boundary and Becoming a Jew*, HTR 82 (1989) 13-33; A. D. Nock, *Conversion*, Oxford UP 1933.

convirtió en sangre. Tendió la mano por segunda vez y puso su dedo... hacia el *norte*, y la huella del dedo se convirtió en sangre... (16, 1-16).

El texto continúa evocando diversos aspectos de unos ritos de iniciación, que parecen propios del judaísmo alejandrino (como el de Filón). Nos hallamos ante un ritual de fidelidad y felicidad, que vincula rasgos de nuevo nacimiento, comida y matrimonio. Uno de los principales es la *miel* de la tierra israelita (cf. Ex 3, 8; Dt 6, etc.), expresión de un amor que comparten en su alcoba los esposos, iniciando un proceso de bienaventuranza universal.

Más extraño parece el signo de la sangre en que se convierte en panal de miel. Muchos investigadores suponen que el tema de esa miel de amor hecha sangre deriva de un autor cristiano, que alude a la eucaristía (al vino de la sangre de Jesús, su muerte en favor de hombres). Pero el motivo no es claro y se puede tratar de un signo universal, anterior al cristianismo. Por otra parte, la escena transcurre en una alcoba: los amantes vírgenes gustan juntos la miel del amor... Es lógico que, en este contexto se evoque la sangre de la unión primera, expresión de las bodas de la «virgen pagana» con el verdadero Israel[38].

---

38 Lógicamente, esos signos (pan y vino, miel de amor y sangre) aparecen en otros ritos antiguos (comidas sagradas, sacrificios animales, cultos de Mitra, eucaristía cristiana...). Aquí están vinculados de un modo especial al amor de una mujer y al don de su fidelidad (de su conversión al judaísmo).

22
OCHO MUJERES EJEMPLARES (C)
LIBERADORAS Y MÁRTIRES: ESTER, JUDIT, LA MACABEA

He querido concluir este octateuco y todo este libro con tres mujeres liberadoras que han marcado profundamente la conciencia de la etapa final de la Biblia judía. Ellas representan tres formas de liberación, simbolizadas por mujeres: la esposa del Gran Rey (Ester), la amante fingida del tirano (Judit), la madre mártir que sostiene a los mártires (la Macabea).

1. Ester, una judía reina de Persia[39]

Ester es el nombre de un libro (que forma parte de la Biblia hebrea) y de una mujer israelita, la única que lleva, en sentido estricto, el nombre de reina (aunque no lo sea de Israel o Judá, sino de Persia). Ella aparece como favorita del rey pagano y como salvadora de su pueblo. Todo nos permite suponer que su figura pertenece al folclore e imaginación religioso-política del judaísmo en el exilio, que ha buscado apasionadamente la supervivencia en situaciones adversas. Su libro y su figura tiene semejanzas con los Macabeos (1 y 2 Mac), que cuentan la liberación de Israel desde una perspectiva más militar, pero que culmina también y, sobre todo, en 2 Mac, con la *fiesta del día de Mardoqueo* (2 Mac 15, 36), que lleva el nombre de Purim (nombre que viene del persa *pur*, suertes) y tiene un origen

---

[39] Entre los comentarios, cf. C. A. Moore, *Esther*, Doubleday, New York 1971; J. Vílchez, *Rut y Ester*, Verbo Divino, Estella 1998. Además, S. Berg, *The Book of Ester. Motifs, Themes and Structure*, Scholars Press, Missoula 1979; A. Brenner, *A Feminist Companion to Ester, Judith and Susanna*, Academic Press, Sheffield 1995; K. Butting (y otras), *Ester. Mit Beiträgen aus Judentum, Christentum, Islam, Literatur*, (Die Bibel erzählt 2), Wittingen 2005; L. Day, *Three Faces of a Queen. Characterization in the Books of Esther*, Academic Press, Sheffield 1995; S. Crawforf (ed.), *The Book of Esther in Modern Research* (JSOT.S 380), London 2003; K. Jaroš, *Esther. Geschichte und Legende*, Philipp von Zabern, Mainz 1996; M. McKenna, *«Déjala» (Jn 12, 7). Mujeres en la Escritura*, Sal Terrae, Santander 2001, 139-158; M. Th. Wakker, *Ester. Jüdin. Königin. Retterin*, en *Bekannte und unbekannte Frauen der Bibel* KBW, Stuttgart 2006; H. M. Wahl, *Esther-Forschung*, ThR 66 (2001) 103-130.

probablemente pre-judío, pues era el día en que se echaban anualmente las suertes para fijar días especiales de culto o trabajo.

Pues bien, en un momento dado, los judíos de la diáspora oriental (en Babilonia o en el conjunto del imperio persa) empezaron a celebrar esa fiesta dándole un contenido histórico/salvífico: los enemigos del pueblo habrían echado los *purim* para aniquilar a los judíos, buscando el momento propicio; pero Dios cambió las suertes del día adverso en suerte de gloria y venganza para los judíos (cf. Est 3, 7; 9, 24ss.). Por describir este cambio, el libro de Ester ha funcionado y funciona en el judaísmo como símbolo de la esperanza del pueblo, protegido por Dios, que podrá mantener su identidad en medio de las persecuciones, vengándose incluso de sus enemigos.

a) Introducción. El gran cambio (Purim)

El nombre Ester/Esther alude a la diosa Reina del cielo (Astarté, Isthar) que Jeremías y otros habían condenado (Jr 44, 17-25). Es posible que los judíos de la diáspora de Babilonia hayan «historizado» y cambiado su figura, en el siglo II a.C., convirtiéndola en reina del imperio, siendo israelita fiel y salvadora de los judíos.

En un sentido, este reina Ester tiene semejanzas con Judit, como seguiremos indicando, pero ella presenta también rasgos diferentes. *Judit* será la judía sin más (pues eso significa el nombre), una mujer ritualmente pura, que corta la cabeza del general enemigo y mantiene la independencia del pueblo israelita. Por el contrario, *Ester* es la judía que pacta con el imperio, llegando a casarse con el Rey Asuero, aceptando el sistema imperial para transformarlo, poniéndolo al servicio de su pueblo. Judit, la luchadora, matará por sí misma al general perverso. Ester, la mujer «política», aconsejada por su tío Mardoqueo (un nombre vinculado con Marduk, Dios de Babilonia, en pareja con Ester/Isthar, la diosa), prefiere casarse con el rey, para ponerlo al servicio de la causa judía.

En el origen de la celebración judía de los Purim debe estar el recuerdo de algún hecho especialmente favorable que se interpretó como nuevo éxodo del pueblo. Para fijar ese recuerdo y motivar mejor la fiesta se redactó Ester 1–10 (Biblia hebrea), quizá en tiempos del primer alzamiento macabeo (167-164 a.C.), un bello texto que asume elementos folclóricos paganos (como los nombres de Mardoqueo/Ester), creando una hermosa trama literaria, tejida de ironía, intriga y suspense, con el triunfo de la favorita del rey persa (Asuero/Artajerjes).

III. Eva. Las grandes mujeres

Parece que el rey sólo se ocupa en asuntos de comida/bebida y de mujeres, dejando las riendas del gobierno en manos del Ministro Amán que, que quiere unificar el reino y lograr que todos cumplan unas mismas leyes, aniquilando para ello a los judíos, que se oponen a ese tipo de unidad. Se repite en otra perspectiva el conflicto que ha sido desarrollado por 2 Mac 6, pues el ministro real quiere la igualdad de todos los pueblos: una misma ley para aquellos que viven a lo largo y a lo ancho del imperio mundial de los persas.

Podría pensarse que Dios, rey universal, aprueba esa unión: un mismo imperio, una misma ley, una humanidad. Pero el texto indica que en el fondo de ese intento hay envidia (no se quiere aceptar que haya un pueblo distinto) y codicia, esto es, deseo de apoderarse de los bienes de los judíos, que son un pueblo disperso (sin tierra propia) y no asimilado (conservan sus leyes, no se integran en la vida de los otros pueblos). Ésta es la trama: está en riesgo la suerte de los judíos del mundo; todo depende del cumplimiento de una ley. El desenlace viene motivado por Ester, sobrina de un alto funcionario judío llamado Mardoqueo, que la va guiando, hasta convertirla en liberadora de los judíos.

Ella puede actuar como liberadora porque es la mujer más hermosa del reino y por eso la seleccionan para formar parte del harén palaciego y luego el rey la escoge (¡por su físico, sin haber hablado con ella, sin saber que es judía!) para convertirse en la Primera Dama o Reina, porque Vasti, la reina anterior, había desafiado la autoridad del monarca, negándose a cumplir su deseo de bailar (¿desnuda?) ante la corte. Pues bien, allí donde Vasti se niega y desafía al rey (quizá para mantener su dignidad), Ester acepta y se somete (se doblega con astucia), quizá para poderle manejar luego mejor, como hará de hecho, al servicio de los judíos.

Con la fuerte atracción de su figura, y presentándose al fin (cuando el rey ya la conoce más y se ha unido con ella) como judía, Ester consigue que Asuereo/Artajerjes mande ejecutar a Amán (el ministro anterior, enemigo de los judíos) y nombre en su lugar a Mardoqueo, autorizándole a establecer un nuevo decreto por el que, en vez de aniquilar a los judíos, se les permita seguir viviendo separados, conforme a sus leyes, formando comunidades jurídicamente establecidas y defendiéndose de sus enemigos, incluso con violencia (Est 8, 11-12).

Los judíos se aprovechan de la nueva ley, de manera que, con el favor de Ester y la autoridad de Mardoqueo, se vengan de sus enemigos, matando a muchos de ellos. De esa forma cambian las Suertes (*Purim*) y el día destinado a la muerte se convierte en tiempo de nuevo nacimiento y venganza, pues ellos responden con violencia a la violencia de aquellos que querían destruirles. El Dios de Ester y Mardoqueo se expresa en forma de talión y permite que los judíos mantengan su independencia utilizando medios de terror (cf. Est 8, 17), de forma que el gozo y victoria de unos (judíos) supone derrota y tristeza de otros (de los pueblos enemigos), dentro de un gran Estado persa, que actúa como «amigo» de los judíos.

Significativamente, en el texto hebreo de Ester no aparece el nombre de Yahvé: todo es puramente profano en su historia, desde la manera de entender la división de judíos y gentiles hasta el modo de cambiar las suertes de unos y otros, por medio de una política cercana a las intrigas de salón y a los favoritismos de alcoba. Ocultamente actúa Dios sin que sea necesario que aparezca su nombre, dirigiendo así la trama de liberación del pueblo, a través de una historia bella y tensa donde emerge el lado oculto y oscuro del poder (vino, espionaje, presiones sexuales), manejado por una mujer judía y por su tío, al servicio del judaísmo mundial.

En esa línea, el libro de Ester transmite una de las grandes conquistas de la experiencia y teología del judaísmo, mostrando cómo Dios actúa (sin ser nombrado) a través de unas dudosas intrigas de alcoba, al servicio de unos oprimidos (aunque en estilo de venganza o talión). Es normal que un autor posterior, de la diáspora helenista, que escribe ya en griego, a principios del I a.C., haya querido actualizar este relato, introduciendo algunos textos explicativos que suelen recogerse como epílogo o añadirse en el mismo despliegue de la narración antigua (como hace Ester LXX y la mayoría de las ediciones católicas de la Biblia judía). Este redactor del texto griego de Ester es un *teólogo* que explicita el mensaje anterior (de la Biblia hebrea, ya fijada), por medio de sueños, reflexiones, plegarias y cartas, en las que se describe de forma explícita la acción de Dios.

b) *La estrategia: seducción al servicio del pueblo*

Especialmente significativo es el prólogo y epílogo de Ester LXX, que presenta y explica un sueño de tipo alegórico/apocalíptico: a un lado están *los gentiles*, que amenazan al pueblo escogido, al otro *los judíos fieles* que gritan pidiendo ayuda a Dios (como en el cautiverio de Egipto). Por un lado está *el mal dragón*, que es Amán, enemigo de los justos, por otro *el buen dragón*, que es Mardoqueo, nuevo Moisés, que será liberador de los judíos. En el centro aparece *una fuente convertida en gran río*: es Ester, símbolo de la mujer/heroína israelita que ofrece salvación y vida a su pueblo (cf. Ester LXX 1, 1a-l y 10, 3a-f).

Estrictamente hablando, Ester no es reina de los judíos (los judíos no conocían tal figura), sino una creyente judía que acepta ser reina del Imperio mundial, para bien de su pueblo. Ella no actúa como madre (en la línea de las gebîrás antiguas), ni como luchadora (como Yael y Judit), sino como amante, que excita el deseo del rey universal al servicio de un pueblo particular. A diferencia de Vasti, que ha tenido el atrevimiento de mostrarse autónoma, rechazando la sumisión sexual que el rey le pide, Ester empieza siendo una mujer sumisa, quizá al principio en provecho propio (para elevarse como reina). Pero luego, encauzada por su «tío» Mardoqueo, ella transforma la sumisión en audacia arriesgada, poniendo su encanto femenino al servicio de la salvación de su pueblo.

Todo el libro parece haberse escrito con fuerte ironía, para mostrar la transformación de Ester, que logra cambiar la voluntad del rey, consiguiendo salvar a los judíos y que éstos maten a sus enemigos. En ese sentido se puede afirmar que ella es una mujer seductora y creadora de violencia, de manera que puede conseguir todo lo que quiere, fascinando al Gran Rey con sus encantos corporales y el despliegue graduado, astuto, de sus peticiones. No puede nada por sí misma, pero todo lo consigue en la medida en que utiliza al servicio de su pueblo la atracción que el rey siente por ella.

c) *Una guerra palaciega*

En este contexto se entiende su intriga palaciega, que citamos de nuevo, de forma condensada. Van a exterminar a los judíos del imperio, a quienes acusan de ser «enemigos de la raza humana», porque siguen leyes propias, no las de todas las naciones, sometidas a Persia. Ya está escrito el edicto que fija su matanza. Pero Ester, la favorita, logra que el rey cambie su decreto: «Y preguntó el rey a Ester..., mientras bebía: ¿Qué es lo que pides, reina Ester y se te dará? ¿Qué es lo que deseas? Incluso la mitad del reino se te concederá». Y respondió la reina Ester y dijo: «Si he hallado gracia ante tus ojos, oh rey, y si le parece bien al rey, que se me conceda la vida, por mi petición, y la de mi pueblo por mi deseo» (7, 2-3).

Como he dicho, Ester es reina universal (cf. Est 2, 22; 4, 4; 5, 2.3.12; 7, 5.7.8; 8, 1.7; 9, 12.29.31) y no tiene que matar a los enemigos de Israel (como Yael o Judit), pero puede hacer algo más duradero: Influye en el rey, para que invierta la sentencia ya dictada y mande matar a los enemigos de los judíos, logrando que su tío, el judío Mardoqueo (como había sucedido con José en Egipto), venga a convertirse en el primer ministro del gran imperio persa. Ella misma redacta la nueva sentencia, el gran edicto de Purim, la fiesta del cambio de suertes, con la victoria y venganza de los judíos antes perseguidos.

Redactaron un documento en nombre del rey Asuero, lo sellaron con su sello y despacharon las cartas por correos montados en caballos velocísimos... En dicho documento el rey concedía a los judíos de todas y cada una de las ciudades el derecho a reunirse y defenderse, a exterminar, matar y aniquilar a cualquier gente armada de cualquier raza o provincia que los atacara, incluso a sus mujeres y niños, más el derecho a saquear sus bienes en todas las provincias del rey Asuero... Y los judíos pasaron a cuchillo a sus enemigos, matándolos y exterminándolos. Hicieron con ellos lo que quisieron (Est 8, 11-12; 9, 5-6).

No había en Israel lugar para una reina, pero eso no ha impedido que en la imaginación religiosa del judaísmo haya surgido Ester como reina salvadora, es decir, como una mujer creyente que, casada con el rey gentil, garantiza la victoria de los hombres y mujeres de su pueblo. Ester, la amada del gran rey, es fuente de victoria para los judíos: mientras ella siga manteniendo su influjo de esposa-favorita en la Corte del Gran Rey, la vida de los judíos se encuentra asegurada. Por la fiesta de Purim, Ester ha pervivido y pervive en la memoria israelita, como heroína y salvadora.

2. Judit, la viuda vengadora

Al lado de Ester podemos situar a Judit, que también libera a su pueblo en circunstancias de peligro extremo. Recordemos que en el comienzo de la historia se elevaban, además de las matriarcas (Sara, Rebeca, Raquel) unas mujeres activas (Rajab, Yael, Débora), que contribuyeron de un modo importante al triunfo de Israel. Pues bien, en los tiempos finales de la Biblia aparecen también otras mujeres de ese tipo y entre ellas, junto a Ester (de la que acabamos de tratar), se sitúa Judit, cuyo libro no ha sido incluido en la Biblia hebrea, pro sí en la judía (griega) de los LXX y en las ediciones católicas. Su figura y su libro han contribuido de un modo esencial al desarrollo de la conciencia judía (y cristiana) de tiempos posteriores.

Judit es la heroína judía por excelencia y su argumento nos sitúa en los tiempos de una gran crisis político-religiosa (siglo II a.C.), que aquí aparece como *lucha universal* de Holofernes (general de Nabucodonosor, el asirio) contra todos los pueblos de la tierra, entre los cuales se encuentran los judíos, quienes corren el riesgo de ser aniquilados. En un sentido, la trama del libro se parece mucho a la de 2 Mac 14–15, pero en lugar de Antíoco IV (contra quien lucha Judas Macabeo) hallamos a Nabucodonosor, el antidios que quiere dominar con su poder toda la tierra, y en lugar de Nicanor, general que cumple las órdenes del gran rey, está Holofernes. Pues bien, en lugar de Judas, hombre fuerte, que mata a Nicanor y consigue la independencia judía, emerge Judit, mujer hermosa, que, con la ayuda de Dios, vence y mata a Holofernes[40].

a) *Judit, Dios actúa y vence por una mujer*

Desde una perspectiva femenina, la trama de Judit se parece a la de Ester. Las dos mujeres personifican el triunfo de Israel y utilizan un engaño para seducir al varón que parecía triunfador. Pero Ester actúa dentro de la «ley» del matrimonio, como Gran Reina, y así salva a su pueblo sin necesidad de matar directamente a los enemigos de Israel. Judit, en cambio, tiene que actuar de un modo directo. Ella es viuda (mujer libre) y, siendo fiel judía, debe presentarse como una especie de prostituta de lujo, para así engañar (seducir, emborrachar y matar) al incauto y brutal Holofernes.

Cuando todo parece fallar, cuando fracasan los medios normales de salvación y el pueblo va a ser destruido, emerge *una mujer* providencial, como en otro tiempo aparecieron Rajab o Yael. Pero Judit las condensa y sobrepasa a todas, apareciendo como la judía heroína por excelencia: como nuevo David que mató en otro tiempo a Goliat y corta su cabeza (cf. 1 Sm 17), así ella mata y decapita a Holofernes.

---

40 Visión general en B. Schmitz, *Judit*, WiBiLex. Entre los comentarios, cf. C. A. Moore, *Judith*, Doubleday, New York 1985; J. Vílchez, *Tobías y Judit*, Verbo Divino, Estella 2000. Cf. además M. Bal, *Head Hunting. Judith on the Cutting Edge of Knowledge*, en A. Brenner (ed.), *A Feminist Companion to Esther, Judith and Susanna* (FCB 7), Sheffield, 1997, 253-336; Linda Day, *Character and Perspective in Judith*, JSOT 95 (2001) 171-193; Ph. Esler, *Ludic History in the Book of Judith. The Reinvention of Israelite identity?*, Biblical Interpretation 10 (2002) 107-143; M. Hellmann, *Judit: eine Frau im Spannungsfeld von Autonomie und göttlicher Führung. Studie über eine Frauengestalt des Alten Testaments*, Lang, Frankfurt 1992; A. Lacoque, *Subversives ou un Pentateuque de femmes*, Cerf, Paris 1992, 45-62; G. W. E. Nickelsburg, *Jewish Literature Between the Bible and the Mishnah*, SCM, London 1981, 105-109; J. VanderKam (ed.), *No one spoke ill of her. Essays on Judith* (SBL Early Judaism and its Literature 2), Atlanta 1992, 17-30; P. Milne, *What shall we do with Judith? A Feminist Reassessment of a biblical Heroine*, Sem 62 (1993) 37-58; C. Rakel, *Judit – über Schönheit, Macht und Widerstand im Krieg. Eine feministisch-intertextuelle Lektüre* (BZAW 334), Berlin 2004; B. Schmitz, *Gedeutete Geschichte. Die Funktion der Reden und Gebete im Buch Judit* (HBS 40), Freiburg 2004.

Judit representa la identidad de los judíos, como pueblo de Dios que se eleva en contra de los ídolos políticos del mundo. El ídolo es aquí *Nabucodonosor*, que quiere ser rey y dios sobre la tierra, con la ayuda de *Holofernes* que representa el poder militar casi absoluto de ese rey antidivino. Pues bien, en contra del ídolo y su ejército aparece ahora Judit, la bella y valiente viuda judía, como representante del Dios de Israel en quien confía, destruyendo al dios de este mundo. Ha muerto su marido (es viuda), pero puede presentarse como «esposa» de todo el pueblo, signo del judaísmo.

Parece que la obra de Dios va a fracasar y que triunfa en su lugar el rey perverso (Nabucodonosor), imponiendo su ley sobre el mundo entero. En esta situación, cuando los restantes países han cedido y todos los reinos de la tierra se han postrado ante el falso dios de la guerra y del imperio, se mantienen firmes los judíos, pequeña comunidad de montañeses, representantes de verdadera humanidad, portadores de la verdadera salvación. Pero también ellos se encuentran a punto de rendirse. No se pueden defender en plano militar y, en un momento dado, deciden someterse al triunfador guerrero, con lo que esa sumisión implica de aceptación del dios perverso (idolatría política de Nabucodonosor, avalada por la fuerza militar de Holofernes).

Pues bien, entonces, cuando todo se encuentra perdido, emerge Judit, la judía, protagonista de esta novela (ficción) de esperanza nacional. Ella será signo de la gracia de Dios (de su existencia salvadora) para el pueblo elegido y, de una forma más extensa, para el conjunto de la humanidad (que podrá librarse de esa forma de Holofernes), de manera que el triunfo de Israel puede ser signo de liberación para todos los pueblos sometidos al imperio sangriento de Asiria.

Judit puede compararse con Yael, pero no es una extranjera aliada, sino que ha de ser auténtica judía, encarnación limpia del más limpio y antiguo pueblo de la alianza; por eso el texto ofrece su genealogía, a partir de Simeón, patriara violento y vengador de su estirpe (Jdt 8, 1; 9, 2). Tampoco puede ser casada (su marido no le habría permitido actuar de forma independiente, arriesgando su honor), ni soltera o virgen no casada (seguiría sometida a su padre). Para hacer lo que hace, ella ha de ser viuda independiente, rica, deseable (8, 2-3).

Ella es una viuda bella y deseable, pues sólo así puede atraer a Holofernes, guerrero hambriento de mujeres. Tiene que ser y es, al mismo tiempo, muy piadosa, para ser representante del auténtico judaísmo (8, 4-8). Sólo de esa forma, como viuda rica, independiente y hermosa, pue-

III. Eva. Las grandes mujeres

de penetrar con su encanto (su engaño) en el cuartel general de los enemigos, donde logrará matar a su general.

Ella es una viuda, pero no está sometida a la ley del levirato (cf. Dt 25, 5-10), como Rut, pues tiene lo suficiente para vivir y no le hacen falta hijos propios (todo el pueblo de Israel será de algún modo su esposo y su hijo). La viudez es para ella una situación propicia para vivir en libertad, actuando por sí misma, y para matar al enemigo de Israel. Yael era independiente como esposa (recibía en su tienda a quien quisiera, sin contar con su marido). También Judit actúa con independencia, como viuda, en nombre del pueblo israelita, atrayendo sexualmente y matando al perverso Holofernes.

El libro de Judit aparece así como una historia de intrigas y aventuras. Lo que en Yael aparecía como insinuación (no se explicitaba su relación íntima con Sísara, sino que le daba a beber leche y le escondía bajo la estera de la casa) se vuelve ahora relato detallado de seducción mortal, pero sin relaciones sexuales entre la judía y el pagano (Jdt 10–12). Es evidente que Judit, buena israelita, pura en su comida, limpia en su cuerpo de viuda, no puede compartir la misma mesa de Holofernes, ni acostarse en su cama, porque se lo impide la ley de su pueblo. Pero le puede atraer, engañar, emborrachar y matar, como hace de hecho en esta novela que pone de relieve la astucia y pureza de Judit y la torpeza fatídica de su adversario. De esa forma, en intriga vengadora, Judit mata y degüella en la intimidad de una tienda preparada para la intimidad (de nuevo como Yael) al general opresor, mientras vigilan inútiles los guardas y duermen los soldados.

Ella expresa, según eso, el arquetipo del gran vencedor israelita, que derrota y corta la cabeza al representante del mal sobre la tierra, como David (que derrota y decapita a Goliat) y como Judas Macabeo (que vence y decapita a Nicanor). Realizada su tarea mortal, llevando en su zurrón la cabeza enemiga, sale de la tienda y, engañando a los soldados de la guardia de Holofernes con la excusa de que va cumplir sus ritos religiosos, atraviesa las líneas de frontera y entra en la ciudad judía, con el trofeo cortado del gran general (cf. Jdt 10–13). Donde han fallado soldados (y sacerdotes) triunfa ella, encarnación femenina del pueblo israelita que recibe la ayuda de Dios y vence a los enemigos de Israel.

b) *Matar al tirano, liberar al pueblo*

Esta historia nos introduce en la complejidad de los poderes humanos. Lo mismo que *David*, bello muchacho (cf. 1 Sm 17, 42), venció con su honda frágil al fortísimo guerrero, *Judit*, la viuda bella «pero» religiosa y honrada (cf. Jdt 8, 7-8), derrotó con las armas de su seducción al invencible general asirio, en el momento de suprema confusión del pueblo, cuando las autoridades de la ciudad simbólica del judaísmo (Betel/Betulia/Jerusalén) deciden entregarse al enemigo (Jdt 7). De esa forma dicta en su oración la más honda lección de teología o fe divina a los judíos sitiados:

> Señor Dios de mi padre *Simeón* a quien pusiste en la mano la espada, para vengar a los extranjeros que violaron la matriz de *una virgen* (Dina) para mancharla, que desnudaron sus caderas para vergüenza y profanaron su seno para deshonor; pues tú dijiste: «Eso no se hace», y ellos lo hicieron. Por eso entregaste sus jefes a la muerte y su lecho, rojo de desvergüenza por su engaño, lo dejaste engañado hasta la sangre... Tú has hecho las cosas anteriores, las de entonces y las posteriores; *tú dispones lo de ahora y lo que va a venir* y sucede lo que dispusiste...
>
> Aquí están *los asirios*, crecidos en su fuerza, orgullosos por sus caballos y jinetes, ufanos con el vigor de su infantería, confiados en sus escudos, lanzas, arcos y hondas; no reconocen que tú eres el Señor que *pones fin a las guerras*. Tu nombre es Señor: *destruye su poderío con tu fuerza*, aplasta con tu cólera su dominio. Porque han decidido profanar tu santuario, manchar el tabernáculo donde descansa tu nombre glorioso, echar abajo con la espada los cuernos de tu altar.
>
> Mira su arrogancia, descarga tu ira sobre sus cabezas, pon en mi mano de viuda la fuerza para hacer lo que he pensado. *Aplasta por la seducción de mis labios* al esclavo con el señor y al señor con su criado, quebranta su altivez por mano de una mujer... Sí, sí, oh Dios de mi padre y dueño de la heredad de Israel. Haz que mi palabra y engaño sean lesión y herida para aquellos que han tramado planes crueles contra tu alianza, tu Santa Morada, el Monte Sión y la Casa que ocupan tus hijos.
>
> Haz que todo tu pueblo y todas las tribus conozcan y sepan que tú eres el único Dios, Dios de toda fuerza y poder y que no hay nadie que proteja a la raza de Israel fuera de ti. Haz que todo tu pueblo y todas las tribus conozcan y sepan que tú eres el único Dios, Dios de toda fuerza y poder y que no hay nadie que proteja a la raza de Israel fuera de ti (Jdt 9, 2-3.5.7-10.14).

Judit sitúa su gesto sobre el trasfondo de una historia de durísimo talión: *Simeón y Leví*, hijos de Jacob, vengaron antaño la afrenta de Dina, su hermana, violada por Siquem, matando a los varones del lugar, después de haberlos engañado y debilitado con astucia. El gesto de Simeón, guerrero vengador, había sido acogido con recelo por la tradición antigua, deseosa de mantener cierta paz con los pueblos del entorno (cf. Gn 34, 30-31; 49, 5-7). Pero la nueva teología judía (cf. Jub 30; Test Leví) le rehabilitó, afirmando que es bueno vengar con sangre la afrenta de sangre (violación de Dina) que se había hecho a los judíos. En esa línea, la oración de Judit asume y reelabora aquella saga de venganza, ensalzando a la tribu de Simeón, extinguida y/o dispersa hace ya tiempo, como supone el oráculo de Gn 49, 5-7.

En esa perspectiva, la nueva triunfadora, Judit, retoma la acción de Simeón, el viejo guerrero, vengador de sangre. Ella es ahora el signo de toda la *raza judía* (y a la ciudad de Jerusalén) a la que quiere violar y destruir el durísimo Holofernes. De esa forma, Judit (con Simeón) se sitúa en la línea de la guerra santa de los antiguos israelitas. Dina era prototipo del pueblo de Israel, amenazado por los pueblos enemigos, que quieren violarla y la violan, en gesto de afrenta deshonrosa. Judit, en cambio, será un nuevo Simeón, capaz de engañar y destruir a los violadores. El Dios de Simeón le guiará, dándole fuerzas y astucia para realizar su acción de guerra.

Judit apela a Dios, al Dios israelita, en contra del dios falso, Nabucodonosor que «dice», pero no puede cumplir lo que ha dicho (cf. Jdt 2, 1-13). Ejecutor de la justicia vengadora de Dios fue en otro tiempo Simeón; ahora lo es Judit. *Los asirios* son el anti-Dios, fuerza divinizada, poder militar que pretende volverse absoluto. Estrictamente hablando, ellos son *el ídolo supremo*, signo del hombre que quiere ser «dios». Son pecado original concretizado: se colocan en lugar de Dios y quieren destruir su santuario/tabernáculo/altar, es decir, los tres signos privilegiados de la presencia divina en el mundo, conforme a la visión israelita. Pero Judit sabe que sólo el Dios de Israel es el Señor, el Kyrios de la historia.

Pues bien, conforme a la experiencia de la guerra santa (con cita de Ex 15, 3 LXX), ese Dios de Judit pone fin a toda guerra; no necesita luchar por medio de un ejército; no se apoya en los soldados y las armas, como hacen los asirios. El Señor verdadero demuestra su poder de otra manera y lo hace por Judit, su mediadora. Ella es débil, una simple viuda (9, 9), mujer que parece sometida a la violencia o prepotencia de los otros. Pero será capaz de empuñar la espada del mismo enemigo de Dios para matarle, como había hecho David con Goliat cortándole su cuello (cf. 1 Sm 17, 51).

Éste es el centro del relato. Presentándose como mujer de paz, confiada en la protección de Dios y en su «belleza y seducción» femenina, Judit abandona la ciudad sitiada, fingiendo que huye de su próximo desastre, pues la conquistarán los soldados de Holofernes, en quienes ella dice confiar. Pues bien, Holofernes la recibe en su tienda de general supremo y se deja seducir por ella:

> Entrando (en la tienda) luego Judit, se reclinó. El corazón de Holofernes quedó fascinado por ella, su alma quedó turbada y experimentó un violento deseo de unirse con ella... buscando ocasión de seducirla. Le dijo Holofernes: «¡Bebe, pues, y comparte la alegría con nosotros!». Judit respondió: «Beberé señor; pues nunca, desde el día en que nací, nunca estimé en tanto mi vida como ahora». Y comió y bebió, frente a él, sirviéndose de las provisiones que su sierva había preparado.
>
> Holofernes, que se hallaba bajo el influjo de su encanto, bebió vino tan copiosamente como jamás había bebido en todos los días de su vida. Cuando se hizo tarde, sus oficiales se apresuraron a retirarse y Bagoas cerró la tienda por el exterior, después de haber apartado de la presencia de su señor a los que todavía quedaban; y todos se fueron a dormir, fatigados por el exceso de bebida. Quedaron en la tienda tan sólo Judit y Holofernes, desplomado sobre su lecho y rezumando vino...
>
> Todos se habían retirado; nadie, ni grande ni pequeño, quedó en el dormitorio. Judit, puesta de pie junto al lecho, dijo en su corazón: «¡Oh Señor, Dios de toda Fuerza! Pon los ojos, en esta hora, en la empresa de mis manos para exaltación de Jerusalén...». Avanzó, después, hasta la columna del lecho que estaba junto a la cabeza de Holofernes, tomó de allí su espada curva, y acercándose al lecho, agarró la cabeza de Holofernes por los cabellos y dijo: «¡Dame fortaleza, Dios de Israel, en este momento!».
>
> Y, con todas sus fuerzas, le descargó dos golpes sobre el cuello y le cortó la cabeza. Después hizo rodar el tronco fuera del lecho, arrancó las colgaduras de las columnas y saliendo entregó la cabeza de Holofernes a su sierva, que la metió en la alforja de las provisiones. Luego salieron las dos juntas a hacer la oración, como de ordinario, atravesaron el campamento, contornearon el barranco, subieron por el monte de Betulia y se presentaron ante las puertas de la ciudad (Jdt 12, 16-20; 13, 1-10).

Así actúa Judit, judía «limpia», según ley, mujer que se abstiene de comer alimentos impuros y que nunca consentiría en acostarse con un incircunciso, porque quiere mantener, por encima de todo, la pureza nacional judía (Jdt 13, 15-16). Pero, apelando a esa misma limpieza nacional, ella puede engañar/seducir al brutal Holofernes y matarle. De esa forma cumple de nuevo, en otras circunstancias, aquello que había realizado *Simeón*, su antepasado que se vengó de la violación de su hermana Dina matando a esclavos y señores de Siquem (Jub 9, 3); también la dulce Judit hará que mueran señores y criados del ejército de Holofernes, que pierden su ánimo al ver muerto a su general (9, 10). De esa manera, el texto eleva su *mano de mujer* (*kheir theleias*) como revelación muy alta del poder divino (Jdt 15, 9-10), matando con ella al enemigo de Dios y liberando a su pueblo.

c) Judit, el Dios de la venganza y de la liberación

Judit tiene que apelar a la ayuda de Dios y a su «astucia seductora». No cuenta con soldados, no puede vencer por las armas. Sólo tiene fe en Dios y un «cuerpo atractivo», que le permite seducir y matar a Holofernes, que es invencible en el campo de batalla, pero muy vencible en su condición de varón a quien pueden subyugar las mujeres. De esa forma, ella, una mujer en apariencia inofensiva, aparece como representante de la «línea dura de Israel», en la línea del Dios de Simeón, que es el Dios de la venganza.

Judit apela a ese mismo Dios de la venganza. Los asirios, enemigos de Israel, son para ella el ídolo supremo, signo de la humanidad que se eleva contra el Dios auténtico y de esa forma oprime a los restantes hombres y mujeres, en este caso a los israelitas; ellos se colocan en el lugar de Dios y quieren destruir su santuario/tabernáculo/altar, tres signos privilegiados de la presencia en Israel. Pues bien, en contra de ellos, fuertes guerreros, invencibles en el plano militar, aparece y actúa como signo del pueblo judío: es una mujer débil, una simple viuda (Jdt 9, 9), pero cuenta con la protección de Dios y de esa forma, sin espada ni ejército, vence a los enemigos de Dios, que son los opresores de su pueblo. Así lo entiende Ozías, jefe de Betulia, que enaltece a Judit diciendo:

> ¡Bendita seas, hija del Dios Altísimo más que todas las mujeres de la tierra! Y bendito sea Dios, el Señor, Creador del cielo y de la tierra, que te ha guiado para cortar la cabeza del jefe de nuestros enemigos. Jamás tu confianza faltará en el corazón de los hombres que recordarán la fuerza de Dios eternamente. Que Dios te conceda, para exaltación perpetua, el ser favorecida con todos los bienes, porque no vacilaste en exponer tu vida a causa de la humillación de nuestra raza. Detuviste nuestra ruina procediendo rectamente ante nuestro Dios (13, 18-20).

Dios se ha manifestado como fuente de bendición por medio Judit, representante del verdadero judaísmo. Allí donde fracasan los ejércitos de Israel, allí donde magistrados y clérigos estaban a punto de rendirse, ha realizado ella su gesta, matando al enemigo del pueblo. Por eso la bendice de un modo oficial el Sumo Sacerdote, con los ancianos del Consejo de Jerusalén, que vienen a Betulia y proclaman la grandeza de la mujer triunfadora:

> Tú eres la exaltación de Jerusalén, tú el gran orgullo de Israel, tú la suprema gloria de nuestra raza. Al hacer todo esto por tu mano has procurado la dicha de Israel y Dios se ha complacido en lo que has hecho. Bendita seas del Señor Omnipotente por siglos infinitos. Y todo el pueblo respondió: ¡Amén! (15, 9-10).

Ésta es la liturgia oficial del Sacerdote, que canta la grandeza de Dios que se ha revelado (ha realizado su nuevo Éxodo salvador) a través de una mujer. Muerto Holofernes, los asirios quedan sin ánimo y se rinden, mientras los judíos de Betulia/Jerusalén recogen el botín de la victoria. Judit ocupa así el lugar de Moisés (que dirige a los israelitas en el paso por el Mar Rojo), pero, sobre todo, el lugar de María, su hermana, que baila con las mujeres y entona el himno de victoria de Ex 15.

> Todas las mujeres de Israel acudieron para verla y la bendecían danzando en coro. Judit tomaba tirsos con la mano y los distribuía entre las mujeres que estaban a su lado. Ellas y sus acompañantes se coronaron con coronas de olivo; después, dirigiendo el coro de las mujeres, se puso danzando a la cabeza de todo el pueblo. La seguían los hombres de Israel, armados de sus armas, llevando coronas y cantando himnos. Judit entonó, en medio de todo Israel, este himno de acción de gracias y todo el pueblo repetía sus alabanzas: «¡Alabad a mi Dios con tamboriles, elevad cantos al Señor con címbalos, ofrecedle los acordes de un salmo de alabanza, ensalzad e invocad su Nombre! Porque el Señor es un Dios quebrantador de guerras... porque me arrancó de la mano de mis perseguidores. Vinieron los asirios de los montes del norte, vinieron con tropa innumerable; su muchedumbre obstruía los torrentes, y sus caballos cubrían las colinas. Hablaba de incendiar mis tierras, de pasar mis jóvenes a espada, de estrellar contra el suelo a los lactantes, de entregar como botín a mis niños y de dar como presa a mis doncellas. El Señor Omnipotente por mano de mujer los anuló...» (15, 8–16, 5).

Este libro de Judit recoge y reproduce así, de un modo simbólico, la victoria de Israel, conseguida a través una mujer. A lo largo de su desarrollo y, de un modo especial, en el canto final (Jdt 16, que sólo hemos citado en parte), este libro asume y recrea toda la historia de los grandes héroes de Israel (desde Moisés hasta Judas Macabeo), todos ellos condensados en una mujer, que así aparece como portadora de la victoria de Dios para el pueblo, como signo mesiánico.

3. Madre macabea. Confesión de fe ante el holocausto

He dejado para el final del libro, como signo impresionante de mujer judía, la figura de la madre mártir de los siete «macabeos», porque representa la fe de Israel ante el holocausto (la muerte de todos sus hijos), en una línea cercana a lo que puede ser el judaísmo después de Auschwitz. La historia de esa mujer aparece en 2 Macabeos, un libro que no ha sido incluido en la Biblia hebrea, pero que ocupa un lugar fundamental en la Biblia judía de los LXX, ofreciendo la visión más dramática del martirio y de la confesión de fe de una mujer en el conjunto de la Biblia. Ninguna otra historia, ninguna mujer, que yo sepa, puede compararse con ella, por la radicalidad de su entrega personal al servicio del pueblo de Dios y por su teología (teodicea)[41].

a) *Punto de partida. Templo, circuncisión y sábado*

Hay cuatro libros de los Macabeos: dos han sido incluidos en la Biblia judía de los LXX (1 y 2 Mac), otros dos forman parte de los apócrifos (3 y 4 Mac). El primero (1 Mac) interpreta la historia judía desde una perspectiva más militar (para justificar la opción política de los asmoneos, descendientes de los macabeos) y no contiene ninguna historia significativa de mujer. Por el contrario, 2 Mac opta por una respuesta no militar, pero con gran fidelidad hacia las instituciones específicamente israelitas; es aquí donde aparece la madre macabea de la que quiero tratar (dejando a un lado a 1 Mac, y también a los apócrifos: 3 y 4 Mac).

---

41 Comentarios: F.-M. Abel-J. Starcky, *Les Livres des Maccabées*, Gabalda, Paris 1961; J. J. Collins, *Daniel, 1Maccabées, 2Maccabées* (OTM 15), Wilmington DE 1981; J. A. Goldstein, *II Macabees* (AB 41a), New York 1983. Cf. También E. Bickerman, *The God of the Maccabees* (SJLA 32), Leiden 1979; K. Bringmann, *Helenistiche Reform und Religionsverfolgung in Judaea* (AbhAkWiss), Göttingen 1983; M. Hengel, *Judaism and Hellenism I*, SCM, London 1974, 107-254; E. Will-C. Orrieux, *Ioudaïsmos-hellènismos. Essai sur le judaïsme judéen à l'époque hellénistique*, Presses Universitaires, Nancy 1986.

1. *Mujeres en el templo.* 2 Mac contiene dos referencias básicas de mujeres. La primera se sitúa en el contexto del templo de Jerusalén, que los judíos partidarios de la helenización, apoyados por el rey de Siria, quieren convertir en centro de un culto universal. De un modo lógico, en ese contexto, ellos proponen cambiar el estatuto de las mujeres, que empiezan a realizar unas funciones distintas, en el mismo templo:

> Poco tiempo después, el rey envió al ateniense Gerón para obligar a los judíos a que desertaran de las leyes de sus padres y a que dejaran de vivir según las leyes de su Dios; y además para contaminar el Templo de Jerusalén, dedicándolo a Zeus Olímpico, y el de Garizim, a Zeus Hospitalario, como lo habían pedido los habitantes del lugar.
> Este recrudecimiento del mal era para todos penoso e insoportable. El Templo estaba lleno de desórdenes y orgías por parte de los paganos que holgaban con meretrices y que en los atrios sagrados andaban con mujeres, y hasta introducían allí cosas prohibidas. El altar estaba repleto de víctimas ilícitas, prohibidas por las leyes. No se podía ni celebrar el sábado, ni guardar las fiestas patrias, ni siquiera confesarse judío (2 Mac 6, 1-6).

Es evidente que este juicio proviene de un enemigo de la «helenización», de alguien que quiere mantener la diferencia judía del templo, dedicado sólo a Yahvé, sin mezcla de otros dioses o cultos. Por el contrario, los partidarios de la helenización quieren integrar el judaísmo dentro del culto y la cultura del entorno, identificando de esa forma a Yahvé con Zeus (entendido como Dios universal). Esta integración o simbiosis implica algunas consecuencias para la visión de la mujer, pues eran muchos los judíos que no veían con buen ojo el tipo de sacerdocio y de culto exclusivamente masculino del templo, que implicaba la prohibición de que las mujeres pasaran a los atrios interiores, reservados a los varones.

El texto acusa a los «helenistas» de introducir «meretrices» en el templo, suponiendo que allí (en alguna de sus dependencias) podía celebrarse un culto vinculado con la unión del Dios y de la Diosa. La meretrices serían prostitutas sagradas, de aquellas que habían existido en el Primer Templo, antes de su destrucción (como supone 1 Re 22, 46; 2 Re 23, 7, con referencia a prostitutos/prostitutas). Pero esa acusación puede ser una «mentira» o una exageración de aquellos que se oponían a una helenización del judaísmo. Sea como fuere, el judaísmo del tiempo de la revuelta macabea (entre el 175 y el 164 a.C.) sitúa de nuevo el templo de Jerusalén ante unos problemas que habían existido ya en el tiempo anterior al exilio.

Estamos, sin duda, ante un conflicto interno. *Los judíos nacionales* pensaban que el Templo les pertenecía en exclusiva, como signo de elección y diferencia: sólo ellos podían ofrecer los sacrificios puros, separándose así de los gentiles. Por el contrario, *los judíos universalistas* (deseosos de superar la separación anterior del pueblo) y los griegos, partidarios de una religión sincretista, querían abrir el templo para todos, celebrando allí los cultos vinculados a las varias tradiciones del oriente. Esa intención de fondo de los helenistas podía ser buena, pero la forma en que querían abrir el templo era, sin duda, ofensiva para muchos judíos.

2. *Mujeres y circuncisión de los niños.* En ese contexto anterior se sitúa la oposición a dos elementos que parecen básicos en la identidad del judaísmo: la circuncisión y la observancia del sábado:

> Se podía ya entrever la calamidad inminente. Dos mujeres fueron delatadas por haber circuncidado a sus hijos; las hicieron recorrer públicamente la ciudad con los niños colgados del pecho, y las precipitaron desde la muralla. Otros que se habían reunido en cuevas próximas para celebrar a escondidas el día séptimo, fueron denunciados a Filipo y quemados juntos, sin que quisieran hacer nada en su defensa, por respeto a la santidad del día (2 Mac 6, 9-11).

El tema de la circuncisión parece especialmente relacionado con las madres, que son las encargadas de «educar» a los niños. La circuncisión era una marca de identidad para el judaísmo, una señal que el «rey» (o los partidarios de la helenización) quiere borrar, para que todos los súbditos sean iguales, sin que existan más signos religiosos externos que aquellos que vienen trazados por el poder del rey.

En ese contexto se potencian las fiestas reales (sagradas) de Dios y del Reino, pero se prohíben las celebraciones específicas de un grupo (como la circuncisión y la observancia del sábado de los judíos). Muchos judíos universalistas y el rey griego pudieron pensar que el sábado, entendido y cumplido de forma radical, resultaba discriminatorio, pues no lo aceptaban todos los ciudadanos por igual, de forma que su cumplimiento estricto por parte de algunos impedía el contacto y comunicación entre todos los habitantes del reino. De esa forma, en aras de un tipo de «tiempo universal», los helenistas quisieron prohibir la experiencia específica de un «tiempo especial sagrado» (de ritmo semanal), propio de los judíos nacionales.

Por otra parte, la circuncisión se encuentra estrechamente vinculada con las madres, que no se limitan a dar a luz a los hijos, sino que quieren que ellos vengan a formar parte de la alianza israelita, a través de la circuncisión, que aparece así como un signo que distingue e identifica a un pueblo (a los judíos), separándole de otros. El texto nos dice que las madres que querían circuncidar a sus hijos corrían el riesgo de ser ajusticiadas.

Tenemos así los tres rasgos distintivos del judaísmo como hecho social: un templo exclusivo (donde no deben aceptarse otros cultos que el de Yahvé, según el ritual propio de la nación), una marca personal, que es la circuncisión, y un día especial, en el que no trabajan, rompiendo así el orden laboral y social del conjunto de la población.

b) De Eleazar a la madre macabea. El tema del cerdo

Junto a los signos anteriores (templo, circuncisión, sábado), 2 Mac 6 ha destacado el tema de las comidas, poniendo de relieve la importancia de los banquetes sacrificiales, entendidos como fiestas de solidaridad, en las que se comía carne sacrificada a los dioses. Esos banquetes tenían un carácter social, con un fondo religioso: todos los miembros de un grupo o de un pueblo se vinculaban comiendo la misma carne sacrificada (especialmente el día del cumpleaños del rey), uniéndose también en las procesiones dedicadas a Dionisio, que evocan y celebran el misterio sagrado de la vida. Un pueblo se forja sobre la mesa compartida y la fiesta común. Por eso, los nuevos judíos helenizados debían participar en las fiestas comunes de la población helenizada, que tenían un fondo religioso (cf. 2 Mac 6, 7).

Pues bien, en este contexto, muchos judíos nacionales pensaron que ese tipo de celebraciones sagradas iban en contra de la identidad especial del judaísmo, que debía expresarse a través de la separación en las comidas. Por eso, una prohibición (la de comer carne de cerdo y de otros animales impuros), que en otro contexto podía parecer secundaria vino a interpretarse como «centro» y clave de la experiencia nacional judía.

En ese sentido, se podía y debía decir que un judío era alguien que, además de tener un templo propio, circuncidaba a sus hijos varones, guardaba el sábado... y se abstenía de comer carne de cerdo. Este último elemento (el cerdo) acabó siendo quizá el rasgo más visible de la diferencia judía y así aparece en la historia del mártir Eleazar:

III. EVA. LAS GRANDES MUJERES

A Eleazar, uno de los principales escribas, varón de ya avanzada edad y de muy noble aspecto, le forzaban a abrir la boca y a comer *carne de cerdo*. Pero él, prefiriendo una muerte honrosa a una vida infame, marchaba voluntariamente al suplicio del apaleamiento después de escupir todo, como deben proceder los que tienen valentía para rechazar los alimentos que no es lícito probar ni por amor a la vida. Los que estaban encargados del banquete sacrificial contrario a la Ley, tomándole aparte en razón del conocimiento que de antiguo tenían con este hombre, le invitaban a traer carne preparada por él mismo, y que le fuera lícita; a simular como si comiera la mandada por el rey, tomada del sacrificio (2 Mac 6, 18-21).

El texto supone que la carne prohibida había sido ofrecida a los ídolos (a Dionisio), de manera que ella viene a presentarse como expresión de paganismo, es decir, de nivelación cultural y religiosa: todos los habitantes del reino helenista se vinculan por la celebración de la fiesta de Dionisio y por un banquete comunal, marcado por la carne sacrificada. En esa situación, los judíos que quieran mantenerse fieles a su identidad deben rechazar la carne de cerdo, aunque ello les cueste el martirio. Desde aquí se entiende el texto de la madre y de sus siete hijos.

El texto no dice el nombre de esa madre macabea, ni el de sus siete hijos, a quienes normalmente se les llama «los siete macabeos». Todo nos permite suponer que el texto en sí no es histórico, en sentido externo, pero refleja un riesgo que de hecho ha existido (se ha querido obligar a los judíos nacionales a comer carne de cerdo, incluso con amenazas de muerte) y desarrolla la figura ideal de una madre judía que ha educado en la piedad y en la fidelidad a sus siete hijos. Significativamente, en este contexto no se puede hablar del padre, pues su figura no importa. La identidad judía está expresada por una madre que ha educado fielmente a sus siete hijos (número simbólico) y que se mantiene fiel a su lado:

Sucedió también que siete hermanos apresados con su madre, eran forzados por el rey, flagelados con azotes y nervios de buey, a probar *carne de cerdo* (prohibida por la Ley). Uno de ellos, hablando en nombre de los demás, decía: *Estamos dispuestos a morir antes que violar las leyes de nuestros padres...* (2 Mac 7, 1-2).

El rey helenista pretende imponer sobre los habitantes de su imperio un tipo de ley alimenticia, que se exprese en forma de «comunión/comunicación social»: quiere que todos puedan compartir, en algunos días señalados, un tipo de comida comunal que, en aquel contexto, se vincula de un modo especial con el cerdo. Pues bien, los judíos observantes se niegan a comer cerdo... pues se trata de un animal que según los códigos sociales y sacrales del judaísmo es impuro (Lv 11, 7; Dt 14, 8; cf. Is 65, 4; 66, 3.17).

En un momento dado, la carne de cerdo viene a convertirse en el signo de identidad del judaísmo. En este momento, fijando los rasgos básicos de su identificación nacional y de su ruptura con los pueblos del entorno, como signo distintivo de su elección, los judíos apelan al no comer carne de cerdo, absteniéndose así, de un modo visible, de un alimento muy concreto.

Todas las razones externas que se han dado y pueden darse para destacar el carácter ontológicamente negativo del cerdo (animal demoníaco, maldito por Dios, dedicado a un tipo de Dios pagano...) resultan equivocadas. Para un buen judío, el cerdo no es impuro por alguna cualidad física, sino «porque Dios lo ha prohibido», como indican los viejos códigos de pureza e impureza animal (Dt 14, 3-21; Lv 11; cf. Is 65, 1-7). Esa voluntad de Dios, codificada en la Ley nacional, distingue a Israel de los restantes pueblos. Por eso, ir en contra de ella significa *traicionar al pueblo*, negar al mismo Dios, rechazar su voluntad. De esa manera, el cerdo se convierte en signo básico de identidad religiosa[42].

c) *El argumento de los siete hijos. La teología de la madre*

Los siete hijos son un signo del conjunto de Israel que se mantiene fiel a sus tradiciones. La madre es el símbolo del judaísmo, como pueblo que mantiene la presencia de Dios. Ella es la mujer fuerte, transmisora de fe, que educa a los hijos para que cumplan la ley y así aparece, en el final de la Biblia judía, como la teóloga más honda de Israel, aquella que ha formulado la palabra más clara sobre la existencia y el poder creador de Dios.

Los hijos fieles, van manteniendo la confesión israelita (no comer cerdo), apoyados y sostenidos por la madre, que les alienta con su presencia

---

42 Cf. M. Douglas, *Pureza y peligro. Un análisis de los conceptos de contaminación y tabú*, Siglo XXI, Madrid 1991, 1-26. Para nosotros, herederos de un cristianismo liberal, la actitud de los *mártires del cerdo* nos puede resultar chocante, hasta molesta. Pero sólo si intentamos comprenderla, entenderemos la verdad del judaísmo: el hombre es aquello que come y con quienes come, de forma que un tipo de comida puede marcar y marca la fidelidad social y religiosa de un determinado segmento social. En esa línea, los cristianos podrían definirse como aquellos «que comen un trozo de pan bendecido» (eucaristía), de manera que están dispuestos a morir antes que a «manchar» ese pan. Allí donde la religión se desliga de la comida pierde su arraigo humano, y donde la comida se separa de la religión pierde su hondura sagrada.

y sus razones. De todas formas, en ellos se trasluce todavía un espíritu de venganza, que puede estar vinculado con un talión escatológico (vinculado a la resurrección/inmortalidad). Ellos aceptan en este mundo el sufrimiento (pero saben que Dios les premiará), mientras el rey helenista será condenado en el futuro. Estamos dentro de una lógica de revancha: la fe en la resurrección, en la vida eterna, está vinculada a la confesión de fe (que se expresa en la fidelidad al pueblo, en el no comer carne de cerdo). Éstos son los argumentos del cuarto, quinto y sexto hijo:

> Entonces... maltrataron de igual modo con suplicios al cuarto, quien, cerca ya del fin decía así: «Es preferible morir a manos de hombres con la esperanza que Dios otorga de ser resucitados de nuevo por él; para ti, en cambio, no habrá resurrección a la vida». Enseguida llevaron al quinto y se pusieron a atormentarle. Él, mirando al rey, dijo: «Tú, porque tienes poder entre los hombres aunque eres mortal, haces lo que quieres. Pero no creas que Dios ha abandonado a nuestra raza. Aguarda tú y contemplarás su magnífico poder, cómo te atormentará a ti y a tu linaje». Después de éste, trajeron al sexto, que estando a punto de morir decía: «No te hagas ilusiones, pues nosotros por nuestra propia culpa padecemos; por haber pecado contra nuestro Dios (nos suceden cosas sorprendentes). Pero no pienses quedar impune tú que te has atrevido a luchar contra Dios (2 Mac 7, 13-19).

Estos macabeos reconocen la justicia divina del castigo y saben que Dios lo permite para purificarles, a causa de los males que ellos o sus hermanos judíos han cometido. Pero están convencidos de que Dios les premiara con el premio de la resurrección (una vida inmortal). El rey, en cambio, será sometido al castigo y no resucitará, porque está luchando contra Dios.

Pues bien, en este contexto, la madre aparece como auténtica teóloga, que formula por vez primera, dentro de la Biblia, con toda nitidez, dos principios básicos de aquello en lo que creerá gran parte del judaísmo posterior (en línea farisea y rabínica) y todo el cristianismo: Dios es creador (lo ha hecho todo de la nada, y de esa forma ha creado especialmente a los hombres) y es también el resucitador: él premia a los justos (y en concreto a los mártires) con la vida y la felicidad eterna:

> Admirable de todo punto y digna de glorioso recuerdo fue aquella madre que, al ver morir a sus siete hijos en el espacio de un solo día, sufría con valor porque tenía la esperanza puesta en el Señor. Animaba a cada uno de ellos en su lenguaje patrio y, llena de generosos

sentimientos y estimulando con ardor varonil sus reflexiones de mujer, les decía: «Yo no sé cómo aparecisteis en mis entrañas, ni fui yo quien os regaló el espíritu y la vida, ni tampoco organicé yo los elementos de cada uno. Pues así el Creador del mundo, el que modeló al hombre en su nacimiento y proyectó el origen de todas las cosas, os devolverá el espíritu y la vida con misericordia, porque ahora no miráis por vosotros mismos a causa de sus leyes» (2 Mac 7, 20-23).

Ésta es, si no me equivoco, la primera vez que, dentro de la Biblia judía, una madre puede hablar directamente de Dios desde su propia experiencia como mujer, de manera que ella, por su maternidad aparece como símbolo (lugar de presencia) del poder creador. El proceso de la maternidad aparece así como lugar en el que se manifiesta el Dios del Universo. Ella habla aquí como «madre con Dios» (como hace Eva en Gn 4, 1-2).

El varón no puede decir una palabra propia en este campo, no siente como propia la paternidad, no vincula su «poder generador» con el de Dios. La madre, en cambio, lo hace: ella no habla de Dios en teoría, habla desde su propia realidad, como «creadora de vida», es decir, como «sacramento de Dios», que ha ido organizando y modelando en su seno a sus siete hijos. Ella, la madre, es el signo más alto de Dios, a quien ya no busca ni mira en las estrellas, ni la historia de conjunto de su pueblo, sino en su propia existencia y función materna, que ha sido y sigue siendo lugar de manifestación creadora de Dios.

Muchos teólogos han hablado teóricamente de la madre como signo (o prueba) de la existencia de Dios, argumentando en una línea de maternidad integral (no meramente biológica): el amor de Madre sería el más precioso de todos los signos o caminos para probar la existencia de Dios[43]. Pues bien, 2 Mac 7 no habla «sobre» la madre como signo de Dios, sino que quiere que hable ella misma, ofreciéndonos su palabra y testimonio, como la primera y más honda de las teologías (teodiceas) de la Biblia. Entre su gestación personal (ella es madre...) y la creación de Dios existe (¡ella lo ha visto!) una relación muy profunda. Éstas son las últimas palabras, que ella dirige al séptimo hijo, final y compendio de todos los hijos que ella «ha creado» (no simplemente criado) y educado con la ayuda del Dios «creador» (como signo divino):

---

43 Así lo han dicho entre los teólogos cristianos del siglo xx, H. Urs von Balthasar y H. Küng, como he mostrado en *El Fenómeno Religioso*, Trotta, Madrid 2000.

III. Eva. Las grandes mujeres

Hijo, ten compasión de mí que te llevé en el seno por nueve meses, te amamanté por tres años, te crié y te eduqué hasta la edad que tienes (y te alimenté). Te ruego, hijo, que mires al cielo y a la tierra y, al ver todo lo que hay en ellos, sepas que a partir de la nada lo hizo Dios y que también el género humano ha llegado así a la existencia. No temas a este verdugo, antes bien, mostrándote digno de tus hermanos, acepta la muerte, para que vuelva yo a encontrarte con tus hermanos en la misericordia (2 Mac 7, 27-29).

Como digo, ella no se ha limitado a «criar» a sus hijos (como hacen los animales), sino que los ha «creado» con la ayuda de Dios, para una «vida eterna», que existe y se despliega con toda fuerza más allá de los sufrimientos y del martirio que les impone el rey helenista. Éste es el único lugar donde se dice con toda claridad, en la Biblia judía (¡y lo dice una mujer-madre) que Dios ha creado y crea todo y especialmente a los hombres «de la nada». La vida humana (la vida de cada hijo) no es la transformación de algo anterior, que ya existía, sino una realidad absolutamente nueva, es decir, una creación radical, definitiva.

Ésta es una formulación única no sólo en la Biblia judía, sino en la historia de las religiones, una formulación de mujer creyente, que la misma filosofía y teología posterior (de fondo helenista) ha tenido muchas dificultades en asimilar y comentar, pues en ella no hay lugar central para el Dios creador. Nos resulta mucho más fácil decir, con la filosofía griega (¡y oriental!) y con la ciencia moderna que «nada se crea ni se destruye, sino que todo se transforma». Conforme a esa visión, los seres humanos no tendrían radical independencia, se engendrarían y perecerían, igual que todas las restantes cosas (plantas, animales) que nacen y mueren, en un proceso constante de generación y corrupción.

Pues bien, en contra de ella, la madre macabea afirma que sus hijos «han brotado de la nada», es decir, son el resultado de un acto creador de Dios a través de ella, no un simple momento de la evolución cósmica de la vida. Cada nuevo ser humano (cada hijo de mujer) es presencia creada (finita) del Dios infinito. Por eso, nadie puede matar al ser humano (aunque le mate externamente). Al llegar a este nivel, la palabra clave de la Biblia judía no la tiene un sacerdote, ni un teólogo oficial de escuela (fariseo o saduceo, apocalíptico o esenio), sino una mujer que sufre la muerte de sus hijos.

El contexto «material» externo (no comer carne de cerdo) pasa ya a un segundo plano y puede cambiar, según las circunstancias. Lo importante es la «fidelidad a Dios», es decir, al valor infinito de cada persona humana. Esta madre ha sabido decir a sus hijos lo esencial: que ellos son «creatura eterna» de Dios y que así lo reconozcan, manteniéndose fieles a su vocación (a su llamada humana), por encima de las órdenes del tirano que les quiere convertir en simples «súbditos» de un Estado que nivela a todos los habitantes, negándoles el derecho a la identidad y diferencia.

Esta madre no habla desde una escuela filosófica o teológica especial, sino desde su propia experiencia de relación con el Dios creador. Se ha dicho a veces que la madre es materia (palabra que viene de mater/madre) de la que provienen por evolución o generación los hijos. Pues bien, en este pasaje (sin negar ese nivel: ¡ella es materia!), la madre aparece ante todo como ser personal, testigo y garante de la acción de Dios, que ha creado el universo y crea a cada ser humano «desde la nada». Eso significa que entre maternidad y creación desde la nada hay una relación intensa.

Ciertamente, ella es partidaria de la vida en este mundo (por eso ha engendrado a siete hijos y quisieran que pudieran vivir, sin ser sacrificados), pero es aún más partidaria de la vida personal y «eterna» de cada uno de esos hijos, con quienes está unida desde Dios (en Vida eterna) y a quienes espera encontrar en la resurrección/inmortalidad, por la misericordia de Dios. Con esa esperanza sostiene a sus hijos hasta la muerte. Con esa esperanza muere, después de haber visto morir a los siete (2 Mac 7, 41), rechazando los «banquetes sacrificiales» del tirano, que quería imponerle su visión del mundo.

A MODO DE CONCLUSIÓN

*É*ste es un tema y un libro que por su misma naturaleza no puede tener una conclusión estricta, porque la Biblia judía no tiene un final (no se cierra en una línea), sino que tiene varios finales, de manera que las ocho mujeres del octateuco que acabamos de presentar pueden servirnos a manera de ocho conclusiones o, quizá mejor, de ocho caminos abiertos.

La Biblia judía no tiene un final, porque no es un libro acabado, ni para judíos, ni para cristianos (ni para musulmanes), sino que ha de entenderse como momento de un camino que se abre de un modo especial (no único) en las ocho mujeres del final de nuestro octateuco. Ciertamente, ese es un «final relativo», pues los judíos rabínicos no lo han entendido así, sino que han entendido su Biblia desde la Misná y el Talmud, en un proceso espectacular de recreación israelita, a partir del siglo I-II d.C. Tampoco los cristianos, en general, se han fijado en esas ocho mujeres, sino que han entendido y entienden la Biblia judía a partir del camino y enseñanza de Jesús de Nazaret. Por su parte, los musulmanes retoman y entienden la Biblia judía y cristiana a partir del Corán.

A pesar de ello, pienso que el camino que he trazado en este libro, estudiando el sentido de las mujeres en la Biblia judía, con las ocho figuras finales, sigue siendo importante para nosotros. En esa línea, me atrevo a decir que el tema no se encuentra todavía resuelto en nuestra sociedad, aunque está planteándose ya de un modo que parece más intenso, más certero. (1) Por una parte, en general, las mujeres, como los extranjeros, parecen encontrarse fuera de un orden simbólico dominado por varones, no sólo en la Iglesia Católica, sino en muchos otros lugares de la sociedad. (2) Pero, por otra parte, las mujeres de la Biblia trazan un camino que aún no ha sido totalmente recorrido todavía. Ciertamente, la Biblia es lo que es y dice lo que dice. Pero aquellos que la leen e interpretan desde ella su vida saben que es una fuente que sigue manando y que puede y que debe convertirse en río de vida, como dice Eclo 24, 30-33.

Quizá podamos decir que para el conjunto de la Biblia judía, siendo necesarias y cumpliendo funciones esenciales, las mujeres parecen marcadas por un tipo de sacralidad «peligrosa», que está asociada al mismo potencial generador de sus cuerpos. Por eso, en general, los hombres le han tenido miedo y han reaccionado ante ellas con cierta violencia[44]. Ciertamente, ellas han sido y siguen siendo «atractivas» para los varones, en un sentido básicamente gozoso (como sabe Gn 2, 23-24 y el Cantar de los Cantares). Pero, en su conjunto, la Biblia judía ha puesto de relieve los riesgos que ellas pueden implicar, tanto para bien (cf. Judit y Ester), como para mal de los israelitas (cf. Nm 25, 1-2; Prov 6, 25).

Eso se debe al hecho de que, en general, los hombres de la Biblia (y los posteriores de la Iglesia cristiana) han mirado y visto a las mujeres desde ellos mismos, en una sociedad llena de miedos y contrastes. Por eso es normal que, en gran medida, no las hayan entendido, pues para entender lo que ellas son y lo que quieren sería necesario escucharlas y mirar las cosas desde su perspectiva (dialogando con ellas). Algo de eso he querido hacer en este libro, pero sin conseguirlo (ni quizá intentarlo) plenamente, pues he seguido enfocando el tema desde mi perspectiva de varón, como heredero de una tradición patriarcal; por eso, mi libro no puede tomarse, en modo alguno, como última palabra sobre el tema. Por eso, mi libro sólo puede tomarse como colaboración parcial en un camino que debemos recorrer unidos, varones y mujeres, escuchando de un modo especial a las mujeres, que han sido las más silenciadas.

No tenemos soluciones, pero pienso que estamos iniciando ya el buen camino y en esa línea mi libro puede aportar algo al gran debate abierto desde hace unos decenios en el campo del estudio científico. Las conclusiones de este debate y de esta nueva lectura de la Biblia no han pasado

---

44 Así lo ha puesto de relieve Jean Delumeau, *El miedo en Occidente*, Taurus, Madrid 1989, 473.

III. Eva. Las grandes mujeres

todavía al gran público, ni a la organización y vida de las iglesias, pero algo importante está en la sociedad e incluso en las iglesias.

Quien haya leído este libro con algo de detención habrá podido observar que una parte considerable de la bibliografía sobre los temas esenciales está siendo elaborada por mujeres. Por vez primera en la historia de la iglesia cristiana, por lo menos una mitad del estudio científico de la Biblia lo están haciendo ya mujeres (por ejemplo en USA y Alemania), que además están fuera de las instituciones oficiales de la iglesia. Ya no estudian la Biblia para ser pastoras o entrar en los cargos directivos de las iglesias, sino para aprender, conocer y enseñar. Eso hará que en pocos años (antes de lo que pensamos) cambie de un modo substancial la forma de pensar de los cristianos, partiendo de la Biblia.

Mi libro ha querido ofrecer una pequeña aportación de conjunto en esa línea, ofreciendo un panorama general de las mujeres de la Biblia y no un estudio detallado de ninguna de ellas. Entre las posibles novedades de mi estudio están las siguientes. (a) He querido relacionar el tema de la «Diosa» y las mujeres de la Biblia; pienso que la reacción negativa ante las mujeres ha estado determinada, al menos en parte, por el miedo que los hombres han tenido ante la Diosa, un miedo que todavía está latente en parte de la religiosidad (por lo menos oficial) judía y cristiana de la actualidad. (b) También he puesto de relieve la relación entre la forma de entender a las mujeres y la organización masculina de la sociedad, que se impone de un modo particular tras el exilio; pienso que en el fondo ha existido un fuerte miedo a las mujeres, de manera que los hombres (los creadores del judaísmo, desde el deuteronomista hasta Nehemías) se han cerrado en sí mismos, organizando la estructura religiosa de la sociedad a partir de ellos. (3) En ese fondo se entiende la búsqueda de una identidad social y religiosa. Ciertamente, el judaísmo no se puede identificar con una «raza cerrada», en el sentido biológico del término. Pero la construcción oficial de la comunidad postexílica ha corrido el riesgo de establecerse en formas cercanas a un tipo de exclusivismo, representado por el rechazo al matrimonio con mujeres extranjeras. De esta forma, la mujer ha tendido a convertirse en un medio para asegurar la identidad del grupo, de manera que ella carece de autonomía por sí misma.

De esa manera parece que el judaísmo más oficial ha entendido a la mujer como «mediadora de la tradición religiosa», poniéndola de hecho al servicio de la generación y de la educación de los hijos, como si ella no tuviera importancia en sí misma. En ese sentido, en un momento dado, las mujeres parecen siempre extranjeras, como si estuvieran fuera del centro de la identidad israelita, representada por varones. Por eso, ellas no pueden entrar en el patio interior del santuario de Jerusalén, ni estudian directamente la Ley (a pesar de que en Esdras-Nehemías se dice que ellas la escuchan y entienden).

Pues bien, a pesar de ello, las mujeres del final de la Biblia judía han postulado una fuerte independencia amorosa (Cantar) y han realizado funciones esenciales para la integridad y extensión del judaísmo. Así lo he mostrado en el octateuco con el que culmina este libro, de modo sorprendentemente abierto. Por eso, una relectura de toda la Biblia desde la perspectiva de la mujer, como he querido trazar en este libro, puede ayudarnos a entender (y resolver mejor) el tema de las mujeres (y los hombres) no sólo en la Biblia judía, sino en la historia y futuro de la humanidad que, al menos en occidente, está muy vinculada con la Biblia.

SIGLAS Y ABREVIATURAS

1. Siglas de los libros de la Biblia judía

a) Biblia hebrea

Ab	*Abdías*	*Mal*	*Malaquías*
Ag	*Ageo*	*Miq*	*Miqueas*
Am	*Amós*	*Nah*	*Nahum*
Ba	*Baruc*	*Nm*	*Números*
1 Cr	*1 Crónicas*	*Os*	*Oseas*
2 Cr	*2 Crónicas*	*1 Re*	*1 Reyes*
Ct	*Cantar*	*2 Re*	*2 Reyes*
Dn	*Daniel*	*Prov*	*Proverbios*
Dt	*Deuteronomio*	*Qo*	*Qohelet (Eclesiastés)*
Esd	*Esdras*	*Rut*	*Rut*
Ex	*Éxodo*	*1 Sm*	*1 Samuel*
Ez	*Ezequiel*	*2 Sm*	*2 Samuel*
Gn	*Génesis*	*Sal*	*Salmos*
Hab	*Habacuc*	*Sof*	*Sofonías*
Is	*Isaías*	*Zac*	*Zacarías*
Job	*Job*		
Jue	*Jueces*		
Jr	*Jeremías*		
Jl	*Joel*		
Jos	*Josué*		
Lv	*Levítico*		
Lam	*Lamentaciones*		

b) Deuterocanónicos (de los LXX)

1 Mac	1 Macabeos
2 Mac	2 Macabeos
Eclo	Eclesiástico (Ben Sira)
Est	Ester
Jdt	Judit
Sab	Sabiduría
Tob	Tobías

2. *Otras siglas*

Para las siglas de revistas y colecciones de tema bíblico sigo indicaciones de G. Flor Serrano, *Diccionario de la Ciencia Bíblica*, Verbo Divino, Estella 2000; cf. también introducción al ABD. A modo de ejemplo, añado las siglas de algunos libros apócrifos y de algunos autores no bíblicos más utilizados en este diccionario.

ABD	N. Friedman (ed.), *Anchor Bible Dictionary I-VI*, Doubleday, New York 1992ss.
AT	*Antiguo Testamento*. Los cristianos emplean ese término para aludir a la BH o BJ, que ellos consideran como testamento «antiguo» en relación al Nuevo Testamento cristiano.
BC	*Biblia Cristiana*, que consta de AT y Nuevo Testamento. En el canon católico se incluyen los deuterocanónicos del AT (Tob, Jdt, Sab, Eclo, Bar, 1 y 2 Mac, con añadidos a Est y Dn).
BG	*Biblia Griega* o de los LXX: traducción de BH y Deuterocanónicos.
BH	*Biblia Hebrea*, canon oficial judío, sin los deuterocanónicos. Suele llamarse Tanak o Tenuka, por estar formado por Tora (Ley), Nebiim (Profetas) y Ketubim (Escritos).
BJ	Biblia Judía extensa, se identifica con la BG, incluyendo la BH y los deuterocanónicos.
DDD	K. van der Toorn, K (ed.), *Dictionary of Deities and Demons in the Bible,* Brill, Leiden 1995.
DTMAT	Jenni, E. (ed.), *Diccionario teológico manual del AT*, Cristiandad, Madrid 1985.

Dtr	Escritor o escuela *deuteronomista*, ligado al DT; uno de los redactores finales de la BH.
Hen	*Henoc*. Literatura apócrifa apocalíptica, vinculada al personaje Henoc y a su grupo. Citamos básicamente los textos de 1 Hen, es decir, del llamado Pentateuco de Henoc.
JSOT	*Journal of Studies of Old Testament* (Scheffield).
LXX	Los *Setenta*. Traducción griega de la BH, hecha en Alejandría, entre los siglos IV-I AEC; en ella se incluyen los deuterocanónicos (Tob, Jdt, Sab, Eclo [= Ben Sira], Bar, Carta Jr, 1/2 Mac) y se añaden textos a Est y Dn.
Q	*Qumrán*. Lugar junto al Mar Muerto donde se instala una comunidad judía en el II a.C. Citamos sus textos según las cuevas donde se encontraron. Así 1QS es la *Regla de la Comunidad,* encontrada en la cueva.
SDB	Cazelles, H y A. Feuillet (eds.), *Suppléments au Dictionnaire de la Bible,* Letouzey et Ané, Paris 1928ss.
ThDAT	*Theological Dictionary of the Old Testament,* Eerdmans, Grand Rapids MI, 1975ss (traducción inglesa de Botterweck-Ringgren, *Theologisches Worterbuch zum Alten Testament,* Kohlhammer, Stuttgart 1970ss).
UP	University Press.
WiBiLex	*Wissenssaftliche-Bibel-Lexicon.*

BIBLIOGRAFÍA

1. Buscadores bibliográficos

http://www.ucm.es/BUCM/revistas/ccr/11354712/articulos/ILU-R0909110231A.PDF (M. Navarro, *'Ilu. Revista de Ciencias de las Religiones*14 [2009](231-283).
http://www.stoa.org/diotima
http://egora.uni-muenster.de/fb2/tff/Bibliographie_II.pdf
http://www.otgateway.com/

2. Diccionarios y obras generales

He presentado una bibliografía extensa del tema, comentando además las figuras de varias mujeres, en *de la Biblia*, Verbo Divino, Estella 2008. Aquí me limito a citar aquellos diccionarios en los que aparece comentada y situada la figura de las mujeres más significativas de la Biblia.

a) Diccionarios con especial dedicación a las mujeres en la Biblia

Bach, A. (ed.), *Women in the Hebrew Bible: A Reader,* Routledge, New York and London 1999.
Bauks, M. y K. Koenen (eds.), *Wissenssaftliche-Bibel-*Lexicon, en Wiss. Bibel Portal der Deutschen Bibelgesselschaft: http://www.bibel-wissenschaft.de/wibilex/das-bibellexikon/
Comay, J., *Les personnages de l'Ancien Testament*, Compagnie française de librairie, Paris 1982.

Friedmann, D. N. (ed.), *Anchor Bible Dictionary* I-VI, Doubleday, New York 1992 (con texto *on line*, cf. http://lib.utexas.edu/indexes/titles.php?id=496).
Gössmann, E. (ed.), *Wörterbuch der Feministischen Theologie*, G. Mohn, Gütersloh 2002.
Isherwood, L. y D. McEwan (ed.), *An A to Z of Feminist Theology*, Academic Press, Scheffield 1996.
Meyers, C. (ed.), *Women in Scripture. A Dictionary of named and unnamed women in the Hebrew Bible, the Apocryphal/Deuterocanonical Books, and the New Testament*, Houghton Mifflin, New York 2000.
van der Toorn, K. (ed.), *Dictionary of Deities and Demons in the Bible*, Brill, Le iden 1995.

b) Obras generales

Betz, H. D. (ed.), *Religion in Geschichte und Gegenwart*, Mohr, Tübingen [4]1998-2007.
Bogaert, P. M. (y otros), *Diccionario enciclopédico de la Biblia*, Herder, Barcelona 1993.
Botterweck, G. J. y H. Ringgren (eds.), *Theologisches Worterbuch zum Alten Testament*, Kohlhammer, Stuttgart 1970ss.
Buttrick, G. A. (ed.), *The Interpreter's Dictionary of the Bible* I-IV, Abigdom, Nashville 1962.
Cazelles, H y A. Feuillet (eds.), *Suppléments au Dictionnaire de la Bible*, Letouzey et Ané, Paris 1928ss.
Díez Macho, A. y S. Bartina, *Enciclopedia de la Biblia* I-VI (I. A-B; II. C-M; III. N-H; IV. H-M; V. M-P; VI. Q-Z), Garriga, Barcelona 1963-1965.
Jenni, E. y C. Westermann (eds.), *Diccionario teológico manual del AT*, Cristiandad, Madrid 1985.
Roth, R. (ed.), *Encyclopedia judaica* I-XXVI, Macmillan, New York 1972-1994.
R. de Vaux, *Instituciones del Antiguo Testamento*, Herder Barcelona 1985.

3. Hermenéutica. Lectura de la Biblia desde la mujer

La mayor novedad en el estudio de la Biblia de las Mujeres no está en los datos, que estaban ahí, sino en el enfoque hermenéutico, que se viene aplicando desde hace más de treinta años, en una línea feminista, realizada de un modo cada vez más significativo por mujeres. Hasta hace poco tiempo, la Biblia era un libro leído por hombres; en los últimos años, especialmente en el campo germano y anglosajón, empiezan a ser mayoría las mujeres que estudian la Biblia. Ellas son básicamente las responsables de la nueva hermenéutica.

Bach, A. (ed.), *The Pleasure of Her Text. Feminist Readings of Biblical and Historical Texts*, Trinity Press, Philadelphia 1990.

Bal, M., *Femmes imaginaires: l'Ancien Testament au risque d'une narratologie critique*, HES, Utrecht 1986; Id., *Death and Dissymetry. The Politics of Coherence in the Book of Judges*, Chicago UP 1988.

Bird, Ph. A., *Missing Persons and Mistaken Identities. Women and Gender in Ancient Israel. Overtures to Biblical Theology*, Fortress Press, Minneapolis 1997.

Boer, R. (ed.), *Marxist feminist criticism of the Bible*, Phoenix Press, Sheffield 2008.

Bolens, L., *La Bible et l'histoire au féminin*, Metrópolis, Genève 1992.

Brenner, A., *The Israelite Woman: Social Role and Literary Type in Biblical Narrative* (JSOT), Sheffield 1985.

Brenner, A. y F. van Dijk-Hemmes (eds.), *On gendering Texts. Female and Male in the Hebrew Bible*, Brill, Leiden 1993.

Cheney, Emily, *She can read: feminist reading strategies for biblical narrative*, Trinity Press, Valley Forge Pa. 1996.

Collins, A. Y. (ed.), *Feminist Perspectives in Biblical Scholarship*, Scholars, Chico 1985.

Davies, Eryl W., *The dissenting reader: feminist approaches to the Hebrew Bible*, Aldershot, Hants 2003.

Day, Linda y C. Pressler (eds.), *Engaging the Bible in a genderedworld: an introduction to feminist biblical interpretation*, Westminster, Louisville Ky 2006.

Day, P. (ed.), *Gender and Difference in Ancient Israel*, Fortress, Minneapolis 1989.

Dube, M. W., *Postcolonial Feminist Interpretation of the Bible*, Chalice Press, St. Louis 2000.

Exum, Cheryl J., *Fragmented Women. Feminist (Sub)versions of Biblical Narratives*, Academic Press, Sheffield 1993; Id., *Plotted, Shot, and Painted. Cultural Representations of Biblical Women* (JSOTSup 215), Sheffield 1996.

Frymer-Kensky, T. S., *Reading the Women of the Bible. A New Interpretation of Their Stories*, Schocken, New York 2002; Id., *Studies in Bible and feminist criticism*, Jewish Publication Society, Philadelphia Pa. 2006.
Fuchs. E., *Sexual politics in the biblical narrative: reading the Hebrew Bible as a woman*, Academic Press, Sheffield 2000.
Graetz, N., *S/he created them: feminist retellings of biblical stories*, Gorgias Press, Piscataway NJ 2003; Id., *Unlocking the garden: a feminist Jewish look at the Bible, midrash, and God*, Gorgias Press, Piscataway NJ 2005.
Hee an Choi y Katheryn Pfisterer Darr (eds.), *Engaging the Bible: critical readings from contemporary women*, Fortress Press, Minneapolis MN 2006.
Jahnow, H. (ed.), *Feministische Hermeneutik und Erstes Testament. Analysen und Interpretationen*, Kohlhammer, Stuttgart 1994.
Lapsley, J. E., *Whispering the Word: hearing women's stories in the Old Testament*, Westminster, Louisville Ky 2005.
Navarro Puerto, M. (ed.), *Para comprender el cuerpo de la mujer. Una perspectiva bíblica y ética*, Verbo Divino, Estella 1996.
Noller, A., *Feministische Hermeneutik: Wege einer neuen Schriftauslegung*, Neukirchener, Neukirchen-Vluyn 1995.
Plaskow, J., *Und wieder stehen wir am Sinai: Eine jüdisch-feministische-Theologie*, Exodus, Luzern 1992.
Pressler, C., *The View of Women Found in the Deuteronomic Family Laws*, W. de Gruyter, Berlin 1993.
Russel, L. M. (ed.) *Interpretación feminista de la Biblia*, Desclée de Brouwer, Bilbao 1995.
Rutledge, D., *Reading marginally: feminism, deconstruction, and the Bible*, Brill, Leiden 1996.
Schottroff, L. (ed.), *Feminist interpretation: the Bible in women's perspective*, Fortress Press, Minneapolis 1998.
Schroer, S. (ed.), *Feministische Exegese. Forschungserträge zur Bibel aus der Perspektive von Frauen*, Wissenschaftliche Buchgesellschaft, Darmstadt 1995.
Schüssler Fiorenza, E., *Bread not stone: the challenge of feminist biblical interpretation*, Beacon Press, Boston 1984.
Trible, Ph., *God and the Rhetoric of Sexuality*, Fortress, Philadelphia 1978; Id., *Texts of terror: literary-feminist readings of Biblical narratives*, Fortress, Philadelphia 1984.

Washington, H. (ed.), *Escaping Eden: new feminist perspectives on the Bible*, New York UP 1999.
Yarbro Collins, A. (ed.), *Feminist perspectives on biblical scholarship*, Scholars Press, Chico CA, 1985.
Yee, Gale A., *Poor Banished Children of Eve. Women as Evil in the Hebrew Bible*, Fortress, Minneapolis 2003.

4. Mujeres en la Biblia. Visión general

Ackerman, S., *Warrior, Dancer, Seductress, Queen. Women in Judges and Biblical Israel*, Doubleday, New York 2002.
Bach, A. (ed.), *Women in the Hebrew Bible*, Routledge, New York 1999.
Bellis, A. O., *Helpmates, harlots, heroes: women's stories in the Hebrew Bible*, Westminster, Louisville Ky 1994.
Bird. Ph., *Images of Women in the Old Testament*, en R. Radford Ruether (ed.), *Religion and Sexism: Images of Women in Jewish and Christian Traditions*, Simon & Schuster, New York 1974, 41-88.
Böckler, A., *Gott als Vater im Alten Testament. Traditionsgeschichtliche Untersuchungen zur Entstehung und Entwicklung eines Gottesbildes*, Güterslohwe C., Gütersloh 2000.
Bronner, L. L., *From Eve to Esther: Rabbinic Reconstructions of Biblical Women*, Westminster, Louisville KY 1994.
Brenner, A., *The Israelite woman: social role and literary type in Biblical narrative*, Sheffield, JSOt Press, 1985; Id., *On Gendering Texts: Female and Male Voices in the Hebrew Bible*, Brill, Leiden 1993; Id., *The Intercourse of Knowledge: On Gendering Love, Desire and 'Sexuality' in the Hebrew Bible*, Brill, Leiden 1997.
Crüsemann, F. (ed.), *Dem Tod nicht glauben. Sozialgeschichte der Bibel. Festschrift für Luise Schottroff*, Gütersloher V., Gütersloh 2004.
Darr, K., *Far More Precious Than Jewels: Perspectives on Biblical Women*, Westminster, Louisville KY1991.
Engelken, K., *Frauen im Alten Israel: Eine begriffsgeschichtliche und sozialrechtliche Studie zur Stellung der Frau im Alten Testament* (BWaNt 130), Stuttgart 1990.
Jahnowm H. (ed.), *Körperkonzepte im Ersten Testament. Aspekte einer Feministischen Anthropologie*, Kohlhammer, Stuttgart 2003.
Jeansonne, Sh. P., *The Women of Genesis: From Sarah to Potiphar's Wife*, Fortress Press, Minneapolis 1990.

Kam, R. S., *Their Stories, Our Stories: Women of the Bible*, Continuum, New York 1995.

Marsman, H. J., *Women in Ugarit and Israel. Their social and religious position in the context of the ancient Near East*, Brill, Leiden 2003.

McKenna, M., *«Déjala» (Jn 12, 7). Mujeres en la Escritura*, Sal Terrae, Santander 2001.

Meyers, C., *Discovering Eve. Ancient Israelite Women in Context*, Oxford UP 1988; Id., *Households and holiness: the religious culture of Israelite women*, Fortress Press, Minneapolis MN 2005.

Otwell, J. H., *And Sarah Laughed: The Status of Women in the Old Testament*, Westminster, Philadelphia 1977.

Selvidge, M. J., *Woman, violence, and the Bible*, Mellen Press, Lewiston 1996.

Streete, G. C., *The strange woman: power and sex in the Bible*, Westminster, Louisville 1997.

Wenin, A., *Mujeres de la Biblia*, Claret, Barcelona 2008.

5. Comentarios bíblicos en perspectiva de mujer

Para un estudio más profundo de la mayor parte de los textos y de las figuras femeninas de las que trata este libro hay que acudir a los comentarios concretos de cada uno de los libros bíblicos, que aquí no puedo citar con detalle. He presentado la mayoría de los comentarios bíblicos existentes en castellano en *Mil y un libros sobre la Biblia*, Verbo Divino, Estella 2005. Cf. en especial:

AA.VV., *La Biblia y las Mujeres*, Verbo Divino, Estella 2010ss. Colección de 22 volúmenes que se editará, al mismo tiempo, en cuatro idiomas: Verbo Divino, Estella (área hispana), Il Pozzo di Giacobbe, Trapani (área italiana), Kohlhammer, Stuttgart (área alemana), SBL, Atlanta/Brill, Leiden (área inglesa). Está coordinada por Mercedes Navarro Puerto (EFETA, U. de Sevilla, España), Irmtraud Fischer (U. de Graz, Austria), Adriana Valerio (U. de Nápoles, Italia) y Jorunn Økland (U. de Oslo, Noruega). Han aparecido, a partir del 2010, los tres volúmenes básicos sobre la Biblia judía: (1) Torah, dirigida por M. Navarro e I. Fischer; (2) Profetas, dirigida por I. Fischer y A. Brenner; (3) Escritos, dirigida por N. Calduch-Benages y Ch. Maier.

Antonelli, J. S., *In the image of God: a feminist commentary on the Torah*, Aronson, Northvale N.J. 1995.

Brenner, A. (ed.), *A Feminist Companion to the Bible* (10 vols.), Sheffield Academic Press 1993ss (*Song of Songs*, 1993; *Genesis*, 1993; *Ruth*, 1993; *Judges*, 1993; *Exodus–Deuteronomy*, 1994; *Samuel and Kings*, 1994; *Esther, Judith and Susanna*, 1995; *Latter Prophets*, 1995; *Wisdom Literature*, 1995; *Approaches, Methods and Strategies*, 1997). *A Feminist Companion to the Bible. Second Series*, Sheffield 1998ss (*Genesis*, 1998; *Wisdom Literature and the Psalms*, 1998; *Ruth and Esther*, 1999; *Judges*, 1999; *Song of Songs*, 2000; *Samuel and Kings*, 2000; *Exodus–Deuteronomy*, 2001; *Prophetic Books and Daniel*, 2001).

Cady Stanton, E., *The Woman's Bible*, Northeastern University Press, Boston 1993.

Eskenazi, T. y A. L. Weiss (eds.), *The Torah: a women's commentary*, RJ Press, New York 2008.

Feigenson, Emily H. (ed.), *Beginning the journey: toward a women's commentary on Torah*, Federation of Temple Sisterhoods, New York 1998.

Fischer, I., *Die Erzeltern Israels. Feministisch-theologische Studien zu Genesis 12–36*, Berlin 1994; Id., *Gottesstreiterinnen. Biblische Erzählungen über die Anfänge Israels*, Stuttgart 2000.

Frankel, E., *The Five books of Miriam: a woman's commentary on the Torah*, Harper, San Francisco 1996.

Goldstein, E. (ed.), *The women's Torah commentary: new insights from women rabbis on the 54 weekly Torah portions*, Jewish Lights Publishing, Woodstock 2000.

Gómez-Acebo, I. (ed.), *Relectura del Génesis*, Desclée de Brouwer, Bilbao 1997; Id., *Relectura del Éxodo*, Desclée de Brouwer, Bilbao 2006; Id., *Relectura de Jueces*, Desclée de Brouwer, Bilbao 2010.

Hölscher, A. (ed.), *Die Tochter Gottes ist die Weisheit. Bibelauslegungen durch Frauen*, LIT, Münster 2003.

Kroeger, C. C. y Mary J. Evans (eds.), *The IVP women's Biblecommentary*, Intervarsity Press, Downers Grove, Ill 2002.

Newsom, C. (ed.), The *Women's Bible Commentary*, Westminster, London-Louisville KY1998.

Newsom, C. A. (ed.), *The Women's Bible Commentary*, SPCK London 1992.

Schottroff, L. y M. Th. Wacker (eds.), *Kompendium FeministischeBibelauslegung*, Kaiser, Gütersloh 1999.

Schroer, S., *Die Weisheit hat ihr Haus gebaut. Studien zur Gestalt der Sophia in den biblischen Schriften*, M. Grünewald, Mainz 1996.

Schüngel-Straumann, H., *Die Frau am Anfang. Eva und die Folgen*, LIT, Münster²1998; Id., *Denn Gott bin ich, und kein Mann. Gottesbilder im Ersten Testament - feministisch betrachtet*, M. Grünewald, Mainz 1996.
Schüssler Fiorenza, E. (ed.), *Searching the Scriptures* (vol. 1: *A Feminist Introduction*; vol. 2: *A Feminist Commentary*), Crossroad, New York 1993-1994.

6. Para situar el estudio de las mujeres en la Biblia. Bibliografía castellana

Gran parte de la bibliografía específica sobre la mujer en la Biblia judía se encuentra en inglés o alemán. Pero hay una bibliografía introductoria que sirve para situar los acontecimientos básicos de la Biblia (libros, historia, personajes) que se encuentra en castellano. Para no repetirla en cada caso, la ofrecemos aquí de un modo general:

Historias de Israel

Para situar a las mujeres que estudio en el libro es fundamental conocer algunos de los momentos básicos de la historia de Israel y del judaísmo en ese tiempo. Entre los libros básicos en castellano, cf.:

Albright, W. F., *De la Edad de Piedra al Cristianismo*, Sal Terrae, Santander 1959.
Vaux, R. de, *Historia antigua de Israel* I-II, Cristiandad, Madrid 1975.
Noth, M., *Historia de Israel*, Garriga, Barcelona, 1966.
Bright J., *La Historia de Israel*, Desclée, Bilbao 1970. Edición revisada y aumentada con introducción y apéndice de W. P. Brown (2003).
Hermann, S., *Historia de Israel en la época del Antiguo Testamento*, Sígueme, Salamanca 1979.
Sacchi, P., *Historia del Judaísmo en la época del Segundo Templo*, Trotta, Madrid 2004.
Soggin, J. A., *Nueva historia de Israel: de los orígenes a Bar Kokba*, Desclée de Brouwer, Bilbao 1997.
Albertz, R., *Historia de la religión de Israel en tiempos del Antiguo Testamento* I-II, Trotta, Madrid 1999.

Teologías bíblicas

Para conocer el sentido y función de las mujeres en Israel es bueno tener en cuenta la teología de fondo de la Biblia, que aplicaremos y concretaremos en cada caso, sobre todo en referencia a la visión del único Dios y del sentido del ser humano, varón y mujer. Para una visión básica del tema, en castellano, cf.:

Albertz, R., *Historia de la religión de Israel en tiempos del AT* I-II, Trotta, Madrid 1999.
Zimmerli, W., *Manual de la Teología del AT*, Cristiandad, Madrid 1980.
Eichrodt, W., *Teología del Antiguo Testamento* I-II, Cristiandad, Madrid 1975.
García Cordero, M., *Teología de la Biblia* I-III, BAC, Madrid 1972.
Imschoot, P. van., *Teología del Antiguo Testamento*, AB 12, Fax, Madrid 1969 (original de 1966).
Jacob, E., *Teología del AT*, Marova, Madrid 1969 (original de 1955).
Kaiser W. C., *Hacia una teología del Antiguo Testamento*, Vida, Miami FL 2000.
Preuss, D., *Teología del Antiguo Testamento* I-II, Desclée de Brouwer, Bilbao 1999.
Von Rad, G., *Teología del Antiguo Testamento* I-II, Sígueme, Salamanca 1986.

Introducciones al Antiguo Testamento

Son importantes para situar cada uno de los libros de la Biblia judía dentro de su contexto histórico, literario y teológico.

Cazelles, H. (ed.), *Introducción crítica a la Biblia* I-III, Herder, Barcelona 1989.
Eissfeldt, O., *Introducción al Antiguo Testamento*, Cristiandad, Madrid 2002.
George, A. y P. Grelot, *Introducción crítica al Nuevo Testamento* I-II, Herder, Barcelona 1983.
Schmidt, W. H., *Introducción al Antiguo Testamento*, Sígueme, Salamanca 2004.
Tuya, M. y J. Salguero, *Introducción a la Biblia* I-II, BAC, Madrid 1967.

Comentarios y obras generales sobre la Biblia judía

No he querido citar en cada caso los comentarios a los libros bíblicos, pues ello extendería demasiado la obra. Para los que quieran obtener una primera visión de conjunto del tema, con bibliografía más amplia, cf.:

Alonso Schökel, L.-J. L. Sicre-J. Vílchez, *Comentario teológico y literario al Antiguo Testamento*. Colección comenzada por ediciones Cristiandad, Madrid (*Los profetas* I-II, 1980; *Job*, 1983) y seguida por Verbo Divino, Estella, con comentarios a *Sabiduría, Salmos, Qohelet, Rut y Ester, Tobías y Judit, Josué, Éxodo y Jueces* (1992ss).

Brown, R. E.-J. A. Fitzmyer-R. E. Murphy, *Nuevo Comentario Bíblico San Jerónimo* I-II, Verbo Divino, Estella 2004-2005.

Levoratti (ed.), *Comentario Bíblico Latinoamericano*, Verbo Divino, Estella 2004ss.

Matthews, V. H. y D. E. Benjamín, *Paralelos del Antiguo Testamento. Leyes y relatos del Antiguo Oriente Bíblico*, Sal Terrae, Santander 2004.

Pikaza, X., *Dios judío, Dios cristiano*, Verbo Divino, Estella 1996.

Profesores Compañía de Jesús, *La Sagrada Escritura* I-IX, BAC, Madrid, 1965-1969.

Profesores Univ. P. de Salamanca, *Biblia comentada* I-VII, BAC, Madrid, 1965-1968.

Quesnel, M. y Gruson, Ph. (eds.), *La Biblia y su cultura* I. *Antiguo Testamento*, Sal Terrae, 2002.

Vaux, R. de, *Instituciones del Antiguo Testamento*, Herder, Barcelona 1985.

Wolff, H. W., *Antropología del Antiguo Testamento*, Sígueme, Salamanca, 1999.

ÍNDICES AUXILIARES: PERSONAS Y TEMAS

1. Mujeres secundarias y figuras divinas relacionadas con mujeres

Abí, madre de Ezequiel: 256
Abital, mujer de David: 131
Afrodita: 26, 32
Asmodeo: 374-378

Baal Peor: 285-288, 290, 291, 309
Baal/baales: 20, 21, 23, 26, 28-32, 161, 166-172, 174-177, 179, 215, 216, 230, 234-237, 239-243, 245, 248, 250, 269-272, 274, 275, 286-291, 315, 323-326

Débora, nodriza de Rebeca: 58, 89
Dionisio, Dios: 412, 413
Diosas, en general: 13, 19, 23, 25, 27, 32, 37, 38, 77, 232, 239, 251, 266, 279, 282, 286
Diótima: 340, 345

Eglá, mujer de David: 131
El/Ilu: 23-30
Fúa: 77

Hija, un tesoro engañoso: 360

Jagguit, mujer de David: 131
Jamutal: 165
Josebá: 175

Merab, hija de Saúl: 136, 137, 213
Milca: 53

Orfá, cuñada de Rut: 385, 386

Penina: 111

Rafael: 375-378, 392
Rahab: 36, 90, 266
Reina del Cielo: 32, 33, 245-247, 274, 275, 396

Sahru: 25
Salfajad, hijas de: 195
Salimu: 25
Sifra: 77
Silah, mujer de Lamec: 181, 182

Tafnes: 163
Talmay: 131
Tammuz: 249, 250
Tehom: 36, 37
Tiamat: 28, 36, 37
Torre, mujer que mata desde la: 101

2. Temas vinculados a mujeres

Adulterio: 137, 143-145, 147, 148, 153, 195, 197-199, 210, 211, 270, 272, 278, 358, 379, 381, 382
Altos, lugares de la diosa: 25, 230, 242, 245, 263, 279
Amor de hombre: 364
Amor de mujer: 35
Ángeles violadores: 191-193
Antifeminismo bíblico: 15, 230, 231
Anunciación de hijo: 48, 107, 108, 110-112
Árbol/árboles sagrados: 25, 26, 167
Astucia amorosa: 123

Banquete esponsal: 60, 244, 245, 392
Belleza de mujer: 359
Bendición de diosa y dios: 21, 22, 44, 47, 78, 217, 316, 391, 408
Beso: 368

Cabello: 112, 123, 124, 126, 369, 370
Cananeos, Canaán: 19-23, 24, 27, 28, 39, 46, 49, 53, 58, 62-64, 67, 69, 70, 73, 85, 86, 92, 95, 96, 99-101, 114, 115, 137, 161, 166-168, 197, 230-234, 238, 263,

269, 270, 272, 283-285, 299, 301, 323,
  325-329, 333
Cantar de los Cantares: 74, 157, 195, 335,
  363, 364, 366, 384, 420
Cantos de mujeres: 115, 116
Casa de la Sabiduría: 339
Cautiva: 98, 184-186
Ciudad como mujer: 262-266
Concubina: 40, 90, 137, 188, 197, 207,
  209, 212, 214
Cuerpo de mujer: 367

Danza de mujer: 371
Dar a luz: 55, 62, 108, 254, 255, 258-261,
  412
Descendencia: 40, 41, 43-45. 47, 48, 50,
  51, 62, 70-72, 78, 81, 125, 142, 184-188,
  199, 206, 222, 289, 331-335, 361, 362,
  374, 386
Deseo de mujer: 367, 372
Desnudez: 270, 277-279, 329, 337
Diosa: 20, 22, 24-28, 33, 36, 38, 95, 166,
  231, 234, 235, 247-249, 252, 253, 256,
  258, 271, 273, 284, 298, 315, 325, 327,
  340, 342, 366, 410, 421
Divorcio: 134, 198, 200, 201, 302, 309
Dualidad (varón-mujer): 274

Embarazo: 44, 334
Endogamia: 58, 68, 282, 293, 298, 306
Endor, la vidente de: 103, 105-107
Esclava mujer: 15, 40, 42-44, 47, 48,
  60-62, 74, 141, 165, 185, 186, 200, 205,
  374
Esclavo de una mujer: 73, 74
Espíritu y Sabiduría: 339, 343, 347
Esposo, Dios: 24, 272, 273
Ester, libro de: 396, 398

Fiesta y ayuda a las viudas: 203
Fiesta y rapto de mujeres: 188-190
Fuentes de diosa/mujer: 21, 22, 25, 44, 51

Goelato: 386
Guerra por mujeres: 181-193
Guerra y seducción sexual: 181-193
Gibborim, violadores: 165. 191, 192

Harén: 135, 137, 143, 150, 151, 157, 158,
  161, 163, 174, 354, 365, 397
Hechicera (vidente): 77, 90, 104-107, 109,
  112, 202
Hermanas: 30, 60, 61, 63, 66, 91, 277,
  374
Heroínas: 77, 90, 202
Hipostasizaciones: 339
Huérfanos/as: 217, 221-228

Impureza femenina: 65, 88, 89, 201
Incesto: 52

Jardín: 171, 319, 320, 322, 324, 329, 346,
  369, 380, 381, 382
José y Asenet, libro: 390
Judit, libro de: 403, 408

Leche de mujer: 24, 100
Lecho: 123, 133, 144, 216, 219, 220, 359,
  361, 365, 368, 377, 404, 406
Levirato: 70, 196, 222, 386, 388, 403
Liberadoras, mujeres: 77, 90, 130, 363,
  395
Libro de la Ley/Mujer: 117, 241, 303, 304,
  355

Madre de los vivientes: 328, 331
Madre, signo de Dios: 258, 259, 261, 262,
  264-267, 281, 331, 416
Madre del rey, gebîrá: 144, 151, 164, 165
Mar Rojo, canto de María: 82, 84-86, 96,
  97, 115, 160
Matrilineal, sociedad: 48, 50, 307
Matrimonio: 15, 42, 24, 26, 58, 59, 61,
  67-71, 74, 81, 91, 121, 132, 138, 141,
  144, 153, 155, 161, 162, 165, 180-182,
  185, 188-1901, 193, 198, 200, 208, 209,
  211, 269, 271, 283-285, 291-293, 300,
  301, 307, 308, 344, 350, 363, 366, 368,
  373, 374, 378, 390, 392-394, 401, 421
Matrimonios mixtos: 76, 87, 122, 186,
  283, 284, 299, 306, 308, 391
Memoria (mujer): 186
Mentir sobre las esposas: 55
Milagros con mujeres: 217-221
Mirra: 367, 369, 370

Octateuco de mujeres: 311, 339, 363, 395, 419, 422

Pacto, diosas y mujeres: 267
Palmera de la diosa: 95
Paloma: 368, 370
Parteras: 77-79
Parto, dolores de: 258-260
Pechos: 24, 25, 270, 277, 281, 367, 369, 371
Pilegesh: 208, 209, 211
Poligamia: 61, 182, 194, 195, 371
Pozo, fuente y mujeres: 47-49, 53, 54, 59, 81, 100, 183, 356
Profetisas: 103, 116, 255
Prostituta/prostitución: 67, 68, 71, 72, 90-93, 120, 124, 128, 129, 166, 167, 169, 194, 196-198, 222, 272, 277, 284, 286, 291, 341, 344, 345, 356, 358, 360, 389, 401

Rapto angélico de mujeres: 191-193
Rapto, matrimonio por: 42, 68, 180, 181, 185-188, 190, 191
Reina (reinas): 14, 26-29, 32-34, 50, 134-136, 142, 148-149, 151, 152, 158-167, 172, 174-176, 239, 240, 245-248, 274, 275, 341, 365, 370, 371, 395-397, 399-401

Sabiduría divina: 37
Sabiduría, mujer y Dios: 339
Sacrificio de mujeres: 203, 221
Sangre menstrual: 65, 202
Seducción (femenina): 192, 193, 358, 398, 403, 404, 406
Sepultura de mujer: 46, 89
Ser humano (Adán y Eva): 261, 313-321, 333, 338, 341, 349-351, 353
Serpiente-mujer: 322-327
Silo, fiesta/ rapto de mujeres: 188-190
Simbiosis Yahvé y Ashera: 22, 23

Templo, mujeres en: 410, 411
Tortas de Amor: 154
Traición y mujer: 355

Útero: 45, 98

Varón y mujer: 29, 313-317, 320, 321, 335, 337, 349, 364, 365
Vestidos: 54, 136, 156, 176, 185, 277, 337, 360, 392
Vidente, consultar a Dios: 90, 104-107, 109, 112
Violación: 67-69, 153, 155, 180, 187, 188, 191, 192, 198, 199, 207, 208, 405, 407
Virginidad, virgen: 30, 53, 153, 156, 157, 185, 188, 198-200, 204-206, 209, 392, 254, 255, 265, 292, 360, 390, 392, 394, 402, 404
Viudas: 180, 201, 203, 212, 217, 221-228, 309, 386
Zonah (¿prostituta?): 90, 91

3. Hombres relacionados con mujeres

Aarón: 80, 83-89, 103, 255, 285, 289
Abimelec: 41, 42, 45, 55, 56, 101, 102
Abner: 134, 135, 137, 212
Abrahán: 14, 17, 38-48, 50, 52-55, 59, 63, 64, 81, 103, 108, 155, 194, 202, 203, 205, 333, 374
Absalón: 125-127, 131, 144, 147, 150, 153, 154, 155, 166, 167
Acaz: 254-256
Adam (Adán): 13, 34, 35, 202, 261, 314, 315, 317-323, 329-336, 338, 341, 343, 349, 354, 361, 377
Adonías: 131, 147-152, 157
Ajab: 163, 168, 169, 171-175, 217, 236
Amón, hijo de David: 131, 137, 147, 153-155, 166
Amós: 202, 232, 237, 269
Asuero: 396, 400

Barac: 94-97, 99-101, 202
Booz, nuevo esposo de Rut: 385-390

Caleb: 132, 183

ÍNDICES AUXILIARES: PERSONAS Y TEMAS

Daniel (libro y personaje): 14, 142, 202, 363, 372, 379-383, 409
David: 64, 66, 70, 72, 125-127, 130-158, 161, 163-167, 174, 176, 194, 202, 212-215, 219, 232, 238, 254, 256, 257, 259, 263, 294, 366, 369, 385, 386, 388, 389, 401, 403, 405

Eleazar, mártir: 289, 412, 413
Elías: 138, 168-174, 176, 212, 215-219, 221, 232, 235-237, 240
Eliseo: 169, 170, 173, 212, 215, 216, 218-221, 232, 236
Esaú (Edom): 33, 34, 55-58
Esdras: 87, 119, 161, 162, 201, 202, 259, 261, 266, 278, 282, 293-299, 301-305, 307-309, 339, 258, 374, 384, 385, 387, 388, 390, 422
Ezequías: 26, 240, 241, 323, 325
Ezequiel: 118, 195, 231, 233, 244, 247-252, 255, 256, 267, 277, 279, 280, 350

Finés/Pinjás: 285, 286, 288, 289, 291, 292, 309, 387

Holofernes: 400-408

Isaac: 39, 43-50, 52-59, 81, 203, 205, 206, 374
Isbaal/Etbaal: 134, 135, 137, 168, 212, 213
Ismael: 41, 43-45, 46-50

Jehú: 173-175, 177, 216, 236, 237, 239
Jeremías: 32, 116, 195, 231, 233, 244-248, 267, 274-277, 280, 396
Jesé: 388, 389
Joab: 125-127, 144-146, 148, 150, 151, 213
Joaquín, marido de Susana: 379, 380, 382
Jonatán: 132, 137, 214
José, esposo de Asenet: 76, 389-393, 399
José, hijo de Jacob: 62, 63, 70, 73-77
Josías: 25, 26, 32, 33, 116-118, 165, 202, 233, 241, 242, 244, 274, 276
Judá (y Tamar): 59, 70-72, 76, 77

Labán: 58-60, 63-65
Lamec: 181-183

Lot: 40, 50-52

Manoaj: 109, 110
Mardoqueo: 395-399
Moisés: 34, 39, 78-89, 96, 99, 103, 202, 233, 241, 285-291, 297, 303, 324, 325, 344, 346, 376, 377, 380, 382, 398, 408, 409

Nabal de Carmel: 138, 140
Nabot: 170-174
Natán: 125, 137, 147-150, 255
Nehemías: 87, 118, 119, 162, 201, 282, 293-297, 299-301, 303, 305, 309, 312, 339, 358, 374, 384, 385, 387, 388, 390, 391, 421, 422

Ocozías: 173-175
Onán: 70-72
Oseas: 195, 197, 232, 237, 269-272, 274-277, 279, 280, 339, 344, 350

Paltiel: 134, 135
Platón: 323, 340, 345, 349, 365
Putifar: 59, 70, 71-77

Ragüel: 374-377

Sadoc: 148-150
Salomón: 31, 32, 79, 120, 128-130, 143, 144, 147-152, 155, 157-164, 166, 169, 194, 201, 214, 238, 245, 248, 282, 300, 308, 348-350, 353, 362, 364, 366, 367, 370, 389
Samuel: 31, 66, 90, 104-107, 110-112, 125, 130, 131, 137, 139, 143, 153, 212, 231, 282
Sansón: 90, 103, 107-112, 120-124, 282
Saúl: 31, 104-107, 130-139, 146, 212-215
Simeón, patriarca: 62, 63, 67-69, 289, 290, 402, 404, 405, 407
Siquem, «violador» de Dina: 66-69, 404, 407

Tobit: 372-379

Zimrí: 288-292

4. Otros temas históricos, literarios y teológicos (en contexto de mujer)

Alianza, código de la: 104, 224
Alimento: 194, 218, 278, 314, 316, 317, 344, 347, 393, 414
Amonitas: 31, 51, 52, 144, 160-162, 179, 204, 206, 301
Animales: 320-323, 327, 331, 337, 354, 394, 412, 417
Apocalipsis: 169, 266, 321
Árabes: 27, 50
Arca de Yahvé: 135

Babilonia, babilonios: 27, 28, 32, 34, 229, 243, 246, 248, 294-296, 304, 306, 308, 379, 380, 396
Benjaminitas: 187-191, 208-210
Betulia: 404, 406-408

Cadáver: 173, 174, 214
Caída: 31, 34, 53, 93, 118, 229, 231, 240, 242-244, 246-250, 259, 267, 327, 330
Caminos, dos: 343
Cerdo, carne de: 412-415, 417
Circuncisión: 81, 82, 226, 227, 391, 409, 411, 412
Conversión: 226, 390-394
Creación: 36, 195, 258, 263, 295, 296, 313, 316-318, 324, 343, 344, 364, 366, 367, 370, 377, 416, 418

Deuterocanónicos: 14, 424, 425
Deuteronomio/deuteronomista: 20, 26, 117, 118, 167, 168, 194, 197, 214, 224, 227, 229, 231-236, 239, 240, 242-245, 267, 286, 294, 295, 312, 318, 327, 328, 359, 421, 425
Dinero y traición: 123
Dodecálogo de Siquem: 223
Dominio del varón: 182, 336

Eclesiástico: 14, 197, 339, 345, 349, 357, 358, 360
Emmanuel, libro del: 253, 257
Escriba: 301
Espíritus (de los muertos): 104-107

Exilio: 14, 15, 17-20, 22, 25, 33, 39, 93, 118, 126, 159-162, 165, 167, 168, 179, 181, 195, 202, 224, 229, 231, 234, 240, 244, 247-249, 274, 176, 293-295, 302, 306, 308, 311, 312, 339, 373, 378, 379, 385, 395, 410, 421
Éxodo: 36, 39, 77, 83-85, 90, 115, 229, 231-233, 396, 408
Extranjeros: 20, 31, 158, 161, 169, 216-218, 221-227, 290, 292, 303, 308, 309, 404, 420

Fidelidad: 42, 45, 70, 72, 76, 92, 121, 123, 124, 177, 195, 198, 205, 215, 231, 232, 243, 245, 250, 256, 267, 271, 272, 302, 309, 344, 361, 386-389, 394, 409, 413-415, 417

Genealogías: 333, 365
Génesis: 36, 39-41, 43, 52, 53, 59, 66, 70, 77, 76, 181, 312, 313, 318, 321, 323, 325, 336, 347, 373, 390
Gnosis: 344, 352

Hambre: 76, 213, 217, 221, 246, 247, 346, 385, 386
Herencia: 44, 56, 57, 63, 119, 126, 157, 195, 196, 200, 261, 297, 307, 346, 358, 361, 374, 385, 386
Hermano: 29, 50, 53-55, 57-60, 71, 80, 125, 126, 132, 137, 151, 152, 154, 155, 166, 182, 183, 196, 222, 334, 338, 371, 376
Holocausto: 110, 204-207, 409

Idolatría: 31, 64, 107, 161, 162, 169, 172, 197, 224, 229, 230, 244, 245, 248, 251, 253, 268, 287, 291, 292, 309, 314, 325, 328, 330, 331, 334, 336, 338, 350, 353, 358, 365, 391, 402
Imagen de Dios: 313, 317, 349
Isaías, libro de: 36, 118, 235, 258, 280, 281, 339, 344

Jacob: 39, 42, 55-70, 73, 76, 81, 194, 256, 265, 266, 346, 374, 390, 404
Jericó: 90-93, 100, 197, 389

Jerusalén: 17, 20, 25, 26, 32, 33, 37, 86, 93, 116-118, 130, 131, 135, 143, 144, 146-150, 155, 158, 160, 163, 165-167, 174, 176, 177, 229, 231, 232, 235, 237-251, 254, 259, 261-267, 277-281, 294-297, 300-304, 306, 308, 312, 316, 325, 339, 347, 353, 364, 367, 370, 372, 374, 387, 404-406, 408, 410, 422
Jezrael: 138, 153, 171-173
Josué, libro de: 90
Jueces, libro de los: 31, 70, 94, 101

Kenitas: 99, 101

León, el enigma del: 121, 122
Levita: 78, 90, 187, 188, 197, 203, 207-211, 223, 224
Lluvia: 115, 213, 214, 216, 271, 272, 319

Macabeos, libro y mártires: 14, 395, 409, 415
Madianitas: 21, 50, 73, 81-83, 101, 289-291, 387
Martirio, mártires: 395, 409, 413-415, 417
Meguido: 33, 96, 118, 242
Miembro viril: 98
Miqueas: 259
Moabitas: 27, 51, 52, 82, 160, 162, 179, 282, 286-288, 290, 291, 301, 385-387
Monolatría: 235
Monoteísmo: 20, 235, 237
Montaña Sagrada: 83, 263
Muertos, evocación de: 105, 106

Nardo: 367, 369
Natal, hombre ser: 261
Nazir: 108, 112, 120, 122, 123
Nínive: 374, 375, 378, 379

Padre, Dios: 268, 273-276, 373
Paraíso: 192, 271, 281, 319, 320, 322-324, 336-338, 343, 351, 369, 371, 380-382, 393
Partes vergonzosas: 200
Pentateuco: 15, 18, 39, 87, 181, 194, 231, 237, 263, 285, 295-298, 301, 304, 306, 312, 363, 384, 425

Prepucios de filisteos: 131, 132, 135
Profetas: 20, 23, 26, 33, 103, 105, 106, 115, 118, 119, 136, 168, 170, 171, 173, 202, 215, 218, 232, 233, 235-237, 240, 244, 253, 255, 267, 269, 275, 295, 301, 309, 312, 339, 344, 350, 374
Protoevangelio: 332, 333
Proverbios: 197, 339, 340, 343-345, 349, 355, 356
Purim, fiesta de: 296, 400

Qohelet/Eclesiastés: 338, 352-355, 384
Qumrán: 191, 260, 261, 372, 425

Restauración: 116, 118, 160, 252, 276, 293-296

Saba, país: 158-160
Sábado: 176, 300, 301, 303, 306, 313, 317, 409-412
Sabiduría (libro de la): 348, 361
Sacrificio humano: 287
Salomón, juicio de: 79, 120, 128, 129
Samaría, samaritanos: 15, 21, 76, 138, 168, 170-173, 235, 237, 240, 254, 264, 269, 276-278, 295-297, 304, 308, 312
Sapienciales (libros): 23, 339, 332
Sarepta: 215-217
Serpiente (Nejustán): 241, 324, 325
Serpiente (paraíso): 322-324
Shema: 37, 226, 227, 231, 235, 268
Sidón, sidonios: 31, 32, 161, 168, 170, 216,
Sión: 86, 159, 258, 262-267, 280, 347, 404
Sísara: 94/101, 115, 403
Sol sagrado: 250, 251
Sucesión de David: 146, 147, 153
Sunem: 104, 156, 219, 366
Templo de Jerusalén: 20, 25, 26, 32, 86, 116, 118, 165-167, 229, 231, 232, 235, 237-239, 246, 248, 294, 325, 410
Tirano: 101, 296, 395, 403, 418
Tobías, libro de: 372, 373, 378, 392
Toro/becerro sagrado: 29, 87, 240, 243, 248, 284, 285

Urías: 131, 138, 144-146, 152, 389

Vegetarianos: 315-317, 322
Venganza: 66, 68, 72, 75, 76, 126, 127, 136, 174, 176, 182, 187, 207, 208, 212-215, 286, 287, 289, 291, 292, 396, 398, 400, 405, 407, 415
Viña de Nabot: 170-173
Yahvé (sólo Yahvé): 13, 19, 20, 23, 25, 26, 30-32, 36-39, 44, 45, 47, 48, 54, 55, 57, 68, 69, 71, 81, 82, 84-87, 91, 95-97, 101, 104-115, 117, 120, 126, 133, 135, 136, 139-141, 146-151, 157-162, 165, 167-177, 179, 184, 188-190, 197, 200, 202, 204-206, 213-216, 218, 220, 222, 224-227, 229-254, 256, 263, 265-273, 275, 277-284, 286-295, 298, 302, 303, 306, 319, 320, 322-329, 331, 336, 338, 339, 341, 342, 344, 357, 388, 398, 410, 412
Yahvismo, yahvista: 20, 33, 65, 101, 106, 118, 119, 150, 159, 166-169, 173-177, 202, 214, 217, 224, 225, 231, 233-242, 249, 250, 288, 291, 308
Yegua: 367

ÍNDICE ALFABÉTICO DE MUJERES Y FIGURAS FEMENINAS PRINCIPALES

Como he dicho en la introducción, este libro podía haber sido escrito y publicado en forma de *Diccionario de mujeres (y figuras femeninas) de la Biblia judía*, empezando por Abigail de Carmel y terminando con Yael y Zilpa. Pero he preferido seguir un orden histórico, introduciendo a las mujeres en un contexto histórico y social, pues no sólo he tratado de las figuras-personas concretas, sino del sentido de lo femenino en la Escritura judía. De todas formas, quien quiera seguir y tomar este libro como diccionario de mujeres bíblicas podrá hacerlo sin dificultad, siguiendo las ochenta y ocho figuras que presento en el índice alfabético que sigue. Hay otras, que he citado en el índice anterior, pero la Biblia se ha limitado prácticamente a citarlas; por eso no las incluyo en este índice.

Abigail de Carmel: 14, 131, 138-142
Abisag, la sunamita: 131, 137, 148-152, 156-158, 219, 366
Acsah: 132, 183, 184
Adah, mujer de Lamec: 181-183
Agar: 14, 40-45, 47, 50, 61, 62, 103, 107, 108, 112, 202, 384
Ajinoam: 131, 137, 138, 142, 153
Almah, la muchacha de Is 7, 14: 254-257
Ana: 14, 86, 90, 103, 110-116, 373
Anat: 23, 26, 28, 32, 33, 95, 96, 161, 250, 288, 366
Asenat: 73, 76, 390
Asenet: 15, 76, 363, 384, 389-393
Ashera: 19-26, 28, 30-32, 165-172, 176, 202, 235-237, 239, 241-243, 258, 267, 269, 271, 274, 275, 277, 283, 284, 286, 291, 315, 323-326, 339, 342, 366
Astarté: 19, 23, 26-28, 30-33, 161, 166-168, 170, 247, 248, 250, 258, 267, 269, 277, 288, 323, 396
Atalía: 163, 165, 166, 175-177, 215, 233, 239

Baal Peor, mujeres de: 285-288, 290, 291, 309
Betsabé: 14, 93, 131, 137, 138, 141, 143-153, 155, 157, 158, 163-165, 389
Bala: 60-63

Cautiva, ley de la bella: 184-186
Cielo, Reina del: 33, 245-247, 274, 275, 396
Cosbí: 289-292, 309, 387

Dalila: 14, 120, 122-124
Débora, profetisa y juez: 94-99
Dina: 14, 59, 62, 63, 66-70, 404, 405, 407

Endor, vidente de: 104-107
Esposa, Israel esposa de Dios: 258, 262, 267, 269, 278-280, 339, 340, 347-349
Ester: 14, 15, 17, 163, 363, 383, 384, 388, 395-401, 420
Eva: 13-15, 19, 34, 35, 38, 103, 202, 241, 256, 261, 293, 311, 312, 317, 318, 320-323, 325, 327-334, 336, 338, 339, 344, 347, 349, 352, 359, 377, 416
Extranjeras, mujeres: 70, 76, 83, 93, 121, 160-162, 169, 180, 186, 201, 223, 227, 282, 283, 285, 288, 290-293, 296, 298, 300-303, 306-309, 312, 339, 349, 359, 373, 384, 385, 387, 391, 393, 421

Faraón, hija del: 78-81, 160, 163

Gebîrá: 61, 143, 147, 149, 152, 163-167, 174, 175, 239, 399

Hija-Sión: 264-266
Hulda: 116-118, 241, 255

Ishtar: 26-38, 32, 33, 247, 250, 366
Israel, Madre: 258, 259, 261, 267

Jefté, hija de: 203-207
Jezabel: 138, 163, 165, 166, 168-175, 215, 217, 235, 236, 239
Judit: 14, 15, 17, 68, 70, 363, 372, 388, 395, 396, 399-408, 420

Levita, mujer del: 187, 203, 207
Lía: 19, 59-63, 65, 66, 68, 72, 384
Lilit: 33-35
Lot, mujer e hijas de: 40, 50-52

Maacá, mujer de David: 131, 153, 163-166
Macabea, madre mártir: 15, 45, 363, 395, 409, 410, 412, 413, 417
Madre de los vivientes, Eva: 261, 328
María: 13, 17, 80, 83-89, 96, 97, 103, 110-112, 114-116, 255, 408
Mical: 64, 74, 131-138, 140, 146, 213
Moisés, hermana de: 78-81, 83-85, 96
Moisés, madre de: 78-81
Mujer fuerte (Prov 31): 357, 359, 372

Noadía: 116-119, 255, 309
Noemí: 385-388, 390
Novia de Dios: 267

Ohola y Oholiba: 277

Prostituta, egoísta: 71
Prostituta sabia: 128, 129
Prostituta, Israel: 197
Putifar, mujer de: 72-77

Queturá: 50, 81

Rajab: 90-93, 99, 100, 103, 143, 197, 202, 389, 400, 401

Raptadas de Yabes Galaad: 187-190
Raptadas en Silo, mujeres: 189, 190
Raptadas por ángeles/vigilantes: 191-193
Raquel: 14, 17, 19, 59, 60-65, 72, 89, 133, 384, 400
Rebeca: 14, 19, 52-60, 72, 89, 384, 400
Rispa: 137, 212-215, 287
Rut: 15, 72, 93, 143, 222, 363, 384-389, 395, 403

Saba, reina de: 14, 50, 158-160, 163
Salomón, mujeres de: 130, 158-162, 169
Sansón, madre de: 90, 103, 107, 108, 110-112, 120
Sansón, su mujer timnita: 121, 122
Sara, mujer de Abrahán: 14, 17, 19, 38, 40-50, 54-56, 61, 62, 72, 89, 155, 202, 384, 400
Sara, mujer de Tobías: 15, 193, 363, 372-379, 392
Sarepta, viuda de: 216, 217
Séfora: 81-83, 285, 290
Sión, Hija-Sión: 86, 159, 253, 258, 262-267, 280, 347, 404
Sísara, madre y esposa de: 94-101, 115, 403
Sulamita: 15, 74, 157, 219, 363-366, 370-372
Sunem, mujer rica de: 219, 220
Susana: 15, 363, 372, 379-383

Tamar, hija de David: 70, 131, 137, 153-156, 166
Tamar, nuera de Judá: 59, 70-72, 76, 77, 153, 389
Tecoa, mujer sabia de: 120, 125-127, 140
Terafim: 59, 63-66, 133

Vasti: 163, 397, 399
Viuda del profeta: 215

Yael: 14, 90, 94-101, 115, 399-403

Zilpa: 14, 60-63

www.ingramcontent.com/pod-product-compliance
Lightning Source LLC
Chambersburg PA
CBHW011748220426
43669CB00020B/2945